# 顺德年鉴

SHUNDE YEARBOOK

2018

顺德区地方志办公室
《顺德年鉴》编辑部 编

方志出版社
Publishing House of Local Records

图书在版编目（CIP）数据

顺德年鉴．2018 / 顺德区地方志办公室，《顺德年鉴》编辑部编．-- 北京 ：方志出版社，2019.1

ISBN 978-7-5144-3475-0

Ⅰ．①顺… Ⅱ．①顺… ②顺… Ⅲ．①顺德区－2018－年鉴 Ⅳ．①Z526.54

中国版本图书馆CIP数据核字（2019）第010528号

顺德年鉴（2018）

编　　者：顺德区地方志办公室　《顺德年鉴》编辑部

责任编辑：罗　滔

出 版 人：冀祥德

出 版 者：方志出版社

地址　北京市朝阳区潘家园东里9号（国家方志馆4层）

邮编　100021

网址　http://www.fzph.org

发　　行：方志出版社图书经销中心

电话（010）67110500

经　　销：各地新华书店

印　　刷：东莞市比比印刷有限公司

开　　本：787×1092　1/16

印　　张：26.5

字　　数：699千字

版　　次：2019年1月第1版　2019年1月第1次印刷

印　　数：0001～1000册

ISBN 978-7-5144-3475-0　定价：200.00元

# 编辑说明

一、《顺德年鉴》是中共佛山市顺德区委、佛山市顺德区人民政府主办，由区地方志办公室、《顺德年鉴》编辑部组织编辑的地方年度资料性文献，2008年创刊，每年编辑一卷。《顺德年鉴（2018）》为第11卷。

二、本年鉴以马克思列宁主义、毛泽东思想、邓小平理论、“三个代表”重要思想、科学发展观、习近平新时代中国特色社会主义思想为指导，坚持辩证唯物主义和历史唯物主义的立场、观点和方法，客观、全面、系统地记载2017年顺德区政治、经济、文化和社会发展的基本情况。

三、本年鉴采取分类编辑法，以篇目、分目和条目组成年鉴框架结构的主体部分。在少数分目中，增加子分目的层次，全书条目标题统一以黑体字加【 】表示。为方便读者查阅，全书前有目录，后有索引，具有比较完善的检索系统。

四、本年鉴以出版年号为卷次名称，2018年卷主要载录2017年顺德经济社会发展的基本资料，全书共设篇目24个，包括图片专辑、特载、2017年大事记、总述、党政机关、民主党派·群众团体、法治·军事、城乡建设·环境保护、交通·邮电业、经济管理、财税·金融业、农业·农村、工业、商贸流通·现代服务业、口岸、产业园区、教育·科技、文化·体育、卫生·计划生育、社会民生、镇·街道、人物与荣誉、社会经济统计资料、文献选编。

五、本年鉴框架结构在保持稳定的基础上，与上一卷相比略有调整。篇目“人民团体·法定机构”改为“民主党派·群众团体”，“法治·地方武装”改为“法治·军事”，“城乡建设”改为“城乡建设·环境保护”，“口岸·对外贸易”改为“口岸”。

六、全书所载录的信息资料，由顺德区各机关、单位、企业提供，经《顺德年鉴》编辑部整理编辑，各供稿单位审核同意而成。未署名的照片为各撰稿单位、顺德区档案局拍摄的工作照片。如个别数据与本年鉴的“社会经济统计资料”篇（由顺德区发展规划和统计局提供）有出入，一律以“社会经济统计资料”的统计数据为准。

七、本卷年鉴正文涉及的单位名称和文件名称，首次出现和紧随条目开头时间之后的一般采用全称，再次出现的则采用习惯简称；需要解释的名词，采用括注。

# 顺德年鉴编纂委员会



# 顺德年鉴编辑部

# 《顺德年鉴（2018）》撰稿单位名单

（排名不分先后）

顺德区委区政府办公室
顺德区委组织部（区机构编制委员会办公室）
顺德区委宣传部（区文化体育局）
顺德区委统战部（区外事侨务局）
顺德区委政法委员会（区司法局）
顺德区人大办公室
顺德区政协办公室
顺德区纪律检查委员会（区监察局）
顺德区人民武装部
顺德区人民检察院
顺德区人民法院
顺德区发展规划和统计局
顺德区经济和科技促进局
顺德区民政和人力资源社会保障局
顺德区市场监督管理局
顺德区安全生产监督管理局
顺德区国土城建和水利局
顺德区卫生和计划生育局
顺德区环境运输和城市管理局
顺德区教育局
顺德区公安局
顺德区财税局
顺德区审计局
顺德区农业局
顺德区总工会
共青团顺德区委员会
顺德区妇女联合会
顺德区工商业联合会
顺德区国有资产监督管理办公室
顺德区社会保险基金管理局
顺德高新技术产业开发区管委会
广东顺德清远（英德）经济合作区管委会
顺德中心城区建设工程指挥部
中德工业服务区（佛山新城）管委会
顺德区公用事业管理局
顺德区行政服务中心
顺德区公路局
顺德区档案局（区地方志办公室、区委党史研究室）
顺德区扶贫开发工作领导小组办公室

顺德区国家税务局

佛山海关驻顺德办事处

顺德边防检查站

顺德海事处

顺德出入境检验检疫局

顺德航标与测绘所

顺德公安消防大队

顺德区气象局

顺德烟草专卖局

顺德区供电局

顺德邮政公司

中国联通顺德分公司

中国电信顺德分公司

中国移动顺德分公司

顺德职业技术学院

佛山电视台顺德分台

佛山电台顺德分台

珠江商报社

广东省广播电视网络股份有限公司

佛山顺德分公司

中国人民银行顺德支行

中国工商银行顺德支行

中国农业银行顺德分行

中国银行顺德分行

中国建设银行顺德分行

中国邮政储蓄银行顺德支行

广东顺德农村商业银行

中国人民财产保险顺德分公司

中国人寿保险顺德支公司

广东顺控发展股份有限公司

顺德区疾病预防控制中心

顺德区卫生监督所

南方医科大学顺德医院

广州中医药大学顺德医院

广东医科大学附属妇女儿童医院

大良街道办事处

容桂街道办事处

伦教街道办事处

勒流街道办事处

陈村镇人民政府

北滘镇人民政府

乐从镇人民政府

龙江镇人民政府

杏坛镇人民政府

均安镇人民政府

顺德区社会创新中心

顺德区产业服务创新中心

顺德区文化艺术发展中心

顺德区人才发展服务中心

顺德区城市更新发展中心

# 目 录

### ⊙ 食品药品监督管理



### ⊙ 安全生产监督管理



### ⊙ 国有资产监督管理



## 财税·金融业

### ⊙ 地方财政



### ⊙ 国家税务



### ⊙ 地方税务



### ⊙ 金融业

## 人物与荣誉



## 社会经济统计资料



## 文献选编

### ⊙ 2017 年佛山市顺德区政府规范性文件



### ⊙ 2017 年文件选目



## 索引

# 图片专辑

金箔石榴翅

# 数字顺德 2017

总面积：**806.57** 平方千米

常住人口：**261.45** 万人

户籍人口：**139.27** 万人

地区生产总值：**3015.91** 亿元

人均地区生产总值（按常住人口）：

**116914.67** 元

第一产业增加值：**44.02** 亿元

第二产业增加值：**1696.95** 亿元

第三产业增加值：**1274.94** 亿元

一、二、三产业结构：**1.5∶56.3∶42.3**

地方财政实现总收入：**598.1** 亿元

一般公共财政预算收入：**222.99** 亿元

一般公共财政预算支出：**224.69** 亿元

固定资产投资额：**971.76** 亿元

社会消费品零售总额：**1070.07** 亿元

进口贸易总额：**381.27** 亿元

出口贸易总额：**1383.06** 亿元

实际使用外商直接投资金额：**78851** 万美元

年末金融机构本外币存款余额：

**4512.20** 亿元

年末境内住户存款：**2398.68** 亿元

旅游业总收入：**155.3** 亿元

接待过夜游客：**425.15** 万人次

货物周转量：**86.26** 亿吨公里

旅客周转量：**35.67** 亿人公里

小学：**148** 所

中学：**76** 所

幼儿园：**315** 所

卫生机构：**587** 个

卫生机构床位数：**10631** 张

卫生技术人员：**17375** 人

全年用电量：**194.94** 亿千瓦时

全体居民人均可支配收入：**49878.2** 元

全体居民人均消费性支出：**37792.4** 元

城镇常住居民人均可支配收入：**49881.4** 元

城镇常住居民人均可支配支出：**37843.4** 元

农村常住居民人均可支配收入：**31918.1** 元

农村常住居民人均可支配支出：

**24329.8** 元

居民消费价格总指数（上年同期价格为100）：**101.9**

# 重要会议

2017 年 1 月 5 日，中共佛山市顺德区委十三届二次全体会议召开

2017 年 1 月 23 日，容桂产业发展振兴工作推进会议召开

2017 年 2 月 8 日，落实 2017 年全区重点工作任务动员会召开

2017 年 2 月 27 日，中共佛山市顺德区第十三届纪律检查委员会第二次全体会议召开

2017 年 3 月 23 日，中共佛山市顺德区第十三届代表大会第二次会议召开

2017 年 3 月 27 日，中国人民政治协商会议佛山市顺德区第十四届委员会第二次会议召开

2017 年 3 月 28 日，佛山市顺德区第十六届人民代表大会第二次会议召开

2017 年 4 月 7 日，中国共产主义青年团佛山市顺德区第二十次代表大会召开

2017 年 9 月 26 日，顺德区领导干部大会在区行政大楼四楼会议室召开

2017 年 12 月 11 日，全区安全生产工作会议在区行政大楼四楼会议室召开

# 政务经济

2017 年，顺德区坚持开放引领，对外合作持续深化，产业转型升级提速。连续六年位居全国综合实力百强区第一，第九次获评“中国全面小康十大示范县市”。

2017 年 2 月 14 日，2017 年佛山市顺德区重大招商项目签约仪式举行

2017 年 3 月 6 日，顺德区人民政府与南方都市报社共建“广州大学城卫星城”框架协议签订仪式举行

2017年7月5日，佛山市顺德区开展部分重点工程项目巡查，图为区领导考察华侨城欢乐谷及欢乐海岸项目

2017年7月13日，佛山市顺德区人民政府与华南理工大学共建华南理工大学科技园顺德创新园区签约仪式举行

2017 年 7 月 26 日，顺德智能制造科技园战略合作框架协议签约仪式举行

2017 年 12 月 25 日，顺德区人民政府与暨南大学合作共建暨南大学科技园（顺德园区）签约仪式在华桂园举行

# 基础设施建设

2017年，顺德基础设施建设再上新台阶。轨道交通建设进展顺利，广州地铁7号线西延顺德段、佛山地铁3号线加快推进，2号线全面施工，广佛环线顺德段土建施工收尾；水陆交通衔接更加顺畅，德胜东路改造、伦桂路二期等10余项工程完工通车，佛陈路东延线、菊花湾大桥等有序推进，顺德新港（了哥山港）投入试运营；4座110千伏以上变电站和1条220千伏电力线路建成投产，中心城区公交分担率提至23.3%。

2017年9月2日，广州市轨道交通7号线一期工程西延顺德段南涌站围护结构连续墙开工仪式

（罗小健 摄）

2017年10月23日，佛山地铁3号线顺德段大良钟楼站施工现场 （覃树宗 摄）

伦桂路

潭洲水道绿化带

德胜河沿江绿化带

潭洲国际会展中心（一期）全景图

顺德新港鸟瞰图

2017 年 3 月 21 日，菊花湾大桥建设现场

# 政校合作办医

2017年，顺德区探索“政校合作”办医的全新模式，借力深化公立医院体制改革，补齐医教研的短板弱项，推动医疗卫生水平快速提升。顺德区内12家公立医院先后与南方医科大学、广州中医药大学、广东医科大学、暨南大学、广州医科大学等国内知名医学高校牵手共建，占全区公立医院总量的80%，累计引入高端人才10人，高端团队11个，建成区级以上医学（临床）重点专科67个，其中卫生强市高水平医学重点专科8个。

2017年2月16日，广州中医药大学与顺德区人民政府举行合作共建佛山市顺德区中医院签约仪式

2017年2月28日，南方医科大学与顺德区人民政府举行合作共建南方医科大学顺德医院签约仪式

2017 年 2 月 28 日，南方医科大学顺德医院召开职工大会

2017 年 4 月 20 日，广东医科大学与顺德区人民政府举行合作共建广东医科大学附属妇女儿童医院、广东医科大学附属第三医院签约仪式

2017 年 5 月 8 日，暨南大学与顺德区人民政府举行合作共建暨南大学附属顺德医院、暨南大学附属口腔医院签约仪式

2017 年 6 月 6 日，广东医科大学附属妇女儿童医院举行揭牌仪式

2017年9月27日，暨南大学附属顺德医院举行新医院预运行测试暨康复医学科门诊部启用揭牌仪式

2017年11月3日，南方医科大学顺德医院胸痛中心成功通过国家认证，图为现场核查

# 全区学习党的十九大精神

2017年10月18日至24日，中国共产党第十九次全国代表大会在北京举行。顺德区各级党组织、政府机关、企事业单位和全体党员干部把学习宣传贯彻十九大精神当作现阶段和今后一个时期首要的政治任务，围绕“学懂、弄通、做实”总要求，在全区持续掀起学习宣传贯彻党的十九大精神的热潮。

2017年10月18日，顺德区五套班子在区行政大楼四楼会议室收听收看中国共产党第十九次全国代表大会开幕直播

2017年11月3日，顺德区法院组织学习贯彻党的十九大精神

2017年11月17日，顺德区在广东万和新电气股份有限公司召开企业家学习党的十九大报告精神座谈会，图为顺德区委常委、统战部部长黄海（左四）分享体会

2017年11月24日，顺德区卫生计生系统宣传贯彻党的十九大精神工作会议召开

2017年11月27日，杏坛镇举办深入学习宣传贯彻党的十九大精神宣讲会

2017年12月12日，顺德区在华桂园举办佛山市顺德区各级人大代表学习贯彻党的十九大精神专题培训班

2017年12月21日，顺德区举办学习宣传贯彻党的十九大精神报告会

# 龙舟赛事

龙舟文化源远流长，历史悠久，是中国传统文化中的璀璨明珠。地处珠三角洲核心区的顺德“开门见水，举步登舟”，龙舟运动普及大众，深受人们喜爱，其龙舟竞渡更独具特色。因而，顺德成了传承广东龙舟文化的代表。顺德龙舟队多次代表国家和广东省参加龙舟大赛，均取得优异成绩。

2017 年 5 月 1 日，乐从镇举办五人龙舟公开赛

2017 年 7 月 15 日至 17 日，顺德龙舟俱乐部乐从龙舟队代表广东参加第十三届全国运动会龙舟赛，并获得 4 金 1 铜的成绩

2017 年 11 月 4 日，顺德区青少年龙舟锦标赛在均安镇开锣，共 18 支青少年龙舟队伍参加

2017 年 11 月 5 日，2017 珠三角龙舟友谊赛在均安镇凫洲河举办，共 40 支来自珠三角的龙舟队参加

2017年11月11日至12日，乐从镇举办中国龙舟公开赛总决赛暨首届全国村居龙舟公开赛，图为全国村居龙舟公开赛比赛现场

2017年11月11日至12日，乐从镇举办中国龙舟公开赛总决赛暨首届全国村居龙舟公开赛，图为中国龙舟公开赛总决赛比赛现场

# 特载

极品金沙瓜

# 战略坚定 队伍坚强 勇闯善为 共铸顺德新辉煌

## ——在中国共产党佛山市顺德区第十三届代表大会第二次会议上的报告

（2017 年 3 月 23 日）

佛山市顺德区委书记 区邦敏

### 2016 年工作回顾

2016 年，我们坚定“开放引领、创新驱动”战略，把握了机遇，抢得了先机，为顺德新一轮发展确立了目标方向，找到了路径措施，取得了成效、树立了信心，开创了新局面，奠定了新格局。

——描绘城市发展新格局。围绕“屹立珠三角，面向全世界”的宏伟目标，部署了一系列重大工程和行动。一是开放创新理念成为全区共识。以开放胸怀融入广深，面向全世界配置资源，塑造新优势、实现新发展。制定落实《开放引领创新驱动三年行动计划》，布局项目总投资近两千亿元，大部分资金落实到位并全面实施，以实际行动和成效赢得社会认同、市场参与，开放创新发展理念深入人心。二是片区发展战略进一步深化。片区统筹发展机制在实践中不断创新完善，资源整合能力不断强化，北部发展成效显著，东部建设效果初步显现，西南部蓄势待发。三是基础设施建设取得重大突破。把握国家促发展宽松政策机遇，大手笔布局一批轨道线路和骨干路网，广佛地铁二期顺利通车，广州地铁 7 号线西延线、佛山地铁 2、3 号线动工，为响应国家粤港澳大湾区发展战略先行了一步、奠定了基础。四是开放型城市形象逐步彰显。组建中德工业城市联盟，组织企业抱团亮相“汉诺威工业展”，成功举办“互联网 +”博览会、珠西“装洽会”，“发现顺德 · 全球路演”反响热烈，《寻味顺德》持续全国热播，美的、碧桂园等一大批骨干企业全球战略有效推进，城市国际化水平持续提升，顺德城市形象开始登上世界舞台。五是市场体系公开规范。严格落实土地交易“15 条”、“三旧”改造“40 条”，以制度规范市场，区域价值迅速提升，政府可支配财力持续增加，城建投融资体系初步建立，城市建设进入可持续发展轨道。

——推动产业新一轮发展。围绕“支持产业、发展产业”这个中心工作，抓认识、重落实，产业发展水平逐步提升，顺德的发展根基进一步巩固。一是企业发展信心增强。大力支持企业发展，坚持政企“肩并肩、手挽手”，克服、纠正过去服务企业过程中出现的错误思想和不良现象，以打造平台型企业为抓手，实施“一企一策”，深入企业“贴身”服务，本土企业根植发展信心更强，区外优质资源纷纷涌入，拉动固定资产投资高位增长，充实了区域发展后劲。二是重大平台建设提速。广东潭洲国际会展中心展馆首期投入运营，成功举办多个区域性展会，引入汉诺威机器人学院，携手国际会展巨头打造全国工业专业会展高地。争取省、广州市以及众多高校支持参与，创新推动广州大学城卫星城建设，北滘镇获评全国首批特色小镇，为顺德转型发展率先探索了路径。三是产业形态不断丰富。“金科产”助推产业发展成效显著，高企倍增，股改、上市企业数量大幅增加，传统产业加快升级转型。招商引资取得突破，引进一批超十亿元装备项目，生物医药等新产业发展迅猛，产业创新成效初现。

——启动教育卫生改革。将教育卫生事业作为城市核心要素和民生大事，围绕“向广深看齐”的目标，以体制机制创新为抓手，大力引进人才和资源，与华师大、北师大共建高品质基础教育学校，与南方医科大学、广州中医药大学共建标杆医院。强化内部资源统筹，推动集团化办学办医，启动建设一批新学校、新医院，增强了优质服务的供给能力。

——推动农村基层建设。出台“1+10”农村政策体系，稳步化解历史问题，从根本上促进农村发展与稳定。加强农村“三资”管理，规范土地等集体资产交易程序，促进集体资产增值，有效防范风险，取得了明显成效。全力实施“百村升级行动”计划，建成一批美丽文明村居，以中央环保督察为契机，重点整治环境污染和安全隐患，顺应了

◎图 1　中共佛山市委常委、顺德区委书记区邦敏作工作报告

社会诉求，生态环境逐步改善。

——破解历史难题。直面问题，勇于担当，强化执行，调动队伍积极性，千方百计推动一批久拖不决的项目取得重大突破。乐龙路建成通车，了哥山港开港在即，伦桂路、红旗路、顺控环投热电等项目全面提速，新第一人民医院预运行，这些都有力地回应了社会呼声。我们用实际行动证明，办法总比困难多，顺德的队伍是有战斗力的，是能干成事的！

——全面推进基层党建。深入实施党的地方委员会工作条例，扎实开展“两学一做”学习教育，支持人大、政协开展工作，各级党组织以学促干，主动服务发展大局，推动中央决策落地生根。牢记习近平总书记“基层党建更令群众满意”的重要指示，推动黄龙村由后进村转变成党委领导坚强有力、和谐稳定的典范村。深化区域化大党建格局，完善驻点联系制度，精准整顿软弱涣散党组织，深入基层贴近群众，解决民生突出问题，相关经验获全省推广，党的执政根基更加坚实。

——深入推进从严治党。坚持以制度防范风险，创建标后监管机制，建立重大工程廉洁风险同步预防制度，确保工程优质、干部安全。以防为主，惩防并举，完善派驻、巡查、办案“三位一体”监督机制，严肃查处违纪违法案件，医疗卫生系统“以案治本”初见成效，长效防范机制逐步建立。

——加强队伍建设。高质量完成区镇换届，选优配强干部队伍，坚持在攻坚克难中锻炼干部、发现干部，一批年轻干部走上重要岗位，一大批成绩突出的干部得到提拔重用；加大干部交流轮岗力度，基层公安干警交流轮岗超千名；坚持纠治“四风”，鼓励干部大胆创新、破解难题，形成了良好的用人导向和工作氛围。

过去一年是实施“开放引领、创新驱动”战略的起步之年。一年来，我们上下齐心，政企互动，敢想快干，破难题、创新路，取得了一个又一个令人振奋的成效，提振了士气、赢得了先机、树立了信心，为新一轮发展奠定了坚实基础。成绩来之不易，这些离不开上级党委的正确领导，离不开全区人民奋勇拼搏。在此，我代表区委向全区广大干部群众和社会各界表示衷心的感谢！

这一年，我们深感兴奋与自豪。顺德新一轮发展气势如虹，队伍斗志昂扬，信心百倍，锐气十足。但也要清醒地看到一些不足与困难：一是部分干部面对新形势能力不够、干劲不足，甚至不作为、想当太平官；二是教育卫生改革刚开始，各种问题矛盾将不断出现；三是很多重点项目、重大发展平台的建设刚启动，落实过程还将要接受各种考验；四是稳商招商工作的创新力度和落实效果还不够理想；五是农村问题交织叠加，影响了农村的稳定与发展。

## 2017年工作部署

综观国际国内及周边区域发展形势，过去一年的实践充分证明“开放引领、创新驱动”战略是正确的。国家提出建设粤港澳大湾区战略，泛珠三角地区城市格局将深刻调整，在新一轮激烈的区域竞合态势下，顺德将迎来重大的发展机遇和历史考验。我们必须坚决贯彻党的十八大、十八届历次全会和全国“两会”精神，深入学习习近平总书记系列重要讲话精神，全面落实省委、市委各项决策部署，围绕“屹立珠三角、面向全世界”的既定目标，战略坚定、队伍坚强，政企携手、凝聚力量，共同创造顺德新辉煌。今年是关键的“落实年”，我们要重点做好十方面工作。

——始终坚持“全方位开放、全领域创新”。在取得成绩的同时，我们必须清醒地认识到，一个影响深远的重大战略的实施，不可能一蹴而就。过去一年我们启动推进的各项改革和系统工程仅仅是开始，下来将会遇到各种思想观念的冲击和利益的碰撞，困难与问题肯定不少。我们必须牢记“开放改革”这个制胜法宝，面对困难与问题，不埋怨、不等待，问题导向大胆改革、大胆创新，统一思想，凝聚各方力量，勇闯善为，以坚定的战略、灵活的战术、十年磨一剑的定力去成就宏伟目标，使顺德成为开放的洼地、创新的高地、投资的热土。

——提升城市环境拓宽发展空间。面对势不可挡的区域一体化趋势和环境治理高压态势，要以建立产业发展保护区为统领，以整治提升村级工业园为抓手，打一场攻坚战、持久战，全面优化区域综合环境，释放发展空间，增强城市容载能力，聚集产业链核心要素，稳定企业长远发展预期，实现环境优化、产业提升、城市提质，支撑顺德屹立珠三角。一是建立产业发展保护区。顺德今天的辉煌靠的是产业，轨道时代的顺德不能丢产业，未来屹立珠三角我们还要靠产业。必须旗帜鲜明全力支持产业发展，依照法定程序科学划定产业保护区域，实行专项保护政策，明确目标方向，细化改造提升计划，严守保护红线，用法定制度、利益导向、市场力量，为产业发展留足空间，引导园区和企业专注产业发展，做优做强顺德核心竞争力。坚持严格规范土地市场，科学制定房地产发展规模，防止一次性收益的房地产行业挤占产业发展空间。二是全面整治提升村级工业园。铁腕治理环境污染，坚决打击破坏环境、侵害公共利益的行为，重点推进村级工业园“双达标”，支持帮助企业改造提升，优化生态环境，释放新一轮发展空间，稳定企业发展预期，坚定企业扎根发展的信心，让先富起来的顺德人民早日享受更美更优的环境，让融入大湾区的顺德更具环境优势。三是推动基础设施增量提质。统筹好片区一体化发展，加快广州地铁7号线西延线及佛山地铁3、9、11、13号线等轨道建设，推进轨道站点TOD综合开发，加快菊花湾大桥等路桥建设，夯实城市经济基础。四是提升城市现代管理水平。以提高品质和效率为目标，提升城市规划水平，适应轨道时代都市型城市形态发展；加强智慧城市基础设施建设，整合资源，打造大数据共享管理综合平台，提高城市智能化、精细化管理水平。

——大力支持产业创新发展。产业是城市发展的根基和引擎。必须坚定走产业强区之路，认识上进一步提高、投入上进一步加大，一手抓稳商扩产、一手抓招商引资，承接好村级工业园改造释放的巨大空间，以产业环境优势彰显顺德的城市价值，打造粤港澳大湾区高端制造业创新龙头城市。一是全方位支持企业做大做强。把稳商扶商作为经济工作的重中之重，充分发挥我区的产业、企业和企业家优势，提升企业服务水平和实效，抓好“一企一策”落实，打造美的、碧桂园、联塑、格兰仕等一批平台型企业，发挥其溢出效应，带动区域经济发展；创造优质的综合环境，加大人才政策力度，大力引进新生创业领军人才，支持企业引才留才，促进优质企业增资扩产、塑造品牌、全球拓展，培育一批世界级企业航母和行业冠军。二是全力以赴抓好招商引资工作。加快“育苗”招商、资本招商，大手笔引进新行业、新业态，壮大智能制造、生物医药、会展、环保、文娱、大数据等新产业，提升生产性服务业层次，实现工业经济和城市经济协同共进。三是深化“金科产”融合。创新金融科技服务体系，完善创新链条，增强服务实体经济的能力。扩大创新创业母基金规模，加快企业股改、上市步伐，扩容“顺德板块”，支持企业借力资本市场发展壮大。引育并举，确保高企申报工作取得新突破。四是支持发展产业地产。创新政策支持一批现代产业地产发展，探索产业载体建设新模式，发挥国资引领作用，成立产业园区建设基金，结合村级工业园整治提升，鼓励社会资本建设一批高水平产业载体，引导制造业“上楼”，扩大实体经济发展空间。

——全面提升区域合作水平。抢抓国家建设粤港澳大湾区和广佛打造“超级城市”重大机遇，坚持“满足别人、发展自己”理念，主动对接广深、连接周边、面向世界，赢取更广阔发展空间。一是优化片区发展体制。全面总结片区一体化发展经验，不断探索理清区镇权责关系，坚持区级统筹，强化片区主导协调，激发镇街积极性，营造竞相发展的生动局面。集中资源全力将北部打造成广佛同城核心区，加快东部、西南部发展。二是全面推进“广佛同城、融入广深”发展计划。主动争取广深支持，提升合作层次，确保海华大桥等一批跨区域项目取得新突破、新进展，推动公交、政务、教育卫生等公共服务等领域同城共享。全力建设广州大学城卫星城，加快建设人才社区和产业社区，推动广东工业设计城创新发展，建立深圳主题产业园区，主动以区位优势、产业优势和环境优势拥抱广深。三是提升城市国际化水平。深化国际合作，让城市跟上企业的国际化步伐，做实中德工业服务区和中德工业城市联盟，引进搭建更多优质平台，支持企业全球化发展。加快广东潭洲国际会展中心二、三期建设，打造服务珠三角、对接国内外的产业服务平台，以产业国际化支撑城市国际化。

——持续推进教育卫生综合改革。坚持“抓均衡，树标杆”，以问题为导向推动改革取得实质性突破，加快实现教育医疗水平向广深看齐。一是深刻认识改革发展紧迫性。教育卫生是顺德融入粤港澳大湾区的核心要素，既要从过去一年的重大突破中坚定信心，也要正视改革进入深水区的困难与挑战，拿出当年企业产权制度改革的勇气和魄力，大胆细致推进各项改革。要加大政府投入和机制创新力度，加快硬件建设，加强队伍建设，调动队伍积极性，焕发教育卫生事业新活力。二是大手笔引进优质资源。继续加强与国内外著名院校合作，以更高更宽的平台吸引优秀人才和资源，在确保“五不变”的前提下，积极探索推进“管办分离”，让专业的团队管专业的事，启动顺德中医院扩建、北滘医院搬迁工作，打造3到5家立足顺德、辐射周边的区域性高水平医院，顺应社会需求，增强区域核心竞争力。三是大气魄整合内部资源。推动集团化办学，加大职业教育资源整合力度。着手构建区、镇、社区三级医疗保障体系和医疗联合体，打造区域标杆。四是加强教育卫生与产业结合。全面深化高水平大学与企业产学研合作，推动区域协同创新。办好北京外国语大学南方研究生院、北京科技大学顺德研究生院，支持南医大科技园建设，支持南医大顺德校区建成全学制校区，支持顺德职院向更高层次建设迈进，为产业创新发展提供蓬勃动力与支持。

——繁荣农村稳定大局。坚持共建共赢原则，在开放创新大战略中统筹谋划农村工作，结合村级工业园整治，使广大农村在新一轮城市化浪潮中得到发展和提升。一是积极化解农村问题。支持农村规范发展，落实“1+10”农村政策体系，落实集体资产全部上平台交易，以公平阳光的制度加以规范，稳妥解决“两地”等历史问题，依法打击“村霸”等黑恶势力，净化农村环境，推动农村发展、农民致富。二是强化基层队伍建设。做好村（居）“两委”换届工作，锻炼和培养基层干部，把政治立场坚定、群众威信高、有公心的人选出来带领村（居）长远科学发展，提升农村发展水平。三是推进农业供给侧结构性改革。创建国家现代农业示范区，打造一批现代农业产业园区，鼓励农业对接资本、建立品牌、提升品质、集约发展，实现以发展推动繁荣、以繁荣保障稳定。

——改善民生共享成果。坚持发展为人民的宗旨，不断改善提升民生事业水平，扎实推进精准扶贫，让广大群众共享改革发展成果。一是优化社会保障体系。构建更公开、可持续的社会保障体系，健全就业服务，优化社会救助，发展慈善福利事业，提升群众的幸福感和获得感。二是构建多元化公共服务供给机制。开展“健康顺德”行动，加快建设美丽文明村居，优化分级诊疗，引导公共资源向村（居）延伸，提升社区服务功能，为群众提供触手可及的服务便利。创新公共服务供给模式，鼓励社会力量参与公共事业建设。三是建设安全和谐社会。继续推动公安系统改革，完善立体治安防控体系，强化打防效果，提高环保、安全生产、食品药品安全等统筹治理能力，使城市更加美丽。

——坚持党建统领全局。要实现既定目标、确保社会大局稳定，坚持党的领导、全面加强党的建设、全面从严治党、建立各项制度保障，是所有工作的关键。一是加强基层组织建设。攻坚任务和重大项目集中在基层，基层是落实的主战场。要深入推进“两学一做”学习教育，强化“四个意识”，严明党的组织纪律和政治规矩，压实书记第一责任人的责任，深入精准整顿软弱涣散基层党组织，提升基层党组织驾驭能力，保障各项任务能够顺利完成。二是完善驻点直联制度。转变发展方式和提升城市形态，离不开群众的理解和支持。必须强化直联工作，将村级工业园整治提升等重点工作纳入联系群众机制，强化引导、化解矛盾、共享发展。三是发挥党统领各方作用。支持人大、政协开创性工作，积极推动司法体制改革，做好宣传、统战、武装、政法、群团等工作，凝聚各方共识，汇聚强大的社会合力，共同

◎图 2　2017 年 4 月 24 日，中德工业城市联盟第三次全体会议在德国汉诺威展览中心举行

推进顺德开放创新。实施党建“龙腾计划”，培育“两新”党建示范点、抓好重点企业党组织建设，增强党组织的凝聚力和战斗力。

——建立一支坚强的干部队伍。坚持正确的用人导向，在攻坚克难中考验干部、锻炼干部、发现干部，在大干快干中培养一批“廉洁、勤学、善思、敢为”的干部，锻造一支坚强有为的队伍，确保战略目标的实现。一是营造敢担当想干事氛围。坚持“严管、厚爱、真诚”，健全激励机制和容错纠错机制，坚决消除等待观望、埋怨抵触等负面情绪，纠正“干得多错得多”的错误观念，让“不干没错”的干部在顺德没市场，把敢改革、善创新的干部用起来，使想干事、干成事成为常态。二是强化快干实干意识。机遇是抢回来的，成绩是干出来的，在激烈的区域竞争中，两军相遇勇者胜。要创新重点项目推进机制，各级党员干部要率先垂范、勇闯善为，为顺德屹立珠三角做出新的贡献。三是注重干部培养。采取“请进来”和“走出去”的方式，加大干部培训力度，让干部拥有国际视野，跟上企业国际化步伐，增强解决问题、难题的意识和能力。四是完善干部交流机制。围绕重点任务加大干部交流力度，充实基层一线阵地，对于招商引资、城市建设等专业部门，更要创新机制，吸纳优秀专业人才。

◎图 3　2017 年 10 月 12 日，顺德区在碧桂园举办机关党员国际化视野培训

——深入推进党风廉政建设。严格履行党委主体责任和纪委监督责任，使勇闯善为成为主流、严管自律成为常态、制度建设成为保障，构建有顺德特色的惩防腐败体系。一是让干部轻装上阵。一方面要从过去一些同志所犯的错误中深刻吸取教训，依法依规处理好各种问题和错误，完善制度，强化监管，增强法治意识，防止重犯；另一方面要实事求是地看待一些同志在特定历史背景下的失误和不足，坚持“三个区分”原则，加强教育引导，大胆使用，让大家轻装上阵、大胆前行。二是加强制度建设。从制度入手建立长效防范机制，重点完善标后监管、土地交易、农村集体资产管理等制度，为队伍攻坚克难构建坚强有力的安全防范体系。三是加大反腐力度。加强专项巡查监督，加强对财政资金、土地管理、工程建设、教育卫生等领域的监督监管，坚决破除“潜规则”。保持反腐高压态势，坚决查处违法违纪案件，以反腐倡廉实效取信于社会。四是加强作风建设。整治“为官不为”，为任务的落实提供强有力的政治保障和纪律保障。推进廉洁文化建设，纠正“四风”及行业不正之风，营造风清气正的发展环境。

同志们，回顾顺德改革开放近四十年，我们遇到过不少困难与挑战，但始终坚持用“开放改革”这个制胜法宝，化危为机，创造了一项又一项奇迹，成就令人骄傲与自豪。面对国家建设粤港澳大湾区重大机遇，错过就是罪过！我们必须更加紧密地团结在以习近平同志为核心的党中央周围，拿出对历史负责、对顺德负责的勇气和担当，战略坚定、队伍坚强，勇闯善为、凝聚力量，带领全区人民共同创造顺德新辉煌！

# 政府工作报告

## ——2017 年 3 月 28 日在佛山市顺德区第十六届人民代表大会第二次会议上

佛山市顺德区人民政府区长　彭聪恩

### 2016 年工作回顾

2016 年，我们在上级党委政府和区委的坚强领导下，团结带领全区人民，坚定实施“开放引领、创新驱动”发展战略，抓重点、破难题、抢速度、促发展，在应对新挑战中开创新局面，在把握新机遇中施展新作为，推动顺德经济社会发展的质量和效益全面提升，重点任务和项目取得突破性进展，较好地完成了各项目标任务。连续五年位居全国市辖区综合实力百强首位，第八次获评“中国全面小康十大示范县市”。全年实现地区生产总值 2793.2 亿元，增长 8.4%；全社会固定资产投资 764.9 亿元，增长 18.9%；地方一般公共预算收入 201.8 亿元，增长 7.85%。

**过去一年，我们坚持开放引领，建机制、抓重点，城市竞争力逐步提升。**

片区发展渐入佳境。按照“发展统筹向上、社会管理向下”的原则，三大片区管理机制初步建立，片区一体化发展格局基本奠定。北部片区科学制定发展规划，启动广州大学城卫星城规划建设，与华南理工大学等 8 所高校签订合作框架协议，高端人才加快聚集。东部片区启动城市综合开发项目建设，进一步提升区域集聚力和对外影响力。西南片区成立管委会，有效拓宽发展空间，冲刺国家级高新区。

基础设施建设实现突破。佛山轨道 1 号线二期建成运营，广州地铁 7 号线西延顺德段和佛山轨道 3 号线开工建设，佛山轨道 2 号线、广佛环线工程建设有序推进，佛山轨道 9 号线、11 号线、13 号线启动前期研究工作，顺德开始进入轨道交通时代。佛江高速、红旗路快速化改造等工程全线动工，广中江高速一期、乐龙路、东平隧道、新基北路二期等多个节点工程顺利通车，交通路网内畅外通。了哥山港工程建设进入收尾阶段。奎福站配套线路工程等 25 宗 110 千伏及以上输变电工程顺利开展，6 宗水利工程项目建设基本完成，光纤入户率达 75.9%。

核心要素全面发展。将教育和医疗卫生作为区域核心要素，主动牵手北京师范大学、北京外国语大学、北京科技大学、华南师范大学、南方医科大学等名校，探索合作办学办医，打造教育和医疗高地。推进顺德一中、西山小学等优质学校开展集团化办学，打造区域标杆学校；成为全省唯一经教育部确认的“管办评”分离改革试点单位；公益性、普惠性幼儿园占总数的 77%，居五区之首。公立医院全面实施财政全预算管理；社区卫生服务获全省基本公共卫生服务考核第一名；区第一人民医院搬迁、区第二人民医院项目建设工作按计划推进。

城市环境质量显著提升。统筹推进城市升级两年延伸计划，澄海路东延线景观工程等 33 个项目全部完成。以中央环保督查为契机，部署开展村级工业园环境保护、安全生产“双达标”专项整治提升，空气优良率提升至83.6%。持续推行“一河一策”整治，全面启动桂畔海水系整治工程，饮用水源水质100%达标。全区城乡生活垃圾无害化处理率100%，顺控环投热电项目建设全面提速。在全市环保考核中排名第一。深入开展创建国家森林城市工作，推进“绿城飞花”项目11个，新增改造公园绿地10个，新增改造绿化面积131.1万平方米，中心城区人均公园绿地面积达19.8平方米。

◎图4　2017年3月28日，佛山市顺德区人民政府区长彭聪恩作政府工作报告

**过去一年，我们坚持创新驱动，聚人才、重质量，转型步伐更加坚定。**

自主创新更富活力。研发经费支出占地区生产总值的3.43%，新增发明专利授权1434件，技改投入同比提升41.5%，高新技术企业达500家，同比增长115%。全面施行人才新政“30条”，目前共有“千人计划”专家5名、省级创新创业团队5个、博士超过1000名。成立科创集团，发起总规模不少于10亿元的创新创业投资母基金，打造“金科产”融合操作“一站式”服务平台。推动企业股改63家，新增上市企业1家，新增新三板挂牌企业19家。

产业升级不断加快。智能制造产业快速发展，引进工作母机[1]类项目12个，全国首个机器人学院正式落户，为全市打造国家制造业创新中心提供有力支撑。北滘“智造小镇”入选全国首批特色小镇。会展业蓬勃发展，成功举办第二届“互联网+”博览会、“装治会”[2]、“2016顺德农业嘉年华”等大型展会。生物医药产业加速聚集，依托中德工业服务区，大力建设广东省创新转化生物产业园，与南方医科大学共建生物医药创新基地。家电行业加快全产业链模式转型升级，工业设计、电子商务、现代农业等产业增势喜人。

发展后劲持续增强。招商引资成效显著，成功引进云天抗体等亿元以上签约项目86个，投资总额超690亿元。“两德”合作区建设顺利推进，累计投资总额超203亿元。加速对外交流合作，成立“中德工业城市联盟”，开启“发现顺德全球路演”活动。美的、伊之密开展海外并购，碧桂园、联塑在海外市场抢滩布点。

**过去一年，我们坚持共建共享，提标准、促和谐，民生事业再上新台阶。**

基础保障日益完善。稳定扩大就业，登记失业率控制在2.48%的较低水平。低保标准同比增长6.8%。企业职工养老金、城乡居民养老金同比分别增长6.5%和5%。连续九届获省双拥模范城市称号。超额完成省住房保障建设任务。圆满完成对口英德、连南的扶贫“双到”任务，扎实推进对口帮扶雷州、徐闻的新时期精准扶贫工作。

文化事业繁荣发展。《寻味顺德》全国热播，《鳗鱼的故事》顺利开机，进一步提升顺德知名度和美誉度。成功举办世界顺德联谊总会第十届恳亲大会。罗浮宫国际家具博览中心成为首批国家工业旅游创新单位，持续推进华侨城文化旅游综合项目，欢乐海岸全面开工建设，旅游文化创意产业迅速发展。建成147

个村居综合性文化服务中心，开展各类文化活动共7200多场次。新增4个区级非物质文化遗产项目，全面推进5个古村落活化。

社会大局安定和谐。农村工作有序开展，出台“1+10”农村政策体系，“三资”[3]平台成功交易1.2万宗农村集体资产，13个村（居）全面完成市级“五好”新村居验收工作。落实重大事项社会稳定风险评估，三级综治信访维稳平台高效运行，全区社会政治大局持续稳定。公共法律服务体系不断完善，区司法局荣立全省司法行政工作集体二等功。智慧城市建设有效推进，城市应急、食品药品安全工作不断加强。安全生产形势良好，信息化建设持续强化，“一岗双责”长效机制得到深入落实。大力开展平安创建工作，完善“大巡查”警务机制，平安村居100%全覆盖，全年刑事警情同比下降21.9%，社会治安防控体系等10项指标[4]均排名全市第一，群众安全感持续提升。

**过去一年，我们坚持依法行政，促改革、优服务，政府职能转变取得新进展。**

改革进程深入推进。完善大部制改革，调整中德工业服务区（佛山新城）管理构架。部署“一门式”改革，个人综合受理窗口全面对外服务，市民办事平均等候时间缩短一半。深化投融资体制改革，稳步推进社会信用体系建设，全市范围内率先成立国资全资的政策性融资担保公司，帮助企业融资超30亿元。清理区级政府部门行政审批中介服务29项，中介市场更加规范高效。推进社会体制改革，社会创新和服务能力不断提升，工会、团委、妇联等群团组织枢纽功能得到强化。以政府的供给侧结构性改革推动企业的供给侧结构性改革，减免税收66.7亿元，美的集团成为全国供给侧结构性改革先进典型。

企业服务科学高效。完善工作机制，建立联席会议制度，开通“顺德企业服务直通车”网络平台，企业办事更加方便快捷。针对平台型企业推出“一企一策”的个性化定制服务。构建全国首创的出口信保行业“订单保险”平台，借力金融工具为外贸企业保驾护航。大力推进口岸通关模式创新，惠及企业2000多家次。

政府建设全面加强。坚持依法行政，完善行政决策规则和程序。加强公务员队伍建设，倡导干部为官有为，创新绩效管理、公务员激励机制。进一步强化廉政风险防控，出台重大工程项目标后监管办法，强化过程审计，建设佛山重大工程廉洁风险同步预防示范区。民族宗教、粮食、工商联、残联、消防、气象、武装、编制、人防、档案、史志、邮政、口岸等工作取得新成就。

回顾2016年，这些成绩的取得，是全区上下共同奋斗的结果。我代表区人民政府，向全区广大干部群众，向省、市驻顺德单位，向人民解放军、武警驻顺德部队，向所有关心和支持顺德发展的各界友好人士表示衷心感谢和崇高的敬意！在肯定成绩的同时，我们也清醒地认识到，当前国外经济形势错综复杂，国内经济下行压力依然较大，顺德经济社会发展还存在着一些突出的矛盾和问题：产业转型任务艰巨，急需找准传统产业高端环节和新兴产业的突破口；教育卫生制度改革有待完善，尤其是优质资源急需补强；个别部门工作的系统性、合作意识不足，特别是招商工作未能形成合力，部分重点工作推进进度不如预期；干部队伍建设有待加强，部分干部工作懈怠、视野不宽、思路不清。对此，我们要进一步坚定信念、迎难而上，采取切实有力措施加以解决，推动顺德新一轮发展！

## 2017年工作部署

2017年，是全面落实建设“屹立珠三角、面向全世界的创新顺德”目标的开局之年。我们将抢抓建设粤港澳大湾区的契机，保持战略定力，坚定发展信心，朝着成为“创新、协调、绿色、开放、共享”先行示范区的方向阔步前进。

2017年政府工作思路和经济社会发展主要预期目标：深入贯彻党的十八大、十八届历次中央全会以及习总书记系列重要讲话精神，坚决落实上级党委政府和区十三届党代会二次会议的决策部署，坚定“开放引领、创新驱动”发展战略，坚守实体经济发展道路，增强“只争朝夕”的紧迫感和“慢进也是退”的危机感，全力以赴抓落实，用行动说话、用成效证明，切实提升顺德核心竞争力，提高人民生活水平。实现地区生产总值增长8.5%左右，全社会固定资产投资增长20%以上，城乡居民人均可支配收入与经济保持同步增长。

为实现上述目标，我们将着力落实好以下重点工作：

## 一、提升城市开放水平

坚定不移推进开放引领战略，融入广深、联通周边，深化区域合作，拓展城市发展格局，积极参与粤港澳大湾区核心区建设。

统筹推进三大片区建设。强化管委会统筹片区建设发展能力，优化片区与镇街分工协作机制，推动“城产人”融合发展。北部片区要重点抓好广州大学城卫星城核心区、会展城等重大项目，7月底前启动轨道站点TOD开发[5]，加快推进横五路一期、佛陈路东延线、菊花湾大桥、华阳南路等项目建设。东部片区要重点推进城市综合开发项目及五沙工业园开发，确保德胜东路改造、伦桂路二期工程年底完工通车，加速红旗路快速化改造、马岗大道提升及西延线一期等项目建设。西南片区出台核心区空间利用和产业规划，发挥生态优势做好水乡文章，加快顺德高新区扩容提质，试运营了哥山港并谋划发展临港经济，推进佛江高速公路、南国路升级改造、南沙新桥等项目。

打通对接周边城市的发展通道。围绕深中通道、港珠澳大桥谋篇布局，主动融入粤港澳大湾区核心区。确保广州地铁7号线西延顺德段全线动工。加快建设佛山轨道2号线一期、3号线顺德段，推进佛山轨道1号线三期、6号线一期、9号线一期、13号线一期以及11号线前期工作，力争9号线一期、13号线一期以及11号线在年底具备动工条件。推动广佛环线、广佛江珠城际、肇顺南城际等轨道交通建设。推进海华大桥、新均榄路、容桂外环路与中山加六线立交、105国道南头路口立交、南顺大桥等项目建设，打通对接广州、深圳、中山的关键节点。以了哥山港、国通保税物流中心为探索，构筑顺德与广东自贸区前海片区、南沙片区对接平台。

全面加快广州大学城卫星城建设。完成广州大学城卫星城总体规划、人才社区及产业社区规划，出台创新创业政策，成立广州大学城创新创业种子基金和天使联投人才发展基金，推动广州大学城卫星城核心区从社区向“城”的转变。建立人才安居工程运行机制，确保360套人才专卖房达到预售标准，提升高端人才集聚速度。制定产业社区总体建设计划，确保顺联机械城C区及公寓投入使用并启动一期改造工程，加快华南理工大学科技园顺德分园、南方医科大学生物医药创新基地项目取得实质性进展。开展广州大学城卫星城“乐活季”、创意设计系列活动，与南方都市报社共同促进文化产业发展，打造全国知名品牌。全力推进与广州学籍互认、公交互通工作。

深耕中德工业服务区等对外交流平台。发挥中德工业服务区、中欧城镇化合作示范区、中德工业城市联盟等国际合作平台的品牌效应，搭建对外合作渠道。继续在全国乃至全球不同城市开展“发现顺德全球路演”活动，促进优秀项目、投资机构与高端人才走进顺德，助推顺德更有效地参与国际产业分工。重点鼓励“三有”[6]企业参与国际产业链分工和全球竞争。

## 二、持续做强实体经济

坚守实体经济的发展道路不动摇，坚持治理、扶持、建设、发展相结合，保障产业发展空间、增强企业发展信心，努力打造粤港澳大湾区高端制造业创新龙头城市。

划定产业发展保护区[7]。年底前依照法定程序，完成产业用地总规模不少于18万亩的产业发展保护区划定工作，将除一次性收益的房地产外、符合我区产业发展规划的产业，纳入专项保护政策，确保全区产业用地规模，严防死守产业空间底线。完善“三旧”改造政策体系，加大“工改工”产业提升项目扶持力度；强化资金支持，安排产业园区建设专项资金，用于扶持产业保护区发展；调节改造项目的利益分配机制，提升改造主体积极性；支持发展产业地产，创新多层工业厂房建设模式，妥善化解历史遗留问题，多措并举推动产业发展保护区建设，拓展实体经济发展空间。

扎实推进村级工业园综合整治提升。落实村级工业园区环境保护、安全生产“双达标”三年行动计划，确保一张蓝图绘到底，让市民享受更美更优的环境，让融入大湾区的顺德更具环境优势。充分借鉴华口恒鼎工业园改造的成功经验，启动建设10个集中排放和治理的示范园区，增强改造信心。建设产业配套园区和新产业园区，发展生产性服务业，完善产业链条，降低企业参与改造成本。打造一批有发展前景、能助推产业链提升的标杆企业，提升企业发展潜力，坚定企业扎根顺德发展的信心。建立多方联动的保障机制，实行示范园园长工作制，由镇长（街道办主任）担任园长，对各自确定的年度示范园负总责；强化社会监督，支持环保公益诉讼，组织第三方机构对“双达标”工作开展跟踪测评，各级政府每年向同级人大汇报整治提升工作进展，并向社会公布。

全面加大稳商招商力度。营造政企“肩并肩、手挽手”的发展氛围，保护和弘扬企业家精神，给予企业家合理的社会认同和尊重，保护民营企业的合法财产和权利，使企业家安心经营、放心投资。珍惜现有企业资源，继续实施培优扶强工程，通过“一企一策”机制，进一步释放美的、碧桂园、联塑等平台型企业的溢出和带动效应，充实大型骨干企业后备力量，制定中小企业扶持政策，为企业扎根顺德发展和项目推进提供优质服务。抢抓大湾区经济圈发展新机遇，健全招商政策，创新招商工作机制，强化区、片区和镇街联动效应，构建“大招商、招大商、会招商”的工作格局。优化招商方式，实现从单对单的项目招商转变为系统招商、产业链招商和以商引商；建立专业招商机构和队伍，充分调动国资、社会资本及专业机构参与招商引资。争取招商引资总额超1200亿元，其中产业项目500亿元。

## 三、坚定实施创新驱动发展

立足自身产业优势，以创新集聚资源、激发活力、释放动力，加快构建创新型产业体系，全力推动产业提升，产品提质。

完善创新服务体系。加大创新要素融合互动、优化配置。强化科技创新支撑，持续实施高企培育，完善配套政策，积极引进一批科技型企业，扶持掌握核心技术或创新商业模式的中小型科技企业发展壮大，力争高新技术企业达到700家以上。加快实施“十百千万人才工程”[8]，动态优化人才政策；结合企业、行业、产业发展实际需求实施精准引才育才。创新金融科技服务体系，完善全省首个资本市场信息服务系统。把握“去杠杆”机遇，争取撬动100亿资金扶持企业并购重组。调动80家以上企业进行股改，力争主板上市企业新增2家以上，新三板挂牌企业新增25家。

加快创新载体平台建设。将特色小镇作为创新驱动发展战略的新支点、产业发展新载体、文化内涵新符号，重点推进10个特色小镇建设。推动中德工业服务区、顺德高新技术产业开发区和广东顺德清远（英德）经济合作区错位发展，提升科技服务和配套水平。强化公共创新平台，推动骨干企业的高端创新平台开放共享。筹建德国汉诺威佛山机器人学院，积极应对库卡在中国布局第二个生产基地的发展意向。加快建设广东省智能制造产业示范基地、国际创新转化生物产业孵化中心等项目，构建智能制造、生物医药发展平台。出台会展业发展扶持政策，推进潭洲国际会展中心二期及配套工程建设，加快打造会展城。建设陈村花卉世界和东海绿岛[9]国家级现代农业示范区核心区，打造现代农业发展平台。

加速产业转型步伐。将创新驱动与产业转型紧密结合，持续释放增长动力。继续开展技术改造事后奖补工作，实施智能制造100家企业推广应用工程，大力建设珠西产业带。引导企业发扬“工匠精神”、依托“互联网+”，开展技术改造和模式创新，主动向产业链和价值链高端延伸。聚焦知识经济，大力发展现代会展、智能制造、生物医药等新兴产业，鼓励节能环保、跨境电商、工业设计等新业态发展，加快形成新的经济增长极。

## 四、全面强化城市软实力建设

围绕向广州、深圳看齐的目标，深入实施教育、医疗、文化资源整合提升，继续推进城市软实力的品牌化建设，切实提高城市的综合竞争力。

深化教育综合改革。加大与优秀平台的合作办学力度，加快京师励耘实验学校、华南师范大学附属顺德北滘学校、北京科技大学顺德研究生院、北京外国语大学南方研究生院建设。整合区域内部教育资源，合理布局学校网点。实施初中教育提升工程，全面提高初中教育质量。开展中等职业学校片区集团化办学，扩大顺德一中集团化办学范围。推动南方医科大学顺德校区全学段办学。着力提升教师队伍整体水平，深化教育教学改革。完善区镇两级教育工作机制，深化招生制度、后勤管理、“管办评”分离、激励考核等体制机制改革工作。

加快建设卫生强区。加强与高端医学院校的合作办医，推动南方医科大学顺德医院建设成为省内综合医院排名前30强、广州中医药大学顺德医院建设成为全省中医康复标杆医院。构建科学合理高效的医疗资源结构，完善分级诊疗制度，推动医联体建设。稳步实施公立医院医疗服务价格调整，推动医保支付制度改革试点工作。深入推进“以案治本”工作，规范药品、耗材、器械等供应链管理。实行“管办”分离的公立医院发展模式，探索建立理事会等多种形式的公立医院法人治理结构，建立现代医院管理制度。提升计划生育服务质量，落实计生考核的各项指标。

塑造城市特色文化。精耕“好学顺德”“顺德好人”系列品牌活动，着力提升社会文明程度。加强对以水乡民俗文化为代表的顺德传统文化的研究和推广，不断提升顺德文化影响力。加快文化、产业、旅游相融合，力争在三大片区各打造一个龙头项目，形成各具特色的文化发展新格局。依托潭洲国际会展中心，举办融合文旅产业对接、文创展示和美食节于一体的创意城市博览会。充分利用广州大学城卫星城周边文体场馆，与广州大学城高校开展互动式文化交流活动。

## 五、打造和谐共享幸福顺德

持续保障和改善民生，是改革发展的最终目的。要以保基本、兜底线、促公平、可持续为准则，不断提高民生保障水平，让市民享有更多的获得感、安全感、幸福感。

加强社会保障和服务。继续实施“乐业暖万家”工程，稳定和扩大就业范围。抓好创业孵化基地建设和管理，以创业带动更好就业。整合职工和居民医疗保险，推进机关事业单位养老保险制度改革。推动公办养老机构社会化改革，加快社区养老发展，提升居家养老服务水平和质量。整合社会救助资源，实现公平合理救助。加快推进残疾人服务机构建设，完善残疾人康复体系。构建慈善救助新模式，促进慈善事业健康发展。强化社会参与，做好新时期精准扶贫精准脱贫攻坚工作。加大社会组织和社工人才培育力度，提升社会服务能力。

建设平安顺德。深入推进平安创建活动，健全立体化治安防控体系，推动社会治理网格化建设，提升治安管理水平。切实做好社会矛盾纠纷化解工作，确保社会大局稳定。构建具有顺德特色的现代公共法律服务体系，全面提升公共法律服务质量。强化安全生产“一岗双责”，深化重点领域安全生产专项整治。夯实食品安全监管工作基础，全力创建国家食品安全城市。加强应急能力建设，完善应急管理体系。提高重点传染病和突发公共卫生事件的预警和应急能力，防止出现重大公共卫生事件。

推动绿色智慧发展。有序

推进生态文明示范区建设，完成8个镇街创建国家生态文明建设示范镇的目标。深化大气污染防治，将高污染燃料禁燃区范围扩大至全区10个镇街的建成区。提升水环境质量，推动桂畔海水系综合整治工程。开展创建国家森林城市、“绿城飞花”等工作，重点抓好潭洲水道、德胜河一河两岸等生态景观工程建设。深化智慧城市建设，推进智慧顺德综合信息平台、云计算中心、综合应急指挥中心等信息化项目，实施政府数据资源统筹管理。

完善基层治理。落实农村“1+10”系列政策，加快农村建设，加强农村管理。全面推进美丽乡村[10]建设，每个镇街建设1个以上社区营造示范点。严格规范农村集体“三资”管理，稳步推进农村土地承包经营权确权登记颁证工作。加快理顺“两地”问题，兑现征地留用地710亩，切实保障农民的合法权益。抓好村居“两委”换届选举工作，维护基层稳定大局。今年，我们还将集中力量办好十件民生实事，让市民更加充分享受改革发展成果。

## 六、为推动高效落实提供坚实保障

2017年是“落实年”，我们要把狠抓落实作为今年工作的重中之重，全面强化政府执行力建设，形成“马上就办、立即就干”的干事创业氛围。以实干，托起明天的梦想。

完善落实机制。紧紧围绕“开放引领、创新驱动”三年行动计划，扎实推进161项重点建设项目，实行战略项目化、项目时间化、时间节点化，严格将目标任务落实到人。加强三大片区统筹力度，强化部门联动协作合力。着眼于发现和解决问题，创新跟踪问效方式，完善定期报告制度。推进绩效考核精细化，拓展绩效管理结果运用，强化绩效管理的指挥棒作用。

强化落实队伍。要牢固树立正确的用人导向，加强干部监督管理，对懒政怠政者要及时予以调整。开展多种形式的专题培训，鼓励干部“走出去”学习，提升干部抓落实的能力。探索在专业性较强的机关事业单位招聘特聘岗位人才，让专业的人做专业的事。

确保落实规范。深入推进依法行政，严格按照法定权限和程序履行职责。严格执法人员管理，规范行政执法行为。加强政府法律顾问工作，强化重大行政决策程序。推进政府信息主动公开基本目录建设，提高政务公开工作制度化标准化水平。深化“一门式一网式”政务服务改

[1] 工作母机：制造机器和机械的机器。

[2] “装洽会”：珠江西岸先进装备制造业投资贸易洽谈会。

[3] “三资”：资金、资产、资源。

[4] 10项指标：社会治安防控体系建设、“两抢”破案率、涉毒犯罪打击成效、涉盗抢犯罪打击成效、涉电信诈骗犯罪打击成效、涉金融领域犯罪打击成效、打击防范“双轮”专项行动、“一长四必”现场勘查工作机制考核、指挥调度工作效能、信息报送工作。

[5] TOD开发：以公共交通为导向、站城一体化的开发模式。

[6] “三有”：有市场、有技术、有发展前景。

[7] 产业发展保护区：为保障我区产业用地总体规模，依照法定程序科学划定的保护区域，将除一次性收益的房地产外、符合我区产业发展规划的产业，纳入专项保护政策。

[8] “十百千万人才工程”：与10所国内外知名高等院校建立人才合作机制，建成100个科技金融产业融合发展创新平台，引进1000名（个）以上领军人才（项目），吸引10000名以上高端人才落户。

[9] 东海绿岛：指均安南沙—杏坛海心沙综合体。

[10] 美丽乡村：指满足“生产发展、生活宽裕、乡风文明、村容整洁、管理民主”等具体要求的社会主义新农村。

[11] “四风”问题：官僚主义、形式主义、享乐主义、奢靡之风。

革。

加强落实监督。自觉接受人大及其常委会的法律监督和工作监督、主动接受政协的民主监督、重视社会和舆论监督。完善公共资源交易、工程建设项目监管等重点领域的微观制度建设，强化制度监管。创新性开展政府投资建设重大工程项目标后监管，推进廉洁试验区建设。加强廉政建设，坚决防止“四风”问题[11]反弹。加大重大政策措施、公共资金、重大工程、国有资产、领导干部经济责任审计力度。

# 佛山市顺德区人民政府2017年十件民生实事

优生优育。推进孕前优生健康检查，检查任务完成率达100%；为孕产妇免费实施孕期基本医疗保健服务，产前医学检查率达98%。开展免费新生儿遗传代谢性疾病筛查和听力筛查，筛查率均达95%。扎实推进科学育儿项目，村居项目开展覆盖率达50%以上。

教育惠民。推进新建小区配套幼儿园建设，新增普惠性幼儿园学位不少于2000个。加快顺德京师励耘实验学校、华南师范大学附属顺德北滘学校、西山小学高新区学校等标杆学校的新建工作。

文化共享。进一步完善基层综合性文化服务设施建设，提升和完善5个基层自助图书馆，举办12场“德胜读书会”阅读分享会活动，新建或改造10个社区体育公园。

食品安全。深入实施“电子支付＋检测追溯＋食品安全责任保险”项目，构建辖区食用农产品安全监管体系。加大“四品一械”监督抽检力度，累计抽检达到3100批次，对抽检不合格的产品及企业处置率达100%。

就业提升。推广应用“顺德就业通”微信服务平台。新增2家以上具有综合孵化服务功能的区级创业孵化基地。完善技能人才培养机制，推行以竞争性分配形式开展新兴（支柱）产业存量技能人才培训项目工作。

社会保障。继续推动公办养老机构试点社会化改革工作。积极促进慈善救助，推进支出型贫困家庭医疗救助，进一步加大对因病致贫家庭的帮扶力度。引导慈善类社会组织有效运行。

便民服务。升级区行政服务中心智慧服务大厅功能。将“因私护照”及“边防证”业务下放至镇街一级出入境窗口办理，提升群众现场办事体验；完善“顺德百事通”各类信息查询服务功能。

治安提升。完成不少于1000路一类高清视频监控点升级，接入地市级视频云平台进行深度应用，提升全区社会治安防控效能。建立1个戒毒社工办事处、10个镇街戒毒社工工作站，积极帮助吸毒人员恢复健康、回归并融入社会。

生态家园。在大良、陈村辖区内选取3个试点村居完成城中村和旧居民社区改造升级工作。完成容桂、伦教辖区的城市棚户区（城中村）239套住房改造、全区32个以上省级绿色村庄创建、38个试点村居的村级工业区环境整治任务。继续推进伦教、勒流生活垃圾中转站建设工作，确保压缩设备投入试运行。

公交优化。开通我区至广州市的定制公交；开通北部片区人才集聚区至南海金融高新区的跨区公交快线。优化区内至广州南站的公交线路。在容桂街道投放1000台公共自行车，实现我区十镇街公共自行车服务全覆盖，完成公共自行车系统一卡通改造工程。

# 佛山市顺德区人民政府2016年十件民生实事落实情况

市民健康。全区二级、三级公立医院基本药物销售额比例均达省级标准。探索医院+社区卫生服务机构的区域协作模式，促进优质医疗资源下沉。为8544名65岁及以上老年人、35231名三岁以下儿童分别提供免费的中医体质辨识服务和中医药儿童调养服务。回收过期药品共约1600个品种。

优生优育。落实叶酸增补工作，派发叶酸27203人份；为10091对夫妇提供了免费孕前优生健康检查服务，孕产妇产前筛查数28006例，新生儿疾病筛查数29069例，听力筛查数28777例。在全省率先推出科学育儿规范化管理，100%的镇（街道）和30%的村（社区）已开展科学育儿项目工作。

文化共享。举办20场公益周末艺术现场活动，每场上座率均达90%，惠及观众超过1万人次。完成容桂上佳市、大良新滘、大良顺峰社区、乐从新隆村等4个村（社区）综合性文化服务中心提升工作。进一步普及体育基础设施，全年建成23个社区体育公园和13个足球场。

教育惠民。提高公益普惠幼儿园生均公用经费至700元/年，完成23所幼儿园上等级评估（含复评），16所幼儿园完成省规范化督导验收工作。郑裕彤中学、华侨中学新增优质学位共280个。基本实现区属普通高中和部分中职学校近1000间课室、近4000间宿舍空调配置全覆盖。

食品安全。在全省率先开展餐饮食品安全“你点我抽”阳光抽检活动，对食品生产、流通及餐饮服务三个环节抽检累计达到3087批次。全区实施“明厨亮灶”餐饮服务单位达1673家；启动餐饮安全“311示范工程”建设，成功创建4条区级食品安全示范街和136间区级餐饮服务食品安全示范单位。

社会保障。为889名经济困难高龄失能老年人发放补贴；整合社会养老服务资源。将非本区户籍居民纳入临时救助范围，全年为6991名符合条件的困难群众发放临时救助775.4万元，为10284名低收入居民发放临时生活补贴605.9万元。

就业促进。推进乐业暖万家工程，城镇登记失业率控制在2.48%的较低水平。区镇联动开展“技能人才成长月”活动，选拔认定“顺德区岗位技术能手”，推动骨干企业开展技能人才自主评价。评审认定12家区级创业孵化基地。

公交优化。新开通均安至江门荷塘、容桂至中山东凤的跨市线路。完成37条线路500台公交车安装车载WiFi、14条公交线路车辆安装银联闪付卡、验收40个电子公交站牌。更新及新增550台新能源公交车，完成800台出租车更新任务，安装智能一体机。

便民服务。拓展区行政服务中心智能服务大厅便民服务功能，为市民提供多渠道预约、统一排叫号和满意度评价服务，日均接待群众2200人次、业务预约676人次。新增“顺德百事通”APP居民健康档案查询、医疗预约挂号、政务咨询及行政投诉等17个应用功能，平台注册用户量18726人，注册服务型商家数量1149家，访问总量达185246次。

治安提升。继续完善立体化治安防控体系，全区共安装“猫眼”社会视频18003个，建成警务e超市210个、“门禁+视频”41506间，将原有203个警务室细化划分为348个警务室，建成环佛、环顺“护城河”警务执勤点72个，结合大巡查和每周清查机制，切实提高路面“三见”率和管事率，“两抢”警情从上半年日均4起减少至下半年平均每周不到1起，全年达到190天零发案，防范和打击跨区流窜犯罪取得显著成效。

# 2017年大事记

2017年9月30日，“世界美食之都”——2017顺德（华侨城）美食节在大良德胜广场举行

## 1月

**5日** 顺德区知识产权局获“全国专利系统先进集体”称号。

**是日** 顺德区邮政局伦教分局借鸡洲生肖原地邮局成立契机，首发“丁酉年生肖”原地封和首日封。

**6日** 顺德区企业上市工作动员大会在华桂园召开。

**7日** “2016年学生喜爱的大学校长”颁奖会暨大学校长论坛在顺德举行。

**9日** 中共中央、国务院在北京举行2016年国家科学技术奖励大会，广东申菱环境系统股份有限公司承担的“地铁环境保障与高效节能关键技术创新及应用”项目获国家技术发明奖二等奖，广东精艺金属股份有限公司承担的“复杂表面热功能结构形貌特征设计与可控制造关键技术”项目获国家科学技术进步奖二等奖。

**12日** 广东省医学3D打印应用转化工程技术研究中心顺德基地落户乐从医院。

**16日** 顺德区召开城市管理和美城行动年度总结大会，计划投入25.58亿元，争取桂畔海水质2019年达标。

**17日** 阿里巴巴华南大区轻创项目跨境电商创业者基地落户乐从物联创智谷。阿里巴巴计划携手顺德区政府、物联创智谷共同打造阿里巴巴新外贸示范区。

**18日** 《顺德区环境保护“党政同责、一岗双责”责任制实施办法》印发，首次将党委环保工作纳入到考核中，区委书记、区长同时担任区环境保护委员会主任，按照“管发展必须管环保、管生产必须管环保、管行业必须管环保”的原则，明晰党委政府部门职责，明确镇（街道）、区有关部门环保职责和监督考核办法。

**是日** 北滘镇南源花园富逸楼5幢702号住宅发生液化石油气泄漏爆炸事故。导致380间房屋受损，其中52间受损较重，1人轻伤，1人重伤。

**20日** 容桂建业中路完工，全长约为3km，从碧桂路跨线桥红绿灯起，接驳桂洲大道、建业西路，终点在外环路。

**22日** 穿过东平河连接禅城澜石和乐从小布的汾江路南延线东平隧道通车。

**是日** 《佛山市顺德区促进生物医药产业发展实施办法》印发。

**23日** 东乐路延伸线试通车，连接碧桂路。

**24日** 《顺德区村级工业园区环境保护、安全生产“双达标”三年行动计划》印发。

**是月** 葛岸村被国家减灾委、民政部评为“全国综合减灾示范社区”。

## 2月

**4日** 2017年“德国iF产品设计奖”(IF Product Design Award)获奖作品公布，顺德DTC东泰五金集团的“一扇牵”可调速阻尼铰链获“德国iF产品设计奖”。

**6日** 2016年佛山市环境保护“一岗双责”责任制年度考核结果显示，顺德获优秀等次，年度得分91分，排名五区第一。

**10日** “顺德就业通”微信就业服务平台上线。

**14日** 中共顺德区委、区政府在佛山市迎宾馆举行重大招商项目签约仪式，签下六大项目，投资总额近85亿元，包括天劲新能源科技公司新能源汽车锂离子动力电池产业基地项目、盈峰环境科技集团环境产业园项目等。

**是日** 碧桂园集团杨国强和杨惠妍捐资1亿元启动“惠妍教育助学基金”，资助顺德贫困孩子上学，捐赠仪式在北滘广教小学举行。

**15日** 顺德区法院与区公安局成立联动执行工作室，办公室设在顺德区公安局五楼。

**16日** 顺德区政府与广州中医药大学签订《佛山市顺德区人民政府 广州中医药大学合作共建佛山市顺德区中医院框架协议书》。双方计划合作共建顺德区中医院，该院更名为“广州中医药大学顺德医院”，由广州中医药大学按照直属附属医院标准运营和管理。

**17日** 顺德区政府与中国邮政集团公司佛山市顺德区分公

◎图 5　　2017 年 2 月 17 日，顺德区“政企携手，共创食品消费安全暨电子支付 + 检测追溯 + 食品安全责任保险”项目启动仪式举行

司、上海仪电溯源科技有限公司、广州银联网络支付有限公司佛山分公司、中国平安财产保险股份有限公司佛山分公司在华桂园签约，在全国首启“食品消费安全暨电子支付 + 检测追溯 + 食品安全责任保险”项目。市民买菜通过收费小票上的二维码，就能获悉食用农产品和散装食品的安全检测情况及上游供货信息，并自动对接食品安全责任保险。

**20 日**　顺德法院诉讼服务中心启用。该中心为群众提供法律咨询、法律援助、调解引导、文书送达、材料收转、递交诉讼材料等服务。网上立案功能同步上线，群众在家中或到诉讼服务中心都可以自行完成立案申请。

**21 日**　国家汽车质量监督检验中心在广东富华机械集团有限公司挂牌成立。

**是日**　容桂街道举办一年一度“观音开库”民俗活动。

**23 日**　2017 广州国际旅游展在琶洲会展中心举行，南番顺旅游联盟参加该次展览。

**是日**　“2017 顺德大良——深圳招商路演暨中介招商对接会”在深圳南山区软件产业基地举行，来自深圳、顺德以及其他地区的创新企业、中介服务机构等近 300 人参加。

**是日**　华南师范大学附属顺德北滘学校筹建办公室揭牌仪式暨项目建设发布会在北滘文化中心举行。

**24 日**　顺德创意产业园获“国家级孵化器”称号。

**25 日**　省地共建（容桂）烘焙产业孵化基地在容桂原动力产业园挂牌。

**26 日**　第二届公益慈善嘉年华在花卉世界举行。活动由五大部分组成，包括公益徒步、公益慈善项目摊位展示、舞台节目义演、创意集市义卖、美食展示。

**27 日**　中国共产党佛山市顺德区第十三届纪律检查委员会第二次全体会议在区行政大楼会议中心礼堂召开。

**28 日**　顺德区政府与南方医科大学签订《南方医科大学顺德区人民政府共建南方医科大学顺德医院协议》。顺德区第一人民医院（包括附属杏坛医院、附属陈村医院）交由南方医科大学负责运营管理，更名为南方医科大学顺德医院，纳入南方医科大学直属附属医院体系。

## 3 月

**1 日**　零时起至 6 月 30 日 24 时为珠江禁渔期。

**2 日**　顺德华侨城打造公共艺术空间，“盒子美术馆”落户顺峰山公园。

**6 日**　顺德区政府与南方都市报社在华桂园签订框架协议，双方在区域形象宣传策划、大数据应用、文化产业以及文艺活动等方面展开全方位合作，协同推进广州大学城卫星城建设。

**11 日**　中国顺德家居五金协会和中国乐从家具协会代表团数十人，参加印度尼西亚家具及木制工艺品展 IFEX2017 开幕式。在开幕式上，顺德家居五金协会执行会长霍泰安代表协会与印尼家具协会进行战略合作签约。

**13 日**　顺德组织环保、安监、公安、消防、供电、供水等部门组成联合执法队伍在全区开展村级工业园区安全生产、环保“双达标”整治专项执法行动。

**是日** 南沙港铁路项目施工单位进驻均安镇凫洲河段开展河道打桩施工，均安段施工正式开始。

**19日** 由广东省科协、教育厅、团省委等联合主办的第32届广东省青少年科技创新大赛闭幕。唯一以区组队参赛的顺德代表队获16个奖项，其中一等奖5项。

**是日** 因佛山地铁3号线施工需要，对东乐路人行天桥进行围蔽和拆除。

**22日** 阿里巴巴顺德产业带（北滘）运营中心成立。

**是日** 美的安川服务机器人制造基地在美的全球创新中心举行启动仪式。

**23日** 中国共产党佛山市顺德区第十三届代表大会第二次会议在区行政大楼会议中心召开。会议主题为“战略坚定、队伍坚强，勇闯善为，共同创造顺德新辉煌”，大会听取和审议区邦敏代表区委作的工作报告，并审议《中共佛山市顺德区委关于深入推进全面从严治党的决定》。

**27日** 2017年顺德区村（社区）“两委”换届选举工作启动。

**27—28日** 政协佛山市顺德区第十四届委员会第二次会议召开。会议同意区政协常委会工作报告和提案工作报告，听取和讨论区政府工作报告，审议通过大会决议。

**28—29日** 顺德区第十六届人民代表大会第二次会议在区行政大楼会议中心召开，区长彭聪恩向大会作政府工作报告。

**30日** 摩拜单车登陆容桂，首批4000辆自行车陆续在容桂主要街巷投放。同时，在公交接驳换乘点、产业园区、商圈等地设立23个共享单车停放点，规范共享单车停放。

**是日** 陈村镇大学城卫星城产业社区启动。陈村镇与猪八戒网合作，以园区平台为载体，筛选和聚集优质服务，形成品牌升级和科技升级的综合服务能力，为传统优势产业升级转型服务，带动珠江西岸区域的产业融合、资源集群效应。

## 4月

**1日** 伦教东部教育集团挂牌成立。伦教计划探索集团化与九年一贯制办学模式。

**是日** “2017双鱼长虹·广东省女子篮球联赛”在均安篮球馆举行，顺德爱得乐女篮获得冠军，卫冕成功。

**7日** 中国共产主义青年团佛山市顺德区第二十次代表大会在顺德区行政大楼会议中心礼堂召开。

**12日** 顺德区区长彭聪恩主持召开区政府常务会议，审议通过《顺德区人才入户管理办法》。

**是日** 北滘港启动创建“动植物检验验疫规范化建设示范口岸”。

**是日** 2017年顺德五金机电及焊接切割展在顺联机械城开幕。该展为期3天。

**14日** 顺德在华桂园举办“2017企业全球化和人才战略发展峰会”，旨在搭建交流平台，为顺德的产业、人才全球化提供支持和帮助。

**15日** 第121届广交会在广州开幕，顺德有201家企业参展，顺德企业携智能产品开拓“一带一路”市场。

**是日** 第十五届华语文学传媒大奖文学周暨广州大学城卫星城“文学季”系列活动在顺德区图书馆启动。

**18日** 顺德家具品牌联盟主席周振扬等一行走访位于格鲁吉亚的新疆华凌项目，双方签订战略合作协议，顺德家具馆落户格鲁吉亚。

**20日** “发现顺德·全球路演”首次在德国汉诺威举办。中共佛山市委常委、顺德区委书记区邦敏率团参加，美的集团股份有限公司董事长兼总裁方洪波等顺企代表也一同前往，政企携手在全球推介顺德。

**是日** 顺德区政府与广东医科大学举行签约仪式，双方计划共建广东医科大学附属妇女儿童医院（合作医院为区妇幼保健院和伦教医院）和广东医科大学附属第三医院（合作医院为龙江医院）。

**22 日**　美国商会亚太地区峰会代表团一行到顺德区进行商务考察及交流活动，以寻求未来更多的合作空间。代表团成员来自亚太地区 23 个国家及地区的 29 个美国商会。

**是日**　第十五届华语文学传媒大奖在顺德北滘文化中心揭晓，著名诗人、作家于坚获“2016 年度杰出作家”称号。

**24 日**　广东省公安机关出入境管理部门全面受理电子往来台湾通行证的申请，顺德首发电子往来台湾通行证。

**是日**　2017 年德国汉诺威工业博览会开幕，由顺德发起组织的中德工业城市联盟的 31 座代表城市、43 家企业抱团展示。

**25 日**　大良街道在全区率先实施“九年一贯制”办学，凤城初级中学与大门小学合并为凤城实验学校。

**26 日**　顺德区警察林静在广州军区广州总医院捐献 280 毫升造血干细胞混悬液，成为全区首例女性造血干细胞成功捐献者。

**28 日**　广东检验检疫技术中心与顺德检验检疫局综合技术服务中心签署《综合技术服务中心业务合作框架议》，原顺德检验检疫局综合技术服务中心正式成为广东检验检疫技术中心的分中心。

**是月**　佛山首个智能导税机器人在顺德区国税局办税大厅上岗。

## 5月

**4 日**　顺德区劳动争议诉调对接工作室在顺德区人民法院诉讼服务中心揭牌。

**5 日**　佛山携手凉山奔小康——对口扶贫协作“爱心项目”推介会（顺德区专场）在顺德演艺中心举行。

**8 日**　顺德区政府与暨南大学举行签约仪式，合作共建暨南大学附属顺德医院（合作医院为区第二人民医院）和暨南大学附属口腔医院（合作医院为大良医院）。

**9 日**　广东省健康医疗大数据产业园开园。广东省健康医疗大数据产业园是顺德区政府与南方医科大学战略合作的重要组成部分。

**是日**　中国农业银行广东省分行与顺德区政府在顺德农行新办公大楼举行 500 亿元战略框架合作签约仪式。

**是日**　广东永通起重机械股份有限公司股票在“新三板”挂牌。

**10 日**　顺德区古村落文化活化升级与美丽文明村居文物活化工作会议在勒流龙眼村举行。

**12 日**　顺德东部新城举行新逢沙小学奠基仪式暨东部新城土地出让推介会。

**13 日**　顺德区首届中学生社团文化节在顺德一中启动。

**18 日**　顺德召开小微企业安全生产标准化达标启动大会。

**19 日**　第二届顺德互联网大会暨顺德跨境电商高峰论坛在容桂举行，活动搭建“互联网+”创新生态平台。南宏跨境电商产业园同日开园，顺德通过整合资源，连通产业链，打造跨境电商生态圈。

**26 日**　顺德区政府与广州医科大学签署合作协议，双方合作把顺德区乐从医院建设成为广州医科大学附属顺德医院。

**是日**　南江中学重建工程奠基仪式在南江中学原址体育场举行。

**是日**　顺德和中山两地政府投资建设的大岑头涵闸拆除围堰全面通水，桂洲水道与大岑沥实现贯通。

**27 日**　顺德区政府与广州市交通委员会签订《促进广佛公交同城化框架协议》，双方计划以顺德北部片区为试点，通过以城市轨道交通和地面公交为切入点，打造对标世界级大都会区的广佛“超级城市”圈。

**是月**　顺德区政府与汉诺威米兰展览（上海）有限公司签署三年合作协议，共同承办中国（广东）国际“互联网+”博览会。

**是月**　大良街道、北滘镇、乐从镇在顺德区内率先引入共享汽车。乐从镇分别在交通中心、乐从医院、中欧中心以及保利东湾北站设置 4 个停车租赁点，首批投放 8 辆新能源纯电动共享汽车，每个停车租赁点放置 2 辆。

## 6月

**3日** 广彩非遗传承基地（何丽芬广彩大师工作室）揭幕仪式暨顺德区文博单位合作基地挂牌仪式在北滘碧江小蓬莱艺术馆举行。

**5日** 顺德区政府与广东药科大学签订框架合作协议，双方将共建广东药科大学（顺德）科技园。科技园将落户顺德高新区，整合顺德产业资源与广东药科大学在科研、技术、人才等优势，吸引更多的优质生物医药企业落户顺德，推动顺德生物医药产业的集聚发展。

**6日** 广东医科大学附属妇女儿童医院举行揭牌仪式。

**8日** 顺德区环境保护政策咨询和监督委员会成立大会暨“深度融合、绿色发展”启动仪式在华桂园举行。区环境保护委员会聘任广东省社会科学院区域与企业竞争力研究中心主任丁力、环保部华南环境科学研究所副所长李开明等33名专家组成“智库”，助力顺德环保事业。

**13日** 顺德区中心血站献血服务科护士罗师媛在广州军区广州总医院捐献出330毫升造血干细胞混悬液。

**21日** 中国介质蝴蝶兰出口美国首发仪式在顺德陈村花卉世界举行。首批在顺德种植的10000株介质蝴蝶兰代表中国介质兰花启运美国。

**23日** 《顺德区严重精神障碍患者监护工作及补助办理暂行办法》正式印发。即日起，作为患者的监护人，履行不同的监护责任后，区政府将给予5000元、2000元、1000元等不同额度的补助。

**26日** 顺联集团有限公司董事长陈锐成先生捐赠1000万元，设立顺联集团“诚心育才”慈善基金，专项用于“雏鹰展翅——陈锐成沙滘小学奖教奖学项目”和“菁英护航——陈锐成乐从镇中学奖学助学项目”。

**27—29日** 顺德区发生部分公交驾驶员联名申诉活动，到区信访局集体上访，反映工资待遇和公积金等问题。

**28日** 由招商局港口控股有限公司和广东顺德控股集团有限公司联合打造的第一个内河港口——顺德新港开港试运营。

**是月** 顺德区被农业部、中央农办确定为全国农村集体产权制度改革试点。

## 7月

**1日** 零时起，佛山市全面取消药品和医用耗材加成，启动实施新的基本医疗服务价格。顺德区公立医院同步启动实施，并成立顺德区公立医院医改系统改造工作领导小组及专责的督导小组，统筹协调有关工作。

**是日** 全国第一个中小学体能训练实践基地——伦教中小学体能训练实践基地在伦教体育馆揭牌，14所中小学的体育教师一起进行“体能进校园教师教学比赛”。

**4日** 中山大学附属第六医院与伦教医院技术合作签约仪式在伦教医院举行。

**5日** 顺德区2017年食品安全宣传周现场活动在杏坛逢简举行，正式宣布在逢简水乡景区启动全省首个食品安全示范旅游区的创建工作，并颁发顺德首批食品摊贩登记卡，让摊贩能够持卡合法经营。

**9日** 顺德组织召开《大良顺峰山国家生态公园总体规划》专家评审会。顺德计划投资3亿元对顺峰山公园进行提升改造。

**10日** 日本白川町政府代表团一行到访乐从，与顺德木业商会、顺德家具协会、乐从家具协会领导以及顺德区家具生产企业负责人座谈交流。

**11日** 顺德检验检疫局实施检验检疫全程无纸化，货物通关时间由过去的1天缩减到60秒。

**13日** 顺德区政府与华南理工大学在华桂园签约，双方合作共建华南理工大学科技园顺德创新园区。该园区依托广州大学城卫星城产业社区，旨在打造成为科技企业的孵化器和科技成果的转化平台。

**14日** 顺德区召开主题为“创新资本招商·整合投融未来”的2017中国（顺德）资本招商峰会暨项目路演。会上，投融资机构与顺德区创新创业投资母基金合作成立第二批子基金17

只。

**15 日** 佛山市第九届运动会开幕式在顺德区体育中心举行。这是顺德区首次承办市运会，也是佛山市第二次将市运会交由区承办。

**15—17 日** 由顺德乐从龙舟俱乐部为班底组建的广东省男子龙舟队参加第十三届全运会首设的龙舟比赛项目，获 4 金 1 铜。

**20 日** 顺德区法院成立全市首个国土城建巡回法庭，专职集中审理征地拆迁、土地执法等诉讼案件。

**21 日** 由顺德区经济和科技促进局与中国机电产品进出口商会共同举办的“2017 中国—阿根廷家电企业贸易推介会”在阿根廷布宜诺斯艾利斯举行，顺德经贸团、阿方企业与媒体代表近 80 人参会。

**23—28 日** 德国商协会考察团一行 8 人应顺德北部片区发展建设管理委员会的邀请来访，开展“德国社区项目”考察活动。该项目拟选址顺德北部片区，将集中打造“德国企业 - 中国总部社区”和“中德工业 4.0 科技园”两个子项目，并引入总规模为 10 亿欧元的项目基金。

**25 日** 美的集团创始人何享健在顺德区公布 60 亿元慈善捐赠计划。广东省何享健慈善基金会宣布正式更名为广东省和的慈善基金会。何享健捐出其持有的 1 亿股美的集团股票和 20 亿元现金注入和的慈善基金会，用以支持在佛山本土乃至全省全国的精准扶贫、教育、医疗等多个领域的公益慈善事业发展。

**是日** 顺德区正式发布《顺德潭洲湾国际创新带规划》。

**26 日** 顺德区委、区政府在华桂园召开八一党政军座谈会。

**是日** 《顺德区促进外贸综合服务企业发展实施细则》印发，计划大力培育外贸综合服务企业。

**28 日** 顺德区第十六届人大常委会专家委员会第一次会议召开，会议给 49 名专家委员颁发聘书。专家委员会分为法律专家小组、财经专家小组、城乡建设环境与资源保护小组、教育科学文化卫生华侨专家小组。

**是日** 由珠江商报社与佛山领航自驾旅游爱好者协会共同举办的“大爱无疆”2017 顺德企业界支援凉山奉献行动，在珠江商报社举行首发自驾扶贫团出发仪式。

**是日** 由顺德自主研发的首批智能辅助办案机器人投入使用，分别交付区内十个社区民警中队。

**30 日** 顺德最高温度 38.2℃，顺德气象台自 2006 年以来首次发布高温红色预警信号。

**31 日** 顺德区与广州市番禺区共同推出涉及两地 6 个部门的 47 个跨城通办事项，主要涵盖卫计、食药监、工商质监等。

**是日** 《顺德区第一批产业发展保护区范围图（征求意见稿）》发布，初步划定首批 6.8 万亩产业发展保护区。

## 8月

**5 日** 顺德代表队在由国家体育总局拳击跆拳道运动管理中心、中国空手道协会联合举办的 2017 年全国青少年竞技空手道锦标赛中取得 2 个个人第一名，1 个集体第一名。

**12 日** 中国烹饪协会授予容桂“中华美食名镇”称号。

**16 日** 顺德首个人才专卖房项目——美的领贤公馆在顺德区行政服务中心进行首期预售房源摇珠。

**20 日** 佛山市第九届运动会闭幕式在顺德演艺中心举行。本届市运会赛场主要安排在大良、容桂、北滘、乐从、陈村等镇街，设青少年竞技体育组和学校体育组两个组别、21 个大项、556 个小项的比赛。历时近两个月，共有近 4000 名运动员参赛，顺德代表团以奖牌 498 枚，其中金牌 193 枚，总分 8565 分的优异成绩获团体总分第一名。

**24 日** 顺德区首个中西医结合类自然科学基金新闻发布会召开，宣布广州中医药大学顺德医院高卓维博士的科研项目《转位蛋白 18KDa 介导芍药苷防治脑胶质瘤的作用机制研究》获得 2018 年国家自然科学基金 20 万元立项资助。

**25 日** 广东省企业联合会、

广东省企业家协会发布2017年广东企业500强、广东民营企业100强、广东制造业/100强等榜单。顺德区有18家企业进入广东企业500强，6家企业进入广东民营企业100强，5家企业进入广东制造业100强，2家企业进入广东服务业100强，4家企业进入广东流通业100强。

**是日** 南海区党政代表团考察顺德北部开放创新发展经验，南海区政府与顺德区政府签订《区域合作框架协议》，推动两地接壤处跨区域一体化发展。

**28—30日** 2017第三届珠江西岸先进装备制造业投资贸易洽谈会在潭洲国际会展中心举办。展览面积近3万平方米，参会客商3600余人，4万多人次观展。顺德12家企业参展，27个项目签约，计划投资总额501.3亿元。

**30日** 深圳湾顺德创新港和创业咖啡厅揭幕。该次揭幕的是首期建成的深圳湾顺德创新港—智能硬件产业加速器，位于深圳市南山区深圳湾科技生态园内，面积3300平方米。同时作为“深圳湾顺德创新港”运营组件之一的“寻味顺德”众创空间开始营业。

## 9月

**1日** 《顺德区促进企业利用资本市场扶持办法》印发。企业完成股份制改造，最高扶持300万元；上市公司将注册地迁至顺德，一次性扶持400万元。

**是日** 《顺德区天使联投人才发展基金管理暂行办法》印发，顺德计划通过2亿元的天使联投人才发展基金，发掘并培育一批高质量的创新型企业。

**3日** 顺德北滘抗战女杰冯二女逝世，享年100岁。

**是日** 龙江沙富卢志权代表广东队在第13届全国运动会田径男子400米决赛中以46秒08的成绩获亚军。

**6日** 《顺德区工业园区引入“环保管家”及工业企业配备环保注册师暂行办法》印发，计划在全区全面推广“环保管家”进工业园区服务，企业配备环保注册师，提供一体化专业环保服务，助力村级工业园区“双达标”。

**13日** 由广东省商务厅、佛山市政府和顺德区政府共同承办的2017中国（广东）—欧洲投资合作交流会，在中德工业服务区开幕。广东省领导，欧盟驻华大使、欧洲国家相关驻华机构代表，西门子、飞利浦、巴斯夫、ABB、SAP、Engie等30多家位列世界500强和行业龙头的欧洲企业高层出席该次交流会，120多家欧洲企业代表及200多家广东企业参加专题活动和对接交流。

**18日—19日** 顺德区委5个巡察组分别召开巡察工作动员会，正式进驻大良街道、均安镇以及区食品药品监督管理局、区社保基金管理局、区总工会。

**26日** 顺德区领导干部大会召开。会上，佛山市委组织部副部长黄永耀宣读职务任免文件，广东省委批准郭文海任顺德区委书记、顺德职业技术学院党委书记，免去区邦敏顺德区委书记、顺德职业技术学院党委书记职务。

**28日** 顺德区人民法院召开新闻发布会，宣布正式启动“执行110”工作机制，并通报执行工作情况。

## 10月

**8日** 大学城卫星城首发人才专卖房项目“美的领贤公馆”在顺德北滘华美达酒店开售。

**9日** 《人民日报》发布2017年中国中小城市科学发展指数研究成果，在“全国综合实力百强区”榜中，顺德区连续6次获第1名。同时，顺德还是2017年度全国新型城镇化质量百强区第1名、全国投资潜力百强区第2名、全国创新创业（双创）百强区第5名。

**10日** 严选100配件品牌馆开业仪式在华南机械城举行。

**12日** 广州中医药大学顺德医院分别与勒流街道、均安镇签订协议，合作共建勒流、均安的公立医疗机构。

**12—13日** 第七届中国智能产业高峰论坛（CIIS2017）在潭洲国际会展中心举办。

◎图 6　2017 年 10 月 16 日，中铁华隧联合重型装备有限公司揭牌暨世界首台 φ9130 带冷冻刀盘和复合式注浆系统的双模式盾构机下线仪式在伦教举行

**12—15 日**　第三届中国（广东）国际“互联网 +”博览会在潭洲国际会展中心开幕，吸引来自全球的 656 家企业参展。该次开幕式上有 20 个重要项目现场签约，总投资额 829.1 亿元。

**14—15 日**　首届顺德教育创客节在中欧中心举行，顺德 7 所学校成为大疆机器人教育项目试验学校。同时 WER2017 赛季中国赛区华南地区公开赛在顺德教育创客节上举行，来自全国的 500 多名中小学生参加。

**16 日**　顺德区食品药品监督管理局出台《佛山市顺德区食品摊贩食品安全监督管理实施方案》。

**是日**　中铁华遂联合重型装备有限公司揭牌暨世界首台 φ9130 带冷冻刀盘和复合式注浆系统的双模式盾构机下线仪式在顺德伦教举行，标志着中铁华遂盾构机项目正式投产。

**20 日**　在顺德区人民武装部党委第一书记任职大会上，佛山市委常委、宣传部部长、顺德区委书记郭文海任顺德区人民武装部党委第一书记。

**20—21 日**　首届全国生物传感、生物芯片及纳米生物技术高端论坛在中德工业服务区举行。

**22 日**　国际龙舟联合会第十三届世界龙舟锦标赛在云南昆明落幕，顺德龙舟队代表国家队出征，获得 7 枚金牌。

**26 日**　顺德与加拿大万锦市签署友好城市意向书，以顺德命名的“顺德路”在万锦市揭幕设立。

**27 日**　顺德区法院举行员额法官宪法宣誓仪式，152 名员额法官面向国旗庄严宣誓。

**27—29 日**　2017 年广东省粤曲私伙局大赛总决赛在顺德演艺中心举行。

**30 日**　广东香云纱博物馆在伦教街道破土动工，总建筑面积超 9000 平方米，计划以旅游为载体，展示香云纱发展历程。

## 11月

**1 日**　佛山光腾新能源股份有限公司在北京金融大街全国中小企业股份转让系统敲响开市宝钟，正式挂牌“新三板”。

**6 日**　广东海川智能机器股份有限公司在深圳证券交易所举行新股发行上市仪式，“海川智能”登陆创业板。

**8 日**　位于顺德区乐从镇北围片区、广东省创新转化生物产业园内的广东科荟生命科技产业中心举行奠基动工仪式。由佛山新城投资发展有限公司联合专业产业园投资与运营机构深圳前海恒星资本共同开发。该项目总投资约 8 亿元，规划用地面积约 104 亩，规划总建筑面积约 22 万平方米，计划 2020 年全面竣工。

**7—11 日**　第七届世界传统武术锦标赛在四川省峨眉山市举办，顺德洪拳训练中心的吴文谦、蔡学臻代表广东省武术队获 1 金 1 银 2 铜。

**11–12 日**　中国龙舟公开赛总决赛暨首届全国村居龙舟公开赛在乐从镇举行。

**13 日**　乐从镇东平社区党支部、东平社区居民委员会挂牌成立，东平社区成为顺德区第 205 个村（社区）。

**14 日**　斯洛伐克、纳米比

亚、匈牙利、葡萄牙四国驻华官员在外交部亚洲司原司长傅学章、商务部经合会对外交流中心主任戴绪龙带领下到广东图特家居科技股份有限公司参观考察，展开商贸交流。

**15 日** 延安市延川县梁家河村党支部与黄龙村党委在黄龙村党员活动中心签订《党建结对共建协议》。

**29 日** 顺德清晖园举办“抗战双雄—龙启昌先生、龙启明先生亲属文物捐赠仪式”。向清晖园捐赠祖辈留下来的历史文物及资料 120 件。

## 12 月

**5 日** 顺德区村级工业园区综合整治提升示范项目现场会暨盈峰环保科技产业园建设在勒流启动。

**6 日** 中国家用电器商业协会广东管理中心挂牌仪式在顺德旭日科技园光晟股份总部举行。

**8 日** 顺德法院一审判决石某及张某犯代替考试罪，两人均获相应刑罚，这是顺德首宗代替考试罪案。

**15 日** 顺德启动“互联网 + 食品追溯 + 阳光车间 + 电子支付 + 食安保险”项目，打造小作坊加工监管新体系，市民可根据购买烧腊等食品的小票直接溯源。

◎图 7　　2017 年 12 月 5 日，盈峰环境顺德环保科技产业园在勒流举行奠基仪式

**17 日** 2017 中国最美村镇颁奖典礼在上海举行，杏坛逢简村上榜“中国最美村镇 50 强”。

**20 日** “发现顺德 · 聚智湾区”——2017 顺德（北京）城市路演活动在北京中关村创业大街 · 氪空间举行，副区长蔡伟、市投资促进局局长俞红平等出席。近百位知名企业、孵化器和投资机构代表、优秀创业者代表参加活动。

**21 日** 在北京举行的“中国信息无障碍公益行动”启动暨中国互联网协会信息无障碍工作委员会成立大会上，顺德获颁发“中国政务信息无障碍公益行动推动单位”牌匾。

**25 日** 顺德区政府与暨南大学在华桂园签订合作协议，双方计划共建暨南大学科技园（顺德园区），建立新型“政产学研”协同创新机制，重点引进暨南大学生物医药等科研成果转化、孵化和产业化。

**28 日** 新时代军民融合深度发展论坛在佛山新城中欧中心召开，佛山顺德军民融合创新产业园和广东省空间网络工程技术研究中心同时揭牌，首批 12 个项目签约入园。

**是月** 由中国林业产业联合会公布的 2017“中国森林体验基地、中国森林养生基地、中国慢生活休闲体验区、村（镇）”评审结果揭晓。顺德区的顺峰山公园、均安镇分别获得 2017 年“中国森林体验基地”和“中国慢生活休闲体验区、村（镇）”称号。

# 总述

桑基蚕茧香

## 基本情况

【建置沿革】 顺德春秋战国时为百越地，秦代起属南海郡番禺县，隋代起属番禺县分出的南海县，五代南汉时属南海县分出的咸宁县，宋初重新并入南海县，元代及明初沿袭宋制。明英宗正统年间（1436-1449）黄萧养起义后，朝廷为了加强对起义策源地的控制，于景泰三年四月二十七日（1452 年 5 月 16 日）将南海县的东涌、马宁、西淋、鼎安 4 都 37 堡及新会的白藤堡划出，设置顺德县。

建县至清末，均属广州府管辖。民国初年隶属于粤海道，民国 9 年（1920 年）废道后直属广东省管辖。1950 年划入珠江专区。1952 年属粤中行政区。1956 年隶属于佛山专区（1970 年起改称地区）。1958 年 12 月 15 日至 1959 年 6 月与番禺县合并，称番顺县，此后恢复原建制。1983 年 6 月实行市管县体制后，隶属于佛山市。1992 年 3 月 26 日，撤县建市。2002 年 12 月 8 日，国务院批准调整佛山市行政区划，顺德撤市改为佛山市顺德区。2010 年 9 月 29 日，广东省第十一届人民代表大会常务委员会第二十一次会议通过《广东省人民代表大会常务委员会关于促进和保障佛山市顺德区综合改革试验工作的决定》，正式以法律形式赋予顺德依法行使地级市的行政管理权。2011 年 1 月 28 日，广东省委办公厅下发《中国广东省委办公厅广东省人民政府办公厅关于进一步完善和深化顺德行政体制改革的意见》，确定顺德区为广东省省直管县试点。

（杨 力）

【地理位置】 顺德区地处北纬 22°40′～23°2′、东经 113°1′～113°23′，位于广东省中南部、珠江三角洲腹地，北接佛山市禅城区，东连广州市番禺区、南沙区，南邻中山市，西与江门市和佛山市南海区接壤，毗邻港澳。全区东西相距 39.4 千米，南北相距 37.0 千米，总面积 806.57 平方千米。

【地形地貌】 顺德区境内绝大部分属于由江河冲积而成的河口三角洲平原，土地肥沃。地势西北略高，东南稍低。大部分地区平均海拔 0.7～2 米，平原上散布多处小山丘。地形分为平原、水域、丘陵和台地四大类。其中平原面积占 58.7%；水域（含河流、水塘）面积占 37.4%；丘陵和台地面积占 3.9%。最高山为东南部的顺峰山大岭（海拔 173 米），其次为西部龙江镇的锦屏山（海拔 172 米）。

【地质构造】 顺德区内地层出露简单，由老到新有中元古代、南华系、古近系、白垩系和第四系等地层单位；岩浆岩主要有早奥陶世片麻状细粒斑状黑云母二长花岗岩、早白垩世细粒黑云母花岗岩和晚白垩世中粒斑状黑云母二长花岗岩；此外在龙江镇锦屏山见少量古近纪起新世火山岩。

根据岩土特征和物理力学性质，顺德区山地分布区岩土体可划分为 3 类工程地质岩性组，分别为层状片岩、板岩、千枚岩岩性组（Ⅱ）、“红层”碎屑岩岩性组（Ⅲ）和块状侵入岩岩性组（Ⅳ）。层状片岩、板岩、千枚岩岩性组（Ⅱ），顺坡向结构面、软弱层易形成滑坡、崩塌；“红层”碎屑岩岩性组（Ⅲ）岩石极易风化，风化层较厚，节理裂隙发育，易引发崩塌、滑坡、泥石流；块状侵入岩岩性组（Ⅳ）节理发育，岩石极易风化，侵蚀切割强烈，风化层较厚，易发生崩塌等地质灾害。

【行政区划】 2017 年，顺德区总面积 806.57 平方千米，下辖大良、容桂、伦教、勒流 4 个街道和北滘、陈村、乐从、龙江、杏坛、均安 6 个镇。2017 年 8 月，乐从镇增设东平社区。顺德设 97 个社区、108 个村，共计 205 个村（社区）。

【气候】 顺德区属于南亚热带海洋性季风气候，气候温和，雨量充沛。常年平均气温 22.6℃，最高气温 39.2℃（2017 年 8 月 22 日），最低气温 1.6℃（出现在 1991 年 12 月 29 日）。年平均日照时数 1693.8 小时。降雨集中在 4—9 月，年平均降雨量

## 2017年顺德区村（社区）行政区划名称一览表

表1

| 镇（街道） | 社区名称 | 行政村名称 |
|---|---|---|
| 大良街道（19个社区，2个村） | 南华、升平、府又、中区、文秀、北区、金榜、新桂、顺峰、云路、新松、新滘、红岗、大门、近良、南江、苏岗、五沙、德和 | 古鉴、逢沙 |
| 容桂街道（23个社区，3个村） | 卫红、朝阳、东风、容新、德胜、振华、容山、桂洲、红星、细滘、海尾、幸福、红旗、四基、南区、容里、高黎、扁滘、华口、容边、上佳市、大福基、小黄圃 | 穗香、马冈、龙涌口 |
| 伦教街道（2个社区，8个村） | 三洲、常教 | 永丰、鸡洲、熹涌、霞石、荔村、新塘、羊额、仕版 |
| 勒流街道（5个社区，17个村） | 黄连、勒流、光大、新城、大晚 | 勒北、东风、新明、江义、扶闾、稔海、上涌、江村、南水、众涌、龙眼、西华、富裕、连杜、新安、裕源、冲鹤 |
| 陈村镇（8个社区，7个村） | 旧圩、勒竹、赤花、锦龙、南涌、合成、永兴、花城 | 弼教、石洲、仙涌、庄头、大都、潭洲、绀现 |
| 北滘镇（10个社区，10个村） | 碧江、北滘、槎涌、广教、林头、碧桂园、三洪奇、顺江、君兰、设计城 | 上僚、三桂、桃村、莘村、西海、水口、马龙、西滘、高村、黄龙、 |
| 乐从镇（6个社区，19个村） | 乐从、平步、腾冲、沙滘、兴乐、东平 | 新隆、葛岸、良教、上华、小布、荷村、大墩、小涌、岳步、良村、劳村、道教、大罗、路州、大闸、水藤、沙边、罗沙、杨滘 |
| 龙江镇（10个社区，13个村） | 龙江、龙山、苏溪、西溪、坦西、排沙、陈涌、世埠、东涌、文华 | 旺岗、仙塘、沙富、集北、东海、官田、麦朗、西庆、万安、南坑、东头、左滩、新华西 |
| 杏坛镇（6个社区，24个村） | 齐杏、杏坛、罗水、吕地、雁园、马齐 | 海凌、桑麻、逢简、龙潭、北水、吉祐、西北、上地、高赞、新联、昌教、路涌、马宁、马东、西登、麦村、光华、古朗、东村、南华、右滩、南朗、光辉、安富 |
| 均安镇（8个社区，5个村） | 均安、仓门、沙头、三华、新华、天湖、鹤峰、南沙 | 星槎、南浦、沙浦、天连、太平 |
| 合　计（205个社区和行政村） | 97 | 108 |

说明：顺德区政府在2013年1月批准增设龙江镇文华社区居民委员会，8月批准增设乐从镇兴乐社区居民委员会；2014年9月批准增设北　镇设计城社区居民委员会；2017年8月批准增设乐从镇东平社区居民委员会。

1697.7毫米，极端年份最大雨量2403.3毫米，极端年份最少雨量1215.1毫米。灾害性天气有高温、低温、阴雨、台风、暴雨、雷暴（包括雷电、雷雨大风）等。

2017年，顺德区总体气候特点是：开汛偏晚、汛期时间长；气温偏高、极端气温异常；夏季偏长、入秋偏晚；强对流天气频发；台风影响个数偏多。年平均气温24.0℃，较常年偏高1.4℃，高温日数48天，较常年偏多29天，为建站以来第二多年份；年降雨量1662.7毫米，属正常年景；雾日数7天，较常年偏少5天。4月12日开汛，较常年偏晚6天；8月22日最高气温39.2℃，破建站以来最高纪录。2017年夏季长达224天，比常年偏多36天，佛山入秋时间为11月19日，较常年同期（10月28日）偏晚23天；强对流、暴雨天气频发，局部灾害严重，首场暴雨出现在5月7日。台风影响个数偏多，年内有6个台风先后登陆影响广东，其中3个严重影响顺德。

2017年，顺德区年平均气温24.0℃，较常年（22.6℃）偏高1.4℃，为历史同期第二高。夏季高温日数（最高气温≥35℃）48天，较常年偏多29天，为历史上第二多。年极端最高气温39.2℃，出现在8月22日，刷新历史最高纪录；年极端最低气温7.3℃，出现在12月18日。2017年顺德区逐月平均气温较常年同期总体偏高，其中1月和9月异常偏高3.4℃和2.3℃，创1月和9月平均气温历史新高；2月和6月显著偏高1.6℃和1.8℃；3月、10月和12月均偏高1.1℃，其余月份正常。主要高温过程（持续3天以上）有9次，最长连续高温日长达8天，出现在7月下旬至8月上旬初。2017年，顺德区年降雨量1662.7毫米，较常年（1697.7毫米）基本持平，属正常年景。年雨日148天（日雨量≥0.1毫米），较常年偏多4天。4月12日开汛，较常年偏晚6天。年内暴雨日9天，比常年偏多2天，其中7月暴雨日4天为历史最多，首场暴雨出现在5月7日。2017年各月降水分布不均匀，强降水集中在5—8月，全年最大日雨量为98.0毫米，出现在8月28日。其中7月较常年同期异常偏多81%，为历史同期第5多；12月异常偏少100%，为历史同期最低；3月和8月显著偏多；11月偏多；5月和10月正常；2月和9月显著偏少；其余月份偏少。汛期降雨量1389.9毫米，属正常年景。龙舟水期间（5月21日至6月20日）降雨量240.6毫米，属正常年景，但具有中间少前后多特征。2017年，顺德区全年日照总时数1693.5小时，与常年基本持平。其中2月显著偏多58%，11月显著偏少53%，4月偏多41%，5月偏少21%，其余月份较常年同期基本持平。

年内有6个台风先后登陆影响广东，登陆数较常年（3.7个）偏多2.3个，其中“天鸽”“帕卡”“玛娃”台风在两周内连续登陆广东，并为顺德带来较严重的风雨影响，“苗柏”“洛克”“卡努”也分别带来不同程度的风雨影响。第2号台风“苗柏”（热带风暴级）于6月12日23时前后在深圳大鹏半岛沿海地区登陆，登陆时中心附近最大风力9级，为年内登陆广东省的第一个台风。受其外围环流影响，12日顺德出现6～8级雷雨大风天气。第7号台风“洛克”（热带风暴级）于7月23日9时50分在香港西贡沿海地区登陆，登陆时中心最大风力8级。“洛克”登陆后继续向西偏北移动，强度逐渐减弱，穿过深圳，进入广州南沙、中山，23日14时在中山市南头镇减弱为热带低压。“洛克”具有“生命短、移速快、范围小”的特点。受其影响，顺德北部出现大雨到暴雨，南部小到中雨，伴有5～7级阵风。陈村、乐从均出现暴雨，乐从水利会录得最大时雨量31.0毫米。第13号台风“天鸽”（强台风级）于8月20日下午在西太平洋生成，22日上午移入南海东北部海面后快速西移、急剧增强，23日12时50分前后在广东珠海南部沿海登陆，正面袭击珠江三角洲。“天鸽”具有移动快速、近海加强、风强雨大、浪大潮高的特点。受“天鸽”影响，8月22日20时至24日08时顺德普降暴雨到大暴雨，平均风力7～9级，阵风10～11级，局部12级（均安水利会33.6米/秒）。第14号台风“帕卡”（台风级）于8月27日9时前后在台山东南部沿海地区登陆，登陆时中心附近最大风力12级（33米/秒）。受其影响，8月27日08时至28日20时顺德出现大暴雨，平均风力4～7级，阵风8～10级。第16号台风“玛娃”（热带风暴级）于9月3日21时30分在汕尾市陆丰甲西镇沿海地区登陆，登陆时中心附近最大风力8级（20米/秒）。“玛娃”具有“移速缓慢、路径曲折”的特点。受其影响，9月3日顺德出现中到大雨局部暴雨，伴有6～10级阵风。其中均安水利会录得最大阵风25.2米/秒（10级）。第20号台风“卡努”（强热带风暴级）于10月16日3时25分前后在徐闻东部沿海地区登陆，登陆时中心附近最大风力10级（28米/秒）。受其影响，10月15日08时至16日08时顺德出现中到大雨，并伴有8级阵风。

（陈景虹）

**【水资源】** 顺德区位于珠江三角洲河网区，河涌交错，水网交织，有西、北江过境干（支）流共16条（段），总长210千米。主要河流依地势从西北流向东南，河宽200～300米，水深5～12米。主要水道有西江、顺德水道、顺德支流、东海水道、李家沙水道、容桂水道等。多数河流河床较深，利于通航、灌溉、养殖。区内天然年径流量一般小于10亿立方米，但西、北江过境干（支）流流经该区带来大量过境水，近几年年过境水量2000亿～3300亿立方米。区内河流受潮汐影响明显，常有顺、逆双向流发生。

2017年，全区地表水资源量8.6亿立方米，与上年持平，较常年偏多65.4%。地下水资源量1.09亿立方米，比上年偏少20.4%，较常年偏多2.8%。水资源总量8.83亿立方米。全区入境水量2761.20亿立方米，出境水量2761.24亿立方米，分别流入广州931.08亿立方米、中山1700.06亿立方米、江门130.1亿立方米。

**【人口语言】** 2017年，顺德区总人口295万人，其中户籍人口139万人，流动人口156万人。城镇化率100%。总人口中，男性161万多人，占54.6%；女性133万多人，占45.4%；15～60岁172万多人，占58.3%；60岁以上25万多人，占0.08%。顺德户籍人口中，以汉族为主，138万人，占99%，蒙古族、回族等41个少数民族，共1万多人，占1%。2017年人口出生率2.3‰，人口死亡率0.58‰，人口自然增长率1.72‰。人口密度为每平方千米1728人。

顺德方言与广州话同属方言中的“粤海片”，语法、词汇基本相同，差别仅在语音和语调上。

（梁晓茵）

**【民族宗教】** 2017年，顺德区有38个少数民族，户籍人口8586人，含流动人口共约14万人，占总人口比例的5.23%，主要分布在大良、容桂、乐从等镇（街道）。年内，顺德区开展城市少数民族“互检互学”活动。对南方医科大学顺德校区少数民族学生进行调研，建立联系沟通机制。开展伊斯兰临时聚礼点安全检查工作，在开斋节、古尔邦节等少数民族节日进行慰问。

顺德区有佛教、道教、天主教、基督教和伊斯兰教五大宗教。批准开放的合法宗教场所23个（其中佛教8个、道教2个、天主教6个、基督教7个）；自修（佛教）和临时聚礼点（伊斯兰教）17个（其中佛教14个，伊斯兰教3个）；民间信仰活动场所（俗称“神坛社庙”）656处，分布在全区各镇（街道），其中以杏坛镇（134处）为最多，其次是勒流街道（101处）、容桂街道（80处），数量最少的是伦教街道（28处）。全区共有宗教教职人员143人。年内，顺德区民族宗教事务局依法管理宗教事务。加强宗教活动场所安全检查。多次对全区各个宗教开放活动场所、自修场所、基督教临时聚会点、伊斯兰临时聚礼点进行检查，并有针对性地对场所进行安全整改。依法处置非法活动。年内查处和制止11起非法宗教活动。推进宗教慈善事业发展，引导宗教界积极参与社会慈善，支持和推动佛教宝林寺、释宏满大和尚连续11年向大良医院“慈善门诊”捐款。2017年慈善门诊接诊病人6694人次，资助患者慈善金额47万元。探索宗教界支持社会发展新模式，发动区佛教协会向杏坛镇右滩村基层民生建设捐资20万元。年内全区宗教界参与公益慈善活动捐资捐物148万元，其中佛教122.1万元、道教10.9万元、天主教3.5万元、基督教11.5万元。加强民间信仰场所管理。召开全区民间信仰活动场所管理工作会议，选取容桂、杏坛两个镇街及其各3个民间信仰场所进行试点，探索规范管理民间信仰场所、维护社会和谐安定的新路子。推进民族宗教三支队伍建设。组织民宗干部收看中共十九大开幕式，聆听中共十九大工作报告，并在大会胜利闭幕后向全区宗教团体、宗教场所发出通知，要求组织学习贯彻中共十九大精神。举办顺德区民族宗教工作培训班、顺德区宗教教职人员培训班，学习新修订的《宗教事务条例》。

**【华侨华人、港澳台同胞】**顺德是一个拥有50多万名华侨华人和港澳台乡亲，约1.5万名归侨侨眷的侨乡，侨力资源丰富。早期，顺德华侨华人大多分布于东南亚和东南非及美洲各国。20世纪70年代起，不少侨邑跨越洲际，从亚洲、非洲转向欧洲、美洲和大洋洲。2017年，顺德有港澳台乡亲30余万人。分布世界各地的顺德侨团和乡亲团体60多个，以马来西亚、美国、加拿大、马达加斯加、南非等国家和港澳台地区最为集中。其中有些侨团历史悠久，成立时间超过100年。随着在顺德务工和投资的台湾同胞日渐增多，台商于1995年成立佛山市台协顺德台商联谊会，2002年1月更名为顺德台商投资企业协会，有会员70多家。澳门大良同乡联谊会、旅澳顺德伦教同乡会和澳门容桂同乡会分别于2015年3月、9月和11月成立，实现旅澳顺德社团镇街全覆盖。2016年8月成立香港顺德北滘同乡会，2017年12月成立香港顺德容桂同乡会，2017年9月24日成立加拿大满地可顺德联谊会。（范小英）

**【旅游资源】**顺德旅游资源丰富，广府文化、生态休闲、都市风光、岭南美食、特色产业交相辉映。广东四大名园之一清晖园，是岭南园林的杰出代表；碧江金楼、逢简水乡展现了岭南古建筑艺术及原始的珠江水乡风貌；遍饰砖雕、灰塑、陶塑的西山庙和广东最大的寺院之一宝林寺，具有浓郁岭南地方色彩；顺德是一个旅游度假地，长鹿休闲度假农庄是领略岭南历史文化、顺德水乡风情、农家生活情趣的绝好去处；岭南水乡代表逢简水乡，环境优美、恬静悠闲，保留着岭南古村特色；国际功夫巨星李小龙祖籍在顺德，李小龙乐园讲述一代巨星的成长故事；规模宏大的顺峰山公园，自然与人文景观完美结合。这里还有集花卉生产、销售、观赏、旅游于一体的陈村花卉世界，全世界最大规模的家具市场——“乐从家具城”，集旅游观光商贸为一体的罗浮宫国际家具博览中心，展示顺德丝绸产业发展历程的南国丝都丝绸博物馆、珠宝文化主题公园周大福珠宝文化中心等，产业旅游发达。自古“食在广州，厨出凤城”，顺德是粤菜重要的发源地，中国三大厨师之乡之一、全国首个“中国美食名城”，更被联合国教科文组织评定为“创意城市网络——美食之都”，著名的美食之乡，餐饮业发达，金牌菜、特色菜无数，名店名厨荟萃。作为粤菜的代表，顺德美食已成为顺德最亮丽的城市名片。顺德民间传统和文化世代延续，有龙舟之乡、粤剧之乡、武术之乡的美誉，龙舟竞渡、粤曲技艺、永春功夫远近闻名，定期举办观音开库、生菜会、龙母诞等民俗活动。

2017年，全年全区旅游总收入155.3亿元，比上年增长8.3%；旅游创汇4.79亿美元，增长1.89%。全年接待过夜游客人数425.15万人次，比上年增长15.53%。其中，外国人9.60万人次，比上年增长6.76%；港、澳、台同胞67.52万人次，增长3.6%；国内旅客378.04万人次，增长17.11%。

**【民俗文化】**2017年5月28

日，农历五月初三，顺德区有近百艘龙舟参加“龙眼点睛”民俗活动。当天的活动，还包括龙眼特色美食慈善义卖活动以及顺德“非遗”文化项目展示等，包括有黄连广绣、永春拳、龙舟说唱、洪拳、锣鼓柜等，让各方游客享受一场精美的文化盛宴。2017年9月30日至10月4日，在杏坛逢简村举办“非一般的精彩——2017顺德水乡民俗文化节”，活动包括百龙巡游会演、

## 2017年顺德区国家级、省级、市级、区级非物质文化遗产名录表

表2

| 级别 | 序号 | 非遗项目 | 名录 |
| --- | --- | --- | --- |
| 国家级 | 1 | 龙舟说唱 | 2006年，被列入第一批国家级非物质文化遗产名录 |
| | 2 | 龙舞（人龙舞） | 2008年，被列入第一批国家级非物质文化遗产扩展项目名录 |
| | 3 | 香云纱染整技艺 | 2008年，被列入第二批国家级非物质文化遗产名录 |
| | 4 | 锣鼓艺术（八音锣鼓） | 2014年，被列入第四批国家级非物质文化遗产代表性项目名录扩展项目名录 |
| 省级 | 1 | 陈村花会 | 2009年，被列入广东省第三批省级非物质文化遗产名录 |
| | 2 | 粤绣（广绣） | 2012年，被列入广东省第四批省级非物质文化遗产名录 |
| | 3 | 真步堂天文历算 | 2013年，被列入广东省第五批省级非物质文化遗产名录 |
| | 4 | 民间信俗（观音信俗） | 2013年，被列入广东省第五批省级非物质文化遗产名录 |
| | 5 | 粤曲 | 2015年，被列入广东省第六批省级非物质文化遗产代表性项目名录扩展项目名录 |
| | 6 | 民间信俗（关帝侯王出游） | 2015年，被列入广东省第六批省级非物质文化遗产代表性项目名录扩展项目名录 |
| | 7 | 端午节（龙眼点睛习俗） | 2015年，被列入广东省第六批省级非物质文化遗产代表性项目名录扩展项目名录 |
| 市级 | 1 | 赛龙舟 | 2007年，被列入佛山市第一批市级非物质文化遗产名录 |
| | 2 | 水乡农谚 | 2009年，被列入佛山市第二批市级非物质文化遗产名录 |
| | 3 | 春节习俗 | 2009年，被列入佛山市第二批市级非物质文化遗产名录 |
| 区级 | 1 | 永春拳 | 2009年，被列入顺德区第二批区级非物质文化遗产名录 |
| | 2 | 顺德烹调技艺 | 2011年，被列入顺德区第三批区级非物质文化遗产名录 |
| | 3 | 粥水制作技艺 | 2011年，被列入顺德区第三批区级非物质文化遗产名录 |
| | 4 | 粤剧 | 2011年，被列入顺德区第三批区级非物质文化遗产名录 |
| | 5 | 陈村粉制作技艺 | 2013年，被列入顺德区第四批区级非物质文化遗产名录 |
| | 6 | 伦教糕制作技艺 | 2013年，被列入顺德区第四批区级非物质文化遗产名录 |
| | 7 | 双皮奶制作技艺 | 2013年，被列入顺德区第四批区级非物质文化遗产名录 |
| | 8 | 大良鱼灯制作技艺 | 2013年，被列入顺德区第四批区级非物质文化遗产名录 |
| | 9 | 龙潭龙母诞 | 2014年，被列入顺德区第五批区级非物质文化遗产名录 |
| | 10 | 咸水歌 | 2014年，被列入顺德区第五批区级非物质文化遗产名录 |
| | 11 | 洪拳 | 2016年，被列入顺德区第六批区级非物质文化遗产名录 |
| | 12 | 龙舟雕刻技艺 | 2016年，被列入顺德区第六批区级非物质文化遗产名录 |
| | 13 | 南沙婚俗 | 2016年，被列入顺德区第六批区级非物质文化遗产名录 |
| | 14 | 礼饼制作技艺 | 2016年，被列入顺德区第六批区级非物质文化遗产名录 |
| 共计：28项 | | | |

舞龙文化图文实物展、水上龙文化飘色、龙舟竞渡、水上婚俗、非遗民俗文化展演（龙舟说唱、永春拳、锣鼓柜、葫芦丝演奏等），连续5天，覆盖整个杏坛镇，整合“水乡文化”“非遗民俗文化”“龙文化”三条主线，把顺德水乡文化节打造成为顺德的一张亮丽的文化名片，用文化交流为城市发展注入更多正能量。2017年11月5日，在顺德区杏坛镇文化广场举办“佛山韵律·秋醉岭南2017广东（佛山）非遗周暨佛山秋色民俗文化活动秋色大舞台”，活动由广东省文化厅、佛山市人民政府主办，广东省非物质文化遗产保护中心、佛山市文化广电新闻出版局承办，顺德区文化体育局、杏坛镇宣传文体办公室协办，活动内容包括吴川飘色定点展示、八音锣鼓、清溪仔狮灯、石城灯彩、吴川市梅岭飘色、拍胸舞、粤剧等。

## 经济建设

【概况】 2017年，顺德区落实产业转型、改革创新等各项行动计划，加强产业结构调整，淘汰落后产能，加强企业技术创新，推动工业经济持续、稳定发展。初步核算，全区全年实现地区生产总值3015.91亿元，比上年增长8.5%。全社会固定资产投资972亿元，比上年增长27%，其中工业投资289亿元，增长20.8%，装备制造业投资166亿元，增长31.1%。全社会消费品零售总额1070亿元，比上年增长9.7%。外贸进出口总值1764亿元，增长5.7%。全区各项存款余额4512亿元，比上年增长14.4%，贷款余额2893亿元，增长2.8%。实际利用外资7.89亿美元，比上年增长78.8%。工业用电量125.6亿千瓦时，比上年增长8%。单位GDP能耗比上年下降4.9%。

【创新驱动发展战略深入】 2017年，顺德落实《开放引领创新驱动三年行动计划》，引导各类创新要素向区内集聚。支持企业建设技术研发平台，新建省级工程中心53个、省级企业技术中心11个，研发机构183个，新增1家国家技术创新示范企业（全区累计2家）。高企数量实现大幅度增长，新增高新技术企业442家，总数达942家，增长率88.4%。全年新增上市企业5家、“新三板”挂牌企业9家、新增股改企业70家。加速推进创新平台建设，新建生物医药创新基地、华南理工大学国家大学科技园两个创新平台，其中生物医药创新基地广东省健康医疗大数据产业园已经被认定为广东省第一批省级大数据产业园。实施孵化器提质增量工程，新增国家级科技企业孵化器1个、省级科技企业孵化器3个、省级众创空间3个。

【产业转型升级提速】 2017年，顺德区工业技改投资224.3亿元，比上年增长38.7%，相比2015年实现翻番。着力推动制造业智能化。新增智能化技术改造示范企业8家，规模以上企业开展“机器换人”企业45家，新增机器人应用数量1000台，机器人制造及相关智能装备制造总产值约10亿元。开展重点智能制造项目超200项。推动“互联网+”，区内百家企业开展“互联网+”应用项目超过130个，总投资额超120亿元。北滘“互联网+制造”小镇被认定为广东省首批“互联网+”创建小镇。加大力度培育新产业，以云天为代表的一批中科院项目、银珠项目以及普津生物技术项目等相继落地，广东科荟生命科技产业中心启动建设，省健康医疗大数据产业园正式运营，国际创新转化生物产业孵化中心进驻企业20家。广东顺德军民融合创新产业园开园，成为广东省首个以军民融合为主题特色的大型产业园。园。 （付金凤）

【招商引资成效】 2017年，顺德引进投资超亿元项目（外资超千万美元）121个，总投资额1313.76亿元，比上年增长63%，按照行业分类，其中第二产业项目369.14亿元，金融及企业并购类项目159.32亿元，商贸服务业项目537.19亿元，其他项目247.81亿元。全年引进各类超10亿元项目28个，投资总额

949.67亿元。引入库卡华南总部基地项目，总投资160亿元，建设机器人制造工厂、全球研发中心、机器人应用示范中心和华南区域总部。引入深圳创新产业龙头项目——大疆无人机，将大疆的智能电池、无人机、哈苏相机、欧洲高端新能源电动车引进顺德进行生产和销售。引入国内新能源电池行业排名第三的沃特玛、排名第六的后起创新企业天劲新能源等项目落户，打造新能源动力电池战略性产业集群。

## 政治建设

**【概况】** 2017年，顺德区委、区政府贯彻落实《广东省法治政府建设实施纲要（2016—2020年）》《顺德区法治政府建设第十三个五年（2016—2020年）规划》《法治顺德建设2017—2020年规划》，围绕创新驱动发展战略目标，加快依法行政进程和加大改革攻坚力度，推进法治政府建设工作，将法治政府建设纳入地区发展总体规划，把法治政府建设成效作为衡量各级领导班子和领导干部工作实绩的重要内容。纵深推进行政审批制度改革及“一门式、一网式”改革，完善权责清单的动态调整机制，加强政府权力的全流程监督。完善政府及部门规范性文件起草、征求公众意见、集体决策、合法性审查、备案管理以及政策解读等相关制度，基本实现规范性文件的全环节规范细化管理。2017年7月，顺德区被确定为佛山市创建法治政府示范区规范性文件管理示范点。完善行政决策程序，制定《佛山市顺德区人民政府2017年重大行政决策目录和重大行政决策听证目录》，将国土、教育、文化等重大行政决策列入目录管理。成立区委法律顾问室，发挥区委、区政府法律顾问在重大决策中的积极作用。（区政府办公室）

**【依法治区】** 2017年，顺德区依法治区工作有效推进。落实法治建设工作责任，推进四级同创，提升法律服务水平，深化法治宣传，法治建设取得显著成效。在落实法治建设责任制方面进行积极探索，区、镇（街）、村（社区）主要负责人相继签订第一责任人法治承诺书。出台“四级同创”区级工作方案，完善组织领导，全区法治工作台账初步建立。选取大良街道、北滘镇、仕版村、新滘社区、君兰社区等作为区级创建示范点。全区全年新建39个法治文化村居，新建或扩建3个法治文化中心。（汤芷晴）

**【法治培训】** 根据《顺德区人民政府办公室关于落实2017年顺德区人民政府常务会议学法计划的通知》的安排，区政府常务会议分别于2017年5月、6月及11月组织学习《法治政府建设实施纲要（2015—2020年）》《广东省法治政府建设实施纲要（2016—2020年）》《中华人民共和国民法总则》《中华人民共和国民办教育促进法》等相关法律法规，更新政府领导干部法律知识储备，提升法律素养及法治思维。印发《顺德区行政执法人员资格和〈行政执法证〉管理规定》，并于2017年8月开展行政执法人员培训，参训人数214人。各镇街、各部门结合工作实际，开展多元化的领导干部学法与执法人员培训。

**【行政复议】** 2017年度，顺德区收到行政复议申请590件，受理案件551件，审结行政复议案件513件，审结案件维持率58.28%，调撤率34.11%，驳回行政复议申请率6.25%，综合纠错率1.36%。全区在开展行政复议工作中，推进行政复议委员会试点，召集行政复议委员会非常任委员参与疑难案件审理7件，表决维持案件6件、撤销案件1件。同时，经过行政复议维持后被起诉至法院的行政诉讼一审案件79件，胜诉率100%，行政复议在化解基层矛盾、解决行政争议、规范行政行为方面起到过滤和把关前移的作用。另外，发挥行政复议意见书的督促指导作用，全年度向区属相关单位发出行政复议意见书3份，并通过走访和约谈等方式指导各镇街及部门具体行政活动的开展，综合行政复议、行政诉讼案件情况进行统计分析、提出意见建议。

**【政府法律顾问服务】** 2017年，顺德区委、区政府印发《顺德区关于贯彻落实〈关于佛山市推行法律顾问制度和公职律师公司律师制度的实施方案〉的分工方案》，明确各单位的任务分工、进度和工作成果要求，发挥法律顾问、公职律师的作用，确保推行法律顾问制度和公职律师制度工作开展。区政府法律顾问室积极参与法治政府建设规划、招商引资重大项目、医疗教育改革、历史遗留问题等法律事务，2017年为区政府重大涉法事务出具法律意见、参与重大项目的洽谈、协助草拟、修改、审查重要法律文书共383次，为区政府解决重大决策中的疑难问题提供切实可行的法律意见，落实重大决策的合法性审查工作。全年全区各镇街、区属各部门普遍建立法律顾问制度，聘请律师担任单位法律顾问，有效强化行政决策的合法性。（区政府办公室）

## 精神文明建设

**【概况】** 2017年，顺德区推进公民思想道德建设，加强身边好人宣传，佛山好人联盟宣讲团暨顺德区宣讲团成立仪式，分别在全区10个镇（街道）各举办一场宣讲团活动，在顺德图书馆、顺德博物馆等场所设置道德模范事迹专题展，宣传好人事迹，推荐身边好人参与中央、省、市各类评选命名活动。乐善“365”活动资助596场次社区活动，开展困难道德慰问活动和资金帮扶困难道德模范，传播好人好事的正能量。全国文明城市以巡查、考评方式进行常态化宣传、督导和测评，高质量地完成创文国检材料并以“网络报送”形式上报。加强阵地宣传和移动网络宣传，开展村居入户问卷，向基层群众宣传创文成效，提高群众对创文工作的知晓率和支持度。在区属各部门和各镇街强强联动，通力合作下，于9月完成创文迎国检任务，为佛山市通过全国文明城市复评做出贡献。中共十九大和习近平总书记重要指示精神宣传是2017年重点的宣传内容，全区在公共场所利用宣传载体进行宣传，营造浓厚的宣传氛围。推进社会主义价值观主题公园建设工作，美丽文明村居建设工作继续开展，31个示范村居按照考评标准建设改造，加大投入和宣传，学习考察并借鉴其他省市村居好的经验做法，推动美丽文明示范村居稳步建设。佛山好人联盟宣讲团暨顺德区宣讲团成立仪式、“南粤长城杯”演讲比赛、“美德少年”评选活动、“我们的节日”——元宵、七夕、端午、中秋等大型活动持续开展，活动深入基层，调动市民参与活动的积极性，营造活动氛围。城市（乡村）少年宫学校扶持资金如常划拨，扶持15.5万元。

◎图8　2017年1月1日，健康顺德——功夫角村居行启动仪式在容桂东部公园举办

年内，铺开中共十九大、习总书记重要指示精神、核心价值观户外公益宣传。在全区公园、广场、街道、社区、学校、车站、港口码头等重要场所利用T形广告牌、LED屏、道路中间分隔栏、墙体等平台大量设置户外公益广告，在全社会营造浓厚氛围，让市民看得见，感受得到，潜移默化，深入人心。全区共

设置7517块宣传标语广告牌，加大对中共十九大精神的社会宣传，其中91个LED屏、26块大型T牌、113块大型广告牌、横幅86条、工地围墙1750幅、公交站亭和自行车站亭284个、宣传栏223个、灯杆旗1086个、道路分隔栏2314幅、其他宣传1544幅。设置1516幅学习宣传贯彻中共十九大精神宣传挂图，在全区营造起浓厚社会氛围，将中共十九大精神传播到基层。推进社会主义核心价值观主题公园建设。顺峰山公园、佛山新城滨河景观带、三字经主题公园被纳入第一批佛山市市级社会主义核心价值观主题公园和获评第三批广东省社会主义核心价值观主题公园。借力大型活动提升价值观宣传影响力。主动介入全区龙舟文化节、顺德美食节、勒流龙眼点睛、杏坛水乡文化节等大型群众性活动，把社会主义核心价值观、文明创建等元素融合其中，借助大型活动的聚集效应扩大价值观宣传的影响力和覆盖面。“敬业之城”建设初见成效。评选出5位顺德区“岗位之星”，经推荐其中3名评上第一期“佛山敬业之星”。开展5场“大城工匠”宣讲活动。

【公民道德教育】 2017年，顺德区推进身边好人学习宣传。加强好人事迹宣传，在德胜广场、顺德图书馆、顺德博物馆设置道德模范事迹专题展。在北滘文化中心音乐厅承办佛山好人联盟宣讲团暨顺德区宣讲团成立仪式，这次活动也是顺德区宣讲团首场宣讲，“中国好人”何信夫、“顺德好人”董兴妹言传身教，在现场做敬业奉献事迹分享。全年举办近30场顺德好人进镇街、进村居、进学校宣讲活动。“中国好人”何信夫还参与佛山好人馆拍摄工作，在全社会传播全区好人事迹。推荐身边好人参与中央、省、市各类评选命名活动，全年推荐19名身边好人参评“最美佛山人”，有8人获“最美佛山人”称号、2人获2017年度“佛山好人”称号。顺德区李国华医生入选2017年第二季度广东好人，以及2017年8月中国好人榜。推进乐善365——2017年“友善顺德·和谐社区”系列活动，接收到85份申请书，其中60个项目获得资助，资助社区活动596场次。开展道德模范和身边好人慰问活动。对于全区不断涌现的好人好事，文明办都及时组织媒体对身边好人进行慰问，送去慰问金和点赞证书。同时，对生活困难或因病致贫的顺德好人，文明办利用“好人资金”给予及时的帮助，给予因意外入院治疗的“顺德好人”王文田10万元医疗补助，对38名生活困难的“顺德好人”发放中秋、春节生活资助金每人每次2000元共15.2万元，在全社会传播好人有好报的正能量。

【文明城市创建】 2017年，顺德区完善深化全国文明城市创建工作督导、巡查、测评等督查考评制度，坚持以测促创工作思路，采取明察暗访、镇街互评等检查考核机制，实现创建工作常态化管理，完成创文迎国检任务。加强部门协作，联合环运、市监等创文重点部门开展镇容街貌专项整治行动，促进镇容街貌整体环境提升。加强创文信息收集和材料整理，完成创文国检材料以及网络文明材料的汇总上报工作。抓好创文活动宣传、阵地宣传、媒体宣传、移动网络宣传，多方式宽渠道宣传核心价值观、中国梦、道德模范、志愿服务、文明旅游、文明餐桌、讲文明树新风等内容，并在顺德电台设置创文专题栏目，营造社会氛围，传播正能量。开展村居入户问卷，向基层群众宣传创文成效，提高群众对创文工作的知晓率和支持度。加强创文监督。发挥新闻媒体、社会群众的监督作用，在顺德文明网开设专题专栏，对不文明现象和创建工作存在问题进行曝光，督促相关单位改进工作。

【美丽文明示范村居建设】 2017年，顺德区美丽文明示范村居建设稳步推进。建立考评标准，统筹全区宜居城乡建设、古村落活化升级、“五好”新村居建设、村级工业园综合整治提升等工作部署，整合国土、规划、环运、农业、文化等部门资源，形成合力，协同推进。加快推动村庄规划编制工作，高起点科学编制村规划，严格以规划指导美丽文明村居建设。加强调研指导，了解村居建设进展和存在困难，对一些自身硬件基础弱、推进落实工作慢、建设思路不清晰的村居，进行及时帮扶和重点指导。组织学习培训，邀请华南理工大学、广州美院等专家顾问团队提供指导和咨询。组织31个示范村居书记或主任到江浙地区先进典型参观学习，以及参加市文明办组织的武汉学习培训。推进示范带动，发挥黄龙村、潭州村的样板作用，推动村史馆和社区学校作为示范村居的标配，以突出文化的特色内涵。丰富文化内涵，与文化部门、镇街联动，借力区文艺中心、珠江商报社，打造“周末艺术现场·美丽文明村居行”文化新品牌，持续开展“美丽文明村居行——美术、书法、摄影作品巡展”活动。加强宣传发动，开通美丽村居微信公众号，推送信息33期。

**【未成年人思想道德建设】** 2017年，顺德区扶持乡村（城市）学校少年宫建设。对全区31所乡村（城市）学校少年宫划拨资金15.5万元，加强其阵地建设和活动开展。深化未成年人社会主义核心价值观和“我的中国梦”主题教育实践活动。组织中小学生参加清明“网上祭英烈”、“七一”“童心向党”歌咏活动、“十一”“向国旗敬礼”网上签名寄语等活动。参与2017年佛山市“美德少年”评选，全区5名学生入选佛山市美德少年。承办佛山市“南粤长城杯”演讲比赛，全区获省“南粤长城杯”演讲比赛二等奖2人、三等奖2人。（区委宣传部）

## 社会建设

**【概况】** 2017年，顺德区社会服务水平在三社联动和社会工作人才队伍建设下不断提升。全区共有持证社工2972人，其中助理社工师2080人，中级社工师454人，社工员438人，专职从业社工600余人，下设137个村居社工服务站。社会组织健康有序发展，全区核准登记社会组织1726个，其中社会团体820个、民办非企业单位898个、基金会8个，比上年增加161个。党建工作力度的加强提高了社会组织党组织覆盖及规范管理水平，组建党组织的社会组织252个，单独组建党组织223个，联合组建29个，党组织覆盖的社会组织有841个，党组织覆盖率49%。有党员2152名，实现有党员的社会组织100%有党组织覆盖。

**【社会服务水平不断提升】** 2017年，顺德区持证社工2972人，其中助理社工师2080人、中级社工师454人、社工员438人。专职从业社工600余人，下设137个村居社工服务站，广泛进入青少年、长者、残疾康复、妇女、职工、社区矫正、家庭、医务社工、社区等领域，为128个村（社区）提供社工服务。3月，举办以“三社联动·温情社区”为主题的2017年顺德区第六届社工宣传周活动。活动中，表彰一批先进社工和优秀案例，同期，各镇街围绕发展社工服务为主题开展形式多样的宣传活动。为助推三社联动工作，激励各镇街探索社会治理和公共服务的新方式，开展顺德区社会建设“众创共享计划”，扶持社会建设领域的创新探索项目和品牌示范项目，最终确定扶持项目63个。依托顺德区社会工作者协会为平台，组织区内社会工作专业人才开展分层次、分类别的人才培育工作，全年组织23期培训，2339人次参加。

**【社会组织管理规范】** 2017年，顺德区继续落实社会组织年度检查和财务抽查工作，并对11家社会组织开展执法。以评促优，鼓励社会组织参与扶持资金申报和社会组织等级评估，参与扶持资金申报近50家，参与社会组织等级评估54家。截至2017年，全区共有117家社会组织获评3A以上（含3A）等级，其中获得3A等级32家，4A等级43家，获得5A等级42家，充分激发社会组织活力。顺德区作为中组部社会组织党建工作综合监测区，加大力度推进社会组织党建工作，设立社会组织党委专职副书记，党委隶属于区“两新”组织党工委，办公室设在顺德区民政和人力资源社会保障局。8月，召开民政系统社会组织党建工作综合监测区建设推进会。下发《顺德区机关党群先锋队派驻社会组织党建工作监测点党建指导员工作制度》和《顺德区行业协会商会党建工作指引》。截至2017年年底，全区十个镇街都成立了社会组织党总支（委）。

（黄梓韵）

## 生态文明建设

【概况】 2017年，顺德区对照国家生态文明示范区建设要求，全面深化推进生态文明建设示范区创建工作，提出“一个目标、四大做法、六大领域”的工作框架，即以建设“绿色经济”特色的国家生态文明示范区为目标，以“体制创新、生态建设、长效考核、强化执法”为四大基本做法，重点突破生态制度、生态环境、生态空间、生态经济、生态生活、生态文化六大领域发展，全面促进顺德区经济、社会、环境等全面协调可持续发展。

2017年空气质量综合指数为4.54，与2016年相比上升0.21，排名全市第2、全省第19。区内地表水环境质量保持稳定，7个饮用水源监控断面达标率100%，2个国控断面、4个省控断面均达到水质目标。覆盖全区推动土壤治理与修复工作，印发《顺德区土壤污染防治行动计划工作方案》，完成广东顺安达太平货柜有限公司场地环境调查及风险评估工作，推进全区土壤环境质量调查，完成重点污染源周边土壤、饮用水源地周边土壤、污染场地及基本农田等四个模块的调查报告编制工作，完成顺德区土壤污染治理与修复规划及相关图集的编制工作。（李悦溪）

【城市绿化建设】 2017年，顺德区重点完善滨水绿化景观建设。大良德民路东延线绿化景观工程总面积约42万平方米，投资1.1亿元，集户外体育场地、商业滨水休闲公园于一体，打造以自然生态景观为特色的景观轴线。大良澄海路东延线绿化景观工程总面积约21万平方米，投资1.1亿元，打造具有顺德特色的高品质城市滨水景观长廊，为人们提供生动的公园活动空间。

是年，全区完成绿化工程25项，投资3.83亿元，新增、改造绿化面积110.23公顷。其中，新增、改造公园绿地14个，绿地面积72.6公顷；新增、改造道路11条，绿地面积37.63公顷。至2017年年底，顺德区中心城区人均公园绿地面积20.92平方米，绿地率42.2%，绿化覆盖率43.9%，各项数据均超过佛山市的指标要求。通过城市升级、城市治理，顺德区形成骨干路网、主干水道、城市公园及乡村绿化于一体的点线面交错发展的生态绿化网络格局，生态效益和环境效益显现，城市更为宜居。

【国家森林城市建设】 2013年，顺德区正式启动“创建国家森林城市”以来，直面城市开发强度大、土地资源紧缺、山林面积少等困难，坚持向存量要空间，利用路网密集、水网丰富的特点，提出“向路扩绿，向水借绿”的思路，以绿色生态廊道建设为主线，向河涌、道路、乡村拓展绿化空间，建成3个区级湿地公园、2个镇级森林公园、40个乡村森林家园，沿河涌水岸种植20万株落羽杉，实现从“浅绿”到“深绿”质的飞跃。近年，累计投入资金21亿元，新增绿化面积1866.18公顷，市域森林覆盖率从33.58%提升到35.91%，城区绿化覆盖率43.9%，人均公园绿地面积20.92平方米，超额完成市下达的目标任务，为佛山创建国家森林城市提供有力支撑，“岭南文化古镇，绿韵生态水乡”的城市形象初步展现。

（马少灵）

# 组织机构及负责人

## 【顺德区五套班子成员】

**中国共产党佛山市顺德区委员会**

区委书记：区邦敏（至 9 月）
郭文海（9 月起）
区委副书记：彭聪恩　陈浩斌（至 8 月）
王　勇（任区委常委至 8 月，8 月起任区委副书记）
刘　怡（挂任）
区委常委：肖秀明　潘东生（挂任）　唐磊晶
黄少文（至 3 月）
孙向阳（3 月起）
谢顺辉　黄　海　周　旭

**佛山市顺德区第十六届人大常委会**

常委会主任：列海坚
常委会副主任：周驭洪　关世良　张　旗
梁雄钊　赖剑辉　舒　悦
常委会委员：刘　涛　关庆祥　何允唐
梁学文　周贤林　冼浩淇
李映萍　马国伦　黎祐任
何倩馨　陆建中　孙建根
夏旺祥　张连华　潘伟松
梁朝坤　王志林　何宝英
麦绮慧　曾　帆　马剑梅
卢沛锋　游　斌　宋　炜
杨国强　陈立加　周彝馨
郑　茵

**顺德区人民政府**

区　长：彭聪恩
副区长：李剑雄　冼阳福　陈　旋
蔡　伟　招霞红
罗厚光（挂任，至 6 月）
张立娇（挂任，3 月起）

**政协佛山市顺德区第十四届委员会**

主　席：周　文
副主席：徐国元　黄燕霞　夏　伟
陈礼豪　李梓文　谭振东

**中共佛山市顺德区纪律检查委员会**

书　记：肖秀明
副书记：刘钊君　何志成　彭德志
常　委：温良谋　秦　颢
曾正能　何梓锋

## 【市、区两级派出机构】

**中德工业服务区（佛山新城）**

党工委书记：区邦敏（至 10 月）
郭文海（10 月起）
党工委副书记：刘　怡　周　霞（至 5 月）
彭德志
党工委委员：王　雄　何小坚　徐　平
朱锡雄
管委会主任：刘　怡
管委会副主任：周　霞（至 5 月）　王　雄
何小坚　徐　平　朱锡雄

**广东顺德清远（英德）经济合作区管委会**

党工委书记：潘东生
党工委副书记：张　光
管委会主任：潘东生
管委会副主任：苏贤安　赵　辉　李福信

## 【各镇、街道】

**大良街道**

党工委书记：麦玉团
党工委副书记：吴显强　陈金团　苏德荣
党工委委员：杨汉芳（至 8 月）
陈少桃　谢　军　伍时骏
潘卓辉　孙丽丽　张宇航
谢德强　梁伟文
人大工委主任：叶善楷

人大工委副主任：劳志和
办事处主任：吴显强
办事处副主任：谢　军　麦颜柱　冼文生
　　丘文进

**容桂街道**
党工委书记：刘国兴
党工委副书记：龙仲英　孙春刚　唐天培
党工委委员：林晓波　王　建　欧阳雪乔
　　翟子意　冯家擎　胡永峰
　　陈汝强　刘英华　麦锦雄
人大工委主任：柯昌松
人大工委副主任：刘　机
办事处主任：龙仲英
办事处副主任：胡永峰　李文光　杨伟东
　　陈挺然

**伦教街道**
党工委书记：卢德全
党工委副书记：霍茂昌　黄锐建　王星海
党工委委员：欧阳永波　黄炫丹　洪浩鹏
　　庞仁初　罗冠明　胡永文
　　胡国兴　梁裕文　卢海华
人大工委主任：饶林海
人大工委副主任：何炎鸿
办事处主任：霍茂昌
办事处副主任：罗冠明　梁啟滔　欧阳承裕
　　刘永孙

**勒流街道**
党工委书记：朱艺婷
党工委副书记：谭逢显　张海贤　陈俊贤
党工委委员：范伟强　余厚坚　吴智力
　　黄宇恒　林伟雄　梁伟华
　　邱国强　卢俞君　黄浩坤
　　翁祖炎（至4月）
人大工委主任：廖应财
人大工委副主任：黄浩坤
办事处主任：谭逢显
办事处副主任：梁伟华　杜伟泉　李克亮
　　吴道谦

**陈村镇**
党委书记：姜远国（1月起）
党委副书记：容佰辉（1月起）
　　苏健功　苏健彬
党委委员：张新华　韩　军　杨瑞华
　　吴　力　廖海标
　　何智勇（至12月）
　　李跟虎　邝敏坚　马健添
人大主席：陈锦钊
人大副主席：林新潮
镇　长：姜远国（至3月）
　　容佰辉（3月起）
副镇长：韩　军　刘华江　欧国荣　梁洁铃

**北滘镇**
党委书记：周　旭
党委副书记：王崇曦　何广辉　伍时欣
党委委员：毛永达　梁淑艳　黄智海
　　吴伟勤　何锡辉　韩治帮
　　何翔威（至8月）
　　朱　芳　林文钜
人大主席：卢本忠
人大副主席：梁垣刚
镇　长：王崇曦
副镇长：黄汉标
　　何翔威（至9月）
　　康子年　黄师挺
　　叶伟锋（4月起挂任）

**乐从镇**
党委书记：张新杰
党委副书记：崔伟国　张健　黎浩鹏
党委委员：张永宁　岑德荣　梁绍洪
　　麦金兆　陈艳庄　张华英

何绍欣（至5月）
郑建华　劳照德　张　健
人大主席：李志堃
人大副主席：陈杰民
镇　长：崔伟国
副镇长：麦俊棉　冼英伟
林庆宇（至7月）
梁彦权

**龙江镇**
党委书记：梁伟沛
党委副书记：何春云　梁柳玉　何碧耀
党委委员：欧阳伯洪　李达恒　冯　翔
赖朝辉　黄勇基　黄长旺
王　丽　欧阳柏初
人大主席：林定基
人大副主席：罗大泉
镇　长：何春云
副镇长：黄勇基　毕景刚　卢国汉　胡念武

**杏坛镇**
党委书记：谢顺辉
党委副书记：梁晴尔　何炳辉　黄家慈
党委委员：梁祖建　廖启炘　胡文洪
朱苑芸　李永卫　李广庆
钟旭辉　梅　兵　崔国英
人大主席：康永忠
人大副主席：黄干忠
镇　长：梁晴尔
副镇长：廖启炘　葛爱霞
胡瑞发　黄德明

**均安镇**
党委书记：陈宇莹
党委副书记：陈有环　谢　涛　黄永生
党委委员：钟德慰　周少海　欧阳冠坤
陈孔文　曾　敏　欧阳信祥
李　松　陈瑞萍　欧阳带玉
人大主席：莫应堃
人大副主席：卢厚良
镇　长：陈有环
副镇长：麦恩明　劳国明
李启文　陈　莉

## 【几套班子办事机关】

顺德区委区政府办公室
秘书长（主任）：王　光
副秘书长：劳广行　李少玲　王德华
谭灿荣（2月起）
潘民权（2月起）
张培发（8月起）
刘国兴（至1月）
副主任：及　莉　欧胜军
郭遥宇（挂任）
陈小兴（挂任至8月）
何翔威（2至8月挂职）

**佛山市顺德区人大常委会办公室**
主　任：刘　涛
副主任：闯绍文　邱国盛　何倩茹

**政协佛山市顺德区委员会办公室**
主　任：何鸿佳
副主任：罗泽基　夏楠伟

## 【区委工作部门】

**中共顺德区委组织部**
部　长：黄少文（至2月）
孙向阳（2月起）
常务副部长：李东文　马剑梅
副部长：陈伟成　白志武　易惠玲

**中共顺德区委宣传部**
部　长：唐磊晶
常务副部长：鲁国刚（1月起）　陈影然
副部长：郑卫红　李孟华

**中共顺德区委政法委员会**
书　记：陈浩斌（至8月）　王　勇（8月起）
常务副书记：杜友华(区综治办主任　区维稳办主任　区流管办主任)
副书记：梁永标(区委防范办主任)
　　　　梁燕娇(区委依法治区办主任)

**中共顺德区委统战部**
部　长：黄　海
常务副部长：陈仲贤（兼区民族宗教事务局局长）
副部长：张　红　张　鹏

## 【区武装部及法检两院】

**顺德区人民武装部**
部　长：俞秋升（6月起）
政　委：黄大玮（至6月）
　　　　谢周含（6月起）

**顺德区人民法院**
院　长：万选才
副院长：吴建兴　梁社明　李　红

**顺德区人民检察院**
检察长：徐　彪
副检察长：黎　明(兼任公诉局局长)
　　　　　朱胜华（兼任反贪污贿赂渎职侵权局局长）
　　　　　苏劲韵（兼任诉讼监督局局长）

## 【区政府工作部门】

**顺德区发展规划和统计局**
局　长：甘志宇
常务副局长：吴振海
副局长：（发展　改革　统计）何瑞冰
　　　　梁　钟　钟伟良　刘恩带
　　　　（城市规划）卢广豪　曹冬冬
西南部规划管理局局长：刘建勇
东部规划管理局局长：黎景带
北部规划管理局局长：曾　鹍

**顺德区经济和科技促进局**
局　长：柯宇威
常务副局长：岑树德
　　　　　　谭　素（兼区金融工作办公室主任，1月起）
　　　　　　曾利平（5月起）
副局长：王伟宁　何绮君　余　虹
　　　　廖天山（兼区金融工作办公室副主任，至5月）
　　　　杨艳生（兼区金融工作办公室副主任，1月起；兼中小企业局局长　区民营经济发展服务局局长，5月起）
　　　　赵松顺　吴庆强
　　　　蒋书红（挂职，3月起）
　　　　何绍欣（兼区投资服务局局长）（5月起）

**顺德区教育局**
局　长：闵乐萍
常务副局长：蔡遥炘
副局长：冼弥冬　张　毅　温联洲　罗劲柏

**佛山市顺德区公安局**
局　长：李剑雄
政　委：罗少川
副局长：麦志伟　颜健明
　　　　何逊文（7月起）
　　　　何欣全（7月起）
　　　　欧　兵
　　　　黄　亮（3月起挂职）

**顺德区审计局**
局　长：罗　伟
副局长：陈建豪　李敏儿

**顺德区民政和人力资源社会保障局**

局　长：梁雄辉

常务副局长：陈炳宜

何翔威（8月起）

副局长：张颂武　招　彬　黄群英

黄结兴　罗柏林

**顺德区司法局**

局　长：叶翠青

副局长：冯炳全　章东波

**顺德区财税局**

局　长：黎劲康

常务副局长：劳伟源

副局长：刘红文　宁　磊　陈国雄

**顺德区地方税务局**

局　长：劳伟源

副局长：李锦添　蓝文娟　李伟文

总经济师：区伟健

**顺德区国土城建和水利局**

局　长：霍兆华

常务副局长：何永光　赵永强

黄志敏

副局长：王华翔

王　丰（9月起）

蒋　忠　李健荣　俞飞燕

李会川　谢舜辉　肖志勇

欧阳擎

关剑峰（8月起）

潘民权（至2月）

何　当（至8月）

**顺德区监察局**

局　长：何志成（兼）

副局长：曾正能（兼）

李绍荣

**顺德区环境运输和城市管理局**

局　长：黄志捷

常务副局长：欧锦霞　伍成亮

副局长：（环境保护）李加华

杨家乐（8月起）

赵松顺（5月起挂职）

叶　平（8月起挂职）

（交通运输）周新年　何钊胜

谭　郑　周子强

（城市管理）徐守堂　朱展图

总工程师：谢阳红

**顺德区农业局**

局　长：黄锦培

副局长：霍炳朝（至8月）

叶彩洁　张春文

**顺德区文化体育局**

副局长：梁国锋　罗远光

**顺德区卫生和计划生育局**

局　长：谭俊杰

常务副局长：曹　毅

副局长：陈抒豪（11月起）

叶少红

李子庆

郑丹瑜

刘瑞林（2月起挂任）

郑华婴（8月起挂任）

**顺德区外事侨务局**

局　长：黄建雄

副局长：陆国伟　区植朋

**顺德区市场监督管理局**

局　长：曾宪才

副局长：谭志富　丘永平

杨西学　欧阳翠云

**顺德区食品药品监督管理局**
局　长：黄坚强
副局长：钟建红　孔繁昌　胡公会

**顺德区安全生产监督管理局**
局　长：李发彬
副局长：张维聪　陈景辉　林贵有

**顺德区扶贫开发工作领导小组办公室**
主　任：张春文
副主任：刘海权　陈招扬　揭育通
　　　　谭勇富（9月起）

## 【区属事业单位】

**顺德区委、区政府接待办公室**
主　任：空缺
副主任：梁桂贤

**顺德区国有资产监督管理办公室**
主　任：张　云
副主任：吕翠琴
　　　　梁泳斌（2月起）

**顺德区社会保险基金管理局**
局　长：吴　蔚
副局长：宁海鸥　苏发展　黄旭东

**佛山市顺德高新技术产业开发区管理委员会**
党工委书记：谢顺辉
党工委副书记：梁嘉斌
主　任：梁嘉斌
副主任：张志永　左子坚

**顺德区公用事业管理局**
局　长：谭灿荣
副局长：陈辉成（至5月）
　　　　潘茂章
　　　　林俊庭

**顺德区行政服务中心**
主　任：林钦耀
副主任：暨耀峰　梁伟强
　　　　郭遥宇

**顺德区机关事务管理局**
局　长：空缺
副局长：郭金元　李壁良
　　　　黎广晓

**顺德区档案局（区档案馆　区地方志办公室　区委党史研究室）**
局　长（馆长、主任）：叶卉时
副局长（副馆长）：高建雄　薛卫存
　　　　　　　　　严　丽

## 【区各民主党派·社会团体】

**中国国民党革命委员会佛山市顺德区总支部委员会**
主　委：王熙福

**中国民主同盟佛山市顺德区总支部委员会**
主　委：宋　炜

**中国民主建国会佛山市顺德区总支部委员会**
主　委：蔡　伟

**中国民主促进会佛山市顺德区委员会**
主　委：舒　悦

**中国农工民主党佛山市顺德区总支部委员会**
主　委：曹冬冬

**中国致公党佛山市顺德区总支部委员会**
主　委：暂缺

**九三学社佛山市顺德区基层委员会**
主　委：谭振东

**顺德区工商业联合会（总商会）**
主　席：叶远璋
专职常务副主席：张　鹏
（统战部副部长兼任）
专职副主席：梁锡开　胡素娟

**顺德区总工会**
主　席：梁雄钊
常务副主席：丁庚山
副主席：何小莹　林小清

**共青团顺德区委员会**
书　记：曾　帆
副书记：廖一川　丁加钢
胡　冰（挂职）

**顺德区妇女联合会**
主　席：麦绮慧
副主席：张艳芬　苏玉明

**顺德区残疾人联合会**
理事长：季少嘉（至 8 月）

## 【双管、联检单位】

**顺德区国家税务局**
局　长：杜　文
副局长：冯建刚　李　宾
欧志刚

**佛山海关驻顺德办事处**
主　任：罗国辉
副主任：章和弟
张志敏（至 4 月）
蔡传元
彭　志（4 月起）

**顺德出入境检验检疫局**
局　长：钟海伟
副局长：李华沛　张远新　杜奕华　李诗敏

**顺德边防检查站**
站　长：林良敏
政　委：宋永洪

**佛山顺德海事处**
处　长：丁度华
政　委：范志雄
副处长：王宝雄　刘　羽

**顺德区气象局**
局　长：黄姚钦
副局长：曹　丽　温　江　麦雪湖（至 4 月）

**中国邮政集团公司佛山市顺德区分公司**
总 经 理：肖　军
副总经理：黄日昇　叶创文

**广东电网有限责任公司佛山顺德供电局**
局　长：梁汉泉
副局长：钟高峰（至 2 月）
李　豪　马建刚　郑剑锋

**顺德烟草专卖局（分公司）**
局　长：黎杰钊
副局长：陈鹏英
副经理：谢　鸿

**广东省佛山航道局顺德航标与测绘所**
所　长：王晓凡
副所长：吴建辉

**顺德区公安消防大队**
大队长：段建平（至 10 月）
李　林（10 月起）
教导员：徐海宾
副大队长：陈李育

赵中文（至11月）
李　程（至11月）
李陶生（11月起）
陈　立（11月起）

## 【金融机构】

**中国人民银行顺德支行（国家外汇管理局顺德支局）**

行　长：杨　钧
副行长：毛香华　谭小劲
　　　　程永强（兼副局长）

**广东顺德农村商业银行股份有限公司**

董事长：姚真勇
副行长：吴诰锦（12月止）
　　　　张　珩（3月起）
　　　　麦树铭（12月起）
　　　　周　进（12月起）
　　　　宗　颖（12月起）

**中国银行顺德分行**

行　长：张志奋
副行长：李向东　周　文　马健良　李　峰

**中国农业银行顺德分行**

行　长：贺春林
副行长：何宏业（至9月）
　　　　马红樱
　　　　毛　炜（10月起）
　　　　梁耀明（5月起）
　　　　刘春木（至8月）
　　　　黄剑雄　许　斌
　　　　李木钢（9月起）

**中国工商银行顺德支行**

行　长：李伟聪
副行长：莫小雄　廖丽虹　楚庆峰
　　　　蔡志坚（3月起）

**中国建设银行顺德分行**

行　长：程飞沫（至11月）
　　　　张　勇（11月起）
副行长：侯则胜　胡万红　王庆贤　王勇辉

**中国邮政储蓄银行佛山顺德支行**

行　长：江志昆
副行长：何正朝　谭立梅

**交通银行顺德支行**

行　长：叶　青
副行长：邱志强　周志勇　邱韵菁

**中国人民财产保险股份有限公司顺德分公司**

总经理：谢泽伟（至7月）　刘　坚（8月起）
副总经理：刘　坚（至7月）　吴啟文

## 【法定机构】

**区社会创新中心**

总干事：李允冠
常务副总干事：陈淑仪（至9月）
副总干事：苏敏锋　程华伟　熊冬平（9月起）

**区文化艺术发展中心**

理事长：陈建华
总干事：周本波
副总干事：俞　虹　黄剑能　尹　辉

**区人才发展服务中心**

理事长：王韶峰

**区产业服务创新中心**

理事长：叶远璋

**区城市更新发展中心**

理事长：佘永亮
主　任：劳璐均
副主任：谭家良　胡瑞恩（8月起）

## 【其他机构】

**顺德职业技术学院**

院　长：夏　伟

副院长：刘　毓　陈粟宋　徐　刚

**南方医科大学顺德医院**

院　长：钟剑萍（至2月）

　　　　刘瑞林（2月起）

常务副院长：刘映南（2月至7月）

副院长：钟剑萍（2月起）

　　　　于新发　龙兆麟

　　　　许小兵　剧永乐

**广州中医药大学顺德医院**

院　长：宋小宁（至5月）

　　　　黄　枫（5月起）

常务副院长：袁琼章（5月起）

副院长：曹　洋（5月起）

　　　　陈立加　梁鑑添

　　　　于国东　陈棉智

**广东医科大学附属妇女儿童医院**

院　长：陈启康

副院长：郑　达　朱达坚

　　　　钟艳萍　何淑祯

**顺德区卫生监督所**

所　长：梅景良

副所长：王纪权　霍培康　梁锦亮

**顺德区疾病预防控制中心**

主　任：余卓文

副主任：符发雄　马健强

**顺德区伍仲珮纪念医院**

院　长：丘　斌

副院长：陈　超　梁　烨

　　　　李耀东

**广东顺控发展股份有限公司**

总经理：陈海燕

常务副总经理：宋　炜（10月起）

副总经理：梁泽辉（至9月）　陈祥金

**中国电信顺德分公司**

总经理：胡国强

副总经理：林镜凡　何汉坚

　　　　　杨建波　张　果

**中国移动顺德分公司**

总经理：罗德锋

副总经理：胡丽燕　许鑫燕

**中国联通顺德分公司**

总经理：洪　俊

副总经理：叶伟能　邓建峰　刘灿鹏

　　　　　吴旭辉（12月起）

**珠江商报社**

总编辑：黄　荻

副总编辑：张　颂　欧志权　马志良

**佛山电台顺德分台**

总　监：郑宇嘉

副总监：谢智毅　谭闻声（至5月）

**佛山电视台顺德分台**

台　长：张晨光（至7月）

　　　　蔡泽之（7月起）

副台长：蔡泽之（至7月）

　　　　冯建珍　赵　红（7月起）

**广东省广播电视网络股份有限公司佛山顺德分公司**

总经理：陈　平

副总经理：李　龙

　　　　　陈锡文（2月起）

# 党政机关

2017 年 9 月 23 日，第十二届顺德私房菜大赛总决赛在顺德创意产业园举行

# 中共佛山市顺德区委员会

**【中共佛山市顺德区第十三届代表大会第二次会议】** 于2017年3月23日在区行政大楼会议中心礼堂举行。区纪律检查委员会委员、区十三届党代会代表、十三届区委委员及候补委员，区人大、区政府、区政协领导，区法院、区检察院、区各部委办局、各镇（街道）、各村（社区）党组织等有关负责人列席会议。会议肯定区委2016年的工作，认为过去一年的实践证明“开放引领、创新驱动”战略正确性。国家提出建设粤港澳大湾区战略，在新一轮激烈的区域竞合态势下，顺德将迎来重大的发展机遇和历史考验，必须围绕“屹立珠三角、面向全世界”的既定目标，战略坚定、队伍坚强，政企携手、凝聚力量，共同创造顺德新辉煌。会议听取和审议区委书记区邦敏所作题为“战略坚定队伍坚强勇闯善为共铸顺德新辉煌”的报告，提出必须牢记“开放改革”这个制胜法宝，始终坚持“全方位开放、全领域创新”；要提升城市环境拓宽发展空间，以法定程序建立产业发展保护区，铁腕整治提升村级工业园；坚定走产业强区之路，全力以赴抓好稳商招商工作，深化“金科产”融合，支持发展产业地产；全面提升区域合作水平，主动拥抱广深、连接周边、面向世界，赢取更广阔发展空间；推进教育卫生改革，加快实现服务水平向广深看齐；积极化解农村问题，净化农村环境，支持农村规范发展、农民致富；不断提升民生事业水平，让广大群众共享发展成果；坚持党建统领全局，必须坚持党的领导、全面从严治党、建立各项制度保障，锻造一支坚强队伍，持续推进党风廉政建设。会议还听取和审议深入推进全面从严治党的决定、代表提案提议，区环运局交通运输分党组、区国资办党工委、区公用事业管理局党组联系服务群众、为民办实事的情况报告。

（区委办公室）

**【十三届区委第一轮巡察工作情况汇报会】** 于2017年12月26日在区政府行政大楼19楼会议室举行。区委有关领导郭文海、肖秀明、孙向阳，区委巡察工作领导小组成员，区委第一轮巡察组组长、副组长及联络员，区委巡察办工作人员参加。市委常委、宣传部部长、区委书记郭文海听取十三届区委第一轮对大良街道、均安镇、区市场监督管理局（食品药品监管）、区社保基金管理局、区总工会等5个单位党组织的巡察工作情况汇报，强调要学习贯彻党的十九大精神，原汁原味地将巡察结果反馈给所在的单位并督促问题整改，同时希望第二轮巡察将区两办纳入巡察范围。（欧毅敏）

**【落实2017年全区重点工作任务动员会】** 于2017年2月8日在华桂园三楼会议室召开。顺德区委常委、区人大、区政府、区政协领导，区委区政府正副秘书长，各镇（街道）、区属各部门等主要负责人参加。会议先后由10个镇街、三大片区、区属有关部门主要负责人汇报相关重点工作推进的情况、存在的主要问题、需要协调支持的事项，围绕重点工作任务谈如何破难题、带队伍、抓落实、见实效等，并提出具体的解决办法、推进时间节点以及下一步工作举措等。针对提出的问题，区主要领导即时回应或指定有关区领导回应，现场将问题解决落实到人并明确时间节点，争取以最快的速度解决问题，推进工作落实，并对2017年全区重点工作任务进行部署。

（区委办公室）

**【“发现顺德全球路演”汉诺威站】** 2017年4月26日，在举行汉诺威工博会的德国城市汉诺威，迎来顺德全球路演的第二站。德国联邦政府、中国佛山市（顺德区）政府及企业、汉诺威展会公司、汉诺威机器人学院、德国多个企业与商协会及中德主流媒体的嘉宾代表200多人参加活动。佛山市委常委、顺德区委书记区邦敏在路演中发表主题为“发现顺德、布局中国、携手德国、走向世界”的演讲。佛山机器人学院在佛山、汉诺威同步揭牌，亚琛工业大学与顺德职业技术学院达成合作意向，弗劳恩霍夫工业自动化研究所与顺德区人民政府签订战略合作协议。

（凌杰俊）

## 组织工作

**【概况】** 2017 年，顺德区有党委 307 个，党总支 135 个，党支部 3582 个，党员 88071 名。

**【基层党组织建设】** 2017 年，顺德区委在基层党组织建设方面，突出党组织政治建设，以党建引领推动基层治理，推动基层党建全领域创新。

突出党组织政治建设，创新形式加强党员队伍培训　推进党支部规范化建设。以推进“两学一做”学习教育常态化制度化为契机，着力抓基础、补短板。针对部分基层党支部运作不规范、标准不严格的问题，开展“党支部建设年”活动。将每月 15 日确定为全区党的活动日，实施组织生活全程纪实，分领域共打造 100 个支部示范点，以点带面增强党内政治生活的政治性、时代性、原则性、战斗性。对村（社区）“两委”干部进行全员轮训。对全区近 1200 名“两委”干部“一杆到底”进行全员培训，分管纪检、农业和国土等区领导上讲台向“两委”干部授课，同时组织后进村看先进村，“两委”干部“学经验、找差距、补短板”，组织“两委”成员和股份社长分别宣誓，强化任职仪式感。开展干部国际化视野专题培训。将碧桂园集团、美的集团、联塑集团、格兰仕集团、东菱凯琴集团 5 家非公有制企业党委打造成区机关党员教育现场教学点，拓宽机关党员国际化视野，用全球化眼光谋划工作，用国际化战略思维服务企业，让机关党员干部真正做到与时俱进，与国际接轨。开展千名支部书记大轮训。制定党支部工作指引和支部书记责任清单，围绕发展党员、组织建设、党费收缴管理使用、党内政治生活和党员信息采集等工作，开展组织建设基础业务培训，让每个支部和书记清楚“要做什么”和“怎样做”。区、镇分级培训党务工作者 2500 多人次。打造 105 党员教育走廊。深挖顺德红色资源编制“红色基因图谱”，创新性地整合分布在 105 国道这条交通大动脉沿线的党员教育资源，让教育阵地串珠成链，如习近平总书记视察过的北滘镇广东工业设计城和黄龙村等，将其重点打造成党员教育基地，年内重点打造甘竹滩发电站旧址，全年建成 12 个党员教育基地，形成“105 党员教育走廊”，为党员培训提供鲜活的红色教育平台。

党建引领推动基层治理，强化党对农村一切工作的领导　以换届选举为契机选优配强“两委”干部队伍。坚持党的领导，统筹推进村级换届，选举工作实现换届工作提升、选举质量提升、风气秩序提升、重点难点村选举取得新突破、非户籍会员参与基层治理取得新突破的“三提升两突破”。完善基层治理机制。扩大组织覆盖面，推动条件成熟的村（居）民小组单独设立党支部，加大在集体经济组织、大型住宅区、园区商圈等建立党组织的力度，实现党的组织有效覆盖。全区建立 52 支党群先锋队，其中乐从镇实现全覆盖，北滘镇、杏坛镇先后大规模推广。2014 年至 2017 年投入 3000 万元党群共建社区发展基金，竞争性扶持民生项目 140 个，带动解决民生问题。解决一批基层治理突出问题。落实区委“1+10”文件，全年解决拖欠被征地农民征地补偿费 1483.3 万元；完成查处“三乱”违法用地 295 宗，涉及面积 56.03 公顷；解决历史留用地 138.13 公顷，占 158.92 公顷历史留用地总任务的 87%；滞留的被征地农民养老保障资金全部落实到位；455 个农村集体经济组织全部完成集体“三资”清理核实工作。全部完成村（社区）公共服务中心建设；全面启动土地确权工作，完成实测面积近 0.47 万公顷。

精准发力落实项目，推动基层党建全领域创新　实施非公党建“龙腾计划”。对 300 家龙腾企业，特别是美的、碧桂园、联塑等中国优质大型民企党组织重点扶持和培育。以星光企业等中型企业为主体，以行业商会协会为纽带，搭建好党组织发展梯队架构。发挥“小个专”党委作用，推动各镇街“一企一街一市”示范点建设，开展党员亮身份、亮职责、亮承诺制度。分行业分类型分地域培育党建示范点，突出顺德本土特色。开展“扶苗计划”加强过程指导，派驻党建指导员到新建立或薄弱党组织指导党建工作。成立社会组织党委和“小个专”党委，配强配齐专职副书记。打造园区综合体，培育“互益性”商协会，推动园区、专业市场等大型片区党建工作。实施“网圈联动”+“三三工作法”，推进中组部社会组织党建综合监测区工作。实施“红领人才计划”，强化“两新”队伍建设。实施党员企业家培养工程，举办“开讲啦”系列活动，开展“创二代”挂职活动，建立“国际化视野”培训点，推行党员“三培养”计划，推动党员培养成骨干、骨干培养成党员、党员骨干培养成高管人才。对标先进推动城市基层党建。按照中央和省市的要求，对标广州、深圳等先进地区，推进城市基层党建，构建以党组织为核心的城市治理框架。强化街道党工委职权职责，配齐镇街党建专职副书记，配强街道社区工作力量，加强城市基层党建组织领导和经费保障。在大良、容桂、伦教、勒流四个街道建立街道一级的党建服务阵地，打造党政社企群综合服务体，联合民政、工会、共青团和妇联等组织，开展协同服务，充分发挥党员发展、教育、管理、活动的阵地作用。开展区直机关“先锋领航智汇龙腾”主题活动。推动机关与企业跨领域推动党建创新，开展机关、企业、村居“三结对”活动，通过组织共建、资源共享、活动共办、发展共谋，促进党建与业务共融发展。建强“机关党群先锋队”，动态选拔区镇机关年轻党员干部担任龙腾企业、社会组织和“小个专”等新建党组织和党建示范点的党建指导员，对其持续3年跟踪培养，加速青年干部成长成才，以先锋队员为核心带动青年党员，青年党员带活全体党员的机关党员队伍建设新模式。

**【整顿软弱涣散党组织】** 2017年，顺德区根据社会矛盾最突出、历史遗留问题最迫切需要解决和组织建设最薄弱的标准，区委组织部按照6%比例排查出13个软弱涣散村（社区）党组织，开展整顿工作。13个软弱涣散村（社区）主要存在五方面的突出问题：一是存在征地拆迁等历史遗留问题。二是民生建设比较落后。三是集体经济比较薄弱。四是村（社区）出现多次越级上访和群体性事件。五是村（社区）党组织班子战斗力不强。

为推动整顿任务完成，实施乡村振兴发展，顺德区成立整顿工作组，由13位区领导挂点，针对党组织班子战斗力不强的问题，调整充实班子、定期培训、落实班子联席会议和党群联席会议制度；针对信访矛盾问题，推进“一村一法律顾问”和“三官一师”下基层，引导群众寻求司法途径解决，“一村一策”化解问题。推动区直机关支部与村（社区）党组织结对，机关党员到村（社区）报到，为帮助培训党员、走访慰问困难群众，帮助组建党群先锋队，发挥队员在换届选举和重大事项表决中的关键作用。

2017年，挂点区领导到整顿村（社区）调研指导34次，区镇投入资金3000多万元，解决突出民生问题31个。通过整顿工作，班子的调整充实提升了农村干部的精气神，“两委”换届选举工作顺利完成，大良五沙社区等近10年来首次实现书记主任“一肩挑”。化解历史遗留问题，启动农村土地确权工作，204个村（社区）全部完成公共综合服务中心建设。坚持标本兼治，出资8.95亿元土地收储资金，使高赞村“每名股东40方宅基地”这个近10年悬而未决的问题得以解决，并完成“两委”换届选举。

**【黄龙村与梁家河村党建结对共建】** 2012年12月9日，习近平总书记考察顺德北滘镇黄龙村，提出“农村党建工作要让群众更满意”的殷切期望。五年以来，黄龙村党委时刻谨记总书记的嘱托，党建引领推进基层治理，落实乡村振兴战略，群众满意程度不断提升。在2017年“两委”

◎图 9　2017 年 11 月 15 日，延安市延川县梁家河村与顺德区黄龙村党建结对共建签约仪式在北　黄龙村党员活动中心举行

换届选举中，黄龙村实现书记主任交叉任职、党组织意向人选当选率 100% 的历史性突破。

梁家河村是习近平总书记知青岁月插队工作过的地方，黄龙村是中共十八大后习近平总书记首次到地方调研考察的第一个农村。为推动两地加强基层党建、发挥党的坚强领导核心作用，2017 年 11 月 15 日，顺德区黄龙村与陕西延安梁家河村在北滘黄龙村党群文化活动中心举行党建结对共建签约仪式，建立顺德区委与延川县委、北滘镇党委与文安驿镇党委对接机制，推动两村各项事业发展，统筹推进顺德区基层党建和基层治理工作再上新台阶。

结对共建的内容有三个方面：一是党建互促、夯实基层基础。两村党组织以提升组织力为重点，突出政治功能，深化“两学一做”学习教育常态化制度化，探索加强农村党员教育管理新方法新途径，把农村党组织建设成为坚强有力的战斗堡垒。二是友好互建、凝结共同追求。革命根据地和改革前沿地共享党建资源，推动优势互补，加强感情交流，推进思想融合，凝结党员群众的共同价值追求，共创美好未来。三是两地互动、推动乡村振兴。两村党组织按照产业兴旺、生态宜居、乡风文明、治理有效、生活富裕的要求，发挥自身优势，加强信息技术互通，在提升村容村貌、环境治理、文化设施等方面提供支持和帮助。通过结对共建，发挥党在农村基层的领导核心作用，提升党在农村基层的凝聚力、创造力和号召力。同时，健全自治、法治、德治相结合的乡村治理体系，推动农村经济社会发展。

**【大巴党校专题培训】** 2017年，顺德区创新开展“大巴党校·德情教育”专题培训，强化农村党员群众的改革和发展意识，参与村居建设。区委组织部选取 60 个参观考察点，覆盖全区 10 个镇（街道），按照“党建与基层治理、集体经济发展、文明村居建设”三个类别编排 12 条参考线路，指引村（社区）以问题为导向进行考察，软弱涣散村看党建强村，集体经济发展薄弱村看经济强村，环境落后村看美丽文明村。各村（社区）党组织组织实施，党组织书记带领党员、村（居）民代表、股东代表等乘坐大巴汽车参观教学点。乘坐大巴期间观看顺德区情教育专题片，党组织书记讲解顺德近年来发展情况，邀请专家现场讲解轨道交通建设、村级工业园改造、农民公寓等热点话题，参观结束后开展交流座谈，让党员群众谈谈参观感受，为村（社区）下一步发展建言献策。通过看对比、找差距、谋发展，调动党员和群众的积极性参与社区治理，让村民理解党委政府的决策部署，支持配合农村党组织工作，在党的领导下团结起来为农村发展出主意，推动发展。截至 2017 年年底，组织 7000 多名党员群众考察村（社区）24 个，企业 12 家。

**【全区深入学习党的十九大精神】** 2017 年，中共十九大胜利召开以来，顺德区各级党组织、政府机关、企事业单位和全体党员干部切实把学习宣传贯彻十九大精神当作现阶段和今后一个时期首要的政治任务，围绕“学懂弄通做实”总要求，结合学习宣传“坚定信念、一心为民、艰苦奋斗、实干担当、敢为人先、廉洁奉公”的梁家河精神，在全区持续掀起学习宣传贯彻十九大精神的热潮。一是领导带头认真学。区委迅速制订《顺德区学习宣传贯彻党的十九大精神总体工作方案》，明确总体要求，分阶段持续深入开展学习贯彻工作。10月27日，市委常委、宣传部部长、顺德区委书记郭文海主持区委常委（扩大）会议，传达学习十九大报告精神，明确开展对十九大报告精神的学习宣传教育作为当前我区首要政治任务扎实抓好。11月1日，郭文海以普通党员身份参加区委区政府办公室机关一支部组织生活会，畅谈学习十九大精神心得体会。11月17日，郭文海分别到大良街道和容桂街道督导学习宣传贯彻党的十九大精神，强调两街道要按照党的十九大精神要求，在新时代新起点上掀起新一轮大发展。11月20日，郭文海到北滘镇黄龙村向党员群众宣讲党的十九大精神并专题研究黄龙村党委与延安梁家河村党支部党建结对共建工作。同日，郭文海到广东工业设计城宣讲党的十九大精神，强调设计城广大设计师和党员干部要继续以习近平总书记的殷切嘱托为动力，推动设计城进一步做大做强。12月6日，郭文海主持召开企业座谈会，宣讲中共十九大精神。区委副书记、区长彭聪恩10月25日到挂点联系的容桂龙涌口村宣讲十九大精神，并以普通党员身份参加区委区政府办公室机关二支部组织生活会，畅谈学习体会。18名区领导带头到所在支部学习贯彻十九大精神，到联系的镇（街道）或村（社区）作十九大精神宣讲、开展专题调研等。区镇两级领导干部收听、收看各类专题学习700多场次，领导干部上党课或谈体会270人次。二是结对共建携手学。为贯彻中共十九大精神和习近平新时代中国特色社会主义思想，11月15日，顺德区黄龙村党委与延安梁家河村党支部签订党建结对共建合作书，两村、两地正式开展党建结对共建，为全区广大党员干部学习贯彻党的十九大精神注入新的内涵。三是干部轮训持续学。11月20—24日，举办全区领导干部学习贯彻党的十九大精神专题班，420多名科级干部参加培训，镇（街道）1300多名村（社区）“两委”干部和区、镇（街道）党代表通过远程教育网络同步收看。11月27日至12月6日，分3期组织205名村（社区）党组织书记参加市千名基层党组织书记学习贯彻中共十九大精神专题培训示范班。12月4—5日，组织约1500名基层“两新”党组织书记学习中共十九大精神，每名学员都撰写微体会，并给所在支部的党员上一次党课。10月起开展第二轮大巴党校培训活动，至年底组织10期，500多名农村党员、村民代表、股东代表和业务骨干以“走顺德、看发展”的形式学习党的十九大精神。五是聚焦问题深入学。制订《关于开展“学习贯彻十九大、争当担当作为好干部、争创干事创业好团队”主题活动方案》，要求全区党员干部在学习十九大精神的基础上，结合工作实际开展专题大调研。10月31日至11月4日，区委基层治理领导小组举办农村集体经济发展和基层党建工作专题学习研讨班。10月31日至11月3日，区委组织部组织业务骨干到上海、浙江杭州、江苏昆山等地考察学习人才政策、干部激励、绩效管理等工作。11月7—8日，区镇两级组工干部到东莞、深圳等地学习城市党建和基层治理等经验。11月7—10日，区镇两级社会组织党建工作干部31人赴成都考察学习社会组织党建工作。11月28日至12月2日，区“两新”组织党工委组织部分镇（街道）“小个专”党建负责人到杭州等地学习党建工作经验。12月20—21日，举办全区农村干部骨干培训班，各镇街70多名农村干部骨干到禅城南庄紫南村、罗南村，南海里水宏岗村、河村社区和顺德区黄龙村、江义村学习基层党建引领基层治理工作经验。

**【党代会常任制深化】** 2017年，顺德区作为全省党代会常任制试点单位，以扩大党内民主、加强党内监督为核心，积极探索，稳步推进试点的各项工作，深化党代会常任制实践。组织召开区十三届党代会第二次会议。3月23日，区第十三届代表大会第二次会议召开，大会听取和审议区委书记区邦敏代表区委作的“战略坚定、队伍坚强，勇闯善为，共同创造顺德新辉煌”报告，并审议《中共佛山市顺德区委关于深入推进全面从严治党的决定》、代表提案提议，以及对区环运局交通运输分党组、区国资办党工委、区公用事业管理局党组联系服务群众、为民办实事的情况报告进行民主测评，确保顺德党代会常任制试点工作稳步推进。做好代表提案提议办理工作。区十三届党代会二次会议期间，区党代表积极建言献策，向大会提交提案提议136件，其中提案18件，提议118件。经提案审查委员会审查，大会主席团审议和代表大会表决，立案2件，其余16件提案和118件提议均以提议的形式进行办理。根据提案提议交办会的安排，结合各单位职能，确定38个提案提议承办的主办和协办单位。同时，健全相应的提案办理和反馈机制，召开提案提议二次聚焦座谈会，党代表、答复单位和相关部门就办理工作充分交流，确保党代表的表达权、参与权、决策权、监督权的运用和落实，推动决策的科学化和民主化。优化顺德区群众意见建议办理系统。开发党代表提案提议办理功能，缩短主协办单位的沟通协调时间，简化主办单位办理业务流程，强化提案提议办理的过程监督，实现办理、回复、监督全过程的网络化运作。优化党代表数据库功能，强化省、市、区、镇党代表数据的动态管理，为6个镇推进镇党代会年会制试点工作打下基础数据保障。优化党代表履职、党代表驻室编排功能，实现党联日常的业务工作信息化管理。做好区党代表驻室编排工作。以推进镇（街）领导干部驻村（社区）普遍直接联系群众工作为契机，通过整合“两个工作室”（直联工作室和党代表工作室）资源，搭建“知党情、听民意、促和谐”的平台。建立247个党代表工作室，实现农村、社区全覆盖。党代表工作室每周至少开放1次，工作日时间随时接待来访群众。385名区党代表每人相对固定联系1～3个农村（社区）工作室，实现党代表工作网格化管理。搭建多元履职平台。坚持以人民为中心，发挥党代表作用，通过党代表工作室等多种平台积极履职，开展10期“服务中心·共谋发展——党代表看顺德话创新”活动，150多名党代表参加村级工业园改造提升、智能制造、教育改革、医疗改革、安全生产、国企党建、基层党建、“两新”党建等专题视察调研；优秀党代表主动分享成功经验，开展包括美的工匠精神分享会、公安英模精神分享会、全国模范教师分享会等主题的“党代表先锋说”活动；开展“夏日送清凉、喜迎十九大”活动，党代表带领业务骨干、党员志愿者深入农村、社区、企业、学校进行送医、送药、送课等惠民志愿服务活动；开展访贫问苦活动，春节、“七一”等节日期间，党代表慰问困难党员群众家庭1600多户，发放亲民资金74万元，用心用情为群众做好事办实事解难事，体现党组织对困难群众、弱势群体的关心和爱护。“请进来、走出去”加大培训力度。举办2期学习贯彻中共十九大精神专题培训班，通过采取“集中授课＋观看大型政论专题片”的方式，对党代表进行全员轮训；与南京市委党校、合肥市委党校合作，举办党代表履职能力提升班，提升代表的综合素质与履职能力，增强代表履职自信，推动党代表履职为民。推进镇党代会年会制试点工作。推行镇党代会年会制，从1月至2月，北滘、陈村、龙江、杏坛、均安、乐从等6个镇先后召开镇党代会年会，通过制度创新、平台创新、机制创新，务求实效，推进各镇年会制试点工作。推行党代表述职制度。区党代表每年向选举单位党支部党员大会述职，报告履行代表职责情况，同时由常驻党代表工作室评价，接受党员评议和监督。2017年度，区党代表不忘初心、牢记使命，积极述职，主动接受党员评议和基层评价，优秀率91.7%；优秀率在80%以上的党代表有219名，占85.9%。开发提案提议在线办理系统。依托顺德区群众意见建议办理平台，建立提案提议在线办理系统，并将2位党代表在闭会期间提交的4个提议进行在线办理试运行，取得初步成效。通过直接在网上提交提案提议，方便党代表建言献策，提高提案提议的质量，提升承办单位办理实效。党代表电教片喜获佳绩。由区委党联办牵头制作，反映全区党代表先进模范事迹的《剑胆情心》《力量》2部电教片，分别获得佛山市2017年党员电教片观摩评审优秀作品二等奖、优秀奖。

**【直联群众工作】** 2017年，顺德区驻点联系工作总体推进情况良好，团队成员驻点部署工作到位，联系服务群众措施得当，群众意见建议办理件件落实。全区各镇（街道）、村（社区）参加驻点联系工作的团队成员总人数95235人次，其中，镇（街道）领导干部7234人次，镇（街道）职能部门负责人31878人次，村（社区）党组织书记10489人次，村（社区）“两委”干部25794人次，村务监督委员会成员1699人次，党员群众代表6111人次，大学生村官1194人次，党员志愿者4454人次，其他人员（包括“三官一师”、党群先锋队成员、社工、义工等）6382人次。至2017年12月底，完成第二轮44万户入户联系群众“全覆盖”工作。全年联系群众620099人次，其中定点接访1659人次，上门拜访596663人次，其他方式接访21777人次。收集群众意见建议26090条，其中环境卫生、交通运输、社会治安、土地房屋等四类问题是我区群众反映最集中的问题，约占总数的47.26%。办结25916条，办结率99.33%。

**【干部队伍建设】** 2017年，顺德区加强干部队伍建设，增强干部队伍的凝聚力和向心力。把干部教育培养放在更加突出位置，紧扣建设高素质专业化干部队伍和全面增强执政本领的要求，是年全区各单位采用“走出去、请进来”方式开展各类专项考察和专题学习400余批次，学习成功经验，借鉴先进做法，开拓工作思路，提升党员干部服务社会、引领发展的综合素养；围绕城市规划建设、基层治理、投融资体制改革、智慧城市建设等主题举办区级主体班20余期，培训党员干部超1000人；在顺德干部教育培训网络学院开设“党的十九大精神”学习专栏，上传专题课程20余门，全天候供全区党员干部学习，锤炼干部党性修养，强化发展使命担当。

**【人事工作】** 2017年，顺德区加强公务员、政府雇员和军队转业干部管理，为全区发展提供人力支持。

公务员管理　顺德区新录用公务员139名。经年度考核，全区公务员及参照公务员法管理单位工作人员中被确定为优秀等次的1155人。其中，106人2014—2016年连续3年年度考核获评优秀等次，记三等功一次；1049人2016年年度考核获评优秀等次，分别给予嘉奖。年内共对100名公务员进行登记资格审核并上报市相关部门审批，办理辞职备案18人，办理公务员转任手续200人，办理公务员入户94人。

政府雇员管理　2017年全区公开招录普通雇员46人，选拔主任岗位普通雇员1人。

军队转业干部管理　2017年，顺德区严格按照上级政策接收安置军转干部33名，其中技术8级干部1名，副团职干部4名，技术9级干部3名。针对营级以下军转干部，继续落实考试安置政策，结合军转干部的学历、专长提供公务员岗位，由营以下军转干部自主报考，根据考核成绩和笔试成绩择优录取。推进自主择业军转干部体检及其他服务管理工作。做好企业退休军转干部的解困工作，在“春节”“八一”前夕进行走访慰问。

**【人才规划指导】** 2017年，顺德区围绕建设“践行新理念、建设现代化顺德”目标，坚持党管人才原则，把人才工作作为决胜当前和未来发展的战略性任务来抓，深化人才发展体制机制改革，努力使全区成为人才汇聚之地、培养之地、事业发展之地、宜居之地。截至年底，全区人才总量43.8万人，广东省“特支计划”人才5个，市科技创新团队和创新创业人才67个，博士870个，高技能人才18.7万人，博士后工作站30个，享受国务院特殊津贴专家31个，博士后工作站在站人数27个。7月，按照党管人才原则，对区人才工作领导小组架构作出调整，区委书记任组长，办公室调整至区委组织部，配备专职工作人员。研究制定区人才工作领导小组成员单位责任制和人才工作领导小组工作规则，11月召开领导小组成员单位工作会议，明确党管人才原则，统筹重大人才项目完成情况，研究解决全区人才工作中遇到的新情况、新问题，初步搭建起党委领导、组织部门牵头抓总、人才工作部门各司其职密切配合的人才工作格局。9月至11月，专题赴江苏昆山、泰州、江阴、上海浦东、深圳、东莞、广州及佛山其他四区开展调研考察，对标先进。12月，组织28名区人才工作者赴香港培训学习，学习借鉴先进做法。2017年11月起，区政协、区委组织部和区外事侨务局分别围绕引进国内外高端人才和团队、创新人才政策打响招才引智战、加强海外招才引智开展人才工作专题调研，并形成报告。

加强创新创业扶持，出台《顺德区创新创业种子基金管理暂行办法》《顺德区天使联投人才发展基金管理暂行办法》。加快推进人才安居工程，出台《顺德区人才专卖房管理暂行办法》《顺德区人才租赁房管理办法》。加快教育医疗卫生人才队伍建设，出台《顺德区高层次教育人才确认办法》《顺德区教育事业单位引进高层次教育人才实施方案》《顺德区医疗卫生系统高层次人才确认办法》《顺德区医疗卫生事业单位人才建设实施方案》。

加强人才安居工程，启动首批382套人才专卖房认购活动；推动教育医疗水平向广深看齐，与北师大、华师大共建高品质基础教育学校，借助名校力量推动教育事业跨越式发展；与暨南大学、南方医科大学等合作共建医疗机构，推动全区100%三甲医院（共3家）和70%二甲医院（共10家）实行“政府办大学管”新发展模式；依托顺德区高层次人才活动中心，整合各方资源，举办高层次人才2017年度系列活动，包括诗词鉴赏、投资理财讲座、陈村花宴、中秋音乐会等活动，目前已举办10场活动，服务超过400人次，让高层次人才融入顺德生活圈，活动满意度达100%。2017年5月，组织顺德区优质企业前往深圳参加第十五届中国国际人才交流大会——“智聘百强”名企高端招聘会，现场收到高端人才简历1500多份。10月，举办2017“百所高校”博士顺德行，累计引进博士400多名。12月，举办西安交通大学“智造顺德”奖学金颁奖活动，近20名学子获奖。继续举办“智聚顺德、筑梦未来”系列精准型高端人才洽谈会。

【机构编制管理】 2017年，顺德区加强机构编制管理，推进行政管理和执法体制改革。制订《顺德区食盐监管体制改革方案》，剥离顺德盐业分公司的盐业行政管理和执法职能，明确区市监局（食品药品监管）为食盐安全监管机构，区经科局（经济科技）为盐业主管机构，建立健全全区食盐监管体系。会同安监部门梳理我区各有关单位安全生产和职业健康工作职责，单独设置镇（街道）安全生产监督管理机构，完善镇街安全生产监管执法体制。推动区纪委派驻区公安局纪检组管理体制调整。实现区公安局纪检组人员由区纪委统一管理，完善纪检监督体系，强化监督独立性，增强监督效果。

推进事业单位改革　推进承担行政职能事业单位改革。继续推进改革试点工作，按照“能转职能的不转机构，确需转机构的也要进行综合设置”的原则，综合确定纳入改革范围的10个事业单位的改革方案并落实机构编制调整设置。改革中没有新增单独设置的行政机构，按1:1的比例核减事业单位4个。完成纳入改革范围10个事业单位的职能回归、机构调整和人员安置工作，并通过中央编办验收。开展事业单位法人公示信息抽查工作。按照国家和省关于“双随机一公开”的监管要求，随机抽取

5个事业单位，对其登记事项、年度报告等公示信息进行实地核查，并通过相关网站向社会公示抽查情况和结果，创新事业单位监管机制和监管方式，加强对事业单位法人事中事后监管。

推行政府部门权责清单制度　完成政府职能综合管理系统机构设置等初始化工作，开展佛山市政府职能综合管理系统培训，推进各部门开展系统应用。组织各部门梳理本单位权责清单事项，依托职能管理系统对各部门提出的4063项权责清单调整事项进行动态调整。

【老干部工作】 截至2017年年底，顺德区有离休干部99名，退休干部11260人，易地来顺德区安置的离休干部4人，副科级以上离退休干部1233人。年度新办理干部退休513人、区属事业单位及机关职工退休25人。

思想政治学习　在老干部中掀起学习宣传贯彻十九大精神热潮，区级老干部系统组织4场共450人次专题学习，10个镇（街）组织老干部学习会，参加人数达800人。组织老干部集中学习习近平总书记系列重要讲话精神、习近平总书记关于广东工作重要批示精神、广东省第十二次党代会精神、村（社区）换届纪律要求等内容10场次，1200人次。

老干部党建　成立区老年干部大学临时党支部，下设17个党小组，共178名正式党员。筹建全区离退休干部党员教育中心，为全区离退休干部党支部开展“三会一课”提供服务。

“正能量”主题活动　开展“看顺德、赞顺德、爱顺德”调研活动、“五讲好五畅谈五展望”座谈活动、“问计于民”意见征集活动、“喜迎十九大·永远跟党走”文化活动、“正能量在行动”宣传活动等“正能量”系列活动，在清晖园举办顺德区老干部喜迎党的十九大胜利召开暨中国共产党建党96周年文艺演出。

老年干部大学建设　推动基层老干部大学与老年大学共建共享，10个镇（街）挂牌成立老干部（老年）大学。区老年干部大学开设教学班14个，学员562人，公益讲师60名，挂牌成立“顺德图书馆集群区老年干部大学成员馆”、携手清晖园博物馆共建“顺德区老年干部大学　清晖学堂”。

老干部生活待遇　落实“50630照顾政策”，年内符合照顾条件人员54人；对1957年前参加工作因病造成生活困难的退休干部42人给予发放补助。按市规定继续提高企业军转干部困难补助标准。

【关心下一代工作】 2017年，顺德区在组织思想建设中以“党建带关建”为龙头，以队伍建设为抓手，加强工作规范化建设。推动企业成立关工委效果明显，全区成立超过100家企业关工委。对《顺德下一代》杂志进行改版，建立顺德区关工委网站和微信平台。（区委组织部）

## 宣传工作

【概况】 2017年，顺德区委宣传部围绕学习宣传贯彻党的十九大精神，以习近平总书记对广东工作的重要批示精神总揽全局，主动作为，突出重点，推动各项工作取得新成效。围绕主题主线做好宣传策划，推动上级各项决策部署入脑入心；建设美丽文明村居，传播社会主义核心价值正能量；坚持文化导向，不断满足人民对美好生活的需要。

【理论学习和研究】 2017年，顺德区邀请中央、省市专家召开“粤港澳湾区经济发展”“意识形态专题”“学习习总书记对广东重要批示精神报告会”“落实省第十二次党代会精神”“学习宣传贯彻党的十九大精神报告会”等专题报告会7场。区镇开展党的十八届六中全会精神和习近平总书记重要批示宣讲70多场。全区掀起党的十九大精神宣讲学习活动，组建区级讲师团在全区开展巡讲，领导干部亲自到村居、企业、学校开展宣讲活动。截至年底，开展宣讲100多场。

【社会科学研究】 2017年，顺德区开展好学顺德活动，建设文化导向型社会。擦亮“好学顺德”文化品牌，统筹全区读书学习活动，结合中国传统节日和大学城卫星城建设，举办4场清晖诗会；在陈村科达洁能有限公司启动2017南国书香节·顺德阅读季活动暨“大城工匠·顺德脊梁”主题诗会，举办南国书香节顺德阅读季活动活动，建设书香顺德。举办区镇德胜读书会读书分享会30多场，创办德胜读书会北滘、乐从、陈村专场，高端文化活动不断延伸到基层，文化引领城市发展蔚然成风。德胜读书会被佛山市文化广电新闻出版局评为“2017年度佛山市公共文化服务创新项目”。出版德胜读书会季刊《风物顺德》。开展“顺德好厂训”采访报道，推动思想文化进企业活动。向区委理论学习中心组成员发送“每周荐文”手机短信46期。到均安、北滘开展“印象顺德”采风活动2期，挖掘传统文化精华，推动美丽文明村居建设。

社科活动持续推进，建设智囊型机构。确定粤港澳大湾区等重点课题，开展哲学社会科学规划2016年结项和2017年招标工作。出版《顺德视角》11期，在《顺德视角》刊登北滘镇黄龙村专题报道。组织区社科界召开学习习近平总书记对广东的重要批示和党的十九大报告精神座谈会，撰写理论解读文章。配合省社科院专家，做好《改革开放40年的佛山模式》《广东改革开放百村探索》课题调研工作。做好第三届顺德区社科联组织换届工作，增加其他界别人士，充实社科联成员。

**【新闻宣传】** 2017年，顺德区围绕“践行新发展理念，建设现代化顺德”的发展思路和中心工作，在区内媒体组织开设喜迎十九大精神专题专栏，策划典型人物、典型事迹报道，并开设《对标先进求突破》《迈进新时代》等深入学习贯彻十九大精神的专栏，策划开展区属各镇街、各部门践行十九大精神的新思路、新举措，前后刊发130多篇报道。围绕贯彻落实习总书记对广东的批示精神和贯彻落实省党代会及区委常委会扩大会议精神，刊发报道140多篇。开展“问计于民”的征集建议活动，活动期间收到包括产业发展、生态文明、医疗教育等十一大方面的意见建议共500多条，约12万字。以“创新、协调、绿色、开放、共享”为主题，宣传创新驱动发展战略、村级工业园区整治提升及生态文明建设等主线内容，邀请中央电视台、人民日报社等多家媒体集中采访村级工业园整治，在中央电视台财经频道、《中国青年报》A3版、《经济日报》A8版等刊登文章210多篇，并在国务院客户端和中国政府网首页转载。集中采访2017顺德区重大招商项目签约仪式、德国汉诺威“发现顺德，全球路演”等创新发展举措，相关专题在中央、地方等报刊及新闻网站传播量超过1000条，网络传播热度指数均超过40。重点围绕区党代会、“两会”、2017广东（佛山）创意城市博览会、第三届“互联网+”博览会、珠治会、大学城卫星城合作项目及相关活动、新城城镇化经验交流会、中欧投资合作交流会等组织28个专题采访报道，共吸引人民网、央广网、《中国青年报》、广东广播电视台等中央级、省级53家主流媒体参与宣传并发布相关报道175篇，吸引115个新媒体、自媒体平台发布相关消息759篇（次），8家媒体开展21场（次）现场直播，传播覆盖人群近8000万人次。在《人民日报》01版及03版等重要版面刊发包括制造业及产保区等方面内容，全年刊登8篇新闻报道。邀请接待高端媒体调研采访共17场，包括新华社组织的“一带一路”主题采访、中央电视台科教频道《中国影像志——顺德篇》拍摄、凤凰卫视《筑梦天下》拍摄、湖南卫视《我们来了》综艺节目取景拍摄等。出版内参性质刊物——《新闻深度调查》，鼓励媒体在政府决策过程中建言献策。全年就企业服务、村居改造等选题向区内媒体征集5期，共16篇深度调查文章。修订新闻发布会制度，组织27场新闻发布会。召开新闻策划会33场，引导区属单位定期向媒体通报重大工作或热点问题信息，建立分级发布、协同宣传的工作格局。打造“梁新平”时评品牌，围绕中心工作组织策划时评74篇。加强新闻发言人队伍的新闻应对能力提升，举办新闻发言人、新闻助理培训班，提高各级新闻发言人队伍的业务素养。

【德胜读书会】 2017年，德胜读书会被列为区委区政府“十大民生实事”，被佛山市文化广电新闻出版局评为“2017年度佛山市公共文化服务创新项目”。自2016年创办至2017年，共举办54期，分享的书籍涵盖畅销书籍、华语文学大奖获奖作品、管理类、人文类、本土作家作品等，邀请高校老师、公务员、企业管理者、作家学者等作为嘉宾，为书友解读每期书籍。共出版德胜读书会季刊《风物顺德》4期。年内，德胜读书会走进乐从镇、陈村镇，走进广东科达洁能有限公司，让更多的市民群众和企业员工分享读书的快乐。

## 统战工作

【概况】 2017年，顺德区委统战部构建“大统战”工作局，助推顺德经济社会发展。推动民主党派自身建设上台阶，提升党外知识分子及党外代表人士参政议政能力，推进新的社会阶层发掘工作，举办党外代表人士履职能力培训班，组织开好区委统战工作会议。规范宗教活动场所管理，依法治理非法宗教活动，推进宗教界参与慈善事业。深化联谊交流，拓宽顺港澳台合作，打造“顺港青少年暑期夏令营”“顺港姊妹学校交流”品牌。凝侨心聚侨力，助推顺职院获国侨办“中餐繁荣基地”称号，成立“为侨法律服务工作站”。释放非公有制经济活力，强化商会协会建设。

【政治协商】 2017年，顺德区委统战部召开政治协商座谈会，听取各民主党派、工商联和无党派人士意见，落实政治协商制度。组织党外知识分子联谊会全体会员到杏坛镇开展企业发展和美丽乡村建设考察调研。赴青岛、潍坊，深入当地企业、社区参观考察，学习先进地区建设新的社会阶层人士联谊会的好经验、好做法。同时，召开年中全体理事（扩大）会议，商定区知联会在2017年政协大会上的发言主题及确定提案组组成人员，并组织提案组人员到顺德区高层次人才活动中心调研、到青岛潍坊人事部门去学习先进经验。

【非公有制经济统战工作】2017年，中共顺德区委统战部指导区工商联推动非公有制经济统战工作。组织各镇街农社局分管负责人和总商会秘书长，到广西南宁与南宁市工商联、青秀区工商联、兴宁区工商联举行“南宁—顺德两地经贸交流座谈会”。联合区经科局、世界顺商联合总会举办“中国品牌创新发展论坛暨顺德家全球发布会”。联合区金融办、经科局探索组建成立“顺德民营企业投资公司”，整合民间资本，创新金融服务手段，引导民间投资服务本土实体经济。联合广东省社科院顺德研究院、区医药保健商会共同举办多次“医疗器械产业升级机会与应对”集思会，引导企业把握医疗器械行业转型升级的巨大机遇，助推全区医疗器械产业发展。建立政企信息直通机制，坚持定期走访联系商会和企业，了解商会协会运作情况和企业生产经营状况，倾听其困难和需求，形成意见建议，通过《商情反映》、政协提案等反馈至相关政府职能部门，帮助行业和企业解决实际困难。强化商会协会建设。加快异地顺德商会的成立，年内先后组建成立新西兰顺德商会、南部非洲顺德商会。指导伦教总商会、陈村总商会、区商标协会、勒流青年企业家协会完成换届工作，并先后组建顺德区泛家居联盟商会和顺德区城市更新联盟商会，整合优势资源，实现优势互补、合作共赢。加强全区商会协会内涵建设和服务管理水平，培养职业化、专业化秘书长队伍。践行社会主义价值观。引导协会商会和广大民营企业家参与扶贫济困慈善活动，“千企帮千村”精准扶贫活动。7月组织企业家代表赴徐闻进行扶贫考察，向徐闻县北莉小学捐赠62万元的教育扶贫基金。截至2017年年底，有70家商会和企业参与到“千企帮千村”活动，通过产业带村、项目兴村、招工帮村、资金扶村等形式，为38个村落带来资金200多万元。

**【党外知识分子工作】** 2017年，顺德区党外知识分子联谊会新吸呐15名党外优秀人才会员，知联会会员增加至56名，其中，会长1名，常务副会长1名，副会长3名，秘书长1名，理事10名，主要来自区属单位、教科文卫系统、国有企业、民营企业、新社会组织、新经济组织。知联会有广东省人大代表1人，佛山市人大代表1人，顺德区人大代表有4名，顺德区政协委员共有12名（其中协副主席1人、常委2人），顺德区人大代表、政协委员人数比例占会员总人数的31%。

年内，区知联会注重加强学习，提高政治素质。4月，在云南师范大学开展为期5天专题学习，与民主党派成员和无党派代表人士一起，区党外知识分子联谊会参加党外代表人士履职能力培训班，进行更有针对性的学习培训。11月，组织全体会员在顺德职业技术学院会议室召开“顺德区党外知识分子联谊会学习宣传贯彻十九大精神座谈会”，从政治、思想、理论、实践、历史意义和地位五个方面解读十九大报告，使会员加深对十九大报告的精神意义和地位的理解，同时，通过学习让知联会的各位会员把个人理想、事业追求与国家发展结合起来，发挥专业优势和社会影响，宣传阐释党的十九大精神，围绕创新性发展、供给侧结构性改革、科教兴国、人才强国等重大战略部署、围绕顺德区委区政府的中心工作献计出力。

（区委统战部）

## 佛山市顺德区人民代表大会

**【概况】** 顺德区第十六届人大常委会组成人员共有35名，其中正、副主任7名，委员28名。常委会下设办公室及法制、财政经济、城乡建设环境与资源保护、教育科学文化卫生华侨、选举联络人事任免5个工作委员会，5个工作委员会分别设正主任（常委会委员兼任）、副主任各1名。区人大常委会办公室有正主任（常委会委员兼任）、副主任3名，干部22名（包括5个工作委员会副主任），雇员3名，下设秘书、行政、法制、联络4个科室。

2017年，顺德区人大常委会围绕区委“开放引领、创新驱动”的战略部署，坚持改革创新、着眼大局、依法履职，各项工作取得较好成效。是年区人大常委会召开常委会会议8次，开展调研视察、重点督办30项，听取审议“一府两院”专项工作报告及议案50项，作出决定决议、审议意见21项；依法任免地方国家机关工作人员101人次，组织补选或另选区人大代表5名，处理群众信访84件，完成区第十六届人民代表大会第二次会议确定的各项工作任务。

**【佛山市顺德区第十六届人民代表大会第二会议】** 于2017年3月28—29日召开。会议应出席代表375名，实际出席代表345名。顺德区的全国和省人大代表，顺德历届人大常委会正副主任，区人民政府组成人员、区有关单位主要负责人以及出席政协区第十四届二次会议人员列席会议，佛山市人大常委会副主任刘珊到会指导。大会审查区长彭聪恩作的《顺德区政府工作报告》、区人大常委会主任列海坚作的《顺德区人大常委会工作报告》、区人民法院院长万选才作的《顺德区人民法院工作报告》、区人民检察院检察长徐彪作的《顺德区人民检察院工作报告》、区财税局局长黎劲康作的《顺德区2016年预算执行情况和2017年预算草案报告》、区发展规划和统计局局长甘志宇作的《顺德区2016年国民经济和社会发展计划执行情况与2017年国民经济和社会发展计划草案报告》，审议区人民政府副区长陈旋作的《顺德区关于建设产业发展保护区暨整治提升村级工业园区的报告》，以及《顺德区2016年度环境状况和环境保护目标完成情况报告》。大会审议通过上述报告的决议。会议期间收到代表提出的建议、批评和意见62件。

【佛山市顺德区第十六届人大常委会第四次至第十一次会议】

2017年，佛山市顺德区第十六届人大常委会召开第四次至第十一次会议。会议听取和审议区人民政府《关于区2016年法治政府建设情况报告》《关于佛山市顺德区北部片区一体化建设情况报告》《关于区第十五届人大第七次会议代表建议、批评和意见的办理情况报告》《关于佛山市顺德区东部片区建设发展情况报告》《关于区产业发展保护区建设及村级工业园“双达标”整治工作推进情况报告》《关于“两德”经济合作区2016年预算执行情况和2017年预算草案报告》《关于大良等4个街道2016年预算执行情况和2017年预算草案报告》《关于容桂街道2017年财政收支预算调整方案》《关于区2017年上半年经济社会发展情况和下半年工作设想的报告》《关于区2017年上半年国民经济和社会发展计划执行情况的报告》《关于区2017年上半年地方财政预算执行情况和下半年工作计划报告》《关于区2017年财政收支预算调整方案》《关于佛山市顺德区公安执法规范建设工作报告》《关于佛山市顺德区落实冲刺三年行动计划和义务教育阶段学校建设任务工作情况的报告》《关于区国资运营情况的报告》《关于区食品安全工作情况报告》《关于区供水管网情况的报告》《关于区2016年财政决算草案的报告》《关于区2017年政府性基金收支预算调整方案》《关于“两德”经济合作区2016年财政决算草案报告》《关于区2017年财政收支预算调整方案》《关于大良等4个街道2017年财政收支预算调整方案》《关于“两德”经济合作区2017年预算调整方案》《关于区第十六届人大第一、二次会议代表建议、批评和意见办理情况的报告》，以及区人大常委会《关于区公安局执法规范化建设的调研报告》《关于区国资运营情况的调研报告》《关于区食品安全工作情况的调研报告》《关于区供水管网情况的调研报告》等28项专项报告。

◎图10　2017年4月25日，顺德区人大常委会教科文卫华侨工委开展食品安全专题调研。图为视察乐从小作坊加工中心

会议作出《关于召开佛山市顺德区第十六届人民代表大会第二次会议的决定》《关于列席和邀请列席佛山市顺德区第十六届人民代表大会第二次会议人员的决定》《关于成立佛山市顺德区第十六届人大常委会专家委员会决定》《关于许可对区人大代表蔡坤时采取司法拘留强制措施的决定》《关于许可对区人大代表周荣添行政拘留的决定》《关于接受何兆明辞去佛山市第十五届人民代表大会代表职务请求的决定》《关于召开佛山市顺德区第十六届人民代表大会第三次会议的决定》《关于列席和邀请列席佛山市顺德区第十六届人民代表大会第三次会议人员的决定》《关于接受罗厚光辞去佛山市顺德区第十六届人民代表大会代表职务的决定》等9项决定，以及《关于广东顺德清远（英德）经济合作区2016年预算执行情况和2017年预算的决议》《关于大良等4个街道2016年预算执行情况和2017年预算的决议》

《关于批准容桂街道财政收支预算调整方案的决议》《关于批准佛山市顺德区2017年财政收支预算调整方案的决议》《关于批准佛山市顺德区2016年财政决算的决议》《关于批准佛山市顺德区2017年政府性基金收支预算调整方案的决议》《关于批准广东顺德清远（英德）经济合作区2016年财政决算的决议》《关于批准佛山市顺德区2017年财政收支预算调整方案的决议》《关于批准大良、容桂、伦教、勒流街道2017年财政收支预算调整方案的决议》《关于批准广东顺德清远（英德）经济合作区2017年预算调整方案的决议》等10项决议。

会议审议通过区人大常委会《佛山市顺德区人民代表大会常务委员会组成人员联系区人民代表大会代表办法》《佛山市顺德区人大常委会专家委员会运作办法》《佛山市顺德区人大常委会2017年工作要点》《佛山市顺德区人民代表大会常务委员会议事规则》《佛山市顺德区人民代表大会常务委员会主任会议议事规则》《佛山市顺德区人大常委会工作委员会工作制度》《佛山市顺德区人大常委会街道工作委员会工作制度》《佛山市顺德区人大代表联络站（点）工作暂行办法》；审议通过区政府《佛山市顺德区法定机构管理规定》《佛山市顺德区社会创新中心管理规定》《佛山市顺德区产业服务创新中心管理规定》《佛山市顺德区文化艺术发展中心管理规定》《佛山市顺德区人才发展服务中心管理规定》《佛山市顺德区城市更新发展中心管理规定》；确认卢宇凡、刘国兴、孙向阳、胡军锋、郭文海的佛山市顺德区第十六届人民代表大会代表资格合法有效。

**【讨论决定重大事项】** 2017年，顺德区人大常委会对全区重大事项进行讨论，发挥人大监督作用。

保障区委重大决策执行　支持监督产业保护区建设和村级工业区整治工作，多次组织人大代表召开政策解读咨询会，为区人大审议通过建设产业发展保护区暨整治提升村级工业园区的决议奠定坚实基础，通过法定程序保障全区严守产业保护红线、铁腕治理环境污染。督查“北部片区”和“产保区”两大决议的办理落实情况，通过组织代表视察、听取审议专项工作报告等形式跟进，确保我区重大决策事项得到法制保障和执行落实。

把握经济发展大势　关注全区经济运行，听取审议国民经济和社会发展计划执行情况、政府工作情况等报告，推动政府主动适应经济发展新形势。加强对政府全口径预决算的审查监督，坚持审议财政预决算、预算调整、审计工作等专项工作报告，发挥审计作用，实现对经济社会领域的监督；推进预算联网监督系统建设，将线上系统查询与线下预决算审查监督相结合，拓展人大预算审查监督的广度和深度，强化预算执行约束，提高财政资金使用效益。

**【监督工作】** 2017年，顺德区人大常委会依法做好监督工作，发挥人大在经济社会发展中的推动作用。

社会民生热点监督　开展食品安全专项调研，督促政府落实“严谨标准、严格监管、严厉处罚、严肃问题”，加大对食品安全监管“人、财、物”的投入和保障，提升食品安全工作水平。重视顺德区新一轮教育综合改革，专项监督顺德区义务教育阶段学校建设任务落实情况，视察民办教育发展情况，提出务必要按照三年行动计划的时间节点，狠抓学校的新建、扩建进度，缓解义务教育阶段学校供需矛盾。经过常委会的督查，是年顺德区新增义务教育阶段学位5550个，佛山市政府在全市督查通报中肯定顺德区人大常委会倒逼责任单位落实工作的监督做法。开展自来水管网建设发展情况专项调研，督促政府要以适应城市发展和保障供水安全的自来水管网建设为中心任务，打造管网设施标准化和管理技术现代化的供水体系，为民构筑安全优质供水“防护网”。重点督查区第一人民医院新址整体搬迁工作，强调要严格按照项目推进计划完成整体搬迁，为此，政府成立以区长为总指挥的整体搬迁指挥部，统筹、协调、处理搬迁过程中出现的问题；经过几年多次督查，新医院在2018年1月下旬整体投入使用。

推动产业升级创新　开展国有资产运营情况专题调研，建议政府要保持国资事业发展与区委战略部署的高度一致，逐步建立和完善以管资本为主的国有资产管理体制，重视引进培养与市场相适应的管理人才，坚定不移扶持国资做强、做优、做大。深入各镇（街道）企业开展加强政企互动交流工作情况调研，了解企业发展情况、倾听诉求，推动建立政企“亲清”关系，优化营商环境。跟踪监督全区旅游文化创意产业发展情况，重点推动清晖园、顺德糖厂旧址等地方特色文化遗产活化利用，促进全区做强特色文化创意品牌，将资源优势转化为产业优势。视察科技创新发展情况，监督载体建设，推动科技创新持续发展。

助力城市更新升级　重点关注东部片区建设情况，视察南方智谷、顺德华侨城等重点项目建设进度，建议政府注重片区的错位发展，主动承接广深高端产业和人才的溢出效应，吸引重点优质项目落地，带动片区整体发展；督查顺德华侨城文化旅游商业项目推进迟缓问题，要求政府成立统筹协调机构，按照“挂图作战”模式细化项目责任，加快项目整体推进。组织人大代表参与标后监管工作，对潭州会展中心、轨道交通7号线、菊花湾大桥等重点项目开展常态化标后监督，坚持以问题和防范风险为导向，确保政府投资建设的重大工程项目“保时、保质、保安全”推进。跟踪监督《中华人民共和国城乡规划法》贯彻落实情况，督促政府加快“两规”融合进程，强化规划的严肃性和连续性。

**【法治建设】** 2017年，顺德区人大常委会以维护法律权威、促进依法行政、公正司法为重点，配合做好地方立法工作。

维护法律权威　为加强规范性文件备案审查工作，健全完善规范性文件备案审查流程和相关工委对口审查机制，对区政府报送的11份规范性文件予以核查、备案、登记，提高备案审查实效，全区规范性文件备案审查工作得到市人大的肯定，并在全市的工作会议上作经验介绍。审查法定机构“1+5”管理规定的修订议案，保障法定机构的规范运作。落实国家机关拟任人员“任前”表态发言和“任后”宪法宣誓制度，增强被任命干部的责任意识和法治意识；全年组织被任命国家机关人员101人次向宪法宣誓，彰显宪法权威。

促进依法行政、公正司法　开展公安执法规范化专项调研，听取和审议《关于区公安局执法规范化建设的调研报告》，督促政府及公安部门要牢固树立以人民为中心的执法理念，增强公安民警运用法治思维和方式维护社会稳定、实施管理服务的能力，提升公安机关的执法水平和执法公信力。监督法治政府建设，审议政府2016年依法行政工作报告，力促行政机关最大程度依法破解群众办事难题。跟踪监督法院执行工作的落实情况，促进“执行难”问题逐步解决。

配合地方立法工作　坚持着眼地区发展长远所需，及时向市人大提出电动自行车管理等方面的立法建议，推荐设立清晖园等5个单位为基层立法联系点，努力为全市改革发展稳定提供立法意见。配合全国、省、市人大的立法调研工作，在纵向上保证立法调研深入基层、贴近实际，为立法工作提供有价值的参考意见。

**【代表工作】** 截至2017年12月底，顺德区有全国人大代表2人，省人大代表7人（其中1人调整到市工作）、市人大代表105人、区人大代表372人。

提高履职能力　坚持“专款专用、服务代表”原则，出台《佛山市顺德区人大代表活动经费管理试行办法》，明确代表活动经费列入财政预算、规范管理，为代表依法履职提供保障。注重强化新一届代表依法履职能力，以“培训＋考察”动静相结合的模式，围绕学习贯彻党的十九大精神、如何提出高质量议案建议等专题举办培训班，组织6批次150多名代表考察国内先进地区经验，开阔代表视野。优化完善人大代表管理系统，提高代表管理的信息化水平。

完善履职机制　落实常委会组成人员联系代表制度，出台《佛山市顺德区人民代表大会常务委员会组成人员联系区人民大会代表办法》，建立常委会组成人员与人大代表、人大代表与人民群众的“双联系”机制。年内，区人大常委会35位组成人员通过走访、联系各级大代表250多人次，听取和收集代表所反应的教育、交通、城建、医院等民生热点问题，为确定人大监督工作方向提供参考。制订《关于成立佛山市顺德区第十六届人大代表专业小组的通知》，根据各工作委员会的职能分工，在区人大代表中按代表职业构成和专业特长，挑选合适人选成立法制、财经、城建环资、教科文卫华侨、选联任免5个专业小组，通过开展视察、调研、执法检查等活动，提高人大代表活动的针对性、灵活性和实效性。

拓宽履职渠道　扩大参政渠道，邀请代表120多人次参与庭审旁听、政策听证、标后监管等活动，增强代表履职为民的使命感。坚持人大监督与媒体监督相互融合，联合报社、电视台、电台、网络媒体等合作举办“身边的人大代表”“对话人大代表”等栏目，定期邀请代表上线节目90多人次，拓宽代表与群众沟通的渠道。

创新工作举措　深化代表联络站建设，按照“全覆盖、制度化、常态化”的总要求，对全区人大代表联络站（点）建设运作情况进行全面的调研总结，审议通过《佛山市顺德区人大代表联络站（点）工作暂行办法》，保证代表联络站（点）规范运作；扩大联络站点覆盖面，全区10个镇（街）建成人大代表联系站（点）115个，进站代表641人，收集意见建议910件，转交相关职能部门解决598件，加强人大代表与群众的联系，解决闭会期间代表履职“虚化”现象。

监督建议办理　区第十六届一次、二次人代表会议收到代表建议187件，其中二次会议62件，涵盖交通建设、环境保护、社会保障、城乡建设、教育医疗等方面。会后会同政府切实做好代表建议交办工作，并将代表建议办理工作纳入各部门年度绩效考核，健全常委会督办和政府领导领办重点建议机制；完善人大代表建议在线办理系统，保证代表建议交办及时、准确、高效。在线跟踪建议办理答复情况，对办理结果初步反馈不满意的建议，及时走访了解情况，召开会议专门研究，督促承办部门与代表沟通交流，力争建议办理取得实效。区十六届人大一次、二次会议的187件的代表建议，交办和办复率均为100%，代表满意及基本满意率为96.79%。

**【人大信访】** 2017年，顺德区人大办公室全年处理信访案件84件，其中上级人大转办来信6件；接听咨询、反映情况来电92个；区人大常委会领导到区信访局接访4批12人次。编印《来信来访反映》4期。季度上报上级人大信访数据4次。较好地化解政法、教育、民政、农村农业、城乡建设、纪检监察、劳动和社会保障、卫生计生、商贸旅游等方面的矛盾，回应群众的合理诉求，维护社会和谐稳定。

**【推进县乡人大工作和建设】** 2017年，顺德区人大常委会贯彻中央、省委、市委关于加强县乡人大工作和建设文件精神，对照《关于大力推进县乡人大工作和建设的若干意见》具体要求，会同有关部门研究落实措施，实现镇（街）人大编制、人员、场所“三独立”和代表履职经费保障；筹备成立区人民代表大会法制、财政经济、城乡建设环境与资源保护委员会，为做好区、镇人大工作，注入动力、提供保障。

（卢海燕）

## 佛山市顺德区人民政府

**【概况】** 2017年，顺德区人民政府实施“开放引领、创新驱动”发展战略，连续六年位居全国综合实力百强区第一，第九次获评“中国全面小康十大示范县市”。全年实现地区生产总值3015.91亿元，比上年增长8.5%；

全社会固定资产投资956.1亿元，增长25%；地方一般公共预算收入223亿元，增长12.1%。

广州地铁7号线西延顺德段、佛山地铁3号线加快推进，2号线全面施工，德胜东路改造、伦桂路二期等10余项工程完工通车，顺德新港（了哥山港）投入试运营。在汉诺威、北京举办“发现顺德·全球路演”活动。中德工业城市联盟成员增至33个，佛山机器人学院正式运营。新增义务教育阶段学位5550个、公益普惠性幼儿园学位5500个，成立39个教育集团。全区80%的公立医院实行“政校合作”办医，组建8个医联体，在全省率先推行“两票制”，全面取消药品和医用耗材加成。

引进博士超400名，确认高层次人才10461名，配建45万平方米人才住房。新增5家上市企业，高企增至942家。潭洲国际会展中心二期顺利推进，成功承办珠西“装治会”、“互联网+”博览会。广东顺德军民融合创新产业园一期开园。乐从成为继北滘后全区第二个国家级特色小镇，北滘—龙江—乐从—陈村获评省特色小镇集群示范区。打造深圳湾顺德创新港，储备超40个科技创新团队和企业。引入深圳大疆、天劲、沃特玛等一批重大项目，谋划建设顺德（南山）科技园。全年招商引资总额1313.8亿元。全国首创建设产业发展保护区，完成18万亩（1.2万公顷）产保区划定，启动建设10个产保区示范园。城镇登记失业率低于2.5%，企业职工养老金提升6.5%，人均养老金达3050元/月。加大社会弱势群体救助力度，低保标准、特困人员供养标准分别提高42.9%和9%，完成省下达的保障性住房任务。和的慈善基金会获个人捐赠60亿元。蝉联“全国文明城市”称号，被确定为第一批省公共文化服务体系示范区。洪拳、双皮奶制作技艺通过省级非物质文化遗产评审。代表国家参加世界龙舟锦标赛，获7枚金牌。承办市九运会，获团体总分第一名。全国首启“电子支付+检测追溯+食品安全责任保险”监管模式。安全事故起数稳步下降，未发生较大以上安全生产事故。全区刑事警情比上年下降41%，创历史新低。成功创建国家森林城市。推进海绵城市建设，推行河长制，桂畔海水系综合整治启动。累计减免企业成本超100亿元，6家区属国有特困企业完成出清重组。单独设置镇（街道）安全生产监管机构，城市管理和综合执法、食盐监管体制改革稳步推进，10个行政职能事业单位改革完成。完成村居“两委”换届选举。完成50个村居“三资”管理驻村督查巡查，新增交易全流程上平台率超9成。完成2426宗宅基地审批工作，兑现57.53公顷历史征地留用地。基本完成农村土地承包经营权确权登记颁证工作。启动番顺跨城通办、全区通办改革。清理规范99项行政审批中介服务事项。实行“挂图作战”攻坚模式，创新重大工程项目标后监管机制，推进药品供应链改革，强化廉政风险防控。

**【区政府常务会议】** 2017年，佛山市顺德区人民政府召开区政府常务会议20次。审议《佛山市顺德区承担行政职能事业单位改革试点实施方案》《顺德区镇级财政管理体制方案（2017—2019年）》《佛山市顺德区促进生物医药产业发展实施办法》《顺德区促进金融业招商引资管理办法》《佛山市顺德区创新招商引资体制机制实施意见》《顺德区产业发展保护区管理办法》《佛山市顺德区政府投资建设重大工程项目标后监管办法》《佛山市顺德区人民政府关于妥善处理违法建设工程问题的通知》《顺德区普惠性幼儿园管理办法》《顺德区深化医药卫生体制综合改革实施方案》《关于推进公立医院管办分离改革意见》《顺德区医疗卫生事业单位人才建设实施方案》《顺德区人才专卖房管理办法》《顺德区人才租赁房管理办法》等文件，以及与北京科技大学、南方医科大学、华南理工大学、暨南大学、华南师范大学、广州中医药大学、广东医科大学、广州医科大学等8所高校的合作事项，全年审议议题211项。

**【重点项目“挂图作战”工作会议】** 2017年9月8日，为加大全区重点项目推进力度，实时掌握项目进展情况，顺德区政府在19楼会议室召开重点项目“挂图作战”工作会议。会上由区委区府办对《顺德区重点项目推进情况一览表》起草编制说明，区长彭聪恩就全区重点项目“挂图作战”工作发言。参会人员有区领导、人大、政协、三大片区、各镇（街道）及区各有关单位负责人35人。 （区政府办公室）

**【桂畔海水系整治项目启动会议】** 2017年1月11日，顺德区桂畔海水系综合整治工作领导小组召开领导小组成员会议，研究讨论桂畔海水系综合整治工作计划及需协调解决事项。副区长冼阳福，区政府办公室，大良街道、伦教街道、勒流街道，区发展规划和统计局（发展改革统计、城市规划）、区财税局、区国土城建和水利局、区环境运输和城市管理局（环境保护、城市管理），区国资办，广东顺控环保水务有限公司相关负责人参加会议。会议就清淤（污）泥监测、报建报监、配套招标、征地拆迁原则等议题明确方向。同时，会议要求区环境运输和城市管理局（城市管理）要会同镇（街道）、环保水务公司及其他参建单位做好前期筹建工作，加快项目实施进度，定期进行进度汇报，并建立微信工作群，及时对项目进展情况进行宣传推送。（区环运局）

**【顺德区政府与暨南大学签订合作协议】** 2017年12月25日，顺德区政府与暨南大学在华桂园签订合作协议，双方将共建暨南大学科技园（顺德园区），建立新型“政产学研”协同创新机制，重点引进暨南大学生物医药等科研成果转化、孵化和产业化。暨南大学校长胡军，市委常委、宣传部部长、区委书记郭文海，顺德区委副书记刘怡、佛山市科技局副局长梁达明、顺德区副区长蔡伟等领导出席签约仪式。

暨南大学科技园（顺德园区）由暨南大学科技园管理有限公司派出专业团队负责管理运营，按照“互惠互利、共同推进”原则，建立新型的“政产学研”协同创新机制，暨南大学师生团队项目将在该园区进行创新创业孵化，并引进民间资本实现技术孵化和科研成果的产业化。同时在顺德内重点引进智能制造、生命健康、电子信息和节能环保等相关产业及平台项目入驻园区。其中，以暨南大学病原微生物研究院院长、长江学者吴建国教授为首的暨南大学生物医药产业园作为首批入园项目，项目一期计划总投资约1.05亿元，选址乐从和乐产业园，建设约1万平方米的研发小试中心，二期计划在顺德购置200亩工业用地用于产业化。

**【顺德区政府与华南理工大学签订合作协议】** 2017年，顺德区政府与华南理工大学签订《华南理工大学 佛山市顺德区人民政府共建华南理工大学科技园顺德创新园区协议》，细化合作建设顺德创新园区的内容，计划通过5年时间，成为省级科技企业孵化器和国内知名的成果转化与技术转移中心，力争建成国家级科技企业孵化器。园区项目总投入2.7亿元，总面积4万平方米，主要引进科技型企业、高端人才团队入驻，计划引入高端人才团队（教授、博导领衔）10个以上，副教授以上高级人才20人以上，博士硕士50人以上，引入或孵化科技型企业60家以上。

（张丹昱）

**【信息公开】** 2017年，顺德区建立区政务公开领导小组统筹推进全区政务公开工作，并定期向区政府常务会议通报政务公开工作情况，提请研究解决重点难点问题，推动法治政府、创新政府、廉洁政府和服务型政府建设工作。研究制订顺德区政务公开工作要点分工方案，明确106项政务公开要点，确定牵头单位，推动工作落实到位。加快推进全区审批系统与省、市审批系统的对接，网上办事大厅集中24个部门的审批和服务事项以及70个网上审批服务网站，并纳入市网上办事大厅统一建设和管理，实现行政审批事项网上全流程办理率86.89%、网上办结率86.3%。加强重点领域信息公开工作，由区政府办公室牵头定期开展自查和整改落实工作，确保重点领域信息公开工作制度化、规范化、常态化。2017年，区政府门户网站主动公开各类信息6.4万条，访问量9397万人次；政务微博微信、《顺德政务》和档案公开等工作有序推进，丰富了主动公开途径。加强政府信息公开申请工作，通过“顺德区信息公开业务系统”整合和跟踪全区各相关部门受理的政府信息公开申请办理情况，全年受理政府信息公开申请751项，答复率100%，按时办结率100%。此外，由政府信息公开工作延伸的行政复议案件38件，其中决定不予受理10件，维持具体行政行为19件，驳回行政复议申请4件，申请人自愿撤回而终止审查2件，被依法纠错3件。

**【应急管理】** 2017年，顺德区应急管理工作以健全体系、夯实基础、强化主业为目标，提升应急管理科学化、制度化、精细化水平，有效控制和减少突发事件的发生，为党的十九大召开和全区社会经济稳定发展提供有力的应急保障。落实省、市应急体系建设“十三五”规划要求，制订全区贯彻实施方案，分解为67项工作任务。开展应急预案修编和演练工作，修订《顺德区危险化学品较大生产安全事故应急预案》，对《顺德区危险化学品较大生产安全事故应急预案》等9个专项预案进行桌面推演。开展突发事件风险隐患排查和整改工作，排查各类风险隐患119处，落实整改119处，整改率100%。加强应急宣传培训，8月下旬在福建省福州大学举办2017年顺德区应急领导干部专题培训班。加强应急值守和信息报送。坚持领导带班、值班人员24小时在岗值守，做好重要防护期应急值守保障工作。加强信息报送工作力度，全年接报突发事件信息1052条，编辑《值班信息》263份，转办区领导批示37条；向上级报送《值班信息专报》4期、《突发事件信息专报》18期。

**建设智慧城市综合指挥中心** 《智慧顺德一期项目之综合指挥中心设计方案》通过专家论证，智慧城市一期项目开始招标建设。

**增强应急指挥处置能力** 完成第三届珠江西岸先进装备制造业投资贸易洽谈会、第三届中国（广东）国际“互联网+”博览会、第十四届中博会智慧建材与家居展的应急保障任务，妥善处置北滘镇南源花园“1·18”爆燃事件、“6·27”公交驾驶员集体上访事件、全区涉保利项目工程纠纷等较大突发事件，维护人民群众的生命财产安全和合法权益。

**【信访工作】** 2017年，顺德区贯彻落实国家和省市的决策部署，以及时就地解决群众合法合理诉求为核心，以做好党的十九大等敏感时期工作为主线，推进信访事项办理工作规范化，依法分类处理信访诉求工作法治化，全年信访案件办理量比上年上升4%，进京到省上访工作稳中有降，信访形势持续好转。畅通信访渠道，信访微信公众号、信访APP陆续上线运行，初步构建起信访大数据体系。11月3日，市信访局在顺德区召开党的十九大期间信访工作总结会，肯定顺德信访部门在党的十九大期间的信访工作。（区政府办公室）

## 政务服务

**【概况】** 2017年，顺德区行政服务中心继续深化行政审批制度改革、“一门式一网式”政务服务改革，推动政府信息资源整合、智慧城市建设，推进“互联网+政务服务”、服务大厅智能化，让数据多跑路、让群众少跑腿，为群众、企业提供质量更好、效率更高的政务服务。行政服务中心获颁“中国政务信息无障碍公益行动推动单位”牌匾。“顺德百事通”便民平台入选“2017年广东省电子政务优秀案例”的政府案例篇并获奖牌。

**【电子政务】** 2017年，顺德区行政服务中心凭借建设新型智慧城市契机，加快推进政府信息资源整合，实现城市升级。升级完善政务数据共享云平台，建成顺德区政务数据资源管理云平台，真正实现“一数一源”。建立全区人口、法人基础数据库，建成500多个子数据库，形成政务数据“资源池”。建设政务数据辅助决策数据APP，加强数据精准化、可视化。建成面向公众的政务数据服务网，将采集到的20个部门共113项开放目录政务数据向社会开放。组织编制《顺德区智慧城市发展规划（2017—2020年）》，并于2017年1月印发，是政府大数据应用统筹基础上的智慧城市建设顶层规划。完成顺德区智慧城市（一期）项目前期规划工作，打造以“全人群覆盖、全生命周期贯穿、全方位服务、网格化零距离”为特色的全生命周期网格化信息惠民、网格化兴企新模式。智慧顺德（一期）项目建设启动获得顺德区人民政府办公室批准，成立具体推进智慧城市项目建设的国资公司——佛山市顺科智汇科技有限公司，完成智慧顺德（一期）项目可行性研究、建设方案和预算编制。5月，国内外爆发蠕虫勒索软件病毒感染事件，采取有效应对措施，防止病毒对顺德区政府网服务器和办公电脑的感染。在中共十九大召开期间，严守政务网络阵地，成功抵御网络攻击。组织开展政务信息安全培训，开展政务网站及病毒攻击等应急演练。12月21日，在中国互联网协会主办的“中国信息无障碍公益行动”启动暨中国互联网协会信息无障碍工作委员会成立大会上，获颁“中国政务信息无障碍公益行动推动单位”牌匾，是广东省唯一领牌的县（区）单位。

**【行政审批制度改革】** 为进一步优化服务工作举措、提升服务工作水平，顺德区行政服务中心组织相关部门梳理填报投资建设项目从立项到验收的全流程审批事项，汇总整理形成《顺德区投资建设项目审批事项目录汇编》，于2017年1月13日印发，实现顺德区投资建设项目审批流程规范化、清晰化、透明化。同时，梳理形成《顺德区企业投资重点项目服务清单》，于2017年9月28日设置企业投资重点建设项目服务专区，为企业投资重点建设项目无偿提供投资立项、规划报建、施工报建、竣工验收等全流程审批导办代办“一条龙”服务。

**【“一门式、一网式”政务服务改革】** 2017年，顺德区继续实施“一门式、一网式”政务服务改革。落实行政许可事项实施和监督管理工作，敦促相关部门于3月31日前将2016年行政许可实施和监督管理情况报告及行政许可实施和监督管理情况评价在本单位门户网站公告。完成区级6类“一门式”综合窗口组建运营工作。以社会民生类、注册登记类、经营许可类、投资建设类为主体的“大一门”综合窗口，实现“统一叫号、统一收件、统一咨询、统一发证”的运作模式；四类“大一门”综合窗口全部使用顺德区“一门式”受理系统办理业务，促使企业信息“一次生成、多方复用，一库管理、互认共享”，实现效能监察功能对四个“大一门”事项全覆盖。3月28日，印发《行政服务中心“一门式”窗口管理规范（试行）》，加强综合窗口工作人员的规范化管理。4月7日，印发《顺德区“一门式、一网式”综合受理业务流程操作规范（试行）》，理顺业务流程。探索跨行政区划通办服务新方式，7月底启动以“互设终端、互执标准、窗口对接、部门协同”为原则的番顺跨城政务通办改革，实现顺德在番禺可办事项29项，番禺在顺德可办事项17项，涉及卫生计生、食药监、工商登记三个方面业务，顺德配置2台自助终端至番禺；位于陈村镇工业园区管理服务中心的企业服务中心于8月11日揭牌成立，以“便民惠企、高效服务”为原则，区级69项“一门式”事项被前移至陈村镇“一门式、一网式”企业综合服务窗口办理，全区通办得到先行推进。

**【审批事项标准化建设】** 2017年，顺德区行政服务中心组织各部门对顺德区事项开展适应性调整，协调区部门在佛山市标准管理系统中匹配顺德区事项，并对审批事项的标准化内容进行填报。为保证填报质量，顺德区行政服务中心联合第三方研究机构对部门填报事项的标准化内容进行全面审核，确保填报内容的准确性。经过多轮审核，标准化填报质量基本达到佛山市的要求。截至2017年12月，顺德区在佛山市标准管理系统中配置区级事项1452项，镇街事项1460项。

【智能服务大厅建设】2017年，顺德区行政服务中心继续加强智能服务大厅建设，升级现场评价系统，增加中心简介、宣传短片、预约指南、服务之星、党员先锋岗等显示功能，提升群众现场办事体验；协助顺德区国地税一门式窗口、市监局工商质监窗口和地税房产交易税窗口推行全预约办理业务功能；完成智能服务大厅预约系统接口改造，对接市统一预约平台和效能管理平台；启动智能服务大厅系统向各镇（街道）行政服务中心延伸推广工作，完成10个镇（街道）行政服务中心现场调研，召开各镇（街道）智能服务大厅业务需求座谈会。智能服务大厅系统于行政服务中心东西座200个窗口投入使用，日均接待群众3090人次，记录有效的群众信息225278条，部门提供网上预约业务种类310项，平均每月产生数据约6万条。

【中介服务清理】2017年8月，顺德区政府公布《佛山市顺德区人民政府关于第二批清理规范70项区政府部门行政审批中介服务事项的决定》，取消一大批原来审批需要提供的报告、证明、文书以及评审费用，为企业投资建设项目节省多项中介服务费用。

【“顺德百事通”平台】2017年，顺德区开拓“顺德百事通”APP应用范围，在政务服务、交通服务和生活服务中开发便民服务的新功能，全年新增功能大类80个、小类284个；同时，研究开通微信版本。通过各式线上线下活动，加强宣传推广，平台新增24568个活跃用户和60967人次访问量，累积用户44973个、访问量290511人次。2017年11月，“顺德百事通”一站式便民综合服务移动信息平台入选广东省电子政务协会和中山大学政治与公共事务管理学院联合编制的《广东省电子政务发展研究报告——2017年广东省电子政务优秀案例》，并获奖牌。

【顺德企业服务直通车平台】2017年，顺德区行政服务中心深化和推广“顺德企业服务直通车平台”，完成微信版本功能开发与发布，开通微信订阅号以来，微信订阅号每天群发图文1次，累计发表300篇，用户累计阅读总数36099次；本地政策新增29条，上级政策新增36条，累计收集、解读及上传本地政策146条，上级政策168条；规范平台的日常运营；安排专职人员负责日常企业在线咨询服务，回复率100%；开通政策查询、数据发布、在线办事等功能，全年各移动渠道总关注用户为21989人次。

【对外服务热线整合】2017年，顺德区各职能部门的对外服务热线（除110、119、120、122等报警和应急电话外）逐步整合至“22838180”，统一对外提供政务咨询和行政投诉服务，累计整合热线63条。顺德区行政服务中心定期对各成员单位市、区两级热线平台工作情况进行详细分析及通报，对需改进的单位一一发专函提醒督促，有效提升热线工单处理质量。

（顺德区行政服务中心）

## 外事侨务

【概况】2017年，顺德区加强国家工作人员因公出国境管理工作；促成顺德联谊总会筹建澳洲顺德留学生联谊会；推动搭建卡顺两地友城和经贸合作平台；与加拿大万锦市签署友好合作备忘录，推介顺德北部片区，全球首条以“顺德”命名的道路在万锦市设立，见证中加两国深厚友谊；举办多伦多“顺德美食之夜”活动，擦亮“世界美食之都”品牌；促成马来西亚槟城商务国民型华文小学与顺德西山小学实现长期合作；举办港澳丁酉年新春酒会；接待好港澳重点社团、重点乡亲和有关知名人士；连续第25年在顺德举办国际护士节纪念活动；举办“顺港青少年暑期夏令营”“香港顺德联谊总会成立70周年系列活动之顺港青少年文化节启动仪式”等重大活动；携手省侨办、顺职院举办2017海外华裔和港澳青少年中国寻根之旅夏令营活动；组织开展顺港澳青年北京考察活动。国务院侨办推动八项海外惠侨工程之一“中餐繁荣”基地落户顺德职业技术学院。乐从镇路州村被评国务院侨办“2017年度全国为侨公共服务示范单位”；杏坛古朗村、容桂马冈村获2017年度广东省侨联“广东侨界人文社区（示范点）”称号。

◎图11　2017年9月15日，香港乐从同乡会向广州医科大学附属顺德医院捐赠全新体检车

**【对外交流】** 2017年，顺德区加强对外交流。1月，出访澳大利亚和新加坡，藉中国农历新年向海外社团及重点乡亲传达家乡的问候，推动顺德女企业家协会与慧贤会缔结友好关系，促成澳洲顺德妇女协会与澳洲顺德留学生联谊会成立；6月，出访美国和加拿大，做好第十一届恳亲大会前期筹备工作，拜访万锦市及列治文山市政府，推动两地友好往来，访问满地可顺德乡亲及纽约南顺会馆乡亲，促成满地可乡亲筹办满地可顺德联谊会；8月，与南非顺联会共同举办2017（首届）南非—中国顺德文化美食节，拜访马达加斯加顺德联谊会、马达加斯加塔马塔夫华侨总会、马达加斯加塔马塔夫顺德联谊总会、马达加斯加塔马塔夫顺德商会、马达加斯加京城中华总会、南非顺德联谊会、毛里求斯南顺会馆等多个社团，与乡亲共叙旧情，联络乡谊；10月，出访加拿大，与加拿大顺德联谊总会、加拿大安省大多伦多顺德总商会举办多伦多“顺德美食之夜”，与加拿大多伦多万锦市政府签订友好城市备忘录，并以顺德命名的“顺德路”正式在万锦市设立；10月，为响应“一带一路”倡议，举办凤厨下南洋系列活动，包括“请进来”，邀请马来西亚顺德商会参与“顺德美食节”活动，以及“走出去”，由顺德电视台及餐饮协会组织顺德6名厨前往马来西亚怡保举办顺德美食推广活动，弘扬“世界美食之都”品牌。赴欧洲开展友城拓展，拜访希腊卡拉马塔市政府，推动搭建卡顺两地友城和经贸合作平台。促成马来西亚槟城商务国民型华文小学与顺德西山小学实现长期合作，助力两地办学“双提升”。联合区工商联促成南部非洲顺德商会成立，致力打造“顺商之家”。

是年，接待外宾26批400多人，包括莫桑比克议长、瓦努阿图第一副议长、荷兰驻穗总领事、新加坡教育部部长、澳大利亚汤斯维尔市市长代表团、亚非国家社会组织考察团、东南亚国家智库专家代表团、越南党政干部考察团（共三期）等访顺团组；利用春节前夕走访德国、美国、英国、澳大利亚等友好驻穗领馆，邀请各大驻穗领馆官员参加“顺德美食节”广东（佛山）创意城市博览会、“世界美食之都——中餐繁荣计划，粤港澳大湾区美食品鉴会”，加强沟通交往，增进双方合作。

**【因公出国（境）管理】** 2017年，顺德区加强国家工作人员和民企因公出国境管理工作，对出访行程、人数和团组严格把关，做好审批和签证，为全区出访招商引资、宣传推介顺德提供关键保证。

【侨务工作】 2017年9月，国务院侨办推动八项海外惠侨工程之一“中餐繁荣”基地落户顺德职业技术学院。乐从镇路州村被国务院侨办评为“2017年度全国为侨公共服务示范单位”；杏坛古朗村、容桂马冈村获2017年度广东省侨联“广东侨界人文社区”（示范点）称号。10月，区外事侨务局与广东顺朗律师事务所合作建立的“为侨法律服务工作站”挂牌，成为全省唯一县区级“为侨法律服务工作站”，为全区归侨侨眷、华侨华人和港澳同胞提供免费法律咨询服务。

【侨菁培育】 2017年7月和12月，顺德区外事侨务局分别举办2017“海外华裔与港澳青少年中国寻根之旅夏令营”与“南非华裔青少年中国寻根之旅冬令营”，百名华裔青少年重点围绕美食之都与产业之城作为主题开展活动。8月，顺德区外事侨务局举办顺肇港澳台青年交流活动，组织顺德区留学生协会、容桂青年商会、港澳台青年才俊赴肇庆市实地参观高新企业，学习企业的运营管理模式。凝聚协会的核心力量，推动“双创”工作开展，同时加深顺肇港澳台五地青年交流。与侨青会合作，组织顺德名厨前往香港参加“环球厨神（菁英赛）”，获多项大奖。

【区外事侨务局为企业拓展国际业务服务】 2017年，顺德区外事侨务局加强APEC卡推广宣传，以顺德区亚太经合组织商务旅行卡服务中心为载体，协助向会员单位及相关企业宣传推广和申办APEC卡，增进商务人士工作便利。加强外国人来华邀请确认函的管理及海外领事保护工作。（区外事侨务局）

## 港澳台事务

【港澳地区交往】 2017年，顺德区接待港澳访问团51批约2700人次。顺德区外事侨务局做好重要人士接待工作，接待全国政协副主席、香港特区行政长官梁振英一行，香港特区立法会主席梁君彦、香港商务及经济发展局局长苏锦梁、香港民政局局长刘江华、香港立法会议员麦美娟、澳门立法会议员何润生等重要人士，陪同他们走访知名企业，向他们介绍城市规划、产业布局、未来与香港的对接等情况。港澳社团发动会员回乡。香港长洲顺德联谊会、香港顺德联谊总会、澳门顺德勒流同乡会均组织百人规模团队回乡交流。通过顺德籍社团引荐，顺德区外事侨务局与港澳友好社团、港澳专业人士进行友好交往，寻求合作交流。澳门濠江狮子会、澳门濠江青年商会、澳门粤协之友联谊会、澳门松山体育会到顺德进行友好访问。此外，通过官方途径，顺德区进行厨神交流活动，接待香港科技界专业人士、香港建筑署等团组。

推动慈善事业发展 5月20日，澳门顺德联谊总会等12个社团的180多位乡亲专程回乡参加顺德2017年国际护士节纪念大会，慰问为顺德医疗卫生事业做出积极贡献的优秀护理工作者，并组织澳门镜湖医院和镜湖

◎图12　2017年7月7日，“环球厨神顺德交流之旅”活动在顺德区大良街道凤城食都顺德区厨师协会总部举行

护理学院的护理工作者和顺德本地的护理工作者进行交流，还前往南方医科大学顺德医院新院和顺德和平外科医院，了解家乡的卫生事业发展现状和慰问临床一线护理人员。11月11日，澳门顺德勒流同乡会籍四周年会庆之际，回乡举办大型庆祝活动，向勒流慈善会捐出善款，并成立澳门顺德勒流同乡会慈善基金，主动为家乡慈善事业做贡献。

联谊交流持续深化　采取“以外宾为主，内部人员为辅”的“小年”方案，举办港澳丁酉年新春酒会，“小规模”撬动“大共识”。香港容桂同乡会成立，按照时间节点携有关单位主动拜访重点社团、重点乡亲和有关知名人士，推进信息传递和互助互信。

品牌建设亮点纷呈　以文化教育为载体、以香港顺德联谊总会属校为主体打造“顺港青少年暑期夏令营”“顺港姊妹学校交流”品牌，4月在顺德演艺中心举办“香港顺德联谊总会成立70周年系列活动之顺港青少年文化节启动仪式”，两地学校结对合作水平大幅提升。

青年互动全面提速　组织开展顺港澳青年北京考察活动，拓宽合作思路增进三方友谊和发展信心。举办顺港学生领袖夏令营，加深香港青年对传统文化的认识。利用港澳社团青年部平台创新顺港澳青年活动，加强在外青年同胞对故乡认识。五六月份，组织青年会员回乡参与顺德青企合作交流建设；引导旅港顺德绵远堂籍回乡春祭之机，到爱心超市、敬老院开展慈善服务，并捐助大良医院建设，多举措深化乡亲对建设祖国的责任感、荣誉感。

**【对台事务】** 2017年，顺德区促进顺台两地交流融合，在新春期间举办一年一度的“顺德台商迎春酒会”。组织陈村花卉世界台农召开座谈会，引导台商代表为台资农业转型升级建言献策。以台商权益保障工作联席会议为沟通平台，加大对台商权益的关注和保障。开展各类走访调研，了解台资企业经营状况，收集台商困难和意见。召开陆生行前辅导会，协调解决涉台投诉（求助）。举办2017台湾青少年顺德亲子夏令营活动，两岸情感进一步深化。12月25日，由广东省盆景协会、陈村花卉世界、顺德台商投资企业协会、嘉盛园艺（台湾）联合主办的2017第二届粤台南风盆景展在陈村花卉世界嘉盛园艺开幕。

（区委统战部）

## 脱贫攻坚

**【概况】** 根据省市安排，顺德区精准扶贫工作负责对口帮扶湛江雷州市、徐闻县26个镇65个相对贫困村贫困户6687户、贫困人口24856人。顺德区以10个镇（街道）为牵头单位，60个区属部门为协作单位，共派驻133名干部（原选派101名扶贫干部基础上新增派驻32名扶贫干部）到湛江雷州市、徐闻县65个相对贫困村参与脱贫攻坚工作。2017年，顺德区按省市要求及时足额落实2016—2018年财政扶贫投入资金及财政补助引导资金72468.64万元，其中上缴佛山市省定财政扶贫投入资金52688.4万元，累计拨付雷州市、徐闻县65个相对贫困村专账合19780.24万元；此外，还分别安排100万元扶贫工作经费实行专项帮扶，推动两地交流协作。

顺德区围绕省“两不愁三保障一相当”目标，按照“六个精准”要求，推进“产业发展扶贫”“劳动力就业扶贫”等八大扶贫工程，通过协同开展镇级对口帮扶工作，创新建立“镇际结对、行业衔接、社会参与”的联动机制、推动在产业对接、教育扶持、医疗服务、就业转移、人才培养、干部培训、文化交流、社会援助等方面合作。同时，通过落实推进贫困村定点帮扶，使重点帮扶贫困村实现“两不愁三保障一相当”的工作目标。以社会主义新农村示范村建设为契机，以完善贫困村公共服务与基础设施为重点，围绕改善教育教学环境、医疗卫生条件、文化体育设施、道路桥梁设施、饮水安全设施、农田水利设施以及基层公共服务设施等方面内容，规划落实帮扶到村项目。以促进贫困户增收发展，实现“两不愁”“三保障”为重点，围绕造血增收、教育助学、医疗救助、住房改造、生活保障等方面内容，规划落实帮扶到户项目，增加贫困户收入，改善贫困村环境。2017年实际减贫人口为8859人，脱贫率39.06%，全面完成湛江市下达年度减贫人口计划。

**【全区精准扶贫精准脱贫攻坚工作会议】** 于2017年9月7日在湛江雷州市召开。会议研究推进顺德区新时期精准扶贫精准脱贫对口帮扶工作，着力解决脱贫攻坚工作中存在问题，研究部署下一阶段扶贫工作重点。顺德区委常委、区扶贫开发工作领导小组常务副组长潘东生，雷州市委常委、宣传部部长陈云，雷州市副市长陈伟，徐闻县脱贫攻坚指挥部办公室常务副主任何敏等领导出席会议。顺德区委常委、区扶贫开发工作领导小组常务副组长潘东生指出，要贯彻落实习近平总书记治国理政新理念新思想新战略和对广东工作的重要批示精神，省委书记胡春华在佛山调研的重要指示精神以及佛山市常委会会议精神，确保2017年度贫困户脱贫目标和新农村示范村建设考核任务的全面完成。

◎图13　　顺德区勒流街道援建的雷州市客路镇乐只村休闲体育公园项目

◎图14　　2017年12月5日，广东牛一农牧生态科技有限公司牛羊养殖示范基地全面启动

**【佛山市凉山州乡镇（街道）结对帮扶工作会议】** 于2017年9月19—22日在四川省凉山州西昌市召开。佛山市副市长乔羽提出，佛山将进一步围绕东西部扶贫协作考核办法，深化落实“1+8”框架协议，利用凉山农业独有特色，推进两地农业产业发展合作；加大两地旅游协作力度，增强凉山旅游知名度在佛山不断提升；推进教育、卫生帮扶协作，为凉山培养出更多骨干教师、医生，提升凉山教育卫生事业发展水平；加大劳务输出，拓宽贫困户增收渠道，引导更多佛山企业到凉山招聘劳动力，使更多凉山富余劳动力特别是贫困户的劳动力到佛山就业。顺德区扶贫办及大良、容桂、北滘等镇街领导参加会议。大良、容桂、北滘三个镇（街道）分别与凉山州美姑县柳洪乡、金阳县热柯觉乡、雷波县箐口乡开展乡镇结对，集中签订结对帮扶协议，并

举行扶贫协作帮扶资金捐助仪式，分别向凉山州3个乡捐赠10万元帮扶资金。

**【第二届顺德区扶贫开发协会会员大会】** 于2017年12月19日在华桂园召开。会议主题为“德·决定命运，善·改变人生”。大会选举产生新一届协会会长、监事长、副会长、理事、监事等成员，至年底，协会有会员175位，其中单位会员146位，个人会员29位。顺德成田橡胶制品有限公司董事长陈斌当选为会长。佛山市委常委、市委宣传部部长、顺德区委书记郭文海参加会员互动，并提出，一方面要完成上级交办给顺德的对外精准帮扶任务，另一方面更要关心好、爱护好、帮助好顺德自己的困难老百姓，一起迈进小康社会。

**【基础设施建设帮扶】** 2017年，顺德区对口帮扶湛江雷州市、徐闻县工作，推动学校、卫生站、饮水工程、村道、公园、垃圾池等一大批民生帮扶项目建设，改善村容村貌，提升贫困村群众生活水平。全区投入6012万元修建126.79千米村级道路；投入1387万元建设32宗安全饮水工程，64461名群众直接受惠；投入3156万元建设文体娱乐设施类项目125个，投入1166.8万元建设卫生站、公厕、垃圾池、排污渠等项目174个，投入1439.6万元安装7655盏路灯。

**【产业帮扶】** 2017年，顺德区对口帮扶湛江雷州市、徐闻县工作，着力因地制宜，引导社会参与，强化产业帮扶协作。按照一村一产业（主导项目）、一户一项目（捆绑发展）的扶持思路，通过社会参与产业协作、因地制宜打造主导产业、推动资产收益扶持等多种方式，帮扶贫困村发展经济，促进贫困村、贫困户实现“双增收”。引导社会参与，加强产业协作。顺德区信良屠宰有限公司与徐闻县龙塘镇人民政府签订“广东牛一农牧生态科技有限公司”养殖产业合作框架协议，计划投资2335万元，共同打造农牧养殖产业合作项目，至2017年12月，投入500万元；顺德区扶贫办引进社会电商平台“五味特农”，精选雷州、徐闻特产农副产品，通过网络推向社会，上线的雷州市南兴镇的红肉火龙果，东里镇三吉村金鲳鱼干等产品销售情况良好。大良扶贫工作组、塘仔村经济合作社、雷州市浙东有机农业发展有限公司以及五味特农公司联手在塘仔村打造300亩（20公顷）的大棚西瓜种植基地，不仅贫困户有了增收产业，还能提供60多个工作机会；勒流工作组帮扶的大家村，利用农民专业合作社打造60亩（4公顷）生态蔬菜基地，并与湛江市技师学院饭堂签订购销协议。发掘优势资源，打造主导产业。容桂工作组在徐闻县迈陈镇迈市社区推进生蚝养殖项目，投入20多万元建造蚝排，申请省统筹专项资金40万元购买蚝苗，成立迈市社区专业合作社，以贫困户入社入股形式发展养生蚝产业，预计项目产出130万元；乐从工作组从雷州市塘东村的芒果、青枣的传统种植出发，与乌石镇政府合力通过产业带动贫困户脱贫致富，投入省统筹资金和扶贫专项资金223万元，在乐从镇帮扶的塘东村租用果树近4000棵，建成占地100余亩（6.67公顷）的果树基地，带动塘东村54户贫困户种植芒果、青枣，果树基地预计产值达到300万元；杏坛工作组投入6万元在田丰村推进121亩（8.07公顷）珍珠苦瓜种植项目。推进资产收益扶持。将贫困户部分省定帮扶资金入股当地优势产业项目，确保贫困户稳定长效收入，建立资产收益扶持机制。为发挥扶贫开发资金使用最大效益，由对口帮扶市县统筹精准扶贫开发资金1.5亿元和1.9亿元分别投资入股湛江市水务投资集团有限公司和湛江市基础设施建设投资集团有限公司，利用投资收益帮助贫困对象实现稳定脱贫；龙江工作组帮扶的雷州市大群村、均安工作组帮扶的徐闻县那板村利用光伏发电项目为贫困户稳定增收；陈村工作组帮扶的黎郭村、东岭村的光伏发电项目也在有序推进。

**【就业帮扶】** 2017年，顺德区推进就业扶贫，着力于一人就业全家脱贫。建立两地劳务信息共享机制和转移就业工作机制，根据贫困户就业需求和意愿，提供免费技能培训，让贫困户至少掌握一门专业技能，全年各扶贫工作组共在贫困村组织各类农业技能、非农技能培训150多次。北滘镇组织北滘镇“美的”“惠尔浦”等13家企业，在对口帮扶两个镇举办“精准扶贫促进就业现场招聘会”，1300多人参加招聘活动。各镇街工作组设立“就业直通车”信息专栏，发动和组织贫困村富余劳动力转移就业。2017年4月，大良工作组从雷州一次转移43人到佛山市捷凌家电公司就业。此外，大良工作组还与雷州市当地服装厂合作成立“扶贫车间”，最多可让200名贫困户在家门口就能就业。据统计，2017年，全区65个贫困村实现新增转移就业326人，新增就地就近就业733人。

◎图15　2017年5月26日，顺德区政协到徐闻县和安镇水头村开展对口帮扶活动

**【教育帮扶】** 2017年，顺德区按照“分类分档补助”的办法，制订并落实教育助学计划与预算，投入1048万元，7569名贫困学子受到资助。投入939万元改善学校教学环境与设备设施；区政协筹集社会资金90万元，用于均安帮扶徐闻水头村水头小学学校修缮工程；区工商联筹集62万元用于北莉村北莉小学校舍修缮和奖教奖学；容桂扶贫工作组牵线广东祥和税务师事务所为徐闻县迈市社区7名特困学生资助3万元的助学金，投入14.7万元（其中东莞市物流行业协会捐赠5万元）改建瓜藤小学附属幼儿园；区国土城建和水利局牵线顺德区房地产商会和建筑业协会捐赠资金14.5万元，用于迈陈镇迈陈中心小学的课桌椅和图书购置；杏坛镇财政局率顺德农商银行杏坛镇分行为雷州市覃斗镇海边村捐赠教学设备价值3万元；区机关事务管理局为雷州市杨家镇宅湾小学捐赠图书、文具等物品价值1.3万元；区财税局向雷州市塘头小学捐赠电脑16台及学生桌椅100张。

**【社会力量帮扶】** 2017年，顺德区、镇两级发动社会力量，助力扶贫，构建大扶贫格局。开展“10·17”全国扶贫日、“6·30”广东扶贫济困日活动。营造“关爱贫困人口，助力攻坚脱贫”的慈善氛围。活动得到全区各级党政机关、企事业单位、社会各界的支持和参与，2017年捐款2643.18万元，其中美的集团向省扶贫开发协会捐款1000万元专门用于全区精准扶贫雷州、徐闻工作。广东省鳗鱼协会、顺德区扶贫开发协会、广东大峰水产集团有限公司、顺德区价格协会、顺德区顺程陈氏投资管理有限公司等商协会企业家到湛江雷州市林排村、塘头村开展精准扶贫活动，引入社会帮扶资金49.8万元。东莞物流协会向全区对口帮扶的徐闻县16条贫困村捐赠22万多元用于教育帮扶；顺德各级医疗卫生机构到当地多次开展“赠医施药，助力攻坚脱贫”义诊活动19次，接诊8600多人次，免费送药价值16万多元。110多个爱心家庭继续结对帮扶200多户贫困户。

**【“三保障”政策落实】** 2017年，顺德区协助湛江雷州市、徐闻县两地落实“三保障”政策（义务教育、基本医疗和住房安全有保障），助力贫困户早日脱贫。推动健康扶贫助力贫困家庭基本医疗保障。协助宣传健康扶贫“农村贫困人口慢性病扶助”“大病保险”等民生工程政策，在政府医保报销的基础上，尽可能减少贫困群众医药费压力，把健康扶贫落实到人、精准到病，有效减少因病致贫，因病返贫。危房改造助力贫困家庭住房保障。把危房改造这一民心工程作为脱贫攻坚的着力点，深入辖区内建档立卡贫困户家中进行信息核查，做好申报对象的入口把关，规范实施程序，同时做好人员名单和进度的公示，公平公正地规范危房补助发放。2017年，全区配合当地住建部门，投入1896.8万元补助完成721户贫困危房户改造。

**【新农村示范村创建】** 2017年，顺德区围绕省委省政府“把贫困村创建成为新农村示范村”要求，立足民生，聚焦农村短板，协同当地共同推动新农村示范村建设。与当地镇、村“两委”以及当地各级党委农办、扶贫、住建等部门加强协调沟通、密切联系、加强调研，在编制整治规划和示范村提升规划、村道巷道硬化、垃圾处理设施建设、集中供水、污水处理和雨污分流设施、长效管护等方面全力协作。按照社会主义新农村示范村建设的总体要求，以人居环境综合整治为切入点，协助发动村民参与，先易后难，开展村容村貌整治的基础性工作。以自然村为基本单元，按照干净、整洁、有序要求，制订和实施20户以上自然村村庄环境综合整治方案，开展“三清理”“三拆除”“一美化”等专项行动，对农村环境全方位整治，在保留原有贫困村风格建筑特色的基础上，升级改善教育教学环境、医疗卫生条件、文化体育设施、道路桥梁设施、饮水安全设施、农田水利设施以及基层公共服务设施，通过植树绿化美化、水体治理，实施人畜分离，使贫困村家园、田园、水源环境有质的飞跃，一改过去“脏乱差”的旧貌，促使农民人居环境有大的改善。

**【东西部扶贫协作】** 2017年6月起，顺德区根据佛山市安排，负责对口东西部扶贫协作四川省凉山州美姑、雷波、金阳县三个国家贫困县，签订区县、镇乡、村村扶贫协作框架协议，2017年向每个贫困县支付50万元作为帮扶资金，派驻3名驻县干部和6名支医、支教人员到凉山州三个县开展结对帮扶工作。

顺德区将对口东西部扶贫协作四川省凉山州美姑、雷波、金阳三个国家贫困县工作纳入区委区政府重要议事日程，健全工作机制，把“中央要求、凉山所需、佛山所能”结合起来，将顺德的产业优势和美姑县、金阳县、雷波县的实际情况结合起来，助推凉山精准扶贫、精准脱贫，携手打造东西部扶贫协作典范。组织全区各级党委、政府和社会力量参与结对交流工作。6月由顺德区委副书记、区长彭聪恩代表顺德区分别与美姑县、金阳县、雷波县签订结对帮扶框架协议；9月，顺德区扶贫办率大良、容桂、北滘三个镇街随佛山市党政代表团到凉山州开展乡镇结对帮扶工作。12月，顺德区委副书记、区长彭聪恩带队到美姑县、雷波县考察调研，并在雷波、美姑、金阳三个对口贫困村开展“顺心暖冬”爱心物资送温暖活动，向374户贫困户村民捐赠大米、菜仔油、棉被等一批价值10万元的物资。金阳县、雷波县两地党政领导也带队到顺德区进行东西部扶贫协作工作对接及产业考察。 （刘 冬）

## 中国人民政治协商会议佛山市顺德区委员会

**【概况】** 2017年，顺德政协学习贯彻党的十八大及历次全会、十九大精神，学习贯彻习近平总书记系列重要讲话精神以及治国理政新理念新思想新战略，把握团结和民主两大主题和人民政协性质定位，推动人民政协事业在继承中发展、在发展中创新，开创新局面，取得新成绩，积累新经验，呈现出求真务实、团结奋进、民主和谐的“有为”新局面。

区政协常委会的构成包括主席1名、副主席6名、秘书长1名、常委41名，2017年召开4次常委会会议。2017年区政协常委会和各专、联委会共组织视察调研活动86次，开展各类协商活动23场次；举办政协委员学习培训班、能力提升培训班、十九大精神学习辅导、区情政情通报会等5期，近400人次参加；举办“论道顺德”政协论坛12期。

**【政协佛山市顺德区第十四届委员会第二次会议】** 2017年3月27—28日，顺德区政协在区行政大楼会议中心召开十四届二次会议，该次政协会议应出席委员人数338名，实到317名，出席率93.8%。会议听取和审议区政协年度工作报告、提案工作报告；列席区人大第十六届二次会议，听取和讨论政府工作报告及有关报告；表彰一批优秀政协委员，优秀提案、信息工作先进单位和个人等；视察重点工程项目建设、村级工业园区提升改造情况及片区发展成果；召开各界人士座谈会。

**【常委会专题议政】** 2017年9月21—22日，顺德区政协常委会开展“构建开放型城市格局，助力大湾区建设”专题议政活动。由区政协主席周文带队，政协常委会考察组一行先后赴东莞、南沙考察学习，并于22日返回顺德召开座谈会，与会常委围绕主题积极建言献策。副区长冼阳福和有关职能部门负责人参加座谈会。

**【专题协商和调研视察】** 2017年，顺德区政协各副主席和专联委会负责人，分别领衔“特色小镇建设”“美丽文明村居建设”“水环境监测体系建设”“高层次人才队伍建设”“产业服务平台建设”“加强社会心理危机干预”“推进院校合作、建设高水平医院”“打造文化旅游名片，提升顺德文化软实力”等紧贴全区重点工作的议题，明确每项工作的目标内容、完成时限，开展调研，走出去、请进来，组织考察，召开工作推进协调会，研究解决工作推进过程中出现的问题，全年形成并提交参政议政材料34份，为全区经济社会各项事业的发展，提出意见建议供决策参考。

**【政协提案工作】** 顺德区政协十四届二次会议以来，收到提案282件，经提案委员会审查，立案214件，立案率75.9%。其中各民主党派、工商联、政协专联委会和参加政协的人民团体提出集体提案42件，占立案数的19.6%，并案处理后实际交办139件。提案办理满意及基本满意率100%，为推动顺德区经济社会转型发展和社会和谐稳定发挥积极作用。对2015年的《关于加强建设工程项目管理的建议》进行“回头看”，进一步落实提案建议。强化重点提案督办力度。2017年，区委书记重点督办提案《抢抓契机，主动融入粤港澳大湾区核心区，打造高端制造业创新龙头城市》，区长重点督办提案《关于加快顺德村级工业园综合整治提升的建议》，区政协主席重点督办提案《加大改革力度，构建现代职业教育体系的建议》。

**【社情民意信息工作】** 2017年，顺德区政协收到信息163条，编报《社情民意反映》16期，转送58条。《完善村居土地权属界限核定备案登记的建议》被省政协采用，《加快培育和发展住房租赁市场的几点建议》等4条信息被市委采用，《破除实现公平正义的最后一道藩篱，完善现行委托执行制度刻不容缓》等8条信息被市政协采用。区领导批示多条，部门办复1件，一批社情民意得到采纳落实。

**【政协联谊】** 2017年，顺德区政协开展“大走访”活动，先后走访100多家政协参加单位、委员所在单位和企业，组织接待全国、省、市及外地各级政协来顺德区学访考察团近40批次400余人，加强交流学习，增进友谊，密切合作。先后赴港澳拜访委员、通报区情，组织港澳委员回乡考察，带着课题外出考察学习；坚持开展国庆各界人士茶话会、政协联谊会联谊活动等等，让联系的纽带更加紧密，团结与联合的队伍不断壮大。

【全区政协工作会议召开】 2017年12月29日，中共顺德区委召开全区政协工作会议，研究加强和改进新时期政协工作。市委常委、宣传部长、顺德区委书记郭文海讲话，区委副书记、政法委书记王勇主持会议，区政协主席周文，区委常委黄海，区委、区政府部门、区法院、检察院，各镇街主要负责人，区政协常委及各专、联委员会负责人参加会议。

（胡炳森）

## 纪律监察

【概况】 2017年，顺德区纪检监察机关围绕迎接党的十九大胜利召开和学习宣传贯彻党的十九大精神，履行党章赋予的职责，深化作风建设，落实“四种形态”，聚焦监督执纪问责，推动全面从严治党向纵深发展，全区纪检监察工作取得新的明显成效。

年内，全区纪检监察机关深入学习贯彻中共十九大精神，通过集中学习、专题宣讲、支部讨论等方式，把党的十九大精神学懂弄通做实。落实监察体制改革试点工作，完成人员转隶，做好全面融合工作。提请区委印发镇（街道）纪（工）委、派驻纪检组正副职的提名考察办法，规范纪检监察干部选拔任用工作。加强党组织建设，将人员编制集中管理的派驻（出）机构党员的党组织关系全部收回集中管理，确定每月最后一个周五为“专题党日”，机关党委或各支部集中统一开展组织生活。开展“能力建设年”活动，举办各类专题培训，组织开展《准则》《条例》学习月活动，每两个月进行集中考学。实施“骨干培养计划”，通过挂职锻炼、以案代训、“师傅带徒弟”等方式培养业务骨干。坚持刀刃向内，开展经常性明察暗访，发现问题通报曝光，全年发出通报10期，办理反映纪检监察干部的问题线索11条，协助省纪委办理1条纪检监察干部问题线索。

【佛山市顺德区纪委十三届二次会议】 2017年2月27日在区会议中心礼堂召开。会议传达贯彻中央纪委、省纪委、市纪委全会精神，总结全区2016年党风廉政建设和反腐败工作情况，研究部署2017年工作任务。会议采用电视电话会议形式。区主会场设在区会议中心礼堂，各镇、街道分别设分会场。区委常委，区人大常委会正副主任，区政府副区长，区政协正副主席；副处级以上干部，区人大常委会党组成员及驻会委员、各工作委员会正副主任，区政协党组成员及专职常委；佛山中德工业服务区（佛山新城）管委会、广东顺德清远（英德）经济合作区管委会正副职；区委、区政府正副秘书长；各镇（街道）党（工）委正、副书记；区纪委委员；区纪委机关派出区直属机关纪工委书记、派驻各单位纪检组正组长；区纪委监察局机关内设机构正职；区法院、检察院，区属各部、委、办、局，区各人民团体，区直属事业单位正副职及内设机构正职；顺德职业技术学院正副职；区属各学校、医院，区属各投资管理公司正副职；区双管、联检单位及金融、保险单位正副职；区纪委、监察局机关全体干部，区纪委机关派驻区人民法院、人民检察院、区属部门和正科级参公管理事业单位纪检监察干部参加。

各镇党委委员、街道党工委委员，副镇长、办事处副主任；各大办（局）正副主任（局长），区纪委（监察局）派驻纪检组副组长及专职纪检监察干部，各镇、街道双管单位正副职；各村（社区）党组织书记、村（居）委会主任参加各镇、街道分会场会议。

会议由肖秀明传达上级纪委全会精神并通报相关案件情况；区委副书记、区长彭聪恩，区委书记区邦敏讲话。

【作风建设】 2017年，顺德区全面推进领导干部落实主体责任提醒谈话制度，倒逼全面从严治党主体责任落实。严肃查处党员干部违反中央八项规定精神和“四风”问题行为，全年受理“四风”问题投诉举报255件，追责36人。开展区纪委全会“三述”活动，组织大良街道等5个单位党组织主要负责人向区纪委全会“述责述廉述德”。紧盯重点领域、重要节点常态化开展明察暗访。强化责任追究，先后对中央环保督查组移交的问题、重大工程项目标后监管发现的问题、行政败诉和行政复议不被支持案件等进行问责追责。

【违纪违法案件查办】 2017年，顺德区制定出台《佛山市顺德区纪检监察机关全面落实“四种形态”办理监督执纪问责中问题线索的程序性要求（试行）》。全年运用“四种形态”处理问题线索787条，其中第一种形态495条，占比62.8%，运用第一种形态处置问题线索趋于常态化。十三届区委巡察工作开局良好，第一轮完成对大良街道等5个单位党组织的巡察，发现问题133个，反映党员领导干部问题线索32条。加强信访举报办理情况的跟踪督办，全年受理群众信访举报644件，应核272件，已核272件。加大执纪审查力度，全年立案300件，给予党纪政纪处分288人，移送司法机关10人，重点查处医疗、公安、农村基层等重点领域个别党员干部的违纪案件，配合上级纪委严肃查处莫某某、黎某某等人的严重违纪违法案件。劝返1名外逃人员。

【行政监察】 2017年，顺德区开展村（社区）换届风气专项巡察，保障换届风清气正。推进农村基层党员、干部违纪违法线索排查，排查线索1422条，立案300件，结案231件，给予党纪政纪处分224人。对违纪违法线索排查及扶贫领域监督执纪问责工作情况进行交叉检查，发现问题170个。组织检查组赴雷州市、徐闻县开展精准扶贫工作专项检查，发现问题73个。聚焦群众身边的“四风”和腐败问题，加强督办直查和领导包案下访，督办线索11条，立案10件。完成50个村（社区）“三资”管理专项监督检查，被检查村（社区）登记入平台资产数、合同数平均比上年增长11.4%和48.9%。

【廉政风险防控和宣传教育】 2017年，顺德区推动建立标后监管制度，对政府投资建设重大工程项目进行常态化监督，及时发现和解决问题。在城市综合开发项目和PPP项目推广“联防风险、共建廉洁”机制，与中铁一局等9家项目企业纪委开展联防共建工作。深化医疗卫生系统“以案治本”工作，提请区委印发《关于公立医院认真落实党建工作和全面从严治党主体责任的通知》，规范合作共建医院党建工作。开展公立医院专项巡查“回头看”，指导7所公立医院建立内部监督审计机构，督促开展“药品供应链”改革。建设区级廉政智能监督问责系统，对区属部门的三重一大事项、三公经费等情况进行常态化、智能化监督。开展纪律教育学习月活动，举办全区领导干部纪律教育学习班和土地管理领域纪律教育学习班，主办全区第二届“廉洁火炬杯”党规党纪知识竞赛，结合村级换届选举拍摄警示教育片《村居治顺德安》。选送作品《睡在我上铺的兄弟》参加全省廉政小品曲艺创作大赛获得金奖。挖掘顺德本土廉洁DNA，编印出版《风正好扬帆——顺德好家风》。开通“顺德清风”微信公众号，运用新媒体传递廉洁正能量。（欧阳雪欣）

# 民主党派·群众团体

菜远炒水蛇片

# 民主党派

【概况】 2017年，顺德区有民主党派基层组织7个，分别是：中国国民党革命委员会佛山市顺德区总支部委员会、中国民主同盟佛山市顺德区委员会、中国民主建国会佛山市顺德区总支部委员会、中国民主促进会佛山市顺德区委员会、中国农工民主党佛山市顺德区总支部委员会、中国致公党佛山市顺德区总支部委员会、九三学社佛山市顺德区基层委员会，民主党派成员601人。是年，各民主党派递提案156件，占提案总数55.3%，其中立案数98件，占总立案数的45.8%，优秀提案9件，占优秀提案总数69%。

年内，顺德区委统战部推动民主党派自身建设上台阶。规范各民主党派发展新成员流程，加强统战部门对发展新成员的挖掘、把关力度，协助全区各民主党派完成对一些具备较强思想文化素质、参政议政能力新成员的吸纳工作。在2016年全区党外干部、无党派代表人士摸底调查的基础上，挑选优秀党外人才，推荐加入民主党派，挖掘体制内优秀党外干部，充实党派领导机构，强化党派人才梯队配备。加强各党派与政府有关部门对口联系，推动各民主党派开展参政议政，促进各党派落实参政议政工作。深化民主党派与镇街、村居的合作，走出深入基层、服务社会新路子。3月，区委统战部继续推动民主党派社会服务进基层，区农工党与大良街道顺利“联姻”，将优秀党派人才和智力资源配送到镇街基层，展现顺德特色参政党的良好形象。此前，已推动顺德民盟、民进、九三学社分别与龙江镇、北滘镇、杏坛镇成功结对联系。11月，区委统战部（区外事侨务局）机关党委、右滩村党支部结对共建义诊便民服务暨顺德区民主党派、党外知识分子联谊会社会服务进基层活动在杏坛镇右滩村举行。 （区委统战部）

【中国国民党革命委员会佛山市顺德区总支部委员会】 中国国民党革命委员会佛山市顺德区总支部委员会（以下简称民革顺德总支部）是中国国民党革命委员会广东省佛山市委员会的基层组织，下设容桂、企业、文卫、综合4个支部。2017年，发展党员7名，共有党员60人（其中女党员21人），平均年龄为50.2岁；博士学历1人，研究生学历7人、本科学历40人；具有高级职称21人、中级职称27人。有顺德区政协委员6人，其中政协常委1人；顺德区人大代表1人；佛山市政协委员1人；区政府特约监察员1人，职能部门廉政监督员1人，区社会工作咨询委员1人，区农村综合改革咨询委员会委员1人，镇、街道决策咨询委员2人。

2017年，向市、区政协递交23个政协提案，获得采纳16个，占提案总数的70%；年度上报信息情况5篇，区采纳3篇；年度提交人大建议1个，区采纳1个。副主委陈国栋的《关于全面停止门诊患者静脉输注抗菌药物的建议》、党员龙红梅的《全力推进教育综合改革，构筑优质教育生态》和《关于提高环保安全科技化，推广污染源在线监控的建议》获得优秀提案奖。《借广东自贸区优势，促顺德装备制造业转型升级》被评为优秀参政议政材料。主委王熙福获得政协信息工作先进个人称号。

民革顺德总支发动党员参政议政，组织多次调研、考察活动。2017年先后组织党员前往三水区、杏坛海心沙、广州从化市、佛山市高明区等地进行学习调研。民革顺德总支部开展祖统工作活动和社会服务活动，组织成员开展法律咨询服务活动，并联合民革佛山市委会祖统工作委员会、广东省海峡两岸交流促进会农业委员会，在9月16日联合举办“农业供给侧改革之现代农业绿色发展调研暨海峡两岸交流研讨会”。 （谭雯姗）

【中国民主同盟佛山市顺德区委员会】 中国民主同盟佛山市顺德区委员会（以下简称顺德民盟）是中国民主同盟的基层组织，主要由从事文化教育以及科学技术工作的高、中级知识分子组成，下设科卫、高教、教育、容桂、退休等5个支部。截至

2017年年底，有盟员136人（其中女盟员43人），年内发展新盟员7人，平均年龄48岁，本科以上学历124人，高、中级职称127人。有广东省人大代表1人，佛山市人大代表2人，佛山市政协委员1人，顺德区人大代表3人（其中常委1人），顺德区政协委员7人（其中常委1人），另有顺德区政府特邀监察员1人。

2017年，民盟顺德区委会向各级人大、政协提交参政议政材料41件次。市、区政协提案立案22件次，其中市政协立案3件；区政协立案19件，其中主委宋炜撰写的《充分利用PPP模式，吸引社会资本参与我区城市基础设施项目投资运营》被评为优秀参政议政材料，专职副主委杨虎撰写的《加快电子商务创新区建设的建议》被评为优秀提案，区政协主席督办提案2件。由省人大代表宋炜主委提交、李越撰写的《关于在佛山市乃至广东省工业区及乡镇设立危险废物接收暂存中转站（点）的建议》和《关于放宽灵活就业人员参加城镇职工基本养老保险限制及灵活就业人员劳务所得纳税基数中扣除职工基本养老保险的建议》受到广东省相关政府部门的重视，并就此召开专题座谈会进行研讨办理。及时就社会热点上报信息24件，其中区政协、盟省委采用17件次，被区政协评为信息工作先进单位。杨虎被区政协评为信息工作先进个人。

顺德民盟各级人大代表、政协委员在政治职务上发挥专业优势，主动反映社情民意，为区委区政府献计出力。杨虎委员履行区征兵廉洁监督员、区公安局交通警察大队廉政监督员职责，在相关监督工作中积极建言；王明刚委员、向军华委员参加“论道顺德”，为顺德的职教改革、法制建设献计出力。

盟区委先后多次召开专题会议学习贯彻中共十八届六中、十九大报告和习近平总书记一系列重要讲话精神，并就相关精神的落实作出具体部署，被民盟广东省委授予“坚持和发展中国特色社会主义学习实践活动先进集体”称号。专职副主委杨虎撰写的论文《进一步加强参政党民主监督机制建设》获2016年民盟广东省参政党理论研究二等奖。为做好政治交接，加强领导班子建设，顺德民盟组织领导班子成员赴重庆开展爱国主义教育活动，学习民盟历史，缅怀先烈，弘扬爱国主义精神，传承光明传统。为更好地开展盟务工作，盟区委先后与梅州市盟、重庆渝中区盟等兄弟盟组织开展座谈，学习交流盟务工作的先进经验，加深情谊，共同发展。

社会服务创新形式。扶困助学作为顺德民盟的同心品牌项目，已历经18个春秋，扶助贫困学生65人，扶助金额近40万元。2017年顺德民盟继续为20名台山一中大江实验学校贫困学子筹得助学款4.8万元，并先后两次前往看望并给予指导和鼓励。顺德民盟响应中共区委统战部的工作要求，除继续做好顺德民盟社会服务龙江站的社会服务工作、不定期选派盟内专家开展义诊咨询等活动外，还参加中共区委统战部于2017年年底组织的各民主党派进基层活动，派出胡锐明主任、刘玲主任、曹朝晖医生、张先楠医生等专家前往杏坛右滩村开展义诊和讲座活动。教育支部在顺德图书馆开展世界读书日系列活动，邀请状元名师主讲“生活处处有地理”讲座，开展图书漂流、高效学习方法咨询等活动，进一步营造全民阅读的良好氛围；高教支部结合伦教街道民生活动，在伦教文化大楼报告厅组织开展“家居绿化——盆栽绿植的搭配和养护”的主题讲座，吸引近百名市民报名参加，助力提高居民绿化养护知识，普及全民爱绿护绿意识。

（吴翠珊）

**【中国民主建国会佛山市顺德区总支部委员会】** 中国民主建国会是主要由经济界人士组成的、具有政治联盟特点的政党，是接受中国共产党领导，与中国共产党通力合作的中国特色社会主义参政党。民建佛山市顺德区总支部委员会（以下简称民建顺德总支）是中国民主建国会佛山市委员会的基层组织。2017年，有会员92人，其中年内新发展会员11人，转入会员1人，会员平均年龄50岁。研究生学历11

人，本科学历52人，本科以下29人。高级职称10人，中级职称28人。有市人大代表3人，市政协委员1人，区人大代表2人，区政协委员5人。有专职机关干部2人。

2017年，民建顺德总支发挥党派自身优势，结合党派成员构成特点，成立参政议政工作委员会，围绕区委、区政府中心工作，主动与政府各相关部门沟通联络，聚焦城市升级、产业转型和改革创新等重点问题、热点问题、难点问题，开展调查研究，撰写提案议案，积极建言献策，参政议政工作再创新佳绩。政协十四届二次全会上共提交提案22篇、大会发言1篇，立案16篇。其中《抢抓契机，主动融入粤港澳大湾区核心区，打造高端制造业创新龙头城市（并案）》被列为区委书记督办提案，《关于加快顺德村级工业园综合整治提升的建议（并案）》被列为区长督办提案，《加大改革力度，构建现代职业教育体系的建议（并案）》被列为政协主席督办提案。上述3份提案在政协十四届三次全会上被评为2017年度政协优秀提案。

2017年，信息报送完成12篇，民建中央采用1篇，省政协采用1篇，市委采用2篇，市政协采用3篇。其中《完善村（居）土地权属界线核定备案登记，提前化解农村土地承包纠纷》被民建中央和省政协采用，《全面落实港澳居民享受同等铁路自助购取票服务刻不容缓》信息稿，被佛山市政协信息普刊、并上送全国政协；《关于培育和发展住房租赁市场的建议》信息稿，被佛山政协信息普刊和中共佛山市委采用。在政协十四届三次全会上民建被评为信息工作先进单位，政协委员郑宇阳被评为信息工作先进个人。参加佛山市委、市政府、顺德区委、区政府召开的各种政治协商会、情况通报会、座谈会和各类视察考察活动，利用各种平台，建言献策，履行好政治协商、民主监督的职责。（丁　双）

**【中国民主促进会佛山市顺德区委员会】** 中国民主促进会是以从事教育文化出版工作的高中级知识分子为主、具有政治联盟性质、致力于中国特色社会主义事业的政党。中国民主促进会佛山市顺德区委员会（以下简称顺德民进）是民进基层组织，下设8个支部。2017年，新发展会员7人，现有会员112人（其中女会员41人），平均年龄56岁，本科以上学历86人，博士学位3人，高级以上职称52人。

现任主委舒悦，副主委王基国、刘作斌。现有佛山市人大代表2名、区人大代表3名（包括人大常委会副主任1名、人大常委1名），佛山市政协常委1名、区政协委员8名（常委1名），另有4人担任顺德区决咨委委员和区特约监察员。

顺德民进深入开展坚持和发展中国特色社会主义实践活动，不忘合作初心，坚定政治立场不动摇。本年度以区委会名义举办政治学习会议3次，召开的学习中共十九大精神会议。以支部名义召开学习会议8次，开展民进会史教育实践活动2次。

2017年，顺德民进及会员向政协提交提案17篇，立案15篇，立案率88%，优秀参政议政材料1篇，优秀提案3篇。由王基国副主委主笔的2017年政协大会发言材料《加速人才有效供给，力推北部片区一体化》获政协“优秀参政议政材料”，叶夏明、刘洪波、陈义明的提案荣获政协优秀提案奖。

2017年，顺德民进上报社情民意信息10篇，民进中央采用1篇，省级采用4篇。2017年，获评政协“信息工作先进单位”，连续第4年获此殊荣。是年，组织骨干会员赴东莞、上海、浙江等地开展了产学研协同创新合作的专题调研，并形成提案《推动产学研深度融合，加快建设创新型顺德》。

2017年，顺德民进参与区委统战部组织的义诊活动2次，自行组织开展的公益健康讲座和义诊6场，开展社会服务进校园活动1场，与北滘镇政府合作的“春风学堂”社区公益项目，在北滘文化中心开展素描培训15节，国画培训28节，书法培训28节。

（郭桂林）

**【中国农工民主党佛山市顺德区总支部委员会】** 2017年，农工党顺德区总支部有党员94人(其中女党员26人)，来自医卫、教育、法律、企业、公务员等界别，平均年龄51岁，博士学历4人，硕士研究生学历13人，本科学历67人，高级职称61人，中级职称11人。主委曹冬冬（女）为市政协委员、区政协常委，副主委蒋丽霞（女）为市人大代表，副主委林少忠、胡富生为区政协委员，委员严华（女）为区政协委员，委员梁伟添为市人大代表，委员郑良、翁德琳委员为区政协委员，一支部主委陈锦芳（女）为省、区人大代表，二支部主委吴家麟为区政协委员，党员左六二为区政协委员。

在北京召开的中国农工民主党开展坚持和发展中国特色社会主义学习实践活动总结表彰大会上，顺德总支获“社会服务工作先进集体”称号。

全年总支（含支部）组织学习活动11次，考察培养吸收新党员7名，组织社会公益活动6次，捐款、捐物折合33万多元，受惠群众1216人次。总支推进组织发展，优化组织结构，各工作委员会开展工作取得预期目标。同时，有计划安排骨干党员和新党员轮流参加省、市、区有关会议及区政协、区委统战部组织的学习、培训活动，保障和增强班子成员的政治素质和工作能力。根据年度党派台账管理及党员个人积分情况，分别对2017年先进集体、参政议政先进个人及先进党员进行表彰。

在区政协十四届二次会议上，总支以集体、个人名义向大会提交提案30件，1人被评为优秀政协委员，提交的《关于提高环保安全科技化，推广污染源在线监控的建议并案）》（被评为优秀提案。

2017年，3月19日成立“农工党大良站”，与大良街道结对共建服务站，对接居委会、社团、义工等组织，并根据需求随时提供帮助，在大良街道升平社区开展挂牌仪式暨第一次活动，为居民咨询服务350余人次，发放宣传资料200余册，免费发放药品300多件。12月9日，组织党派医疗专家和骨干，携手高明更合镇中心卫生院，到镇福利中心开展“敬老送温暖及义诊健康咨询”活动，为老人们进行健康咨询和指导，免费送医送药及小礼物。主委曹冬冬被评为2016年度顺德区优秀公务员，副主委蒋丽霞被评为广东省名中医，副主委胡富生获“优秀合适成年人”称号，党员左六二获得2017年南粤好医生称号及顺德区“十佳医生”，党员劳泳芬被评为顺德区优秀教师。（严 华）

**【中国致公党佛山市顺德区总支部委员会】** 中国致公党佛山市顺德区总支部委员会（以下简称顺德致公党）是中国致公党的一个基层组织，总支下设三个支部。2017年，有成员69人（其中女党员20人），平均年龄49岁；其中博士3人，硕士研究生16人，本科42人；具有高级职称25人，中级职称32人，高、中级职称占全体成员的82.6%。年内发展新党员5人，调入1人。2017年，总支增补胡国林为总支副主委，增补胡念武为总支委员。副主委为黄锡槿顺德区政协常委；总支委员胡国林、郭峰、杨翼宁、邱素芬、曾林林为区政协委员。副主委柳宗伟、李忠慧为佛山市人大代表；总支委员孔继南为佛山市政协委员。

顺德致公党重视成员思想建设，是年多次组织学习全国两会精神座谈会、开展十九大精神活动等。顺德致公党履行参政党职责，参政议政。2017年向各级政协、人大提交24篇提案和建议。在区政协第十四届二次会议上，提案《关于优化升级顺德现代农业的建议》获优秀提案，张薇、曹永沂获优秀政协委员称号。其中，由黄锡槿撰写的提案《关于加快顺德村级工业园综合整治提升的建议（并案）》被列为顺德区长督办提案；由李国英撰写的提案《加大改革力度，构建现代职业教育体系的建议（并案）》被列为顺德区政协主席督办提案。2017年，总支向各级提交信息6篇，其中胡国林撰写的《亟待完善现行委托执行制度，破除实现公平正义的最后一代藩篱》被佛山市政协采用。总支委员胡国林继续担任顺德区政府特约监察员。

是年，致公党顺德总支履行社会服务职责。成员参加各项社会公益活动，副主委胡国林所在的历恒律师事务所与大良街道办签约，定期到大良街道的南华社区等村居免费解答群众咨询，定期到大良街道维稳中心免费解答群众咨询等；胡红桥医生带着血糖及尿酸检测仪器及试纸前往顺德区杏坛镇右滩村及古朗村，为当地居民进行免费血糖、尿酸检测及开展义诊服务等活动。

（麦桂花）

**【九三学社佛山市顺德区基层委员会】** 九三学社佛山市顺德区基层委员会（以下简称顺德九三）是九三学社的一个基层组织，下设三个支社。2017 年，新发展社员 5 人，社员共有 73 人（其中女社员 25 人），平均年龄 54 岁，有博士和博士后 6 人，硕士 14 人，高级职称 38 人，中级职称 26 人，中高级职称占比接近 90%；有各级人大代表 2 人，其中区人大常委 1 人，各级政协委员 7 人，其中区政协副主席 1 人、常委 1 人。区政协副主席谭振东任顺德九三主委，张克强、周彝馨、贾俊艳任副主委。

顺德九三认真履行参政议政职能，提交的《关于轨道交通规则建设的建议》集体提案、《关于提高环保安全科技化，推广污染源在线监控的建议》以及《关于进一步提升和完善我区急诊救治能力的建议》提案被政协顺德区第十四届二次会议评为优秀提案，张克强副主委被评为信息工作先进个人。

是年，借助社内资源优势，积极参与社会服务。2017 年 1 月 8 日，顺德九三与佛山医卫基委会组织联合义诊（杏坛）；11 月 12 日，顺德九三社员张克强医生、杨怡医生和王志英医生参加统战部组织的杏坛右滩义诊，11 月 26 日何敬成药师在杏坛右滩开展《安全用药》专题讲座；12 月 17 日，李克勤医生、赵根隆医生、王志英医生、赵珊珊医生、何敬成药师参加区委统战部组织的党组织“三结对”服务群众活动的杏坛齐杏讲座、义诊。顺德九三人在本职工作中也有不俗表现，顺德职业学院周彝馨教授出版《佛山祠庙建筑》、《佛山历史村落》等书，带领学生获得 2017 年第四届中国高等院校设计作品大赛二等奖，第六届“中国营造”2017 年全国环境艺术设计双年展铜奖，自己也获得最佳指导教师奖；海信家电高民副总经理带领团队获得了 22 项专利，其中 11 项发明专利，推动和南京创新学院、西北工业大学的产学研项目，开发自适应变频烟机，引领家电行业技术创新；佛山供电的叶东航顺利完成十九大供电保障任务，完成 220 千伏容桂站投产前验收准备工作，修编管辖区各站运行规程；广东质检研究院的崔朝宇调入国家机器人检测中心，筹建省级监测站以及国家级检验中心的工作，南方医科大学顺德医院的何敬成药师凭借“基于二维码和互联网技术构建慢性疾病（糖尿病）管理系统”“基于临床决策支持技术开发高血压病用药合理性分析软件”和“临床药学工作软件”三个项目，经过网络预赛和决赛演讲两个阶段，最终获得“第二届全国药学服务创新大赛”的“全国十佳项目”“二等奖”和“三等奖”，成为大赛组织以来首个包揽所有奖项的个人；也成为本届广东团队唯一获得三等奖以上的个人及单位。（贾俊艳）

## 群众团体

**【顺德区总工会】** 2017 年，顺德区总工会设立工会法律服务窗口，推行规模企业工会法律服务制度，关注劳动关系预警监控和分析研判，加强生产劳动保护工作。以项目招投标方式深入开展劳动竞赛，选树顺德工匠，举办“职工大讲堂”，推进职工素质提升工程。为职工提供多元化精准帮扶，根据职工需求分类别提供针对性服务。做好职工互助保障工作，筹集资金帮扶困难职工。打造“顺德一家人”“顺德缘”等品牌，开展职工创投大赛为职工提供普惠性服务。年内，顺德全区有 10 个镇（街道）总工会、6 个系统（直属、教育、卫计、供电、公安、顺控）工委会、207 个村（社区）工联会；全区工会建立基层组织 18383

个，基层工会涵盖单位24249个，拥有工会会员93.37万人，其中农民工72.91万人。

和谐劳动关系构建　2017年，顺德区总工会创新工作方式，推进劳资纠纷源头治理，通过公开招投标购买服务的形式推进工会法律顾问服务项目，覆盖区内103家规模企业和10个镇（街道）总工会。开展劳动争议诉调对接试点，聘请两批32名调解员，成功调解135件案件。召开第三届工会法律服务律师团换届工作会议，律师团新增成员151名。全区工会法律服务窗口增至8个，受理一线职工劳动法律法规咨询超3000人次；全年受理法律服务申请52件，提供法律援助的案件41件，涉及职工836人次，金额超600万元。举办多场相关普法活动，编印法律法规宣传小册子派发给职工超1万份。重视劳资信息预警监控，编印《劳动信息专报》24期，及时介入13起重人劳资群体性事件，介入3家公司关停结业工作，为206名被拖欠工资的职工提供法律援助。加强职工人文关怀，通过购买社工服务开展工伤探视服务，对住院治疗的工伤职工进行跟踪性、连续性探视，2017年度探视420名员工，合计863人次，开展高温天气“送清凉”慰问活动，投入23万元用于慰问5450名高温作业职工。加强宣传安全生产与劳动保护工作，联合举办“安全生产咨询日”活动。

◎图16　2017年顺德区职工职业技能竞赛出租车行业从业人员技能竞赛

职工劳动竞赛　2017年“五一”前夕，举办顺德工会庆“五一”大会暨2017年顺德区职工职业技能大赛启动仪式，在各行业和骨干企业举行多种类职业技能大赛，全区有45个优秀竞赛项目被顺德区总工会纳入顺德区职工职业技能大赛范畴，其中被纳入一类项目的有12个，二类项目4个，三类项目29个。全年下拨项目补贴近80万元，通过竞赛项目招募和补贴的方式推动38个竞赛开展，命名“顺德区职工岗位技术能手”528名，竞赛内容涉及装配钳工、电梯维修、家具行业木工、纺织服装行业平车能手、家庭服务业养老护理员、供电一线职工、餐饮行业厨师、公交行业驾驶员、出租车驾驶员、企业志愿消防队员、旅游行业导游、电商行业平台设计及路演、办公打字应用技能、中医技能、环保审批执法业务等多个行业和工种（业务技能）。

职工服务　2017年，顺德区总工会通过“春节送温暖”“金秋助学”“临时救助”等方式，筹集216万元帮扶慰问困难职工1575人次。出台补贴购买互助保障计划系列措施，出资125.5万元补贴14588名职工参加互助保障计划，全年各类互助保障计划全年参保人数76258人次，投保金额1041.8万元，理赔1511人次，赔付金额814.2万元。组织916名优秀一线职工免费体检，组织300名一线女职工参加省总“两癌”筛查。全年扶持新建职工服务站点15个，扶持资金10万元。举办顺德工会职工服务第二届创投大赛，对40个优秀基层服务项目进行扶持。举办“职工人讲堂”，全年免费送课129堂，培训职工超过1万人次，内容涵盖安全生产、公民道德修养、职业技能等各类综合知识，为职工提升素质提供途径。举办

2017顺德一家人异地务工人员亲子游暨广西崇左市农民工子女快乐顺德游活动，组织500个异地务工人员家庭欢聚顺德。开展单身职工联谊交友活动5场次，参加职1120人次。

全区各级劳动模范庆“五一” 2017年，顺德区1位先进人物获全国“五一”劳动奖章，3人获省“五一”劳动奖章；有1个先进集体获全国“工人先锋号”，2个获省“五一”劳动奖状。4月28日，顺德区委区政府在华桂园举行“五一”劳模表彰慰问活动，对顺德2017年获评劳模的先进个人和集体进行表彰。

工会法律顾问项目 2017年，顺德区总工会通过公开招投标购买服务的形式，选定规模、资源和实力较强的律师事务所开展覆盖区内103家规模企业和10个镇（街道）总工会的工会法律顾问服务项目。为改进和提升工会法律顾问服务的质量和效果，对律师事务所、顾问律师按照合同化管理的形式进行监督和考核。项目从2月开始推进，9月项目开展进行考评，年内开展法律培训项目63次，涉及职工2630人次，协助审查、修改规章制度41次，解答职工通过微信、电话以及现场提出的法律问题397人次，参与劳资纠纷调解12宗，发挥预防和化解劳资矛盾的作用。 （邹舒虹 张昌涛）

**【中国共产主义共青团顺德区委员会】** 至2017年年底，顺德区共青团员有48419名、其中新发展1978名、全区设有基层团委284个、基层团工委10个、团总支213个、团支部2179个。

团组织建设 2017年，顺德区团委将团建纳入党建总体格局。开设“团课大学堂”，34名团干送党团课给青年。全年开课22场，覆盖青年1240余人次。在微信公众号开设“神马团课”专题，用活泼的形式讲党史、述团情，把党的思想深入广泛传播给广大青年。把党建带团建工作情况、基层团组织建设和作用发挥情况、从严治团3项内容纳入绩效考核目标，作为基层团组织书记年终述职评议的重要内容，对基层党建和团建工作实行同步考核。严格执行推优入党工作。和区委组织部共同制定《推优入党工作实施细则》，将推优入党程序细化为4个步骤，每一个环节都有相应的负责人，做到指引清晰、责任到人。推进共青团改革，牵头起草《共青团佛山市顺德区委员会改革重点任务分工方案》，坚持“德才兼备、以德为先”的原则，通过召开党组会议共同讨论决定，把有能力、有群众基础、在青年中有影响力的35岁以下年轻干部放在团的岗位上锻炼，打造“专、兼、挂”一体化的团干队伍，发挥共青团员在各自岗位的特长和优势，凝聚广大青年为建设科技顺德、美丽顺德、和谐顺德、富裕顺德贡献青春力量。将团干培训纳入区委组织培训主体班，分层分类举办村（社区）、机关企事业单位、学校、非公有制企业等各战线团干部培训班，加强基层团干部队伍建设，全年开展培训班32期，1600余人参加，实现培训对象的全覆盖。建立健全兼职、挂职、交流干部机制。从学校、企业、村（社区）三个领域各选拔1名优秀青年担任团区委兼职副书记，2名干部到团区委挂职，让团的岗位作为丰富群众工作经验的重要锻炼平台。

青年就业创业扶持 2017年11月12日，“广州大学城卫星城创新创业大赛之创新创业嘉年华活动”在广东工业大学（大学城校区）举行。该届创新创业大赛晋级团队、大学城高校创新创业团队、顺德区及大学城内相关孵化器机构代表等共200多人参加。活动现场除创新创业大赛团队展示外，团顺德区委还组织顺德创意产业园、广东工业设计城、广东创业工场、CIC创意产业园、广东物联天下产业园和物联创智谷等5家青年就业创业合作园区进行路演和推介，为现场来自大学城各高校的师生介绍园区的基本情况、项目孵化情况，入驻优惠及扶持政策等，解答创业青年关注的问题，为高校创业人才链接更多的优惠政策、平台资源，促进青年创新创业项目落地顺德，助力“大学城卫星城”建设。

青年志愿服务 截至2017年年底，顺德区义工联拥有团体会员48个，其中包括10个镇

◎图 17　　2017 年 1 月 18 日，共青团顺德区委组织广州学子走进大学城卫星城活动

（街道）义工联，部分机关、企事业单位、学校、社会团体的义工服务队。全区注册义工超过 13 万名，并建成 3 个义工学院，区义工联工作取得很大成绩。致力于推广“i 志愿”平台及“注册志愿者证”应用，开展“一网一证”工作。通过系统展示、骨干培训、互动交流等方式，开展 15 场以上专场培训及办证专场，动员党员、团员以及义工注册应用和宣传推广“i 志愿”平台，争当“注册志愿者”，依托平台开展活动、登记时数、展现成效。联合中国银行顺德分行积极动员志愿者申办和使用“注册志愿者证”，让志愿者的身份“亮”起来，为志愿者提供激励和保障，让志愿服务管理进入规范、便捷的信息化时代。全区在“i 志愿”平台注册的志愿者人数 87935 人，累计服务时间 156231 个小时，申请志愿者证 6000 多张。

完成新一届区义工联换届工作，通过打造义工专剧、义工说唱 MV 等新载体，动员号召社会组织力量，推动志愿者之城建设工作。联合华南师范大学团委举办的“青葵公塾”特群青少年公益课辅项目，助力青少年健康成长，覆盖全区 3000 多名特群青少年。对接区行政服务中心，联合顺德职业技术学院在区行政服务中心（东座）办事大厅试点打造“顺德青年志愿服务岗”，推动义工服务阵地前移、贴近群众，提升义工服务的便利化和专业化，运营半年以来服务人群超过 5 万人次，累计人均志愿服务时数近 1000 小时。借助“社工 + 义工”力量，以片区化划分社区矫正服务区域，组建三支社矫义工队伍，对全区青少年社矫人员开展专业服务，促进服务对象顺利回归社会，三大片区建立帮扶个案共 60 个，服务 400 多人次；组织团体心理辅导活动 5 场、法制教育讲座 23 场、社区法制宣传活动 22 场，服务受益对象覆盖全区十个镇街青少年社区矫正人员、社矫人员家属及社区居民，服务人数超过 1.1 万人次。团区委利用各种宣传阵地，多渠道且广泛地开展青少年禁毒及法治宣传教育工作。其中，团顺德区委挂点帮扶的龙江镇在“6 · 26”国际禁毒日共开展禁毒宣传活动 48 场，发报参与网上禁毒知识有奖问答 3000 多条，受教育人数 118970 人。

**特色青年活动**　2017 年，团顺德区委开展形式多样、创新丰富的顺德青联季系列活动。首场活动青年减压节，通过“翻滚吧鸭梨君”、真人娃娃机、一言不合翻桌子等十多项有趣的互动游戏，以青年结对、趣味闯关等多方式舒缓青年工作和生活的压力，摆脱“毒鸡汤”，汇聚正能量。吸引 2000 多名青年参加。开展“青年之声”工作。以线上线下相结合方式，深入倾听“青年之声”。利用“顺德青年”官方微信平台等新媒体推广“广东青年之声”，通过设立“广东青年之声”栏目等形式，在“广东青年之声”上发布团委活动，并在开展线下活动时配合进行推广，提高平台的活跃度和关注度。截至年底，“广东青年之声”顺德账号用户有 14163 人，有效访问量 22749 人次，有效提问量 11034 人次，形成“找活动、找帮助、找咨询，上青年之声”的良好氛围。以“共青团 + 互联网”工作体系有效凝聚青少年。通过设计团系动漫形象“小奋青”及其周边，铺开主题形象化宣传工作，在公园绿道、栈道设置共青团宣传标识，表情包累计超过10万人次下载使用。动漫宣传视频，在广佛地铁、各市民广场等人流密集的场所滚动播放。整合“青年之声”等团属宣传媒体，设立“青听顺德”专栏，完善“顺德共青团”微信号功能等方式，搭建区、镇（街道）两级官方网站1个、微博16个、官方微信23个、微信群204个、粉丝数量达10万的网络渠道。（梁宏衍）

**【顺德区妇女联合会】** 2017年，顺德区有镇（街道）妇联10个，村（社区）妇联204个，区属妇委会36个，团体会员2个，区级妇女儿童活动中心1个，镇（街道）妇女儿童之家10个，村（社区）级妇女儿童之家204个，“儿童之阁”141个，藏书量26万册。区级“儿童友好社区”61个，省级儿童友好社区7个。加强参政议政，以人大、政协提案推动建成公共场所母婴室29个。以村居换届为契机，联合区换届办下发指导性文件，村委会主任女性比例从1.85%提高到5.56%。换届后，村民委员会成员中女性比重为27.83%，居民委员会成员中女性比重为30.52%。

妇女改革　2017年9月21日，《顺德区妇联改革重点任务分工方案》颁布。紧密结合顺德实际，针对六大重点改革内容，提出23项改革举措，细分88项工作。截至2017年年底，88项具体工作基本完成。

妇联组织建设　2017年，顺德区完成各级妇联执委增补，执委人数由578人增至2574人，吸纳一批有影响、有特长、有能力、有热情的各界女性到妇联队伍。两次举办镇（街道）和村（社区）妇联工作实务培训，以走出去的形式，组织执委培训。强化对区女企协的服务引领，组织女企清华大学研修班，并赴新加坡学习交流。全区组织妇干培训146场次，参训9026人次。组织网络拓宽，在2个社工组织及社会创新中心等新领域成立妇女组织，培育成立大良汇爱会、容桂和伦教女企业家协会等3个女性社会组织。出台团体会员管理办法，规范团体会员管理，至年底有团体会员2个。

妇女阵地建设　2017年，顺德区新建10个镇（街道）级妇女儿童活动中心、4个“两新”领域妇女之家，在均安建立区内第一个商务楼宇妇女之家，龙江文华社区党群共融之家挂牌；引领北滘工业设计城“女设计师双创基地”为园内近千名女设计师营造良好的创新创业氛围。全区新增省级妇女之家示范点10个、儿童友好示范社区2个，区级妇女儿童之家示范点9个。

“3861”公益创投大赛　2017年，顺德区“3861”公益创投大赛在往年“征集项目+竞投+考核评估”的基础上，增加“众筹+徒步”的形式，除财政基金外，发动企业捐助、向公众募集，吸引3.6万人次捐资，网上募集资金逾278万元，线下支持资金87万元，筹得资金逾365万元。筹得资金用于支持妇女发展、儿童成长、家庭服务、亲子和谐、文化传承、维权普法等项目85个，10万多人次受益。3月6日，在顺峰山公园举行公益徒步活动，全程10千米，吸引近万人参加。

妇女维权服务　2017年5月22日，在顺德区法院挂牌成立“婚姻家庭纠纷诉调对接工作室”，协同法律、心理专家，对婚姻家庭纠纷案件开展诉前调解，年内调解案件11件，3件避免进入诉讼程序。围绕妇儿权益热点，开展7场“话剧村居行”巡演，以问答互动、正反对比的生动形式普法，结合顺德区“最美家庭”故事宣讲，向群众宣传核心价值观。全年全区维权咨询服务1266件，新开个案服务202件，户外普法宣传116场，受惠群众7万多人次。是年，区妇联维权服务站获第三期省妇女维权与信息服务站项目优质服务称号。3月8日，藉妇联主席“12338”热线接听日活动，启动执委接访制度，年内区妇联执委接待妇女群众16人次，推动解决问题16个。

妇女提素增能　2017年，顺德区成立区妇女学校讲师团，围绕家庭教育、亲子关系、健康礼仪、金融理财等方面，招募志愿者讲师46人，提供106门课程，以按需点单的形式送到基层，全年授课56场。带动镇、村开展各类提素培训，全区举办培训班242场次，3.3万人次接受培训，命名淘力家政、旺林园艺等3个区巾帼创业示范基地，带动更多妇女创业就业；开办首个巾帼电商培训班，引领妇女拓宽创业渠道和思路。

"六月童乐"活动　2017年，顺德区关注儿童成长，以儿童节为契机，开展"六月童乐"活动。组织全区"最美家庭"代表与困境儿童家庭50户，到儿童主题乐园游玩，为儿童送上节日的慰问。举办大型公益童话剧《科技馆奇妙夜》演出，免费门票优先派发给家庭困难儿童和残疾儿童。

网上妇女之家　2017年，顺德区以"顺德女性"公众号加强宣传。培树先进典型，开展"最美家庭·最美故事"微视频征集，"三八红旗集体""三八红旗手"评选网络投票，16.9万人参与投票，单条微信阅读量最高达16万。全年发布信息329条，阅读量近64万人次，粉丝数逾2.2万，以"顺德妇联"微网站加强服务。升级微网站，设置一键拨号、一键导航直接连接到区镇村三级妇联组织、妇女之家；利用互联网加强亲子教育，在社区妇女之家引入亲子阅读APP。

**【顺德区工商业联合会】**　2017年，顺德区工商业联合会发挥工商联桥梁纽带作用，构建"亲""清"新型政商关系，引导非公有制企业与党委政府"肩并肩、手挽手"。通过强化教育引导全面开展非公有制经济人士思想政治工作、通过搭平台织网络服务非公有制经济健康发展、通过深入调查研究优化顺德营商环境、通过夯基固本持续推进组织建设等手段，连续4年被评定为"全国五好工商联"。至年底，有执委成员188人，其中主席1人（企业家兼任），专职常务副主席、党组书记1人（统战部副部长兼任），专职副主席2人，企业家兼职副主席33人，常委38人，执委113人。团体会员94家，异地顺德商会16家，会员企业1.7万多家。

商会和协会管理　2017年，顺德区工商联坚持面向基层，重心下移，科学制定入会标准，优化会员结构，培育和发展一批优秀的商会协会，区青年企业家（青商）协会、区电子信息商会、区家具五金协会获得2016年度"广东省优秀商会示范点"称号；区中小企业促进会、区高新技术企业协会、区家具协会获评2017年全省工商联系统"优秀商会示范点"暨"四好商会"称号。通过产业链上下游之间的商协会间的强强联合，整合优势资源，实现优势互补、合作共赢，先后组建顺德区泛家居联盟商会和顺德区城市更新联盟商会。通过发挥世界顺德联合总会的引领作用，先后组建成立新西兰顺德商会、南部非洲顺德商会，同时推动北京顺德商会、云浮顺德商会等国内异地商会的组建工作。为加强顺德区商会协会打造一支职业化和专业化的高素质秘书长队伍，举办区属商会协会的秘书长培训，武装秘书长的头脑，拓宽视野。

企业家理想信念教育　2017年，顺德区工商联弘扬优秀企业家精神作为理想信念教育实践活动的重要内容，教育引导广大非公有制经济人士听党话、跟党走。与区中小企业促进会合作，发挥"顺商论道"品牌作用，把握新时代企业家个性特点和需求，让理想信念教育实践活动贯穿到企业家培训工作中。以顺商学院为阵地，举办总裁研修班7期、职业经理人MBA高级研修班6期、骨干研习班2期以及以青年一代企业家为主体制的"菁彩营"4期等培训班；与区司法局等单位举办以"守法诚信、共促和谐"为主题的非公有制企业法律宣传活动，引导民营企业守法诚信经营。

企业对外交流　2017年，顺德区工商联联合世界顺商联合总会赴港分别拜访香港中华出入口商会、九龙总商会、香港全港各区工商联、香港油尖旺工商联会和香港南区工商业联会，探讨办会经验，寻求合作商机。分别与南宁市工商联、南宁青秀区工商联、兴宁区工商联和哈尔滨道里区工商联、贵阳市息烽县工商联签订友好工商联协议，本着“服务经济、长期协作、优势互补、共同发展”的原则，加强沟通合作，促进两地经济共同发展。接待香港九龙总商会、惠州市工商联、澳洲及新西兰顺德商会等国内外友好社团的到访，推介顺德投资环境，助力顺德对外经贸交流与合作。

◎图 18　　2017 年 5 月 10 日，顺德区工商联协调区国税局与区塑料商会召开政企沟通座谈会，就增值税发票抵扣问题和行业税负问题展开探讨和交流

**服务企业**　2017 年，顺德区工商联打造共同发展平台：联合广东省社科院顺德研究院、区医药保健商会共同举办多次“医疗器械产业升级机会与应对”集思会，推动成立区医疗器械行业协会，引导企业把握医疗器械行业转型升级的巨大机遇，助推全区医疗器械产业发展。组织召开“粤桂黔高铁经济带沿线城市合作暨南宁—顺德两地经贸交流座谈会”，以及组织企业家赴贵州贵阳和荔波考察新兴产业和旅游产业，引导企业“走出去”发展，抢占合作机遇，共享发展红利。联合区经科局、世界顺商联合总会举办“中国品牌创新发展论坛暨顺德家全球发布会”；组织发动 1000 家企业参加第三届“互联网 +”博览会、第十四届中博会智慧建材与家居展和第十四届中博会节能展等。打造诉求协调平台：分别协调区环运城管局（环境保护）与杏坛塑料商会、区国税局与区塑料商会、区国土城建和水利局与区造价与监理会就环保整治问题、税负问题及行业生存与发展问题展开探讨和交流，协调区医药保健商会与区公安局交警大队就大良地区药品货运车辆的通行需求进行商谈达成共识。引导各商会协会发挥好商事调解维权工作站的作用，推进劳动关系三方协调机制不断完善，维护企业家及劳动者的合法权益。

**企业家参与精准扶贫**　2017 年，顺德区工商联组织企业家代表赴湛江市徐闻县进行扶贫考察，捐助徐闻县北莉小学重建教学楼一幢、捐赠学生课桌椅一批及设立教育扶贫基金 62 万元。截至 2017 年年底，有 70 家商会和企业参与到“万企帮万村”活动，通过产业带村、项目兴村、招工帮村、资金扶村等形式，为 38 个村落带来资金 200 多万元。顺德区工商联还组织区内各协会商会和广大民营企业家参与扶贫济困慈善活动。陈村总商会继续挖掘慈善公益基金作用，对镇内 298 户困难家庭进行慰问；北滘总商会成立慈善基金，与北滘职校开展首个慈善助学项目，打造北滘职校“精英班”；乐从总商会“雷州精准扶贫发展基金”成立，筹得善款近 70 万元；区台商协会推动成立“顺德台商协会‘小天使’帮扶基金”，筹集 33.6 万元投入该基金，用于帮助由顺德区妇幼保健院收治的顺德辖区内低保、临界低保及经济困难家庭的重症患儿。容桂总商会成立爱心教育基金，参与到振华幼儿园、高新园区等三所学校管理之中，被授予“广东（佛山）扶贫济困突出贡献奖”。

**顺德营商环境调研报告**　2017 年，顺德区工商联与省社会科学院合作，围绕近年来经济形势复杂多变，民营企业生存和发展面临的一系列热点难点问题，专题开展“顺商发展环境状况调研”。通过问卷调查、座谈会、走访企业等形式收集、听取企业对顺德当前营商环境的意见和建议，了解商会协会、企业在发展中遇到的问题、困难和顺德区政府在服务企业方面需要改进的地方，从营商政务环境、市场环境、社会环境、法治环境等四方面进行全面分析，排查存在的问题，还对标先进地区的优秀经验和做法，提出优化顺德区营商环境的若干建议，形成《顺德营商环境调研报告》，为政府制定和实施相关政策提供决策参考，推动顺德区民营企业生存发展环境不断优化和改善，助力全区地域竞争力的提升。（何志玲）

**【顺德区残疾人联合会】** 2017年，顺德区持第二代残疾人证的残疾人20046名，顺德区残联落实各项助残政策，加大助残扶残力度，为残疾人提供康复服务，残疾人事业稳步发展。

残疾人康复 2017年，顺德区为544名各类残障儿童少年提供康复救助，262名残疾人接受居家康复服务，20名残疾人接受精神类残疾人机构托养康复托养服务，为2210名精神残疾人免费发放药物，对83名经济困难的白内障患者实施免费复明手术，各镇街重性精神病人住院补助受惠815人次，

残疾人文化体育和教育 2017年，顺德区首次在佛山电视台顺德频道开设手语节目《健康直通车》和《生活与法》；组队参加市第八届残运会，指导镇街创建助残健身示范点，鼓励扶持镇街举办残疾人运动会，发动区内残疾人参加第六届广东省残疾人美术作品大赛，输送参赛作品72件；组织举办全国助残日、全国爱耳日、世界自闭症关爱日、全国特奥日、顺德第六届特殊马拉松等活动；发动符合条件的残疾人报读广东省培英职业技术学校，组织报考和参加入学考试残疾学生有4名；协助教育部门做好普通高考残疾考生考前指导，2017年参加普通高考残疾考生17名（包含单考单招学生）。

残疾人权益保障 2017年，顺德区组织开展慰问残疾人贫困家庭和残疾人服务机构代表活动，春节期间，全区慰问贫困残疾人6000多人次及14个残疾人服务机构；助残日期间，全区慰问贫困残疾人11735多人次及14个残疾人服务机构。全区纳入最低生活保障范围并享受生活津贴的残疾人2588人、重度护理补贴6733人。

顺德第六届特殊马拉松活动 2017年11月18日，顺德区在顺德职业技术学院举办主题为“互助共融跑出精彩”的顺德第六届特殊马拉松活动。该届特殊马拉松活动设有3公里挑战赛、5公里共融赛和精彩的文艺节目表演。活动参与人员1500多名，比赛采用残健一对一的伴跑互助形式进行，参与对象新增“企业跑团”和“医师跑者”，在享受运动乐趣的同时，也为赛事提供多一份医疗保障。

（曾倩华）

**【顺德区社会创新中心】** 2017年，顺德区社会创新中心（以下简称社创中心）通过研究倡议、专业支持、对接资源、孵化组织、培育人才、发展项目，在推动顺德公益慈善和社会工作整体发展方面取得良好成效。全年向区委区政府及各镇（街道）提出14项研究倡议和策划案，编制《社会创新》《社区营造》《从CSR到CSI》《社会企业》《善经济》系列读本。开展论坛、沙龙、培训、交流会、考察学习等52场次，为超过1500人次提供学习交流机会。孵化培育9个公益机构/社会企业，为370个项目、58个村（社区）、10家企业（社会企业）提供智力支持和资源链接。3月，承接均安镇社会创新服务督导项目；6月，举办顺德区儿童及青少年公益服务创新研讨会，启动2017年度公益慈善榜单评选；8月，承接区“两新”组织党建孵化中心的运营工作，成为中国好公益平台枢纽合作基地；9月，联办“福彩特约：善行顺德慈善周”系列活动，启动“寻找顺德社会商业（善经济）行动”，开展顺德地区腾讯“99公益日”联合劝募活动。

党建引领社建。2017年，社创中心强化党建对社会建设的引领，探索创新多方参与、多元共治的社会治理模式，提升基层党组织开展社区治理、社会服务、社会责任创新的能力与活力。承接区“两新”组织党建孵化中心

的运营工作，开展社会组织和党建工作同步孵化，探索顺德“两新”党建特色模式。通过社会服务交易所展现顺德“两新”组织党建情况和参与社会建设的成果，恒常接待社会各界参访交流。联动商协会走访调研企业，物色党建孵化对象，推动企业以产业升级发展与社会责任建设为抓手强化党建理念。走访镇街及“两新”组织党建监测点，推动党建示范点建设。培养党建人才，提升社会组织服务能力。

在公益创新方面，承接顺德区社会建设“众创共享”计划、“青年益创行动”秘书处工作，通过总结优化流程、开展项目团队能力建设、举办专题培训等，做好公益创投的项目支持服务。在社区营造方面，搭建和完善社区营造支持体系及资源网络，通过编写《顺德区社区营造示范点建设工作指导手册及验收标准》、组建专家顾问团走访 21 个村（社区）、编辑《顺德社区发展动态》3 期、举办交流会 7 场等，推动顺德社区营造工作从试点探索到示范点建设转型提升。2017 年协助区社工委完成对全区 11 个村（社区）的示范点验收工作。在组织培育方面，联合有关机构和企业家筹募 200 万原始资金，完成区创展公益基金会孵化工作。9 月完成区慈善组织联合会的培育成立。为善工纺、百造学堂等 8 家意向社会企业提供资金、场地、渠道等资源链接服务。在基层创新方面，社创中心派驻团队在伦教街道、龙江镇、陈村镇、容桂街道、均安镇开展社会创新实践。通过培育专业支持及枢纽型组织，策划和孵化社会创新项目，引入品牌机构、项目、专家资源，多渠道宣传推广，推动社会创新理念和方法在基层扎根发芽。

资源对接。以社会服务交易所和社会服务网为平台，为项目方和资源方提供策划、工具、监测、链接等系列支持服务，2017 年通过社创中心拨款、承办、联动的资助资金 1999.66 万元。以腾讯“99 公益日”为契机，发动全区 49 个公益项目在腾讯乐捐平台筹得 103 万元，全国 15032 人次参与捐赠；同步启动“品善餐券”项目，联合区慈善会、容桂餐饮行业协会等单位发动区内 19 家餐饮企业参与捐赠。以引入优质公益项目为目标，通过举办路演会等方式向业界及社会大众分享和传播好公益平台的案例及经验，截至 2017 年年底促成 4 个项目与顺德公益组织、企事业单位达成合作，实现国内优质公益产品与本土社会需求有效对接。

氛围营造。2017 年，社创中心通过多种形式的活动，促进多方共建、多元参与、跨界创新的社会氛围。发起“2017 福彩特约：善行顺德慈善周”系列活动，联合公益慈善机构、媒体、企业等开展线上及线下多项活动，动员超过 1.5 万人次参与，表彰年度公益慈善榜样，打造顺德公益盛事。发起“寻找顺德善经济行动”，发掘并梳理优秀的本土善经济项目 / 机构，通过舆论导向以及资源链接，促进经济与公益、人文的融合及可持续发展。举办 4 期“我的社会课”大讲堂系列活动，向大众传播社会创新理念和知识。（尹 瑾）

**【顺德区文化艺术发展中心】** 2017 年，顺德区文化艺术发展中心承办 2017（第四届）顺德国际摄影展、广东省第十四届美术书法摄影作品联展、2017 广东粤曲私伙局大赛、2017 年佛山市广场舞展演活动等省、市级活动及赛事，为广大文艺工作者搭建展示艺术才华的平台。其中，国际摄影展连续 4 年落户顺德。2017 年，顺德区文化艺术发展中心也获得由广东省委宣传部、广东省文化厅等颁发的广东省第十四届美术书法摄影作品联展优秀组织奖、2017 广东粤曲私伙局大赛优秀组织奖。

承接顺德区 2017 年度文艺精品扶持资助申报受理及评审的具体执行工作，评出文艺精品扶持项目 32 个、资助项目 2 个。召集顺德区内 10 个镇街的文艺专干，选拔优秀文艺作品参与广东省第七届群众音乐舞蹈花会、广东省廉政小品曲艺创作大赛、广东粤曲私伙局大赛等均获优异成绩。重点打造顺德原创舞台艺术作品《香云纱》，于 11 月底进行首次工作联排，并广泛收集文艺界人士意见，继续修改提升。

推动区域文化资源共享、优势互补。率先组织并成立“粤港澳大湾区演艺联盟”，顺德演艺中心成为成员单位；与星海音乐学院合作建立“星海音乐学院顺德艺术实践基地”；与南海大沥文化站签署品牌合作协议，启动“开放引领创新驱动”顺德·南海文化合作共荣交流展演系列活动，促进顺德“周末艺术现场”与南海大沥“都市剧场”的演艺交流。

2017年，顺德区文化艺术发展中心开展文化活动410多场，文艺培训210多场。在全区开展“三个一百”进基层品牌系列活动，包括“百场文化公益培训进基层活动”“健康顺德——功夫角村居行”等下基层演出、顺德演艺中心百场精品演出。弘扬顺德优秀粤剧曲艺传统文化，3月底在清晖园和新领域运动公园演艺馆相继启动“粤唱粤精彩”系列展演活动；2017“农商银行之夜”金秋粤剧村居巡演在顺德区内10个镇（街道）开展13场精彩演出；推动青少年曲艺团参与私伙局大赛、区内外巡演，承办第十一届广东省青少年曲艺“明日之星”选拔赛，激励和推动社会力量培养曲艺新人。打造文化志愿服务品牌，开展“2017年筑梦佛山文化艺术公益夏令营”“德胜文化广场金秋欢乐文化艺术节”等形式多样的群众文化活动。以共建北部片区大学城卫星城为重心，联手北滘、乐从、陈村、龙江四镇街，重点打造北部片区大学城卫星城，结合街镇特色，以丰富的资源支持北部片区文化品牌，开展“美丽文明村居行”“文化艺术进园区”等45场文化活动，覆盖北部片区新、老城区及各村居，并将基层文化活动辐射顺德全区。

顺德演艺中心全年演出200场，其中大剧院100场，音乐厅100场，引入2016年度国家艺术基金扶持项目《铁血道钉》、杨丽萍领衔主演大型舞剧《孔雀之冬》、上海歌舞剧院大型舞剧《朱鹮》、中央芭蕾舞团大型芭蕾舞剧《舞姬》等精品剧目。德胜文化广场社区体育公园完成三期（足球场）项目；广场全年承接各类活动35场，先后举办过“世界美食之都”2017顺德美食节、2017“中法文化之春”夏至音乐节、2017德胜文化广场金秋欢乐文化艺术节等活动。顺德艺术展览馆举办各类展览14场；开拓新的展览交流阵地——德胜文化广场艺术展览中心。

顺德区文化志愿者组织线上注册总数增加至15个，线下组织总数增至65个，文化志愿者总人数3106人。各支队全年开展志愿服务381场，对文化志愿者培训达112场，参与志愿服务人数200余人，受惠人数约3万人次。

2017年，下发《顺德区文学艺术界联合会文艺项目竞争性扶持实施办法》，2017年度开展文艺项目竞争性扶持，经过专家委员会和项目评审小组研究、确定受资助的项目。指导60多个顺德区传统文化教育培训基地，重新修订管理章程，加大沟通督促的力度，引导促进各基地全年的工作开展。

区镇合作探索总分馆制建设，选取北滘文化中心作为数字文化馆镇街联网建设试点，接入佛山文化e网通，利用全市统一的数字文化信息平台及网站、微信等手段全面提高文化信息的社会覆盖面，完成数字文化地图制作，接入全区数字文化馆虚拟展厅服务平台，实现线上文化信息共享，线下数字文化服务体验等功能，向市民提供互联网“一站式服务”。（郑琼娜）

【顺德区人才发展服务中心】

2017年，顺德区人才发展服务中心围绕顺德区“开放引领创新驱动”战略以及“营造人才荟集环境”的工作要求，以“政策落实、人才引进、人才服务、人才培育、自身建设”五大任务为重点，履行中心职能，获评“佛山口碑榜行政服务最佳口碑单位”称号。

2017年，顺德区人才发展服务服务中心整合高层次人才政策申报系统与人事档案业务系统，建立实时更新、内容丰富、真实可靠的人才数据库。完善人才政策申报系统，上线高层次人才（教育线）申报系统；优化窗口服务系统，上线活动门票管理系统，开展信息平台“等保”工作。中心微信平台关注量超5万人次，全年图文阅读量近28万次；“人才服务百事通”微信平台在线答疑7000多次。与南方人才网合作共建线上人才招聘平台，助力我区招才引智工作再提升。强化员工素质培育。区人才中心建立多层次、重实效的培训体系。组织员工参加每日知识点报送、月度业务培训，以及公文写作、PPT制作、服务礼仪等培训，全面提升员工综合素质。

靶向引才，助力产业转型。区人才中心通过对近三年引才活动数据的深度挖掘，创新2017百所高校活动形式，邀请海内外74所高校、科研院所216名博士来到顺德、走进企业，51名博士达成就业意向。举办第十二届研交会，113家企事业单位、4723名研究生参会，达成就业意向1830个。“智聚顺德筑梦未来”高端精准人才洽谈会走进武汉、长沙，59家次企业参会，921人次高端人才应聘，达成就业意向502人次。“举贤帮”为20多家企业推荐高端人才20多人。举办顺德名企大学城人才对接会，收集高层次人才简历近2000份。拓宽海外引才渠道。区人才中心承办2017“一带一路”先进装备制造技术（项目、人才）对接周活动，组织独联体专家一行10人，深入美的、伊之密等企业进行技术诊断，促成独联体科技合作资源数据库落户顺德。组织企业赴深圳参加第十五届中国国际人才交流大会，以“区域推介+名企招聘”形式展示顺德区创新创业魅力。引进紧缺人才。区人才中心举办“2017年‘南粤春暖’顺德人力资源招聘会”及夏季招聘会，服务1150家次企业，为求职者提供岗位27715个，50500多人次进场求职，达成就业意向16400多人次。举办高校毕业生就业服务月专场、英才快线招聘会，组织企业参加市知名企业兰州、武汉、景德镇专场招聘会，效果良好。为广东松下订制精准型人才对接会。

精细服务，优化人才生态。区人才中心打造高层次人才服务专区，通过流程再造、技术创新，实现24小时全程网上资料填报；人才可通系统、电话、短信、微信多渠道获得反馈、修改资料，为高层次人才提供便捷高效的政策申报服务。举办首届人才服务开放日活动，在微信号推出“人才政策一点通”功能；通过媒体专题宣传，到镇街、企业开展宣讲，在全国各地举办的招才引智活动上进行推介等形式，让顺德区人才政策广受关注、深入人心。至2017年年底，区人才中心累计办理高层次人才确认超1万宗，累计发放各类补贴1.3亿元。多项人才政策滚动叠加，全天候多渠道接受申报和咨询，力促政策红利快速释放。优化流程提升效能。区人才中心在全省率先实现档案服务24小时网上办理，提供动态跟踪、网上自助打印函件和证明、管家式档案托管等服务，落实一次性告知制度。全年办理高校毕业生档案接收报到手续10006宗；办理档案托管等服务累计超过2.7万宗。大学生就业服务月期间，收集1.1万多个就业、实习岗位，服务应届毕业生13069人。活动丰富满意度高。区人才中心成立区高层次人才联谊会，并以区高层次人才活动中心为平台，举办形式多样、内容丰富的高层次人才年度系列活动40多场，服务近2000人次，满意率100%。举办7场“才聚顺德”系列活动，服务2230人次；新年音乐会、中秋晚会为7100多名高层次人才献上文化盛宴。博士、外籍专家、职业经理人、CHO、海归人员5大俱乐部打造专业圈层，全年超1000人次参加活动。优质服务逐步成为顺德区引才、留才的重要砝码。

该中心承办2017企业全球化和人才战略发展峰会，为360多名区内企业代表拓展战略视野；并通过电视、手机向全国直播，影响巨大。在人才培训方面，举办区企管人才高级研修班12场，为72家企业526人次提供培训。启动第三届首席人力资源官（创新班）培训班项目，整合知名大学优质资源，通过脱产培训、创新主题研讨会、企业互访、户外拓展等形式，为700人次提供高端培训。举办高校毕业生公益性就业创业讲座、各类高端分享会，服务600多人次。推广顺德人才网络学院，全年新设账户6361个，在线时长70018

小时。为人保、科达等 4 家企业举行 6 场内训，培训超 300 人次。在育才平台建设上，推进大学生实习、创业基地建设。28 家企事业单位建设实习基地，创造实习岗位 129 个，接收实习生 280 人。7 家科技园区、创业基地和众创空间参与大学生创业基地建设。顺德客座讲师团项目落地实施，有 92 位客座讲师为顺德企业提供智力支持。20 个专家工作室获得扶持，助力顺德学术研究和培养成果的落地。办好“智造顺德”奖学金颁奖、第五届“顺德杯”赢在中大创业计划竞赛，强化顺德区与高校之间的交流、合作。（涂 冰）

◎图 19　2017 年 12 月 16 日，在中山大学举办第五届“顺德杯”中大创新创业计划竞赛

**【顺德区产业服务创新中心】**

2017 年，顺德区产业创新服务中心构建科技、金融、产业融合发展线上线下综合服务体系，强化“科金产”线上平台运营、线下活动打造、服务体系完善及宣传推广工作。

2017 年，该中心举办金融培训“顺德·资本空间”及“顺德资本运作与市值管理高级研修班”，旨在营造创新创业和投融资氛围，鼓励和引导企业借助资本市场获取发展新动力。2017 年度“高级研修班二期”共吸引 100 余名学员报名参加。

该中心承办区经济和科技促进局“顺德区企业上市工作动员大会”“顺德区政府与民生证券签约仪式”“顺德区科技型企业利用多层次资本市场扶持政策宣讲会暨上市工作推进大会”“顺德区人民政府与华南理工大学共建华南理工大学科技园顺德创新园区签约仪式”“佛山市人民政府金融工作局会议（第二季度金融工作分析会）”等重大活动。

执行顺德区政府各类扶持政策，构建科技金融产业融合发展政策支撑体系。受理顺德科技创新券申报项目 300 项，申请金额合计 1406 万元，申报项目数比上年增长 27.65%。经初审及专家评审，2017 年度向 132 个项目发放科技创新券，完成两次兑现手续，合计兑现项目 93 项（涉及 66 家企业），兑现金额 357 万元；开展财政扶持资金项目验收工作，对 82 个项目进行验收，涉及财政资金 4053.2 万元。开展第三方委托验收及评审工作，自 2017 年 5 月中标“佛山市顺德区经济和科技促进局 2017-2018 年财政扶持资金项目评审和监督管理服务资格”后，承接 17 个委托的第三方验收和评审业务，其中项目初审类 3 个，评审类 9 个，中期评估及验收 5 个；开展外经贸专项资金审核工作，受理 20 项外贸资金申报，涉及 1122 家企业、2007 个项目，共计拨付资金 2904.7 万元，涉及扶持企业 375 家，编录更新《顺德区外经贸资金项目政策汇编及申报指南（2017）》。

该中心继续开发“顺企通”线上服务平台二期内容，着力分析顺德区内企业运行数据。打造顺德园区企业科技创新要素监测分析与决策支持平台。平台汇聚全区近 700 家高企及高企培育入库企业的年度核心运营数据，对这些数据进行统计并进行多维度的分析，以表格和图表等多种形式呈现。建立区内企业技术转移的渠道和平台，推动企业开展技术转移和产学研活动，举办多场技术转移交易活动。

该中心为贯彻落实顺德区开放引领创新驱动三年行动计划（2016—2018 年）精神，与广东财经大学金融专家团队对顺德区各镇（街道）服务企业实现转型升级的工作展开调研，形成《顺德区各镇街资本市场工作情况分析及发展建议》报告。共对接各类型投融资机构、咨询服务机构等超过20家，其中已签订合作协议的有9家，满足企业有关财务、税务、股权激励、法律、投融资、股改上市、国际贸易等多方面需求。同时，走访区内企业超过100家，走访次数达150余次，成功推动企业进行股份制改造并签约券商17家，推动企业签约新三板2家，成功引荐专业机构签约企业2家，成功签订项目申报合作协议的企业5家。

该中心构建“科金产”宣传体系，打造“科金产”宣传工作大格局。编辑出版《科技金融杂志》专刊，为政府部门提供内部交流参考。与《南方日报》、《佛山日报》、《珠江商报》、顺德城市网等媒体合作，共发布“科金产”宣传报道7篇；于顺德电台、顺德电视台、珠江商报投放“科金产”宣传广告8次；通过中心微信公众号推送相关报道30余篇。（罗与君）

◎图20　2017年12月5日，顺德区推动村级工业园改造战略合作协议

**【顺德区城市更新发展中心】**

2017年3月29日，经顺德区第十六届人民代表大会第二次会议表决通过建设产业发展保护区。中心负责起草产保区主要政策文件《顺德区产业发展保护区管理办法》；参与编制《顺德区产业发展保护区规划》及相关课题研究；协助主要政策部门根据规划成果划定产保区第一批范围（含示范区、备选区）。至年底示范区项目取得阶段性进展，大良金斗工业区一期拆除现有建筑并进行施工建设；容桂高新环保产业园（华口聚龙工业区）二期C区建筑物清拆完毕并挂牌公开交易；伦教工业大道示范园一期动工建设；勒流新城五金产业园区预计年底3幢厂房完工后投产运行；华建达实业有限公司改造项目完成桩基础工程；均安牛仔产业保护区示范园7幢在建厂房封顶。12月5日，协助区政府举办以“绿色引领，融合发展”为主题的顺德区推动绿色建筑和住房租赁融资平台签约仪式，通过搭建“政、校、银、企”对接平台，为顺德绿色建筑和住房租赁市场发展提供智库支撑、资金支持和资源保障。12月13日，成立“社区更新管家”服务站暨海尾、羊额、广教分站，延伸政府服务触角，助力村级工业园区整治提升。12月13—14日，开展村级工业园区改造提升专业技能培训班，对高校学生、村居一线工作人员进行专题培训，为村级工业园改造工作储备更多人才。

截至2017年年底，中心开展专题研究43项（2016年年末累计数27项）。其中，由中心独立开展的研究包括《顺德区城市更新（“三旧”改造）项目挂账收购分成测算及调整建议》《顺德区城市更新（“三旧”改造）项目全流程标准化模块建设工作思路》《关于开展顺德区村级工业园区改造提升行动计划工作方案》等10项；与外单位合作开展的研究包括《顺德区产业发展保护区规划》及相关专题研究、《顺德区装配式建筑产业发展研究报告》《新形势下的顺德城市更新机制发展研究》等6项。全年承接各类有偿、无偿服务业务147宗，包括：咨询类项目115个、委托类项目32个，委托类项目改造总面积4847.77亩，委托金额388.16万元。

（胡意芳）

# 法治·军事

荷香雪蛤糕

# 政法委及综治

**【概况】** 2017年，中共顺德区委政法委加强维稳安保工作组织领导，加大矛盾纠纷化解力度，创新基层社会服务，用机制强基础，用投入建平安，用创新谋发展。发挥党委政法委在协调维护社会稳定，维护大局稳定，深化平安创建，提升法治环境等方面的职能作用，为全区经济社会发展创造和谐稳定的法治环境。

是年，区委政法委压实各级各部门维稳责任，开展22个专项行动，化解一大批信访积案，实现省委提出的“四个不发生”工作目标。推进社会治安综合治理。在全区选取41个挂牌整治区域，改善被挂牌地区的治安环境和社会治安突出问题。开展“基层三项治理”（基层党员干部违纪违法线索排查，涉农、扶贫领域职务犯罪查办，农村涉黑犯罪打击），排查违法违纪线索和立案侦查涉农领域职务犯罪案件比上年大幅上升；打造顺德特色的治安防控管理平台，顺德区禁毒委被评为2017年度国家级社区戒毒康复示范单位。推进“综治中心+网格化+信息化”、平安细胞、无邪教创建示范工程建设，加强特殊人群管理、寄递物流管理，特别是加大严重精神障碍患者救治救助工作力度，出台监护工作意见，建立监护补助制度，专业收治场所建设取得突破，没有发生严重精神障碍患者肇事肇祸案事件。深化法治顺德建设，全区204个村（社区）有133个申报省级民主法治村，有9个村获得国家和省级的民主法治示范村。整合资源成立社会建设“双创”（创新、创优）专项资金，撬动和链接社会力量深度参与社会治理，拓展多元治理平台，引导多元主体特别是社会组织运用专业方法深度参与平安法治建设和社会治理。

**【平安创建】** 2017年，顺德区平安创建工作以打造“珠三角最安全城市”为目标，坚持“责任第一、认真第一、结果第一”理念，通过加强社会管理创新，推进综治和平安创建工作。2018年1月24日，佛山市考评组到顺德区开展2017年度综治工作（平安建设）、法治建设（四级同创）现场考评工作，通过市检查组的考评验收。

防控体系建设　区综治办年初对高清动态人脸识别系统进行前期摸底调研工作，5月获区委区政府批复以明确建设资金及建设方式，8月落实总经费170万元，11月与第三方公司签订高清人脸动态识别系统试点建设项目合同，在区内重点场所安装50支高清人脸动态识别摄像枪，12月28日前安装完毕且系统通过调试正常运行。制订顺德区社会视频监控建设规划，下发文件落实全区建设社会视频监控摄像枪1万支的任务。将“雪亮工程”项目作为重要内容纳入《顺德区公共视频监控建设“十三五”规划》整体规划，与智慧城市建设同步立项推进。

“平安细胞”工程　5月初制订《顺德区深入推进“平安细胞”建设工作总体方案》，重点开展“平安校园、平安医院、平安交通、平安家庭、平安企业”等5个领域的创建活动，确保15项“平安细胞”创建100%全覆盖。区平安办于12月中旬组织各牵头单位对“平安细胞”建设工作开展考核验收，基本实现“平安细胞”创建100%全覆盖的目标并取得良好实效。

社会治安重点整治　在全区确定10个由区综治委挂牌督办的社会治安重点地区和40个由镇（街道）领导挂牌督办的重点整治项目，制订整治方案开展整治工作。12月，对区综治委挂牌督办的社会治安重点地区及突出治安问题整治工作进行评估验收，实现100%的区级挂牌整治项目除牌。加强广珠城轨铁路沿线安全隐患整治，健全区、镇（街道）护路领导机构，完善联席会议制度。区综治办牵头组织职能部门对全区寄递物流行业安开展明察暗访的督导行动。

严重精神障碍患者救治救助　6月，印发《顺德区严重精神障碍患者监护工作及补助办理暂行办法》，明确监护流程、部门职责、申领标准和程序，有奖监护经费1128万多元全部划拨到各镇（街道）进行发放。调整全区严重精神障碍患者救治救助工作领导小组成员，每季度召开联席会议。区伍仲佩纪念医院强制医疗场所建设项目挂牌运作，设置区精神残疾人托养服务中心，内设100张托养床位及1000平方米的康复训练区；全区建有精神障碍社区康复机构13个。截至12月底，全区在册严重精神障碍患者10263人，检出率4.03‰，规范管理率83.81%，服药率71.76%，市综治考核的健康管理指标全面达标。

平安创建宣传　开展形式多样的平安创建宣传工作，将“平安创建”宣传工作列入年度综治考评；与广告公司签订海报制作合同共印刷海报13530套；与第三方调研机构顺德城市网签订合作合同，开展全区上、下半年“平安创建”工作调查；与公交车公司进行TC公交车车身广告宣传；以《平安顺德》为主题拍摄一辑平安创建公益宣传片；利用区行政服务中心短信发布平台向社会群发平安创建宣传短信40万条。

“中心＋网格化＋信息化”建设　筹划搭建基层社会治理网格化信息平台，收集梳理涉及21个区属职能部门的80项入格巡查事项。印发《顺德区基层社会治理网格化工作实施方案》，对区级监管指挥中心和10个镇街监管指挥中心进行选址和图纸设计。全区行政区域科学划分2060个网格，制定网格化工作长效机制。将大良、北滘和龙江等3个镇（街道）全区域及其他7个镇（街道）各选取1个村和1个社区，作为基层社会治理网格化试点，在取得实效基础上向全区全面推开。

**【维稳工作】**　2017年，顺德区排查出各类重大矛盾纠纷209宗，比上年上升22.2%，突出矛盾问题处置化解成效显著，化解率98.1%，稳妥处置“6·27”公交驾驶员集访事件、北滘南源花园燃爆事件。

推动“一把手”维稳机制落实　组建“信稳专班”，强化维稳合力。以区、镇（街）“信稳专班”为依托，加强各项工作统筹、协调和指导，实现全区信息线索研判汇总、交办核查、报送反馈和处置化解的“五个统一”，形成维稳工作强大合力。健全维稳形势分析研判机制，全年编写维稳信息研判10期，发出涉农涉土纠纷、劳资纠纷、建设工程纠纷、施工损害等问题专题预警报告多份。加强矛盾纠纷排查和化解，每月定期排查社会矛盾纠纷，列入台账分类管理；开展涉农、涉土、劳资、房地产等14个领域的社会矛盾纠纷专项治理。

**【执法监督协调】**　2017年，顺德区重点突出法治建设和监督两条主线，以督促建，支持政法部门依法行使职权，督促政法部门严格公正廉洁执法，推动行政执法与刑事司法衔接工作的有效开展，牵头化解涉法涉诉信访综合案件，在规范执法司法行为、维护司法公正和社会稳定方面发挥积极作用。

重点关注环境保护、食药品安全、安全生产及打击侵害农村集体利益等重点民生领域“两法衔接”工作，完善“两法衔接”联席会议机制，协调推进专职环保警察队伍建设。牵头联合区纪委、区委组织部、区检察院、区公安局继续深化基层党员干部违纪违法线索排查，涉农、扶贫领域职务犯罪查办，农村涉黑犯罪打击“基层三项治理”工作，形成齐抓共管的治理合力。牵头统筹协调解决执行难问题，成立区基本解决执行难工作领导小组，与区法院联合印发《顺德区关于全力推进法院基本解决执行难问题的意见》，协调区法院与区公安局设立联动执行办公室，全面建立、完善执行联动机制。牵头组织区政法各部门推进涉法涉诉信访案件化解处置工作，强化对涉法涉诉信访案件的督查督办，促进责任部门与相关部门的联动化解。对法院、检察院在司法责任制为核心的改革和以审判为中心的刑事诉讼制度改革，公安机关执法权力运行机制等改革中存在的重点、难点问题进行协调处理。（汤芷晴）

## 公　安

**【概况】**　2017年，顺德区公安局以“飓风2017”专项打击行动和社会治安防控体系建设为抓手，全警动员、全力以赴，确保全区社会政治和治安大局持续稳定。全年接110刑事警情6000多起，比上年下降41%，其中群众最为关注的“两车”“两抢”“两入”（两车，盗窃汽车、摩托车；两抢，抢劫、抢夺；两入，入屋盗窃、入室盗窃。）警情分别下降75.2%、51.1%、39.3%，全年“两抢”268天零发案。“飓风2017”专项打击行动总体效能和各个单项成绩连续两年排名全市第一，社会治安防控体系建设连续两年全市第一，“双轮”行动连续两年排名全市第一，黄赌违法犯罪打击效能考核全市第一，吸毒人员社区戒毒社区康复执行率100%，排名全省第一，顺德区禁毒委员会被评为2017年度“全国社区戒毒社区康复示范单位”。顺德区连续两年没有发生重大群体性事件、亡人火灾事故，连续3年没有发生一次致3人死亡重大交通事故。

【惩治犯罪】 2017年，顺德区公安局坚持打击第一主业，开展“飓风2017”专项打击行动（包括打击涉电信网络诈骗、涉金融领域犯罪、涉盗抢、涉黑恶和涉毒五大类专项行动），通过夯实情报基础，推进专业化、精准打击各类突出违法犯罪，专项打击总体效能和涉电信网络诈骗、涉金融领域犯罪、涉盗抢、涉黑恶、涉毒五个专项打击效能均取得全市第一的优异成绩。全区立刑事案件1万余件，比上年下降19.2%，查处违法犯罪嫌疑人3.7万多人，其中行政拘留2.3万多人、刑事拘留9000多人、提请逮捕4400多人。一是发起“飓风”集群战役，专项打击战果突出。发起省级“飓风3号”“飓风5号”集群战役。其中“飓风3号”集群战役抓获犯罪嫌疑人78人，侦破电信诈骗案件300余件。“飓风5号”集群战役打掉“人人公益”“百特”“迈捷普瑞”等三个网络传销团伙，抓获犯罪嫌疑人134人，冻结资金2.5亿余元。二是重拳打击暴力案件，实现街头重案必破。全区立命案22件、“两抢”案件136件、街头暴力案件97件，全部实现快侦快破，取得“三类案件”100%破案的历史好成绩；涉黑恶犯罪打击效能排名全市第一。三是重拳打击金融犯罪，维护良好经济秩序。全区受理经济犯罪案件600多起，破案370件，共刑拘495人、提请逮捕278人，其中侦破“7·08”某集团公司被合同诈骗5亿元大案，刑拘11人、逮捕9人，涉金融领域犯罪打击效能排名全市第一。四是严厉惩治黄赌违法犯罪，有效净化治安环境。加强对黄赌犯罪打链条、打场所、打团伙，探索无犯罪现场打击技战法，提升黄赌犯罪查处打击效能。全区查处涉黄赌案件刑拘1200多人，提请逮捕700多人，黄赌违法犯罪打击效能排名全市第一。五是严厉打击涉盗抢违法犯罪，提升群众安全感。建立以警情为导向，以研判情报为支撑，以集群打击为核心的盗抢违法犯罪打击机制，在盗窃类警情大幅度下降的情况下，打击成效不断提升。年内，顺德区公安局实现刑事案件特别是盗抢案件的侦查、勘查、鉴定工作同步推进，发挥指纹信息、DNA信息、前科人员信息的大数据优势，精准比对，有的放矢打击盗抢违法犯罪。落实“一长四必”机制（刑事案件现场勘查实行“一长四必”制：县区级公安局长对刑事案件现场勘查工作负总责，现场勘查工作要做到“必勘、必采、必录、必比”），全区“一长四必”工作持续位列在全省区县级公安机关第一名。全区逮捕盗抢犯罪嫌疑1600多人，起诉1800多人，并在“飓风30号”“飓风46号”全市统一追逃行动中，抓获历年在逃人员56人，打击效能全市第一。

【经济犯罪侦查】 2017年，顺德区公安局以“飓风2017”涉金融专项为工作重点，以“网络传销和非法集资”“地下钱庄”“假币”“虚开涉税”“猎狐追逃”“公安部云端任务”六个分项满分的成绩夺全市第一。年内，经侦部门探索灵巧侦防策略，做好公安机关防范化解金融风险工作，成效显著。先后侦破“飓风5号”特大网络传销和非法集资案件、“1·13”特大制售假洋酒案、“7·08”特大合同诈骗案等一大批案值巨大、社会影响恶劣的经济犯罪案件，其中“飓风5号”专案捣毁犯罪窝点90余个，抓获犯罪嫌疑人430余名，快速冻结涉案资金6.7亿余元，极大震慑网络传销和非法集资犯罪。年内，经侦部门以打击突出经济犯罪为抓手，依法严厉打击各类经济违法犯罪，受理各类经济犯罪案件600余起，破案370多件，抓获犯罪嫌疑人600多人，刑事拘留490多人，提请逮捕270多人，起诉330多人。

**【社会治安管理】** 2017年，顺德区公安局治安部门加大对涉黄赌违法犯罪活动的打击力度。一是加大全市社会治安防控体系建设，全年考评排名全市第一。全年建成警务e超市70个，安全文明小区70个，“猫眼”工程7222个，组建“红袖章”5168人，出租屋“门禁+视频”系统3085套，建设警企联防点1019个，推广应用全球眼系统1160套。二是严厉打击涉黄赌专项行动，打击效能排名全市第一。年内全区查处涉黄赌案件共刑拘1200多人，提请逮捕700多人。三是重点行业场所管控工作稳步推进，营造良好的社会治安环境。开展易制爆危险化学品及寄递物流专项整治行动，先后处罚违法违规寄递物流单位98间。治安部门加大旅馆住宿业违反实名制登记管理行为的处罚力度，全年处罚违规旅馆业243家，因多次违反旅馆业实名制登记被吊销“特种行业许可证”的旅馆2家，全年约谈并整改旅馆1100家次。

**【户政管理】** 2017年，顺德区公安局全面施行户籍管理新政策，推出一系列便民利民的新举措。一是实行“5+2”服务模式，推行网上预约办理预受理服务。在户口迁移和办理身份证高峰期，实行“5+2”服务模式，即周一至周五下午窗口服务时间延迟至18时，周六、日按照预约提供对外服务。结合“互联网+”概念，通过微信和网上办事大厅，推行网上预约办理身份证和户口迁移预受理功能，减少群众在现场排队的时间和往返窗口的次数，提高工作效率。全年全区户籍窗口办理户籍预约业务7315宗，预受理业务7050宗。二是实现身份证自助设备全覆盖。区行政服务中心和各派出所24小时自助服务大厅全部推广身份证自助设备，投入使用自助领证机7台、自助申领机18台，先后为13万多名群众提供自助服务。三是全面推广身份证异地受理业务。户政部门推进异地身份证受理业务，实现国内公民可在本区内任一镇（街道）派出所户政窗口申请办理居民身份证换领和补领业务，全年办理异地身份证2.6万多宗。四是提升流动人口和出租屋管理效能。启用新流动人口和出租屋管理系统，开展流动人员的信息采集工作。全年利用新流管系统采集流动人员信息256万多人，采集出租屋30万多间。同时加大对违反出租屋管理行为的处理力度，全年处罚出租屋主3500多人。

**【道路交通安全管理】** 2017年，顺德区机动车新增143659辆、保有量971984辆，驾驶人新增78994人、保有量965323人。全年全区发生道路交通事故620起、死亡157人、受伤591人、财产损失90.78万元，分别比上年下降2.36%、1.26%、0.67%、2.91%，实现道路交通事故四项指数持续下降，连续三年没有发生一次死亡3人以上的较大交通事故。2017年，顺德区狠抓源头整治，深化道路交通隐患排查治理。排查出各类道路交通安全隐患87处，完成治理79处，投入资金近170万元；完善道路交通设施，全区新增信号灯路口15个，新增交通标志牌1130块，施划标线1.8万平方米，新增护栏3200米，安装交通事故警示灯警示牌150块。强化预防宣传提升安全意识，推进“路长制”工作落实，点亮“示范路”工程；打造平安校园“守护圈”，推动成立“警家校”护学保畅新模式，153所中小学“警家校”护学队建成，1.3万名热心市民参与。二是主动调整管理模式，打出整体管控的组合拳。为有效应对交通出行秩序需求增长和多条主干道同期施工叠加影响，对严重挑战交通安全底线的交通违法行为采取“零容忍”措施，开展“高压式”严管、“现场式”严查、“全方位”严打。全区查处各类交通违法行为140多万宗，其中查处涉酒驾驶3900多人（含醉酒驾驶1700多人）、超速9.7万余宗、查扣假（套）牌及被盗抢车1.1万余辆，行政拘留3400多人、刑事拘留2000多人。三是探索新举措，提升群众的满意度。通过升级窗口服务能力建成11个机动车登记服务站，深化“互联网+”应用场景和推进邮政代办实现“足不出户、轻松上牌”，完善交通事故多元处理机制，实现事故快处搬上网。

**【出入境管理】** 2017年，顺德区公安局出入境管理部门先后将边防证和港澳商务签注受理权限下放镇街、开通北滘碧桂园“公安24小时自助服务区”（这是全市首个进驻社区的公安自助服务区），推出居住证持有人异地办证、全国版出入境系统和电子台湾通行证等服务措施，全年受理群众各类出境入境申请1077362份，比上年上升4.24%。二是不断探索优化服务。开展“企业暖春行动”，为20余家企业提供上门“一对一”服务；推进创新驱动16项出入境政策落地，为近500名符合条件的外国人提供签证便利；畅通港澳商务渠道，为850多家企业“走出去”提供方便；提供延时服务、非工作时间预约办证服务，受惠群众超过3000人次。

**【信息网络管理】** 2017年，顺德区公安局围绕创造安全稳定的社会环境为主线，以“大数据”应用为抓手，推进基础信息化建设，探索“智慧警务”建设，成效显著。强化全局信息化项目统筹规划，推进公安各类信息查询等重要系统的整合对接，强化公安信息化项目顶层规划和建设管理。提升大巡查系统功能应用，优化完善巡逻防控勤务系统，支撑社会面巡查防控工作深入开展。开展基础信息化重点项目建设，建成治安防控分中心，在全省率先实现基层中队公安网千兆接入，建设智能指挥云平台，升级完善顺德公安笔录综合应用平台和执法记录仪数据管理平台，提升信息支撑实战能力。探索创新视频监控建设，规划建设公安“视频实战大数据平台”“视频实景指挥系统”，部署车辆大数据分析系统，推动全区视频监控系统升级完善，扩大视频监控覆盖率，立体化社会治安防控体系出成效。

**【全民禁毒工程建设全面铺开】** 2017年，顺德区公安局推动执法打击、预防宣教、社会帮教“三驾马车”并驾齐驱，实现禁毒工作跨越式发展。零容忍打击涉毒违法犯罪。以打团伙、捣窝点、抓毒枭、断链条为重点，提升毒品犯罪大要案件侦办能力，全年刑事拘留涉毒犯罪嫌疑人900人，提请逮捕500多人，破获千克以上毒品案件50件，缴获各类毒品330千克，毒品犯罪打击工作成效显著。加强禁毒预防教育。推进禁毒预防教育“831”工程，开展禁毒宣传活动，直接参与群众80多万人次。推进戒毒康复工程，全区10个镇（街道）全部建成戒毒康复社工工作站（启明星驿站）并投入使用。建立实施戒毒康复人员无缝对接、就业帮扶等工作机制、社区戒毒社区康复执行率100%，顺德区禁毒委员会被评为2017年度“全国社区戒毒社区康复工作示范单位”，顺德区被推荐创建全国禁毒工作示范区。

（梁晓茵）

**【消防安全管理】** 2017年，顺德区发生火灾420起，死亡0人，受伤0人，直接财产损失2788.1万元，火灾起数比上年下降18%，没有发生伤亡人的火灾事故，火灾形势总体平稳。全区开展冬春火灾防控、夏季消防检查、汗蒸洗浴场所、公共娱乐场所、电气火灾防范、村级工业园、“三小”场所、出租屋、高层建筑消防安全整治等专项行动，各级公安消防部门检查各类单位21.05万个，下发整改通知书7.6万份，实施“三停”6323间，临时查封206间；全年行政拘留3408人，罚款215.5万元。针对市政消防栓建设滞后于经济社会发展实际，确定“十三五”期间每年新增10%数量消火栓，加强村居工业园、城中村、老城区的市政消防栓建设，全年建成消火栓330个，建设市政消防栓14104个。顺德区大良五沙消防站全面建成，龙江、均安、伦教均建成独立的消防站并投入使用。全区新招专职队员和消防文员60余人，8个专职队均完成事业单位法人登记，6个专职队“五个达标”完成。是年，新配1辆高喷车，2辆大水罐车、2辆泡沫车、1辆抢险救援车，1台排烟机器人和各类抢险救援器材，投入1900万元购置78米云梯车，350万元购置大型水罐车。建成重点单位微型消防站387个，有义务消防员2295名；建成村居微型消防站205个，实现每个村居一个微型消防站。2017年6月，10个镇（街道）消防体验馆全面建设完成并投入使用；利用“一镇街一体验馆”宣传阵地，组织村居负责人、企业员工、物业管理员、消防网格员等参观学习。10个消防体验馆建成以来共开放1900多次，接待人员近20万人次，全区举办各类消防宣传和培训活动2000多场次，培训人员近44万人。“四校长”深入全区中小学进行消防安全宣讲，发放相关宣传资料30余万份，建立宣传栏295个、开展广播500余次，发送警示教育微信、短信80余万条，约30万名师生参与活动并受到教育。全区举办大型主题消防宣传活动92场，89个大型户外LED轮播消防内容和相关视频，悬挂横幅3000条，印制40万份“六类场所、十项必查”宣传图册和15.4万份公安部《关于规范电动车停放充电加强火灾防范的通告》张贴在全区各类场所。（叶华清）

## 检　察

**【概况】** 2017年，顺德区人民检察院受理审查逮捕案件3248件4777人，批准逮捕4460人；受理审查起诉案件5161件6859人，提起公诉6318人。批捕故意杀人、故意伤害、强奸、绑架等暴力犯罪663人，起诉746人；批捕“两抢一盗”、诈骗等多发性侵财犯罪1955人，起诉1894人；批准逮捕“黄赌毒”犯罪1219人，起诉1099人；批准逮捕电信网络型犯罪140人，起诉143人；批准逮捕非法吸收公众存款、金融诈骗、合同诈骗、传销等破坏市场经济秩序犯罪94人，已提起公诉73人；打击危害生态环境、食品药品安全犯罪，依法起诉污染环境、非法捕捞水产品、非法占用农用地犯罪27人，依法起诉在卤水中添加罂粟壳、在油条中添加含铝泡打粉、网络销售假药以及销售假烟、过期饮料等一系列制售有毒有害食品、假药劣药等犯罪21人。

是年，顺德区人民检察院落实深化监察体制改革试点任务，加速案件办理进度，清理案件线索，开展转隶人员的思想工作，确保思想不乱、队伍不散、工作不断，完成37名干警的转隶工作，确保办案工作有序衔接。同时，开展未成年人法制宣传。顺德区人民检察院根据真实案例改编拍摄的微电影《重生日记》先后获团中央第四届“为了明天——关爱青少年彩虹行动”微电影大赛网络人气奖、广东省青少年法治暨禁毒原创作品大赛一等奖。

**【检察改革深化】** 2017年，顺德区人民检察院检察改革试点工作稳步推进，通过员额制和内设机构改革，落实司法责任制，增强检察官主体意识。统一遴选77名员额检察官，任命28名检察官助理，招聘合同制司法辅助人员39名，配齐配强专业化办案组。作为全省基层院内设机构改革试点，顺德区人民检察院率先推进内设机构改革，实现机构、人员、岗位、权限“四到位”，改革成果得到社会各界的肯定，绩效考核经验被全国推广，并获中央政法委与中央电视台联合制作的政论专题片《为了公平正义》推介。坚持以司法办案为中心，强化法律监督，促进依法行政，“行政检察”品牌初见成效。在全省检察系统率先运用语音智能系统制作讯问笔录，运用多媒体示证，实现“智慧检务”为办案提速增效。

◎图 21　2017 年 2 月 15 日，顺德区人民检察院北滘检察室联系乐从镇多个部门到小涌村补发被贪污的困难户慰问金

【查办和预防职务犯罪】 2017 年，顺德区人民检察院共立案侦查贪污贿赂犯罪案件 45 件 46 人，比上年增加 1 人。突出查办有影响的大要案，查处原杏坛镇党委书记胡某某受贿案、原广州海关缉私局白云机场分局副局长潘某某（副处）受贿案、顺德职业技术学院信息化建设工程中职务犯罪窝串案 12 人等。推进职务犯罪国际追逃追赃专项行动，成功劝返一名外逃美国四年的犯罪嫌疑人回国投案，是中共十八大以来，佛山市检察机关成功劝返的首宗公职人员案例。查办危害民生的职务犯罪，立案查处在土地开发征收、使用权转变及重点工程推进等过程中的贪污贿赂犯罪 15 人，在申报农业项目、申请政策性补贴及资金扶持、养殖基地租赁等方面的贿赂犯罪 5 人，在办理流动人口居住证等相关业务过程中的贿赂犯罪 7 人。加强职务犯罪源头治理，开展预防宣传和警示教育 90 次，参加人次达 1 万人次，并结合办案深入进行案例分析，就案中反映出的管理漏洞向 9 个案发单位发出检察建议。

【强化法律监督】 2017 年，顺德区人民检察院加强对刑事、民事、行政诉讼活动的法律监督，促进严格执法，公正司法。督促侦查机关立案 15 件、撤案 9 件，追诉漏罪 42 项、漏犯 13 人，监督纠正一宗“顶包”危险驾驶案；利用“两法衔接”工作平台，监督行政机关移送案件 3 件；对立案、侦查活动中的违法或不规范情形，发出纠正违法通知书 47 份、检察建议书 9 份。监督纠正刑事执行和监管活动违法情形 16 件次，纠正社区服刑人员脱管漏管 2 人，审查暂予监外执行 6 件；加强羁押必要性审查，提出变更强制措施建议 221 件，办案单位采纳 209 件。驻所检察室被最高检评为一级规范化监察室。办理民事申诉案件 31 件，发出再审检察建议 1 份、改进工作检察建议 2 份、纠正违法检察建议 1 份。

【人权司法保障】 2017 年，顺德区人民检察院贯彻宽严相济刑事司法政策，对犯罪情节轻微，依法不需要判处刑罚或免除刑罚的，不起诉 49 人；依法受理各类控告、申诉、举报 654 件次，立案复查刑事申诉案件 11 件，公开审查 3 件；受理国家赔偿案件 14 件，赔偿并执行 11 件。对因犯罪遭受侵害又无法获得赔偿的 4 名被害人进行司法救助，其中洪某某救助案被评为全省十大精品案件。加强未成人司法保护，对涉罪未成年人不起诉 30 人，落实帮教 15 人，为 182 名涉案未成年人申请法律援助；探索创建学校型观护基地，与学校、公益组织共同对附条件不起诉的涉罪未成年学生开展考察帮教。

（叶晓玲）

## 法　院

【概况】 2017 年，顺德区人民法院受理案件 64945 件，比上年增长 8.0%；结案 53148 件，增长 12.8%；法官人均结案 369 件，增长 4.8%；人民群众来信来访降至 26 件，下降 40%；结收比 102%，发改率（一审判决发回重审改判率）3.5%。受理案件数、总结案数、员额法官人均结案数、结收比、结案均衡度、服判息诉率均为全市最高；发改率、长期未结案件占比均为全市最低；司法网拍次数、成交金额均位列全省法院第一，网拍成交标的数位列全国法院第一。

【司法体制改革】 2017年，顺德区人民法院司法体制改革稳步前行，改革核心要素不断深化。一是司法责任制得到有效落实。2017年相继出台《关于规范院庭领导审判管理和监督职责的若干规定》《关于审判责任认定和责任追究的规定》，审判监督管理得到进一步规范。二是裁判标准进一步统一。类型化案件、关联案件由相应的专业审判团队审理；审判委员会、院庭长、专业法官会议在裁判标准统一方面的职责更加明确。三是院庭长审判资源得到进一步释放。院庭长2017年办理案件17882件，院庭长人均办案数达279件。

【审判执行工作】 2017年，顺德区人民法院依法开展刑事审判。全年审结刑事案4993件，判处犯罪分子5976人。刑事审判工作机制创新不断深化，探索出被告人认罪悔罪案件快速审理操作规程；推进以审判为中心的刑事诉讼制度改革；坚持宽严相济，对中共十九大报告提到的、人民群众感受最深的“黄赌毒黑拐骗”案件依法从重处罚，对认罪悔罪的轻微刑事案件，能轻缓尽量轻缓，全年对1565名被告人适用缓刑等非监禁刑，其中未成年人69名。依法化解民商事纠纷，切实保障人民权益。全年审结各类民商事案件23384件。以家事审判为代表的民事审判机制改革有序推进。开启人身保护令裁定需另行组成合议庭的实践；建立诉讼心理疏导机制，特邀心理咨询师或心理医生提供心理辅导，帮助当事人消除不良情绪；会同村居，以家事建档立卡为切入点，构建起全社会协同化解家事纠纷的联动机制。妥善化解行政争议，助推法治政府建设。审结全市1472件行政诉讼案件，其中一审判决行政机关败诉112件；审查696件行政非诉案件，对其中468件裁定准予执行；依法开展国家赔偿工作，受理国家赔偿案件2件，对2名当事人决定予以共计26万余元的国家赔偿。推进解决执行难。全年执结执行案22566件，执行到位金额106.48亿元，实际执行率、执行标的到位率分别为45.5%和35.1%。构建综合治理执行难工作格局，通过成立基本解决执行难工作领导小组、挂牌成立派驻区公安局联动执行工作室、开通使用被执行人农村股权查询系统、与公安局联合制定《深化执行联动机制实施办法》等方式，推动综合治理执行难工作格局快速发展；网络司法拍卖引入二手房评价系统，实现房产快速度、零费用评估；引入二手车核验管理项目，将涉案车辆拖、管、估、卖等线下工作进行服务外包，提高车辆处置速度，减少车辆价值贬损，最大程度提高车辆拍卖价值。

【诉调对接】 2017年，顺德区人民法院持续推进诉调对接工作，力促社会矛盾纠纷多元化解决。5月，分别与区总工会、区妇联联合设立劳动争议诉调对接工作室和婚姻家庭纠纷诉调对接工作室。工作室协助法院开展诉前和诉中调解，在诉后为当事人做好解释和安抚，并参与相关涉诉信访矛盾化解等工作。各联调工作室全年促成358件保险纠纷、129件劳资纠纷、200件婚姻家庭纠纷以及243件物业管理纠纷调解成功。其中，顺德法院诉调对接工作经验分别在2017年11月召开的珠三角劳动争议诉调对接工作推进会和2018年1月召开的全省劳动争议诉调对接工作现场会上得到推广，并被中央电视台《新闻联播》报道。

【司法惠民】 2017年，顺德区人民法院拓展司法职能。开展行政案件败诉追究责任的调研，向社会发出《佛山市基层法院一审行政诉讼案件集中管辖改革试点白皮书》，向行政机关发出《行政审判资讯》及8份司法建议，有效推进法治政府建设；发布《二手房买卖纠纷案件审判调研报告》，促进房地产市场健康有序发展；坚定社会普法担当，以上门授课、讲座的形式加强依法行政法治宣传，与职教集团共创青少年线上线下法制教育基地，举办“开放法院·阳光司法”系列普法活动，为创造和谐稳定的基层法治环境提供坚实司法保障。深化司法公开，满足群众需求。建立庭审网络直播平台，为群众参与监督提供便利；延伸官方微信公众号功能，提供裁判文书、公告、案件查询及预约阅卷等服务，并定期发布司法网拍信息、案例和法院工作动态；借助中央电视台等媒体以案例解说、政论专题的形式对司法改革整体情况、诉调对接工作、家事审判与调解以及法官司法分析进行介绍和经验推广；创新信息公开模式，开展网易直播“抓老赖”，吸引逾十万群众点击观看；加强新媒体建设，通过微博、微信公众号等方式，向社会公开法院的各种动态信息。坚定司法为民，创新便民举措。建立“多渠道、一站式、综合性”诉讼服务中心，开通网上立案和跨域立案，切实解决群众立案难问题；建立远程办案平台、执行工作微信号等，搭建起法院与群众沟通的桥梁；设立行政审判高明、三水巡回法庭，便利地方当事人参与行政诉讼；关注弱势群体权益保护，全年为3018名农民工追回劳动报酬1.29亿元，妥善化解信访案17件，对60名极度困难当事人发放司法救助金193万元。

◎图 22　　2017年2月20日，顺德区法院工作人员在诉讼服务中心演示刚刚上线的自助立案系统

**【行政案件集中管辖】** 2017年，顺德区人民法院以同一标准、同一尺度审理佛山五区的行政诉讼案件，规范和统一涉农村集体经济组织股权、工伤行政认定、公安行政处罚、国土资源行政纠纷等案件的裁判标准；通过审查非诉行政案件，确立国土资源行政处罚、环保行政执法、社会抚养费征收、卫计行政执法等案件的执法标准；落实行政机关负责人出庭应诉制度，全年负责人出庭应诉率98%；设立全市首家国土城建巡回法庭，并在高明、三水设立行政审判巡回法庭。行政诉讼集中管辖改革所要解决的行政诉讼立案难、审理难、执行难、干扰多等问题得到明显改观。

**【全市首个国土城建巡回法庭成立】** 2017年7月20日，顺德区人民法院挂牌成立全市首个国土城建巡回法庭。巡回法庭成立后，顺德法院挑选一批既精通审判又熟悉国土城建的法官进驻，专门处置各类国土城建行政案件。此举创新涉国土资源、征地拆迁等重大敏感案件的处理机制，一方面有利于促进法院审判专业化水平的提升，另一方面有助于行政机关提高依法行政水平和行政相对人维护合法权益，为顺德区国土城建事业健康有序发展提供司法保障。

**【诉讼服务中心正式揭牌启用】** 2017年2月，顺德区人民法院建成“多渠道、一站式、综合性”诉讼服务中心。诉讼服务中心以便民利民、满足群众需求为导向，重点推进以下工作：一是在全市法院率先实现网上立案，民商事及行政案件网上立案数占同期收案数的46.97%；二是开通跨域立案服务；三是拓展信息化沟通平台，通过提供短信服务、开通“12368”热线、引入线上调解等，实现法院与群众的高效精准沟通；四是促进社会矛盾纠纷多元化解决，顺德区人民法院分别联合区总工会、区妇联、各行业协会在诉讼服务中心设立诉调对接工作室。

**【派驻区公安局联动执行工作室成立】** 2017年2月15日，顺德区人民法院派驻区公安局联动执行工作室挂牌启用。通过该工作室可快速查询、调取失信被执行人身份（含证件照片）、住址、住宿、出行、出入境等信息，法院执行人员可依此获知失信被执行人生活轨迹，从而开展执行工作。该工作室的启用扩展顺德区人民法院与公安机关的执行信息共享平台，为顺德全区信用体系建设提供强大助力。

**【“执行110”正式启动】** 2017年9月，顺德区人民法院全省首创“执行110”工作机制，明确“执行110”24小时接收被执行人及其财产线索举报，专门协助执行法官和执行员采取司法拘留、搜查、查封、扣押财产等强制执行措施，保障被执行人及其车辆、设备等财产能够得到及时有效控制。自2017年9月28日正式运行至12月31日，“执行110”出警1092次，扣押车辆84辆，司法拘留被执行人60名，强制开锁、清腾房屋26间，协助采取其他强制执行措施928次。（李志健）

## 司法行政

**【概况】** 2017年，顺德区司法局丰富具有顺德特色的公共法律服务体系内涵，以法治促进矛盾化解、服务社会民生、保障社会和谐，为中共十九大胜利召开创造良好环境。全年开展法治专题宣传咨询287场次，印发宣传资料25万多册，出宣传栏234期，参与群众15万人；全年共参与和办理群体性案件88件，涉及当事人2694人次，办理法律援助案件1093件，受援人达3767人次；办理公证案件51096件，全区各人民调解委员会共开展矛盾纠纷排查6822次，调解各类矛盾纠纷3375件，涉及当事人8131人，涉及标的8579.46万元，调解成功3279件，调解成功率97%。

**【人民调解】** 2017年，顺德区各镇（街道）与村（社区）均设立人民调解委员会；行业性专业性人民调解组织达4类以上，500人以上规模企业人民调解组织建设率达100%。组织全区各级人民调解委员会进行规范化建设，达到“五落实、六统一”（即组织、人员、报酬、场所、制度落实，名称、印章、标识、徽章、程序、文书统一）工作规范要求。落实一村（居）一专职调解员工作，举办人民调解业务培训班，对全区260名人民调解员进行业务培训，提升调解质量。“以案定补”（对经顺德区司法行政机关依法登记备案的人民调解员，国家机关在职工作人员担任人民调解员的除外，调解符合一定条件的纠纷案件，给予其相应的经济补贴）制度覆盖全区10个镇（街道），增强人民调解员工作积极性。开展人民调解宣传月活动，扩大人民调解知名度。开展“保稳定、促和谐”矛盾纠纷排查化解专项活动，组织各级人民调解委员会深入农村、社区、厂企排查化解矛盾纠纷并进行分析研判，为区委区政府决策提供科学的舆情分析依据。2017年，全区各级人民调解组织共开展矛盾纠纷排查6822次，调解各类矛盾纠纷3375件，涉及当事人8131人，涉及标的8579.46万元，调解成功3279件，调解成功率97%。

**【社区矫正】** 2017年，顺德区接收社区矫正人员994人，解除矫正1006人，在册社区矫正人员775人。全区接收安置帮教对象1247人，在册安置帮教人员3093人，安置3093人，帮教11099人次。建立企业过渡性安置（培训）基地14个（区级基地5个、镇街级基地9个）。区司法局在区行政服务中心东座一楼建成顺德区社区矫正中心，配备2名专职工作人员、2名社工、1名驻警。完善社区矫正三级工作网络，全区有194个村居建成村级社区矫正工作站，占全区村居总数的95%。在区司法局、全区10个镇街司法所铺开社区矫正购买社会服务项目，购买社会服务引入专业心理咨询师、社工师参与社区矫正、安置帮教工作，在区公安局监所管理大队成立社工服务中心。落实市局部署的选派公安干警、监狱干警到镇街司法所协助开展社区矫正及重点人员管理工作，加强基层社区矫正执法工作力量。作为省司法厅社区矫正定位手环试点地区之一，顺德区从2017年1月起应用社区矫正定位手环，用两年的时间逐步用定位手环取代定位手机，提高监管成效。联合团区委以试点形式采取“义工＋社工”的模式，通过购买社工机构服务，组建义工队伍，开展青少年社区矫正工作。

【安置帮教】 2017年，顺德区司法局规范安置帮教档案工作，落实一人一档安置帮教工作制度，对每个帮教对象建立档案、季度上门走访。加大对重点帮教对象必接必控制度的落实力度。协调各部门解决安置帮教对象的生活困难和就业难题，对符合相关福利政策的刑释解教人员，协助其办理就业指导推荐、股权配置、技能培训、民政救济等福利措施。

【法律援助】 2017年，顺德区通过前台、网络、电话等方式为6972人次的群众提供免费咨询服务；办理法律援助案件1201件，其中民事、行政案件482件，刑事案件719件，受援人3999人次；办结省厅148工单54件。是年，顺德区司法局夯实“半小时法律援助服务圈”，健全法律援助服务网络，加强法律援助机构和服务窗口建设，设立顺德区法律援助处驻法院工作站和顺德区法律援助处驻看守所工作站，建设法律援助服务大厅，推进法律援助工作标准化、规范化；完善法律援助工作制度，出台《佛山市顺德区关于完善法律援助制度的实施方案》，建立我区法律援助工作开展情况报告、通报、督导制度，制定《顺德区法律援助工作联席会议制度》，成立法律援助工作联席会议办公室；强化法律援助案件质量管理，制定《顺德区法律援助约谈工作制度》和《顺德区法律援助处案件质量通报工作制度》，开展季度法律援助案件质量评估和季度通报工作，提升法律援助案件质量；成立顺德法律援助志愿者服务队、评选、表彰优秀法律援助律师，发动社会力量参与法律援助工作；开展法律援助便民服务，做到应援尽援、应援优援，构建“法援＋社工”机制，多层次多方位应对受援人需求，提高受援群众满意度；区公职律师事务所为政府部门提供法律服务，在南源花园“1·18”爆炸事件的善后处置中发挥突出作用，为政府有关部门提供法律服务106次。

【公证服务】 2017年，顺德公证处出证总量60085件、公证收入2628万元，分别比上年上升15.82%和11.34%。是年，1—6月按照上级文件精神免费为70周岁以上老人办理遗嘱公证，8—12月按照上级文件精神免费为80周岁以上老人办理遗嘱公证，全年免费为符合条件的老人办理遗嘱公证共1009宗。积极服务政府中心工作，切实保障经济、民生工程顺利开展。为顺德区大良公营幼儿园和龙江镇公办小学、顺德一中外国语学校英语特长班招生电脑派位、北滘镇人才公寓抽签活动、征兵摇号定兵活动等重大民生实事提供现场监督公证服务共6次，使电脑派位和摇珠工作更加公开、公平、阳光、透明。6月，顺德公证处应区政府要求，对顺德农村商业银行股份有限公司股份确权公证案件特事特办，在短时间内完成几千宗的涉股权确认的继承、赠予、委托公证案件，使顺德农商行股份确权工作得以顺利进行，为顺德区经济和社会发展提供有力的支持。配合地铁施工建设，为镇街拆迁花木农场行动提供清点花木的现场监督服务；配合伦教街道开展畜禽养殖专项整治行动，提供禽畜清点现场监督服务。是年，为企事业单位和老弱病残群众提供上门服务700多人次。

【律师服务】截至2017年12月，顺德区有律师事务所85家，比上年增长14.8%，其中合伙所53家、个人所31家、公职所（法援处）1家。执业律师635，比上年增长14.8%，其中社会律师589人，公职（法援）律师40

人，公司律师6人。顺德区律师党总支律师行业党员112人，下设律师党支部13个，包括联合支部1个，律师所支部12个。全年村（社区）顾问律师登记工作台账7169条，解答法律咨询5110件，提供法律专业意见139件，开展法治宣传讲座342场，参与各类纠纷调解108件。

（汤芷晴）

# 军事

【概况】 2017年，顺德区人民武装部发挥应急应战指挥部、地方党委军事部、后备力量建设部、同级政府兵役部、军民融合协调部职能。加强思想政治建设，开展“维护核心、听从指挥”主题教育。突出战备训练龙头地位，组织民兵集训备勤和执行多样化任务。扭住关键环节，抓好国防动员工作，修订完善相关方案计划，完成年度征兵工作任务。2个基层武装部和4名个人被佛山军分区表彰。推动军民融合深度发展，助力启动顺德军民融合创新产业园。参与精准扶贫，开展双拥共建，完成上级赋予的工作任务。6月至8月，保持40名民兵轻舟分队骨干备勤，出动民兵800多人次参与抗击“天鸽”“帕卡”等台风。杏坛、均安、伦教出动民兵100余人次参与杏均特大桥附近堤围抢险，加固堤坝20米，疏散转移群众25人，清理受阻道路8千米。利用“元旦”“春节”“学雷锋活动月”等时机，走访慰问伤病残复退军、生活困难群众家庭18户，发放慰问金1万余元。与龙江镇共同帮扶雷州市雷高镇大群村，投入扶贫款10万余元，重点帮扶5个贫困户。10月20日，在顺德区人民武装部党委第一书记任职大会上，佛山市委常委、宣传部部长、顺德区委书记郭文海担任顺德区人民武装部党委第一书记。

【征兵工作】 2017年，顺德区人民武装部按照“下好先手棋、打好主动仗”的工作思路，开展兵役登记、征兵宣传、征兵体检、政治考核、走访调查、审批定兵、交接运输等主体环节。以抓好兵员质量为目标，落实廉洁征兵“零报告”制度和廉洁征兵监督员制度，坚持“谁检查考核、谁把关签字、谁终身负责”的原则。8月1日，在顺德容桂街道召开适龄青年征兵报名仪式，全区适龄青年和家长参加报名活动。宣传发动期间，坚持把大学生作为宣传主体，及时与区委宣传部、区文体局、地方媒体、辖区内高校等单位对接征兵宣传任务。发放宣传单1.5万份，制作横幅50条，在顺职院、德胜广场、顺峰山公园等广场摆放大型广告宣传画报6个，利用电视台黄金时段、广场LED大屏幕及租用3辆征兵宣传车到10个镇（街道）滚动播放征兵宣传短片。联系移动、联通、电信共发送征兵信息5万余条，新闻报道30余条。

【双拥共建】 2017年，顺德区人民武装部为营造“军爱民、民拥军、军民团结一家亲”和谐氛围，发扬顺德区拥军优属的光荣传统，联系地方各级党委政府，形成齐抓共管“双拥”工作新格局。在杏坛镇建立首个军民融合产业园区，借助地方优势，整合地方资源，加大非公有制企业民兵组织建设的帮带力度，深化民兵预备役建设转型，加强容奇港民兵营、海信科龙民兵营、成田橡胶女子民兵连等企业民兵营（连）建设。发挥双拥政策法规效力，协调做好转业干部安置、随军家属就业、子女就学等问题。7月18日，顺德区人民武装部参加区委“七一”走访慰问活动，到陈村镇锦龙居委会走访慰问困难家庭。11月，专门到雷州市雷高镇重点帮扶贫困村进行调研，了解致困原因，收集村民诉求，与该村村委讨论研究扶贫计划，确定扶贫项目。

【民兵工作】 2017年，顺德区人武部为适应军队调整改革，推动后备力量建设转型发展，提高民兵遂行支前保障任务能力，根据民兵工作“三落实”（组织落实、政治落实、军事落实）要求以及应急作战方案和完成多样化军事任务的需要，抓好民兵组织组织整顿，确保民兵编队便于平时能应急、战时能遂行支援作战任务。加强抗洪抢险、森林防火、应急处突等专业力量。3月，结合区“两会”安保，组织100多人的民兵应急连集训，确保“两会”期间的安全稳定。5月份，组织省属民兵轻舟分队60人进行7天强化训练，参加冲锋舟远距离紧急拉动演练，检验轻舟分队专业水平。8月，全区挑选16名冲锋舟操作手参加军分区组织的轻舟分队集训。9月份，组织一期100多人的民兵应急反恐集训，提高专业力量遂行抢险救灾任务和应急处突的能力。全年组织两期专武干部和民兵营（连）长集训，学习相关法规和征兵工作有关规定，提高人员的能力素质。（吴志文）

## 人民防空

**【概况】** 2017年，顺德区征收人防易地建设费约6000万元，历年累计征收人防易地建设费3.98亿元。“101工程”作为顺德区人防重点工程，地下指挥所及附属车库基本完工，地上主体部分完成封顶。

**【人防工程建设】** 2017年，顺德区受理结建人防工程审批60多项。

**【人防指挥信息化建设】** 2017年，顺德区新增安装电声警报器4台，全区有防空警报器130多台，其中电动警报器约20台、电声警报器100多台，多媒体警报器2台。区国土城建和水利局与区气象局共建顺德区防灾减灾应急语音播报系统，建成语音分控中心，升级全区警报语音播报功能，警报覆盖全区10个镇（街道），中心城区警报音响覆盖率98%以上。9月18日上午11时30分至45分，举行防空警报试鸣。

**【人防宣传教育】** 2017年，顺德区结合人防宣传教育、国防教育、法制教育，将人防知识教育转变为以公共安全为主要内容的综合性防灾减灾教育。根据国防教育“五进”要求，开展人民防空宣传教育进机关、进学校、进企业、进社区、进网络工作。9月6日，结合学生军训活动，区国土城建和水利局联合区教育局共同开展学校人防教育，通过配备防护器材和人防教材、动画、视频等教辅资料，将空袭警报信号识别、空袭紧急避险、自救互救、生存与求援等人防教育内容融入军训内容中，实现人防宣教资源、学校教育资源相结合，加强学生人防应急处置能力，提升军训教学实用性。9月19日，区国土城建和水利局在美的、格兰仕等大型企业组织开展人防知识教育科普活动及应急演练。通过现场宣讲、指挥调度、配置人防应急箱和应急工具包、发放宣传资料等方式，将人防知识与安全生产知识相结合，增强企业防灾减灾意识和职工自救互救能力，使企业员工在遇到突发事件时，能科学应对、有效处置，将灾害事故危害降低到最小。

**【人防疏散地域建设】** 2017年，顺德区结合绿道、应急避难场所建设，在容桂德胜河滨公园、北滘市民广场推进人防疏散地域建设。两处疏散地域均具备人防疏散交通便捷、地貌植被良好的条件，是城区疏散避险的防护屏障。疏散地域内设有应急指挥室、宣传栏、标识牌、物资储备及人员疏散路线，有效提升应急应战能力。

（区国土城建和水利局）

# 城乡建设 · 环境保护

鲜虾白菜饺

## 城乡规划

【概况】 2017年，顺德区发展规划和统计局（城市规划）围绕区委区政府“开放引领，创新驱动”的发展战略，以打造城市开放式格局、提升区域竞争力为目标，以加快片区“一体化”发展为重点，强化规划引领、落实片区重点项目，加强规划“引领”“支撑”“协调”“落实”和“管控”作用。

【规划编制与研究】 2017年，顺德区启动《佛山市顺德区分区规划（2017—2035）》编制工作，指导和部署全区城乡建设，科学安排各类空间要素。规范控规编制工作，明确海绵城市、公园绿化、产业发展保护区、安全生产等在控规中的落实要求，完成控规全覆盖工作，全区已批复控规建设用地覆盖率达108%，已批及在编控规达122%。编制《顺德区村庄规划编制计划（2017—2018）》。统筹制定《顺德区村庄规划编制计划（2017—2018）》，并下达到各镇街开展相关工作，到2017年底启动编制31个村庄规划。开展《顺德新城基础设施整合规划》编制，统筹协调顺德新城各片区控制性详细规划、各市政管线专项规划及综合交通规划；开展市政基础设施专项规划整合工作；制定海绵城市建设规划管控体系。完成《顺德区新型公共交通系统规划修编》、广佛环线北滘车辆段综合开发规划设计、顺德有轨电车线路研究、顺德区轨道交通综合开发（13片）概念规划、佛山地铁5号线顺德段线路方案研究、325国道（龙洲路）交通规划方案设计、德胜路交通规划方案设计、顺德新城基础设施整合规划，珠三角水资源配置工程方案协调等。启动顺德区交通规划修编工作，在全区范围内构筑布局完善、等级结构合理、功能清晰、内畅外达的一体化综合交通网络；开展西南片区路网梳理，优化西南片区路网结构；完成顺德区交通影响评价编制指引研究，促进土地利用与交通发展相协调相适应。

开展《外在环境与内在发展的规划应对策略研究（2017年度）》，重点解读最新政策精神及国内外发展背景，提出规划应对策略，通过前瞻性规划研究助力政府重大发展决策；开展德胜河北岸城市设计导则、公共空间规划，探索以城市设计、公共空间品质提升推动“三旧”改造，提升旧城魅力；开展《顺德区近期建设规划2018年度实施计划》，衔接资金、建设、投资等各类年度计划，梳理年度建设项目，滚动更新“十三五”近规项目库；推进《顺德区产业平台示范区概念规划》编制工作，落实产保理念；推进9个历史文化街区保护规划编制工作，开展《顺德区历史建筑普查及维护修缮技术研究》项目。

【规划管理】 2017年，顺德区城乡规划委员会召开1次全体会议，11次专业技术委员会审议会议，审议项目26个，审议内容基本涵盖全年全区开展的各类规划项目，发挥规委会决策咨询作用，提升全区整体经济建设水平。6月6日“规划一张图”数据项目通过专家评审并进行项目终验，历时近4年的“规划一张图”项目全部建成。该项目实现区规划局规划业务信息化建设的全覆盖。修订《规划管理审批业务汇编》《办事指南》；制定地铁沿线用地上报解控的办文标准、流程、规范的操作指引；制订落实“海绵城市”建设规划部门工作方案；制定《关于细化〈顺德区人民政府关于妥善处理违法建设工程的通知〉内部操作指引（暂行）》《顺德区提升工业用地利用效率管理办法》《佛山市顺德区产业发展保护区管理办法》；制定《关于控制性详细规划编制注意事项的通知》，完善公共服务设施规划等9个方面的编制内容及指引，提高规划管理工作效率。开展《顺德区城市规划实施评估白皮书》编制，对顺德区规划实施管理过程中取得的成效、存在的问题作客观的分析，并结合顺德实际情况对今后顺德城乡规划实施管理工作的方向及重点提出合理建议。

【分区规划】 2017年，顺德区启动《顺德区分区规划（2017—2035）》编制工作。分区规划编制立足粤港澳大湾区战略机遇，衔接佛山市新一轮总规修编工作，从总体层面谋划全区发展思路和要求，全域统筹空间、资源、要素的分类管控及布局，合理安排规划实施分期，指导和统筹控规及村庄规划等下层次规划编制工作，推动顺德全域科学规划、有序建设。（张奕婷）

## 国土资源管理

【概况】 2017 年，顺德区土地总面积 806.57 平方千米，其中，农用地面积 29262.9 公顷，建设用地面积 42660.45 公顷，未利用地面积 8733.38 公顷。城镇村及工矿用地面积 38478.89 公顷，占建设用地总面积的 90.2%，占顺德区土地总面积的 47.71%，为区内主要用地类型。年内，国土管理部门开展产业发展保护区规划、加快不动产登记整合、推进试点城乡土地生态利用制度综合改革，推动“三旧”改造项目建设，加强建设用地管理，为经济社会建设提供用地保障。

【土地利用】 2017 年，顺德区国土城建和水利局、农业局、环境运输和城市管理局（环境保护）三局联合印发《关于加强土地复垦管理工作的通知（试行）》，规范土地复垦行为，加强土地复垦监督管理，保障土地复垦有效实施。该通知条例自 2018 年 3 月 1 日起施行，试行期一年。

用地报批　2017 年，顺德重点建设项目用地报批工作取得新进展。重点工程方面，完成佛江高速公路天连至北滘段、会展中心二期、菊花湾大桥一期、华阳南路一环互通立交一期、伦桂路勒流段、东乐路东延线（伦教段）、岭南大道南延线、华阳南路、南沙港铁路、北滘人才小镇一期、碧桂园南方智谷、新均榄路一期等一大批重点项目的用地报批工作；广明高速陈村至西樵段二期、佛江高速和顺至陈村段、南沙新桥、北滘人才小镇二期、比亚迪项目、益丰停车场、旧佛山一环、轨道交通二号线、三号线、七号线等重点项目以及北部片区部分储备用地正在组织用地报批或上报省国土资源厅。顺德区 2017 年完成 91 个批次及 1 个单独选址项目的用地报批工作，涉及用地面积 691.33 公顷。

用地指标安排　2017 年度省下达给顺德区的新增建设用地指标 387.27 公顷，其中农用地转用指标 351.53 公顷（含专项指标 53.53 公顷），耕地指标 216.07 公顷。全年安排新增建设用地指标 343.87 公顷，其中农转用指标 330.80 公顷，耕地指标 61.40 公顷，农转用指标使用率达 94.1%。其中安排使用普通计划指标 295.80 公顷，专项指标 35 公顷。普通计划指标保障人才小镇项目、益丰停车场、西滘检修基地 TOD 站场项目、比亚迪项目、潭州国际会展中心停车楼、北滘新城区中小学等区重点区域项目，东乐路东延线、伦桂路勒流段、菊花湾大桥工程、华阳南路一环互通立交、新均榄路一期、顺德区古鉴至仕版道路项目、佛山一环历史遗留用地等交通基础项目和 500 千伏顺德Ⅱ站电力设施项目。专项指标主要解决农民宅基地、农村新产业新业态发展项目的用地需求。

【地籍管理】 2017 年，顺德区开展农村地籍调查工作。截至年底，完成地形修补测和村委会范围内的权属外业调查工作。完成 2016 年度土地利用现状年度变更调查的整改与验收，启动 2017 年度土地利用现状年度变更调查。2016 年度土地利用现状年度变更调查相关成果通过省级验收和区级验收并投入使用。

【土地市场管理】 2017 年，顺德区新增供应国有建设用地 210 宗，总面积 1387.78 公顷。其中，以公开交易方式出让的建设用地 57 宗，面积 309.02 公顷，成交总价款 338.55 亿元；以协议出让方式供应的建设用地 9 宗，面积 63.78 公顷，出让总价款 4.60 亿元；以划拨方式供应的建设用地 144 宗，面积 1014.98 公顷。顺德区公开交易出让的国有建设用地中，商住用地面积 103.52 公顷，成交总价款 293.79 亿元，平均地面单价 28382 元 / 平方米，平均楼面单价 9776 元 / 平方米；纯商服用地面积28.56公顷，成交总价款26.45亿元，平均地面单价9262元/平方米，平均楼面单价2699元/平方米；工业用地面积175.95公顷，成交总价款18.21亿元，平均地面单价1035元/平方米；公共设施用地面积0.99公顷，成交总价款0.10亿元，平均地面单价992元/平方米。新增供应集体建设用地37宗，总面积36.36公顷。

2017年，顺德区继续落实开竣工提醒督促和申报制度；加强闲置土地调查、认定、处置和公示工作，并将自身原因闲置土地使用权人纳入诚信档案管理，定期抄送金融监管部门。全年处置闲置土地24宗，涉及土地面积约96.17公顷。

**【测绘管理】** 2017年，顺德区开展测绘地理信息化项目4个：启动顺德区2017—2018年基本地形图动态更新修测项目、启动基础测绘成果2000国家大地坐标系转换项目、完成顺德建成区三维制作项目、完成顺德区地理国情监测项目。相关职能部门开展顺德区全覆盖排查整治“问题地图”专项行动工作、全区测绘产品质量监督检查以及测绘成果安全保密检查、测绘地理信息领域安全生产专项整治工作以及测绘法宣传日系列活动。

**【“三旧”改造】** 2017年，顺德区推进产业发展保护区建设和村级工业园改造工作。印发《佛山市顺德区产业发展保护区管理办法》《关于调整以挂账收储方式实施改造的城市更新项目土地出让收入分配原则有关问题的通知》等一系列文件；根据中国科学院地理研究所编制的《顺德区产业发展保护区规划》成果，于12月31日发布《顺德区产业发展保护区划定方案》，划定产业发展保护区12093.33公顷，产业发展过渡区2713.33公顷、产业发展整治区1720公顷，对全区产业用地提出全面管控机制，保障区内产业发展的空间。一批重点“三旧”改造项目取得实质性进展，涉及改造面积279.83公顷，包括德胜河北岸N-8地块等10个项目部分完成竣工验收，容桂高新环保产业园二期A区等19个项目动工建设，佛山市顺德区东正胶合板有限公司地块等8个项目完成供地手续。为延伸政府城市更新专业服务，区三改办联合区产保办、区城市更新发展中心及广东顺创联投发展有限公司启动“村级工业园区改造提升行动计划”，成立“社区更新管家”服务站，第一阶段分别在容桂海尾、伦教羊额及北滘广教设立分站。2017年全区新增认定“三旧”改造项目65个，面积305.09公顷，新增竣工项目24个，面积172.58公顷，新纳入标图建库图斑27个，面积230.05公顷，对7个符合条件的项目发放财政扶持资金1202万元。

**【耕地保护】** 2017年，顺德区依据《顺德功能片区土地利用总体规划（2010—2020年）》，至2020年，顺德区耕地保有量指标11856公顷，基本农田保护指标10492公顷。至2016年底，顺德区耕地面积12225.15公顷，基本农田保护面积10642.15公顷，完成耕地保有量和基本农田保护责任目标。2017年2月，顺德区政府对各镇（街道）2016年度耕地保护责任目标履行情况进行考核，对获得优秀等次的北滘、杏坛镇各奖励2公顷农用地转用指标。6月，顺德区通过广东省人民政府组织的2016年度耕地保护目标履行情况考核，获节约集约用地考核二等奖和耕地保护考核三等奖。是年，按照《顺德区基本农田保护补贴实施办法》工作要求，落实2016年基本农田保护补贴资金发放工作，全区发放基本农田保护补贴7537.8万元。

**【城乡土地生态利用制度综合改革试点】** 2017年，顺德城乡土地生态利用制度综合改革试点各项重点工作稳步推进。至年底，完成功能片区土地利用总体规划编制工作；出台《顺德“改一垦一”试点实施办法（试行）》；制订支持现代农业产业园区的政策和实施意见，先后印发《关于推进现代农业产业园区建设的实施意见》《关于进一步规范设施农用地管理的通知》；完成土地综合整治政策研究，形成《顺德区杏坛镇逢简村土地综合整治规划建设方案》（定稿）；整合“三旧”改造政策，出台《顺德区城市更新（“三旧”改造）实施办法》；完善工业用地公开出让制度，制订《佛山市顺德区产业用地指南（试行）》《顺德区国有建设用地租赁和弹性出让暂行办法》；推进高标准基本农田建设，完成“十二五”期间上级下达顺德区建设12300亩（820公顷）高标准基本农田的任务；建成农民公寓4个，在建1个，预计解决固化宅基地指标4019个；草拟《顺德区轨道交通站场及周边土地综合开发利用供地模式的实施意见（送审稿）》；完善顺德区集体建设用地使用权流转管理办法。

**【土地执法监察】** 2017年，顺德区开展违法用地整治工作。立案查处土地违法案件208件，涉及土地面积158.8公顷，涉及拆除建筑物11.9万平方米，没收构建物70.7万平方米，收缴罚没款3252.7万元；结案65件，剩余241件违法用地案件待法定诉讼期届满后将依法申请法院强制执行。6月，顺德区土地执法通过省政府的检查验收。强化巡查工作，在线巡查人员平均在线率97.35%，巡查距离215629.01千米。上报涉嫌违法违规事件303件，涉及土地面积45.32公顷。其中，核查294件，核查率97.03%；办结285件，办结率94.06%。开展执法宣传工作，发出整治快讯2000余条，编印违法用地查处工作简报11期，联系各方媒体发出违法用地查处整改报道12篇。跟踪督办违法用地线索，顺德区国土城建和水利局共受理土地违法行为举报投诉线索71件。配合拟上市公司出具相关守法证明51份。

**【地质灾害防治】** 2017年，顺德区政府制订《顺德区2017年度地质灾害防治方案》，明确防范自然和人为因素引发地质灾害重点区域和防范措施，落实各镇（街道）防范地质灾害的责任，经区政府审核同意后印发实施。全年新增崩塌、滑坡型地质灾害隐患点11处。各镇（街道）实施地质灾害隐患点治理工程22宗，其中4宗竣工验收，5宗主体工程完成；投入地质灾害治理工程财政资金1300万元，投入地质灾害监测预警服务费用68万元，投入编制《佛山市顺德区地质灾害防治规划（2017—2030年）》服务费用16万元。

**【地理信息服务】** 2017年，顺德区受理审批对外提供测绘地理信息成果157批次，其中1:500数字地形图56120幅，1:-2000数字地形图5435幅，全区影像图14批次，全区专题图形数据5批次，数据加密延期处理14份。顺德区通过基础地理信息共享交换平台，利用在线方式满足顺德区政府各部门和社会公众对地理信息和空间定位、分析的基本需求，实现测绘地理信息成果高效、安全的共享应用。

**【不动产统一登记】** 2017年，根据《广东省国土资源厅转发国土资源部地籍管理司关于全力推进不动产登记信息管理基础平台接入及数据整合工作的通知》要求，顺德区加快不动产登记系统建设，完成增量数据、存量数据的整合与汇交工作，涉及232.26万条业务数据。全区上报增量登簿信息57056条，上报正确率99.5%，基本实现增量登记数据的实时监管和报送。全区印发不动产权证书17.28万本，出具不动产登记证明8.35万份。

## 水利“三防”工作

**【概况】** 2017年，顺德区国土城建和水利局督导各镇（街道）水利管理部门做好河道堤防日常管理工作，保障河道行洪和堤防安全。强化水资源管理，实行最严格水资源管理制度。

**【取水许可管理】** 2017年，顺德区强化水资源管理，实行最严格水资源管理制度。在2016年度佛山市实行最严格水资源管理制度考核中，顺德区在全市得分排名第一。顺德区落实取水许可管理和水资源费征收工作，严格取水许可审批，强化取水许可事中事后监管，及时核定下达取水户2017年度取用水计划。全区有取水户 47 户，其中 2017 年全区审批（包括延续、新发）取水许可证 28 宗。督促取水户完善取水许可论证工作，其中开展取水许可延续评估 13 宗，补充开展水资源论证 7 宗。2017 年全区征收水资源费 5133.7 万元，比 2016 年增收 156.7 万元。

## 2017 年顺德区实施堤围整治工程统计表

表 3

| 编号 | 镇（街道） | 工程名称 | 计划年度 | 工程规模 | 概算（万元） |
|---|---|---|---|---|---|
| 1 | 容桂 | 顺德区容桂街道胜江围堤围整治工程（白燕至安利特大桥段） | 2010 | 白燕粮油厂至安利特大桥段堤顶整治 4998 米，白燕粮油厂至渔涌水闸段堤岸抛石护坡整治 1028 米，马南橡胶厂段堤身截渗整治 50.4 米，白燕粮油厂至八涌闸站段堤围路灯安装 7180 米 | 2031.15 |
| 2 | 乐从 | 顺德区乐从镇菊花湾旧站拆除复堤及配套河涌工程 | 2017 | 菊花湾旧站拆除复堤（复堤长度约 50 米），沙良河、新猛水涌岸墙整治长度 649.6 米 | 915.16 |
| 合计 | | | | | 2946.31 |

## 2017 年顺德区实施水闸工程统计表

表 4

| 编号 | 镇（街道） | 工程名称 | 计划年度 | 工程规模 | 概算（万元） | 备注 |
|---|---|---|---|---|---|---|
| 1 | 陈村 | 顺德区陈村镇联安水船闸交通桥改造工程 | 2016 | 船闸新建交通桥总宽 4.7 米，总长 39 米；水闸新建交通桥总宽 4.5 米，总长 6.6×4=26.4 米 | 199.67 | |
| 2 | 均安 | 中顺大围均安镇力沙水闸后闸加固改造工程 | 2017 | 改造旧闸 2 座，新建箱涵 1 个 | 193.88 | 区财政补助 100 万元 |
| 3 | 北滘 | 顺德区北滘镇蚬肉迳水闸扩建工程 | 2017 | 两孔水闸，单孔孔宽 4.0 米，总孔宽 8.0 米，设计引排水流量为 31.75 立方米 / 秒 | 899.09 | |
| 合计 | | | | | 1292.64 | |

【水利工程建设】 2017年，顺德区实施水利工程8宗，总概算投资7475万元（其中区财政投资6881.17万元）。

堤防建设 2017年，顺德区实施堤围整治工程2宗，总概算投资2946.31万元，整治堤防长度7.23千米。

水闸建设 2017年，顺德实施水闸工程3宗，总概算投资1292.64万元，新建水闸闸孔总净宽8米。

泵站建设 2017年，顺德区实施泵站工程1宗，总概算投资391.36万元。电排站总设计排涝流量10.33立方米/秒，总装机容量635千瓦。

水环境整治 2017年，顺德区实施水环境整治工程2宗，概算投资2844.74万元，整治河涌河岸线总长度1.40千米，整治堤围河岸滩地长度1.8千米。

水利投资 2017年，顺德区完成区财政水利投入1.91亿元（包括0.69亿元的水利工程建设投入、1.22亿元的水利管理和维修养护），资金来源为区财政投入。

## 2017年顺德区实施泵站工程统计表

表5

| 镇（街道） | 工程名称 | 计划年度 | 工程规模 | 概算（万元） |
|---|---|---|---|---|
| 容桂 | 顺德区容桂街道旧电排站改造二期工程 | 2016 | 对凤翔北（7.8立方米/秒,460千瓦）、华丰沙（1.1立方米/秒,95千瓦）、扁滘（1.43立方米/秒,80千瓦）3座电排站进行调巩改造 | 391.36 |

## 2017年顺德区实施水环境整治工程统计表

表6

| 编号 | 镇(街道) | 工程名称 | 计划年度 | 工程规模 | 概算投资（万元） | 备注 |
|---|---|---|---|---|---|---|
| 1 | 均安 | 顺德区均安镇华安河河岸整治工程 | 2015 | 整治河涌河岸线总长度约1401米，整治范围为德安路至翠湖路段河涌两岸。主要整治内容为：园路及广场、亲水平台、景观绿化等 | 844.74 | |
| 2 | 勒流 | 顺德区顺德水道勒流黄连至江义段水环境提升改造工程 | 2017 | 整治堤围河岸滩地长度约1.8千米，面积约9.34万平方米 | 2000 | 区财政补助1500万元 |
| 合计 | | | | | 2844.74 | |

**【防汛防旱防风】** 2017年，顺德区各级“三防”办从4月11日开始24小时值班，并落实领导带班。按照上级要求，继续加强“三防”值班至10月31日。

水情　7月3日至7日，顺德区遭遇2017年西江1号洪水；7月4日至5日，顺德区各站点先后出现洪峰水位，但均低于警戒水位，其中甘竹站于4日15时40分出现洪峰水位4.78米（警戒水位5.00米），容奇站于5日10时15分出现洪峰水位2.66米（警戒水位2.90米），6日至7日两天各站点陆续退水。

雨情　2017年，全区累计降雨1662.7毫米。

风情　2017年，全区生成台风27个（其中南海生成的8个），造成较大影响的是2017年第13号台风“天鸽”、14号台风“帕卡”和20号台风“卡努”。

防御西江1号洪水情况　2017年7月3日至7日，顺德区成功防御2017年西江1号洪水，全区未出现因灾人员伤亡，未造成较大财产损失。该次洪水是自2008年6月大洪水后，顺德区遭遇的首次水位较高的洪水，洪峰水位接近警戒水位。据统计，全区各级“三防”工作组出动检查357次、2676人次；上堤巡查4745人次；出动抢险救灾161人，投入抢险设备63台；累计转移安置堤外受洪水影响群众969人。7月4日，洪水过境期间，均得到及时有效的处置未影响度汛安全。

防御第13号台风“天鸽”情况　2017年8月22日至23日，顺德区有效防御13号台风“天鸽”的侵袭，全区无因灾人员伤亡，未造成较大财产损失。台风影响期间，23日白天顺德区各镇（街道）录得最大阵风12级（均安），大良、容桂、杏坛11级，伦教、龙江、陈村、北滘、乐从10级，勒流9级；各镇（街道）普降大雨、局部暴雨，其中陈村、大良、北滘、容桂、乐从、伦教40到50毫米。据统计，全区庇护中心全面开放，转移并妥善安置19513人，转移船只335艘，渔排作业人员77人全部上岸；出动检查工作组746个，检查易涝点34处、建筑工地380处、简易厂房849栋、地质灾害点59处；及时清理折断、倒伏园林树木4684棵；供电线路中断273处，基本得到及时修复，全区总体供电正常；车辆受损145辆；广告牌受损813块。因措施有效、应对积极，全区未遭受较重灾情，生活生产秩序迅速恢复正常。

防御第14号台风“帕卡”情况　2017年8月26日至27日，顺德区全力防御14号台风“帕卡”。台风影响期间全区出现暴雨，平均风力4到7级，阵风8到10级，伦教录得最大累积雨量61.7毫米，未造成人员伤亡和较大财产损失。防风期间，全区336艘渔船全部回港避风，422个临时庇护中心全面开放，11旅游景区全部关停，全区中小学、幼儿园等教育机构全部停课，转移各类人员3万多人。出动检查工作组452个，检查易涝点227处、建筑工地418处、简易厂房826栋、地质灾害点59处。及时疏通处置道路水浸19处、及时清理折断、倒伏园林树木708棵；及时抢险中断供电线路2处、使受影响的347户停电用户迅速恢复正常供电；车辆受损15辆、广告牌受损78块。

防御第20号台风“卡努”情况　2017年10月14日至15日，顺德区“三防”指挥部先后启动防风Ⅳ、Ⅲ级应急响应。防风应急响应期间，顺德区15日白天普降小雨，平均风力5到7级，阵风7到9级。未造成人员伤亡和较大财产损失。防风应急响应期间，全区停课、顺德港停航、在建工地停工，出动检查工作组482个，出动抢险力量1528人，检查易涝点27处、简易厂房330栋、在建工地370处、地质灾害点71处、危化品企业151间；全区开放应急庇护场所321处，总共转移安置人员4478人（包括危化品企业转移人员）；全区旅游景区全部关闭、撤离人员1731人；渔船300艘全部回港；11家危化品企业停工、转移安置1059人；地质灾害工地停工6处、转移安置31人；因灾停电878处、基站通信中断59处，均得到及时抢修恢复供电；倒伏或折断树木71棵、广告牌受损57块，均得到及时清理。

## 建筑业管理

**【概况】** 2017年，顺德区核发建筑工程施工许可291项，面积1331万平方米，造价313.9亿元。办理建筑工程及市政基础设施工程竣工验收备案274项，面积920.4万平方米，造价173.8亿元。

**【工程质量管理】** 2017年，顺德区贯彻实施《工程质量治理两年行动实施方案》要求，加大混凝土工程质量监督力度，建筑工程质量稳中有升。采取日常监督与专项抽查相结合，推进实施“双随机一公开”抽查机制，开展工程实体质量专项治理，将工程施工中的不良质量行为与企业诚信挂钩，促进参建单位落实质量安全责任。加大混凝土交货检验、混凝土标准养护、混凝土工程浇筑质量的监督管理力度，发现不按规定落实预拌混凝土交货检验制度的行为，强制实施实体质量检测，确保工程结构质量。顺德区工程的质量终身责任制基本健全，“两书一牌”签订率100%，人员到位情况有所改善，建筑节能工作更规范化、常态化、信息化，分户验收结合信访热点问题开展，加强住宅工程质量把关，全区工程质量情况稳中有升。

2017年8月至10月，顺德区对11家混凝土生产企业开展预拌混凝土配合比专项检查，检查结果反映混凝土生产企业对混凝土配合比控制、产品质量和整改落实较为重视，顺德区预拌混凝土生产质量可控。通过开展水泥比对验证工作，着力提升预拌混凝土质量，响应省建材打假通知精神，防止不符合标准规范的海砂流入建筑市场；并对质量检测企业多方位分层次监督，杜绝预拌混凝土、预应力管桩和质量检测企业的各类违规行为，严密防范行业事故，为顺德区的建设工程质量安全保驾护航。

**【施工安全管理】** 2017年，顺德区重点排查、管控建设领域风险点危险源，使建设工程安全生产平稳可控。全年除开展日常巡查、季度和半年大检查、节假日巡查外，还开展岁末年初、节后复工安全大检查等10多个安全生产专项整治行动，全年发出整改1377份，局部停工185份，全面停工34份，企业扣分189次，人员扣分1212人次。

顺德区把区内施工的深基坑纳入常态化专项治理监管范围，建立动态台账，利用信息管理系统实时掌握区内在建的65项基坑工程的监测成果。健全危险性较大工程安全管控体系，以模板支撑工程验收为重点，采取监督验收抽查等有效措施防范风险。此外，顺德区实行起重设备安装企业和人员入册备案管理，坚持现场安装作业监督抽查和微信实时上报双结合，全年办理起重设备产权登记960台，对6家违规的责任单位记不良记录、通报批评2家、暂停施工起重机械业务受理5家。全年顺德区建设工程安全生产平稳可控。

顺德区利用“互联网+建设监督”，实现建筑施工现场移动执法；通过佛山市“一张图”的深基坑第三方监测信息系统加强危险性较大工程的日常监督；建立交通市政工程危险性较大工程的微信管理平台，全面实施交通市政危险性较大工程的实时监督管理，全年利用微信发布“顺德区建设工程安全信息提示”26条，及时转发区三防办信息5条，转发各类通知820多条，实时转报“约谈告诫会”15次，稳步推进数字化监管模式，着力提升监督工作效能，收效显著。

对区内在建房屋建筑和市政基础设施工程实施施工安全生产标准化评定工作，全年受理建筑施工安全生产标准化考评328项，其中考评优良2项，合格的322项，合格率达98%。

顺德区国土城建和水利局每月与各镇（街道）国土城建和水利局联合开展扬尘防控专项督查，全年督查渣土堆放或运输的工地现场2379项次，并对不落实监督责任的镇（街道）监督部门，按“一案双查”原则启动履职情况调查实施问责；组建“顺德区工地扬尘第三方督查群”，及时处理案件，督促工地立行立改。通过工地扬尘防治常态化，结合“美城行动”和城市管理考评工作，督促工地落实“六个

100%”（现场围蔽、砂土覆盖、路面硬化、洒水压尘、车辆冲净、场地绿化），使顺德区工地文明施工水平有效提高。

【勘察设计管理】 2017年，顺德区完成施工图审查项目1429个，其中勘察专业400个、房屋建筑284个、消防专项审查418个、市政工程118个、燃气专业209个。

【建设工程质量检测】 2017年，顺德区建设工程质量安全监督检测中心完成工程基桩检测74325根，常规建筑材料检测228766组，完成建筑面积6964.7平方米的房屋鉴定工作。其中，受区政府委托完成北滘镇南源花园爆燃事件房屋结构安全鉴定工作。全年检测发现不合格基桩290根，不合格建筑材料3945组。配合标后监管工作抽检163批次，配合质安大检查3次，抽检原材料178批次，实体检测1340批次，配合建筑节能专项抽检20批次；配合区质监科日常工地抽检1250批次。组织对民营检测机构、鉴定机构、预拌混凝土生产企业和预制建筑构件生产企业质量监督53次，抽检材料233批次。

是年5月，顺德区建设工程质量安全监督检测中心参与的课题“静载试验绿色安装技术集成体系研究及其应用”获得华夏建设科学技术奖三等奖。6月，参与的“基桩高应变法能力验证标准化体系研究”课题和“大型会展中心工程质量综合检测技术研究”项目分别获得广东省土木建筑学会科学技术二等奖和三等奖。10月，参加广东省水泥质量监督检验站（广州）组织的全省大比对活动，连续十年获得“水泥物理性能全合格单位”称号。参与编写的广东省标准《预应力高强混凝土管桩基础耐久性技术规范》（DBJ/T15-124-2017），于10月1日实施。

【建筑节能管理】 2017年，顺德区按绿色建筑标准设计的建筑总面积265万平方米。其中，获得设计评价标识的绿色建筑总面积65万平方米，通过绿色建筑设计认定总面积200万平方米。全年审查节能设计工程项目数量185项，总建筑面积798万平方米，其中居住面积605万平方米，公建面积193万平方米。全年建筑节能设计达标率100%，建筑节能施工达标率98%。年内，顺德区2家新型墙材厂家生产灰砂砖0.63亿块，折合节约能源3906吨煤；2家新型墙材厂家生产混凝土实心砖0.72亿块，折合节约能源4464吨煤；4家新型墙材厂家生产蒸压加气混凝土砖块5.814亿块，折合节约能源36046.8吨煤。

## 房地产开发

【概况】 2017年，顺德区办理商品房预售220宗，建筑面积479.71万平方米。全年新建商品房（网签数，下同）成交金额461.09亿元，比上年下降23%；成交建筑面积439.74万平方米，下降36%；成交套数57858套，下降24%。其中，商品住宅成交金额297.83亿元，比上年下降40%；成交建筑面积253.24万平方米，下降55%；成交套数19985套，下降56%；按建筑面积计算成交均价11760.74元/平方米。商业成交金额114.01亿元，比上年增长81%；成交建筑面积89.75万平方米，增长58%；按建筑面积计算成交均价12702.10元/平方米。

【房地产市场管理】 2017年，为抑制房价、地价过快增长，防范市场风险，顺德区持续保持房地产市场调控高压态势。房地产政策坚持“房子是用来住的，不是用来炒的”定位，坚持让房屋回归居住属性，房地产市场从传统的需求端调整向供给侧增加进行转变，限购、限贷、限售政策叠加，供应结构优化，市场销售增速明显回落，价格涨幅放缓，调控效果逐步显现。同时，培育发展住房租赁市场，完善多层次住房供应体系，构建租购并举的住房制度，推动长效机制的建立健全。

【房地产市场去库存】 2017年，受房地产市场限购政策影响，顺德区商品住宅销量下滑，商品房库存量出现回增，去库存压力增大。按整个去库存任务周期计算（含2016年全年），至2017年底，全区商品房库存比2015年底减少20.58万平方米，其中商品住宅比2015年年底增加库存2.16万平方米，非住宅商品房减少22.74万平方米。

【物业管理】 2017年，顺德区完成业主委员会备案41宗，全区在有效期内的业主委员会144个；住宅专项维修资金支取审批207宗，涉及金额329.76万元，全区有维修资金余额34.3亿元。开展全区物业管理项目现场检查工作，完成对全区100个物业管理项目的现场检查；开始建立物业管理消防安全管理制度，通过区协会举办初级建（构）筑物消防员培训班，开展多次消防专项检查，确保消防安全工作落到实处。

【保障性住房】 2017年，顺德区发放租赁补贴484户，发放租赁补贴金额约270万元；新增138户家庭领取租赁补贴。完成棚户区住房改造货币化安置239套（城市棚户区）、公共租赁住房分配528套，完成广东省政府下达的住房保障工作任务。出台《顺德区人才专卖房管理暂行办法》，对顺德区人才专卖房的定义、分配原则、职能分工、销售管理等内容作出明确规定。

【农民公寓建设】 2017年，顺德区推进农民公寓建设，协调解决试点项目建设过程中遇到的各种困难，及时跟进项目建成后的分配工作。协调处置均安豸浦翰苑农民公寓剩余住宅，按政策向均安镇人民政府划拨资金424.7万元用于发放农民公寓补贴。推进均安镇鹤峰社区上村农民公寓项目，初步完成可行性报告编制。　（区国土城建和水利局）

## 城市管理

【概况】 2017年，顺德区提升城市精细化水平；开展城中村和“五位一体”升级改造，提升城市品质内涵；以执法和数字城管为重要手段，巩固城市管理工作成效；推出“寻美顺德”活动，提高公众对城市管理工作的参与度和认同感。2017年，“美城行动”完成73个黑点整改，开展9个城中村（旧居民社区）改造升级，数字城管有效处置案件601932件，按期结案率99.66%，清拆建成区违法建设53239.49平方米。同时，以推行“河长制”为契机，推进全区水体环境综合整治工作；以提升全区生活垃圾处理能力为目标，提速重点项目的建设进度。2017年，桂畔海水系整治清淤60985立方米，新建截污管网2535米，顺控环投热电项目土建工程完成88%，治污能力日臻完善。

【“美城行动”】 2017年，顺德区城管办优化考评工作，提升城市精细化管理水平。结合佛山市城市管理考评形势，开启市考评迎检督查，派员到各镇（街道）检查，督促镇街落实整改；调整“美城行动”考评范围和考评标准，重新把大良街道纳入“美城行动”考评，恢复各镇（街道）主要领导的城市管理个人责任保证金制度，实现区镇同责；结合《佛山市城市管理考核评比暂行办法（第五次修订）》，重点调整与城市管理考评相关的资料报送管理大项，根据考评内容调整申诉整改期限；继续将“八乱一占”等违法行为的整治情况纳入考评，提升城市管理软实力；指定黑点开展明检，督促镇（街道）整治市容卫生死角；加强扬尘源头管理，重点考评渣土运输车辆带泥上路、未安装喷淋装置等未落实扬尘防治措施的工地，发挥“以考促管”的作用。委托第三方调研机构，在全区10个镇（街道）、202个村（社区）开展城市管理工作市民满意度调查。2017年，城市管理工作群众满意度平均得分84.60分，比2016年提高2.54分，其中市民对市容管理方面的满意度显著提升。

【城中村（旧居民社区）升级改造】 2017年，顺德区城管办推进城中村（旧居民社区）的改造升级工作，统筹大良、陈村等相关部门，制订改造计划和方案，通过建筑外立面美化、市政设施提升、绿化景观提升、文化景观营造、村居管理优化等方面，提升村居环境品质。其中，大良鸿图新村中心片区改造项目、金榜环城新村改造项目和陈村登洲村中心片区改造项目，被纳入顺德区2017年“十大民生实事”。截至年底，三个改造项目完成所有改造任务并通过专家验收。

【顺德桂畔海水系综合整治工程】2017年，桂畔海水系综合整治工作领导小组召开多次会议，解决联合体内部分歧、临时堆场、报建报监等客观困难，以及征地拆迁细则、河涌清（污）淤、管网修复、自动化管理系统、房屋保护等技术性问题。桂畔海水系综合整治工程于2017年3月动工，项目包含129个子工程。鉴于该项目数量多、范围广、时间紧。为加快工程进度，施工单位采用“边深化设计边施工”的方式，分阶段、分片区（分3个片区）开展建设工作。截至年底，完成清淤量60985立方米，新建截污管网3493米，完成管道检测、修复（含清淤）14337.4米，完成子工程施工图45份。

【数字城管建设】2017年，顺德区数字城管有效处置各类案件601932件，应结案407875件，结案407146件，结案率99.82%；按期结案406257件，按期结案率99.66%，其中处理采集员有效上报一般案件439198件，市级平台调度派遣案件11469件，美城行动转入案件12718件，区属部门案件922件。数字城管系统的统筹力度加强，将容桂、乐从、龙江、北滘、均安等5个镇（街道）建成的垃圾中转站视频监控设备接入区数字城管平台；经过审批合法的150辆渣土运输车辆接入市、区两级数字城管平台；717辆环卫车辆的GPS监控设备接入顺德区数字城管平台。

【城市管理执法】2017年，顺德区出动执法人员57789人次，出动车辆12535车次，受（处）理城市管理方面投诉（案件）26157件，其中，教育纠正各类违规行为24657件，立案1500件，罚没金额982.98万元。全年查处各类违法建设案件319件，拆除违法建筑53239.49平方米。同年10月，在全区开展违法建设治理工作百日攻坚行动，期间出动执法人员2632人次，查处违法建筑6.1万平方米。全年检查、复查在建工地1262个，对施工单位将建筑垃圾交给个人或者未经核准从事建筑垃圾运输的违法行为立案查处28件，全年受理车辆撒漏案件1225件，教育纠正933件，立案查处167件。

【“寻美顺德”活动】2017年，顺德区城管办结合城市治理行动和城中村（旧居民社区）改造升级工作，推出“寻美顺德”活动。活动分为“最美公园”“最美河涌”“最美街道”和“最美村庄”四个主题，通过线上评选和专家评审选出“最美”系列，再组织线下“千人游美城”，邀市民参加游赏活动，挖掘各镇（街道）城市升级的美城美景，带领市民发现顺德之美，提高公众对城市管理工作的参与度和认同感，共享顺德区城市管理成果。

（焦筱容）

## 公用事业

【供电】截至2017年12月31日，顺德供电局的供电面积806.15平方千米，区域内有4个街道、6个镇，205个村（社区），用电户96.75万户。2017年，顺德全区全社会用电量达194.94亿千瓦时，比上年增长8.20%，电网最高负荷367.2万千瓦。

2017年，顺德供电局主网投资4.52亿元，涉及在建项目18个，其中220千伏熙悦变电站、220千伏容桂变电站、220千伏佛藤吉南双回路改造一期工程、110千伏槎涌输变电工程、110千伏罗沙输变电工程于当年投产，新增220千伏主变容量960兆伏安、新增110千伏主变容量252兆伏安。主网前期工作方面，涉及15项输变电工程，其中顺德II站配套220千伏线路工程、佛山220千伏佛山—藤沙—吉安—南海线路双回路改造工程（II期）、110千伏碧江、凤山、岗北、东升输变电工程、110千伏顺德区顺控环投热电项目接入系统工程、熙悦—元基结构完善、广州7号线配套110千伏间隔扩建工程、佛山市城市轨道交通二、三号线主变电所供电线路配套110千伏间隔扩建工程（顺德）等一批工程，先后办理项目支持性文件。配网工作方面，2017年投资完成10.89亿元，涉及新建项目1401个。规划前期方面，规划项目2600个，储备金额42亿元，重点解决线路、配变过载问题，合理安排网架完善三年行动计划、提高配网可转供率、满足配网自动化全覆盖及1小时供电区域光纤通信网全覆盖等项目。实现2017年配网环网率100%的规划指标要求。完成顺德西部生态产业区电力专项规划。开展北滘智造小镇专项规划。针对北滘重点负荷增长区域，结合镇政府控规及经济发展计划，组织北滘镇规划、经促等部门、设计单位、局规划专家及供电所相关人员，政企联动打造北滘镇智能电网专项规划，为地方经济发展构建坚强、可靠的智能电网。

2017年，顺德供电局全年执行局部性、阶段性的错峰用电21次，累计错峰天数50天，最大压降负荷10.95万千瓦/天，参与错峰客户1.12万户·次（其中高压客户0.35万户·次、低压客户0.77万户·次），期间实现被上级强制拉路零回·次、客户零投诉，受限区域电力供应有序。推进“电替代”工作，将“电替代”工作结合到政府主导的节能减排工作中一并开展，开展“电替代”宣传推广活动，全年完成电替代电量2.96亿千瓦时，促成佛山首宗港口岸电项目（广东颐德港口有限公司）、首宗电厂转电网供电项目（广东德冠包装材料有限公司）的落地。开展节能宣传，提倡环保低碳的理念，联合相关政府部门举办一系列节能推广活动，分别于3月26日举办顺德区2017年“地球一小时”活动，9—10月举办“欢乐校园行”暨社区行活动，营造绿色发展的社会氛围，取得良好反响。（暨映晖）

**【供水】** 2017年，顺德区推进供水整合工作，新建及改造供水管网130.06千米（DN75mm以上）。截至年底，全区有14家供水厂，全区所有自来水厂供水能力171.17万立方米/日，供水管网3703.62千米（DN75mm以上），用户70.59万户。全年自来水供水量45494.47万立方米。（焦筱容）

2017年，广东顺控发展股份有限公司全年供水量42217.75万立方米，占全区供水量的92.8%。日供水能力147.8万吨，供水面积约800平方公里，服务人口约240万人，直接用户约64.2万户。用户水表抄收率100%，水费收费及时率98.92%，用户投诉办结率100%，水质综合合格率99.96%。完成原水、出厂水、管网水等水样检测分析7000多份，出具各类检测报告和统计报告1000多份；定期通过公司网站、微信向公众公布水厂出厂水、管网水的水质情况。推进乐从、龙江水厂取水口迁建项目，立项前期工作基本完成。推进农村供水管理工作，投资1402万元，实施勒流黄连南桂直街、大良红岗金斗工业区等21项镇（街道）给水管网改造项目。完善陈村地区供水配套工程，投资约200万元，完成北滘永安路至三乐路DN1200给水管道工程。加强企业管理工作，出台《水表管理暂行规定》《住宅小区抄表到户暂行规定》《供水管网管理制度汇编》等制度，组织开展供水服务进社区活动235场，为用户提供用水现场咨询与服务。

（梁锦欣）

**【供气管网建设与管理】** 2017年，顺德区新建天然气市政管网37千米，新增天然气用户3.14万户。截至年底，新增天然气管网55千米，全区天然气管网925千米（市政+庭院），用户19.79万户，全年天然气销售量2.31亿立方米，比2016年增长12.1%。顺德区天然气管网的建设以及投资额基本完成佛山市2017年补齐软硬基础设施短板重大工程相关指标。2017年，顺德区落实管道安全隐患检查，巩固油气输送管道安全隐患整治攻坚战成果。全年巡查油气管道1476千米，依法制止4宗可能危及油气输送管道安全的采用机械设备挖钻施工事件，保护油气输送管道及周边人民群众生命财产安全。

【北滘镇南源花园“1·18”爆炸事故】2017年，顺德区北滘镇南源花园富逸楼5幢702住宅发生爆燃事故，导致380间房屋受损，其中52户住户受损较重，1人轻伤，1人重伤后经抢救无效死亡。事件发生后，顺德区迅速成立北滘镇南源花园“1·18”爆燃事件联合调查组，全力做好伤员救治及家属安抚工作，以及受损房屋的修缮和重建工作。根据《佛山市顺德区北滘镇南源花园“1·18”爆炸事故调查报告》，调查认定，佛山市顺德区北滘镇南源花“1·18”爆炸事故属于住户内液化石油气泄漏时间长、泄漏量大、集聚浓度高，达到液化石油气爆炸极限浓度，遇点火源引发的意外爆炸事故。

【垃圾管理】2017年，顺德区提高环境保洁专业化和社会化水平，推行“大保洁”模式，将保洁范围延伸至所有村（社区），全年清运处理生活垃圾146.31万吨。截至年底，累计完成各村居203个垃圾收集站的改建、新建工作，配合前端运输机械化，实现生活垃圾密闭收集。第二批伦教、勒流两个街道镇级生活垃圾中转站改造工程完成土建施工招标，并于年底动工。全区生活垃圾无害化处理率（含农村）100%。

【污水处理】2017年，顺德区推进城镇污水厂续建项目建设和已建城镇污水处理厂提标改造工程。北滘污水处理厂三期完成建设投入运营，伦教污水厂二期厂区、北滘群力围污水厂一期配套管网正式动工建设，启动全区13间城镇污水厂提标改造工程。年内城镇污水处理总规模达70.5万吨/日，配套污水管网达474千米。推进农村分散污水处理设施建设，年内建成投产（含调试）农村分散污水处理设施项目92个，总处理能力5.4万吨/日。

【海绵城市建设】2017年，顺德区推进海绵城市建设工作，印发《佛山市顺德区海绵城市建设专项规划和试点区域实施方案》和《佛山市海绵城市规划建设管理暂行办法》。11月，顺德区海绵办通过公开招投标方式确定技术支撑及咨询服务团队，负责对顺德区建设项目的海绵城市设计方案进行第三方技术审查。12月，出台《顺德区海绵城市建设与PPP模式投融资战略合作的实施意见》及《佛山市顺德区关于促进海绵城市发展优惠政策及实施细则》。2017年，顺德区有海绵型建筑与小区类项目4个，海绵型道路类项目5个，海绵型公园与绿地、广场类项目3个，海绵型水务类项目8个。其中，列入重点区域的有11个，已全部开工建设。截至年底，5个完工，已建项目达到海绵城市建设面积4.83平方千米。

【推行“河长制”】2017年，顺德区全面推进全区“河长制”工作。印发《顺德区全面推行河长制工作方案》，成立“河长制”工作领导小组，设立“河长制”工作办公室。由区委书记郭文海担任顺德区总河长，区长彭聪恩担任副总河长；建立区域与流域相结合的区、镇、村三级河长体系，设区级河长12人、镇级河长158人、村级河长190人，实现区、镇、村三级河长全覆盖。建立党政领导常态化巡河机制，截至年底，区级河长巡河26次，镇级河长巡河727次。12月5日前完成设立各级“河长制”公示牌1812块和1541个河湖“一河一策”实施方案编制。

（焦筱容）

【在建公共建筑项目】2017年，顺德区公用事业管理局在建公共建筑项目5个。

顺德区第一人民医院易地新建项目　截至2017年年底，工程基本完工，正在进行全面调试，累计完成工程总量的82.75%。工程计划2018年上半年投入使用。

桂洲医院易地新建项目　截至2017年年底，医疗服务楼土建完成，门诊部装修完成99%，附属楼工程完成99%，外环境及配套工程完工，累计完成工程总量的98%。工程计划2018年下半年完工。

中医院环市北门诊部　截至2017年年底，土建完成，外墙装修完成，累计完成产值5149.5万元，累计完成工程总量的82%。工程计划2018年上半年完工。

大良南国西路保障性住房　截至2017年年底，一期（1～7座）基本完工，累计完成工程总量的95%；二期（8、9座）完成设计招标，正在进行规划报建。

大良消防站工程　位于佛山市顺德区大良街道五沙工业园区新悦路段，用地面积4326.44平方米，基底面积1291.22平方米，总建筑面积3875.07平方米，地上4层，框架结构。抗震设防烈度8度。项目投资总控2594万元，其中土建、装饰、安装、园建及绿化中标合同价10933615.09元。截至2017年年底，该工程完工。

**【在建市政建设项目】** 2017年，顺德区公用事业管理局在建市政项目6个。

桂畔海南岸德民路东延线绿化景观工程　包括顺德体育公园及其他步道、自行车道，工程规模32万平方米，工程投资11356万元。截至2017年年底，该工程完工。

德胜河北岸澄海路东延段绿化景观工程　以绿化、公园等建设为主，工程规模20万平方米，工程投资11320万元。截至2017年年底，该工程完工。

东乐路东延线　项目位于大良东区，城市主干道，全长约1680米，道路宽60米，总投资38328万元。截至2017年年底，云阳路至碧桂路段通车，累计完成产值24958万元，累计完成工程总量的93.2%。工程计划2018年上半年完工。

新峰路工程　项目北起东乐路东延线，南至南国东路，路线全长815米。城市次干道标准，路基宽30米，双向4车道，设中桥一座，总投资4525万元。截至2017年年底，该工程完工。

新基北路二期工程　路线总长460.97米，I级城市主干道标准，设计速度60千米/小时，道路红线宽45米，工程投资估算9772万元。截至2017年年底，该项目完工。

德民路东延线　城市次干道，长2.15千米，双向6车道，完善顺德新城路网，解决南城水轴片区的东西向交通问题。工程总投资34963万元。截至2017年年底，该工程完工。

**【在建道路桥梁工程项目】** 2016年，顺德区公用事业管理局在建道路桥梁工程项目6个。

伦桂路　路线全长11.953千米，南起红旗西路，北至龙洲公路。全线设安利特大桥及容桂特大桥。路基宽60米，主路双向6车道，辅路双向4车道，主路设计速度80千米/小时（局部60千米/小时），辅路设计速度40千米/小时，采用一级公路标准兼顾城市道路功能。工程概算24.2648亿元。截至2017年年底主线全线贯通。

佛陈路东延线工程　位于顺德区东北部陈村街道境内，为新建工程。根据路网规划，本项目西接佛陈路，东接海华大桥，海华大桥东接广州南站，为广佛交通联系的重要通道之一。该项目路线呈东西走向，起点位于佛陈路陈村大桥北岸引道，路线向东途径陈村医院、供销社综合食品厂，以跨线桥方式上跨新栏路及新栏涌，下穿广珠西线，终点与规划的海华大桥西引道相接，路线起点与佛陈路的交通组织采用主线和匝道方式进行连接。道路主线长度1.375千米、匝道总长度3.817千米，共设置1座跨线桥、7条匝道（含2座匝道桥）、2座中桥、3道涵洞，城市主干路，双向6车道，投资总控5.49亿元。截至2017年年底，累计完成产值11504.23万元，累计完成工程总量的51.245%。计划2018年底完工。

海华大桥工程　该项目连接顺德与番禺两区，起点为佛陈路东延线下穿广珠西线高速公路跨越陈村水道，进入番禺区石壁街道、下穿广明高速公路，终点接入广州南站双涌路，全长2.84千米，按一级公路标准，双向8车道，设计速度80千米/小时。项目省发改委批复投资6.2

亿元，由顺德区负责全部前期工作，项目施工阶段，两地建设海华大桥及引道工程，而番禺段引道终点接广州南站的900米由广州南站相关开发公司施工建设。截至2017年年底，累计完成产值9784万元，累计完成工程总量的33%。计划2019年完成建设。

新华工业路跨线桥工程、乐安跨线桥工程　项目位于顺德西南部均安镇，是规划干线路网横九线中的一段，是对均南路（泰安路）进行改扩建，路线起点位于均安镇仓门村附近的百安路，与规划建设中的横九线（南浦至天湖段）相接，跨越凫州河，上跨新华工业路，终点与规划建设中的南沙特大桥桥头引道相接，主线路线全长1.901千米，包含均安二桥（两侧新建）大桥1座，新华工业路跨线桥1座。工程造价1.8亿元。截至2017年年底，累计完成产值8300万元，累计完成工程总量的45%。计划2018年下半年完工。

文登路改造工程位于顺德区陈村镇，是对既有文登路的拓宽改建工程。项目线路呈东西走向，起点与佛陈路对接，向东由佛山一环主路跨线桥下穿后，与广明高速并行1.5千米后，分别与花卉大道、庄头入村大道、萃北路、环镇西路、平康北便街相交，终点位于陈村大道处，线路全长5.88千米。采用一级公路设计标准，设计速度60千米/小时。其中，项目起点处设置佛陈路下沉式隧道，实现佛陈路快速化；与广明高速在文登路AK+100～AK2+550段采用高架桥形式并行；地铁2号线在佛陈路至佛山一环之间采用下穿方式；花卉大道至陈村大道采用高架桥方式与文登路并行，并在文登路中央分隔带处设置桥墩。项目总投资为69205万元。截至2017年年底，累计完成产值132万元，累计完成工程总量的0.1%。计划2019年完工。

伦桂路北延线（顺德区古鉴至仕版道路规模调整工程第Ⅱ标段）。本工程路线起点位于仕版农业示范园区，接建成的伦桂路（第Ⅰ标段），上跨龙洲公路，通过匝道连接，形成互通立交，终点位于滨江西路平交相接，路线呈南北走向，全长约1.532千米。道路设计标准：为一级公路兼顾城市道路功能，设计速度主线为80千米/小时，辅道及匝道为40千米/小时；路基宽60米。本工程设立交桥1座，中小桥4座，人行天桥1座，涵洞3座。截至2017年年底，累计完成产值5051.35万元，累计完成工程总量的24.7%。计划主体工程于2018年12月建成。

（麦浩夷）

## 气　象

**【概况】**　2017年，顺德区气象局在气象信息服务、防雷减灾工作、基础业务建设、安全生产监管等方面取得新进展。全年发布预警信号149次，其中台风16次，暴雨40次，雷雨大风50次，高温22次，灰霾1次，大雾2次，寒冷6次，冰雹3次，森林火险9次。发布《顺德气象信息专报》25期、《顺德气象信息快报》293期。通过省突发事件预警信息发布平台发送决策气象服务短信534条，服务1725556人次。免费为市民开具保险理赔或法律诉讼气象证明70份，接受媒体采访42次。

**【气象信息服务】**　2017年，顺德区气象局拓展气象信息发布渠道，提高气象信息覆盖率和便民办事效率，“顺德天气”微信公众号新增“缤纷微天气”和“行政办事预约”栏目，全年推送气象服务信息41条，气象灾害预警提醒203次，服务390040人次；“顺德天气”新浪微博和腾讯微博发布气象服务信3686条。编辑印发《2017年佛山市顺德区气象公共服务白皮书》和《2016年顺德气候公报》，并赠送到各部门、学校和图书馆。

**【防雷减灾】**　2017年，顺德区气象局办理防雷装置设计审核63个单位、171座建筑物，重审70个单位、建筑物215座；防雷装置竣工验收242个单位、建筑物740座，现场验收82个单位、286座建筑物；发出《整改意见书》10份，均落实整改；联合报建16个单位，联合验收37个单位；防雷工程基本情况登记131个单位、431座建筑物。

推进中介服务委托项目招标，落实顺德区政府对气象行政许可中介服务委托费下达的预算指标，完成“2016年新建建（构）筑物防雷装置技术评价和检测委托业务（第一标）、（第二标）”372万元、2017年委托开展“防雷中介服务费”120万元三个标的招标工作。对区内35家涉氨制冷企业进行第二轮防雷安全整改督办工作。出动执法检查人员136人次，检查企业35家，发出督办告知书28份。

理清与住建部门的许可范围，明晰部门监管职责，消除职责交叉和监管空白。就建筑物加建、道路桥梁的防雷报建跟佛山市气象局审批科、区国土城建和水利局沟通协调，达成一致意见。全年没有发生防雷安全生产事故和雷击人员伤亡事故。完成防雷定期检测单位965个，其中危化企业541家，出具整改意见18份；一般企业424家，出具整改意见78份。完成防雷竣工检测单位327个，1109座建筑物。受理在建工地防雷跟踪检测预约服务3115次。承接旧建筑物后补防雷人工地网技术评价79个单位99座建筑物，重审项目32个单位75座建筑物，办理设计方案修改的技术评价199个单位581座建筑物。

【气象基础业务建设】 2017年，顺德区气象局完成省气象局下达的串口服务器和降水现象仪的布设安装任务并投入业务运行。完成中尺度自动气象站升级改造项目，把全区的四要素自动站升级为六要素自动站，丰富基础观测要素，为气象预报业务提供更丰富的数据支撑。“自动站维护综合管理信息系统”开发成功并投入使用，创新性地使用自动站质量控制技术来分析仪器的故障，为自动站外包维护提供技术保障。完成地面观测站新型备份站的升级改造。完成X波段双偏振雷达相关建设，上半年完成勒流扶闾雷达站的防雷施工工程、雷达辐射监测等工作（辐射符合标准对周边环境没有影响），雷达于5月正式投入业务运行。按照区政府整合全区各部门应急指挥机构的统一部署及区智慧城市（一期）工程总体规划，做好突发事件预警信息发布中心、气象灾害防御管理办公室（重大气象灾害应急指挥部办公室）进驻区智慧城市应急指挥和决策中心办公的相关工作。完成气象局局务管理APP软件开发项目，实现手机移动办公，最大程度提高各部门的办公效率。（莫正强）

## 地震监测与预防

【概况】 2017年，顺德区发出《关于进一步加强顺德区各中小学校防震减灾工作的通知》；按照市地震局部署开展在建项目“双随机一公开”抗震设防安全评价专项检查；举办防震减灾应急知识专题讲座，推进防震减灾宣传教育进机关工作。

【地震测报】 2017年，顺德区地震监测台网包括1个地下流体观测站、3个电磁波观测站、1个强震观测站、1个测震观测站、7个地震预警自动观测站和1个信息处理分中心。各观测站与省、市联网，实现24小时自动观测，数据连续性达96%。按季度开展全区站点维护巡查，设备正常运转率达98%，为省、市地震监测提供准确可靠的基础数据。实现区内强震发生后10秒内发出地震预警信息，对有感地震15分钟内发出地震烈度速报信息。

【防震减灾】 2017年，顺德区发出《关于进一步加强顺德区各中小学校防震减灾工作的通知》，明确要求全区各中小学校将开展防灾减灾知识宣传和定期组织学生开展应急演练作为学校教学大纲内容予以落实，普及地震常识，提高逃生避险技能，在灾害来临时最大限度地减少伤亡损失。顺德区国土城建和水利局开展顺德区在建项目“双随机一公开”抗震设防安全评价专项检查，重点检查工程设计图、结构图、勘察报告及钢筋检测报告等图纸资料，了解建设工程抗震设防执行情况和建设工程安全性评

### 2017年顺德区地震监测点一览表

表7

| 序号 | 顺德区地震监测站点名称 | 地点 | 作用 |
|---|---|---|---|
| 1 | 顺德均安站 | 顺德均安镇政府院内 | 预警 |
| 2 | 顺德北滘站 | 顺德北滘三洪奇水利枢纽站 | 预警、电磁波 |
| 3 | 顺德容桂站 | 顺德容桂国土城建水务局 | 预警 |
| 4 | 顺德乐从站 | 顺德乐从镇水利所 | 预警 |
| 5 | 顺德勒流站 | 顺德勒流镇国土城建水务局（东风村委会附近） | 预警、电磁波 |
| 6 | 顺德杏坛站 | 顺德杏坛镇三防信息中心（胡宝星职业技术学校附近） | 预警、电磁波 |
| 7 | 顺德大良站 | 顺德区政府东停车场 | 测震、强震、预警 |
| 8 | 顺德德胜井 | 顺德区政府东停车场 | 地下流体 |

价实施情况，并对检查情况进行通报。

2017年5月11日，顺德区国土城建和水利局联合区应急办在区政府大楼举办防震减灾应急知识专题讲座宣传教育活动，讲解地震形成原因、危害性、自救互救技巧等，增强机关事业单位干部应对地震灾害的心理承受能力和科学应急避险能力。区防震抗震救灾工作领导小组各成员单位、各镇人民政府（街道办事处）和各区属学校约200人参加活动。

是年，为加强信息资源共享与利用，构建信息化工作新机制和信息化服务新模式，加强城市地下空间合理开发利用以及为城市基础设施建设提供信息保障，实现“一张图”管理，顺德区国土城建和水利局与信息管理部门合作，对顺德区地震避难场所信息进行梳理，在区地理信息系统中进行上图标注，利用地理信息资源开发地震信息管理库，向有关部门提供避难场所信息资料，为城市建设发展提供数据支撑。

**【地震应急避难场所管理】** 2017年，顺德区结合广场公园、学校社区设有42个地震应急避难场所，占地面积约270万平方米，实际避难面积118万平方米，可安置避难人数54万人，满足中心城镇人口应急避险需要。按照《佛山市顺德区地震应急避难场所管理办法》明确管理部门责任、日常维护、资金投入保障等要求。

（区国土城建和水利局）

## 环境保护

**【概况】** 2017年，顺德区政府落实《顺德区环境保护“党政同责、一岗双责”责任制实施办法》《关于明确村（社区）环境保护责任制工作的意见》，完成环保部门内部权责清单和《顺德区部门涉及环境保护权责清单》《顺德区环境保护监督管理职责清单》的编制工作，构建区、镇（街道）、村（社区）以及区各职能部门各尽其职的立体化监管网络，注重实绩、突出重点、奖优罚劣。把好入门关，强化环评审批和验收制度，全年受理环评项目3398个，通过3326个；办理项目验收3263个，通过3163个；办理排污许可证1055家次。

是年，顺德区在2017年佛山市环保责任年度考核评比中名列五区第一；召开主题为“深度融合、绿色发展”的区环境保护政策咨询和监督委员会启动仪式暨成立大会，聘任来自不同界别的专家学者、环保人士、行业精英、工商和地区代表为区环资委第一届委员；国家生态文明建设示范区创建工作申报资料通过市环保局推荐。

2017年，顺德区结合“建设大美顺德”“推进城镇形态升级”等发展理念，狠抓生态文明建设，提升环境质量。落实全方位监管体系，“两法”衔接，铁腕治污不手软；“两监”联动，精准监管保质量；“两责”共担，部门履职有成效；“两督”同步，政企责任齐落实，取得显著成效，打响经济发展和生态环境改善深度融合的绿色发展顺德模式。

**【环境质量】** 空气环境质量 2017年，顺德区全区（国控测点）空气质量综合指数为4.54，比2016年上升0.21，在全市五区中排名第2。全区AQI（空气质量指数）优良天数为288天，优良率78.9%。$SO_2$（二氧化硫）、$NO_2$（二氧化氮）、$PM_{10}$（可吸入颗粒物）、$PM_{2.5}$（细颗粒物）平均浓度分别为11微克/立方米、43微克/立方米、59微克/立方米、34微克/立方米，$O_3$（臭氧）浓度日最大8小时平均值第90位百分数为184微克/立方米，CO（一氧化碳）浓度日均值第95位百分数为1.3毫克/立方米，其中$NO_2$和$O_3$超出《环境空气质量标准》（GB3095—2012）二级标准，其他项目达标。与2016年相比，全区$NO_2$和$PM_{10}$年平均浓度分别上升4.9%和7.3%，$O_3$浓度水平上升11.5%，$SO_2$年平均浓度下降8.3%，$PM_{2.5}$和CO浓度水平与上年持平。2017年，顺德区轻度污染及以上天数77天，较2016年增加17天。全年首要污染物天数占比中，$O_3$最高为42.6%，$NO_2$其次为36.2%，颗粒物$PM_{2.5}$为15.1%，颗粒物$PM_{10}$为6.0%。

降水质量 2017年，顺德降水pH均值为5.08（属轻度酸雨），与2016年相比下降0.07；酸雨频率58.1%，与2016年相比上升17.6%。顺德区酸雨以轻度酸雨为主，全年有25场轻度酸雨（5.0 < pH < 5.6），占酸雨总数的58.1%；12场中度酸雨（4.5 < pH ≤ 5.0），占酸雨总数的27.9%；6场重度酸雨（4.0 < pH ≤ 4.5），占酸雨总数的14.0%；无严重酸雨（pH ≤ 4.0）。酸雨以硫酸硝酸混合型为主。

水环境质量 2017年，顺德区7个饮用水源地水质均为优，每月均达标。与2016年相比，水质保持稳定。流经顺德及周边城市交界水域13条主要河流的25个功能区监测断面水质均为优良，全年平均值达标率为100%，具体情况见顺德区主河道质量评价及年度对比。主河道水质基本保持稳定。13条主河道中，12条主河道的水质保持在Ⅱ类，均安大桥断面水质为Ⅲ类。

全区重点河涌每月达标率范围为50.68% ~ 89.04%，年达标率为66.21%（总的达标河涌数/监测河涌数 ×12）。

声环境质量 2017年顺德区中心城区（大良与伦教街道）区域环境噪声的昼间平均等效声级为59.6分贝，比2016年上升0.7分贝。质量等级没有变化，均为三级，总体质量水平为一般。顺德区中心城区道路交通噪声昼间平均等效声级分别为67.6分贝，比2016年下降0.2分贝。质量等级为一级，总体质量水平为好。功能区噪声昼间达标率100%，与上年持平；夜间达标率71.4%，比2016年上升10.7个百分点。

生态环境质量 采用卫星遥感的技术手段获取土地利用现状、每年度土地利用及土地覆盖的动态变化，结合土壤侵蚀状况、水资源量、污染物排放情况、降水量等数据评价本区域上一年度（即2017年评价2016年度）生态环境质量状况。2016年顺德区生态环境状况指数61.2，质量等级为良，表示植被覆盖度较高，生物多样性较丰富。2016年生态环境状况质量相比2015年无明显变化。

**【环保综合整治】** 大气污染治理 2017年，顺德区制订《顺德

## 顺德区（国控测点）环境空气污染物浓度水平年度比较表

表 8

| 污染物 | 浓度均值 | | 评价标准 | 变化 |
|---|---|---|---|---|
| | 2016 年 | 2017 年 | | |
| $SO_2$（μg/$m^3$） | 12 | 11 | 60 | -8.3% |
| $NO_2$（μg/$m^3$） | 41（超标） | 43（超标） | 40 | 4.9% |
| $PM_{10}$（μg/$m^3$） | 55 | 59 | 70 | 7.3% |
| $PM_{2.5}$（μg/$m^3$） | 34 | 34 | 35 | 0.0% |
| CO*（mg/$m^3$） | 1.3 | 1.3 | 4 | 0.0% |
| $O_3$-8H*（μg/$m^3$） | 165（超标） | 184（超标） | 160 | 11.5% |

说明：表中 CO 为年内日平均值的第 95 百分位数，$O_3$ 为年内日最大 8 小时平均值的第 90 百分位数

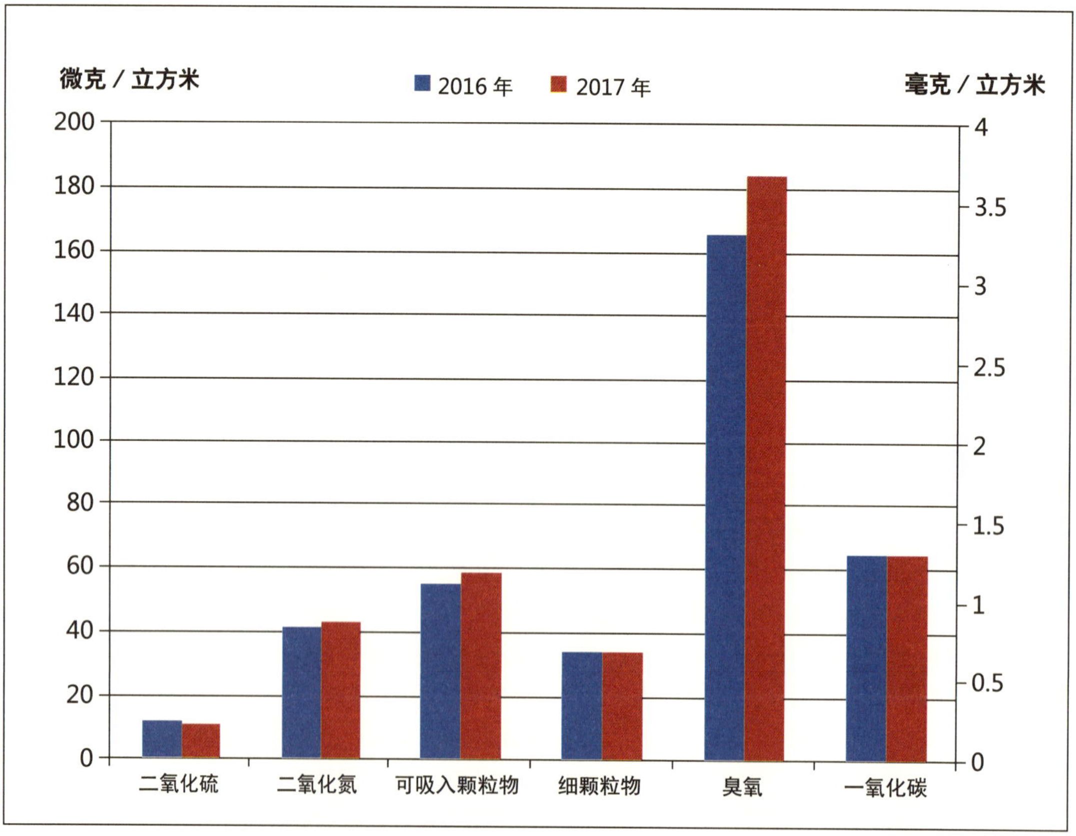


顺德区（国控测点）环境空气污染物浓度水平年度比较

## 顺德区饮用水源水质年度对比表

表 9

| 序号 | 河流 | 断面 | 断面定类 | | 水质评价标准 | 河流水质定类 | |
|---|---|---|---|---|---|---|---|
| | | | 2017 年 | 2016 年 | | 2017 年 | 2016 年 |
| 1 | 潭州水道 | 潭村 | Ⅱ | Ⅱ | Ⅱ | Ⅱ | Ⅱ |
| 2 | | 四方磨 | Ⅱ | Ⅱ | Ⅲ | | |
| 3 | | 西海 | Ⅱ | Ⅱ | Ⅲ | | |
| 4 | 顺德水道 | 杨滘 | Ⅱ | Ⅱ | Ⅱ | Ⅱ | Ⅱ |
| 5 | | 大闸 | Ⅱ | Ⅱ | Ⅲ | | |
| 6 | | 羊额 | Ⅱ | Ⅱ | Ⅲ | | |
| 7 | | 乌洲 | Ⅱ | Ⅱ | Ⅱ | | |
| 8 | 顺德支流 | 甘竹滩 | Ⅱ | Ⅱ | Ⅲ | Ⅱ | Ⅱ |
| 9 | | 新涌 | Ⅱ | Ⅱ | Ⅲ | | |
| 10 | | 飞鹅山 | Ⅱ | Ⅱ | Ⅲ | | |
| 11 | 容桂水道 | 穗香围 | Ⅱ | Ⅱ | Ⅲ | Ⅱ | Ⅱ |
| 12 | | 横石沙 | Ⅱ | Ⅱ | Ⅲ | | |
| 13 | | 顺德港 | Ⅱ | Ⅱ | Ⅲ | | |
| 14 | 东海水道 | 七滘 | Ⅱ | Ⅱ | Ⅱ | Ⅱ | Ⅱ |
| 15 | | 天连 | Ⅱ | Ⅱ | Ⅲ | | |
| 16 | | 海凌 * | Ⅱ | Ⅱ | Ⅱ | | |
| 17 | | 星槎 | Ⅱ | Ⅱ | Ⅲ | | |
| 18 | 东平水道 | 平步 | Ⅱ | Ⅱ | Ⅲ | Ⅱ | Ⅱ |
| 19 | 陈村水道 | 江口 | Ⅱ | Ⅱ | Ⅲ | Ⅱ | Ⅱ |
| 20 | 李家沙水道 | 五沙 | Ⅱ | Ⅱ | Ⅲ | Ⅱ | Ⅱ |
| 21 | 凫洲河 | 均安大桥 | Ⅲ | Ⅱ | Ⅳ | Ⅲ | Ⅱ |
| 22 | 古镇水道 | 鹅洋沙 | Ⅱ | Ⅱ | Ⅲ | Ⅱ | Ⅱ |
| 23 | 鸡鸦水道 | 细滘大桥 | Ⅱ | Ⅱ | Ⅱ | Ⅱ | Ⅱ |
| 24 | 桂州水道 | 南头大桥 | Ⅱ | Ⅱ | Ⅲ | Ⅱ | Ⅱ |
| 25 | 洪奇沥 | 高黎 | Ⅱ | Ⅱ | Ⅲ | Ⅱ | Ⅱ |
| 统计 | Ⅱ类（个） | | 24 | 25 | — | 12 | 13 |
| | Ⅱ类占比 | | 96% | 100% | | 92.3% | 100% |
| | Ⅲ类（个） | | 1 | 0 | | 1 | 0 |
| | Ⅲ类占比 | | 4% | 0% | | 7.7% | 0% |

## 2017 年顺德区降水状况年度比较表

表 10

| 年度 | 采样个数 | 降水量（毫米） | 降水 pH 值 | | 酸雨样品 | | | | |
|---|---|---|---|---|---|---|---|---|---|
| | | | 范围 | 均值 | 个 | 频率% | 雨量（毫米） | 占总水量% | pH 值 |
| 2017 | 74 | 1096.1 | 4.14 ~ 6.30 | 5.08 | 43 | 58.1 | 668.6 | 61.0 | 4.89 |
| 2016 | 79 | 2252.3 | 4.28 ~ 6.46 | 5.15 | 32 | 40.5 | 1001 | 44.4 | 4.86 |

## 顺德区饮用水源水质年度对比表

表 11

| 序号 | 断面 | 水质类别 | | 水质状况 | |
|---|---|---|---|---|---|
| | | 2016 年 | 2017 年 | 2016 年 | 2017 年 |
| 1 | 杨滘 | Ⅱ | Ⅱ | 优 | 优 |
| 2 | 羊额 | Ⅱ | Ⅱ | 优 | 优 |
| 3 | 甘竹滩 | Ⅱ | Ⅱ | 优 | 优 |
| 4 | 穗香围 | Ⅱ | Ⅱ | 优 | 优 |
| 5 | 横石沙 | Ⅱ | Ⅱ | 优 | 优 |
| 6 | 星槎 | Ⅱ | Ⅱ | 优 | 优 |
| 7 | 平步 | Ⅱ | Ⅱ | 优 | 优 |

说明：水质状况按照《地表水环境质量评价办法（试行）》（环办〔2012〕22 号）进行评价

区挥发性有机物排放企业综合整治方案（2017—2018）》，把相关工作任务纳入各镇政府、街道办事处“党政同责、一岗双责”责任制考核内容，省级重点 VOCs 监管企业完成 41 家，208 家区级 VOCs 治理企业全部完成。制订《顺德区锅炉综合整治方案（2017—2018 年）》，完成 25 台 10 蒸吨 / 小时以上在用燃煤、燃重油锅炉完治理，完成 60 台 4 蒸吨 / 小时以上柴油锅炉、生物质成型燃料锅炉安装在线监测设备或完成淘汰改造，超额完成年度整治任务。按照《佛山市铝型材行业大气污染深化整治工作方案（2016—2017 年）》等文件，完成 4 家铝型材企业深化治理。完成全区 76 家在用加油站和 2 家储油库企业的油气回收治理监督性检测；根据《广东省大气污染防治 2017 年度实施方案》，完成淘汰黄标车 2721 辆，完成率 104.65%。完成黑烟车电子抓拍系统二期项目（共 8 个监测点位）的验收，完成 10 个黑烟车抓拍点和提升监控管理平台的建设工作项目验收。

**水环境整治** 2017 年，顺德区制定《顺德区饮用水源保护定期巡查制度（试行）》，完善饮用水源保护区及周边存在隐患巡查工作要求；编制《顺德区饮用水源保护区违法项目清理工作方案》，为推进全区饮用水源保护区违法项目清理工作提供政策抓手。根据市下发的《现有饮用水源保护区建设项目清理进度表》任务和全区工作方案，清理饮用水源一级保护区违法项目51个。

土壤污染防治 2017年，顺德区编制《顺德区土壤污染防治工作方案》，委托第三方开展全区土壤环境质量调查工作，形成调查报告并通过专家评审；土壤生态安全监控系统1.0版完成并通过专家验收。

固体废物污染防治 2017年，顺德区引入第三方参与危险废物管理，组织组织现场培训并进行现场核查，提升全区固体废物污染防治水平；同时寻求“自行处理+外运”结合的固体废物处置出路。

【环境监察】 2017年，顺德区制订《顺德区贯彻落实中央环保督察组督察反馈意见整改方案》，跟进中央环保督察反馈意见的整改落实，定期向省厅、市环委办报送整改工作进展情况。同时，强化对中央督察组交办案件的跟进落实，对已办结案件开展“回头看”和后督查，防止问题“回潮”和“反弹”，确保长效防治机制落实。环境执法“秋风”行动采用“1+10”执法模式，区环境运输和城市管理局环境监察大队执法人员与各镇（街道）分局抽调人员进行混编执法，对废气、废水违法排放企业，涉重金属、危险废物企业，“小散乱污”企业进行严厉打击，不仅解决部分历史遗留问题，还通过几个月的执法实践和督导，以及跨镇（街道）沟通交流，使执法队员在案件查处实战能力上得到较大提高。完善“两法衔接”工作机制，加快“环保警察”进驻，区内凡涉刑案件均有“环保警察”提前介入，专门负责打击环境污染违法犯罪行为。中共十九大期间，排查顺德区重点环境信访维稳及涉环保“邻避”案件，建立相应清单，每日更新，每周进行局务研讨。化解多宗信访积案，营造和谐稳定的会议氛围。2017年，顺德区环境运输和城市管理局环保执法人员外出执勤全面使用移动执法系统，全区全年出动执法（检查）人员54419人次，检查企业21547家次，立案1188件，罚款4903.55万元，移送公安机关环保刑事案件15件，强制执行环保“失信被执行人”200件，实施查封扣押21件，实施限制生产、停产整治13件，移送行政拘留16件。2017年，全区受理涉环境有奖举报案件（含上级交办）40件，奖励1件，发放首笔举报奖励金3万元。健全应急队伍建设，通过购买服务形式，确定一支20人的非通航水域溢油处理队伍，为辖区水体污染紧急处理提供保障。

【环境质量监测】 2017年，顺德区贯彻落实《关于做好国家地表水环境质量监测事权上收工作的通知》要求，按《关于做好国家地表水环境质量监测事权上收工作的通知》文件精神，协调完成顺德水道乌洲断面桩的设立工作；按计划完成2017年Omni EAMS环境空气质量监测控制系统的技术升级，实现全区环境空气质量监测网分析仪运行状态（参数）质控机制的自动化应用和市中心网络平台小时数据的导入与基础应用，以及区环境空气自动监测网络自动对接国网数据采集器的数据传输。

【排污权交易】 2017年，顺德区完成120宗新增指标的排污权交易，交易金额271.66万元，同时修订完善现有试点文件，更好地与全市试点工作衔接；并开展价格标准研究，为完善VOCs排污权价格标准体系和日后逐步扩大试点范围作准备。顺德区按全市统一部署，配合开展佛山市四项主要污染物排污权有偿使用和交易工作，对现有单位初始排污权有偿使用申请审核和收费、排污权交易审核和排污权政府收储等工作，对现有单位排污指标进行动态管理。

【村级工业园区环境综合整治】 2017年，顺德区继续推进38个村（社区）的村级工业区的环境整治提升工作，同时启动三年行动计划，开展村级工业园区环境保护、安全生产“双达标”整治工作，两项村级工业区整治工作有机结合，同步开展，加大村级工业区环境整治力度。

“一村一策”村级工业区环境整治 印发《顺德区环境保护委员会办公室关于印发2017年顺德区村级工业区“一村一

◎图 23　　2017 年 12 月 5 日，顺德区村级工业园区综合整治提升示范项目现场会暨盈峰环保科技产业园建设启动

策”环境整治提升工作方案的通知》，2017 年的 38 个试点村居分别编制村级工业区“一村一策”环境整治提升方案，所涉及的工业企业清理淘汰类完成 151 家，整治提升类完成 1652 家，强化监管类完成 374 家，并全部纳入网格化管理，加强环境监管，总体整治任务完成率 100%。

村级工业园区“双达标”三年行动计划　2017 年，顺德区将村级工业园区“双达标”的环境整治工作纳入镇（街道）“党政同责、一岗双责”的环保责任制考核，严格落实督办和考核机制，印发《关于明确村（社区）环境保护责任制工作的意见》，推进村（社区）环保办成立；印发《顺德区工业园区引入“环保管家”及工业企业配备环保注册师暂行办法》，推进工业园区引入“环保管家”和工业企业配置环保注册师，落实工业园区和企业的环保主体责任，提高污染治理水平，纳入 2017 年整治任务的 75 个村级工业园区均引入“环保管家”并开展服务，同时对 2000 多位环保注册师进行统一培训。2017 年首批 75 个村级工业园区均完成“双达标”的环境整治工作，并完成第三方机构的现场验收考核，其中 536 家彻底搬迁或拆除设备、1362 家完善环保手续并配套治理设施、484 家未符合环保要求被关停整改。

2017 年，由区环运城管局与区安监局联合对村级工业园区开展执法检查行动，打击村级工业企业在环境污染和安全生产等方面的违法问题，全区环保系统立案 1188 件，罚没金额近 5000 万元，移送司法部门涉刑事案件 15 件、行政拘留案件 16 件；印发《南海区、顺德区村级工业园环境污染联合交叉检查工作办法》，与南海开展 5 次环保交叉执法行动，出动 142 人次，检查企业 32 家；与江门开展 1 次村级工业区交叉执法行动。

**【建设项目环评管理】** 2017 年，顺德区审批通过建设项目环评审批 3326 个，其中区级审批通过的建设项目 88 个，各镇（街道）审批通过 3238 个。优化审批服务，对区各重点、基础建设项目加强跟踪，做好服务工作；引入第三方专业机构开展环评报告技术评估；做好一门式审批服务优化提升工作；完成原区级权限的审批事项改由区级一门式综合窗口收件交接工作；推广使用智慧环保审批子系统，一键上传省厅系统，提高审批工作效率；编制《顺德区环境运输和城市管理局建设项目环境影响评价文件审批指引（试行）》，对工艺简单、环境影响较小的行业（例如注塑）的环评文件审查重点和审批指引做出规定；引入第三方专业机构对区内环评文件进行技术评估，2017 年约谈 37 次，共 24 个环评机构，通报 2 个环评机构，责令 2 个环评机构整改。

2017 年全区办理建设项目竣工环保验收业务 3263 个，通过验收的项目 3163 个，不予通过验收项目 100 个，全区平均通过率 96.94%。其中区级验收项目 232 个，通过验收 214 个，不予通过验收项目 18 个。镇（街道）分局共验收项目 3031 个，通过项目 2949 个，不予通过验收项目 82 个。　　（李悦溪）

# 交通·邮电业

特色乳猪件

## 交通建设

【概况】 2017年，顺德区推进重点道路项目涉及总投资超过300亿元，完成投资32.84亿元。广州地铁7号线西延顺德段、佛山地铁3号线加快推进，2号线全面施工，广佛环线顺德段土建施工收尾，佛山轨道交通9号线一期、11号线、13号线一期线站位基本确定，首个轨道站点TOD用地成功出让。水陆交通衔接更加顺畅，德胜东路改造、伦桂路二期等10余项工程完工通车，佛陈路东延线、菊花湾大桥等有序推进。中心城区公交分担率提至23.3%。

【轨道交通规划与建设】 2017年，顺德区轨道办配合省、市推进广佛环城际轨道建设和广佛江珠城际顺德段设计工作。佛山轨道交通9号线一期工程、11号线、13号线一期工程已开展前期规划设计研究工作。佛山市城市轨道交通2号线一期工程、3号线、广州市轨道交通7号线西延顺德段已进入建设施工阶段。广州市轨道交通7号线一期工程西延顺德段项目顺德区内7座车站全部动工在建；佛山市城市轨道交通3号线顺德区内新建17座车站已开工14座，7月实现全线首座车站（大墩站）主体结构封顶，12月份全线首个盾构区间（大墩站—东平站）贯通；佛山市城市轨道交通2号线一期工程顺德区内4座车站全部封顶，盾构区间全部贯通，高架区间施工进展顺利。

【重点道路工程】 2017年，顺德区推进重点道路项目涉及总投资超过300亿元，完成投资32.84亿元，实现佛山新城裕和路改造工程（汾江路至华康道）、佛山市顺德区德胜东路改造提升工程、马岗大道提升及西延线一期工程（伦桂路以西500米）、伦桂路（南国路至龙洲路段）、德民路东延线、北滘镇美的大道下穿G105地道工程等重点项目基本完工。

【公路建设养护】 2017年，顺德区过境国省道总里程250.474千米，其中桥梁有227座。广东省交通运输厅下达示范工程建设计划任务，确定G325线顺德段作为改造（养护）示范路。11月14日完成该项目的实施成果现场验收工作，至此，区公路局按照广东省交通运输厅的统一部署完成G325线顺德段改造（养护）示范工程的实施工作。2017年10月中旬全国开展交通流量调查工作，区公路局统计辖区内国省道机动车交通流量：G105京珠线平均流量102498辆/日、G325广南线流量43143辆/日、G240保台线流量40067辆/日；S112广杏线平均流量49149辆/日、S121广龙线流量84081辆/日、S363西西线流量36300辆/日、S268勒金线流量33056辆/日、S362莲金线流量20930辆/日，为公路日常养护、大中修工作提供决策依据。

地方公路方面，区公路局管养县道里程107.516千米，乡道里程为122.449千米，县乡道桥梁有148座。区公路局以公路日常养护作为工作重点，实行公路养护常态化，在改善路容路貌、提高养护质量上下功夫，路面病害按时、按规范处理，同时加强突发应急响应，提升公路安全保障能力。全年道路保持平坦畅顺，保障行车安全。

是年，区公路局清除违章广告杂牌260块、擅自增设平交道口6处，查处（埋）架设管线、杆线210米。维护施工

◎图24　佛山市城市轨道交通三号线工程首个盾构区间顺利贯通

现场秩序282人次，路政人员上路率100%，处理索赔案件73件，赔付金额225558元，赔付率99%，在公路、建筑控制区监督、巡查过程中，发现违法案件251件，及时移送执法部门，遏制公路控制区违章建筑、埋设管线、占道施工、新增道口和非公路标志等路政案件的发生。

## 交通运输

【概况】 2017年，顺德区在册道路货运业户1.5万家，各类汽车维修企业1470家，机动车驾驶员培训机构19个。有公路客运车辆3761辆，其中公交车2001辆，出租车1123辆，营运客车637辆，客运车辆座位153281个；普通货运车辆18671辆，危险货物运输车辆600辆，教练车1340辆。货物运输从业人员约2.24万人，教练员从业人员1510人。全年货物运输量9879万吨，比上年增长5.9%；货物周转量为760033万吨，增长4.3%；旅客运输量（不含公交、出租车）2277万人，增长0.6%；旅客周转量（不含公交、出租车）229791万人千米，增长7.2%。

【公共交通管理】 截至2017年年底，顺德区开通公交线路167条，投入公交运力2032辆（其中新能源车1054辆），比上年增加4条线路34辆车，线路总运营里程14503千米，公交服务总体水平持续提升。结合2017年佛山市公交提升计划和市民出行需求，优化调整374、376、379、942、327等36条线路。根据2017年顺德区元旦春运、暑假、国庆中秋及周六日等客流变化情况，优化调整335、381、k990等83条线路运力及班次服务，提高线路运营效能。搭建常规公交＋辅助公交的多元服务体系，丰富公交服务层次。配合顺德大学城卫星城项目建设及广佛同城融合发展，主动引入广州市交委“如约巴士”平台，首期开通4条“如约”定制公交线路，对接广州中心城区和南海金融高新区。针对市民旅游、通勤对公交出行的需求，利用公交资源，开通顺德客运站—长鹿农庄、顺德客运站—逢简水乡旅游专线，试运营4条对接居民区与工业区上下班通勤线路，拓展公交服务范围。在清明节期间，开通祭扫活动接送专线，开通15条清明免费专线，安排3205趟车，免费接送市民约10万人次。配合潭州国际会展中心举办的第三届珠江西岸先进装备制造业投资贸易洽谈会、广东（佛山）创意城市博览会等大型活动需要，全年开通18条免费公交专线，安排4574趟车，免费接送市民4.8万人次，缓解展会期间停车场及周边道路交通的压力。以乐从镇佛山新城为突破口，试点建设全区首条公交专用道，全长3.5千米，为全区公交专用道工作首开先河。新建一批公交枢纽、首末站、充电站、站亭等公交基础配套设施，为提升公交运营服务、方便市民出行提供支撑。探索充电站建设运维新思路，采用“建设——移交——运维”模式，建成南方医科大学顺德医院充电站。截至2017年，全区建成27个充电站、376支充电桩，为推广应用新能源公交车提供有力保障。新建佛山新城世纪莲公交枢纽站、容桂海尾桂龙工业区首末站、均安的兴仁水闸首末站等3个首末站。截至年底，全区有公交站点3353个，其中有公交站亭的停靠点1586个。

【出租车行业管理】 2017年，顺德区有1123辆出租汽车，其中纯电动车辆60辆，全年客运量1603.5万人次。年内，整治重点站场运营秩序。根据区内三大站场实际，制订细化管理方案，推进站场硬件改造，利用视频监控，加强专用道管理；同时对重点站场出租车议价拒载和非法营运车辆开展专项整治行动。规范网约出租车经营，维护行业稳定发展。根据佛山市网约车审批管理办法，完善区级审批流程和服务指南，引导网约车经营者规范经营，维护出租车行业平稳发展。

【交通信息化运用】 2017年，顺德区为加强智能公交建设，提升公交管理效能，方便市民公交出行，分期对全区1886辆公交车车载智能服务终端设备进行更新改造并安装一键报警系统，完善公交车辆前端设备的升级。结合市、区公交智能监控需求，组织区公交站场视频监控项目、公交视频会议中心项目和市智能电子站牌项目等多个信息化项目的招标工作，推动公交智能管理系统平台建设。完成区智能公交一期工程项目的初验工作，逐步进行系统的优化和更新工作。推广“车来了”手机APP的应用，提供公交在线导乘、公交车到站信息实时查询等功能，方便市民规划公共交通出行。推出公共自行车“出行助手”手机APP，可实时查询站点车辆分布、刷卡情况，完成公共自行车系统与市民卡的对接。

【港航管理】 截至2017年年底，顺德区有港口码头34个（含两家试运行企业），其中客运港1个，危险货物装卸码头6个，普通货物装卸码头27个。2017年，港口完成货物总吞吐量1707.53万吨，其中散货942.73万吨，集装箱113.26万标准箱、危险货物38.09万吨，分别比上年增长42.31%、43.93%、39.25%和下降27.45%。水路货物运输企业15家，其中客运企业1家、危运企业4家、普运企业10家，船舶107艘，船舶总载重量22万吨。2017年完成水路客运量54.27万人次、货运量1043万吨、运输周转量105794万吨公里，分别比上年下降0.4%和增长18.5%、16%。航线为顺德至香港间往返。

【交通运输执法】 2017年，顺德区出动执法人员2.33万人次，检查车辆8645辆，立案查处交通运输处罚案件2378件、含水政执法15宗；联合公安交警部门查处超载车辆立案965件，卸载货物5004.31吨；水上交通和水政执法方面，全区出动执法人员2516人次，出动车辆645车次，检查船舶160艘次，出动执法船只142航次，船舶巡航1568海里，堤防巡逻8350千米，查处水事违法案20件，罚没河砂1520立方米，罚款24.5万元。

（刘　宏）

## 航道管理

【概况】 顺德航标与测绘所下设2个航道站：大良航道站、容奇航道站；管辖维护航道里程325千米，其中Ⅰ级至Ⅶ级航道11条，174千米，Ⅷ、Ⅸ及等外航道26条，145千米。重点航道包括容桂水道、均安水道、顺德水道、甘竹溪、顺德支流和潭洲水道。辖区航道设标里程303千米，维护航标379座，其中一线维护航标及各类标志86座，代管航标293座。至2017年有船舶5艘，其中工作船2艘，柴油快艇3艘。

【航道维护】 2017年，顺德航标与测绘所辖区航道位于珠江三角洲腹地，河道宽阔、纵横交错，航道条件优越，西接西江大动脉，北接东平水道，东连广州各大港口，南连中山各大出海口，是江海直达的重要交通纽带。由于辖区航道属感潮河段，为不规则半日混合潮，水流呈往复流，河床质多以沙泥为主，航道维护管理难度大。

顺德航测所定期对辖区航道进行日常养护和管理。设标航道巡查每月不少于2次；Ⅶ级以下航道巡查每月1次；每季度对辖区内航道巡查进行全面覆盖；对辖区Ⅰ级至Ⅵ级等6条主要航道进行年度全面扫床及浅滩探测巡查，及时掌握航道变化情况。完成省航道局下达的4次船舶密度观测和统计任务，对往来七滘、板沙尾、新涌方向的船舶进行24小时不间断流量密度观测，统计航行船舶流量情况。协助禅城航测所测量队完成辖区航道测量工作任务。制订枯水期、洪水期、台风和春运期间保通航各项安全应急预案，提前部署，从器材购置、锚缆加固、应急演练等方面着手，做好应急防御工作，确保辖区航道安全畅通。支持配合顺德区政府开展工作，应对各种突发事件。全年辖区航道水深保证率100%。

【航标维护】 2017年，顺德航标与测绘所定期对辖区航标进行全面检查，每月4次夜航检查和2次日航检查，春运期间缩短巡查周期，保证标灯正常发光。严格执行航标技术规范和质量标准，辖区航标配布合理、标灯鲜明、通视距离远，航标维护正常率100%。

提升航标助航功能　安装容桂水道全部RTU装置，更换辖区岸标、水标的不锈钢电池箱，更换多座标志的RTU及容桂大桥、高赞大桥的部分航标灯壳和电池。完成顺德支流特大桥桥柱爬梯改造工程；修复西海大桥被撞的桥柱灯及爬梯设施，更换容桂水道被碰撞损坏的11#标的灯壳（155型）及太阳能板；安装凫洲水道南沙港铁路桥建桥项目临时灯桩2座、均安水道南沙新桥扩建项目临时灯桩4座、顺德水道菊花湾大桥建桥项目临时灯桩4座，撤销容桂水道了哥山码头临时浮标3座；完成甘竹溪鸣笛标志的加固改造工程、均安水道南沙尾游艇码头临时浮标的抛设工作；分别在杏均特大桥、小榄水厂、容桂大桥安装4座上落作业爬梯。做好航标遥测遥控系统每日观察记录、上报及异常航标处理等工作。对西海大桥实行封闭上行通航孔，开通下行通航孔，实施单孔双向通行，对相关水域设置正确的相关引航标志。配合南沙航道局完成西伶通道整治项目，做好辖区顺德水道航标更新工作，协助上级领导开展航标业务检查。

恢复洪水受损标志　7月4日，辖区航道迎来2017年首个洪峰，水流湍急，水位急剧上涨，受洪水影响，容桂水道（临2#）、佛江在建高速桥右上（临9#）临时施工浮标、南沙左下浮标（临10#）浮标、容奇大桥专用浮标、板沙尾（4#）左右通航标、顺德水道三洪奇在建桥左侧两座黑色浮标、菊花湾（7#）灯艇、菊花湾临时浮标（53#）、（55#）、（57#）等遭受洪水袭击出现移位。接报后，顺德航测所组织所属航道站人员对上述移位浮标恢复原位，恢复标志发挥助航功能。

协调解决航标遮挡问题　清除西安亭大桥、高赞大桥、新涌河段管线标、均安水道1#塔标、潭洲水道5#塔标遮挡航标引航视线的树木杂草。潭洲水道5#塔标被树木遮挡问题严重，顺德航测所与北滘水利部门沟通协调，组织工作人员对遮挡的120多棵树木进行砍伐，解决容桂水道7#塔标树木、围栏遮挡问题，同时撤销新设的临时浮标1座，投入2万多元拆除围栏更换为无遮挡围墙。

**【船舶管理】** 2017年，顺德航标与测绘所加强船舶维护管理工作，落实船舶三级保养制度，完成船舶年检工作和粤标108工作船及粤标巡122柴油快艇上排维修保养，解决粤标巡118艇舱底渗水问题，确保船机设备处于良好的工作状态。跟进西伶通道趸船（所属容奇航道站）建造期间的监管工作，派员驻厂监造，确保趸船建造质量，并按计划做好新造粤标巡118艇相关文件资料的交接和使用。开展各类水上应急演练，做好船舶防洪防台工作，及时检查锚机系统和系靠缆绳等防御措施，确保船舶停靠安全。同时，协助有关单位做好水上执勤和救助工作。

**【航道巡查和现场监管】** 2017年，顺德航标与测绘所组织开展辖区航道巡查，巡查人员通过水上巡查和路面巡查加强航道监管，结合航道站一线工作人员的日航检查并做好记录。发现航道违法行为立即制止，警告当事人停止违法行为，督促当事人完善相关报批手续。对不听劝止的，及时与上级主管部门和佛山交通综合执法局通报有关情况，做到对违法事项及时处理。积配合上级航管部门、佛山综合执法局开展联合执法行动，依法打击辖区各种违章违建施工行为。按照航道管理的法律法规，先后对容桂水道顺德区永舜环保砖制品有限公司扩建临时码头、容桂水道11#标对面一个体砂石场兴建临时码头、顺德水道三善大桥水下部位探测、容桂水道高赞大桥下钻探船施工作业、顺德水道黄龙大桥上游架设高压线路未设置管线标、容桂水道顺德德胜新城中轴线改造升级工程等5宗各类违法建设项目进行处理。

截至12月31日，顺德航测所对辖区航道开展航道巡查和现场监管工作49次，巡查航道里程5085千米，参与航政巡查人员180人次，发现违建项目5个，发出《航道违法案件告知表》5份，处理3件，自行撤离现场结案1件。对航道影响程度不大的违法事项，采用口头制止或警告，责令其立即改正3件。

（林晓琼）

## 海事监管

【概况】 2017年，佛山海事局顺德海事处辖区发生小事故12起，未发生纳入统计范围内事故，辖区安全形势保持稳定。没有发生重特大险情事故、漏报、瞒报或超时限时事件。船舶进出港114504艘次；进港53198艘次，出港61306艘次；其中内河船进港48236艘次，出港56381艘次；口岸查验进港4962艘次，出港4925艘次；货物吞吐量共55147390吨，其中进港35936332吨，出港19211058吨；港建费征收22526807元。内河船安全检查311艘，滞留10艘，海船安全检查61艘，滞留5艘。船员任解职数778人次，船员信息采集638人，船员履职检查228人次。行政处罚456宗，罚款金额1000500元，处罚船员298宗，罚款金额184500元，船员扣分796分。

是年，顺德海事处以参加顺德区安全生产责任制考核为契机，为区府加强水上交通安全管理提供海事专业化建议，促进顺德区水上安全管理问题解决，制定顺德区水上交通安全生产责任制考核细则，并纳入顺德区安全生产责任制考核体系，奠定辖区水上交通安全基础。多次联系顺德区政府，交流和探讨内河水域环境保护方面问题，协助研究制订顺德区水上溢油应急设备库建设方案，推动在重要航段布置基本设施设备点，共同打造“固定设备点+机动船艇”综合应急反应网络。推动顺德区政府制订港口码头污染接收能力提升方案，打造富有顺德特色水上污染物接收网络。关注顺德新港水域船舶进出港通航环境，提出安全管理建议，协调推进船舶临时停泊区、海巡艇停泊点、码头应急配套设施建设，制定港口建设费的征管衔接机制，做好内外贸航运、水水联运工作跟踪服务。围绕潭洲水道生态景观廊道打造国际滨水活力带、创新产业带与国际社区，重塑岭南水乡风情，提供海事专业服务保障，助力顺德北部片区一体化战略实施。发挥海事专业优势，为广州地铁7号线西延线、佛山地铁3号线、广珠城轨交通接驳、海华大桥等大型涉水建设项目提供优质海事服务，助力顺德产业与南沙自贸区、深圳港等水路接驳。落实顺德区关于发挥水资源优势促进港航业发展的战略部署，为口岸开放、通航环境安全评估、交通组织提供海事专业服务支持。

【水上安全监管】 2017年，顺德海事处坚持从严监管，保障水上交通安全。严厉打击桥区水域船舶违章停泊、追越、掉头等违章行为，开展“三洪奇大桥水域严管”专项行动，整顿桥梁区域通航秩序。抓住三白沙头到甘竹岛“关键五千米”，加强现场巡查及船舶通航秩序管理，规范船舶航行及锚泊秩序，共同打造“西江安全命运共同体”。制定乐从水域船舶临时停泊指引，加大对违反锚泊指引规定船舶的打击力度，规范乐从水域锚泊秩序。坚持海船进入辖区报告应答制度，掌握航经该区域进入辖区的海船情况，根据季节性天气导致的辖区通航环境变化情况及时提供安全航行建议。将夜间、节假日、洪水、大雾等期间列为重点监管时段，尤其是夜间以巡航检查和联动执法为主的监管方式，提高监管效能，辖区夜间事故多发状况得到有效遏制。

参与联合执法行动，强化辖区西江下游三白沙头水域安全监管，提升西江水域综合管理信息化水平；坚持绿色发展理念，通过顺德新港应急资源配置，提升西江航运船舶污染管理和应急能力。召集辖区港航企业、船舶代表召开防范船碰桥梁宣贯工作会议，加强船员安全警示教育。推进建设防范船舶碰撞桥梁预警系统，完善桥梁通航安全警示标志。强化桥区水域安全监管工作，运用桥区水域现场巡航与电子巡航手段，突出整治船舶在桥区不保留足够富裕高度通过桥梁等违章行为，排除桥区水域安全隐患。

【海事监管现代化建设】 2017年，顺德海事处完善智慧监管工作制度，优化智慧监管工作机制，拓宽智慧监管应用，深化智慧监管运行管理，推进智管中心建设及运行管理，推进指挥中心改造升级。坚持业务导向、科技支撑，将系统应用与现场安全管理等海事中心业务相结合，规范“智管中心、分中心、现场执法单元”三级架构运作，推进双重预防机制、智慧监管手段、现场执法能力的全面升级，畅顺智慧监管与现场执法的联动协调，完善“全局掌控、重点监管、目标跟踪、精确打击、评估科学”智慧监管闭环。完成智慧监管各项工作任务，促进辖区水上交通安全持续稳定。制定《顺德海事处船舶安全检查选船指引》《顺德海事处取消船舶签证过渡阶段海船核查试行措施》《港建费远程稽查指引》等相关规定和措施，规范完善工作流程，夯实制度基础。推进指挥分中心升级改造相关工作，完善24小时“监管+应急”“双值守”机制。完善智慧海事系统功能模块，从风险全盘掌控，水工重点监管，违章高发水域持续高压三方面强化智慧海事场景应用，释放智慧海事监管活力。打造顺德处船舶与口岸管理服务工作室，应用智慧化手段有效履职。设定一级水源保护区、加油船重点监控区、危险货物码头重点防护区、溢油应急站点服务区等智慧防污区，形成顺德区智慧防污的监控监管网络。

【渡口渡船安全监管】2017年，顺德海事处开展乡镇渡口渡船安全生产隐患专项排查行动。监管部门重点检查安全生产主体责任落实情况、渡口现场管理人员到位情况、现场管理工作到位情况、渡船是否按核定线路航行、船舶是否检验合格等，发现安全隐患的要下达整改通知书，对涉及其他安全管理监督部门职责的，同时抄送有关部门；组织渡口渡船安全检查；渡口经营人要及时整改安全缺陷和隐患，落实通航水域内岸线使用及隐患排查，建立好安全检查隐患整改记录档案。推动顺德区政府正式撤销江尾渡口，推进三江船厂渡口、勒北渡口，冲鹤渡口上下渡合并工作。推动稔海渡口、小黄圃渡口更新渡船，降低渡口渡船安全风险。加大政府补贴，优化渡船结构、提高渡船质量、完善和维护渡口安全配套设施，加强乡镇渡口、渡船管理，利用信息化手段，建立网巡台账，定期开展水上视频监控，提高监管效能，消除事故隐患，保障群众渡运安全，从根本上改善全区乡镇渡口、渡船的渡运条件。加强从业人员队伍建设。村（居）委会、渡口运营人要加强渡口管理员的安全培训教育，渡工安全培训教育率达100%。强化特殊时段的安全监管。遇恶劣天气、洪水期、重大节假日或重大水上活动时，增派人员维护渡运秩序，严防渡船超载或在恶劣天气下冒险航行；制订渡口渡船应急预案，并与环运局开展渡口渡船应急演习。严厉打击船舶非法载客。杜绝“三无”船舶及农用船、自用船非法载客现象发生。组织青年执法人员走进勒北小学，开展水上安全知识进校园活动。选派执法人员为顺德区水上安全生产知识更新培训班授课，更新渡口从业人员知识，提升安全管理技能。 （漆嘉柯）

## 邮政业

【概况】 顺德邮政管理办公室作为全国第二个邮政行业县级管理机构于2014年7月18日揭牌成立。2017年，顺德区邮政行业实现邮政业务量23.11亿元，比上年增长14.64%；业务收入17.75亿元，增长26.4%。其中，快递业务量1.13亿件，比上年增长17.96%，快递业务收入15.64亿元，增长28.74%。邮政普遍服务网点53个，快递品牌26个，快递企业249家。其中取得经营许可快递企业70家，备案分支机构179个。11个邮（快）件分拨中心，其中德邦、中通等品牌的省际互换分拨中心8个，省内互换分拨中心3个。

【邮政普遍服务】 2017年，顺德邮政行业实现函件383.58万件，邮件包裹3.59万件。订销报纸杂志2075.46万份（其中报纸1990.36万份、杂志85.10万份），投递户数614457户，乡村通邮率100%。

【自动化分拣设备】 2017年，顺德区部分快递企业引进高速分拣设备，并投入分拨中心快件分拣线使用。该自动化分拣设备是亚洲处理能力较强的自动化分拣线，集成国内领先的图像处理的条码识别技术、基于多频段多媒介的高可靠无线通信技术、基于自主芯片的电机正弦波驱动系统、行业首创的嵌入式总线型分拣控制系统和状态监控及WCS系统、物流大数据分析系统、远程智能故障诊断及升级系统、包裹分拣全流程视频追溯系统等八大核心技术。启用自动化分拣设备后，实现2万件/小时的包裹自动分拣，日增加处理量达40万件，比上年减少分拣人员35%。（梁颖欣）

【中国邮政集团公司佛山市顺德分公司】 截至2017年年底，该公司有邮政网点31个（其中一类网点8个、二类网点23个），纯邮务综合网点2个，邮政业务代办所27个；投递路线单程总长度6833千米，投递户数614457户，乡村通邮率100%。2017年投递报刊1668.6万件（其中报纸1587.67万件、期刊80.92万件），平常函件894.06万件，普通给据函件44.88万件，个性化函件18.82万件，国内小包600.43万件，约投挂号46.37万件。快递包裹业务收入5348万元，双十一最高峰值发货量达7.8万件/日。2017年年末顺德邮政公司居民储蓄存款时点余额58.3亿元，同比增长9.98亿元。全年新增保费6.26亿元。

该公司成功开发顺德检察院E点通项目，通过移动云网覆盖技术、智能语音广播系统+户外信报箱灯箱广告、智能机器人服务等在社区厂区建立邮政的信息平台，为政府、村居、企业向大众发送便民信息。

该公司主推《粤剧》邮票首发仪式，《粤剧》邮票是继2007年《石湾陶瓷》邮票后，第二套以独立个体形式登“国家名片”的佛山题材邮票，是相隔十年后在佛山再次举办全国首发的特种邮票。发行《中国共产党第十九次全国代表大会》纪念邮，该纪念邮票一套2枚，小型张1枚。邮票图案内容分别为：不忘初心、继续前进，小型张内容为筑梦。

2017年2月17日，与顺德区食品药品监督管理局签署合作备忘录，合作“电子支付+快检追溯+食品安全保险”项目。在新模式下，食用农产品追溯平台、检测信息平台与支付功能的追溯电子秤进行数据关联。顺德邮政公司的“邮惠e菜篮子”电子支付项目在食品安全工作中发挥重要桥梁作用。市民通过电子支付消费，成功接入食用农产品检测追溯平台，保留交易记录，为食品安全责任保险提供理赔依据。POS机、闪付、二维码电子支付方便快捷，有效保障商户资金安全和解决现金支付无法溯源弊端。（梁浩翔）

## 通信业

【概况】 2017年，顺德区信息基础设施建设进展顺利，完成新增光纤入户数18万户，累计80.4万户，光纤入户率达99.5%，光纤覆盖用户能力达414万户；全区新增光缆线路8230皮长公里，累计达52052皮长公里；各运营商信息基础设施投资达7.2亿元，其中光纤建设投资4.3亿元。

【无线电管理】 2017年，顺德区内登记在用各类无线电台站6493个，比上年新增191个，其中公众移动通信基站6322个。区无线电监测站重点加强对航空、铁路、广播电视、公众通信，广播频段等重要通信网络的监测，累计监测时长11510个小时；排查和处理无线电非法设台和干扰申诉56宗。为推动全区信息基础设施建设，完善4G通信网络信号的覆盖，按照《佛山市顺德区信息基础设施三年建设实施方案（2016—2018年）》措施，协调解决基站建设选址难审批难等问题。完成《佛山市移动通信网络基站“十三五”专项规划（2016—2020）》的年度滚动修编，新增规划点252个，调整优化原有规划点58个。2017年，铁塔公司在顺德区内新增移动通信基站站址252个，各通信运营商新增公众移动通信基站（不包括室内分布系统）475个，基站站址投资4522万元。全区新增公共场所无线局域网（WLAN）无线接入点（AP）1137个，累计接入佛山市“W-FoShan”统一管理平台的在线为市民服务的无线接入点（AP）4624个。

（尤联谊）

**【中国电信顺德分公司】** 2017年，中国电信顺德分公司（简称顺德电信公司）内设市场运营线、网络运营线、服务管控线共等4个大部，10个营销服务中心，28个自营营业服务厅，管辖10个镇（街）行政区的电信建设和业务经营，为社会各界提供话音、数据等全业务通讯服务。是年是中国电信构建新型产业生态圈、迈向第三次企业转型的开局之年，顺德区电信公司聚焦全融合，主抓不限流量、智能组网、云存储、物联网等新兴业务，业务规模不断扩大。

移动业务依靠新兴产品，聚焦有效发展。不限流量实现规模发展，全年不限量主卡超6万户；以社会网点作为日租卡主战场，全年日租卡13多万户；推广翼支付红包，打造翼支付消费生态圈。

渠道发展各施所长。顺应智能化大潮，推广aWiFi业务，全年全区aWiFi竣工9000多户；云业务拓展扬帆起航，树立佛山珠江传媒集团等标杆客户案例；打造互联网金融生态圈和新型ICT生态圈，做顺德特色的“互联网+”；推广校园应用，打造多所标杆学校。

拓展手机商城，联合优质代理商资源形成区域有效辐射，全年新开龙江文化厅等手机商城11家。新建网点370个，其中大连锁店23个，社区店70个，厂家40个，专营店116个，便利店191个。加盟厅运营模式结合电信自有渠道及代理商双方力量，实现资源互补，达成合作共赢。

光网建设步入优化调整和加厚补点阶段，巩固网络优势。在满足新增二级资源需求同时，对零占用和低占用二级分光节点作取消或屏蔽部分槽道端口处理。全年新增调测开通7.4万个二级分光端口、屏蔽或取消2万个端口。至年底顺德在网具备生产能力的二级分光总端口数为117万个、端口占用率47.15%。无线网络建设和网优结合更加紧密。全年新增800M站点628个，4G站点86个，室分站点224个，政企WiFi热点AP266个。2G语音掉话率提升到0.23%,4G用户3G流量比1.26%，多数指标达到精品网络优化专项的相关标准。传统网络简化提前实现44个接入网机房退网；完成626台传统ADSL DSLAM设备退网；是年，再次以“顺德速度”跑赢时间进度，提前实现网络简化工作的完美收官。（梁敏莹）

**【中国移动通信集团广东有限公司顺德分公司】** 2017年，该公司聚力打造大网络基础，年内完成4G基站建设超700个，高流量小区和核心区域网络体验保持领先，全区4G网络覆盖率达99.8%以上。公司推动从移动信息领域向数字化服务领域转型发展，家庭数字化服务发展势头良好，是年建成移动家宽服务站71个，开展社区便民服务活动8000多场，家宽份额占比达26%以上。精神文明建设取得新成果，年内，公司获得“全国工人先锋号”称号；通过广东省安全文化建设示范企业、佛山市文明单位复核认定。

网络建设　是年，顺德移动夯实网络基础，加强网络建设，开展“补强争优”无线网络质量提升工作，建立聚焦客户投诉的网络质量管控体系，客户满意度平均超过98.25%；打造泛在基础网，夯实连接服务应用基础，完善“一张光缆网”融合，提升4G、家宽、政企的一体化承载能力；开展传输综合接入机房布局建设，完成4G建设任务。

智慧城市建设　是年完成工地视频监控项目近80个，通过移动通信、物联网技术，对建筑工地进行实时监察，减低事故发生，帮助国土城建管理部门对工地实施有效的管理与监控，助力城市服务发展再上新台阶。

4G运营　是年顺德移动推动融合套餐和限时流量惠民产品，深度运营“顺德移动”官方微信，整合资源多次开展特色粉丝服务活动，为粉丝量身定做推荐流量套餐，年内服务客户1320人次；针对中高端客户密集小区和行业集团展开驻点服务，截至年底顺德移动4G用户总数超174万。　（黄嘉铭）

◎图25　2017年8月25日，顺德广电在大良金域湾举行“用户零距离，党员在身边”地推活动　（郑良知　摄）

【中国联合网络通信有限公司顺德分公司】　2017年，该公司根据属地化管理以及一体化运营，从原来的10个营销中心调整为6个公众营服中心、7个集团营服中心，下辖22家营业厅。2017年，中国联通顺德分公司实现主营收入7.66亿元，同比增长7%、移动电话用户同比增长4.9%。聚焦打造网络优势，网络支撑能力与网络效能持续提升，网络质量与用户感知明显提升，全年保持零故障、零拥塞的良好成绩。有效攻坚网络建设难点，为市民提供更好的网络覆盖与服务能力，4G网络覆盖率较2016年提升3%；加强社会化合作，快速扩大光纤宽带覆盖规模，全网百兆端口占比较2016年增加14%；实施网络体验满意工程，高效解决网络难点与投诉热点，聚焦重点业务高效支撑，多专业协同整治隐患，政企客户故障同比下降9%。

2017年，聚焦用户感知核心痛点，提升客户服务能力与满意度：全年贯穿开展“卓越沃服务会员日”“总经理接待日”两大主题活动，实施触点服务满意、网络体验满意、业务使用满意、投诉处理满意四大核心工程，持续提升全业务服务能力，客户服务满意度稳步提升。是年，移网口碑值较去年提升14%，宽带口碑值较去年提升4.9%，申诉率同比下降30%。互联网化服务手段迅速提升，线上发展用户占新发展用户数36%，B2I/O2O发展能力快速增长。　（张海鸥）

【广东省广播电视网络股份有限公司佛山顺德分公司】　2017年，广播电视网络股份有限公司佛山顺德分公司实现经营收入比上年增长3.94%；宽带业务用户增长42.26%；高清互动终端数增长22.61%。完成200多个场所的网络改造，安装审计AP。拓展渠道代理，全年开展地推活动2407场，在大良和容桂开展超400场地推活动，推动爱迪德智能卡升级项目；全区合作店拓展至5个，村居二级代理点194个，物业代理点65个。

打造金牌服务，提升服务质量。提出为用户提供诚心、热心、耐心、贴心、称心的广电服务。全年获评“五心服务厅”称号36次，83人次获得“五心营业员”。提升安装和维护的服务质量和网络质量，全年获评34次“五星网格”。

网络升级提速，改善网络质量，全年完成小C升级改造，覆盖用户24万；完成C类网络用户改造为FTTH光纤接入，实现双向覆盖；建成一张承载力更强传输速率更快的OTN环网，完善城域数据网B平面的建设，达到业务分流，提高城域网承载能力；完成全区DHCP服务硬件扩容工作，有效控制系统风险。

（李巧娇）

# 经济管理

舌尖上的均安蒸猪

## 宏观管理

【概况】 2017年，顺德区生产总值3015.91亿元，比上年增长8.5%；全社会固定资产投资971.8亿元，增长27.1%；全区实现社会消费品零售总额1070亿元，增长9.7%；地方一般公共预算收入223亿元，可比增长12.1%。全区发展改革成果瞩目，实现全国综合实力百强区“六连冠”；举办2017中国新型城镇化（佛山市顺德区）经验交流会；北滘、乐从两镇入选国家级特色小镇，与上海复星集团签署战略合作框架协议，发起设立总规模达200亿元的顺德区特色小镇建设发展基金。

【经济运行及发展战略研究】 2017年，顺德区发展规划和统计局通过阶段性的数据对比分析，研判顺德区经济运行态势，结合宏观经济形势形成一季度、上半年、前三季度和全年4篇专题分析报告报区政府参考。加强重大课题研究，完成《顺德区和南海区经济结构与发展潜力分析》研究；开展《顺德融入粤港澳大湾区核心区的路径与策略》研究，全方位理清顺德在粤港澳大湾区发展下所面临的机遇和挑战，分析顺德融入大湾区所需的城市、产业等资源配置发展方向；开展《顺德区特色小镇项目商业模式研究报告》，分析特色小镇项目政府与社会投资人之间的权责分配关系，组织工作架构、商务边界条件等，研究制定全区特色小镇项目商业模式及实施方案。

【固定资产投资项目管理】 2017年，顺德区发展规划和统计局推动印发《顺德区2017年扩大固定资产投资工作方案》，明确2017年全区固定资产投资增长目标任务增速25%，投资完成950亿元，其中基础设施完成投资目标任务为161亿元，工业完成投资目标任务为270亿元，房地产业完成投资目标任务为280亿元；落实重点支撑项目200个，总投资2766.94亿元，其中2017年投资计划为433.91亿元。2017年全区投资项目立项781个，总投资1542亿元。全年全区纳入省重点建设项目51个，总投资1288.79亿元。其中正式项目21个，总投资973.28亿元，年度计划投资69.87亿元，累计完成投资102.6亿元，完成年度投资计划146.85%。纳入佛山市重点建设项目37个，总投资513.71亿元。其中正式项目27个，总投资435.11亿元，年度计划投资51.08亿元，累计完成投资64.37亿元，完成年度投资计划126.03%。

是年申报的广州市轨道交通7号线一期工程西延顺德段、顺德粮食产业园、桂畔海水系综合整治工程等3个投资项目，获得广东省首批专项建设基金扶持，安排投入14.10亿元，拟贴息规模0.28亿元，切实缓解重大项目的资金问题。另外，全区还获得5400万元中央预算内技改扶持资金。

顺控环投热电项目的国家鼓励发展外资项目确认书获得国家发改委审批，最终获得海关免税575.77万元。广州轨道7号线一期西延顺德段局部工程调整获得省发改委审批同意。南顺大桥项目建议书和国道325线顺德甲子路口立交改造工程项目可行性研究报告也获得省发改委批复。

【政府和社会资本合作项目管理】 2017年，顺德区推出7个政府和社会资本合作项目，总投资逾34.25亿元。6月，参加在昆明举办的“2017南亚东南亚国家商品展暨投资贸易洽谈会”。8月，参加在内蒙古满洲里国际会展中心举办的“2017中国（满洲里）国际贸易与投资博览会”。

【新能源汽车推广】 2017年，顺德区新能源汽车推广和充电桩建设数量均位列全市五区前列，累计推广新能源汽车2071辆（其中非公交客车347辆、私人乘用车519辆、公交车1087辆、出租车60辆、物流车58辆）。建成充电站34个，充电桩718支；在建站5个，在建充电桩116支。印发《顺德区新能源汽车充电基础设施示范性项目建设实施方案》，计划在2018年年底前，建成一批单位内部充电基础设施和公共充电基础设施示范性项目，示范建设单位100个，建设充电桩594支。在氢能源汽车推广方面，协调推进加氢站建设、公交示范路线建设等工作。

**【特色小镇】** 2017年，顺德区发展规划和统计局统筹开展特色小镇申报和规划建设工作。乐从镇入选第二批全国特色小镇名单；北滘—龙江—乐从—陈村4个特色小镇作为集群示范区成为首批省级特色小镇创建工作示范点；陈村“花卉小镇”、北滘“智造小镇”、乐从“乐商小镇”和龙江“家居名镇”入选首批市级特色小镇创建名单。10个镇街（片区）推进13个特色小镇建设，各小镇功能互补、差异定位，形成小镇集群体系。

◎图26　　特色小镇“家居名镇”龙江镇

**【社会信用体系建设】** 2017年，顺德区社会信用体系建设统筹协调小组办公室、顺德区发展规划和统计局印发《顺德区关于建立完善守信联合激励和失信联合惩戒制度的实施方案》，推动相关区属部门共同构建守信激励和失信惩戒机制。检查落实各单位行政许可和行政处罚等信用信息公示，归集全区行政许可信息112.6万多条、行政处罚信息2.2万条。印发2017年全区社会信用体系建设工作要点及重点项目，明确目标任务。推进区公共信用信息管理系统建设，共征集企业法人（含个体工商户）19万家，经过处理后进入信用库的记录1486万条，已开放32个单位使用，并与上级平台实现信息交换，社会公众可通过“信用顺德”网、“粤信融平台”等进行查询，实现信息共享。

**【供给侧结构性改革】** 2017年，顺德区商品房库存608.8万平方米，按整个去库存任务周期计算，比2015年年底减少20.6万平方米。去产能方面，推动6家区属国有特困企业出清重组；推动工业技改，以技术改造作为提升工业存量和产业竞争力的重要抓手，推动政策落实。全年工业技术改造投资224.29亿元，比上年增长38.7%；实施技术改造的规上工业企业375家。协助新兴县产业转移工业园引入企业投资项目8个，协议意向计划投资额达21亿元。去杠杆方面，成立银行债务委员会，建立健全风险监测预警机制，加快处置不良资产，确保金融机构的业务风险指标处在合理水平。通过区内政策性融资担保公司为中小微企业提供融资担保增信服务，帮助600多家（次）企业融资超过63亿元。降成本方面，加快清理取消行政事业性收费、涉企经营性收费、中介服务收费，推进减税降费工作，健全完善信贷风险补偿机制，有效降低企业经营成本，全年降低企业成本97.4亿元。补短板方面，针对突出问题，加大补短板力度。全年全区全社会固定资产投资971.8亿元，比上年增长27.1%；广州地铁7号线西延线等轨道交通建设进展顺利；新增优质基础教育学位超4200个；创新招商模式，引进超10亿元重大项目31个，区域发展活力显著增强。

**【公务用车制度改革】** 2017年4月，《顺德区机关公务用车制度改革领导小组办公室关于推进全区事业单位和国有企业公务用车制度改革工作的通知》出台，明确企事业单位车改的参改单位和参改人员、公务交通补贴范围、车辆保留标准、出行保障等内容，确保企事业单位车改工作规范到位。

## 2017 年顺德区省重点项目进度情况表

表 12　　单位：万元

| 序号 | 项目名称 | 2017 年计划完成投资 | 12 月累计完成投资 | 年度投资计划完成率 (%) |
|---|---|---|---|---|
| | 合计 21 项 | 698740 | 1026089 | 146.85% |
| | **一、基础设施项目（6 项）** | 372000 | 509877.72 | 137.06% |
| 1 | 华电顺德西部生态产业园分布式能源站 | 50000 | 47100 | 94.20% |
| 2 | 顺德新港一期（佛山港了哥山港区本港作业区通用码头项目） | 2000 | 7201.72 | 360.09% |
| 3 | 广州市轨道交通 7 号线一期工程西延至顺德段 | 70000 | 104270 | 148.96% |
| 4 | 广东省顺德物联网应用产业基地（一期） | 30000 | 60140 | 200.47% |
| 5 | 顺德区顺控环投热电项目 | 20000 | 59166 | 295.83% |
| 6 | 佛山中德工业服务区建设项目 | 200000 | 232000 | 116.00% |
| | **二、现代产业项目（13 项）** | 286740 | 431332.51 | 150.43% |
| | 战略新兴产业项目（2 项） | 7740 | 12375 | 159.88% |
| 7 | 顺德南方智谷智能制造厂房（孵化器） | 6740 | 9700 | 143.92% |
| 8 | 顺德广东日出东方太阳能、空气能研究开发及制造应用项目 | 1000 | 2675 | 267.50% |
| | 先进制造业项目（2 项） | 40000 | 60591.51 | 151.48% |
| 9 | 顺德中铁华隧重装基地项目 | 20000 | 19500 | 97.50% |
| 10 | 顺德高新区西部启动区智能制造基地 | 20000 | 41091.51 | 205.46% |

续表 12

| 序号 | 项目名称 | 2017 年计划完成投资 | 12 月累计完成投资 | 年度投资计划完成率 (%) |
|---|---|---|---|---|
| | 服务业项目（8 项） | 235000 | 350601 | 149.19% |
| 11 | 广东工业设计城 | 1000 | 1271 | 127.10% |
| 12 | 顺德区新基国际创新科技园项目 | 4000 | 4000 | 100.00% |
| 13 | 顺德广东高德商业中心一期 | 20000 | 22700 | 113.50% |
| 14 | 顺德龙江协兴综合服务平台 | 20000 | 36500 | 182.50% |
| 15 | 顺德广东（潭洲）国际会展中心 首期工程 | 90000 | 154500 | 171.67% |
| 16 | 顺德陈村国通物流城项目 | 25000 | 46380 | 185.52% |
| 17 | 顺德乐从钢铁物流加工贸易二期工程 | 15000 | 16000 | 106.67% |
| 18 | 顺德华侨城文化旅游综合项目 | 60000 | 69250 | 115.42% |
| | 传统产业升级项目（1 项） | 4000 | 7765 | 194.13% |
| 19 | 广东万和热能科技有限公司清洁能源热水系统核心配套产品项目 | 4000 | 7765 | 194.13% |
| | **三、民生保障工程（2 项）** | 40000 | 84878.99 | 212.20% |
| | 居民保障项目（1 项） | 20000 | 28378.99 | 141.89% |
| 20 | 顺德粮食产业园 | 20000 | 28378.99 | 141.89% |
| | 文化体育项目（1 项） | 20000 | 56500 | 282.50% |
| 21 | 佛山国际体育文化演艺中心 | 20000 | 56500 | 282.50% |

## 2017 年顺德区市重点建设项目情况表

表 13　　　　单位：万元

| 序号 | 项目名称 | 2017 年投资计划 | 1–12 月累计完成投资 | 完成年度投资计划 (%) |
|---|---|---|---|---|
| | 合计 27 项 | 510820 | 643762 | 126.03% |
| | **一、基础设施工程（共 17 项）** | 359320 | 465770 | 129.63% |
| | 普通公路工程（共 11 项） | 331290 | 447661 | 135.13% |
| 1 | 顺德区城市道路建设项目 | 90000 | 116003 | 128.89% |
| 2 | 顺德区南国路道路交通升级改造 | 30000 | 25563 | 85.21% |
| 3 | 顺德区东部城市道路升级工程项目 | 40000 | 14237 | 35.59% |
| 4 | 顺德区佛陈路东延线 | 11090 | 5837 | 52.63% |
| 5 | 顺德区乐龙路新建工程 | 14500 | 14500 | 100.00% |
| 6 | 顺德区红旗路快速化改造 | 20000 | 45588 | 227.94% |
| 7 | 顺德区碧桂路新城段改造工程 | 2000 | 2000 | 100.00% |
| 8 | 顺德区新华工业路跨线桥、乐安跨线桥工程 | 13200 | 6583 | 49.87% |
| 9 | 德民路东延线 | 10500 | 10500 | 100.00% |
| 10 | 广佛同城化合作示范区（番顺共建）重大基础设施建设项目 | 50000 | 34075 | 68.15% |
| 11 | 佛山新城城市综合配套设施 | 50000 | 172775 | 345.55% |
| | 环保建设工程（共 6 项） | 28030 | 18109 | 64.61% |
| | 污水处理项目 | 11700 | 7775 | 66.45% |
| 12 | 顺德区污水处理项目 | 7100 | 4434 | 62.45% |
| 13 | 右滩水厂一期扩建及水厂供水干管工程 | 4600 | 3340.84 | 72.63% |
| | 生态建设项目 | 16330 | 10334 | 63.28% |

续表 13

| 序号 | 项目名称 | 2017 年投资计划 | 1-12 月累计完成投资 | 完成年度投资计划（%） |
|---|---|---|---|---|
| 14 | 顺德区潭洲水道（陈村段）绿化景观提升工程 | 8630 | 4734 | 54.86% |
| 15 | 顺德区龙江爱河治水工程 | 4000 | 2000 | 50.00% |
| 16 | 顺德区均安南沙休闲开发 | 2000 | 2000 | 100.00% |
| 17 | 顺德区龙江“美丽乡村”改造 | 1700 | 1600 | 94.12% |
| | **二、产业工程（共 10 项）** | 151500 | 177992 | 117.49% |
| | 先进制造业项目（共 3 项） | 30000 | 30060 | 100.20% |
| 18 | 广东顺德万和热能科技有限公司清洁能源热水系统核心配套产品项目 | 4000 | 7765 | 194.13% |
| 19 | 顺德区绿色生物饮料改造项目 | 10000 | 6295 | 62.95% |
| 20 | 顺德区顺联机械城三期项目 | 16000 | 16000 | 100.00% |
| | 服务业项目（共 4 项） | 84500 | 95603 | 113.14% |
| 21 | 顺德区信保广场 | 20000 | 20000 | 100.00% |
| 22 | 顺德美融公司厂房建设项目 | 8000 | 9717 | 121.46% |
| 23 | 顺德区北滘镇都宁岗森林公园建设项目 | 1500 | 886 | 59.07% |
| 24 | 大信新都汇·顺德店 | 55000 | 65000 | 118.18% |
| | 传统产业升级项目（共 3 项） | 37000 | 52329 | 141.43% |
| 25 | 顺德力合科技园 | 12000 | 22000 | 183.33% |
| 26 | 广东保发珠宝项目 | 15000 | 20329.22 | 135.53% |
| 27 | 顺德区箭牌卫浴总部大厦 | 10000 | 10000 | 100.00% |

## 公共资源交易管理

【概况】 2017 年，顺德区公共资源交易管理委员会办公室推进区级工程招标、政府采购、土地交易和国有产权交易等四大类公共资源交易活动的日常监督工作，助推全区重大工程项目顺利实施。全年进入区、镇（街道）两级公共资源交易平台交易的限额标准以上项目 2905 个，交易金额 624.73 亿元，增收 153.21 亿元，节约 23.15 亿元。

【公共资源交易监管】 2017年，顺德区公共资源交易管理委员会办公室监管顺德区区级工程建设项目招投标 319 个，交易金额 191.66 亿元，比招标控制价节约 20.83 亿元。顺德区公共资源交易管理委员会办公室完善工作机制，加强对中标单位标后行为的约束，印发《关于进一步完善建设工程招标文件内容的通知》，规范工程分包、关键岗位人员更换等行为，打击挂靠和违法分包行为。同时重新编制顺德区建设工程招标文件范本，加大对擅自更换项目负责人、现场管理人员不到位等违约行为的经济处罚、细化履约担保的要求等，范本从 2018 年起启用，进一步明确施工招标前置条件。提出项目采用工程总承包模式的条件和建议，并要求招标人在办理招标备案时要申报前期工作完成情况，避免为提前招标而滥用设计施工总承包模式或采用费率招标，降低标后履约监管的难度和风险。为做好服务，顺德区公共资源交易管理委员会办公室深入了解项目招标需求，协助建设单位梳理前期准备工作，对于涉及征地收地的重大工程施工项目，在启动招标前到项目施工地块实地检查征地收地、管线迁移等前期工作完成情况，确保施工条件具备才开展招标，配合顺德区政府加强重大工程项目标后监督，抽调技术骨干脱岗参与顺德区重大工程项目标后监管专责机构的履约监管工作，对中标单位的投标承诺履行情况进行监督检查。同时前移招标审核服务，指导和协助建设单位编拟招标文件，加快推进招标流程。全年助推广州地铁七号线西延顺德段、潭州会展二期等多项重点工程项目招标，推动顺德城市面貌不断提升，百姓民生更有保障。

政府采购监管方面，2017 年，顺德区公共资源交易管理委员会办公室完成顺德区区级政府采购项目备案 2408 个，备案金额 17.50 亿元，节约金额 2.32 亿元。制定《关于做好 2017 年度集中采购机构采购项目有关工作的通知》，对于集中采购机构采购项目（通用办公设备和维修服务、物业服务、通用商务服务等），通过运用广东省和顺德区政府采购电子化采购平台，执行零元起采购。并优化采购流程，减少审批环节，由系统实现网上即时监控，自动办结。制定《2017 年顺德区政府采购代理机构考评标准》，提高政府采购代理机构工作质量和效率，促进市场健康发展。对违纪违规行为严惩不贷，通过调查核实采购过程中发现的问题，2017 年对 4 家违法违规企业进行严厉处罚，处罚金额 44415.7 元，不予退还保证金 90400 元上缴国库，将其列入不良行为记录名单，并通过各级监管平台进行公示，打击政府采购活动不良行为，维护交易市场秩序。

2017 年，顺德区公共资源交易管理委员会办公室国有产权交易备案 100 个，金额 0.32 亿元。与各镇街及相关区属部门座谈和研讨，摸清顺德区、镇属企业及行政事业单位产权交易的现状和问题。经研究并收集各方意见，印发《顺德区国有产权交易操作指引》，明确区级国有产权交易监管范围和方式，对国有企业和行政事业单位各类资产和产权交易活动的部门监管职责、审批备案、组织实施及争议处理等进行规范和指导，引导顺德区国有产权交易活动依法、规范、高效开展。

## 粮食管理

【概况】 2017 年，顺德区地方储备粮规模 29 万吨。其中稻谷 6.5 万吨、小麦 19.8 万吨、大米 1.7 万吨（折原粮 2.5 万吨）、面粉0.2万吨（折原粮0.28万吨）；储备油规模为0.2万吨，其中花生油0.08万吨，棕榈油0.08万吨、大豆油0.04万吨。根据《顺德区人民政府柏乡县人民政府建立长期稳定粮食产销合作关系框架协议》和《顺德区储备粮异地储存合同》，顺德区将8万吨储备小麦储存在河北省柏乡县，是全省率先实施地方储备粮异地储存的县级人民政府。

【粮食产业园建设】 2017年11月，顺德粮食产业园项目一期工程动工。该项目属广东省2016年度重点项目，列入《顺德区开放引领创新驱动三年行动计划（2016—2018年）》和《冲刺三年迎接改革开放四十周年——顺德区重点工作任务（2016—2018年）》。项目选址均安镇，规划总面积282亩（18.8公顷），采取“整体规划、分期实施”方式建设，一期规划用地140亩（9.33公顷），建设22.4万吨储备粮仓容、2000吨储备食用植物油罐以及生产配套设施，建筑面积约3.7万平方米。一期建成后可基本满足顺德区29万吨原粮的储备任务。产业园的破土动工正式标志着顺德粮食事业发展打开进入新时代的大门。

【粮食安全责任考核】 2017年，顺德区发展规划和统计局牵头做好粮食安全责任考核。粮安考核连续两个年度评为优秀，9月省政府考核办通报表扬区人民政府。地方储备粮监管工作重回正轨，在春秋两季的粮油库存检查推行“专家+清单”“双随机一公开”检查方式，引入第三方专业机构开展安全生产隐患排查和账务检查，提高库存检查的专业性和客观性。开展消防四化巡查和三防防御工作，落实企业安全生产主体责任，确保粮食行业安全生产“零事故”。出台《顺德区粮食应急保障网点管理办法》和修订《顺德区粮食产业扶持专项资金管理办法》，认定2017年第一批粮食应急保障网点56个，含应急供应网点51个，应急配送中心1个，应急加工企业4家。加大仓储设施、质量检测、信息化建设、自动化设备、订单生产（产销合作）扶持力度，将区内饲料企业纳入优惠政策覆盖范围，推动粮食行业现代化。组织开展2017年度粮食产业扶持专项资金申报，使用区级财政资金118万元对4家企业5个项目进行扶持。联合城市网开展粮食宣传采风活动，以多种形式开展爱粮节粮宣传。全年度以粮食安全责任考核为中心的四个体系建设（粮食市场服务体系、粮食储备管理体系、粮食应急保障体系、粮食综合发展体系）初步建成。

【粮库智能化升级改造】 2017年，顺德区粮库智能化升级改造项目启动，项目投资约489万元，其中中央投资补助188万元。9月完成库区综合布线、数量监测系统、智能出入库系统硬件设备和机房设备安装和数据中心和数据平台、各子系统管理软件建设，通过顺德区储备粮管理总公司、工程建设单位和监理单位三方试验收，系统进入全面调试上线试运行阶段，是全省率先动工并通过初步验收的地方储备粮库。

## 物价管理

【概况】 2017年，顺德区发展规划和统计局认真贯彻落实各项价格政策，做好价格调控，完善价格管理，加强价格监管，切实维护市场价格秩序，着力解决民生价格问题以及企业降费清负工作。2017年，行政事业性收费单位共计28个，收费项目总数77个，涉及收费总金额6.75亿元。全区取消、降低及减免收费共计79485.59万元。

顺德区发展规划和统计局通过价格调控项目单位开展主要农副产品价格调控工作，要求价格调控项目单位以不高于市场平均价销售农副产品，实现以点带面成为市场价格风向标，项目单位2017年全年平价商品销售总额1.11亿元，让利金额2066万元。贯彻落实低收入群众临时价格补贴和保障标准与价格上涨联动机制，2017年全年对顺德区困难群体共发放466.90万元临时价格补贴。

【商品价格管理和服务收费管理】 2017年，顺德区发展规划和统计局完成19所民办学校的收费调整工作；联合区教育局、区财税局调整全区公办幼儿园保教费标准并印发《顺德区普惠性幼儿园管理办法》。成立农业水价综合改革工作领导工作小组，研究制订全区农业水价综合改革实施方案。年内，提出调整养老服务收费标准并聘请第三方机构开展成本监审。调整自来水价格并简化用水类别，实现工商业用水同价，完善水资源费联动机制。江义水厂、扶间水厂、藤溪水厂3家水厂均完成前期工作。开展2017年度“三项建设”项目扶持申报工作，对102家平价商店实施扶持，扶持金额829.6万元。此外，对《顺德区价格调节基金扶持“三项建设”项目资金管理办法》修订为《顺德区农副产品价格调控项目扶持资金管理办法》并予以印发。2017年价格认证中心共接受公安等执法机关涉案财物价格鉴定委托6850宗，其中出具价格鉴定结论书2650宗，其他价格证明材料4200宗，受理网上委托1650宗。涉案财物价格鉴定总额3850万元，2017年没有发生涉税、涉纪检类财物的价格鉴定工作；工作质量稳定未发生需复核的价格鉴定。

【价格监督检查】 2017年，顺德区发展规划和统计局电商案件处理工作结案13件（部分案件为合并处理，涉及举报件数为16件），其中不立案1件，不予处罚4件，作出处罚8件，罚没金额172116.5元；全年价格信访事项1272宗。开展春运客运票价、春节市场价格、殡葬服务收费、教育收费、医疗服务收费、涉企收费、房地产市场等专项执法检查。元旦春节、中秋国庆节假日前，通过《珠江商报》和门户网站发布关于提醒规范市场价格行为的通告。做好价格法律法规宣传教育，针对电商多发领域，召开关于规范2017年“双11”、“双12”期间零售价格行为提醒告诫会议，提高经营者价格自律意识，规范经营者价格行为。制定《顺德区政府部门行政审批中介服务收费目录清单（第一批）》《顺德区行政事业性收费目录清单》《顺德区涉企行政事业性收费目录清单》《顺德区涉企及进出口环节经营服务性收费目录清单》。联合印发《顺德区2017年房地产领域社会矛盾专项治理工作方案》，成立专项治理领导小组，建立专项治理联席会议制度和专项治理工作报告制度，明确各部门的职责。

## 统　计

【概况】 2017年，顺德区统计部门推进统计体制改革，提高经济运行监测水平，创新实施企业统计提质增效，推进“四上”企业培育，夯实统计基层基础，为全区经济社会平稳健康发展做出统计应有的贡献。

【专业统计】 2017年，顺德区发展规划和统计局做好名录库维护，推进“四上”企业入库。第三次经济普查以来，全区按照《全国统计系统基本单位名录库建设维护与使用管理暂行办法实施细则》要求，深化和优化名录库建设，及时更新基本单位名录库，提升名录库建设的水平。加强与工商、税务、编办、民政等部门反馈信息的比对，监测企业数据，并对达到规模的企业进行筛选，优进劣汰。积极做好联网直报单位的增减变动工作，规范申报材料，归档整理。

2017年年初，《佛山市顺德区“四上”企业培育三年行动计划（2017—2019年）》出台，明确“企业为主，政府引导”“上下联动、形成合力”“优化服务、做好保障”的工作原则，建立“小升规”企业孵化、培育、监测的长效机制，培育企业做大做强，确保达到“四上”标准的企业及时纳入统计。2017年度，全区净增“四上”入库企业超过300家，达到市下达的年度目标任务。

加强统计工作规范化建设。为强化全区联网直报企业统计基础，推进企业统计工作科学化、规范化、制度化，2017年，率先出台《联网直报企业统计工作质效提升评估方案》，对达到统计工作标准要求的联网直报企业进行适当奖补，促进基层统计规范化建设，调动企业统计人员积极性，从源头提升数据质量。至年底，全区联网直报企业统计工作规范化程度明显加强，企业统计人员积极性进一步提升，统计数据质量不断提高。

2017年，顺德区发展规划和统计局联合多部门多次召开全区统计业务培训班，培训内容涵盖工业、投资、商业等多个专业领域，区、镇（街道）各部门相关负责人以及业务骨干近百人参加，有效加强区、镇（镇街）各部门之间的沟通效率，形成合力，切实提高镇街及部门统计业务水平。

**【统计法治】** 2017年，顺德区发展规划和统计局结合《统计法实施条例》的正式实施，重点对全区统计执法流程进行梳理，建章立制，推进统计法制建设。对照上级统计执法规范及局聘律师建议，从前期立案准备、文书起草、证据保存、对案件定性裁量，到现场执法行为规范、事态控制，及后期结案上报、行政复议（行政诉讼）的预防和应对等环节逐一进行规范，为全区统计系统依法行政、规范执法奠定制度基础；针对各镇（街道）向企业发送的统计法律义务告知书的方式各异问题，对告知书的内容、格式及送达制度进行统一规范，强化企业对统计工作严肃性的认识。

开展《中华人民共和国统计法》《全国经济普查条例》《全国农业普查条例》《统计法实施条例》等统计法律法规的学习；动员各级统计人员参加上级部门组织的各类统计法制知识竞赛，巩固和提高全区统计人员的统计法制意识；加大法制宣传的力度，通过电台、电视台、报纸、官方网站、微信、微博等督导对社会各界进行普法宣传，增强社会统计法治观念；及时将最新的统计法律法规、管理条例等发布在政务网站，以便群众查阅；利用“124”国家宪法日、“128”《统计法》颁布纪念日等重要活动，开展统计法律法规宣传，扩大统计法律法规的社会影响力。2017年，全区组织2次现场统计法规宣传，发放普法宣传资料1500份；举办3次法规培训，参训人数超650人次。

**【统计服务】** 2017年，顺德区发展规划和统计局以GDP核算为核心，加强对GDP、投资、消费、房地产、金融、交通等相关指标的监测和分析，及时关注数据异常波动，尤其注重与南海及其他先进地区的对比，每季度将各指标的完成情况和存在问题上报区主要领导，加强对新常态下出现的新情况、新问题的分析研究，为区委、区政府准确把握经济发展态势、制定经济政策提供决策参考。通过顺德区政府网站、顺德区发展规划和统计局官方网站等途径，及时发布全区经济运行情况，公布顺德区国民经济和社会发展统计公报和2017年月度统计数据、季度经济运行情况、统计年鉴等，让社会全面了解全区经济社会发展状况。通过12345热线、电话、网站等途径，共解答超过300条社会各界对各类统计数据的咨询。

**【统计基层基础建设】** 截至2017年底，顺德区有区级统计机构公务员编制18名，政府雇员8名；全区十个镇（街）都按照省政府办公厅《关于加强乡镇街道统计基础建设的意见》、省统计局《关于加强乡镇街道统计基础建设的实施意见》的要求落实“五有六化”建设，各镇街有专职统计人员57名，人员配置和业务素质不断加强，统计队伍稳定性有所提高。

**【统计业务培训】** 2017年，顺德区重视对各级统计人员的业务培训，制定并不断完善统计培训工作制度，统计培训经费逐年增加。是年，举办针对区、镇街、村居及企业的统计业务培训班超过10次，覆盖各专业领域，涵盖统计各项工作，参加培训超过1000人次。联合部门、院校及第三方统计机构，针对不同企业，制定差别化的统计培训课程，开办会计事务所、工业企业、批发企业和电商企业等专场培训。2017年6月，全区在中南大学组织开展“互联网+统计业务培训班”，对区、镇（街道）统计部门业务人员进行业务培训，提升统计队伍工作能力和业务水准，为适应新形势下统计工作奠定良好基础。

【第三次全国农业普查主体阶段工作完成】 2017年，顺德区完成全区15.26万户农户和347个农业经营单位的登记工作。严格把关数据整理、录入、核实和事后质量抽查，确保数据科学准确。组织进行数据核实改错，通过国家、省、市统计局普查工作数据质量监督验收工作，抽查结果与普查登记数据基本吻合。

【统计分析】 2017年，顺德区发挥统计数据的评估作用，关注实体经济运行质量效益指标，着重对经济总量、速度、结构和质量效益等方面的分析，注重将顺德放在大湾区、全国发展的大视野、大格局中进行对比分析。2017年，完成《投资对顺德经济增长的拉动作用》《顺德生产性服务业发展现状及对经济增长的作用研究》《顺德区和南海区经济结构与发展潜力分析》等一系列具有决策参考价值的统计分析报告。 （霍圳宇）

# 审　计

【概况】 2017年，顺德区审计局全年完成审计和专项审计调查项目48个，查出违规问题金额2314万元，损失浪费金额400万元，管理不规范金额379155万元，为国家增收节支10816万元。提交专题、综合新报告和信息简报45篇，向被审计单位提出审计建议80条，推动被审计单位健全规章制度36项。落实推进省以下审计机关人财物管理改革，增设内设机构电子数据审计科，制定计算机审计的发展规划，组织、指导、协调计算机审计工作的深化应用；根据上级审计机关人财物管理改革配套制度，推进制度健全与修订，以业务及内控为主线，建立完善制度体系，推进审计机关规范化建设。

【政策措施落实情况跟踪审计】 2017年，顺德区审计局开展顺德区2017年落实国家和省重大政策措施情况跟踪审计，对供给侧结构性改革推进情况、简政放权和“放管服”改革推进情况、重大建设项目建设进展情况、创新驱动发展战略落实情况、珠江西岸先进制造装备业政策落实情况、经济运行风险防范情况和“一带一路”建设情况等7个专题进行审计。审计聚焦重大政策措施落实情况的重点环节、重点项目、重点内容，推动重大政策措施部署贯彻落实，促进政令畅通。

【财政审计】 2017年，顺德区审计局对本级财政预算执行情况进行审计，重点关注公共财政预算和政府性基金预算的收支合规性、使用安全性以及科技、民生专项资金的效益性等，促进财政增收节支、盘活存量、提高绩效、防范风险。对3个区属部门单位预算执行情况进行审计，关注财政财务收支合规性，结合部门职能，对业务管理、内部管理和政府采购等经济活动进行监督，促进有关单位堵塞漏洞、加强管理。

【经济责任审计】 2017年，顺德区审计局审计领导干部4人，指导内审机构审计领导干部11人。重点关注领导干部的权责与权力运行、重大经济决策、重大财政资金安排使用、重大投资项目管理、执行中央和省重大决策部署、企业经营活力、机构编制管理和廉政等方面情况，审计中主动加强与监察、组织等部门沟通联系，握牢审计风险点，促进领导干部守法、守纪、守规、尽责。

【固定资产投资审计】 2017年，顺德区委区政府组建标后监管专责机构，顺德区审计局调配10名干部组建标后过程审计组，对潭州国际会展中心、东部新城华侨城综合旅游项目、高新区城市综合开发项目等20个总投资约450亿元的重大工程项目开展标后监管，对工程质量安全、建设进度、工程分包、建设资金的使用进行审计，推动重大工程建设项目健康顺利推进。

【区属国有企业审计】 2017年，顺德区审计局主要完成区属国有企业恒顺交通投资管理有限公司等企业财务收支情况审计，注重从业务、财务管理及内控制度的建立和执行角度关注企业经营及管理风险，注重揭示企业管理中的薄弱环节，促进国有企业持续健康发展。

【资源环境专项审计调查】 2017年，顺德区审计局开展对10个镇（街道）生活垃圾收集和污水分散处理的专项审计调查，关注设施建设资金投入使用、相关制度落实、项目监督管理及经济效益等情况。通过全面审计，督促相关镇（街）加强对污水运营单位的日常监管、完善生活垃圾处理费征管工作等，保障垃圾和污水处理效果，提高民生环保项目的社会效益和生态效益。

（胡佳宝）

## 企业服务

【概况】 2017年，顺德区以帮扶企业发展、满足企业需求为始发点，深化企业服务工作。通过开展暖企活动，营造全区服务企业的良好氛围；坚持创新驱动，推进创业创新载体的建设和完善；实施民营企业家素质提升工程，加强企业指导和培育，促进小微企业上规模，推动中小民营企业稳健发展。

【暖企活动】 2017年，顺德区发布《2017年“暖企活动”方案计划表》，汇集全年各镇街、部门和各行业商协会的企业服务活动398个，为企业提供审批优化、人才培育、金融服务、技改创新、市场开拓、环保辅导等多样化公共服务。开展“中小微企业日”系列活动和“省、市降成本十条措施”的宣贯工作，召开顺德区贯彻落实广东省暨佛山市降低制造业企业成本支持实体经济发展若干政策措施宣讲培训会，宣传促进中小微企业发展的一系列方针政策，营造促进中小微企业发展的良好氛围。强化民营实体经济调研工作，开展“2017年顺德区民营企业发展情况调研”和“顺德区中小微企业服务体系建设”专题研究，通过问卷调查和走访座谈，调研1000多家顺德区民营企业及区镇两级多家行业商协会，规模覆盖龙头企业、大、中、小企业，行业面及10个镇（街道）的主导、重点或特色产业。

【“双创”工作推动】 2017年，顺德区推进大众创业、万众创新有关工作，营造创业创新良好氛围。开展2017年区小企业创业基地复评与认定工作，新增认定“顺德创意产业小企业创业基地”等6个区级小企业创业基地，“顺德国际企业小企业创业基地”等7个通过复评。推动“双创”类基地申报省、国家小型微型企业创业创新示范基地认定，顺德区2个单位新增认定为“广东省小型微型企业创业创新示范基地”，4个单位通过复核；2个单位通过“广东省民营企业（中小企业）创新产业化示范基地”复核。组织顺德区企业和创客参加2017年“创客中国”广东省创新创业大赛暨首届“创客广东”大赛，“消毒防疫机器人”等11个项目获得优胜奖。

【小微企业上规模】 2017年，顺德区推进小微企业上规模工作，支持和引导小型微型企业加快转型升级。5月出台《顺德区促进小微企业上规模扶持专项资金管理办法》，明确对顺德“小升规”企业的资金扶持和管理。组织开展2017年顺德区促进小微企业上规模扶持专项资金申报工作，对符合条件的企业分阶段给予补助。开展2017年培育企业名录收集工作，加强对后备培育企业的指导和培育。

【企业家素质提升】 2017年，顺德区实施民营企业家素质提升工程，提高企业经营管理水平。分别以转型升级、智能制造和创业创新为主题，举办“顺德区中小企业创业创新培训班”“顺德区转型升级企业家培训班”及“顺德区制造业精益管理高级人才培训班”等专题培训活动，组织顺德企业家到浙江大学、贵州大学、华中科技大学各开展为期6天的学习培训，累计培训企业近150家。深耕顺商品牌活动，开办顺商学院总裁研修班（第八期）、职业经理人班（第七期）、精益管理高级人才培训班等多个课程学习，举办“顺商万里行”系列考察活动。

【骨干企业扶持】 2017年，顺德区通过加强创新能力建设，提升企业核心竞争力；联系帮扶，助力企业发展；发挥平台型企业溢出效应，带动产业发展；优化营商环境，增强发展动力等，鼓励和支持大型骨干企业发展。碧桂园提出产城融合提振实体经济的战略部署，坚持多元化布局，2017年实现合同销售金额5508亿元，成为首个年销售额破5000亿元的房企。排名房地产行业规模第一；美的集团供给侧改革成效显著，通过“产品领先、效率驱动以及全球经营”三大战略主轴，推进“三去一降一补”，生产效率和供给质量显著提升，产值首次突破2000亿元，成为中国家电行业首个跻身世界500强的品牌；联塑中国拥有超过21个主要生产基地，分布于全国16个省份及美国、加拿大、印度、印尼和乌干达等国家，并致力于打造家居建材五金全球销售连锁平台——领尚环球之家，至年底，领尚环球之家在纽约、洛杉矶、德克萨斯、多伦多、悉尼、墨尔本、曼谷、迪拜等20个国家60个城市布局，建立实体商城或服务网点；万和集团强化技术创新，提升产品的市场竞争能力，促使产品技术改造继续向纵深发展，由规模扩张转向效率驱动，推动制造模式由大批量生产向产品的大规模个性化定制转型。2017年，顺德区超100亿元企业达8家。

（梁嘉怡）

# 市场监督管理

【概况】 2017年，顺德区市场监督管理局全面深化改革重点项目，加强质量强市工作和放心消费创建试点市建设；承担上级对顺德区政府质量、“两建”、打私、打假和“扫黄打非”工作的考核。区市监局高度重视，全力确保重点工作落实到位。在2016—2017年度佛山市对五区的政府质量考核中荣获A级等次。加强消费维权服务站建设，全区建立94个“消费维权服务站”，成为各行业放心消费创建工作的优质示范点。指导推动顺德9家直销企业联合发起成立“佛山市顺德区直销企业消费维权行业自律联盟”，率先全省成立直销企业消费维权行业自律联盟。开展全区“三打”基层联络点挂牌验收，着力构建区、镇、村居“三级”摸排网络。2017年，顺德区共查获反走私案件465宗，向区公安机关移送涉烟刑事案件9宗；顺德区出动打假执法人员19463人次，检查经营单位49076个，立案查处618宗，移送公安43宗。深入推进“扫黄打非”各项工作，部署开展清源、净网、护苗、秋风、固边等专项行动。全年出动执法力量8421人次，检查各类经营单位3068家次，发现及处置网络有害信息319条，收缴各类非法出版物1881份（册），完成上级部门移交的6个案件线索的查办工作。

【商事制度改革】 2017年2月6日，佛山市政府印发《佛山市商事主体住所登记管理暂行办法》，3月10日下发《佛山市工商局关于贯彻实施〈佛山市商事主体住所登记管理暂行办法〉的指导意见》。顺德区全面实施住所登记管理制度改革，截至12月底，已有10354户商事主体申请住所信息申报登记；已有706户商事主体申请“住改商”登记；已有13户商事主体申请“一址多照”登记和2户“一照多址”。为推进落实我区商事主体集群登记，根据上级的指导意见，顺德区市场监督管理局指导符合条件的产业园运营公司，为其入驻的符合规定条件的商事主体申请“集群登记”。已有两个产业园办理集群登记备案。

从2017年3月1日起，根据工商总局《关于全面推进企业简易注销登记改革的指导意见》（工商企注字［2016］253号）文件精神，顺德区全面实施简易注销登记改革，将相关的文书范本及办事指南上传到官方网站供企业下载使用，并通过官方网站和登记注册大厅，多渠道、多形式对外宣传，扩大改革政策宣传受众面。截至2017年12月底，已有772家企业进入简易注销公告流程，其中已有452家企业通过简易注销流程办理注销登记。

推行“多证合一、一照一码”登记制度改革。自2017年9月1日起，顺德区正式推行“多证合一、一照一码”改革，在企业（包括公司、非公司企业法人、个人独资企业、合伙企业等市场主体及其分支机构）和农民专业合作社“五证合一、一照一码”的基础上，再整合住房公积金缴存登记、外商投资企业设立备案、对外贸易经营者备案登记、国际货运代理企业备案、检验检疫报检企业备案、原产地证申领企业备案登记；在个体工商户“两证整合”的基础上，再整合住房公积金缴存登记、对外贸易经营者备案登记。使企业在办理营业执照后即能达到预定可生产经营状态，大幅度缩短企业从筹备开办到进入市场的时间。

**【工商登记注册管理】** 截至2017年12月，顺德区实有市场主体总数193663户，比2016年增长11.76%。其中，内资企业（含私营企业）94323户，比2016年增长18.65%；外资企业2307户，增长5.54%；个体工商户99272户，增长8.44%；农民专业合作社68户，注册资本总额22314.41万元。截至2017年12月，顺德区新登记各类市场主体32429户，增长15.05%。按市场主体类型分，内资非私企业登记796户，占2.46%；外商投资企业204户，占0.63%；私营企业14742户，占45.46%；农民专业合作社11户，占0.03%；个体工商户16676户，占51.42%。

2017年，顺德区市场监督管理局办理股权出质登记141宗，帮助企业融资近288亿元，有效解决部分企业的融资难题；设置绿色通道，专人指导个体工商户办理升级以及有限公司股改。支持559户个体工商户转型升级为企业，协助56户有限公司改制为股份公司。为发挥银行系统密集、便捷的服务网络的优势，有效整合工商登记与银行开户流程，向广大投资者、社会公众提供更加高效、便利的工商登记服务，区市监局与部分银行机构签署合作协议，在代办工商登记服务、发行具有金融服务功能的电子营业执照、全程电子化登记管理等领域开展全面合作，推行银行网点免费为企业提供代办工商登记服务，企业通过商业银行即可提交工商登记的有关材料申办营业执照。试点实施全程电子化登记，推广电子营业执照及相关应用。全程电子化登记，是指申请人办理商事登记时，通过互联网提交电子申请材料，商事登记机关实行网上受理、审查，颁发电子营业执照或电子登记通知书，网上公示电子营业执照，保存电子档案的全流程电子化登记模式。根据《广东省工商行政管理局关于开展全程电子化商事登记（第一期）试点的通知》，区市监局在2017年3月起研究试点实施全程电子化登记。至2017年第三季度，在试点北滘镇完成首个无纸化模式的全程电子化登记业务。顺德区在2015年发出首个电子营业执照，至2017年12月底，发出9610个电子营业执照。推出两项电子营业执照应用，一方面企业可以凭电子营业执照登录顺德区市场主体信用信息公示系统进行年报或其他企业信息的填报；另一方面企业可以将开户银行的单位结算卡加载电子营业执照信息，领取一个具有金融结算功能的电子营业执照。2017年6月，发出首张具有金融结算功能的电子营业执照。

推动实施“双随机一公开”抽查机制，优化市场主体信息公示效能，落实“双告知”工作机制，逐步落实商事制度改革后续事中事后监管工作，推动各部门共同建设职责清晰、高效有序的市场监管体系。突出信用监管，推进“全国一张网”建设，做好涉企信息统一归集。全面落实“双随机一公开”抽查机制，落实“双公示”、“黑名单”等管理制度，形成“一处失信、处处受限”的信用监管效果。公示系统共汇集市场主体登记信息460178条（其中登记成立的204488条），企业自行公示的股东出资信息21208条，行政许可即时信息3088条，行政处罚信息5062条，企业经营异常名录信息28250户次，个体工商户经营异常状态信息68383户次，农民专业合作社经营异常名录信息24条，访问量已超过550万人次，在全区具有极高的知晓度。截至2017年6月，2016年年报应报市场主体168515户，已报137908户，整体年报率81.84%。其中企业年报率90.48%，应报80714户，已报73030户；个体户年报率73.87%，应报87637户，已报64741户。

**【商标品牌管理】** 2017年，顺德区新认定驰名商标1件，新认定广东省著名商标11件，新增集体商标1件、马德里国际商标注册申请9件、注册商标13680件。全区共有驰名商标34件，有效广东省著名商标143件，集体商标10件，马德里商标国际注册申请229件，累计有效注册商标88268件。全年共计查处商标违法案件97宗。围绕“4·26”全国知识产权宣传周，大力宣传顺德区推进实施商标品牌战略的工作举措及取得成效，通过区市监局官方微博和微信发布系列商标业务知识及商标注册便利化改革的举措。牵头召开2017年顺德区商标品牌战略工作会议，为获得2016年度商标品牌战略扶持资金的32家单位发放区财政统筹的扶持资金285万元，并邀请媒体宣传报道。组织区内甘竹罐头和欢姐伦教糕两家企业赴广西桂林参加第八届中国国际商标品牌节，宣传展示顺德品牌。为提升企业的商标注册、运用和保护水平，区市监局承办2017年商标业务知识专题培训班，通过邀请国家商标局专家、高校知名学者等为企业讲授商标品牌创建及保护“商标管理与风险防范”“商标审查及审理标准”等业务知识，指导行业组织通过集体商标与地理标志商标打造区域品牌。举办佛山及顺德商标品牌展，邀请媒体进行广泛的宣传报道，并首次采用“佛山在线”APP图文现场直播，获得2900多人次的阅读及550多次的转发关注。2017年，通过“双打”以及组织开展“4·26”商标专项执法行动、保护外商投资企业知识产权专项行动等，区市监局严厉打击商标侵权和制售假冒伪劣行为，维护市场公平竞争秩序，保护企业品牌做大做强。同时，持续免费为区内的驰著名商标企业、优质骨干企业以及公共文化资源提供商标抢注及到期续展监测预警服务，积极指导企业及相关部门有效应对抢注行为，保护已培育品牌。全年共计发出商标预警通知书406份，其中涉及公共资源44份。通过“撤三”、无效宣告、异议等途径，成功打掉抢注本区的“伦教、香云纱、逢简水乡”等商标。编辑刊印《顺德区商标报告》2期，截至2017年年底，累计发出预警通知书1049份，编印商标报告7期。积极推动地理标志商标注册申请，助力打造特色区域品牌。起草出台《佛山市顺德区集体商标和地理标志证明商标资金扶持实施细则》，以政策措施来指导和规范行业协会加强集体商标或地理标志证明商标的推广运用，通过政策导向助推区域品牌打造，北滘镇被国家质检总局命名为“全国家电配套制造产业知名品牌创建示范区”。2017年，向国家商标局提交“伦教香云纱”的地理标志证明商标注册申请，已获得初审公告。

**【广告管理】** 2017年，顺德区市场监督管理局加强广告市场监管，强化日常广告监测力度，严厉打击虚假违法广告，积极开展广告业统计工作，认真贯彻落实《广告发布登记管理规定》。全年监测各类广告2797条，其中涉嫌违法广告2条次，组织开展12项虚假违法广告专项整治行动，查处广告违法案件105宗。全区1138家广告单位全部完成2016年度广告业统计填报，填报率100%，并编制完成全区2016年度广告业运行情况报告。根据统计，2016年本区广告经营单位1138户，比2015年增长12.67%；广告经营总额10.25亿元，同比2015年增长35.4%；广告从业人员3935人，比2015年增长8%。（注：广告业统计工作一般延后一年统计上一年情况。）贯彻落实新法规，成功核发首份《广告发布登记通知书》。《广告发布登记管理规定》自2016年12月1日起施行，该规定明晰具有法人资格的广播电台、电视台、报刊出版单位从事广告发布业务的，应当申办广告发布登记，并取代此前的“广告经营许可证”。2017年，顺德区以房地产、互联网金融、医疗药品、食品、教育服务、旅游及公益广告等为监测重点，加强对全区主要媒介，包括《珠江商报》、顺德电台、电视台，以及印刷品、户外、经营性网站等媒介开展全面深入的监测工作，全年共监测各类广告共2797条，其中国家工商总局数据中心监测广告条数1426条、广告条次为79029条次，涉嫌严重违法广告条数及条次均为0；本区日常监测各类广告共1371条次，其中涉嫌违法广告2条次，违法广告类别主要为房地产及药品广告，上述违法广告均已进行调查处理。根据上级部署，区市监局先后组织开展“清理整治含有‘特供’‘专供’国家机关等内容广告专项行动”“保健食品非法会议营销违法广告专项治理工作”“房地产领域违法广告、利用合同格式条款侵害消费者权益违法行为专项整治”“房地产领域社会矛盾专项治理”“规范房地产开发企业经营行为维护房地市场秩序专项整治”“非法集资广告监管专项行动”“互联网金融虚假违法广告专项整治”，以及“食品虚假违法广告整治”“虚拟货币交易场所违法广告清理整治”等12个专项行动，全区共查处广告违法案件105宗。

**【文体市场管理】** 2017年，顺德区强化文体市场监管工作指导，印发高危险性体育项目（游泳）、娱乐场所、互联网上网服务营业场所安全生产和消防安全监管工作指引，制定文体市场《安全生产和消防安全监督检查表》，与文体市场经营单位签订《安全生产和消防安全责任书》，建立“一企一档”档案制度。举办文化市场经营单位安全生产和消防安全知识培训班，全区共302名文化市场经营单位的安全生产责任人参加培训。指导开展游泳救生应急演练和文化娱乐场所消防事故应急演练，进一步提高经营单位对安全生产和消防安全的责任主体认识，增强群众风险防范意识。深入开展打击无证经营卡拉OK、未经批准擅自从事营业性演出、黑网吧等专项行动，切实维护文化市场的正常秩序。全年，全区共检查文体市场经营场所4205家次，出动检查人员10377人次，发现隐患264处，发出责令整改书12份，消除隐患264处。深入推进“扫黄打非”各项工作，开展“清源”“净网”“护苗”“秋风”“固边”等专项行动，全年全区出动执法力量8421人次，检查各类经营单位3068家次，发现及处置网络有害信息319条，收缴各类非法出版物1881份（册），完成上级部门移交的6个案件线索的查办工作。

**【动产抵押、拍卖、股权出质登记与管理】** 2017年，顺德区市场监督管理局办理动产抵押登记372份，抵押登记金额44689.63万元；动产抵押变更登记29份，抵押登记主债权金额58786.44万元；动产抵押注销登记133份，主债权金额30903.3万元，有效解决部分企业的融资难题。国家工商总局已取消拍卖备案。

**【整顿和规范市场经济秩序】** 2017年，顺德区市场监督管理局履行市场监管职能，坚持整顿与规范并举，处罚与教育并重，重点查处制假售假、不正当竞争、走私、传销、无照经营等违法违规行为。全年共查办工商、文体类案件1453宗，结案282宗，移送公安机关案件1宗，比2016年增长34%。严厉打击制售假冒伪劣产品违法行为。区市监局围绕家电、燃气灶、家具、日化产品、箱包皮具等重点产品，以农村和城乡接合部、互联网领域为重点领域，同时与公安部门及品牌企业加强联系，以日常巡查、执法抽检、投诉举报线索多种手段相结合，构建全方位“立体打假”机制。2017年，查处商标侵权案件113宗，流通领域产品质量违法案件54宗，其中18宗商标侵权案件当事人的违法行为涉嫌构成犯罪，依法移交公安进一步追究刑事责任。开展服装、儿童用品、家用家电、建材、交通工具配件等5类产品质量执法联动监督抽查。联合广东产品质量监督检验研究院开展2017年度区产品质量监督执法联动抽查，在全区生产领域抽检了624个批次的产品。全年共办结不正当竞争类案件22宗。关注民生热点，开展多项专项整治，净化市场环境。其中重点开展“老人免费体验店”专项整治工作，广泛发动村（社区）力量，理清整治辖区内“老人免费体验店”，建立工商、公安、食药监、卫生等相关部门的联动机制，形成合力进行执法。行动中共出动执法人员590人次，出动车辆104辆次，摸排线索144家，立案查处涉嫌存在“老人免费体验店”性质的案件4宗，其中无照经营案件2宗，虚假宣传案件2宗，结案1宗，对经营户共发出《责令改正通知书》6份，取缔无照经营12家。

**【打假、打私、打传】** 2017年，顺德区出动打假执法人员19463人次，检查经营单位49076个，立案查处618宗，移送公安43宗，刑拘65人，提请逮捕57人，判刑19人。出台《佛山市顺德区打假办关于印发顺德区打假工作机制的通知》，加强打假工作考核和责任倒查。全面落实打假工作责任制，分管副区长代表区政府与打假成员单位签订了工作责任书。在镇（街道）、村（社区）设置打假联络点，及时掌握制假售假的最新动向。建立联动执法机制，区打假办出台质量安全执法联动工作制度，以“优先专业执法、加强执法联动”为宗旨，强化市监、公安、经科、食品药品监管、环运、烟草等一线执法部门的沟通协作，共同构建打假执法联动体系。强化案件查处，区打假办围绕“民生幸福”，以食品（含食品相关产品、添加剂）、药品（含保健食品、化妆品）、农资、儿童用品、服装、家电产品（含燃气具）、建材、汽车配件、烟草、木工机械、锻压机械等十一类重点产品为重点开展打假整治行动。突出重点时节、重点产业、重点区域，组织查处一批群众反映强烈的制假售假违法问题，集中曝光一批制假售假典型案例。

2017年，顺德区查获反走私案件465宗，查获冻品138.62吨，半成品油778吨，毒品56.2公斤，私烟668.9万支，假烟213.214万支，废塑料8.03万吨。移送公安9宗，刑拘35人，提请逮捕13人，判刑4人。建立由区领导牵头、各成员单位参与的组织架构，成立区打击走私专项行动协调小组。根据《广东省反走私综合治理条例》等法律法规，印发《佛山市顺德区打击走私综合治理各单位工作职责》等文件。深入开展“国门利剑2017”“打击洋垃圾走私”“打击毒品走私”“打击走私象牙等野生动植物及其制品”“涉烟打私专项整治”等专项行动。摸查“洋垃圾”废旧物品回收场所154个，废五金加工交易场所11个，废塑料加工交易场所11个。以粮食、冻品为重点目标，严厉打击农产品走私，从集散消费市场和走私源头两头着手斩断走私链条。严厉打击资源性产品和重点涉税商品走私，密切关注新型贸易渠道走私风险，严查物流货运等渠道走私。为完善和加强各级打私联络网络，制定《顺德区建立基层反走私联络点制度联合实施方案》，在全区走私活动多发重点村（社区）挂牌成立11个反走私基层联络点。每个联络点设立2名联络员，将工作职责、流程图、联络员信息等资料上墙。

把打击传销工作由传统的驱赶向刑事打击转变的工作格局，对各类传销组织的动态始终保持高度关注，全年未发现拉人头聚集型传销案件，并于年内完成省无传销城市考核领导组的实地考核。积极开展打击传销专项行动，包括对“善心汇”及其关联主体，如“佛山市博天正盛网络科技有限公司”的多次检查，持续对所罗门矩阵、摩能国际、中券资本、中贝蛋业、旅爸爸、兴中天互助平台等网络传销线索开展排查，打击整治以“招聘、介绍工作”为名的传销活动专项行动摸排检查，出动检查人员225人次，车辆72辆次，排查人才招聘网站16个，人才招聘市场16个，人才招聘商户71家。规范直销工作落实到位。组织区内9家直销企业区域负责人，对3家直销服务网点和1家经销商进行交叉检查；召开规范直销工作会议和成立直销企业消费维权联盟，9家直销企业成立消费维权行业自律联盟，并共同签署自律联盟公约。开展形式多样的宣传工作。通过印发1.5万份彩色宣传小册、在顺德电台播放预防“善心汇”和“1040阳光工程”的宣传声带、在顺德城市网开展网络宣传活动，在春季人才招聘会开展防范传销知识巡展活动、在赴港客运点开展反亮碧思传销宣传工作、参加515预防经济犯罪日咨询活动等形式，向群众介绍该传销组织的本质和危害。

**【消费者权益保护】** 2017年，顺德区市场监督管理局、顺德区消费者委员会全年共受理各类案件36689宗（咨询3939宗、投诉24307宗、举报8244宗、其他投诉199宗），比2016年同期增长68.09%，办结率100%，为消费者挽回经济损失2020.6万元。2017年年初，以深入开展放心消费创建工作为契机，顺德区搭建由区政府主导、22个部门共同组成顺德区放心消费创建工作领导小组，正式将放心消费创建纳入政府日程。领导小组办公室设在区市监局，负责统筹、协调、组织全市放心消费创建工作。重新改版“顺德消费者委员会网站”，开启互联网+维权教育引导消费。为适应新形势，响应国家“互联网+”发展战略，顺德区消委会（市监局）及时对顺德区消费者委员会进行重新改版，保留原有的“维权动态”“网上投诉”“案例点评”“消费提示”等栏目基础上，新增“消费咨询”“曝光台”“维权途径”“消费维权教育”等4个栏目，在网站同步发布一系列的维权教育视频，主要包含“玉石床、七天无理由退货、价格欺诈”等消费者在生活上遇到的维权难点、热点问题，引导文明、健康、节约资源和保护环境的消费方式。顺德区消委会自改版运行以来，发布各类文章132条，接受网上投诉162宗，实现了24小时在线消费维权服务。创新维权工作模式，深入开展各类案件调处工作。顺德区消委会（市监局）加强部门协作，推行“集体会诊”新方式，经多次调解形成客观上的疑难案件、潜在引发群体投诉风险的疑难案件以及新型疑难案件等，做到共同会商、分工负责，合力应对，共同推进投诉举报纠纷的化解。同时，在办案过程中，更创新了维权工作模式，推行“行政约谈”，对企业可能出现的违法行为加以预防和警示，纠正不正当的经营行为，从根源上杜绝侵犯消费者合法权益的案件发生，营造政府、企业、消费者三赢局面。充分发挥典型示范作用，健全维权和监督网络。为充分发挥行业组织、重点企业的引领和示范作用，推行经营者与消费者协商和解等维权机制，促进行业规范和诚信经营。全区共建立消费维权服务站94个。2017年，共处理消费者投诉3171宗，为消费者挽回经济损失613万元。其中，乐从镇建立起先行赔付制度，有3000户家具经销商加入先行赔付制度，有400多家被评为诚信店，先行赔付金押金1000多万元，在加入先行赔付的商家中，尚未出现因消费纠纷进行先行赔付的现象。极大维护消费者合法权益。发挥行业协会作用，推进消费维权行业自律体系。以行业诚信经营联盟为载体，在直销行业率先破解“消费者不放心行业”的难题，指导推动顺德9家直销企业联合发起成立“佛山市顺德区直销企业消费维权行业自律联盟”，率先在全省成立直销企业消费维权行业自律联盟。

**【产品质量监管】** 2017年，顺德区市场监督管理局围绕重点民生产品质量抽检，大力加强后续整治力度。开展燃气具、电线电缆、自行车生产企业快拆杆设计缺陷等专项整治，严格查处无证无照生产经营行为，及时消除事故隐患，着力提高全区重点产品的整体质量安全水平。特别注重对国家、省级质监和工商部门抽检不合格产品，依照程序采取相应的处理措施，对抽检不合格的企业，责令停止生产销售相关型号产品，发出责令整改通知书，并跟进整改直至复查合格。与上一年相比，国抽合格率提升13%，省抽合格率提升3%。落实《商品经营者约谈培训工作指引》，及时约谈175家企业，引导经营者签订商品质量安全承诺书215份，提升经营者的质量安全意识。顺利完成电饭煲产品质量比对提升工作，完成部分国内有代表性的品牌电饭锅产品14款及海外5个品牌10个型号产品的测试，形成初步的分析报告，有效提升民生产品质量水平。

【特种设备安全监察】 2017年顺德区特种设备安全形势总体稳定，未发生有人员死亡的事故。全区在册特种设备总数为73662台（条），其中锅炉819台，压力容器20140台，压力管道1608条，电梯25132台，起重机械19435台，场（厂）内专用机动车辆6481台，大型游乐设施47台。在册液化石油气瓶113.85万只，工业气瓶8.3万只，车用气瓶2447只。制定全年特种设备监管计划，将102个特种设备使用单位列为重点监督检查单位。完善特种设备安全监察工作制度，制定《顺德区特种设备严重事故隐患治理挂牌督办制度》。组织瓶装燃气联合执法行动、涉氨企业安全整治、大型游乐设施专项检查、自动扶梯隐患排查、特种设备安全生产大检查等行动，出动检查人员14778人次，检查特种设备从业单位5157家次，发现安全隐患2930处，发出监察指令书653份，立案查处43宗。全年举办和参与安全生产现场咨询日活动18场次，开展特种设备应急演练16次，举办培训班11期，培训相关人员1077人次。

【标准化监管】 2017年，顺德区通过大力推行实施标准化战略各项措施，全区先进标准体系建设初具规模，重点领域标准体系日趋完善，标准在引领产业发展、规范行业秩序、提升产品竞争力等方面的作用更加明显。据不完全统计，截至2017年年底，全区企事业单位参与制修订国际标准、国家标准、行业标准、地方标准共797项。新增国际标准1项、国家标准22项、行业标准24项、地方标准9项。引导和支持顺德家居五金协会牵头制定两批全国性团体标准，率全省乃至全国之先，为标准化工作改革、培育发展团体标准提供宝贵的经验。加强标准化引导和扶持政策，鼓励企业积极参与标准化活动。区政府设立技术标准战略专项资金，通过资金扶持等激励政策和措施，支持和鼓励企业积极参与标准化活动。在发放2016年度区实施技术标准战略专项资金473.7万元的基础上，开展2017年度顺德区实施技术标准战略专项资金评审工作，拟对70家单位的117个项目资助4840361元。通过发挥标准化战略扶持资金的引导激励作用，鼓励、支持支柱产业龙头企业参与制订国家标准、行业标准和地方标准，争取标准制定的话语权，推动“顺德制造”向“顺德标准”转变，顺德企事业单位参与标准化活动的积极性不断增强。深入开展了标准化工作改革创新，全面推行企业产品和服务标准自我声明公开和监督制度，引导、动员和指导生产经营者将企业产品标准由“备案制”改为“自我声明公开”，共有271家企业在“企业标准信息公共服务平台”上自我声明公开1122项标准，比年度目标任务超出80.7%。着力培育团体标准和联盟标准，协调相关企事业单位组建广东省家用电器产业技术标准联盟、顺德净水行业标准联盟等2个标准联盟，引导联盟制定并发布实施《多功能电热锅》《家用和类似用途反渗透净水机》等6项联盟标准。全程支持和参与顺德家居五金协会牵头制定第二批团体标准《家居五金移门滑轮》。积极开展标准化创新试点工作，分别于5月至7月指导推荐广东联塑科技实业有限公司申报国家技术标准创新基地，推荐顺德区家居五金协会申报国家第二批团体标准试点，联合区经科局、区财税局推荐辖区内3家企业申报佛山市第三批物流标准化试点。发挥标准化基础性作用，开展质量提升行动。推动传统产业提质增效，围绕产业集群发展，引导标准联盟建设，2017年新成立标准联盟2个，制定实施先进的团体标准、联盟标准7项，均居全市前列。重点加快在泛家居、先进装备、智能制造及战略性新兴产业培育建立标准联盟，突出产业技术优势和质量水平，制定、实施严于国家标准、行业标准和地方标准的高端联盟（团体）标准，支撑顺德区优势产业区域品牌建设和市场竞争力的提升。引导企业积极采用国际标准和国外先进标准，2017年办理采标初审87个，采标数量居历年之首。大力支持优势产业在质量、安全、节能、环保等方面采用国际标准，加快设备的现代化改造、技术创新和产品研发，提高产品质量和技术水平，打破技术贸易壁垒，加快获取通向国际市场的“通行证”，增强国际市场竞争力，扩大顺德区工业产品国际市场份额。强化标准与科技创新的有机融合，重点开展工业机器人、高端装备制造、新材料、新一代信息技术等领域标准研究，促进新技术、新工艺、新材料、新产品等科技创新成果转化为技术标准，进而转化为生产力，增强产品的核心竞争力。引领服务业质量提升，加强与顺德区服务业管理部门联动，加快发展现代服务业。指导广东工业设计城发展有限公司创建“标准化良好行为”企业，并于5月25日通过标良AAAA级确认，成为广东省第一家工业设计园区通过AAAA级标良确认。引导本辖区企事业单位申报服务行业地方标准制定计划项目1个，全区企事业单位主导制定的服务业国家标准《家电物流服务通用要求》和省级服务业地方标准《养老服务规范临终关怀》《养老机构社会工作服务规范》《科技咨询服务管理规范》获得批准发布，刷新顺德区服务业国家标准和地方标准新纪录。

【计量监管】 2017年，顺德区积极履行计量行政审批职责，落实强制检定免费政策，做好民生计量和计量监管，加强检验检测机构监管等工作。全年，受理7家企业申请16项计量标准考核，已组织审核5家10项；全区建立计量标准的企业共31家，132项。区质测所（全称）建立计量标准141项，通过CNAS（全称）校准检测认可项目412个，其中新增项目46个。受理21家企业申请二级计量保证体系，1家企业申请三级计量保证体系确认，已组织审核20家。全区建立二级计量保证体系的企业共49家，建立三级计量保证体系的企业共27家。做好宣传，贯彻强检免费政策。国家财政部、国家发改委决定从2017年4月1日起停征计量收费（即行政审批和强制检定收费。非强制检定收费不得列入行政事业性收费，不得强制企业接受服务并收费）。做好集贸市场在用衡器免费检定工作。2017年，区质测所对140家集贸市场的10146台（件）衡器检定，对1345家企业在用的140565台（件）强检计量器具完成检定，减免企业强检费用585万元；对5093家企业在用的19.5万台（件）计量器具提供校准服务。对建立计量标准的企业开展监督检查。抽取美的制冷、万家乐、万和等8家企业进行检查，要求企业计量检定人员现场对压力表、测微量具、游标卡尺进行检定，对其检定结果进行比对。为落实对检验检测机构的监管，组织全区61家机构完成网上信息直报、自查工作；同时，聘请广东省质检院顺德基地的专家对全区建筑、环保和安评领域的13家检验检测机构进行技术检查，从检验检测机构的文件、人员、场所、报告、检验行为等多方面详细检查；对部分存在问题的，限期整改。加强机动车安检机构监管工作。在取消机动车安检机构资格许可审批后，继续做好机动车安检机构的监管，对13家汽车检测站监督检查18次，各分局每季度对辖区内安检机构至少检查一次，共检查超过70次，严格规范检验质量。

【“广东优质”品牌认证工作】 2017年9月，广东省质量监督管理局启动“广东优质”品牌认证工作。10月，顺德区市场监督局按照省的要求推荐家用燃气快速热水器、电冰箱、消毒柜等6家龙头企业的8类产品申报“广东优质”产品目录。11月28日，广东美的生活电器制造有限公司的电饭煲产品获得全省首张广东优质认证证书。（莫秋婵）

## 食品药品监督管理

【概况】 截至2017年12月底，

顺德区有食品生产企业235家，食品经营企业17925家（其中餐饮企业6402家），食用农产品集中交易市场188家（含2家批发市场），药品生产企业10家，药包材生产企业9家，药品经营企业（包括批发、连锁总部）1459家，医疗器械生产企业54家，医疗器械经营企业1523家，保健食品生产企业3家，化妆品生产企业15家。在食品药品安全监管中，2017年全区财政投入食品安全监管经费超过5000万元。

【餐饮服务业监管】 2017年，顺德区推进“明厨亮灶”，创新餐饮服务监管模式。全年全区餐饮服务单位完成“明厨亮灶”1732家，实现学校食堂（含托幼机构）、集体用餐配送单位、中央厨房等高风险餐饮服务单位“明厨亮灶”全覆盖，开展2017年度“十大明厨亮灶”评选活动。实施“扩A计划”，提高食品安全监管效能。截至2017年12月底，全区餐饮单位6402个，应评单位6310个，已评定单位6190个，量化分级覆盖率98.1%，其中A级单位191个、B级单位2923个、C级单位3076个。全区食品安全等级公示率达100%，全区累计餐饮食品安全等级A级单位191家。保障重大餐饮活动，防范食品安全事故。按照预防为主、科学管理、属地负责、分级监督的原则，做好重大活动备案、资质审查、监督检查、签订食品安全承诺书、菜单审查、驻点值守、现场食品快速检测等各项工作。2017年，完成“2017年区十六届人大二次会议”“2017年50千米徒步活动”“2017年普通高考高中学业水平考试”等20多项重大活动食品安全保障工作，保障全区近157万人次群众的就餐安全。同时，保障生财会、龙舟宴、重阳敬老宴等村居集体聚餐的安全。据不完全统计，2017年，对192场非经营性场所集体聚餐进行保障，保障人数达26万人。

【食用农产品市场监管】 2017年，顺德区落实“千家快检”，提升食用农产品质量安全。全区有40家农贸市场参与食用农产品快速检测工作，录入126253批次检测数据，其中蔬菜119242批次，不合格311批次，合格率99.74%；水产品检测数据7011批次，其中8批次不合格，合格率达99.89%。创建“放心肉菜示范超市”，构建安全消费环境。制订《顺德区开展创建“放心肉菜示范超市”活动工作方案》和《创建国家级放心肉菜示范超市专项抽检工作方案》，明确工作目标、工作原则、创建标准、实施步骤和工作要求，提高超市“肉菜”质量安全水平，实现2017年完成2个国家级、1个市级、26个区级的示范超市的创建工作，构建来源可溯、质量可靠、群众放心的食用农产品消费环境。创新食用农产品监管模式，构建安全追溯体系。通过公开招标形式，委托第三方技术服务机构，建设食品安全检测和管理追溯平台，建立镇街政府快检实验室，运用“快检+追溯”联动模式，构建食用农产品（散装食品）快速检测与追溯体系，实现数据分析、风险监控、预警发布、信息追溯和精准监管一体化。2017年，建立陈村、乐从、北滘、龙江、均安、大良、容桂、勒流、伦教和杏坛10个政府快检实验室以及配备2辆移动快检车，并先后开展食用农产品快速检测工作。据统计，2017年全区各政府快检室和移动检测车检测各类食用农产品样品99071批次，其中不合格540批次，合格率99.45%。

【药品安全监管】 2017年，顺德区受理药品经营企业筹建申请32家，核发“药品经营许可证”88家，办理许可证注销45家。受省局委托，完成多项关键生产条件变更的行政许可核查；完成肝得治片、铝碳酸镁咀嚼片的药品注册生产现场核查；完成涉及委托生产的3家药品企业公41个品种品规的现场检查。采用飞行检查的方式，组织对11家药品批发企业和3家药品零售连锁企业总部进行跟踪检查，10家批发、连锁企业及异地仓库进行日常监督检查，检查覆盖率达100%。在药品零售药店和连锁门店新版GSP认证工作中，受理申请119家，组织现场检查

105家，发放GSP认证证书125家，限期整改14家。跟踪检查完成370家，撤销证书35家，限期整改57家。完成10家药品生产企业、2个医疗机构制剂室、17个医疗机构、9家药包材生产企业、11家特殊药品生产经营企业的日常监管工作，完成率100%。完成10家药品生产企业的GMP跟踪检查工作，发现个别药厂注射剂车间部分生产操作人员培训不到位，操作不正确引起的生产偏差数量较多，生产设备维护保养不足，相关风险管理评估文件不足，未提出有效的纠偏与预防措施；个别中药饮片厂检验用对照品溶液管理不完善，未能提供其有效使用期的数据支撑等。开展顺德区城乡结合部和农村地区药店诊所药品质量安全集中整治行动，共出动执法人员2732人次，检查药品经营使用单位1366个，其中药店1149个、门诊217个。开展药品流通领域违法经营行为专项整治“回头看”行动，规范城乡接合部、农村地区单体药店和个体诊所药品经营秩序的“清渠行动”，对中药材、中药饮片经营活动专项治理的“正本清源”行动，对互联网药品经营行为专项治理的“清网行动”。药品流通领域风险隐患排查整治检查企业1057家，检查覆盖率72.5%。开展药品生产源头专项检查，重点核查药品生产企业使用的原辅料供应商管理情况、来源情况、储运情况、检验放行、变更管理情况。督促企业使用合法、合规、合格的原辅料，变更原辅料供应商应按注册有关规定进行研究及申报。及时排除中药提取物生产及购入使用中存在的质量风险和安全隐患，检查中成药生产企业四家，检查覆盖率100%。检查未发现存在非法生产中药提取物及使用非法中药提取物进行生产的情况。策划并开展形式多样的安全用药宣传活动。一是安全用药多渠道专题宣传，包括LED电子屏宣传，网上药品安全知识有奖问答，印制各类宣传资料等。二是开展安全用药知识进基层宣传活动，包括安全用药知识进学校、进社区、进农村、进企业等，形成有效的科普干预，提升全民安全用药意识和水平。

【保健食品和化妆品监管】 2017年，顺德区制订下发《顺德区2017年保健食品非法会议营销专项治理行动工作方案》，对重点区域、重点企业、重点产品、重点场所全面排查，以宾馆、酒店、影院、保健食品专营、体验店和其他会议场地为监管重点，强化保健食品营销和宣传的监管。开展保健食品安全科普宣传进社区和进学校等活动，确保全区203个村（社区）全覆盖，提高公众特别是老年人群体对保健食品的基本辨知能力和维权意识。据不完全统计，举办户外宣传咨询活动20多场，举办食品安全知识竞赛1期，保健食品小讲堂20多期，张贴保健食品宣传海报1000多张，派发《小手拉大手科普知识漫画手册》3000多本、《这些保健食品非法宣传陷阱你中招了吗？》老年人宣传折页2万多份。联合多部门对保健食品非法营销案件查处，区市场监督管理局（工商质监）和区食品药品监督管理部门共出动执法人员1100多人次，突击检查宾馆、免费老人体验店、保健食品专营店等经营单位488家次，取缔无照经营11家，约谈房东4人，警告1家，立案查处保健食品案件5件。在全区开展“四打一规”化妆品安全专项整治行动，以护肤类生产企业、主流商区经营企业、集中批发交易市场、妇婴专营店、电商微商为重点环节，以祛痘、祛斑、面膜类产品为重点品种，出动检查人员1440人次，检查辖区内化妆品生产、经营企业560家次，区局飞行检查100家，发出责令整改通知书50多份，查处化妆品案件4件。加强规范备案。2017年，对776个国产非特殊用途化妆品完成网上备案，完成备案产品监督检查数为581个；开展保健食品化妆品的监督性抽检和快筛抽查，完成监督性抽检保健食品45批次，化妆品110批次（不合格1批次）。

【食品药品安全执法】 2017年，顺德区开展食品药品安全“百日行动”，查处案件602件，比上年增长8%，涉案货值428.3万元，其中重大案件8宗，吊销经营许可证1个，向司法机关移交案件17件、线索31条，抓获、逮捕犯罪嫌疑人16人。开展“清网行动”，利用互联网实施食品药品违法犯罪具有隐蔽性高、交易范围广等特点，与公安机关通力合作，摸排案件13件，接到群众举报案件12件，行政处罚案件13件，累计罚没5.41万元。开展查处取缔无证行动，检查经营5277户次，查处无证案件108件，向司法机关移交案件4件，引导办证1211户。全年报送省局重大案件4件，分别查获广东康富来药业有限公司涉嫌生产标签不符合规定案、大良大润春秋饮食店涉嫌经营场所不符合餐饮经营要求案、广东华域医疗器械有限公司涉嫌生产标签不符合条例规定的医疗器械案、广东康富来药业有限公司涉嫌生产经营标签和说明书不符合食品安全法规定案。全年立案1114件，结案816件，作出行政处罚金额1211.95万元。其中罚没5万元以上案件132件，移送公安部门25件。

**【“四品一械”安全监督抽检】** 2017年，顺德区完成食品监督性抽检7793批次，药品监督性抽样493批次，抽检保健食品75批次、化妆品109批次、医疗器械（含药包材）45批。

**【药械不良反应监测】** 2017年，顺德区收到药品不良反应监测报告1648份，其中新严（新的一般+新的严重+严重的）报告数601份，化妆品不良反应监测报告90份，比上年增长45.16%，医疗器械不良事件报告593份，其中严重报告55份。举办药品、化妆品不良反应监测工作培训班2期，医疗器械不良事件监测工作培训班2期，并不定期多次赴各镇街医院进行宣传培训和工作督导。

**【国家食品安全示范城市创建】** 2017年3月31日，顺德区政府组织召开全区食品安全工作会议，部署全区2017年食品安全和创建国家食品安全示范城市工作。市食品药品监管局副局长李强，区政府副区长招霞红、区食安委及食安办组成成员及有关单位负责人参会。会上，副区长招霞红代表区政府与镇街代表签订2017年顺德区食品安全工作责任书。对2017年创城十大重点工程进行任务分解。制定《佛山市顺德区创建国家食品安全示范城市十大重点工程任务分解表（2017年）》，将全年的创城重点工作进行任务分解，各责任单位逐项制定详细的计划、措施，明确完成时限和责任分工，确保各项创建工作任务有序推进。加大创建宣传统筹力度。实现主要干道、企业、个体户、农贸市场、出租车和医院等公共场所插播“创食品安全城，享文明新顺德”宣传语。印发致食品企业和市民的一封信的宣传单张30万张。在全区统一开展食品安全五进活动20场。在全区29辆公交车投放创城车身广告。召开第三季度食品安全工作暨创建国家食品安全示范城市中期绩效评估迎考部署现场会议，副区长冼阳福对创城中期绩效评估迎考分工和要求进行部署。（龚平）

## 安全生产监督管理

**【概况】** 2017年，顺德区发生各类事故1067起、死亡183人、受伤593人、直接经济损失4178.91万元；与上年同期相比，事故起数下降10.03%、死亡人数下降7.11%、受伤人数下降0.50%、直接经济损失下降2.72%。未发生水上交通、渔业船舶、农业机械、铁路路外等死亡事故报告，未发生较大以上生产安全事故。全年监督检查企业15364家，监督检查企业31149次，查处隐患43147处，立案683件，作出行政处罚770次，其中罚款653次，罚款金额1856.43万元；职业卫生监管方面，全区进行职业健康检查企业5869家，检查劳动者累计122036人，监管和检查执法力度比上年实现大幅提升。

**【安全生产综合治理】** 2017年，顺德区安监局推动全面加强安全生产责任体系建设，强化领导督查督导工作力度。区委、区政府召开专题研究部署安全生产工作的常委会6次、常务会议11次，组织协调全区党政领导班子共开展安全生产专项督导超4200人次。做实“一岗双责”长效机制，加强区安委办的统筹协调能力。制订《关于进一步明确区有关单位安全生产和职业健康工作职责的规定》，并由区机构编制委员印发，明确全区各有关部门安全监管和职业健康工作职责。印发《关于贯彻落实顺德区安全生产“十三五”规划的实施方案的通知》，由区安委办统筹全区安全生产“十三五”规划各项工作的实施；健全区安全监管部门定期向区组织部门报送安全生产情况制度；安全生产考核权重占区对各镇（街道）考核共性任务的6%。提升安全监管执行力，区政府与各镇（街道）、区属各部门签订“个性化”“可量化”的安全生产责任书，对全区各镇（街道）、各部门安全生产履职情况进行考核，并实行提醒、预警和约谈，督促落实改进措施。推进专业化安监队伍建设，印发《顺德区建立健全专职安全生产监督检查员队伍加强镇（街道）安全监管工作实施方案》《顺德区人民政府办公室关于落实镇（街道）安全监管机构业务相对独立运作的通知》《顺德区专职安全员日常管理暂行规定》《顺德区机构编制委员会关于单独设置镇（街道）安全生产监督管理机构的通知》，各镇（街道）安全生产监管机构独立运作，明确镇（街道）安全生产监管职责，指导并督促各镇（街道）实现配齐配强不少于25名专职安全员，在此基础上，辖区内每增加100个生产经营单位，相应增配1名专职安全员，并规范招聘条件。从重从严查处一般以上生产安全事故，压实企业安全生产主体责任。与区公安局联合出台《关于做好危害生产安全犯罪案件联合调查和移送工作意见》，建立“两法衔接”工作机制。强化事故警示，每季度制作事故警示片。加大事故立案查处力度，对事故立案27件，追究刑事责任5人，企业管理责任50余人，事故处罚超过900万元。

**【安全生产监督执法】** 2017年，顺德区组织开展岁末年初安全生产大检查行动、特别防护期安全生产大检查、下半年安全生产大检查行动、2017年今冬明春大检查、基层大治理等安全隐患专项整治工作，针对重点行业、重点区域，结合“春节”“汛期”“国庆”等重点时段，将整治行动升级加码。全年全区出台安全生产挂牌督办方案，选取均安镇作为2017年全区挂牌督办单位，确定建筑施工、道路交通为重点整治对象。继续实施安全生产红线管控。划出危险化学品领域六条必须执法立案处罚的红线，全区危险化学品企业立案14件，处罚金额100.58万元。建立诚信积分退出机制，确认顺德区疾病预防控制中心等6个优秀等次机构和3个不合格等次机构，并纳入红黑牌管理，并向社会通报。落实职业卫生“三同时”工作，对辖区内6个职业病防护设施“三同时”违法行为进行立案处罚。全区128家噪声职业病危害重点行业企业100%完成职业病危害项目申报；职业健康监管工作全省季度评价稳步上升，第三季度并入佛山市后取得全省第2名优异成绩。获安全生产执法监察标准化一级达标单位。全区10个镇（街道）安监分局经过5月的执法监察标准化创建，也全部成为安全生产执法监察标准化一级达标单位。

**【安全生产事故防控】** 2017年，顺德区统筹开展风险点危险源排查管控。坚持超前辨识预判、综合施策管控，按“红、橙、黄、蓝”初步实现全区1021个风险点排查分级。全区风险点危险源全部完成“佛山市城市风险点危险源管控地理信息系统”电子地图标注工作，形成顺德区风险点危险源“一张图”，推动全区全面风险管控信息化进程。举办“顺德区城市风险点危险源全面管控行动计划暨应急救援演练活动”，组织开展2期“全区风险管控专题培训班”，提升各部门、镇街、红橙风险等级所属企业负责人风险管控能力水平。启动顺德区智能安监数据采集工作，完善智能安监平台的企业数据库，指导企业使用智能安监平台开展隐患自查自改。合计采集企业14820家，排查安全隐患166641处，全部录入“智能安监”平台，为顺德区安全生产工作提供准确、真实、可靠的数据。落实挂牌督办重大隐患的整治。省安委会挂牌督办隐患1处，市安委会挂牌督办隐患5处，区府办挂牌督办隐患3处，均按期整治完毕。推广安全生产责任保险。顺德区财政设立专项资金3600万元，拟分3年对投保企业按比例补贴保费；2017年全区投保企业2599家，参保人数108992人，保费3657万元（其中财政补贴企业近1200万元），保障额度245亿元。推进企业安全生产标准化建设，多项便民措施推动企业落实安全生产“六到位”，提高企业标准化创建主动性和积极性。创建粉尘、液氨安全生产标准化标杆企业18家，全区12291家企业实现安全生产标准化达标，创建覆盖率100%。加强应急管理基础工作，完善有关应急预案、值班值守、信息报告等制度。全区8045家重点企业通过智能安监平台上传8533份应急演练资料，实现应急演练100%全覆盖。

**【安全生产宣传教育】** 2017年，顺德区组织承办佛山市首届安全生产装备·技术·服务大会，吸引珠三角1.2万余家企业参加，构建安全服务新平台。大会期间，举办8场安全生产系列培训，培训企业负责人13638人。发放培训资料5万余份。活动促成供需企业签订合同6000余家，达成意向8000余家，签约总金额超5亿元。对接大会的举办，吸引中国国际广播电台、《南方日报》等多家媒体单位纷纷参与报道。各媒体发布有关对接大会新闻报道合计68篇。全年微信、网站等各类媒体宣传信息4366篇，接受群众咨询3.4万人次，宣传受众超12.8万人次。主动参加、邀请或配合《南方日报》、民生热线、主流网站等媒体专题采访工作9次。全年召开安全生产新闻发布会13次。职业病防治周、安全生产法宣传周、安全生产咨询月等专题系列活动派发各类宣传资料13.2万份，其中，安全生产月期间，区安监局与区教育局联合举办中小安全生产书画比赛1场，收到参赛作品489份，评出金银奖60名。组织开展“2017年顺德区十大优秀安全生产管理人员”评选活动。开展主题宣讲和警示教育1963场。开展《党中央国务院关于加强安全生产领域改革发展的意见》的宣传推广工作，区委中心学习组专门邀请国家安全生产改革宣讲团专家，组织全区安监干部参加专题宣贯活动1场，各镇（街道）在辖区内自行组织学习活动9场。推进安全生产“五进”宣教活动，全年开展培训200场，培训逾10万人次。

（区安全生产监督管理局）

## 国有资产监督管理

**【概况】** 2017年，顺德区国资系统围绕“开放引领创新驱动”发展战略，发挥平台和引领作用，坚持全区国资一盘棋原则，强党建、抓改革、促发展，全力以赴完成工作任务，推动区属企业做强做优做大，增强国有经济活力、控制力、影响力和抗风险能力。至2017年12月31日，顺德区属国有企业资产总额734.99亿元，比上年增长5.12%；负债总额321.87亿元，下降8.55%；营业总收入17.47亿元，增长62.32%。

**【国资党建】** 2017年，顺德区国资系统加强党建统领国资国企改革发展。区国资办党工委及顺控、新城两大集团公司分别设专职副书记，负责党建工作。组建顺控集团党委，完成新城公司党委换届。14家区属重点监管企业完成党建工作总体要求进章程。实施“双向进入、交叉任职”，企业治理与党建深度融合。加强党风廉政建设及反腐败工作。开展党群共建，促项目建设。投入340万元援建右滩村公益性工程项目10个。德胜东路、潭洲国际会展中心二期、顺德生命科技产业园、北部片区菊花湾大桥PPP项目等重大工程顺利推进。

**【国资监管】** 2017年，顺德区国资系统监管进一步法规化、专业化。理顺完善顺德区国资监管体系分工。依法依规专业化提高监管水平，建立权责清单制度，取消、下放16项职能；出台完善人事、监管等17项制度文件；健全公司法人治理结构，深化内部管理制度改革，利用外派董事、监事等专业化手段进行监管；推进人力资源改革，按照“以收定支、项目导向、能上能下、奖惩分明”的原则，创新选人用人机制，改革薪酬绩效考核；加强企业内部风险管控，加大对重点领域、部门、环节的审计力度，开展专项审计，加强内部监督和风险控制。

**【国有资源配置】** 2017年，顺德区国资系统厘清主业、专业分工，实行集约化发展。盘活政府配置资源，环保、危废处理等政府可经营性资产划入国资运营。开展研究养护业务整合，组建经营性区属公路养护工程公司。优化顺控集团、新城公司两大集团资源，顺控集团做实公用事业、基础设施建设、物业发展、城市升级开发运营、战略新兴产业投资五大板块；新城开发公司逐步形成工程建设、产业投资和城市运营三大板块。加快国有资产资本化、逐步实施资本证券化。整合公用事业资产资源，推动顺控发展公司朝A股IPO迈进。启动城投公司发债，规模为不超过6亿元。盘活中欧中心一期资产实现证券化融资5.4亿元。落实供给侧结构性改革。完成6家区属国有特困企业脱困。集中托管处置全区39家区属国有关停企业，与省股权托管中心签署《业务指导合作协议》，完成省、市对顺德区国有关停企业出清处置工作的考核任务。

**【国有资产投融资】** 2017年，顺德区国资系统创新模式，争取项目资金保障。国企承接区重点建设项目到位资本金130.26亿元，累计到位融资资金123.8亿元。完成投资（累计支付工程款）184.64亿元。搭建基金平台，设立首期规模100亿元的顺德创新发展城市建设基金，累计提取基金21亿元。开放与多方资本混合合作，引入央企、外区国企及本地民营资本参与项目投融资及建设。其中，中国中铁、中交城投、中国建筑等央企对北部、东部片区PPP包，会展中心，桂畔海水系整治等项目进行融资建设；大学城卫星城核心区人才小镇项目引进深圳深福保集团等企业合作；人才公寓项目与本地龙头民企合作；环投热电、户外广告牌等项目成功引入社会资本方作为战略投资者。

**【国有资产推进基础设施建设】** 2017年，顺德区国资系统参与推进基础设施建设项目。广州地铁7号线西延顺德段全面开工。佛山轨道9、13号线一期项目前期工作启动。北部PPP项目荷岳路路面改造工程完工通车，菊花湾大桥工程、南沙新桥及北引道工程已完成过半；汾江路南延线工程（澜石路至裕和路段）、岭南大道（富华路至三乐路段）等路网基本实现通车。东部片区交通建设及配套项目全面铺开，其中容桂马岗大道首期工程、德胜东路改造工程完工通车。碧桂路顺德新城段改造工程完工通车。

**【国有资产参与产业平台开发建设】** 2017年，顺德区国资系统发挥引领和撬动作用，参与城市更新和村级工业园改造项目。成立顺德区国资国企参与村级工业园区改造工作领导小组。与美的、碧桂园签订战略框架合作协议，共同参与顺德区工业园升级改造和产业发展保护区的开发建设工作。推进上华工业区东区改造项目、大良红岗金斗组工业园项目、龙江VOC工业园改造项目、陈村镇莱茵工业园项目、顺德生命科技产业园项目、顺德粮食产业园项目（一期）等。顺德了哥山港项目于年中开港试运营。央、省企与顺德区合作设立的中铁华隧联合重型装备有限公司挂牌，世界首台具有冷冻刀盘和复合注浆系统的双模式盾构机下线。广东（潭洲）国际会展中心一期运营步入正轨，佛山机器人学院进驻并投入运营；二期及配套项目全面启动。

**【国有资产投入民生公用事业】** 2017年，顺德区国资系统抓好民生事业，提高公共服务质量效率。顺控环投热电项目试点火成功。华电能源项目工程建设稳步推进。加快推进乐从、龙江水厂取水口迁建项目、农村供水管理工作以及陈村地区供水配套工程等供水专项规划修编项目。桂畔海水系综合整治项目截污、河涌清淤及淤泥处置、管道清淤修复等工程同步推进。各项水利工程建设有序推进。北滘林广电排站重建工程等16宗竣工，13宗工程正施工，22宗正开展前期工作。

**【国有资产配合医疗教育建设】** 2017年，顺德区国资系统配合医疗教育建设项目。医疗基建项目：广州中医药大学顺德医院建设项目、新北滘医院（大学城卫星城医疗中心）项目、新区妇幼保健院（广东医科大学附属妇女儿童医院）项目有序推进。公共卫生中心分布规划已完成工程可行性研究报告编制并通过专家评审。教育重点项目：顺德区第一中学修缮工程、罗定邦中学二期扩建（教学楼）工程、李兆基中学首期扩建（宿舍楼）工程、顺德区杏坛胡宝星职业技术学校生活综合楼扩建工程、顺德区伦教中学学生宿舍楼扩建工程、容山中学学生宿舍楼扩建工程、龙江中学体育馆工程、京师励耘学校等建设进展顺利。

**【国有资产助推人才战略项目】** 2017年，顺德区国有资产助力推动人才战略项目。北滘高端人才公寓项目一期塔楼主体工程完成过半。大学城卫星城人才安居项目首个人才专卖房“美的领贤公馆”开盘。置业广场项目开展招租入驻接洽，同步开展室内装修工程。佛山文化中心项目顺利推进。北京科技大学顺德研究生院项目主体结构施工有序开展。华侨城天鹅湖项目湿地公园四期儿童湿地完成过半；欢乐谷、欢乐海岸等开展系列勘察设计；完成天鹅湖项目工程建设二期总体工程。

◎图 27　　2017年12月29日，顺德区顺控环投热电项目建设现场

（冼科实摄）

**【国资参与民生重点项目】** 顺德新港位于佛山市顺德区西江干流杏坛南华岸线，是招商局港口控股有限公司和广东顺德控股集团有限公司联合打造的第一个内河港口，由双方合资成立的广东颐德港口有限公司进行运营。码头于2017年6月28日投产使用，堆场面积为166377平方米。码头共有4个3000～5000吨级的多用途泊位，装卸设备共23台，其中分别是轮胎起重机4台、门座起重机6台，轨道式集装箱门式起重机3台，集装箱牵引车6台，堆高机2台，集装箱正面吊运起重机2台。集装箱货物以陶瓷、粮食（玉米、大豆）、钢材、塑料为主，占收入总比66%；件杂货以钢材为主，占收入总比34%。2017年6月至2018年2月，顺德新港集装箱吞吐量70513TEU，日均吞吐量约为273TEU/日；件杂货吞吐量382841.55吨，日均吞吐量约为1484吨/日。

顺德区顺控环投热电项目由广东顺控环境投资有限公司建设。项目建设日处理生活垃圾3000吨，日处理污泥700吨；配置4台日焚烧生活垃圾750吨/日、日焚烧干化污泥75吨/日的机械炉排焚烧炉；配置2台35MW的凝汽式汽轮发电机组。项目自2016年9月开始桩基础工程开始，至2017年12月底，土建工程约完成93%，安装工程约完成80%，钢结构工程部分：格构柱继续地面拼装、刷防腐底漆，设备采购招标完成99%。预计2018年7月可全面完工。

（麦艳欣）

# 财税·金融业

南瓜果仁酥

# 地方财政

◎图 28　　2017 年 3 月 8 日，顺德区财税局完成修订《财政投资评审内控管理办法》

【概况】 2017 年度，顺德区财税局增收节支，优化资源配置，保障改善民生，防范化解风险，为全区经济社会发展提供坚实的财政保障。全区地方财政实现总收入 598.10 亿元（含“两德”经济合作区，下同），比上年同期增收 192.30 亿元，增长 47.39%。全区地方财政总支出 604.77 亿元，比上年同期增支 218.43 亿元，增长 56.54%。

【公共财政收入】 2017 年，顺德区一般公共预算收入 222.99 亿元，比上年增长 12.07%。包括：税收收入 159.29 亿元，比上年增长 10.40%；非税收入 63.70 亿元，比上年增长 10.57%。全区政府性基金收入 375.11 亿元，比上年增长 83.96%。其中，全区国有土地出让 60 宗（含协议出让 3 宗），土地出让金收入 360.61 亿元，比上年同期增收 166.74 亿元，比上年增长 86.00%。

【民生建设投入】 2017 年，顺德区以保基本、兜底线、促公平、可持续为准则，切实提高保障和改善民生水平。一是加大教育事业投入，统筹教育改革及运行经费超过 40 亿元，确保全区教育事业发展迈入珠三角城市先进水平行列。提高公益普惠幼儿园生均公用经费至 1000 元 / 生 · 年，提高儿童早期教育服务水平；按照小学 1370 元 / 生 · 年、初中 2276 元 / 生 · 年的标准足额、及时安排义务教育生均公用经费补贴；贯彻落实普通高中和中职教育国家助学金 2000 元 / 生 · 年；安排 5000 万元用于学校办学绩效及特色化发展等。二是提高社会保障水平，全方位巩固社会保障体系，担当好人民群众一生幸福的守护者，包括：投入新型农村养老保险补助 16000 万元，完全被征地居民养老保险 16100 万元，最低生活保障补助资金 4850 万元等。三是强化公共卫生服务，建立更高质量的医疗服务体制，让群众享有更高的水平的医疗服务。安排 15000 万元用于全区基层卫生医疗机构开展基本公共卫生服务，树立“基层首诊”的良好口碑；安排 8700 万元重点推动南方医科大学顺德医院搬迁工作，进一步提供高标准的现代化医疗服务等。

【财政改革】 2017 年，顺德区深化财税体制改革，规范财政管理，加快建立现代财政制度。实施新区镇财政体制，激发财政经济新活力。按照《顺德区镇级财政管理体制方案（2017—2019 年）》，从“全区一盘棋”的高度出发，加强区级统筹资金力度，构建和事权改革相适应的财力分配新机制。规范举债融资及购买服务，有效防控债务风险。完成 2017 年债券置换工作，优化债务期限结构和降低债务成本，将债务变资源充实财力；开展规范地方政府举债融资行为及政府购买服务项目清查整改工作，整顿政府购买服务项目中的不规范问题；制订政府性债务风险应急预案，坚持从制度建设着手，守住不发生系统性风险的底线，防范和化解财政金融风险。深化镇级支付改革，健全资金安全长效机制。抓住资金支付安全主线，统筹完善各镇街国库账户体系，明确规范镇级财政国库集中支付操作，特别是代理银行清算工作细则，把镇级财政支付风险锁进“笼子”。

**【财政监督】** 2017年度，顺德区财税局开展会计监督重点检查工作。针对被检查单位存在的管理薄弱环节和会计基础工作不规范的问题，及时提出意见和建议，帮助被查单位完善管理制度，提高财务核算水平；开展地方预决算公开情况专项检查工作，通过聘请中介机构协助对预决算公开情况进行检查，采用网上检查和实地检查两种方式相结合，全面检查政府和各部门2016年决算和2017年预算公开情况；组织相关单位开展了省级财政专项资金、一般性转移支付资金及债券资金的自查自纠工作，并将全区的自查情况上报省财政厅。

**【参与式预算范围扩大】** 2017年度，顺德区参与式预算有38个项目纳入范畴，资金总额达20.15亿元，涉及21个部门和单位，覆盖城市管理、科教文卫、社会保障等与老百姓息息相关的领域，参与的预算单位和金额均为历年之最。是年，全区组织的参与式预算系列活动在上年的基础上特邀区党代表参加，使全区参与式预算工作的参与面进一步扩大。区财税局与顺德城市网联合举办参与式预算项目回头看网友采风活动，实地走访“食用农产品快速检测试剂购置费”项目的大良政府快检实验室、“创建宜居社区经费”项目的北滘林头社区古村活化项目。

**【公共服务综合平台建设完成】** 2017年，顺德区完成公共服务综合平台建设，构建便民利民服务体系。将区内205个村（社区）原有的行政服务站等服务场所、设备、经费等资源，纳入区、镇（街道）、村（社区）三级服务平台集中办理。同时，推进基层公共服务综合平台建设，投入资金512.50万元，打造“全天候1+N”服务平台，构建出简单、方便、快捷、周到的服务体系。还利用电视台、网络，手机村务通、宣传栏以及纸质印刷品等方式在各村居进行推广。

（梁颖洪）

## 国家税务

**【概况】** 2017年，顺德区国税局机关设置10个行政科（室）、1个直属机构、1个事业单位和9个税务分局，负责增值税、消费税、企业所得税、车辆购置税等税种的征收管理。截至2017年年底，佛山市顺德区国家税务局共管辖纳税人158540户，组织税收收入332.33亿元，剔除海关代征税收后，组织国内税收收入304.29亿元，办理出口退（免）税155.6亿元。

**【依法治税】** 2017年，作为广东国税系统行政执法“三项制

◎图29　2017年9月21日，顺德区国税局、地税局联合举办“税法进校园”主题活动，让“学税、护税、纳税”观念深植未来纳税人思想意识中

（胡凯琳 摄）

度”的试点单位，顺德区国家税务局推进“行政执法公示”“执法全过程记录”“重大执法决定法制审核”制度，不断推动税收执法权力运行更加阳光、更加规范。大力推动“立体化网络、常态化督察、智能化支撑、闭环化运行”的执法督察新模式，为规范执法行为、降低执法风险保驾护航。2017年，顺德区国家税务局获评“广东省国税系统省级法治税务示范基地”。

【国税税收征管】 2017年，顺德区国家税务局与区地税局积极推进公安、检察院、法院、税务部门的“涉税司法”四方协同共治，同时加强“征、稽、退互动”，创新“专人专职分片区集中办案”模式提高稽查案件办理效率，实现区级定性骗税“零的突破”，旗帜鲜明地铸造“税收征管治理”品牌。依法推进征管方式转变，改革税收管理员制度，探索打破属地管理模式，推进税源管理从“管户制”向“管事制”转变，开发“任务管理平台”实现区一级征管任务统筹、扎口管理，进一步理顺征纳关系，不断向现代化税收管理模式迈进。

【国税纳税服务】 2017年，全市首台智能办税机器人“税小能”以及“全透明办税”“随手票”“填报易”等一大批智能办税产品在顺德上线运行，顺德区国家税务局联合地税部门全面推行“全预约办税”，全区纳税人办税平均等候时间压缩52%。在国地税合作方面，扎实推进51个规范合作事项和25个特色合作事项落地，持续丰富“智慧税务、惠及民生”的“智·惠”品牌内涵；在大企业管理与服务方面，创新打造的全国首个企业端税企共治内控平台TRD在全省推广运行、全国首个“房税e”智能审计软件也为房地产行业风控管理添上信息化之翼。在以税资政方面，运用大数据深入开展税收分析，打造以《数字税收》为代表的拳头产品，为区委区政府科学决策提供重要数据参考。

（查 朗）

## 地方税务

【概况】 2017年，顺德区地税局组织地方税费收入289.18亿元，比上年增长2.9%，增收8.21亿元。其中税收收入161.33亿元，比上年增长1.0%，剔除营改增因素可比增长18.3%；费金收入127.85亿元，比上年增长5.5%。税收各级次收入均达到预期进度，其中中央级收入46.56亿元，比上年增长28.6%，增收10.35亿元；省级收入23.11亿元，比上年下降32.3%，剔除营改增因素可比增长18.5%；县区级收入91.66亿元，比上年增长2.5%，剔除营改增因素可比增长14.0%，增收2.26亿元。在费金收入中，社保费收入112.05亿元，比上年增长6.1%，征缴率保持在99.6%的高水平。

【地税税收征管】 2017年，顺德区地税局推进电子化办税，推行网上办税为主、自助办税和其他社会办税为辅、实体办税服务厅兜底的办税模式，加快广东省电子税务局、“顺德税务”微信办税、“ETAX办税易”等电子办税新渠道、新方式的推广应用，让纳税人多走“网路”、少走“马路”，全年全区有8.7万家企业开通广东省电子税务局，开通率95.7%，官方微信公众号关注量7.8万人，业务办理量9.6万宗。深化大数据管控，因应营改增后税种变化，推动涉税信息共享目录扩围，将21个部门、116个涉税信息项目纳入信息共享范畴，通过“数据管税”增收2.75亿元。实施智能化提升，自主开发微信版外勤智能巡查系统，9月上线并实现全区覆盖，将基层管理系列的“管理、执法、监督、考核”集于一体，在信息管税、风险防控、队伍管理方面作出有益探索。自主开发其他个人不动产租赁税费委托代征系统，协助顺德农商银行研发代开发票模块，代征系统上线半年办理代征（收）业务40万宗，代征税费3.29亿元（其中办理其他个人出租不动产税费代征业务39.12万宗，代征税费1.29亿元），个人不动产租赁税费业务批扣足扣率从代征前低于80%

大幅提升至92%。

【地税税收执法】 2017年，顺德区地税局出台“基层分局欠税管理及行政强制程序”“网络司法拍卖房地产涉税处理”等一批征管操作指引，编制《房地产交易实务操作手册》，规范基层政策执行口径；梳理完善金三基础档案数据，存量登记户正确关联率逾95%、新增登记户正确关联率100%；在全省首创土地增值税清算廉政告知及回访制度，对土增清算审核工作实行全过程监督；制定环境保护税开征各项细则，为地方税体系完善打好基础；构建人力资源和社会保障局、社会保险基金管理局和地方税务局三部门规范化、常态化的联席会议制度，联合制订《关于协同做好社会保险基金征管的工作办法》，建立定期信息交换机制，提升社保费管理共治能力；制定社保费征收监督管理职责落地有关方案和指引，开展社保专项业务培训，为社保费征收监督检查职能顺利转移做好准备。系统化推进法治建设，贯彻落实行政执法公示、执法全过程记录、重大执法决定法制审核等三项制度试点，通过制定时间表、责任书、路线图，细化责任分工，打造阳光法治税务环境；层层推进执法大督察，覆盖面100%，461户纳税人经辅导补缴税费及滞纳金830多万元；创新执法督察形式，建立基层执法行为日常体检保健服务机制，为基层堵漏洞、治隐患；在征管指引制定、疑难个案解决等方面发挥合法性审查作用，借助法律顾问力量，化解各级执法风险；加强与司法部门沟通协作，破解基层强制执行难题；坚决维护公平正义的税收秩序，推进“双随机一公开”工作，强化稽查案件督办和退审指引，协助基层分局清理欠税欠费，全年立案40件，查结40件，查处金额超2000万元的大案要案2件，合共入库税费、罚款及滞纳金6117.49万元；清理2016年以前积案16宗，清理积案率84.21%，清理案件数量及比例全市排名第一。

【地税税收服务】 2017年，顺德区地税局运用集成思维，推动税收服务供给能力新升级。围绕服务企业“暖春行动”，深化服务企业升级行动计划、扶持高新技术企业“税翼行动”，建立税企高层直联机制，设立两级专责联络员，实现税收服务供给与企业发展需求的精准对接。针对“走出去”企业提供税收服务护航，打造专属服务菜单，为美的集团收购东芝、库卡等业务提供支持。在省、市、区税务部门共同努力下，与美的集团共建广东省大企业税务风险防御系统，为大企业专业化、个性化、智能化税收管理服务探索经验。支持企业诚信立业，打造“百年老店”，完成近3万家企业纳税信用评价工作，并联合银监、信用办、中小企协会等15个部门签订《“征信互认银税互动”合作框架协议2.0》，推出“银税互动”升级版，让诚信企业畅享融资便利。深化便民办税春风行动，建立纳税服务联动工作机制，成立全区首支横向跨镇街、纵向跨层级的涉税业务支援服务队，形成全员联动参与的大服务格局。 （林 俊）

## 金融业

【概况】 2017年年末，顺德区各项存款余额4512亿元，比上年增长14.4%，新增存款约占全市3/4；各项贷款余额2893亿元，比上年增长2.8%；金融盈利能力稳步提升。银行业金融机构实现本外币账面利润85.14亿元，比上年增加20.57亿元，增长31.86%，利润总额全市第一，增速全市第二。保险业务快速发展。全区保险机构保费收入109.87亿元，比上年增长26.26%，增长率上升11.4个百分点。证券成交平稳。全区证券总成交总额1.37万亿元，比上年增长1.4%，占佛山市场总成交金额的35.4%。 （汤天怡）

【多层次资本市场】 2017年，顺德区境内外上市企业24家，新三板挂牌企业37家。其中，2017年新增境内外上市企业5家，新三板挂牌企业9家，证监局辅导和IPO在审企业10家；

完成股份制改造企业70家，100余家企业与专业机构签约筹备股改，200余家优质企业在资本市场系统进行入库培育，形成“辅导一批，股改一批，上市一批”的工作格局，建立主板、中小板、创业板、新三板、四板完整的多层次利用资本市场工作体系。一是建立区镇联动政策支持体系。2017年，全区修订《顺德区促进企业利用资本市场扶持办法》，更加突出对企业加快股份制改造的支持力度，除原政策的股改扶持奖励外，增加贷款贴息、转增股本扶持等扶持资源，降低股份制改造企业融资和上市成本，鼓励已上市或挂牌企业发债、并购，同时更加注重对获扶持企业后续规范动作的监督。另外，区镇政策高度配合，全区10个镇街均制定出台企业股改上市的扶持政策，落实中介机构奖励等与区扶持办法互补的政策措施，政策红利全面释放，助推企业利用资本市场做优做强。二是建立全过程分类服务机制。全区建立《顺德区券商名录》，储备和梳理100多个专业机构的名单，并从中筛选出30个在顺德有成功案例的团队，驻点各镇街。同时，联同产创中心组建顺德区资本市场专家顾问团，为股改上市企业提供咨询诊断等专业指导。三是建立多方合力的全方位服务机制。成立顺德区加快资本市场发展工作领导小组，由区委书记担任小组组长，统筹全区发展和利用资本市场重大事项的决策。在工作领导小组统一部署下，各镇（街道）、各部门按照职能分工、紧密协作的原则组织开展工作，确保目标责任到位、人员配备到位、工作落实到位。以镇（街道）为主体，加强与部门之间的沟通协调，特别是对边缘性、交叉性工作进行明确落实，打好组合拳，形成工作合力。区镇合力服务更到位，共同推动企业上市工作。

（吴洁瑜）

【科技金融产业结合】 2017年，顺德区向全社会公开招募第二批子基金，并最终与17个机构达成合作，两批基金合计20只。至年底，两批基金共15只子基金完成工商注册手续，规模28.3亿元，母基金实现投资1.79亿元。同时推动设立总规模2亿元的天使联投人才发展基金、1亿元的大学城创新创业种子基金和1亿元的德顺国科种子基金，出台《顺德区天使联投人才发展基金管理暂行办法》和《顺德区创新创业种子基金管理暂行办法》，多层次、全方位覆盖企业发展全周期。召开“创新资本招商·整合投融未来”2017年中国（顺德）资本招商峰会暨项目路演活动，为金融机构和科研项目提供投融资交流平台。搭建信贷风险补偿体系。2015年，出台《顺德区科技信贷风险补偿金管理办法》，补偿金总规模2亿元，首期到位2000万元。截至年底，放款企业52家，累计放款金额23896.25万元。

（张丹昱）

【融资担保行业】 2017年，顺德区有法人机构融资担保公司4家和分支机构2个。截至12月末，4家正常运营的法人机构融资担保公司注册资本金总额5.25亿元，全区担保业务发生额170246万元。其中，融资性担保业务发生额24836万元；以履约担保为主的非融资担保业务发生额145410万元。融资性担保放大倍数为0.44倍。辖区内融资担保从业人员73人，本科以上学历从业人员59人，占行业整体的81%。

【金融诚信体系建设】 2017年，顺德区公共信用信息管理系统实现全区461个事业单位、1152个社会组织的数据联合征集，涵盖19万户企业法人基础信用信息，信用信息类别达370项，记录信息超过2350万条。加大对企业逃废债行为的震慑和打击，整理区法院严重失信被执行人的名单，涉案人员1090人，涉案金额30亿元，并按照有关规定，在10个镇街大型广告牌滚动播放“老赖”名单，社会反响良好。

（汤天怡）

【落实货币信贷政策】 2017年，中国人民银行顺德支行有效落实稳健中性货币政策，切实加强信贷规划管理，引导辖区法人金融机构把控好贷款投放力度。充分利用与顺德农商行签订的《运用货币信贷政策工具支持先进制造企业发展的协议》，引导辖内金融机构加大重点领域信贷支持。持续运用支小再贷款、再贴现等货币政策工具，引导金融机构加强对小微企业的信贷支持。截至年末顺德农商行累计发放支小再贷款15.69亿元，办理再贴现1.70亿元，分别惠及123家和60家小微企业，有效降低小、微企业融资成本。引导金融机构加大对实体经济资金支持，减轻对房地产信贷增长的依赖度，并对顺德4镇（街）实施差别化住房信贷政策，支持合理自住购房，严格限制信贷流向投资投机性购房。

**【金融风险管理】** 2017年，中国人民银行顺德支行认真做好防范化解金融风险的基础工作。通过与政府职能部门共同制定《顺德区金融安全与稳定协调合作备忘录》，与顺德区公安局签订《顺德支行与顺德区公安局合作查询征信合作备忘录》，提升金融稳定工作水平。研究制定《顺德区金融业重大事项及重要信息报告制度》和建立顺德区金融安全重大事项监测台账制度，全面提高辖区内金融机构风险防范工作的及时性和主动性。全面落实监管谈话制度，进一步强化辖区内金融机构高级管理人员金融安全意识。加强与顺德区公安局打击地下钱庄的合作机制，全年共协助区公安局破获地下钱庄案件11宗，涉案金额达1.2亿元。推进平安金融创建工作，制定《顺德区平安金融创建示范点建设标准方案》，选取顺德农行、顺德农商行作为平安（金融）细胞示范点。

**【金融创新】** 2017年，中国人民银行顺德支行大力创新金融产品及服务。支持符合条件银行金融机构在依法合规的前提下，积极创新，为辖内企业提供多样化、便利性的融资新方式。鼓励直接融资发展，推动产业转型升级，充分发挥顺德农商行作为银行间债券市场B类主承销商的作用，支持美的发展、华耐立家和广铝集团发行债权融资计划15.5亿元。积极推动外汇管理创新，促进投资贸易便利化。鼓励辖内银行金融机构设立科创中心、科技支行或事业部，支持顺德农商行直销银行上线以及珠海华润银行小微支行进驻顺德，进一步提升辖区内科技企业特色金融服务水平。

**【普惠金融】** 2017年，中国人民银行顺德支行积极响应国家政策开展普惠金融工作。通过加强基础设施建设，改善银行卡用卡环境，至2017年年末，布设ATM机约2000台，POS机逾3万台，其他受理终端500多台，全面覆盖所有社区和自然村。推动多元化移动支付在顺德公交系统使用，通过对大良城区公交车安装新型结算机具，实现金融IC卡、广佛通、羊城卡、二维码扫码支付等多元化移动支付。积极推广粤港电子支票联合结算业务，有效降低企业结算成本。成功实现广东碧桂园物业管理有限公司签约粤港跨境电子账单直接缴费业务，方便香港居民在顺德生活和工作。扎实开展“南粤金融，春风化雨”金融知识普及教育活动，全年组织开展金融知识进校园活动10期，惠及1000多名中小学生。

**【外汇管理】** 2017年，中国人民银行顺德支行稳步推进各项外汇改革措施。积极引导境外上市公司融资资金调回境内结汇，实现顺德区万成金属包装有限公司的母公司以全口径跨境融资的形式将境外上市募集资金调回境内使用。全力配合美的集团海外并购库卡项目的政策宣传和服务工作，成功实现美的集团并购融资5年期37亿欧元银团放款，推动辖区实体制造业“走出去”扩大国际市场。积极推广复制落实广东自贸区版跨境人民币双向人民币池业务。强化外汇政策的宣讲和辅导工作，联合区经科局、区外商投资企业协会以及银行共举办政策宣讲会4场，对全辖400多家企业代表开展了货物贸易外汇管理政策、全口径跨境融资审慎管理政策等的宣传和解读。完善外汇业务监督体系工作，切实防范跨境资本流动风险。

**【征信管理】** 2017年，中国人民银行顺德支行继续夯实征信管理工作。积极支持顺德区社会信用与金融综合服务平台丰富非银信息接入，鼓励金融机构使用粤信融信用产品。截至12月末，粤信融平台访问数累计达28.6万次。推进公共信用信息系统建设，实现顺德区部门、行业之间信用信息的互通共享。截至12月末，区公共信用信息管理系统共征集企业法人19.56万家，事业单位489家，社会组织1749家，信用信息类别613项。加快受理银行信贷登记用户的咨询、异议用户的查询，并做好个人查询本人信用报告收费业务的宣传解释工作。全年共办理企业征信查询共办理企业征信查询1911笔；个人征信查询业务66566笔，其中：个人征信柜台办理2007笔，自助查询机办理64559笔；个人异议处理46笔，企业异议处理2笔。（戈 敏）

◎图 30　　2017年5月23日，中国农业银行顺德分行联合顺德政府在政府会议中心举办“德胜大讲堂 农行大讲堂”系列活动之粤港澳大湾区经济发展专题报告会

## 银行业

**【中国农业银行顺德分行】**
2017年，中国农业银行顺德分行迁至大良国泰南路3号保利商贸中心6座，全行有103个营业网点。截至12月末，全行本外币各项存款余额1018亿元，比上年增加81亿元；日均存款余额1006亿元，增加102亿元；本外币各项贷款余额566亿元，人民币实体贷款增加96亿元，全年累计投放实体贷款291亿元，其中法人实体贷款投放189亿元，个人实体贷款投放102亿元。该行被评为省行2017年度综合绩效考核优秀分行；被善行顺德慈善周组委会授予2017年度顺德公益慈善榜单年度社会友好企业入围奖；分行财富管理中心被评为“2017中国理财精英评选之‘中国十佳年度财富中心团队’”；大良德胜支行获“第八届全国农行精神文明建设工作先进单位”。

**立足实体经济，不断优化信贷结构**　加大对轨道交通、“三旧”改造、环境治理等大项目以及智能制造、电子商贸等新兴产业中小型企业的信贷支持力度。抓好大项目，加大对桂畔海水系综合整治工程、广东（潭州）国际会展中心、轨道七号线等政府项目的支持力度，全年投放项目贷款58.4亿元；坚持贯彻中央“房子是用来住，不是用来炒”的导向，加大对刚性需求和改善需求的住房按揭投放力度，全年累投放住房贷款84亿元；加大对新消费领域支持力度，满足客户不同融资、消费需要，全年投放消费类贷款7亿元。

**谋求业务突破，全力支持企业转型升级**　发展新业务，为企业开通并办理粤港电子支票业务，实现农行系统内的首笔突破，助力企业快速完成香港电子支票的收款；发放全省首笔“数据网贷”业务，为企业上游材料供应商提供线上融资业务，提升融资审批效率；围绕国家“一带一路”政策红利，为企业并购德国库卡银团项目办理3亿欧元的内保外贷业务，满足企业跨境并购融资需求；率先全省农行推出“农银e管家＋转账电话”新模式，扩大农银e管家的应用范围和增强实操性，实现服务升级；

率先全省农行推出“农银e管家+单位结算卡”新模式，达到以虚拟卡区分各缴费者的目的，降低财务对账的压力，帮助客户收款、解决风险难题；创新服务方式，联合顺德政府举办第三届“德胜大讲堂农行大讲堂”品牌活动和“回归本源服务实体”普惠金融产品巡回宣讲会，搭建政银企面对面沟通的平台。

加快转型发展，实现服务智能化和线上化　构建新型网点形态，全年完成30个无高柜网点的建设和智能化网点的改造，实现金融服务场景化、智能化；推进“机器解放人”战略，全行增配超级柜台、各类卡折存取款机、大额存取款机和大堂式卡折ATM等新型自助服务机具253台，并推出大额存取款机“刷脸取款”功能；加快线上金融发展，推出条码支付受理端产品，聚合支持银行卡、农行扫码付、银联二维码及支付宝、微信条码支付受理功能；上线掌银“一键缴费”功能，物业费、水电费、通讯费、党费、税费、学费、药费等近30种费用可通过农行掌上银行进行缴费，涉及生活缴费、行政事业、教育培训、保险医疗、公共交通等方方面面，让群众足不出户即可享受到高品质的金融服务。

优化业务流程，提升客户体验　成立汽车分期中心，负责汽车分期全流程业务办理，着力推动分期业务走向专业化，加速业务办理流程，短短一个多月受理570笔，金额超1亿元；推出智能POS，同时开发收单商户移动易商道APP，进一步提升效率，对接市场移动支付需求；针对信用卡官网申请和手机H 5申请渠道的发卡模式进行优化调整，全面优化发卡流程，环节变少，速度加快；优化个贷业务办理流程，优化个贷征信查询操作、规范个贷交易费用管理等，并上线自动审批，提升办贷效率。

（陈利权）

**【中国银行顺德分行】**截至2017年末，中国银行顺德分行本外币各项存款207.61亿元，比上年末增加49.70亿元，增长31.47%。人民币各项存款189.88亿元，比上年末增加49.65亿元。本外币各项贷款153.57亿元，比上年末增加35.28亿元，增长29.83%。人民币各项贷款153.27亿元，比上年末增加35.22亿元。表内授信资产余额为153.57亿元，比上年末增35.28亿元，增长29.83%。行表内不良余额15308万元，比年初下降5451万元；不良率1%，比年初下降0.76个百分点。逾期贷款率0.2%，比年初下降0.2个百分点。中间业务收入19180万元，比上年增长4069万元，增长25.85%，增收较快的项目是银团贷款、投行、国内结算等业务。其中，理财业务收入1820万元，比上年增加619万元，增长51.58%；投行业务收入1172万元，增加972万元，增长4.85倍。实现拨备前营业利润3.74亿元，实现账面净利润2.17亿元。对公贷款余额72.57亿元，主要投向行业为制造业、批发和零售业、建筑业、房地产业。制造业占比24.51%、授信余额17.79亿元；批发和零售业占比19.43%，授信余额14.10亿元；建筑业占比13.28%，授信余额9.64亿元；房地产业占比12.99%，授信余额9.43亿元。个人贷款余额81.01亿元，住房按揭贷款占比80.98%，授信余额65.60亿元。是年，在辖内网点推广智能柜台，截至年底有23个网点投产智能柜台38台，覆盖辖内67.65%的网点。

年内，为中国交建在顺德当地项目公司核定10亿元中长期固定资产贷款，支持顺德政府重点推动的顺德东部新城综合体开发建设，助力顺德城市升级。作为“美的集团德国库卡并购融资再安排银团贷款项目”牵头行筹组美的集团并购德国库卡集团37亿欧元项目国际银团，出资786856640欧元，支持顺德区企业融入国家“一带一路”建设。为某重点客户办理1.1亿元的四年期内保外贷业务，支持该企业实现“走出去”战略，促进区域海外“一带一路”倡仪发展。联同四家券商和风投机构，举办“中银科创企业投贷联动直通车－顺德站”的活动，为顺德区30家高新技术企业进行洽谈，并全部达成授信意向。自2016年起，推出“中银科创企业投贷联动直通车”“中外跨境撮合”“中银中小企业融资融智南粤行”等一系列活动，发挥银行业优势以金融之翼助力本地中小型企业发展。其中“中银科创企业投贷联动直通车”系列活动是融合“商行＋投行”创新业务模式，联动券商和风投机构，为企业提供新三板挂牌、做市及债权融资、股权融资、对接多层次资本市场等的综合金融服务，可按企业资金需求阶段和挂牌流程分步用款，提供多元化、结构化融资方案。助力本地中小企业成功走向资本市场，扩大融资渠道。

（吴圣坤）

◎图 31　　2017 年 12 月 22 日，中国工商银行广东省分行与顺德区人民政府签署《战略合作协议》

**【中国工商银行佛山顺德支行】** 2017 年，中国工商银行佛山顺德支行（以下简称顺德工行）辖属一级支行 10 个，二级支行 46 个，离行式自助银行 24 个，从业人员 702 人。各项存款余额 281.86 亿元，比上年增加 39.25 亿元；各项贷款余额 272.62 亿元，增加 6.12 亿元；中间业务收入增长 5.65%，利润增长 11.28%。12 月 22 日，中国工商银行广东省分行与顺德区人民政府签署战略合作协议，广东工行将为顺德区提供 600 亿元授信资金，重点支持顺德区“新经济”发展，助力产业转型发展。仪式上，顺德工行与广东顺德控股集团和广东顺德科创管理集团签订全面合作协议，将向两家企业提供不低于 100 亿元意向性融资，支持两家企业在科创服务、科技金融、工业产业园区扩能增效、产业投资、教育、医疗等领域创新发展。同月，顺德工行被工商银行总行选为首批新经济特色支行（全国工行系统共 10 个）。新经济特色支行按照“先行先试、突出特色、整合资源、有序推进”的原则，探索专业化经营，实施服务方式创新。通过发挥在资金、渠道科技、信息、互联网金融等方面优势，推动“科技＋产业＋金融”融合，为新经济领域企业提供多层次、全产品、全周期的一揽子金融服务。

是年，顺德工行向小企业发放贷款 32.42 亿元；全年融 e 借贷款 1.51 亿元；信用卡分期余额 7.28 亿元，比上年增长 48.78%；个人消费贷款增长 1.156 倍；个人经营性贷款增长 17.55%。

年内，顺德工行实现营业网点智能化设备全覆盖，提升服务效率，改善客户体验。重点推广“融 e 购”电商购物平台、“融 e 联”即时通讯平台和“融 e 行”直销银行平台，以及“工银 e 投资”“工银 e 缴费”“工银 e 支付”“网贷通”等互联网金融产品，满足客户自主消费、自助融资、快捷便利的需求。年末，“融 e 行”移动端客户 52.90 万户，比上年增长 16.51%；“融 e 联”客户 12.89 万户，增长 77.04%。（杨宗沅）

**【中国建设银行顺德分行】** 2017 年，中国建设银行顺德分行全年实现拨备前利润 3.68 亿元，中间业务收入 2.43 亿元，各项存款日均余额 179 亿元。各项贷款余额 191 亿元，其中对公贷款投放 99 亿元，个人贷款投放 92 亿元。下设网点 35 个，推动网点从“交易型”向“营销型”、“智慧型”转变，共投放智慧柜员机 124 台，点均投放超过 3 台，智慧柜员机业务迁移率长期保持90%以上，比年初的81%提升了9%，建立全行分行范围的智慧柜员机授权中心，并在网点内打造建立智能服务区，全面实现智能化功能分区。

中国建设银行顺德分行充分发挥在基建领域的传统优势，为顺德地区的基础设施建设和城镇化发展提供近170亿元融资支持。其中，牵头营销通途公司117亿元银团贷款项目、城市发展建设中心22亿元银团贷款项目、顺德区人民医院15亿元银团贷款项目以及顺德区土地储备开发中心15亿元贷款项目、顺德城市发展基金成功实现北科大、广中江、地铁七号线、桂畔海水系四个项目投放，合计7.21亿元等。同时，建设银行顺德分行积极支持中建开发建设、广东颐德港口、华电广东顺德能源等重点项目建设，累计授信97亿元，合计投放超51亿元。

中国建设银行顺德分行以创建综合金融服务同业标杆为愿景，不断提高管家团队作用，全方位提高综合金融服务能力。截至2017年底，与顺德18家主板上市公司、35家新三板上市公司已全部开展合作，累计授信金额约492亿元，大力支持上市企业发展。2017年8月，牵头总金额37亿欧元的美的并购德国库卡银团项目成功放款。

中国建设银行顺德分行大力宣传"科技金融，首选建行"服务品牌，汇智共赢，共同扶持科技企业成长，促进顺德区产业升级。打造"6融6+""FIT粤科技"专属综合金融服务方案，结合高新技术企业的特性、国家政策和建行服务优势等多项因素，将金融创新与科技创新进行全方位对接，形成"融信、融创、融资、融智、融惠、融通"的产品及服务配置，打造"政府+、创业+、企业+、资本+、私享+、金管+"六大服务模块，满足科技创新企业从孵化、育成到实现高新技术企业蜕变全过程中资金融通和人才培养的全方位金融需求。截至2017年末，顺德建行对顺德区内498户高新技术企业已实现服务全覆盖，其中产品覆盖428户，总授信金额263亿元，资产业务余额达73亿元。

中国建设银行顺德分行紧跟顺德区政府"开放引领创新驱动"发展战略和"金融英才计划"的实施，为顺德区政府5000名高端人才量身设计"德才"金融综合服务方案，目前已为高层次人才制卡4900多张。打造全新的便民服务，推动"智慧城市"建设。通过"千家万户"工程，积极打造智慧品牌，为广大市民提供更加丰富、便捷的支付方式的理念得到与会嘉宾的高度认同。已建成智慧社区8个、智慧市场4个，智慧交通1个、智慧医院3个，虚拟社区9个。积极贯彻党的十九大精神，为实现老百姓"居者有其屋"的美好愿景贡献力量。11月21日，举行住房租赁市场发展合作银企签约仪式，20多家优质房地产企业参加活动，并签订《住房租赁战略合作协议》。12月5日，成功与顺德区政府签约《培育和发展住房租赁市场试点工作战略合作协议》，未来五年拟给予住房租赁市场参与主体意向性授信支持不少于1000亿元，用于顺德区政府与建设银行双方共同试点培育和发展顺德区住房租赁市场的融资需求，成为当地同业首家签约银行。12月21日，联合建行越秀支行，成功向碧桂园集团发放金额为900万元的公司住房租赁经营贷款，并成功审批美的集团三大住房租赁项目，金额合计8.8亿。（赖　韬）

**【中国邮政储蓄银行顺德支行】**

2017年，中国邮政储蓄银行佛山市顺德支行（以下简称顺德邮储银行）下辖金融网点31个。至年末，顺德邮储银行个人储蓄余额66.09亿元，比上年增长17.62%；公司存款余额2.92亿元；各项贷款余额74亿元；不良率0.16%，处同业较低水平。年内，顺德邮储银行推出多类型特色金融产品。一是响应政府惠农、支持微小企业发展政策，推出家庭农场（专业大户）贷款、保证保险贷款、信速贷、税贷通等产品，并与广东省农业信贷担保有限责任公司合作，开办省农担（家庭农场—专业大户）贷款，发放省农担贷款24笔，金额2259万元；二是与顺德区民政和人力资源社会保障局合作，为在校学生和毕业5年内应

（历）届毕业生、顺德户籍就业困难人员、顺德接收安置的军转干部以及顺德户籍退役士兵等人员提供创业贷款，发放再就业小额担保贷款179笔，金额3349万元；三是推出邮薪贷、邮家贷、邮享贷、优享贷等线上消费产品，发放线上消费贷款156笔，金额977万元，满足广大居民消费需求；四是推出“邮惠付”聚合支付项目，与有经验的第三方运营团队合作，整合资源，共同发展，满足广大商家结算市场发展和业务转型发展的需求。

是年，顺德邮储银行参与政府牵头项目，包括佛山地铁一号线二期、二号线、三号线银团贷款，顺德北部片区道路建设资本金业务，广州地铁7号线顺德段项目建设融资等，授信总金额超过120亿元；参与支持区域内供水、垃圾处理、桂畔河水系治理、棚户区改造、村级工业园区改造项目融资等。顺德邮储银行向辖内上市企业、行业龙头授信，授信金额超过100亿元，其中参与美的集团并购德国库卡机器人银团贷款项目，融资金额4.9亿欧元；参与经促局属下科创集团转贷基金、顺高投担保贷款、科技贷等业务。

◎图32　2017年10月19日，顺德农商银行举行2017农商银行财经论坛，北京大学国家发展研究院教授陈春花作主题演讲

**【广东顺德农村商业银行】**
2009年12月23日成立，是广东省首批成功改制的三个农村商业银行之一，前身是建于1952年的顺德农村信用合作社。至2017年年底，该行在顺德拥有319个分支机构，其中总行营业部1个，一级支行12个，二级支行147个，分理处159个，从业人员4400多人，大专以上学历员工占比超过92%（本科以上学历员工占比超过69%）。资产总额2957.96亿元，各项存款余额1869.68亿元，各项贷款余额1261.90亿元；不良贷款余额和不良贷款率分别为21.31亿元和1.69%，分别比上年末减少2.01亿元和0.29个百分点。人民币存、贷款市场份额分别为42.55%和41.36%，实现经营利润总额33.69亿元，税后净利润26.85亿元，缴纳各项税收10.15亿元，企业纳税及代扣代缴个税合计12.14亿元。资本充足率13.87%；核心一级资本充足率13%。是年，该行实现本外币国际收支72.21亿美元，顺德地区外币存款同业比例12.50%，外币贷款同业比例35.42%。全年该行债券交割量超过6万亿元，在全国农商银行系统排第四位，在全国银行间市场排名第35位。该行在2017年度英国《银行家》杂志全球1000家大银行综合排名298位，国内银行综合排名40位；连续三届获得中国银监会授予的“全国标杆农商银行”称号；入围2016中国民营企业500强，入选广东民营企业100强，位列第48名；获金融时报社、中国社科院金融研究所联合颁发的2017中国金融机构金牌榜“最具竞争力中小银行”称号；获中国人民银行公开市场业务一级交易商资格，是中国人民银行自1997年建立公开市场业务制度20年来，第一个县域金融机构取得中国人民银行的公开市场业务一级交易商资格；获广东省银监局批准筹建持牌经营的资金营运中心，并成为省内唯一获准在广东省内独立开展非金融企业债务融资工具B类主承销业务的农合机构。

至2017年年底，该行在江

门恩平、佛山南海、清远英德设立3个异地支行；拥有广东自贸试验区南沙分行和广东自贸试验区横琴分行，在佛山高明、江西丰城市和樟树市拥有3个村镇银行。该行发挥金融资源配置作用，遵循国家相关政策和战略部署，发展绿色金融，支持新兴产业、新型城镇化、小微企业等领域。全年新增人民币贷款86.81亿元，在顺德地区新增贷款余额增量占比达91.7%，主要投向制造业、互联网新兴产业、商业服务业、现代农业、小微企业等实体经济领域。至2017年年末，小微贷款余额483.67亿元，支持的小微企业家数占当地近五成；支持现代服务业贷款余额117.84亿元，比上年年末增加31.61亿元；支持生物技术、电商、环保等战略性新兴产业贷款余额78.82亿元，比上年末增加4.62亿元。全年研发推出顺支付、智存盈、缴税易、智存汇、保融贷、德才卡等14个特色创新产品。推动中小企业务营销批量化转型，通过优化中小企业务管理的要求和流程，激发营销活力；以供应链、集群等业务模式为依托，实现业务的批量化营销。深化客户分层营销，开展白金卡“精英荟”等客户增值活动，打造私人银行专属服务品牌，维护高净值客户群。完善渠道转型创新，上线互联网金融营销平台，打通信用卡电子进件及线上支付渠道，丰富云闪付、支付网关等支付类业务功能，引入STM、现金出纳机等智能设备，推出全新版本的手机银行和网上银行，丰富直销银行、微信银行等功能。（王静仪）

**【交通银行顺德支行】** 2017年，交通银行股份有限公司佛山顺德支行（以下简称顺德交行），辖属6个二级支行（其中一个为普惠型支行）、4个部门。离行式自助银行和自助单机7个，从业人员118人。本外币各项存款余额77.71亿元，比上年增加29亿元，本外币各项贷款余额73亿元。实现经营利润1.8亿元，比上年增长50%。获“交通银行广东省分行绩效考核先进单位”称号。

是年，顺德交行支持顺德区基础设施建设，参与轨道交通发展建设，储备政府项目，加强对政府、企业大额的验资款拓展。从2015年至2017年，长期支持路桥银团贷款，累计投放金额21亿元；2017年，为顺德区轨道交通审批通过10亿元授信额度，用于广州轨道交通7号线一期工程西延顺德段部分项目开发建设；为广东顺控物业发展有限公司审批通过4.7亿元授信额度，支持地区经济的发展。支持顺德区地方支柱产业持续、稳定发展。落实普惠金融，成立挂牌普惠金融事业部，聚焦小微企业发展，支持本土优质小微企业生产经营；为客户量身定做“高企贷”“美的供应链”两个项目制，采用“一家分行做全国”模式拓展美的集团及其下游经销商客户，2017年，美的产业链首笔业务在顺德交行落地，是该业务第一家落地的国有银行；并于2017年8月份与高新企业协会合作开展顺德交行高企贷产品发布会；围绕各支行、各镇街开展多场小企业“成长之路”活动，现场解决客户的融资疑问；为更好地服务小微企业，深入了解当前经济形势下小微企业融资需求，邀约多家小企业参加交行省行举办的“融资难、融资贵”小微企业融资服务座谈会。2017年顺德交行投放房贷业务1022笔，金额8亿元。全面完成银监“三个不低于”监管要求。

落实社会责任。推进“财富进企业”“财富进社区”活动，打造优质金融服务品牌。一是开展反洗钱宣传活动。在全辖各网点开展反洗钱知识宣传，通过采取统一宣传标识，在网点大堂摆放宣折页并向客户派发宣传单张及宣传小册子的方式开展反洗钱宣传活动。各基层网点利用“财富进企业”“财富进社区”等形式开展宣传。参与顺德银商协会举办的“活力金融一起WAIK，十公里徒步行”活动和“金融知识伴您行”大型社会公益活动，开展反洗钱宣传活动，派发宣传单500多份，在社会展示顺德交行反洗钱工作的正面形象，提高社会公众的反洗钱意识。二是开展金融知识普及宣传活动。2017年结合“金融知识万里行”“金融知识普及”“金融知识伴你行”等活动，开展消费者权益保护工作。全年开展74次消费者宣传教育活动，覆盖群体3020人次，通过走进企业及利用网点厅堂开展金融消费者宣传教育活动，提高消费者对金融知识的了解，更好地保护消费者权益。三是拦截风险、防范电信诈骗方面。2017年顺德交行拒绝异常开户12笔，成堵截相关风险和电信诈骗案。（刘文婷）

## 保险业

**【概况】** 2017年，顺德区有保险机构45个，其中产险机构22个、寿险机构23个，从业人员约23300人。据区保险协会不完全统计，截至12月末，全区保险行业产、寿险机构保费收入109.87亿元，比上年增长26.26%，提高11.4个百分点。其中人身保险保费累计收入74.00亿元，比上年增长33.99%，提高14.23个百分点。财产保险保费累计收入35.87亿元，比上年增长12.83%，提高5.61个百分点，为顺德地区经济发展提供14174亿元的财产保险保障。

（汤天怡）

**【中国人民财产保险股份有限公司顺德分公司】** 2017年，该分公司实现保费收入13.41亿元，比上年增长15.88%。车险方面，推进县域车险渠道化和渠道部门专业化建设，做大电销渠道，做强车商渠道，拓展二网/卖场、美容店等新渠道，新渠道成为车险新增保费的重要来源。2017年，车险保费突破10亿元，增速超越市场平均水平。商业非车险方面，以专业能力建设为抓手，坚持品质管理，打造信用险、工程险、雇主责任险、货运险等特色专业团队，推动规模与效益平衡发展。2017年商业非车险保费收入突破3亿元。

年内，在北滘成立电销分中心，推动电商渠道向“渠道+平台”转型，发挥渠道融合优势。开展门店团队试点工作，以社区服务为突破口，探索社区营销模式。创新服务体系，搭建集线上客户管理、礼包配置、服务商管理、订单处理等功能于一体的服务银行；布局增值服务网点，整合超过100家服务商家，实现线下服务网络全区覆盖，提高客户粘性。成立陈村理赔分中心，提升县域理赔服务水平；应对并妥善处理“天鸽”台风，为客户提供有温度、有速度的服务。服务地方经济，中标顺德区安全生产责任险统保项目首席承保人，承保份额41%，为区内超过2000家企业保驾护航。与区进出口商会、顺发商会等机构签订战略合作协议，推广贸易信用险、中小企贷款保证险等险种，为企业提供保险保障和融资服务，助力企业走出国门、走向世界。

（陈团欣）

**【中国人寿保险股份有限公司顺德支公司】** 2017年，该公司个人业务新单保费收入3.6亿元，同比增长45.4%；银保业务新单保费收入3.59亿元，短期险业务保费收入突破1亿元，实现全年总保费收入17.4亿元，同比增长34.4%，市场份额达23%。年内为客户提供理赔款合计3908万元，将保障送进千家万户。

2017年，该公司与区卫计局开展深度合作，推进计划生育家庭意外伤害保险项目，以较低的保费、较全的保障和较高的保额，让利于计划生育家庭，体现中央倡导的“生育传承希望，关怀相伴和谐”的生育关怀行动宗旨，保障广大计生家庭的意外伤害风险，惠及近2.8万户计生家庭，一定程度上解决计生家庭“因病致贫、因病返贫”的问题，成为顺德计生系统的重要惠民工程；二是与区老龄办等合作推出的“银龄安康老人保险项目”，保障60周岁以上的广大老年人的意外伤害风险，帮助广大老年朋友增加保障渠道，减轻家庭经济负担，提高生活质量，安享晚年生活。截止2017年，承保银龄安康老人险保费1235万，受惠人数达30万人。

（吴颖淇）

# 农业·农村

白雪映金龙

## 综　述

【概况】 2017年，顺德区继续深化农业供给侧结构改革，实施乡村振兴战略，坚持以市场为导向，形成以水产养殖、花卉种植和农产品加工流通为主的农业产业结构。顺德区农业用地面积18576公顷，其中水产养殖业10473公顷，种植业7222公顷。全年全区实现农业总产值88.69亿元，比上年增长1.2%，占全区GDP的3%，平均亩产值约3万元，位列全省前列。其中种植业20.04亿元，比上一年增长0.1%；水产养殖业59.29亿元，比上一年增长1.4%；畜牧业4.34亿元，比上一年增长5.6%。截至2017年年底，市级以上农业龙头企业30家；工商注册登记农民专业合作社68个；拥有“中国鳗鱼之乡”“中国兰花之乡”“全国重点花卉市场”“中国花卉之都”等农业区域品牌；拥有农业商标方面有集体商标1件，驰名商标1件，著名商标3件，省名牌产品15个，无公害农产品11个等，市级农业公园新增至6个，省级1个；中国首批介质蝴蝶兰从陈村启运美国，实现零的突破。

【国家现代农业示范区】 2017年，顺德区重点建设陈村花卉世界核心区和东海绿岛核心区，至年底基本完成各项目的建设。委托广东省农业科学院针对顺德农业发展现状，对顺德区国家现代农业示范区进行深化规划，为顺德区未来现代农业的发展提供重要的决策依据。实施农业品牌战略，设立100万元资金奖励农业品牌建设；推进“政银保”政策，撬动金融和社会资本资金投入农业生产；“互联网+现代农业”有新进展，顺德智谷花卉世界现代农业电子商务产业园在陈村花卉世界落成，促使区域农业更快融入互联网时代；完成《推进顺德农业总部经济发展研究》；“顺德国兰”地理标志通过农业部专家评审。

【现代农业园区建设】 2017年，佛山市顺德区立丰水产养殖有限公司被认定为佛山市四星级现代农业园区；陈村花卉世界被评定为省级农业公园；顺德大地园林新地休闲农场、顺德太子休闲农庄、香云纱农业生态园被认定为市级农业公园；香云纱成功申报市一、二、三产业融合示范区建设项目；全年完成2016年度广东顺德菊花湾现代农业园和广东大峰鳗鱼生态园区的项目建设。

【现代农业经营体系】 2017年，顺德区市级以上农业龙头企业30家，新申报企业2家全部挂牌成为市级农业龙头企业，全年新申报省级农业龙头企业3家，监测企业4家；完成省级农业产业化调研统计，收集顺德区15家省级（包括2016年尚待认定2家）以上农业龙头企业信息，据统计，省级龙头企业过亿销售额企业12家、专业交易市场1个。

【农业组织发展】 2017年，顺德区推进合作社示范社建设行动，推动合作社规范化、标准化和品牌化发展，截至年底，全区工商部门登记注册的农民专业合作社68个，支持农民专业合作示范社发展，其中西江鱼水产专业合作社获得2017年市级现代农业发展扶持资金25万元。规范农民专业合作社管理，利用顺德社会创新中心合作调研探索的农民专业合作社发展道路的课题成果，通过宣传引导，培育特色农民专业合作社，努力提升农民专业合作社科研技术和生产水平，指导农民专业合作社发展方向，促使农民专业合作社成果贴近市场需求，跟上现代化农村经济发展步伐。

【农业对外交流】 2017年，顺德区组织统筹本地展览及外地参展，包括协调广东陈村花卉世界物业有限公司承办的广东（陈村）花卉旅游文化节——郁金香花展、广东顺德长龙水产养殖有限公司承办的第16届中国锦鲤大赛、顺德国兰协会承办的海峡两岸暨顺德第十三届迎春兰花展览、2017年香港花卉展览活动、第八届中国国际现代农业博览会顺德综合展。

【惠农政策落实】 2017年，顺

德区农业局印发《2017年农业机械购置补贴实施方案》，并按要求抓好落实。全年补贴资金46.116万元，补贴机具1332台，受益农户142户。年内，顺德区印发《全面推行农业“三项补贴”改革工作实施方案》，推进农业“三项补贴”改革任务，保障农民合法权益，促进农业生产稳定发展。全区2017年度可申请禁渔渔业船员补助的人员567人，涉及的补助资金总额204.12万元（其中：中央财政承担124.74万元，区级财政承担79.38万元）。全年发放2016年度机动渔船油价补贴资金123.2万元。2017年顺德区渔船335艘（其中：有机器设备的303艘，无机器设备的32艘），减船转产补助116万元、船舶拆解处理费87048元。

## 种植业

【概况】 2017年，顺德区种植业播种面积11892.7公顷，总产值20.04亿元，比上年增长0.1%。其中花卉面积2861.7公顷，产值16.3亿元；蔬菜面积5609.7公顷，产量9.8614万吨，产值3.78亿元。全年销售鲜切花5310万枝，盆花2899万盆。

【高标准农田建设】 顺德区2016年度高标准基本农田建设项目选址勒流街道龙眼村、江义村，建设面积267.8公顷，其中龙眼村建设面积127.6公顷、江义村建设面积140.2公顷。项目主要建设内容为田间道路建设、生产路建设、照明工程建设及绿化工程建设。项目于2017年5月19日开始施工，2017年12月竣工。

【菜篮子工程】 2017年，顺德区开展“菜篮子”基地认定和项目建设工作。完成佛山市顺德区东民水产养殖有限公司、广东英农集团有限公司、广东顺德绿源水产有限公司3个“菜篮子”基地监测工作，推荐佛山市顺德区顺邦农业有限公司申报2017年度“菜篮子”基地；建设佛山市“菜篮子”产品质量安全监测信息系统；开展“菜篮子”基地建设项目，顺德区4家企业申报获得“菜篮子”基地项目建设，项目资金85万元。

（余婵丽　岳　颖）

## 水产业

【概况】 2017年，顺德区渔业总产量25.59万吨，比上年增长2.6%，总产值59.29亿元，增长1.4%。养殖面积10473公顷，比上年略为减少。2017年水产品价格较为平稳，泰国笋壳、菜鳗、生鱼行情看涨，塘头价有所提高。鳜鱼和加州鲈价格有所下降，台湾鳖价格保持平稳。

【增殖放流】 2017年6月3日上午，顺德区在大良新城区德胜河亲水平台处，举行2017年顺德区水生生物增殖放流活动。活动主题是“生态保育，三生共融”，该次活动主要放养品种以适合本地江河环境生长的原生优质品种，如草鱼、鳙鱼、鲮鱼、广东鲂、鲫鱼等为主，放流数量约380万尾，其中100万尾由各商协会、企业组织捐赠。该次活动共有27家社会团体和企业，50组市民家庭共同参与。

【水产品标识溯源管理】 自2015年以来，顺德区以市水产品标识追溯源数据中心为抓手，推进淡水鲜活水产品产地标识管理试点工作。至年底，顺德区10个镇（街道）共有2.1万多个鱼塘等在该系统生成账号，养殖户可在村居或者镇街打印出追溯标识，收购商及消费者可以通过扫描标识上的追溯码，了解水产品的产地等信息。至2017年，杏坛、均安、勒流、乐从、龙江等水产养殖大镇在该系统上分别都有超过2000个账号生成，取得较好的效果。

## 畜牧业

【概况】 2017年，顺德区畜牧业继续保持平稳发展。全区畜牧业总产值4.34亿元，增长5.6%。全区生猪出栏量15.03万头，比上一年增长 0.1%，存栏 6.60 万头，比上一年下降 19.5%；家禽上市量 338.89 万羽，下降 6.9%，存栏 162.62 万羽，比上一年增长 12.1%；饲料生产总量 1545903 吨，比上一年下降 9.2%。全区有生猪定点屠宰场 6 个，分别位于大良、容桂、均安、勒流、北滘、乐从等镇（街），2017 年屠宰量 1380159 头。有菜牛定点屠宰场 1 个，位于大良街道，全年屠宰量 49863 头；家禽集中屠宰量 225172 羽。

【动物防疫】 2017 年，顺德区印发《顺德区中长期动物疫病防治规划（2016—2025 年）》。组织开展 H7N9 防控专项行动，及时报送农业部门防控的相关信息；加强对辖区内养殖散户的巡查，组织全区畜禽养殖场、市场、畜禽运输车等，开展全区的清洁灭原工作；通过开展家禽补免工作，严防 H7N9 从活禽市场传入家禽养殖场；通过开展联合巡查行动，推进活禽档的“1110”工作落实；通过加强产地检疫工作，加强对外来活禽调运管控，禁止高风险地区的活禽进入顺德区；通过加大宣传力度，引导群众正确开展防控家禽疫病的知识和方法。准时发放强制注射疫苗、消毒药物到各个镇街，并下拨农户使用。

【家禽集中屠宰】 2017 年，顺德区为贯彻落实佛山市家禽（指上市的鸡、鸭、鹅、鸽等家禽以及其他人工饲养可供食用的禽类）“集中屠宰、统一配送、生鲜上市”工作部署，加强禽类疫病防控，强化佛山市顺德区公共卫生安全管理，保障家禽肉品质量安全。通过公开招投标，确定一个家禽屠宰点，通过政府购买服务的方式，向家禽屠宰点支付家禽屠宰和冷链配送等费用。补贴费用为 3.5 元 / 只。2017 年，集中屠宰量为 225172 只。

（许少东）

## 林 业

【概况】 2017 年，顺德区森林覆盖率 6.75%，生态公益林面积 1360.07 公顷，全部为省级生态公益林。完成林地变更调查，各项指标均达到规划目标值。通过加强森林防火工作，全年无发生森林火警火灾。

【植树活动】 2017 年，顺德区为推动“创建国家森林城市”工作，结合推进城市升级、新一轮绿化佛山大行动、“绿城飞花”景观建设及“健康顺德”等专项行动，发动社会各界力量参与生态文明建设，2 月 4 日（农历正月初八）和 3 月 12 日分别在大良桂畔海南岸德民路东延线滨河公园和南国东路广珠城际铁路顺德学院轻轨站旁组织全民义务植树活动。植树节期间，区、镇、村联动，全区参加义务植树 3900 多人，面积超 10 万平方米，植树 2.5 万多棵。此外，各镇（街道）沿河涌水岸种植落羽杉 20 万株。

【林业执法】 2017 年，顺德区组织开展“打击走私象牙、红线行动、侵犯植物新品种权”等专项行动，顺德区农业局、顺德区农业综合监督所多次联合佛山市森林公安分局、镇街农社局赴全区各镇街检查酒楼食肆，检查野生动物经营利用情况。全年查处违法收购、出售、运输野生保护动物案件 3 件。同时加强野生动物保护宣传教育，印发派发宣传资料 1000 份；组织 90 余家酒楼食肆和养殖企业的负责人和从业人员进行培训，普及野生动物保护知识，帮助、引导餐饮从业者学习相关法律法规，保证依法依规经营、文明饮食。

【林业发展保障】 2017 年，顺德区开展顺峰山公园一期林分改造抚育管理，二期造林建设工作，合计改造林地 1761 亩。淘汰老化、枯死以及受病虫害侵害严重的桉树、相思和马尾松，改种秋枫、樟树、木棉、紫荆等常绿、阔叶的乡土树种和优良外来品种，提升顺德森林生态环境质量和顺峰山公园景观效果。

【古树名木普查】 2017 年，顺德区完成 696 株古树名木的外业调查、资料收集、档案录入、建立和完善信息管理系统完善等工作，形成完整的古树名木报告，为保护顺德区珍贵古树名木资源提供重要普查成果。

（马少灵　韩永樟）

## 农产品质量监管

【概况】 2017年，顺德区通过农资打假、水产品质量安全专项整治活动震慑从业违法人员，加大农产品抽检力度，倒逼生产者绿色养殖，从源头上确保老百姓“奶瓶子”“米袋子”“菜篮子”“果盘子”安全，推动农产品质量安全水平再上新台阶。

【农产品质量安全监测】 2017年，顺德区农业局印发《关于开展2017年度农产品质量安全例行监测工作方案的通知》，对辖区内农产品种养环节实施抽样进行定量检测和快速检测。全年抽样畜禽产品88395份，合格率99.98%；抽样水产品5825份，合格率99.14%；抽样蔬菜产品1128376份，合格率99.94%。其中完成农业部、省农业厅、省海洋与渔业厅和市农业局安排的农产品、投入品以及水产养殖用水及沉积物抽样任务19批次，487份样品；完成区级的农产品监督抽样任务5批次，43份样品；完成区级的农产品风险监测抽样任务37批次，334份样品。

【农资监管】 2017年，顺德区出动农业执法人员362人次，检查农资生产经营单位、规模养殖场、定点屠宰场228个次，派发宣传资料700余份，抽检产品80余批次，办理违法案件8件（其中2件移送公安部门），罚没金额39750.30元，严厉打击制售假冒伪劣农资坑农害农行为和使用禁用农资产品的违法行为，规范农资经营市场秩序，维护农业持续发展。

【“三品一标”认证】 截至2017年12月，顺德区取得国家级品牌3个（“中国鳗鱼之乡”“中国兰花之乡”“中国花卉之都”）；国家地理标志1个（顺德国兰），农业商标有集体商标1件，驰名商标1件，著名商标3件；全区省级名牌产品15个，省名特优新产品1个，绿色食品1个，无公害农产品10个；佛山十大名优农产品2个；编制水产、花卉、等品种标准11项。

【“名特优新”农产品评选推介活动】 2017年，顺德区政府印发《2016年度顺德区“名特优新”农产品评选推介活动方案》，经过评选小组审核、专家评选、公示等环节，最终确定2016年度顺德区“名特优新”农产品25个，并通过农业品牌建设项目给予每个品牌2万元扶持，共计拨付50万元。

（程　威）

## 农村工作

【概况】 2017年，顺德区有镇（街道）10个，行政村（社区）205个，其中居委会97个，村委会108个。全区有股份合作经济社258个，农村股东约70万人。是年完成村（社区）委会、股份合作经济社换届选举，并推动32个“五好”新村（居）和2个精品村居建设；推进农村土地确权登记颁证工作；推进农村集体产权制度改革，完善集体经济组织管理，指导农村集体经济的发展，推进“三资”管理巡查工作，部署农村集体资产清理核实自查复查工作，开展农村财务人员培训，优化农村集体“三资”平台建设，规范农村集体资产交易。全年全区农村集体资产总额112.3亿元，集体可支配收入33.5亿元（其中村级12.5亿元、组级21亿元），人均分红2490元，比上年增长9.8%。

【村（居）委会换届选举完成】 2017年3月，顺德区开始推进顺德区村（居）委会换届选举工作，至9月24日全面完成。全区205个村（社区）选举产生村（居）委会成员851人，其中，主任205人，副主任212人，委员646人，妇女成员245人，所有村（居）委会都选出1名或以上妇女成员；产生村（居）民小组长1823人，村（居）民代表14926人，其中妇女代表5988

人，妇女代表当选率40.10%，达到并超过1/3的法定比例。书记主任“一肩挑”比例68.2%，比上届提高5.4%；“两委”交叉任职比例75.6%，比上届提高6.8%。选出女书记19名、女主任19名，“两委”成员平均年龄42.8岁，大专以上学历占73.1%，自治组织参选率94.8%，至年底，村（居）委会全部进行新旧班子交接，做好分工，建章立制，村（居）民自治各项工作步入正轨，运作顺畅。

**【农村土地承包经营权确权登记】** 根据《顺德区农村土地承包经营权确权登记颁证工作方案》，顺德区按照“确权、确股、不确地”原则，从2015年率先在容桂街道、均安镇开展试点，2016年全区铺开，2017全面推进。截至2018年1月，顺德区农村土地承包经营权确权颁证工作基本完成，共完成10个镇街（其中标段A涉及北滘、陈村、乐从、勒流、龙江5个镇街，确权总面积133867.83亩；标段B涉及大良、容桂、伦教、杏坛、均安5个镇街，确权总面积为131533.63亩）；确权总面积265401亩，实测率145%；收集承包户信息142728户，承包经营权登记完成率99.36%。提前超额完成省委省政府提出“2017年底完成80%以上”的任务，市委、市政府提出“2017年完成90%”的目标。

**【农村“三资”管理】** 2017年，顺德区加强农村集体“三资”管理。在2015年农村集体经济组织资产清理核实的基础上，结合“三资”督查巡查，要求各镇（街道）要有领导组、村（居）要有专责组，开展清产核资自查复查工作，务必做到账实相符、摸清“家底”；完善农村集体“三资”管理制度建设，以《顺德区农村集体资产公开交易管理办法》为基础，2017年印发《顺德区农村集体资产公开交易工作流程指引》《顺德区股份经济合作社议事规则》《顺德区农村集体资产公开交易管理责任追究办法》《顺德区农村集体经济合同管理办法》等配套文件；开展“三资”专项督查的“回头”看工作，由区纪委牵头，农业局协办，对全区针对各镇（街道）“三资”管理较薄弱的28个村（居）开展驻村督查，并对已督查的村居开展“回头看”工作，督促集体资产的规范管理，全年督查村（居）50个；四是完善和提升农村集体“三资”平台建设，推进农村集体“三资”平台监控演示室建设。

2017年，全区农村集体资产成功交易1.2万宗，合同标的总额107.7亿元，累计4.3万宗，合同标的总额270亿元；比2015年底统计的5900多宗增加3.7万宗，增幅6.2倍。

**【农村集体经济组织管理】** 2017年，顺德区出台《顺德区农村股份合作经济社换届选举工作指导意见》《顺德区农村股份合作经济社议事规则》和《顺德区村（社区）股份合作经济社章程（参考样本）》，完善股份合作经济社管理，促进农村集体经济组织健康、可持续发展。2017年度完成到期换届选举的股份社171个，完成率超过96.6%。

**【新农村建设】** 2017年，顺德区推动“五好”新村（社区）建设，重点打造精品村建设。是年，区财政安排6000万元重点补助北滘镇桃村村、杏坛镇右滩村精品村居建设；安排1500万元对32个“五好”新村（社区）各给予一般性补助，推进项目400多个，总投资2.3亿元。调动和利用创建美丽文明村居、名村示范村、乡村森林家园示范村、“一事一议”等政策和扶持资金，支持新农村建支持新农村建设。各镇（街）出台相应政策措施，加大财政扶持力度，落实配套资金，引导和带动农村集体、社会资金投入新农村建设。结合创建国家级现代农业示范区的工作，加大对均安南沙省级新农村连片示范建设工程的投入。

（刘侠、潘智渊、吴杏玲、程海慧）

# 工业

炒牛奶拼野鸡卷

## 综　述

【概况】 2017年，顺德区经济运行稳中向好，经济稳定性、协调性和可持续性明显增强。其中经济增长呈“高开稳走”趋势，全区实现地区生产总值3059.3亿元，比上年增长8.5%；规模以上工业增加值1520亿元，比上年增长9.4%。家用电器、机械装备、家具制造、纺织服装、珠宝首饰等支柱和特色产业稳定增长，新材料、生物医药等新兴产业成长迅速，顺德已形成特色鲜明、门类齐全、规模较大的现代工业体系，家电与机械装备两大支柱产业引领全区产业发展加快转型升级。其中，先进制造业增加值为982.8亿元，比上年增长8.7%，占规模以上工业增加值的比重达64.7%。骨干企业引领全区经济发展，2017年，区内主营业务收入超100亿元企业首次达8家，其中超1000亿元企业2家。（梁嘉怡）

【智能制造产业发展】 2017年，顺德区抢占智能装备“高地”，积极珠江西岸先进装备制造产业带核心区，推动工业4.0和“互联网+”战略的实施，成为国内以智能制造为抓手推动工业转型升级的“两化融合”典范。以贯标为手段，加快信息化与工业化融合。全区有10家企业通过国家评定，4家企业完成评定的监督审核，2家进入评定阶段，1家待公示。全年全区有6家企业获2017年省“两化”贯标专题扶持，合计300万元。年内开展贯标工作的有6家，全年新增6家省试点企业，全区累计9家国家试点企业，42家省试点企业。试点企业行业分布涵盖物流、机械、轻工、家电、电子信息等五个行业，全区贯标工作全面开展条件基本成熟。以应用为抓手，带动制造业智能化升级。实施《顺德区智能制造发展专项资金管理办法》《顺德区“中国制造2025”试点示范实施方案（2017—2019）》，支持企业实施智能化制造，扶持工业及服务机器人企业、智能制造集成企业、智能制造公共服务平台发展。全年全区拥有年产值超亿元智能制造骨干企业12家，广东省机器人骨干企业3家，广东省智能制造试点示范项目6个，6家企业获2017年广东省制造业与互联网融合发展试点示范项目扶持，共1380万元，全区合计安排约3000万元省、市、区资金支持其实实施智能制造、扶持机器人制造骨干企业及工业机器人应用企业。截至2017年，全区新增智能化技术改造示范企业8家，规模以上企业开展“机器换人”企业45家，新增机器人应用数量950台，智能制造产值约200亿元。全区企业开展的重点智能制造项目超过200项，投入近662亿元。以产业为支撑，推动机器人全链式发展。鼓励行业龙头企业加速布局机器人产业。美的集团继拿下德国库卡集团95%股权后，2017年初美的收购以色列智能控制软件公司Servotronix；美的在4月成立注册资本1亿元的美的智能机器有限公司，向全球招聘智能制造的高端人才。全面加速智能制造及机器人产业的布局。日本发那科机器人应用工程中心落户中欧中心。与隆深机器人公司合作的3000平方米的日本安川机器人应用工程中心落户陈村顺联智造汇。全区拥有45家机器人企业，其中本体12家、集成33家。涌现嘉腾、隆深、利迅达、安川美的等多家超亿元机器人本体及集

◎图33　2017年8月28日，第三届珠江西岸先进装备制造业投资贸易洽谈会在潭洲国际会展中心开幕

成企业。伊雪松、嘉腾正在顺德投资建设工业机器人生产基地。全区成为华南地区机器人集成系统解决方案集聚地。以平台为载体，促进研产销的智能协作。至年底，顺德建有华南智能机器人创新研究院等研发机构，国家工业机器人质量监督检验（广东）中心等综合技术服务核心平台以及汉诺威佛山机器人学院、顺联机械城等专业平台或园区，逐步形成机器人研发和服务、生产和配套、展示和销售的全链条式发展载体。正在建设顺德智能制造科技园、广东—亚琛工业4.0应用研究中心和华工—亚琛机械学院，打造开放的机器人产业生态圈。以基地为依托，打造智能制造产业集群。顺德高新区的广东省智能制造产业示范基地建有“顺德机器人产业园”“智能制造产业园”和“机械装备产业园”；陈村顺联机械城3期智造汇打造20万平方米“全国首个智能机械装备商贸综合体”；莱茵机器人产业园改造升级为国际知名机器人产业基地；大良汇创方智造园打造智能制造的加速器，加上正在建设的顺德区智能制造科技园，顺德构建多元化机器人以及智能产业生态圈。开展“顺德智能制造百家企业推广工程”。联合顺德区机器人协会，到顺德各镇（街道）、商协会开展一系列的智能制造解决方案推广、经验交流、需求互动、扶持政策宣讲以及企业创建佛山市“2025”试点示范咨询辅导等公益性活动。（刘旷平）

【清洁生产审核】 2017年，顺德区制定150家清洁生产审核计划，其中区经济和科技促进局牵头企业73家，区环境运输和城市管理局牵头企业77家。全年有48家企业通过清洁生产认定，其中6家企业达到省级清洁生产水平，42家企业达到市级。同时，全年有28家企业通过省级清洁生产换证评审。（黄志英）

## 主要行业

【家用电器】 2017年，顺德家电行业规模以上企业总产值累计增长10.2%。顺德区家用电器以白色家电为主，总量大门类多品种全，拥有完整的产业链条，享有“中国家电之都”“中国燃气具之都”美誉，并形成全国最大的电冰箱、空调器、微波炉、电饭煲、电风扇、消毒碗柜、热水器、电热水壶、豆浆机、电磁炉、家用燃气灶具和家用燃气热水器等家电产品和燃气具的生产基地，拥有美的、万家乐、格兰仕、科龙、容声、万和、康宝和DonLim等8个“中国驰名商标”，全区拥有规模以上的家电生产企业及配件类企业超过3000家，家电产业群在当地配套率80%以上，处于行业内领先水平，大小企业及零配件企业的紧密结合，抱团发展，增强顺德家电的行业竞争力。2017年，美的集团产值突破2000亿元，成为佛山市首家产值超过2000亿元的制造业企业，完成对德国库卡集团的要约收购，登上《财富》世界500强榜单，成为连续两次入榜的唯一一家中国家电企业。顺德出口家电质量安全示范区新增19家示范企业，区内有55家示范企业。

【机械装备】 2017年，顺德装备产业规模以上企业总产值比上年增长11.6%，产业规模连续三年突破2000亿元，装备业龙头地位凸显。通过30多年的发展，顺德先进装备业提质增效发展，全区拥有机械装备制造企业3000多家，规模以上先进装备制造企业超500家。近年来，顺德区紧抓打造珠江西岸先进装备制造产业带的战略机遇，深入推动先进装备业高端发展。顺德区先进装备产业细分领域优势突出，产业集聚效应和行业特色明显，已在电气机械、建材机械、塑料机械、锻压机械、木工机械、节能环保机械及机器人制造等细分行业建立优势。顺德是全球最大的空调压缩机生产基地，空调用旋转式压缩机市场占有率超过30%；机器人产业形成全产业链，行业规模保持30%以上的增长速度，成为华南地区机器人集成系统解决方案集聚地；塑料机械行业已经形成品类齐全的塑料机械制造工业体系。顺德先进装备核心竞争力不断增强，骨

◎图 34　　2017 年 8 月 15 日，华南金属表面处理中心奠基仪式

干企业日益强大，全区拥有装备类国家检测中心、国家和省重点实验室 5 个，产值超 10 亿元装备企业 13 家，上市装备制造业企业 23 家，产业发展支撑力强大。美的集团智能制造核心优势不断扩大，投入 40 亿元建成全智能工厂，成为德国库卡机器人公司和安徽埃夫特机器人公司第一大、第三大股东；广东科达洁能股份有限公司陶瓷机械行业综合实力亚洲第一、世界第二，石材机械、墙材机械国内第一；广东伊之密精密机械股份有限公司的“模压成型”专用机械设备综合排名全国第三；顺特电气设备有限公司干式变压器行业全国领先，制出世界最大容量干式变压器。

**【纺织服装】** 2017 年，顺德区规模以上纺织服装企业实现产值比上年增长 0.5%，该行业一直是全区传统的特色优势产业，为全区经济的发展发挥重要作用。经过多年的快速发展，顺德区形成种类齐全、产业链完整、具有相当规模的纺织服装产业体系，涵盖纺织、面料、印染、服装服饰等领域。近年来，顺德纺织服装行业集中度不断提高，主要分布在容桂、龙江、杏坛、均安等镇街。其中均安牛仔、杏坛印染相对集中，形成产业集群效应。杏坛印染产业集群配套集中供热、集中水处理，集聚近 20 家纺织印染企业，是省内较大规模的纺织印染园区。均安牛仔产业集群集聚纺织服装及其配套生产企业约 2000 家，占全区的 2/3，并配套牛仔纺织、洗水、浆染、污水集中处理的园区。近年全区行业组织结构加快调整，其中龙头企业的金纺集团和前进实业集团均呈现乐观的增长态势，产值超 8 亿元。2017 年，广东浪登服装有限公司、广东前进牛仔有限公司及广东德润纺织服装有限公司获“2017 年度佛山市纺织服装细分行业榜样企业”称号。

**【电子信息】** 2017 年，顺德区电子信息行业规模以上企业总产值累计增长 23.5%。顺德电子信息产业主要包括以顺达电脑为核心的计算机设备制造业；主要为智能家电产业配套的以瑞德智能、美的电子、昇辉电子、盈科电子、成德电子等为骨干的电子信息元器件产业集群。全区家电产品所需的元器件 90% 以上均可在区内配套。在产业布局上，形成“两整一配”的局面，即以北滘、容桂为主体的信息家用整机制造集群区；以伦教为核心的电子整机生产集群区；以大良、勒流为龙头的小家电和电子元器件零配件集群区。三大集群区的产业规模占全区电子信息产业总量的 90%。顺德作为“中国家电之都”，白色家电产业将持续带动电子信息产业的发展，以品牌家电企业为中心的家电配件制造商、品牌家电制造商、家电流通渠道商以及行业服务体系以最短的距离组成完整的产业链，物流、人流、资金流、信息流形成经济互动，集群效应明显提升。随着物联网、云计算技术的逐渐成熟以及智能家居等概念的推进，顺德的电子信息行业发展潜力大、上升空间广阔。

**【精细化工】** 2017 年，顺德精细化工业规模以上企业总产值比上年增长 8.8％。顺德精细化工业主要包括涂料和纺织助剂生产两大类，已经形成产业集约化、企业规模化和品牌市场化的发展态势，拥有德美化工、华润涂料、美涂士、科顺等一批知名企业，产品覆盖家具、建筑、装饰、船舶、金属、手机等行业，被授予“中国涂料之乡”称号。2017年，全国涂料行业发展大会在顺德召开。君子兰涂料集团有限公司、广东美涂士建材股份有限公司、科顺防水科技股份有限公司入选2017年中国涂料100强企业。

◎图 35　　2017年8月12日，龙江家具与材料博物馆开馆

◎图 36　　2017年3月28日，顺德家居五金企业参加广州国际家具生产设备及配料展览会

**【家具制造】** 2017年，顺德家具制造业规模以上企业总产值比上年增长8.4%。全区从事家具制造行业的企业约5000家，从事家具材料销售商铺超过1万家，主要集中在龙江镇和乐从镇。其中龙江拥有“中国家具制造重镇”“中国家具材料之都”和“中国家具电子商务之都”的称号，是全国规模最大的原材料生产和集散地，拥有亚洲国际家具材料城、豪俊材料城、龙山材料市场以及亚太木业城四大材料销售市场，是国内最大的家具材料市场。乐从拥有“中国家具商贸之都”称号及获得“广东省家具国际采购中心”的认定，形成连绵十里的家具商贸市场，展销各类家具数万件，在世界家具业有着广泛的影响力。顺德家具制造企业借助互联网、电商平台，推进家具企业参与信息化建设，至年底龙江镇已经聚集1000多家家具成品类私人网站、商城及旗舰店，电子商务特色产业园逐渐成形。顺德区家具协会提出《顺德家具集体商标使用及管理规范》团体标准的制定，旨在通过标准更好地引导和规范会员使用顺德家具集体商标。

**【包装印刷】** 2017年，顺德区包装印刷行业规模以上企业总产值累计增长16.9%。顺德拥有包装印刷行业上的龙头企业，其技术和市场竞争力在广东省包装印刷行业中排名前列，拥有绿之彩、万昌、锦美等知名企业。顺德包装印刷行业以中小型规模企业为主，主要分布在顺德的北部地区，其中陈村、北滘镇尤为集中，能快速反应配套周边的家电印刷需求。顺德印刷包装企业种类齐全：有出版物印刷、包装装潢印刷、特种材料印刷、柔性版印刷、丝网印刷、电喷印刷、防伪印刷、票据印刷、热转印、印铁制罐等等，几乎涉及印刷行业所有种类。顺德包装印刷产业链庞大。从上游的印刷设备、器材、纸张、零件的供应、材料深加工和设备维护，到中游的研发、设计、制版、印刷、印后加工，到下游的仓储、物流、交易等，顺德1200多家包装印刷企业及其相关联的上下游企业形成一个庞大的产业链。

（梁嘉怡）

**【生物医药】** 2017年，顺德区出台《顺德区促进生物医药产业发展实施办法》，依托重点发展的生物医药产业园区和公共服务技术平台，推动生物医药产业发展，推进一批生物医药产业园区及科技孵化器的建设，引进生物技术、医疗器械企业。引入以云天为代表的一批中科院项目、银珠项目、安科生物以及普津生物技术项目等一批科技型生物医药产业项目，推动生物创新产业中心、顺德科荟生命科技产业园、暨南大学生物医药产业园等专业载体的建设，引进一批生物医药技术专业人才，实现研发、检测、中试等创新资源的集聚与整合，完善生物医药产业链条各个环节的建设。（凌杰俊）

## 能源管理

**【概况】** 2017年，顺德区全社会用电量累计194.94亿千瓦时，比上年增长8.2%；工业用电量累计125.59亿千瓦时，增长7.99%；第一产业累计用电量6.83亿千瓦时，下降15.6%；第三产业用电量累计29.53亿千瓦时，增长9.21%；居民生活用电累计30.64亿千瓦时，增长6.36%。全区成品油供应总体处于平稳状态，顺德区加油站全年零售成品油总销量71.24万吨，比上年增长1%。其中汽油48.48万吨、柴油22.76万吨。全区2017年单位GDP能耗预计比2016年下降5.78%，超额完成年度节能任务。

**【电力改革】** 2017年，顺德区新增电力市场直接交易企业38家，累计达62家。企业参与直接交易电量累计17.54亿千瓦时，企业节约电费0.958亿元，超过2016年全年节约的973万元，比上年增长8.85倍。

**【电力需求侧管理及电机能效提升】** 2017年，顺德区电机能效提升量8.2万千瓦，完成2017年任务量102.5%。2013—2017年累计下达电机能效提升补贴资金1798万元（省、市、区三级），其中下达省级补贴资金1324万元。同时完成国家节能产品惠民工程高效电机推广补贴清算工作，其中全区信源电机有限公司有望获得国家补贴资金1000余万元，并组织30余家企业和10个镇（街道）进行电机能效项目管理培训工作，进一步规范项目监管和资金管理。

（黄志英）

# 商贸流通·现代服务业

陈村粉

# 商贸流通

**【概况】** 2017年，顺德区社会消费品零售总额1070.1亿元，比上年增长9.7%。分行业看，批发和零售业零售额967.3亿元，比上年增长10.5%；商贸流通业发展有以下主要特点：一是商品供应充足，消费品价格指数比上年略有增长。居民消费价格指数累计增长1.9%，服务项目价格指数累计增长3.6%。二是专业市场销售额保持平稳。全区重点监测的13个专业市场总销售1309.5亿元，比上年增长6%。

**【批发零售业】** 2017年，顺德全区日用消费品供应充足，价格平稳，重要商品没有出现断档脱销情况。限额以上批发零售企业零售额412.8亿元，比上年增长11.4%，其中通过公共网络实现的商品零售额46.4亿元，比上年增长62.7%。建筑及装潢材料类比上年增长70.6%，家用电器和音像器材类比上年增长50%，机电产品及设备类比上年增长24.2%，金银珠宝类比上年增长24.1%；家具类比上年下降48.2%，服装鞋帽比上年下降55.6%，机电产品比上年下降34.7%，化妆品类比上年下降29.2%，电子出版物及音像制品类比上年下降27.6%。区内大润发、吉之岛、沃尔玛、乐购等17家连锁企业全年实现销售30.3亿元，比上年下降1%。

**【现代物流业】** 2017年，顺德区物流业增加值98亿元，比上年增长3.3%，占全区生产总值的3.2%，占服务业增加值的7.6%。全年顺德区物流业发展有以下方面：一是推进“智慧物流腾飞计划”试点企业工作，前四批纳入试点企业名单的企业有欧浦智网股份有限公司、广东国通物流城有限公司等6家企业，有佛山市顺商仓储物流有限公司、佛山市浩之源物流有限公司、佛山市顺德区澳沪物流有限公司、广东小冰火人网络科技股份有限公司4家公司纳入2017年市级“智慧物流腾飞计划”试点企业名单，全区有10家企业纳入试点企业名单。二是协助佛山市商务局开展物流标准化工作，近两年来，试点项目企业围绕建立社会化的托盘共用体系、推动物流设施设备标准化建设应用、加强物流标准化信息服务平台建设、完善相关标准和服务规范为目标，广东精准德邦物流有限公司等8家企业的项目均通过验收。

**【专业市场】** 2017年，顺德大宗工业原材料销售延续一般态势，其中乐从钢材市场销售720.4亿元，比上年增长2.59%，塑料市场销售92.4亿元，比上年增长22.1%，家具市场销售54.2亿元，比上年增长6.3%。乐从钢铁专业市场通过完善乐从钢铁世界项目建设，推动钢铁市场发展电子商务，实现传统大宗商品交易市场的升级换代。家具市场发展家居创意产业，推动乐从镇由“家具商贸之都”向“家具设计之都”迈进。塑料市场通过建设专属仓储物流供应链管理中心和国际塑料专业贸易中心，为整个塑料市场的升级换代布局谋划。

**【拍卖典当行管理】** 2017年，顺德全区有13家拍卖企业，拍卖师34人，拍卖企业举办拍卖会74场，总成交额18589.67万元。全区有10家典当企业及2个分支机构，有从业人员55人，发生典当业务2121笔，典当总额28386.51万元，典当余额18089.28万元。 （梁宪文）

**【烟草专卖管理】** 2017年，顺德区烟草专卖局（分公司）完成卷烟销售总量97144大箱，比上年下降0.01%；销售金额（不含税）26.24亿元，增长3.67%；销售毛利（不含税）7.70亿元，增长4.07%。全年发放卷烟零售许可证1142个，依法延续零售许可证1514个，依法注销卷烟零售许可证680个，全区有有效持证零售户7941户（含停业）。

是年，区烟草专卖局保持卷烟打假打私高压态势，全年出动专卖执法人员5236人次，出动专卖执法车辆1448辆次，检查卷烟零售户38547次，查处各类卷烟违法案件389件，其中5万元以上案件37件，查获各类违法卷烟2017万支，其中假烟205万支，私烟679万支。向顺德区市场监督管理局移交并由其作出行政处罚案件36件。向顺德区公安机关移送涉烟刑事案件17件，协助公安干警抓获犯罪嫌疑人11人，刑事拘留11人，其中7人被顺德区检察院批准逮捕。

（文志滨）

## 工业设计

**【概况】** 2017年，顺德区把握实施创新驱动国家战略主线，围绕“中国制造2025”，佛山市构建国家制造产业创新中心等重大战略节点，发挥工业设计对促进产业升级和拉升价值链的重要作用。至年底，顺德区打造起以广东工业设计城为代表的一批设计产业载体，全区集聚工业设计企业超过300家，其中设计城核心区238家，拥有国家级工业设计中心1个，省级工业设计中心7个［2017年新增广东万家乐燃气具有限公司、海信容声（广东）冰箱有限公司、佛山市青鸟工业设计有限公司等3家企业］。工业设计企业从服务创新向纵深化、多元化、规模化运营模式发展，“设计+”创新创业生态逐步成形，形成从“人才培育——研发设计——生产制造——品牌运营推广——融资创投——市场营销、新业态孵化”的全链创新格局。一批领军型、标杆型设计机构涌现，广东顺德创新设计研究院冲刺全国首个“工程专业学位研究生联合培养开放基地”；宏翼设计率先组建集团、成为佛山市首个集团化的设计企业，东方麦田设计13个成链业务模块并网并在全国形成6大布点。顺德区营收超千万的设计企业6家（2014年3家），其中卡蛙设计6000万元。年内，全区陆续开展起“中国设计活动日”“第九届清华国际艺术·设计学术月”“法国圣埃蒂安双年展”“首届军民融合卫勤装备发展论坛”、D-DAY工业设计大奖赛、伦教珠宝设计大赛、龙江家具设计大赛等专业领域关注、群众参与性高的众多设计文化活动平台。

◎图37　2017年11月16日，2017D-DAY创新设计大奖赛颁奖典礼在潭州国际会展中心举行

**【广东工业设计城】** 广东工业设计城是工信部、国家知识产权局、国家工业设计协会的示范基地，建立起集市场调研、原形设计、外形设计、平面设计、知识产权保护和市场营销设计于一体的工业设计综合体系，产品设计范围涵盖家电、家具、机械装备、电子消费产品、养老产业、空间设计、景观设计，为珠三角乃至全国提供专业的工业设计服务。2017年，广东工业设计城的企业专利申请684项，其中授权584项，发明专利53项，实用新型专利275项，服务企业2278家，设计企业的创新设计近万例，产品转化率85%，为珠三角乃至全国的制造业输送大量创新设计成果，也为佛山市打造“国家制造业创新中心”加添动力。是年，设计城扩容取得实质进展，新增乐创中心、正点汇创意大厦两处产业载体空间。其中，乐创中心占地面积3995平方米，总建筑面积18637平方米，由政府规划总投资1.09亿元，集展览、会议、人才公寓等多功能用途于一体；正点汇创意大厦，则是设计城成功实践以商招商模式，由民间资本投资，占地19亩（1.27公顷），建筑面

积3.6万平方米，规划总投资1.8亿元。是年，设计城开展起“中国设计活动日”“第九届清华国际艺术·设计学术月”“法国圣埃蒂安双年展”“首届军民融合卫勤装备发展论坛”等大型系列活动。

【广东顺德工业设计研究院】广东顺德工业设计研究院作为广东工业设计城的人才引进平培养平台，以“建设技术创新生态、服务顺德产业升级、培养高级复合人才”为宗旨，不断发挥创新创业孵化、企业科技服务和研究生联合培养等三大功能作用，成为“政产学研”一体化的协同创新平台。截至2017年年底，研究院引进国内、外研究生1402名，吸引来自美国、德国、英国等地区的高校导师、设计师相继落户，为设计企业提供共享国际平台；与德国奥芬巴赫大学、广州大学共同开展“国际设计校园IDC”项目，招收20名工业设计类硕士，与54所国内、外院校签订合作协议，联合培养研究生1911人，引进高层次人才团队127人，开展企业科技服务98项。

（殷耀明）

## 会展业

【概况】 2017年，顺德区展馆总面积约12万平方米，举办较具规模的展览项目有10余场次，展览面积达136.5平方米。展览主题涵盖智能制造、家电、家具、木工机械、五金材料、机床设备、珠宝等。其中潭洲国际会展中心承办政府展、商业展、产业展等各类型展会和活动共20余场，包括“珠江西岸先进装备制造业投资贸易洽谈会”、“中国（广东）国际互联网+博览会”、中博会专业展、顺德家电展、佛山汽车展等大型展会，各类展会使用面积突破300万平方米，入场人数突破百万人次。

（陈彬婷）

【珠江西岸先进装备制造业投资贸易洽谈会】 2017年8月28—30日，第三届珠江西岸先进装备制造业投资贸易洽谈会在潭洲国际会展中心举办，珠江西岸佛山、珠海、中山等八座城市参展，超过700件展品集体亮相。该届展会展览面积接近3万平方米，参展企业233家，超过4万人次观展，参会客商3600余人，八市一区签约项目288个，计划投资总额3368.5亿元。顺德区展出日本安川、德国库卡多款工业机器人和服务机器人以及3D打印机等多种高端装备。该届展会首设千项专利展区，围绕智能制造、技术标准、专利技术和知识产权开展专利项目创意对接活动；另设军民融合分区，邀请成功落地珠江西岸先进装备制造业带的军转民专利项目作现场展示，以实物形式展示空间互联网卫星系统、高清全景摄像系统、X波段阵列天气雷达三大项目。该展会已经连续两年在顺德举办，助力顺德装备品牌的树立，扩大顺德高端装备的影响力。

（梁嘉怡）

【中国（广东）国际“互联网+”博览会】 2017年10月12—

◎图38　2017年10月12日，第三届中国（广东）国际“互联网+”博览会正式开幕，图为广东省副省长袁宝成（前排右一）巡馆参观

15日，在潭洲国际会展中心举办。该届博览会引入全球顶级数字经济盛会汉诺威消费电子、信息及通信博览会的核心资源，以“新互联、新智造、新未来”为主题，吸引656家行业翘楚参展，带来IT及工业领域的高新产品及技术，展出面积4.5万平方米，20个重点项目签约、总投资金额829.1亿元，同期举办31场高水平专题活动，包括第七届中国智能产业高峰论坛、2017中国机器人及人工智能大赛等，整体呈现出办展视野更加国际化、办展过程更加市场化、展会运营更加专业化的良好成效。博览会四天吸引观众16.8万人次，《人民日报》、中央电视台、新华网等30多家境内外主流媒体和20多家行业媒体近300名记者到会采访，推出原始报道1500多篇（条）、转载85万余次，进一步打响佛山“互联网+”品牌，展现佛山打造面向全球的国家制造业创新中心的坚定信心。

（刘旷平）

◎图39　2017年4月24日，顺德区经科局与中国机电产品进出口商会合作，组织区内企业抱团参加2017德国汉诺威工业博览会

**【广东（佛山）创意城市博览会】** 2017年11月16—19日，在潭洲国际会展中心举办。本届创博会是国内首个定位创意城市、凸显文化创意设计的展会，以“创意城市·美好生活”为主题，设5大展区，共吸引6个国内城市、8个国家、344家企业参展，包括美的、海信、南京物联、网易、阿里体育、腾讯、华侨城、濮例平汉字艺术等国内知名企业，各类主题活动精彩纷呈，受到26万人次入场热捧。创博会集中展示佛山近年来在创意城市空间、未来智能家居、文旅产业、创意设计等领域的创意成果，为佛山企业打造展示自身创意服务，对接市场需求的平台，又成为佛山推动文化创意产业与制造业融合发展、与城市和谐共融的城市文化名片。

**【中国国际中小企业博览会】** 2017年10月20—23日，第十四届中博会专业展（以下简称中博会）——智慧建材与家居展、节能展在潭洲国际会展中心举行。本届中博会专业展智慧建材与家居展和节能展两个展会同期举行，展览和论坛活动面积5万平方米，设国际标准展位1600个。其中智慧建材与家居展以特装展示为主，设立陶瓷卫浴、艺术涂料、智能家居、木工机械、智能家电、综合材料、石材、国际设计等八大展区，展览面积3.5万平方米，标准展位1200个。参展品牌涵盖建材家居行业各个类别500多个。本次展览贴合顺德产业特色，对顺德形成家居建材产业聚集、企业转型升级有重要价值。而节能展以“凝聚力量推动绿色工业蓬勃发展”为主题，展览面积为1万平方米，设400个标准展位，来自国内外约200家企业参展，涵盖节能、环保、新能源等领域。

**【中国（顺德）家电博览会】** 2017年3月2—4日，在潭洲国际会展中心举行。本届展会由广东家电商会、顺德家电商会、慧聪三方联合主办，展会主题为“合力创未来”，定位为“打造中国家电第一展”。本届展会展示面积达4万平方米，共设有品牌形象馆、生活小家电馆、精品厨卫馆、机械设备配套及工业设计服务综合馆4大展馆，万和、万家乐、志高、海信科龙、康佳集团等1200多家企业参展，展示近10万款产品。海内外5万人次专业买家观展。

【中国（佛山）国际汽车博览会】连续三届在潭洲国际会展中心举行。举办时间分别为2016年12月31日至2017年1月11日、4月28日至5月1日、10月1日至5日。其中“十一”潭洲车展迎客约14万人次，成交量约7300辆，各项数据均创下佛山历届车展新高。和往届相比，展出规模、参展品牌、观展人次、成交量等关键数据指标均有明显提升；主办方策划更为丰富的活动，联手参展商提供更具竞争力的优惠；通过引入3D展馆导航、VR体验，机器人互动、3D打印等“黑科技”，提升展会科技感。经过3届车展的培育，潭洲车展已成为佛山车展行业新标杆。（陈彬婷）

## 电子商务

【概况】2017年，顺德电子商务交易额2340.17亿元，其中美的集团电子商务销售额420亿元。2017年“双11”，顺德电商单日成交额超75亿，比上年同期增长36%，其中，家居占比约16%。销售过亿元的企业有美的、飞鱼、美易达、Pingo国际、九鼎、大自然、小冰火人、悍高电商、箭牌、万和、格兰仕、万家乐等，其他电商企业交

### 2017年顺德区经济和科技促进局组织企业出展情况表

表14

| 序号 | 展会名称 | 举办地 | 举办时间 |
|---|---|---|---|
| 1 | 广东家具配件＆家居装饰展览会 | 马来西亚吉隆坡 | 2017.3 |
| 2 | 德国汉诺威工业博览会 | 德国汉诺威 | 2017.4 |
| 3 | 南非约翰内斯堡国际贸易博览会暨中国品牌商品非洲展 | 南非约翰内斯堡 | 2017.6 |
| 4 | 巴西国际消费类电子及家用电器产品展览会 | 巴西圣保罗 | 2017.7 |
| 5 | 智利中国机械与电子产品展览会 | 智利圣地亚哥 | 2017.7 |
| 6 | 广东（拉斯维加斯）商品展览会 | 美国拉斯维加斯 | 2017.7 |
| 7 | 中国（埃及）工业展览会 | 埃及开罗 | 2017.8 |
| 8 | 德国柏林国际电子消费品展览会暨国际家用电器展 | 德国柏林 | 2017.9 |
| 9 | 中国商品（泰国）品牌展览会 | 泰国曼谷 | 2017.9 |
| 10 | 香港秋季电子产品展 | 中国香港 | 2017.10 |
| 11 | 伊朗国际家用电器与家庭用品展览会 | 伊朗德黑兰 | 2017.11 |
| 12 | 中国商品（印度孟买）展览会 | 印度孟买 | 2017.11 |
| 13 | 中国商品（斯里兰卡科伦坡）展览会 | 斯里兰卡科伦坡 | 2017.11 |

易额均超往年同期。同时，不少企业还成为行业类目成交额冠军，例如，Pingo 国际蝉联家装类目第一，理想家获淘宝浴室柜类目第一，大自然再夺地板行业冠军，美的全网总销售额突破 45 亿元，比上年同期增长 70%，位居京东、天猫、苏宁三大平台家电全品类第一名。

【跨境电商】 2016 年，顺德区推进国通保税物流中心保税仓储、商品展示、物流和通关质检等业务建设，为跨境电子商务企业提供灵活多样的保税业务。重点发展面向跨境电子商务行业的仓储和物流服务，打造珠三角地区跨境贸易商品集散中心、采销中心。为吸引国际航运物流，推进“一带一路”建设，开展“粤港跨境货栈”项目建设。同时，推动企业利用顺德亚马逊“全球开店”Top100 企业培育项目开拓国外市场，实现“顺德质造，货通全球”，2017 年开展跨境电子商务的企业超过 100 家。（李西林）

## 对外经济贸易

【概况】 2017 年，顺德区对外贸易进出口总值 1764.33 亿元，比上年增长 5.7 %。其中出口 1383.06 亿元，增长 2.4 %；进口 381.27 亿元，增长 19.5 %；贸易顺差 1001.79 亿元。全年全区一般贸易出口 825.28 亿元，比上年增长 11.28%，占顺德出口总值的 59.67%；加工贸易出口 440.8 亿元，增长 14.08%，占 31.87%。外商投资企业出口 813.4 亿元，比上年增长 7.41%，占 58.8%；内资企业出口 564.84 亿元，下降 4.11%，占 40.84%。美国、欧盟依然是顺德区外贸主要出口国家和地区，全年顺德对美国和欧盟出口分别为 259.79 亿元、227.93 亿元，分别比上年增长 10.06 %、5%。新兴市场方面，顺德对东盟、中东、印度、巴西、俄罗斯分别出口 133.09 亿元、129.82 亿元、37.65 亿元、27.7 亿元和 25.54 亿元，分别比上年下降 9.94%、增长 4.26%、下降 21.11%、增长 40.22%、增长 23.75%，合共占全区出口总值的 25.6%。

【境外投资】 截至 2017 年，顺德区有经批准设立的境外企业和机构 119 家，累计中方协议投资总额 65 亿美元。当年新设企业 22 家，“走出去”企业数量为历年新高，当年中方协议投资总额 50.4 亿美元，比上年增长 647%。2017 年境外投资主要特点是，顺德“走出去”企业更趋成熟，经验更丰富，大规模资本输出，多点布局优势产能合作进行海外投资。当年新设 22 家境外投资企业由 12 家境内投资主体完成，其中 6 家多次或非首次对外投资，其中泛仕达机电境外投资项目 4 个，格兰仕 3 个，科达洁能 3 个，任我通 2 个，星野及子公司星阳各对外投资 1 个，美的新增境外投资项目 2 个，碧桂园子公司高远投资新增境外投资企业 1 个。这些企业普遍在对外投资有着成熟的管理经验，国际化运作水平较高，在海外布点也给企业发展带来成效。

【公平贸易】 2017 年，顺德区企业备案应诉的新案 3 件、复审案件 4 件，发起贸易救济的国家包括阿根廷、美国、加拿大、土耳其，涉及的行业集中在家电和五金行业。全年全区新增 1 个省公平贸易工作站（顺德区进出口商会），美的集团连续两年获得省公平贸易工作站考核优秀。

【骨干企业“走出去”】 2017 年，美的集团以现金方式要约收购 KUKA 机器人公司，收购金额 38.9 亿美元，持股比例 94.55%；收购欧洲领先的商用空调企业意大利中央空调企业 Clivet80% 股权；完成以色列高创公司并购，并购金额 1.4 亿美元，持股比例 79.37%。碧桂园在马来西亚成立森林城市建筑工业化公司，投资总额 2.99 亿美元，开展智能制造园区的投资建设。格兰仕分别以 500 万美元投资额在美国、德国、英国成立家电营销中心及研发中心；科达洁能在坦桑尼亚合资兴建建筑陶瓷厂，投资总额 3663 万美元，同时在土耳其成立销售及售后服务公司。

（张　维）

## 旅游业

**【概况】** 2017年，顺德区旅游总收入155.3亿元，比上年增长8.3%；旅游创汇4.79亿美元，增长1.89%。全年接待过夜游客人数425.15万人次，比上年增长15.53%。其中，外国人9.60万人次，比上年增长6.76%；港、澳、台同胞67.52万人次，增长3.6%；国内旅客378.04万人次，增长17.11%。住宿业营业总额14.48亿元，比上年增长12.6%；餐饮业营业收入114.53亿元，增长1.3%。区内旅行社组团人次168.95万人次，比上年下降1.33%；接待游客86.92万人次，下降1.29%。星级酒店营业收入5.2亿元，比上年增长9.62%，平均出租率57.48%。A级景区接待游客1143.86万人次，比上年增长6.24%；经营总收入7.33亿元，增长5%，其中门票收入3.1亿元，下降0.27%。

**【旅游产业规模】** 截至2017年年底，顺德区评级旅游景区8个，其中国家AAAAA级景区1个，国家AAAA级4个、国家AAA级3个。星级酒店18家，其中五星级3家，四星级11家。年末全区星级饭店住宿床位总数6771张，从业人员3851人。区内旅行社有31家，其中出境游组团社10家，新增山市亮途旅行社有限公司、佛山市盛京旅行社有限公司。

**【第七届顺德金牌导游大赛】** 由顺德区旅游局、区民政人社局、区总工会主办，大良经科局、区旅游协会承办，2017年3月启动，初赛后评选出15名选手进入决赛。决赛于4月25日举行，通过模拟讲解、导游知识问答和才艺表演等环节比拼，胡颖霜、李晓丹、刘炳旭、胡嘉静、许思雅、沈诗晨、曲悠扬、胡荣辉、胡恺彤、徐春辉获得“顺德金牌导游”称号，胡颖霜获最佳口才奖和“顺德区岗位技术能手”荣誉称号，廖丽嫦获最佳才艺奖。

◎图40 2017年4月25日，第七届顺德金牌导游大赛决赛现场

**【南番顺旅游联盟交流合作深化】** 2017年，顺德推进与南海、番禺的旅游联盟合作，利用南番顺旅游平台开展多种宣传促销活动，以南番顺旅游联盟整体形象参加2017年广州国际旅游展览会、第31届香港国际旅游展览会、2017中国（广东）国际旅游产业博览会等展会，获2017年广州国际旅游展览会“最佳支持单位”奖、2017中国（广东）国际旅游产业博览会“优秀组织奖”。《粤贵黔高铁旅游手册》增设南番顺旅游章节，推出2017版“南番顺旅游联盟宣传片”，加大联盟宣传推介力度。

**【旅游市场推广与节庆活动】** 2017年4月，南番顺旅游联盟在江苏连云港举办“2017南番顺旅游联盟连云港推介会”，通过推介宣讲、节目展示、美食品鉴等形式，展现南番顺文化内涵和旅游精彩，加深两个联盟间合作交流。5月19日，南番顺旅游联盟在中央电视台南海影视城举办“相约南番顺·畅游新岭南·旅游让生活更幸福”2017中国旅游日活动之南番顺旅游生活体验游启动仪式，南海、番禺、顺德三地共300多名市民的旅游生活体验团从南海影视城启程，先后游览顺德罗浮宫国际家具艺术博览中心、沙湾古镇，共同相约南番顺、畅游新岭南。12 月，由香港佛山社团总会、佛山海外联谊会主办的 2017 香港·佛山节在香港举行，顺德受邀参加活动。该活动以“佛山智造中国功夫”为主题，通过特色节目展演、“非遗”展销、美食展销等形式，向香港市民展示佛山城市魅力。顺德区旅游局组织均安广业蒸猪、李禧记虫崩虫少、喜万年喜饼、欢姐伦教糕、马冈鸡仔饼 5 家企业参展。

**【旅游产业发展】** 2017 年，顺德区组织行业专家、旅游业界代表修订并出台新的《佛山市顺德区促进旅游业发展扶持办法》，发挥政策引领产业发展积极作用，增强旅游发展动力。2017 年发放 2015 年度促进旅游业发展扶持项目扶持资金 55.83 万元。顺德华侨城文化旅游综合体项目稳步推进，其中欢乐谷总体规划设计已完成，盒子美术馆顺利开馆并免费向公众开放。

**【旅游业安全生产】** 2017 年，顺德区制发旅游包车、旅游安全保障等文件，组织企业签订安全生产责任书、观摩应急演练等，举办 2017 年顺德区旅游行业安全生产专项培训 3 场，参加培训 310 人次，提升镇街旅游行政管理部门、旅游企业安全责任意识。与区镇有关部门开展联合执法检查 51 次，出动检查人员 215 人次，排查安全隐患 45 处。

**【旅游应急管理】** 2017 年，顺德区在马来西亚中国游客失联、土耳其热气球强风硬着陆、伦敦暴恐等突发事件发生后，通过 QQ、微信、短信方式发送应急信息 200 余条；台风“天鸽”、“帕卡”、“玛娃”期间，关闭景区 16 个，疏散 2422 人。

**【旅游市场监管】** 2017 年，顺德区配合区信用系统建设、导游征信系统建设，梳理联合惩戒措施 11 条，实现各职能局信息共享，使违法企业一处违法处处受限。完善旅游投诉机制，建立“12345”、“12301”、顺德区统一政务咨询和行政投诉平台（22838180），多平台同时接收旅游投诉工作机制，定期公布旅行社投诉排名信息，督促旅行社合法处理游客诉求。全年收到投诉 120 件，办结率 100%，多名群众致信表示感谢。完成顺德区电子导游证换发 290 件，旅游审批 174 件。完成碧江金楼 AAA 级景区和史努比缤纷世界 AAAA 级景区初检工作，陈村花卉世界和罗浮宫国际家具艺术博览中心景区通过评定性复核。

**【旅游人才培养】** 2017 年，顺德区举办第七届顺德金牌导游大赛，决出“顺德金牌导游”“顺德优秀导游”以及 2 个单项奖。在 2017 年第三届全国导游大赛中，顺德区导游王舒扬代表广东出赛并获得铜牌，被评为“中国好导游”，并以“金牌导游”培养项目列入国家旅游局 2017 年度万名旅游英才计划。岑志豪、李晓丹等 6 人入选佛山市第二批金牌导游员。组织星级酒店参加 2017 年佛山市旅游饭店行业服务技能大赛，华美达酒店选手获中式铺床项目第一名，顺德区旅游局被评为“优秀组织奖”。罗浮宫国际家具博览中心被评为广东省旅游系统先进集体。

**【旅游基础设施建设】** 2017年，顺德区完善旅游道路指引功能，完成 4 块旅游路牌选点、设置工作。完成 2017 年旅游厕所建设任务，申报 1 个第三卫生间建设计划。提升旅游信息化建设水平，推出新版“顺德旅游网”，完成“顺德旅游”微信公众号升级改版。

## 餐饮业

**【概况】** 2017 年，顺德区餐饮业营业收入 114.53 亿元，比上年增长 1.3%。拥有“中华餐饮名店”21 家，“中国烹饪大师”23 位、“中国烹饪名师”22 位、“广东烹饪名师”26 位、“广东优秀青年烹饪师”19 位和“顺德名厨”90 位，双皮奶等 11 种地方名小吃入选“中华名小吃”。

◎图 41　2017 年 9 月 30 日至 10 月 4 日，由中国烹饪协会、顺德区人民政府主办的“世界美食之都”——2017 顺德美食节在顺德德胜广场举行

**【“世界美食之都”——2017 顺德美食节】** 2017 年 9 月 30 日至 10 月 4 日，由中国烹饪协会、顺德区人民政府主办的“世界美食之都”——2017 顺德美食节在顺德举行。该届美食节作为展示顺德文化、产业与城市形象的重要窗口，系列活动全面升级，由顺德区人民政府主导，媒体、企业及社会各界共同参与，10 余项系列活动自 2017 年 7 月陆续展开，包括：顺德私房菜大赛、“全民最爱”十大顺德创新菜评选、“美食之都——顺德美食示范店”美食交流、“厨神驾到”、“健康顺德 · 四季养生”顺德养生菜式研发等。该届美食节总体展位近 180 个，参展商家 130 多个，入场人数近百万人次，实现总销售额 3000 多万元。

**【凤厨下南洋——马来西亚顺德美食展】** 2017 年 11 月，凤厨下南洋——马来西亚顺德美食展在马来西亚怡保市近打河畔酒店举行。顺德餐饮业界组成美食代表团参展，通过美食品鉴、厨艺展示、美食文化展示交流等形式，为千余位马来西亚顺德籍乡亲带去具有“风味”的家乡美食，以美食为媒，共促中马友好关系，活动得到马来西亚当地政府、餐饮业界、社团的高度评价。

**【容桂街道获评“中华美食名镇”】** 2017 年 8 月 25 日，中国烹饪协会授予容桂街道“中华美食名镇”称号。容桂是顺德区饮食协会所在地，拥有工商登记餐饮业户 1500 多家，有 13 名“中国烹饪大师”和“中国烹饪名师”。2016 年容桂限额（200 万元）以上餐饮企业营业额 1.72 亿元。容桂美食业态丰富，有宴席、制汤、点心与小吃、粥、火锅等众多门类，形成以粤菜为主导，辅以无国（地）界菜系和地方风味小吃的完善的菜品体系。容桂卓越的自然条件、深厚的历史文化积淀以及繁荣的社会经济，为各类美食产业的发展提供得天独厚的条件，逐渐形成特色鲜明的美食文化，并与其独特的岭南水乡特色和人文风情相得益彰。（罗　茜）

# 口岸

凤城四杯鸡

# 口岸监管

**【概况】** 2017年，经顺德港出入境人数63.02万人次，比上年增长18.74%；出入境旅客54.43万人次，增长20.76%，其中入境旅客27.04万人次，增长20.28%，出境旅客27.39万人次，增长21.25%。全年进出境航班3569航次，平均每天有接近10个航班往返顺德港和香港中港城码头。全年顺德区各货运口岸进出境总货运量490.21万吨，比上年下降7%，其中进口210.99万吨，出口279.22万吨。标准箱总数108.38万个，比上年下降1%，其中进口标箱54.94万个，出口标箱54.91万个。进出境货运车辆3.04万车次，比上年下降18%。

**【口岸管理机制优化】** 2017年，顺德区口岸总体运行良好。加强对口岸工作的综合协调和宏观指导，密切口岸管理部门、联检单位和经营单位之间的沟通联系。坚持落实口岸联席会议制度，通过召开季度联检单位工作座谈会及走访调研等，保持口岸的和谐联动。做好驻区口岸联检单位服务保障工作，协调推进广州海关大良涉案财物业务用房项目地块规划建设；落实解决顺德边检站官兵租房补助经费等事宜。密切关注口岸经营动态。跟踪协调顺德港、容奇港经营期满及后续经营问题；承接国通保税物流中心建设发展工作，推动国通保税物流中心国际贸易、航空物流、跨境电商等业务科学有序发展。

**【口岸通关环节改革】** 2017年，顺德口岸深化供给侧结构性改革、落实“三互”推进大通关建设改革的要求和部署，提高口岸通关的便利和效率，采取一系列通关流程优化和惠企减负措施。围绕增强企业改革获得感持续深入推进“单一窗口”标准版扩大试点工作，推动实现标准版覆盖上量，提前完成申报单量覆盖30%的阶段性目标。围绕“减环节、优流程、压时限、降成本、提效率”的总体要求，落实抓好压缩货物通关时间有关举措及集装箱进出口环节合规成本通关时间专项治理行动，推动将进出口货物通关时间压缩1/3，打造高效便捷的口岸通关服务环境。落实惠企减负措施，推进落实免除查验没有问题外贸企业吊装、移位、仓储费用试点工作，完成新一阶段政府采购，全年为符合条件的企业免除上述费用126.49万元，惠及企业1890家次。

**【口岸规划和载体建设】** 2017年，顺德区跟进哥山港区项目建设，推动佛山滘口口岸搬迁至顺德了哥山港区工作取得突破性进展。12月，广东省口岸办批复同意将佛山滘口口岸功能整体搬迁至顺德了哥山港区。引导和推进现有口岸提升改造工程，提升通关智能化水平。北滘港、勒流港、容奇港完成A类闸口升级改造，并通过海关验收投入应用，闸口通关效率大大提升。顺德港新增6条智能自助通道，通关速度提升一倍。

**【口岸安全防控提升】** 2017年，顺德区做好口岸安全生产及疏导工作，全区口岸无发生较大安全生产事故。顺德港实行船票实名

◎图42　2017年，顺德港启用6条新型自助通道

制，大堂入口设置安检设施；各口岸自觉落实安全生产责任制，定期开展培训与演练，口岸应急处突能力不断提升。结合境内外疫情防控实际，增强口岸突发公共卫生事件应急处理能力。10月，区政府成立顺德口岸应对突发公共卫生事件联防联控领导小组，落实寨卡病毒病、黄热病、登革热、马达加斯加鼠疫等疫情疫病口岸联防联控工作。

（林婉婷）

## 海　关

【概况】 佛山海关驻顺德办事处是广州海关隶属佛山海关下设的办事处（正处级），业务种类包括监管进出境运输工具、货物、行李物品，负责办理辖区内报关单位企业注册登记，保税仓库以及加工贸易的合同备案、核销、稽核查，征收关税及代征税、查缉走私、编制海关统计及办理其他海关业务等。辖区内设有海关监管点5个，公共保税仓5个、自用型保税仓1个，出口监管仓2个，保税物流中心（B型）1个。2017年，佛山海关驻顺德办事处监管进出口货值1505.7亿元，加工贸易实际进出口总值101.59亿美元，征收税款33.29亿元，验放进出境旅客54.4万余人次。打击走私全年立案255件，案值7.89亿元，涉税额1.02亿元。

【海关业务改革】 2017年，佛山海关驻顺德办事处深化改革提高贸易自由化便利化水平：开展“去繁就简”，压缩通关时间，24小时通关率均优于全国和广州海关平均水平；推进全国通关一体化改革，深化“互联网+海关”改革，为辖区内3300多家外贸企业节省约1000万元费用，落实口岸查验配套服务费改革，为企业免除吊装、移柜、仓储等费用350万元；推进加工贸易全程信息化，实现辖区内加工贸易企业和电子化手册100%无纸化操作；推进“单一窗口”，“粤港跨境货栈”改革项目成效显著；发展多种贸易业态，用好“入区退税”等保税政策服务周边制造业，探索运用非侵入式查验，促进生鲜通关便利，推进市场采购贸易试点对接工作。

【打击走私】 2017年，佛山海关驻顺德办事处发挥情报主导、先导、制导作用，提升打击走私专业能力和实战能力，筑牢反走私监管防线；开展“国门利剑2017”专项行动，瞄准“洋垃圾”、象牙等濒危物种、粮食等农产品、重点涉税商品和涉枪涉毒等五类为主攻方向，保持打击毒品走私高压态势，重拳打击重点涉税商品走私；开展关警联动查缉行动，会同地方打私办等职能部门，完善打私综合治理机制，肃清走私源头。年内，查获案值约640万元的“保温杯夹藏案”、口岸跑步机等货物夹藏合计56.2千克毒品案、案值180万元的旅检渠道人身夹藏珠宝案和案值6.96亿元的佛山市某油墨科技有限公司出口骗退税案等大要案。

【服务地方经济发展】 2017年，佛山海关驻顺德办事处创新深化改革，提升海关服务地方经济水平。用好保税物流中心“入区即退税”政策优势，帮助本地企业在国通保税物流中心（B型）开展进出口业务，获取政策红利；探索以国通保税物流中心（B型）为依托开展保税展示的模式，推进“保税展示交易”业务，促进新兴业态发展；引导港口经营企业升级改造监管场所卡口、完善场所设施，年内北滘港、勒流港A类卡口通过验收；配合地方政府做好滘口口岸搬迁至顺德新港相关事项；率先开展“引入中介协助认证”“三方共同认证”，推进企业信用管理，深化“放管结合”，依托统一企业社会信用代码，推行企业“无卡注册”。

构建高效机制，打造服务地方经济新体系。制定全年辖区走访计划，联合地方政府开展“暖企活动”调研，全年实地调研100余家企业及社会组织，围绕“去繁就简”和“互联网+”等海关改革项目征询企业需求，打造“公平透明可预期”的营商环境；联合外经贸等部门开展“外贸大讲堂”政策宣讲活动服务500余家企业，向银行等金融机构就开展“自报自缴”开展合作。拓展统计深度与广度，提高辅助决策水平。加强对外贸整体形势的研判，开展单项商品、特定行业外贸专项分析，为地方政府决策提供参考。（孙耀林）

## 边防检查

【概况】 顺德顺德边防检查站主要担负1个国家一类口岸（顺德客运港）和3个二类口岸（容奇、勒流、北滘港）的出入境边防检查任务。2017年，顺德边防检查站以专业化、法治化、信息化建设为核心，积极服务粤港澳大湾区建设，着力提升口岸通关能力和安全管控水平，全年共查验出入境人员54万余人次、船舶8000余艘次，有力服务顺德经济社会发展。

【提升边检服务水平】 2017年，顺德边防检查站以“提高边检服务水平”活动十周年为契机，大力开展边检服务品牌集中宣传推介系列活动，增进与顺德区政府口岸部门、联检单位、码头运营公司的走访交流，听取对边检工作的意见，做客顺德电台《政风行风热线——民生零距离》栏目推介边检服务举措，倾听群众意见建议。贯彻落实国家口岸“单一窗口”建设，实现顺德区“单一窗口”口岸申报全覆盖，完成船舶申报率70%的硬指标。在各码头前移边检办证窗口，坚持货检口岸24小时驻点执勤，缩短靠港船舶作业装卸等候时间，提高船舶报检通关效率。取消船舶边检办证项目收费，实施鲜活产品“绿色通道”优先验放，实现口岸货运物流大进大出、快进快出的目标。深化“零等待、零投诉、零距离”服务承诺，在顺德港旅检现场设立公民出入境记录查询专窗，设置自助通道出入境记录打印机，为旅客开具记录查询证明提供便利服务。主动对接旅游部门，服务珠三角“144小时便利签证”外国旅游团快捷通关，方便外籍旅客通过香港往来旅游交流。全年共为突发急病旅客、船员提供服务4次，并完成春节外游、清明返乡、国庆高峰、顺德恳亲会、广交会外宾接待等多次客流高峰执勤任务。

【“警营开放日”展示新形象】 2017年8月19日，顺德边防检查站邀请顺德区领导，政府企业代表、驻地群众等100余位来宾参加主题警营开放日活动，吸引40余家媒体重要媒体到警营、各口岸以及行政服务中心活动现场实地采访，全方位、零距离体验顺德边检品牌工作成果。通过军事技能汇报表演、“警营心相融”户外拓展等活动，展示了边检官兵良好精神风貌和深厚的部队文化内涵，营造自信开放、亲和体恤的边检职业文化氛围，树立“中国边检，阳光国门”边检形象。

【缅怀烈士谭念】 2017年6月21日，顺德边防检查站举行谭念烈士牺牲十周年纪念活动，追忆英雄舍身救人事迹，缅怀烈士英勇无畏精神，动谭念精神传承发展。2007年6月24日，谭念在回广西浦北老家探亲期间，为救4名落水群众英勇牺牲，献出了年仅22岁的宝贵生命。广东省委、省政府追授谭念“舍身为民好战士”荣誉称号。（梁嘉浩）

## 出入境检验检疫

【概况】 2017年，顺德出入境检验检疫局检验检疫出入境货物4.64万批，比上年下降1.78%，货值28.34亿美元，比上年增长10.47%；检出不合格出入境货物8940批，比上年增长22.13%，货值54658万美元，比上年增长3.59%；检疫查验出入境人员62.43万人次，比上年增长1.46%，排查有症状人员352例，排查率5.63/万，确诊病例93例，确诊率26.42%，排查核辐射超标入境人员24名，比上年增长118.2%；入境旅客携带物中截获特殊物品5批次，其中人血白蛋白3批，人免疫球蛋白1批，生长激素1批；检疫出入境交通工具11009架（辆、艘）次，比上年下降2.82%，检疫集装箱50.48万个标箱，增长2.96%；截获检疫性有害生物28种713次，一般性有害生物681种10574次，种类分别增长12%和59%；签发原产地证6.3万份，增长10.5%，签证金额24.28亿美元，比上年增长7.93%，帮助企业获得国外关税减免12亿元人民币。2017年，顺德出入境检验检疫局为企业减免出入境人员、货物、运输工具、集装箱及其他法定检验检疫商品的出入境检验检疫费用超3000万元人民币。

**【商品检验监管】** 2017年，顺德出入境检验检疫局发挥作为全国家电“同线同标同质”（以下简称“三同”）工作的组长单位的优势，研究制定4套“三同”规范性文件，率先认定3家企业为广东家电产品“三同”生产企业，发布电饭煲等33款“三同”产品，在消费品“三同”工作上走在广东检验检疫系统前列，为打造顺德家电品牌、提升顺德家电产业整体市场竞争力起到良好的推动作用。利用“粤港跨境货栈”的政策优势，实现复制和创新自贸区检验检疫创新制度，走在广东检验检疫系统前列。深化无纸化等“互联网+检验检疫”工作，推进审单放行业务改革，实现检验检疫流程时长管理，货物通关效率走在广东检验检疫系统前列。推进“单一窗口”国家标准版应用，制定下发《顺德检验检疫局推进国际贸易“单一窗口”国家标准版扩大试点工作方案》，与顺德地方政府、佛山海关驻顺德办事处建立常态沟通协调工作机制，实现“单一窗口”报检业务覆盖率30%以上，加快以“单一窗口”为支撑，以“三互”为核心的贸易便利化工作模式在顺德的实现。深化国家级出口家电质量安全示范区建设，2017年顺德国家级出口家电质量安全示范区通过考核实现续延，组织开展实验室能力验证、智能制造帮扶、检测优惠、质量评价和质量监测等活动，新增认定示范企业19家，总计55家；与顺德区市监局签署家电产业质量提升合作备忘录，打造质量共治格局。建设完善广东出口家电与配套产业公共技术平台、中国WTO/TBT-SPS国家通报咨询中心家电研究评议基地、中国出口家电质量技术促进委员会。服务顺德出口外贸比上年增长5.7%，在服务外贸发展、建立质量提升体系等方面形成顺德特色。

**【口岸卫生检疫监管】** 2017年，顺德出入境检验检疫局探索“7M”卫生检疫监管新模式，在传染病疫情、核生化有害因子、特殊物品检疫查验等非传统安全项目监管方面积极探索应用新技术，对出入境人员实施以医学巡查（Medical Inspection）、体温监测(Temperature Monitoring)、核辐射监测(Nuclear Radiation Monitoring)、X光机查验(X ray Machine Inspection)、气味监测(Odor Monitoring)、低温监测(Low Temperature Monitoring)、多方联防联控机制（Multiple joint prevention and control system）为内容组成的“7M”卫生检疫监管新模式。严密防控马达加斯加鼠疫疫情，完善联防联控机制，力促顺德区政府成立顺德口岸突发公共卫生事件联防联控领导小组，同时牵头制定并由顺德区政府下发《顺德口岸应对突发公共卫生事件联防联控工作机制》，理顺顺德口岸联防联控工作，逐一落实各项防控措施，确保疫情防控无疏漏。医学媒介生物防控成效显著，从货物、集装箱、口岸截获医学媒介生物9547只，其中从入境船舶截获活鼠4批次共计4只，入境集装箱截获活鼠1批次1只，从入境船舶截获蚊媒14批次，其中成蚊8批次，幼虫6批次，共68批次医学媒介生物检出携带病原体，其中1批次鼠类样品检出汉坦病毒，其他样品（蜚蠊和蝇）检出肺炎克雷伯菌肺炎亚种等病原体。检测能力迈向新发展，实验室技术保障能力进一步提升。2017年顺德出入境检验检疫局卫生检疫实验室通过国家认监委基孔肯雅病毒、黄热病毒核酸检测能力验证，完成卫计委7个项目21次能力验证，参与了国家认监委2017检验检疫行业标准方法标准验证——国境口岸裂谷热病毒检测方法验证，医学媒介实验室通过常见医学媒介生物DNA鉴定的能力验证。

**【动植物检疫监管】** 2017年，顺德出入境检验检疫局深化国家级出口种苗花卉质量安全示范区建设，联合华南农业大学开展4个花卉品种的病虫害本地调查、举办首届花卉质量发展论坛、5场次花卉进出口培训，推动顺德花卉产业的蓬勃发展，2017年介质蝴蝶兰出口加拿大、美国先后在顺德实现零的突破，推动2017年顺德出口蝴蝶兰728.4万株，货值613.3万美元，分别比上年增长12.6%和25.5%，与陈村镇签署花卉产业质量提升合作备忘录，服务地方特色产业建设和发展。率先探索进口苗木“地——空”同步检疫查验，应用无人机技术，对进口苗木实施“地——空”同步检疫，实现360°无死角动植物疫情查验，查验时间由原来每个集装箱平均45分钟缩短至15分钟，提高查验效率。加快出口木制品及家具质量安全示范区建设，推动顺德家具出口世界55个国家和地区，2017年家具产业出口金额4.7亿元，比上年增长4.8%，与龙江镇签署家具产业质量提升合作备忘录，树立顺德家具产业的品牌形象，提升国际影响力和竞争力。打造以“强化主体、全程监管、合作共治”为核心的供港澳食品监管模式升级版，服务供港澳产品安全供应20年成效，在农产品足量、安全供港澳工作上形成顺德特色。加强进出境动植物检验检疫，严守国门生物安全底线。2017年顺德口岸首次截获美雕齿小蠹、喜马拉雅木蠹象、大小蠹（非中国种）、苹果星裂壳孢果腐病菌等，在美国南方黄松原木中首次截获松材线虫，检出2批次进口食品微生物超标，水果检疫性真菌1批，进口鸡肉粉沙门氏菌3批；开展绿蕾3专项行动，截获进境非法携带植物种子种苗等34批次。推进口岸动植物检验检疫规范化建设，2017年顺德4个口岸通过广东出入境检验检疫局预验收，在旅检口岸成功构建旅客携带物“人——机——犬——仪”查验模式，禁止携带入境的冷冻牛肉、火腿肠等动植物产品截获率大幅提高。

**【执法稽查】** 2017年，顺德出入境检验检疫局率先在广东检验检疫系统范围内实现在用法律文件的整理和电子化检索查询，动态调整权力和责任清单，编制《顺德出入境检验检疫局权力清单和责任清单（2017.11）》及40项行政权力运行流程图，并通过政务网站向社会公开，打造有限、有为、有效的法治检验检疫和服务型检验检疫机关。探索行政执法全流程记录的应用及推广，并在广东检验检疫系统率先出台行政执法全过程记录管理文件，保障行政执法记录工作的“全、准、稳”，形成以制度为基础，以行政处罚工作为抓手的行政执法全过程记录试点探索。加大法治理论研究力度，2017年先后发表《顺德地区跨境电子商务的现状与检验检疫监管需求》《对旅客违法携带行为实施行政处罚有学问》《对新规则下进口旧机电设备目的地检验监管工作的思考》《对异地入境货物监管风险的思考》《检验检疫业务督察存在的问题及解决措施》等多篇政研论文，助推法治文化建设。

**【认证认可工作】** 2017年，顺德出入境检验检疫局通过率先实施检商“三证合一”等措施，利用原产地证优势，服务“一带一路”出口，开展大型暖企活动，举办原产地专业培训，先后帮助300多家企业掌握签证流程，全年签发原产地证6.3万份，比上年增长10.5%，签证金额24.28亿美元，增长7.93%，帮助企业获得国外关税减免12亿元。减低顺德外贸企业的负担，激发顺德外贸发展活力，并受到顺德政府主要领导的批示肯定，在利用原产地证优势服务出口工作中形成顺德特色。

（顺德出入境检验检疫局）

# 产业园区

家乡酿鲮鱼

# 中德工业服务区（佛山新城）

【概况】 2017年，中德工业服务区引入已签约项目41个，投资总额216.9亿元。其中外资项目2个，投资额折合人民币38亿元；合资项目2个，投资额折合人民币36.36亿元。正在洽谈的投资项目有44个，投资总额预计356亿元，其中合资和外资项目3个。

2017年11月，广东科荟生命科技产业中心举行奠基仪式，设立总规模100亿元的产业引导基金，推动顺德特色产业园区进一步搭建"创新发展核"，该项目总投资8亿元，规划用地面积6.93公顷，规划总建筑面积22万平方米，集研发、办公、生产等多功能区域，旨在为生物医药及医械产业中小企业快速发展提供空间及服务资源，项目计划2020年全面竣工。12月8日，川崎华南工程中心落成典礼暨佛山隆深机器人有限公司新址落成典礼，工程中心面积逾3000平方米，现场展示超过15套机器人系统工程应用场景，工程中心总投资超过700万元，是川崎在中国首个建立的工程研发中心。12月25日，顺德区人民政府与暨南大学在华桂园签订合作协议，双方将共建暨南大学科技园（顺德园区），重点引进暨南大学智能制造、生命健康、电子信息和节能环保等相关产业及平台项目入驻。12月28日，"新时代军民融合深度发展论坛暨广东省空间网络工程技术研究中心揭牌仪式"在中德工业服务区举行，首批12个重点入园项目签约。

重要市政交通工程有序推进，部分交付使用。2017年在建市政交通项目30个，其中轨道交通3个、政道路17个。东平隧道、荷岳路改造工程以及岭南大道（富华路至三乐路）等3项工程建成通车，带动区域经济的发展。潭洲国际会展中心二期及配套项目Ⅰ包完成桩基础和支管沟施工，项目Ⅱ包桩基础累计完成91%，项目Ⅲ包完成立项备案手续和新增建设内容初步设计招采工作。佛山国际体育文化演艺中心南北半区七层天面结构全部封顶，看台板安装完成70%。佛山市妇女儿童医院1号楼、2号楼、3号楼、6号楼基本封顶，项目进展顺利。佛山市顺德区大疆创新科技有限公司项目一期完成桩基础施工。科荟生命科技产业中心项目一期完成桩基础施工。佛山新城CBD一期各在建项目按计划推进施工建设。

【中德系列合作活动】 2017年1月11—13日，在浙江台州，举办中德企业合作专题交流会，联盟中方城市9市（区）近30名代表、德国驻华（上海）使领馆、德国驻华投促机构，法律、税务事务所以及台州相关政府部门、企业代表等约300人参加会议。近20家德国在华企业与台州本地企业代表进行需求对接，为成员城市园区和企业搭建对德合作桥梁，深化联盟城市间的沟通、联系，为企业"走出去"提供有益探索。

4月23—28日，中德工业城市联盟组团出访德国，12座成员城市政府及企业代表团参与，参展企业43家，观展企业100

◎图43　2017年4月24日，设在德国汉诺威会展中心3号馆的"投资中国"与"中德工业城市联盟"联合展区正式启动

多家，出访总人数322人。联盟发展理念得到广泛传播，促成汉诺威佛山机器人学院、弗劳恩霍夫协会工业自动化研究所（IFF）佛山常驻工作站、亚琛工大机床实验室（WZL）与顺德职业技术学院合作共建“广东－亚琛工业4.0技术应用研究中心”三大合作项目，助推顺德打造中德智能制造（机器人）产业生态圈，为做实做大联盟平台、推动“德国工业4.0”牵手“中国制造2025”打下坚实的基础。

4月24日上午，投资中国及联盟联合展区启动仪式在德国汉诺威展览中心3号馆举行，商务部投促局局长刘殿勋，联合国工业发展组织总干事李勇，德国联邦环境、自然保护、建设与核安全部议会国务秘书丽塔·施瓦泽吕尔－苏特女士，顺德区委书记区邦敏以及各联盟城市主要领导嘉宾出席，规模100多人，全方位展示联盟整体形象、成员风采、发展历程。4月24日下午，中德工业城市联盟第三次全体会议在德国汉诺威展览中心2号馆举行，会议由联盟秘书处和德国联络处联合举办，联盟中德方城市代表、企业和行业机构代表约150人参加会议。中国商务部投资促进事务局局长刘殿勋、中国驻德国大使馆经商处公使衔参赞王卫东、德国联邦经济和能源部国务秘书马蒂亚斯·马赫尼希先生、北威州投资促进署署长华珮女士出席活动并致辞，会议全面总结联盟上阶段工作成效并对下阶段工作进行部署。通报新加盟成员名单（中方：茂名市、德阳市、广州南沙区；德方：开姆尼茨、科隆、美因茨、纽伦堡）。

4月25日，顺德区政府在汉诺威展览中心举行“发现顺德 全球路演（汉诺威站）”活动。佛山市委常委、顺德区委书记区邦敏在路演过程中发表主题为“发现顺德、布局中国、携手德国、走向世界”的演讲。美的集团股份有限公司董事长兼总裁方洪波先生也在会上进行演讲，并参与高端智论对话。路演现场举行佛山机器人学院同步揭牌仪式，以及弗劳恩霍夫工业自动化研究所与顺德区人民政府、亚琛工大机床实验室与顺职院的项目签约仪式。

7月27日，中德工业城市联盟秘书处在深圳召开联盟中方城市工作座谈会，来自中方16座城市的政府代表40多人出席会议。联盟综合信息服务平台开发运营单位介绍平台各功能模块的开发使用情况、联盟秘书处办公室负责人介绍联盟2017年下半年工作建议和计划、佛山机器人学院现场推介、成员城市代表互动交流等环节。中德工业城市联盟旗下首个专业委员会——中德工业城市联盟智能制造合作专业委员会，在第二届宝安产业发展博览会开幕式上正式授牌成立。联盟秘书处组织联盟中方15座城市政府、协会、企业的40多名代表参加第二届宝安产业发展博览会。

9月13日，2017中国（广东）——欧洲投资合作交流会在佛山中德工业服务区中欧中心举行。该次交流会由广东省人民政府与中国欧盟商会共同主办，省商务厅和佛山市政府牵头承办，30多家位列世界500强和行业龙头的欧洲企业高层出席，120多家欧洲企业代表及200多家广东企业参加专题活动和对接交流。交流会介绍广东当前经济社会发展情况，探讨广东与欧洲合作发展商机和重点合作领域。聚焦“中国制造2025”与“欧洲工业4.0”对接，安排主题大会、CEO圆桌会、专题研讨会、企业对接等多项活动。其中，主题大会包括开幕致辞、主题演讲和签约仪式等环节，专题研讨会分智能制造、生物医药、绿色智慧城市与城镇化、投资欧洲市场等多个专题。会前，省长马兴瑞会见欧盟驻华代表团，双方就进一步加强广东与欧洲各国交流合作，不断拓展合作领域，提升合作水平，实现互利共赢进行交流。广东省节能环保产业招商联盟、广东省“走出去”能源基础设施产业联盟、欧绿保在佛山建设环保科技小镇、格兰仕德国投资等15个项目签约，加强广东与欧洲各国政府、商界的交流合作。

10月12—15日，2017第三届中国（广东）国际“互联网+”博览会期间，中德工业城市联盟在潭洲国际会展中心2号馆设置100平方米的中德工业城市联盟形象展区，全方位展示联盟整体形象、成员风采、发展历程，详细介绍联盟在推动对外开放合作、构建开放型经济新体制、营造法治化与国际化营商环境等方面所做的努力和取得的成效，并组织中德双方16个城市近50位领导嘉宾（含30位外宾）参加博览会开幕式、企业考察等活动，加强联盟成员城市之间的交流对接。

10月13日，中德工业城市联盟第四次全体会议在联盟成员城市浙江台州召开，联盟中德方23座成员城市、3座特邀城市近300位政府及企业代表嘉宾参会。中国盘锦、汕头和德国富尔达地区、拉尔－弗莱堡—黑森林地区、索林根等5座新成员城市加入联盟大家庭，联盟成员城市壮大到33座（其中正式成员30座、观察员3座）。成立联盟职业教育、石油化工两个合作专业委员会，专业委员会数量充实到3个，联盟专业服务能力得到提升，现场13个中德合作项目签约。

11月6—7日，由中国商务部投资促进事务局指导，中国国际投资促进中心（德国）和佛山中德工业服务区管理委员会联合举办的2017中德企业投资与并购论坛在佛山中德工业服务区中欧中心举办。世界知名管理大师、“隐形冠军之父”赫尔曼·西蒙（HermannSimon）教授，商务部投资促进事务局局长刘殿勋，广东省商务厅副厅长陈越华，佛山市委常委、宣传部部长、顺德区委书记郭文海等领导嘉宾出席相关活动，300多位中德方嘉宾、世界500强企业领导人和知名企业家参加论坛，现场20多个项目进行路演对接。

12月19日，中德工业城市联盟2017中方成员城市年终工作座谈会在佛山中德工业服务区管委会举行，广东省投资促进局局长孙斌、联盟秘书处领导、中方18座城市政府代表以及联盟综合信息服务平台、智能制造、石油化工、职业教育专业合作委员会相关负责人等约50人参加会议。会议听取联盟秘书处办公室负责人关于联盟2017年工作情况及2018年重点工作安排的汇报。

**【服务区产业布局】** 2017年，中德工业服务区产业创新体系不断构建，聚焦智能制造、生物医药、国际会展等领域，集聚各类创新资源，构建政产学研紧密结合的产业创新体系，推动产业转型升级。

智能制造优势凸显　与德国汉诺威机器人学院合作共建“佛山机器人学院”，正式启用后有浩亭、菲尼克斯、德国先进工业科技研究院、弗劳恩霍夫工业自动化研究所等21家智能制造领域的中外企业、机构入驻；促佛山顺德职业学院与德国亚琛工业大学达成合作，将联手打造“广东—亚琛工业4.0技术应用研究中心”；推动顺德与美的、库卡达成战略共识，将在顺德北部片区会展城核心区域规划建设以库卡华南研发与制造基地项目为核心的中德智能制造创新示范园，至年底大疆无人飞行器生产基地项目落户并启动厂房施工。华南机器人产业生态逐步形成，华南智能机器人创新研究院引进10支团队，广东智能制造示范中心入驻企业20家，位于北滘的广东顺德军民融合创新产业园首期揭牌启用，川崎机器人华南工程技术中心于陈村落成开业，莱茵工业园重建工作正在推进。

生物医药前景可期　广东省创新转化生物产业园一期项目广东云天生物创新产业中心进行主体施工；联合国资启动二期项目广东科荟生命科技产业中心建设，项目奠基动工。位于中欧中心的国际创新转化生物产业孵化中心进驻企业16家；广东省健康医疗大数据产业园顺利开园，实现医学大数据处理与分析等功能；暨南大学（顺德）生物产业园项目签订合作协议。顺德首个中美合资生物医药项目广东赛柯美生物基因工程等重点医药项目落户。联合中国生物工程学会举办首届“全国生物传感、生物芯片与纳米生物技术高峰论坛”，联合瀚海控股集团、加拿大西门菲沙大学创企孵化器共同举办“2017中加网络加速高端项目中国行（佛山站）”，承办由省商务厅主办的“美国马萨诸塞州生命健康产业投资合作论坛（佛山站）”。

会展品牌积极培育　广东潭洲国际会展中心加快建设，继首期场馆于2016年建成后，会展首期登录厅、会议中心和机器人学院等配套设施亦投入运营，会展二期及配套工程正加紧推进，二期场馆部分预计于2018年年底投入使用，届时潭洲国际会展中心将达到净展览面积约10万平方米的大型展馆规模。至年底，潭洲国际会展中心承办各类展会20余场，使用面积突破300万平方米，入场人数突破百万人次，2017年包括第三届珠江西岸先进装备制造业投资贸易洽谈会、第三届中国（广东）国际“互联网+”博览会、第十四届中国国际中小企业博览会专业展、首届广东（佛山）创意城市博览会、第二十二届全国发明展览会等多场高规格展会相继落地举办。其中，第三届中国（广东）国际“互联网+”博览会首次引入全球顶级数字经济盛会——汉诺威消费电子、信息及通信博览会（CEBIT）的核心资源，“互联网+”博览会的国际化、专业化水平得到进一步提升。

高端服务发展提速　至年底中欧中心有100家企业（机构）落户，成功引进德国蒂森克虏伯电梯佛山分公司；爱迪斯中外国际文化艺术交流中心成功签约；国际大学创新联盟华南国际创新中心、广东天骄智能制造要素配置中心、广东省投资发展促进会、佛山轨道交通设计研究院有限公司等智创机构相继落户，助力中德工业服务区获评2017年度“优秀广东省海智工作站”。

**【中德工业城市联盟】** 2017年，中德工业城市联盟组织规模不断扩大，对外影响力持续增强。联盟工作得到商务部、工信部、外交部、中联部，德国联邦经济和能源部、广东省商务厅等上级部门及两国各主要工业城市的关注和肯定，正在成为中德地方合作的一大品牌。

成员城市不断充实　2017年联盟成员由成立时的18家扩大至33家（含观察员3家）。在中国形成以华南为主、辐射全国的中方成员网络，德方城市主要分布在北威州、巴伐利亚州、莱法州、黑森州、巴符州、萨克森州等德国经济最发达、创新最活跃的地区。

品牌活动趋常态化　2017年4月组织12座中方城市，43家参展企业，总人数322人的代表团出访；2017年10月13日中德工业城市联盟第四次全体会议举办，23个成员城市、3个特邀城市近300位政府及企业代表参会（含外宾60位），通过各大活动，联盟影响力日益壮大。

专业服务能力日渐增强　联盟专业服务能力日渐增强，截至2017年12月，收录58条联盟和城市新闻、206个项目、1200家企业（其中认证228家），举办两次联盟成员专题培训。成立智能制造、职业教育、石油化工三个专委会，专委会内部基本机构初步建立。

资源网络稳步拓展　初步形成“政府+企业+社会+个人”的全面资源网络渠道。国家级、省级重大国际化活动纷纷落户佛山举办，9月有广东省政府与欧盟商会共同主办的2017年中国（广东）—欧洲投资合作交流会、11月有中国商务部投资促进事务局指导的2017中德企业投资并购论坛。借助系列高规格活动，佛山对德对欧合作的显著成果、企业的国际化水平、开放的营商环境引来各界瞩目。

**【佛山机器人学院开放】** 佛山机器人学院是由广东潭洲国际会展有限责任公司与德国汉诺威展览科技学院合作建立经营的项目，是继潭洲国际会展中心项目后与德国汉诺威展览有限公司深化合作的另一重要对德合作项目。佛山机器人学院是中国首个机器人学院，也是汉诺威机器人学院首个品牌海外授权使用机构。在参照德国运营模式的基础上，学院携手国际国内先进企业打造机器人生态圈，为佛山乃至华南地区制造业提供机器人、自动化、工业4.0展示、贸易、培训、交流等全链条服务。

佛山机器人学院于2017年10月12日在第三届“互联网+”博览会期间正式对外开放。首期暂时设于潭洲国际会展中心的会议中心，配有设备完善的多功能课室以及办公和会议空间。佛山机器人学院二期工程也同步于2017年1月正式动工，建筑面积为1.6万平方米，将设有更多的展览空间及会议、培训空间，计划于2019年投入使用。

佛山机器人学院以打造三大战略平台为发展目标，即将佛山机器人学院打造成为“中国制造2025”对接“德国工业4.0”示范平台、机器人产业生态圈引领平台和传统产业转型升级创新服务平台。在具体的业务类型上，除全面借鉴汉诺威机器人学院的传统业务外，还将根据本地区的战略方向，在尊重市场和与汉诺威运营团队充分沟通的基础上，逐步发展六大业务，即展贸业务、示范线及自动化解决方案推广业务、会议及活动业务、培训业务、后机器人服务业务、投融资业务。

至年底，有21家国内外知名的合作伙伴进驻佛山机器人学院，包括KUKA(库卡机器人公司)、FraunhoferIFF（弗劳恩霍夫工业自动化研究所）、PhoenixContact（菲尼克斯电气）、Staubli（瑞士史陶比尔机器人公司）、Christiani（德国客尼职业技术教育培训集团）等13个国际自动化及机器人企业机构，以及美的机器人有限公司、广东华南机器人研究院、广东嘉腾机器人有限公司等本地知名机器人企业及研究机构。携手合作伙伴，佛山机器人学院将于2018年开始举办30场佛山机器人学院－德国弗劳恩霍夫协会工业自动化系列会议，主题涵盖家电、陶瓷、家具等本地支柱产业，通过系列会议以及工业4.0培训课程，助力本地制造业转型升级。

**【2017中国（广东）——欧洲投资合作交流会】** 2017年9月13日，2017中国（广东）—欧洲投资合作交流会在佛山中德工业服务区中欧中心举行，广东省省长马兴瑞出席交流会并发表主旨演讲。省政府党组成员陈云贤、欧盟驻华大使史伟、中国欧盟商会主席何墨池，30多家位列世界500强和行业龙头的欧洲企业高层出席，120多家欧洲企业代表及200多家广东企业参加专题活动和对接交流。广东省节能环保产业招商联盟、广东省“走出去”能源基础设施产业联盟、欧绿保在佛山建设环保科技小镇、格兰仕德国投资等15个项目签约。会议期间，省长马兴瑞主持召开欧洲领军企业CEO圆桌会议，与欧洲企业家面对面沟通交流，听取并回应他们对广东进一步优化政府服务和营商环境的意见建议。（彭　哲）

## 顺德高新技术产业开发区

**【概况】** 顺德高新技术产业开发区由原顺德科技工业园与顺德西部生态产业新区共同组成，总规划面积106.5平方千米（包括顺德科技工业园五沙A区10平方千米，容桂B区10平方千米，佛山高新技术产业开发区顺德园3.5平方千米，以及顺德西部生态产业新区83平方千米）。2012年，顺德区委区政府推进顺德高新技术产业开发区的体制机制改革，原顺德科技工业园开发中心更名为“顺德高新技术产业开发区管理委员会”，在区政府授权范围内对产业新区进行统一领导和管理，负责顺德西部启动区（即产业新区的杏坛片区，规划18.86平方千米）规划、开发、建设、招商、运营和管理等工作。2017年，顺德高新区引进7个产业项目落户，其中天劲项目、新宝项目、申菱项目、智能科技产业园为顺德区重点招商项目，智能科技产业园为产业发展载体项目。

**【高新区西部启动区功能分区建设】** 2017年，顺德高新区西部启动区通过加快推进广东省智能制造产业基地、省市共建循环经济产业基地、顺德龙腾产业园和智域城等特色产业平台建设，重点引入智能装备、环保科技企业，培育新材料、智能家电、生物医药等新兴高新产业，打造现代产业体系中的高端制造业板块，同时依托与启动区毗邻的南方医科大学规划建设商务配套区、高新产业孵化区等服务功能区，加快发展以信息服务、文化创意、中介服务等服务业项目为核心的现代服务业产业体系。西部启动区是顺德土地储备最为丰富、连片程度最高的区域之一，是顺德高新区今后创新园区发展模式、实施总部经济战略的主要核心载体。交通便捷，物流环境优良，南北贯穿的江珠高速北延线和东西贯穿的顺德快速干线（高富路段）共同构成启动区向外辐射的主要陆路交通网络，可以快速连接珠二环、中江高速、佛山一环、太澳高速、105国道以及广珠城际快速轨道等主要路网。

**【高新区基础设施建设】** 2017年，顺德高新区推进园区主路网、电网、管网、水系、土地平整等各项工程建设，园区产业片区路网建设及基础设施配套环境基本成型，完成杏赞三路、龙腾电网一期工程、3#、5#地块填砂工程及地块整平工程；积极协调推进110kv过江线项目建设工作；启动1#、4#渠工程建设；加快建设顺升路、德康路、顺新路、德富路南段施工工作；推进西山小学高新区学校建设，完善园区教育配套。

**【高新区产业招商】** 2017年，顺德高新区西部启动区全年对接投资项目共236批次，其中新对接项目124个，涉及产业涵盖新能源汽车、医疗器械、智能设备、商品厂房等。引进7个产业项目落户，包括顺德高新区机械装备产业园（1.9亿元，3公顷）、港华燃气项目（0.29亿元，1公顷）、天劲新能源汽车动力电池产业园项目（20亿元，10公顷）、申菱专业特种环境系统研发制造基地项目（6.3亿元，13.33公顷）、广东药科大学（顺德）科技园（0.2亿元）、新宝小家电全球知名品牌引进和双创孵化智造基地项目（20亿元，22公顷）、中南高科智能科技产业园（3.5亿元，7.33公顷），其中天劲项目、新宝项目、申菱项目、智能科技产业园为顺德区重点招商项目，智能科技产业园为产业发展载体项目。引进项目投资总额52.19亿元，出让土地约58.2公顷。

**【国家级高新区申报】** 2017年，顺德高新区争创国家级高新区申报工作，采取“一区多园”的发展模式，构建“一核一轴三组团”功能布局，规划总面积95.26平方千米，形成多层次、开放式的总体发展布局，实现优势互补、功能错位、协调发展。发挥顺德先进装备制造产业的良好基础，推动企业在高新区集聚并做大做强，将高新区打造成为具有国际竞争力的先进制造业产业集群，为构筑珠江西岸先进装备制造产业带提供强有力支撑。发挥改革开放先行地的先发优势，将高新区建成中国制造2025与德国工业4.0战略合作平台、粤港澳创业者乐园、泛珠三角高端产业集聚区、广东深化科技体制改革先行区。年内，为进一步推进国家级高新区申报工作，同步开展申报国家级产业化基地工作，加强与相关部门的接触和互动，为继续拓展国家高新区申报工作争拓渠道。

**【佛山军民融合创新示范区建设】** 2017年，佛山军民融合创新示范区总规划面积200公顷，起步区位于顺德高新区，其中核心启动园区占地26.67公顷，已建和在建军民融合产业载体平台2个，合共占地面积约6.67公顷，总建筑面积约15万平方米。高新区计划开发南片区作为佛山军民融合创新示范区重要平台。已征地面积286.53公顷，规划整理后可用工业用地200公顷。为做好起步区发展规划，顺德区组织《军民融合项目起步区发展战略规划研究》项目的招标工作，将示范区建设与顺德高新区扩区工作有机结合，研究范围是东海大涌以南的南片区，包括新联村和海凌村，规划面积8.39平方千米（其中已有建设用地规模的1355.316亩，折合0.9平方千米）。顺德高新区管委会与中国能源建设集团广东省电力设计研究院进行对接，就编制佛山军民融合创新示范区起步区的相关规划和创建方案、研究起草合作方案、积极对接军民融合的资源、深入整理示范区起步区的土地、明确军民融合孵化器选址等方面工作达成共识并开始实施。对起步区的产业规划及产业要素进行专题研究，及时调整土规与用地计划，推进与广东院合作建设

3.5 万平方米的军民融合专题孵化器项目，为示范区的启动做好要素准备。

**【顺德高新区机械装备产业园启动暨产业发展平台入驻项目签约仪式】** 2017 年 12 月 26 日，顺德高新区机械装备产业园启动暨产业发展平台入驻项目签约仪式在顺德高新区机械装备产业园建设现场举行。顺德高新区全力打造“顺德科创智汇产业园、顺德高新区机械装备产业园和中南高科智能科技产业园”三大产业发展平台，首期建设规模达到 30 万平方米。该次活动以顺德高新区为主体，以三大平台为主线，多角度展现资源优势、区域价值、发展定位，通过报纸、杂志、微信、微博、网站等形成宣传矩阵，打造顺德高新区新名片。顺德高新区在深莞惠、广佛肇和珠中江三大经济圈交界处，致力为传统产业提供关联产业支撑，集聚核心产业，坚定不移走创新驱动、智能发展路线，培育新的产业增长点。（吕颖宜）

## 广东顺德清远（英德）经济合作区

**【概况】** 广东顺德清远（英德）经济合作区（以下简称合作区）位于英德市英红镇、横石塘镇境内，规划面积 36 平方千米，挂牌成立于 2011 年 12 月 24 日，在当时是广东乃至全国探索区域经济协调发展新模式的创新之举，被时任广东省委书记汪洋誉为“思想解放的产物，开拓创新的举措”。2015 年，经省经信委批准，将英德 37.8 平方千米产业集聚地纳入合作区范围，移交合作区统一开发、运营、管理，形成规划面积为 73.8 平方千米的全新产业载体，至 2017 年年底合作区划分为启动区、中南产业片区、核心区和产业集聚区四大片区，园区主要覆盖新能源、家用电器、机械装备、新型建材、新材料等行业，积极打造成为粤北地区投资首选地。

经过六年建设，合作区厂房林立，骨架路网基本建成，园区市政道路通车里程 23 千米，园区道路与乐广高速、昆汕高速紧密连接，距英德西高铁站约 30 千米，驱车约一个半小时即可到达广州白云机场。污水处理厂、标准厂房、员工村、德园、管道天然气等各项基础配套日臻完善，启动区开发建设基本完成，中南片区进入全面大开发阶段。截至 2017 年 12 月，合作区（含集聚区）签约项目 105 个，计划总投资 476.6 亿元，其中工业项目 93 个，综合配套项目 12 个，有 39 个项目实现投试产。

**【园区规划建设】** 2017 年，广东顺德清远（英德）经济合作区发挥地域资源优势和产业特色优势，加强对奥园、长鹿等入园企业的规划指导，围绕特色园区和特色小镇发展目标开展城市设计工作，完善园区市政基础设施规划，构建符合合作区发展需求的特色产业、特色空间，完成合作区城市设计导引与重点地段城市设计导则编制规划成果。做好园区项目规划审批工作，加强对园区在建工程质量和施工安全生产监管，确保园区工程建设全年零事故发生。全面清理僵尸企业、闲置土地，查处违法违规用地，完成合作区违法监测图斑的复耕复绿工作。获批建设用地指标 57.6 公顷，为合作区开展供地工作提供保障，华电项目用地置换也取得省国土资源厅的备案批复，合作区三个水利工程整体移交给英德市北江防护体系建设管理局跟进后续建设事项。

**【园区招商引资】** 2017 年，广东顺德清远（英德）经济合作区新签约项目 16 个，计划总投资 60.27 亿元；在建项目（含集聚区）固定资产累计投入 20.31 亿元，完成年度考核任务的 101.5%；其中设备累计完成投资 6.02 亿元，完成考核任务的 100.3%；完成规模以上工业总产值 12.32 亿元，比上年增长 10.3%；规模以上工业增加值 1.95 亿元，比上年增长 24.0%；实现税收 7060 万元，比上年增长 26.2%。红岛实业、优尼昂、长鹿已投产；宝丽汉达、澳飞扬、升辉、英鸿、鸿炜机械、金顺达、海德节能 7 家企业试产；亿文、顺通、美雅途、员工村二期等即将动工。合作区紧抓珠三角环保督促行动和顺德村级工业园整治的机遇，探索“园中园”模式；拜访各行业商会（协会），参加各类商业展会及投资环境推介会，走访意向目标企业，以产业链招商、商协会招商。利用好省电动车商会平台，整合省内电动车产业链上下游资源，打造广东省电动车产业的“桥头堡”。合作区与温州万洋集团签约英德万洋众创城项目，项目规划占地约160公顷，合同总投资约70亿元，致力打造集生产、物流、商务、生活服务和金融导入功能于一体的制造业众创平台，拉动生产要素和产能的集聚，做大合作区工业产业。至年底，项目举行奠基仪式，铺开基建工作，临时展示厅开放启用，300多家企业到访考察，项目一期15万平方米的厂房被全部预订。

**【飞地监管模式创新】** 2017年，广东顺德清远（英德）经济合作区与英德市纪委创新建立监督联动机制，签订《顺德英德两地纪委合作联动监督工作协议》，制订《顺德英德两地纪委合作联动监督工作制度》，成立两地纪委合作联动监督工作领导小组和工作机构。合作联动监督工作组赴英红、横石塘两镇及合作区管委会开展合作联动监督工作调研，结合“两地合作”模式中社会事务属地管理的工作实际，加强对属地两镇涉及合作区范围的征地拆迁、征拆资金管理、工作效能、工作作风等的监督检查，在监管实效和理论创新方面取得新的突破，并研究制订《顺德英德两地纪委合作联动监督工作组关于“不作为、慢作为、乱作为”责任追究的暂行办法》等工作制度，借助英德市人民检察院的支持，推动合作区征地拆迁难点中南产业片区五号地块取得重大突破，强化监督执纪问责，推动“廉洁高效园区”建设。

（杨大通）

## 中国南方智谷

**【概况】** 中国南方智谷是顺德产业转型和城市升级的重要载体，是省区共建的重点建设项目和科技部认定的顺德国家现代服务业科技服务产业化基地。南方智谷从最初设计约7.5平方公里区域，逐步发展延伸，与顺德东部新城相融合，形成现在的李家沙水道沿岸由顺德港至广珠城际铁轨顺德站一带占地41.6平方公里的新形态。南方智谷位于顺德新城中部核心区，园区地跨大良街道东部与伦教南部，东隔李家沙水道与广州市南沙区，南至德胜河与容桂街道高黎片区相望，西接桂畔海与顺德绿肺——顺峰山公园，北至伦教鸡洲大涌。随着粤港澳大湾区的核心建设，作为顺德“东大门”的南方智谷优势更为凸显。这里与广州、南沙直接“面对面”，从广珠西线20分钟可以到广州南站，30分钟车程抵达南沙自贸区，1小时抵达白云国际机场。而在未来，依托深中通道，这里也能快速接驳深圳，南下还能快速抵达中山、珠海，并与港澳连通，成为整个大湾区的核心圈的重要节点。根据建设规划，将同江医院以北区域作为中国南方智谷启动区，以地缘扩展带动整体区域格局的发展，围绕科技、教育、文化、旅游四大元素进行开发和建设。以东乐路为界启动区分为两期建设，其中东乐路以南，南国东路以北为一期，占地850亩；东乐路以北，恒智路以南为二期。一期土地基本完成出让，投入建设；二期超过1000亩土地正在收地阶段。随着北京科技大学顺德研究生院、清华力合科技园的引入，碧桂园新能源汽车小镇的动工，大自然地板综合楼的封顶等，在东部管委会的统筹领导下，南方智谷建设的新格局已全面打开，正朝着规划监图全面发力。2017年，南方智谷累计引入已签约项目5个，投资总额79.12亿元。其中外资项目1个，投资额折合人民币32亿元；合资项目4个，投资额折合人民币47.12亿元。

**【北京科技大学顺德研究生院】** 北科大顺德研究生院项目是东部片区引入的重点项目，被列入佛山市七大高等教育项目之一，北科大研究生院是北京科技大学迄今为止在全国范围内第一所异地办学的研究生院。项目选址在南方智谷启动区内，投资约7亿元人民币建成约8.5万平方米的"顺德研究生院"办公教学科研大楼（含教学设备）及配套生活设施设备，标准达到拎包入住办学。研究生院以培养全日制专业学位硕、博士研究生为主，主要引入材料、机电、计算机与通信以及设计专业的研究生，项目计划每年招生350人。项目在2016年完成项目前期的意向性合作、协调区领导与北科大签署战略合作协议，2017年4月份正式签约并进入建设阶段。5月，举办北科大科研团队顺德推介会，6月举办北科大与顺德名企合作对接会，推动学校与顺德本土知名制造企业、商协会提前展开学研合作。9月，北科大校长、党委书记先后来到顺德考察项目，对项目进度表示肯定。11月，联同区教育局，研究并形成北科大研究生院合作办学补充协议，报区政府常务会议审批通过。

**【南方智谷总部园区项目】** 南方智谷总部园区规划建设5栋高级写字楼，占地约64亩，设想是通过打造顺德中小企业总部集聚区，加速顺德企业通过聚集效应来凝聚资本、科技和人才。2017年，在建项目有大自然综合办公楼和科创大厦。大自然家居有限公司将建设大自然总部大楼，占地面积为约6500平方米，投资1.67亿元，设计楼高22层，建设约4万平方米的办公大楼。项目于2013年7月动工，2015年年底完成封顶，2017年6月启动装修，预计2018年投入使用。项目方计划引入主营产业上下游企业或欧洲品牌机构进驻或电商团队孵化等。

科创大厦由广东顺业投资有限公司与广东顺德科创管理集团有限公司共同出资建成。塔楼高28层，地下2层，立项总投资2.52亿元。已于2017年1月结构封顶，预计2018年年底完工。

**【新能源汽车小镇项目（启动区）】** 项目由碧桂园产业地产公司2017年10月16日竞得，选址南方智谷片区，两块商业服务业设施用地合计占地约178亩。

项目一期定位为"创新和运营中心启动区"，将重点打造新能源汽车高端研发、创新运营、前沿示范、创新创业等业态，按照投资协议约定，将引入中国沃特玛新能源汽车产业创新联盟，打造动力电池、新材料、整车、电机控制器、动力总成等五大研究院，入驻不少于500人的研发团队；引入沃特玛联盟华南大数据运营中心、5家区域运营公司、沃特玛联盟国际业务总部、轻卡及无人驾驶研发总部、至少15家大型企业建立区域总部；打造2个新能源汽车院士工作站，并配套世界500强博士后科研工作站、科技交流中心等产业服务内容。项目一期固定资产投资总额预计约为25.52亿元，待全部产业入驻后，预计将实现年纳税总额约2.12亿元，直接和间接带动就业人数超过2万人。项目计划2018年第一季度动工，第三季度前展厅及孵化器落成并投入使用，项目整体36个月内完成全部载体建设，48个月内完成新能源汽车产业导入。

**【广东顺德力合科技园项目】**

广东顺德力合科技园项目于2013年签约引入，2014年11月完成土地出让，项目用地选址在创智成片区横二路以北、大学路以西地块占地面积118149.75平方米（约177亩），立项总投资50亿元，拟依托深圳清华研究院及清华大学的资源优势，通过项目孵化、人才引进等方式促进产业发展。按照前期顺德区与深圳清华大学研究院的合作协议，按照出让文件要求引入2个重大项目、完成10个企业加速、引入100个创新团队、引进不少于300人高端人才的产业建设目标。项目软环境建设以深圳力合科创为主牵头，按照投资建设协议有关要求，已完成深圳清华大学国际技术转移中心的引入工作，产业平台公司已经设立完成。

（顺德中心城区建设工程指挥部）

# 教育·科技

煎鱼嘴

## 教育综述

**【概况】** 2017年，顺德有幼儿园315所，在园人数96763人，入幼率100%，专任教师7021人。其中公益普惠性幼儿园占74.29%；等级幼儿园262所，等级率83.17%；广东省规范化幼儿园299所，占94.92%。小学148所，在校学生181618人，专任教师9167人，小学适龄儿童入学率100%。初中41所，在校学生74369人，专任教师5498人，初中适龄人口入学率100%，小升初升学率100%；中考升学率为98.56%（含高中、职中录取）。普通高中22所，在校学生39995人，专任教师3395人，高中阶段毛入学率112.09%，高中升学率99.23%；高考重点上线2986人，重点上线率23.44%，比2016年增加437人，增长17.1%；本科上线8969人，上线率70.39%。职业技术学校13所，在校学生24472人，专任教师1914人。特殊教育学校1所，在校学生342人，专任教师66人；建有26间资源教室服务送教上门学生164人，义务教育阶段普通学校随班就读学生176人。依托社会福利机构，教养结合，解决重度残障儿童的教育与康复，推进全纳教育（全纳教育指容纳所有学生，反对歧视排斥，促进积极参与，注重集体合作，满足不同需求，没有分类的教育）。适龄“三残”（智残、体残、肢残）儿童入学率100%。

是年，顺德围绕质量与品牌，深化教育综合改革，扩大优质教育资源覆盖面，学生覆盖率80%。全区各中小学共成立39个教育集团，其中全区13所中职学校建立4大职教集团，144所普通中小学建立35个跨学段或同一学段的松散型、紧密型教育集团。

**【教育综合改革】** 2017年，顺德区在集团化学区制、招生、评价、教研、投入体制等方面进行改革。

深化集团化学区制改革，全年按照“以资源共享为导向，通过学校联盟、名校托管、教育共同体、集团化办学等模式，建设义务教育优质资源带”的工作要求，开展集团化办学工作。通过各学段集团化办学，促进顺德教育资源的优质化，集团内教师队伍综合素质得到相应提升，成员学校教育教学质量得到不同程度提高，人民群众对优质教育资源的需求得到一定满足。顺德区普通中小学的集团化办学的主要模式有：多法人紧密型协作模式。由牵头学校，带领几所学校组建教育集团。牵头学校为集团总校，其他学校为成员校，保留原校名，加挂集团学校成员校牌。各校法人不变，人、财、物保持相对独立。牵头学校组织，在集团内各成员校之间建立管理互通，师资互派、研训联动、质量统进、文化共建、考核同步的紧密型协作关系。如大良街道的西山教育集团、本原教育集团；多法人松散型协作模式。由牵头学校牵头，集团内各学校人、财、物保持相对独立，办学经费独立支配。通过集团内学校在办学理念、学下管理、队伍建设等方面多层次的互动交流、多形式的融入互补，提升集团内各校办学水平，整体提升教育质量。如李兆基中学与顺峰中学，容山中学与容桂外国语学校、顺德实验中学与10所中小学校等；单一法人型集团校。以牵头学校为核心，牵头学校校长任集团学校法人，对集团内各校统一负责，以“一套班子、多个校区、统一管理、资源共享、捆绑考核”的运行模式，实现认识管理统一、经费管理统一、制度建设统一、质量评价统一、评估考核统一。如顺德一中与一中外国语学校。

职业教育先行先试，四大集团统筹发展。顺德区政府创造性地实施职业教育集团化办学改革，将“一镇一校”的办学格局进行重构，组建定位清晰、错位发展的四大职教集团，全年完成两项重要设计工程，一是完成集团治理机制的设计，集团的领导机构、议事规则、运作机制等都完成设计、组建并运行；二是完成集团专业布局的设计，对各集团未来五年的专业布局和结构调整提出指导意见。未来5年，通过职业教育集团化改革的深入推进，顺德将形成“专业布局科学高效，各集团间定位清晰，集团内错位发展，资源统筹高效、专业结构合理、办学成效显著、品牌特色突出、社会高度赞赏”的顺德职教专业体系。

深化招生制度改革，配套出台《2017年顺德区公办初中学校体育和艺术特长生招生工作意见》和《顺德区公办初中学校体育艺术特长生培养方案》，促进学校构建优质、多元的育人模式，构建起完整的特长生培养链条。加大调控生源合理分流力度，普通高中统筹招生实际比例达92.1%。

构建以“学校发展、教师发展、学生发展，特色项目”为主全新的中小学校绩效评估体系，运用实地察看、师生座谈、查阅资料等多元评价手段对全区227所中小学进行绩效评估，帮助学校诊断问题、改进问题。评估结果采取等级制，全年全区有74所学校评估为A等级。

推进教研体系改革，印发《关于全面推进区域教研改革发展工作的指导意见》《佛山市顺德区教研员管理办法》，构建起“全区教研、全面教研、全员教研”的大教研体系，明确区、镇（街道）、校三级在教研工作中的职责和任务。依托“大教研”三级联动机制，发挥区教育发展中心的核心作用，鼓励各中小学推进分层教学、导师制、走班制等课堂教学改革。一大批学校通过深化课堂教学改革激发质量提升的增长点。

深化多方投入办学机制，增加优质教育供给。利用区教育基金会平台支持一批非营利创新体制学校的筹建工作，包括区京师励耘实验学校、容桂实验学校、杏坛实验中学以及大良顺峰幼儿园等，既发展和壮大区教育基金会扶持民生教育的社会功能，也为一批新建民办学校坚持普惠办学、优质办学保驾护航。调动社会贤达关心支持顺德教育的积极性，全年旅港乡贤胡宝星博士、香港罗定邦基金会、广东东泰集团以及区体育彩票公益金捐赠近5300万元支持顺德区公办学校校舍建设、运动场以及功能场室改造等工作，提升学校办学水平。激活多方办学潜力，按照“产权归属不变、项目一事一议”的原则，在全省率先试点建设混合体制实训中心，容桂试点建设成集“工匠培养、技能考核、师生实践、技术创新、生产服务”五位一体的“顺德智科3D打印公共实训中心”。该实训中心在民政部门登记注册，采取理事会议事方式灵活运营，为顺德广大中职学校提供系统的教育培训课程与良好的实训环境。

（梁颖怡　邵永岳）

**【教育投入与基建】** 2017年，顺德区教育经费总收入81.11亿元，其中国家财政性教育经费53.29亿元，公共财政教育经费44.95亿元，公共财政教育事业费38.76亿元。公共财政教育支出占公共财政预算支出比例为20.01%。全年启动中小学校（幼儿园）建设工程项目31个，其中动工在建项目7个、竣工项目21个，合计占比90.3%。完工项目可增加幼儿园学位5500个、义务教育阶段学位5550个、普通高中学位300个。全年推进区属学校教学楼、宿舍楼空调配置工作，顺德区财政累计投入近5000万元，完善31所区属学校的空调配置，为近1500间教室、1900间宿舍空调新增空调，实现区属学校教室、学生宿舍空调全覆盖。

（黄　燕　王家伦）

**【教育审批】** 2017年，顺德区教育审批业务量450件。其中：民办中小学变更6件；民办托幼园所筹设27件，正式设立22件，变更26件；民办文化教育类非学历培训机构筹设16件，正式设立15件，变更5件，终止办学2件；高级中学教师资格认定72件，中职学校教师资格认定23件，中等职业学校实习指导教师资格认定1件，初级中学教师资格认定66件，小学教师资格认定141件，幼儿园教师资格认定23件；学校校车资格审批（出具业务主管部门意见）5件。

（江洁珍）

**【扶贫助学】** 2017年，顺德区资助低保家庭子女1805人次（不含中职），资助金额2142865元，其中免收书杂费、学杂费757615元，发放生活费补助金1385250元。资助学前教育阶段低保家庭幼儿139人次，金额208500元；资助义务教育阶段低保家庭学生1096人次，金额为675750元；资助普通高中生458人次，生活费补助金额229000元，免学费282815元；提供大学一年级新生助学金272000元；资助残疾儿童59人次，金额474800元。中等职业学校免学费及助学金26363人次，金额9153万元。是年顺德区正式开展生源地信用助学贷款工作，全年受理33宗贷款申请，受理贷款金额251725元。

（李蕴菁）

**【校园安全】** 2017年，顺德区教育局坚持“安全第一、预防为主、综合治理”的原则，以创建“平安校园”为工作目标，结合全区学校安全管理工作实际，加强宣传教育，健全组织机构，落实制度措施，推进学校安全管理和应急维稳工作。联合公安、消防、食药、卫计、安监等部门开展全区校园安全隐患排查和校园反恐工作检查；联合印发《顺德区公安局顺德区教育局关于印发顺德区警家校志愿者护学岗实施方案的通知》，在全区各中小学校、幼儿园成立警家校护学岗志愿者服务队，统一标识、统一培训、统一管理，确保学校门口及周边上放学安全。完善学校、托幼机构集体食堂食品安全档案建档工作，开展学校食堂食品安全“社会共治”管理试点。落实防控，做好预防学生溺水工作。制定暑假河涌巡查计划，在各溺水黑点开展巡查活动；开展游泳培训，普及游泳技能，提高学生防溺水能力，开展学生普及游泳技能抽查活动。开展校园及周边综合治理，消除校园安全隐患。对全区托幼机构消防安全情况进行专项检查，并对全区中小学校的消防验收情况进行全面排查，形成排查报告报送顺德区政府。全年举办顺德区学校及托幼机构卫生管理知识培训班、学校初级游泳救生员培训班、专用校车驾驶员培训班、“交通文明小天使”评选活动、中小学生生命安全书画评比活动、校园安全管理人员培训班等多项安全教育专题活动。

（吴 俊）

**【教育科研培训】** 2017年，顺德区完善教育科研机制，加强科研队伍培训。以问题为导向，坚持“教研训”一体化思想，聚焦教育改革发展难题有效破解，聚焦教育科研成果提质升级，以课题的规范管理和重大课题的深入研究为着力点，推进各项工作。开展全区中小学教师教育科研能力提升项目，举办首届区中小学教师教育科研素养比赛活动和区中小学课堂教学改革成果现场推介活动；组织开展以教育科研骨干为主的专项培训，通过理论讲座、专题研讨、交流学习、案例诊断、经验分享等方式，加快提升队伍的专业化水平，在培养一支有能力承接市级、省级和国家级课题的专业科研人员队伍的同时，着力培养以解决自身教育教学问题为目标的大众化科研力量，打造层级化的教育科研队伍。全年顺德教育规划课题立项199项，小课题524项；“粤教云”应用专项省级课题顺利结题10项；获顺德教育科研成果奖33个，其中一等奖10个、二等奖11个、三等奖12个；获广东省教育教学成果奖10个，其中一等奖5个、二等奖5个，创历史最佳成绩。

（张英华）

**【教育师资队伍建设】** 2017年，顺德加强教师队伍建设，创新培养举措，制订《顺德区优秀教育人才跟岗学习培养实施方案》，启动浸入式跟岗学习培养工作，先后派出42人赴深圳名校跟岗学习；制订《顺德区中小学“名师工程”建设实施方案》，以名师认定为重要保障和激励机制，在未来三年培养造就一批在省内外享有较高声誉的名教师、名班主任、名校长（园长）；制订《顺德区中小学名班主任工作室管理办法（试行）》，成立顺德区名师工作室建设项目管理办公室，规范管理，服务名师成长，首批6个顺德区中小学名班主任工作室挂牌；制订《顺德区高层次教育人才确认办法》《顺德区教育事业单位引进高层次教育人才实施方案》，全年确认3006名存量高层次教育人才，引进102名高层次教育人才，为区域核心竞争力的提升夯实教育人才基础。加强师德建设，印发《2017年顺德区师德建设活动方案》，联合区总工会开展顺德区师德标兵和先进个人评选工作，10人被评为“顺德区师德标兵”，60人被评为“顺德区师德先进个人”。规范岗位管理，联合区委组织部印发《顺德区教育事业单位岗位设置管理实施办法（试行）》，推进竞聘上岗机制，激活教师队伍建设。是年，教师队伍建设成效进一步凸显，1人入选广东省“特支计划”教学名师，占全省10%；5人晋升为正高级教师职称，占佛山市45%；18人获“首届广东省中小学青年教师教学能力大赛总决赛”一等奖，1人获“广东省五一劳动奖章”；100人评为顺德区第七批骨干教师。（陈 翠）

**【教育信息化】** 2017年，顺德区启动“顺德教育信息化提速升级”“平安智慧校园”及“智慧课堂应用”三大工程的立项工作，构建信息技术与学科教学深度融合的应用环境。6月初，来自《人民日报》、新华社和《光明日报》等20多家中央媒体“迎接十九大，教育看变化”联合采访团，走进顺德采访启智学校、顺峰中学等学校在“以教育信息化促进教育现代化”方面取得的成效。10月14—15日，首届顺德教育创客节暨WER2017华南公开赛在中欧中心举行，佛山市副市长俞进、顺德区委副书记王勇等领导，与中央电教馆、省教育技术中心和部分高校的教授专家作为嘉宾出席活动，以及来自福建、广西、湖南和粤港澳大湾区的中小学师生1000多人共同参与活动。教育督导与质量监测平台、办学绩效评估信息化系统、投资439.8万元的粤教云数据分中心等相继投入使用。大疆机器人教育项目在顺德一中成功实践，助推卓越高中的优才培养。首批8所高中加上区教育发展中心的联合教研智能录播平台成功立项，经费投入达500万元。

全年信息化在教育教学中的融合应用成效显著，全区中小学教师参加教育部组织的“一师一优课、一课一名师”晒课活动，获评省级优课73节、部级优课31节；广东省计算机教育软件评审获一等奖22个、二等奖51个、三等奖65个；第十八届全国中小学电脑制作活动，顺德9支机器人代表队有8支取得全国一等奖第一名（冠军），1支队伍获得二等奖。广东省电脑制作评选类活动共有381个作品获奖，其中顺德有99个作品获奖，获一等奖24个、二等奖35个、三等奖40个。获奖的数量和质量均为全省第一。（章传东）

**【教育国际化】** 2017年，广东省教育厅公布顺德区与港澳学校结成“姊妹学校”的有18所，并给予每年两万元的经费支持（2017—2018年），港澳师生有近1500人次深入顺德学校课堂、学生家庭，与顺德学子一同参加社会实践等。顺德区第一中学外国语学校等多所学校开展国际交流与合作，与国外多所知名大学建立友好关系。6月9日，澳门濠江中学举办“濠江中学八十五周年校庆教育研讨会”，一中外国语学校应邀派员参加。顺港“姊妹学校”之间建立互访机制，定期访问，青年教师之间交往密切，顺德一中与香港梁銶琚中学、顺德李兆基中学与香港李兆基中学、顺德均安中学与香港谭伯羽中学、顺德翁佑中学与香港翁佑中学、鸡洲锡全小学与香港李金小学等姊妹学校的优秀青年交流。

顺德区职业教育集团引进国际教育资源和职业教育新理念、新机制等，创新职业教育发展新模式。其中，第二职业教育集团联合韩国庆北专门大学、日本自动车短期大学、新加坡博伟国际教育学院、德国欧中经济技术中心及佛山市的14所中高职学校，组建“佛山市职业教育国际合作联盟”，并举办韩国、中国9校的学生专业展示和联谊活动，为中职学生的“3+4”中本贯通学习开拓新途径。第三职业教育集团属校郑敬诒职业技术学校成为津巴布韦留学生基地。第四职业教育集团在原有国际化办学的基础上，与捷克南摩拉维亚州布尔诺中级职业技术学院开展师生国际交流和合作。与韩国庆北专门大学合作开展“3+2”和“3+4”的中高本衔接项目，从2018年开始将与韩国实现3个本科、5

个大专的连接教育并实施招生。（李国栋　胡辉贤）

【顺德区获评为全国中小学校责任督学挂牌督导创新区】 2017年12月7日，教育部“全国中小学校责任督学挂牌督导创新区”督导验收组到顺德开展为期一天的实地核查工作。督导验收组召开现场汇报会，并对西山小学、大良街道责任督学办公室、翁祐中学及伦教街道责任督学办公室、乐从中学进行实地核查验收，通过巡查校园、查看责任督学办公室、查阅资料、推门听课、听取督学介绍、随机访谈等方式，了解考查顺德区中小学校责任督学挂牌督导创新区各项工作的开展情况。现场评估专家组对顺德将教育督导作为促进教育综合改革的“助推器”表示肯定，认为工作扎实有亮点，责任督学挂牌督导工作机制健全，注重督学队伍培养，督导结果运用有实效。2018年2月5日，国务院教育督导委员会办公室公布第二批全国中小学校责任督学挂牌督导创新县（市、区）名单，顺德区榜上有名，被评为“全国中小学校责任督学挂牌督导创新区”。（陈水绎）

## 基础教育

【概况】 顺德是全国推进义务教育优质均衡发展先进地区、广东省首批全国义务教育发展基本均衡区，小学校际间均衡差异系数佛山五区最低，均衡程度五区最高；2017年，顺德区省规范化学校达标率100%；国家级示范性高中7所；2017年9月开始开办西藏初中班。

【学前教育】 2017年，顺德区把学前教育工作作为区政府十项民生实事加以落实。全区新建幼儿园9所，新增学位约4600个。制定《顺德区普惠性幼儿园管理办法》，对普惠性幼儿园的认定、扶持、管理和退出进行规定。全年开展第六批普惠性幼儿园认定工作，全区公益性、普惠性幼儿园共234所。根据广东省教育厅发展学前教育第三期三年行动计划关于“大力发展优质公益普惠性学前教育”的总体目标，利用区教育基金会平台，与大良街道公有企业联合举办顺峰幼儿园，幼儿园由大良街道统筹独立经营，抽调公办幼儿园骨干园长任园长并由其组建团队，探索高质量的普惠性幼儿园新型管理模式。

完善幼儿园教师培训体系 将学前教育师资队伍建设列入“强师工程”建设目标，开展骨干教师培养，完成顺德区幼儿园骨干教师（104名）培训项目，启动幼儿园教师学历提升项目，采用政府补贴的方式，2017年投入60万元，鼓励在职且只有中专或高（职）中学历的保教人员参与学历培训（2017年3月开班，有116名学员，预计2018年底毕业）。开展幼儿园教师岗位培训，顺德区财政投入约35万元，对未领取教师资格证的在职幼儿园园长和教师进行全员免费培训，全年培训3500多人，全区幼师持证上岗率将达100%。

树立标杆，打造顺德学前教育品牌 在全区公益普惠性幼儿园中组建12个幼儿园发展共同体，由管理规范、设施达标、师资力量较强的幼儿园作为先导园，联合2～3所公益性或普惠性幼儿园为共同体成员单位，建立健全共同体资金扶持、项目共建、成果共享机制，多形式开展园际交流合作。举办《3～6岁儿童学习与发展指南》实验区项目结项暨培训活动，发挥优质示范园的引领作用，提升幼儿园的办园内涵与质量。开展国家社会科学基金“十二五”规划课题《构建广东省幼儿体育活动实践体系的研究》子课题《3～6岁幼儿灵敏与协调能力的培养研究》研究工作。开展学前教育融合教育研究，把学前教育纳入全纳教育体系，建设2个幼儿园特殊教育资源教室。（任　薇）

【义务教育】 2017年，顺德区完善义务教育阶段招生制度，加强生源外流防控。将生源外流情况纳入学校绩效评价和各镇街的党政考核范畴；出台《顺德区高层次人才子女实施办法》；落实户籍生就近入学，政策性借读生统筹安排，普通借读生积分入学的招生政策，通过挖掘现有的校舍资源，适当扩大班额，完成全年义务教育阶段招生工作。

*加大义务教育阶段质量监测，促进义务教育优质发展* 加强对4～8年级教学质量监测力度，全面考核顺德义务教育阶段学生的学业水平，实现教育质量管理手段由“统考”到“监测”的蜕变，将学校的核心工作聚焦到教育教学质量上来。打造初中高品质学校。重点打造区京师励耘实验学校、一中外国语学校、容桂外国语学校等作为区内高品质初中学校，发挥示范引领作用，并对全区初中学校办学情况进行摸底调查，形成《初中教育发展分析报告》上报区政府，为下一阶段优化初中教育顶层制度设计夯实基础。改革提升义务教育学校办学水平。容桂实验学校接受顺德一中全面托管；西山小学向西南片区输出品牌和管理团队，在高新区举办西山小学高新区学校；大良凤城实验中学与大门小学探索实施九年一贯制办学，并更名为凤城实验学校。

（黄 焕）

**【普通高中教育】** 2017年，顺德区实现全区普高特色项目全覆盖，高中质量稳步提升。加强统筹高中发展的力度，推进高中学校优质多样发展，打造优质高中学校集群。鼓励高中学校寻求优质教育资源合作办学。顺德一中、李兆基中学、郑裕彤中学、容山中学、乐从中学、伦教中学等一批优质高中学校分别与中山大学、南方医科大学、华南师范大学、广州大学以及华师附中、广雅中学、常州一中、株洲二中等省内外优质教育资源合作办学，拓宽眼界、取长补短。

推动多样化特色发展拓宽高校自主招生渠道。印发《顺德区教育局关于做好普通高中第一批特色项目中期督导和第二批特色项目申报工作的通知》《顺德区教育局关于报送2017年民办普通高中特色项目的通知》。做好第一批9个普通高中特色化项目的督导工作，在此基础上遴选第二批特色项目并覆盖全区公办普通高中，鼓励更多学校根据实际寻求特色发展路径。全年部分高中学校通过推动特色化项目拓展天文奥赛、国家技术创新专利等高校自主招生渠道，满足学生多元发展、多元成才的需求。

（黄 焕）

**【特殊教育】** 2017年，顺德区加大力度推进融合教育，落实国家的提升计划，效果显著。结合启智学校优质图形操作课程并开发送教上门电子课程，为全区26所资源教室学校每校配置3台植入电子课程的平板电脑；整理编辑成册并印刷出版《送教故事集——一个也不能少》；组织区内相关学校缔结特殊教育教师专业成长共同体，通过启智学校教师与资源教室学校的教师进行结对工作，形成特殊教育教师专业成长共同体；完成国家特殊教育改革实验区的中期汇报工作；提升专业水平，就特殊教育相关知识在区内进行包括情绪分化、融合教育等8次培训，并组织68位普校老师前往南京进行为期5天的专项培训；出台资源教室管理方案，监管资源教室的同时提高资源教室使用效率。

（吴 俊）

**【民族教育】** 2017年9月，顺德勒流江义初级中学开设西藏初中班（以下简称江义中学西藏班），初一新生招收42名学生，学校在西藏自治区教育厅安排1名藏文教师和1名藏族生活教师的基础上，经顺德区编办审批增加6个编制，学校按照1∶8的班师比选配专职老师和专职生活教师。成立“顺德区西藏班领导协调小组”，由教育、财政、民政、人力资源社会保障、公安、卫生、运输、统战、经济等部门组成，区主管领导任组长，负责江义中学西藏班办学过程中资金、编制、卫医疗、安全、交通等的服务和协调工作。街道办事处相应成立“勒流街道西藏班领导协调小组”。学校成立西藏班工作领导小组，校长任组长，设立学校西藏部，配专职行政负责人，明晰工作职责，定期召开工作会议，落实相关工作。全年顺德区政府安排江义中学西藏班功能室改造及设施设备购置经费200万元，设立应急维稳专项经费50万元，由江义中学专项核算、专款专用。顺德区财政设立西藏班生均公用经费区级补助，按照1.7万元/生·年的标准核拨，全年拨付23.8万元；落实民族班特殊岗位津贴制度，按上年度顺德区在编教职职工人均工资25%的标准设置江义中学西藏班教师教特殊岗位津贴，并建立与全区初中教师平均工资总额同步调整机制。（黄 焕）

【民办教育】 2017年，顺德区出台《2017年顺德区义务教育阶段民办学校招生工作意见》，规范民办学校招生工作，坚持免试入学，严禁以考试或变相考试方式择优选拔新生。举办第一期民办幼儿园骨干教师管理能力提升研修班，促进提升民办幼儿园教育者自身素养及管理能力。构建交流分享平台，举办顺德区民办学校第十届“碧桂园杯”普通话语言艺术比赛和第四届民办学校中小学生英语口语大赛，展现民办教育优质办学成果。组织参评“第二届广东当代民办教育优秀办学人评选活动”，其中获“广东当代民办教育举办人突出贡献奖”2人，获“广东当代民办教育校长突出贡献奖”6人。（黄 焕）

【顺德区第一中学】 位于顺德区大良街道南国东路，创建于1911年。2017年在校学生2807人，在编教师255人，其中研究生学历76人，高级职称教师78人。高考重本率84.42%，创历史新高。该校作为顺德基础教育的龙头，推进品牌学校集团化办学的措施，引领顺德教育走向“树教育标杆，创品牌学校”的改革之路。获评广东省首批国家级示范性普通高中、全国教育系统先进集体、佛山市文明单位、佛山市普通高中教学质量先进学校、顺德区先进学校、顺德区大疆教育机器人项目试验学校；学校获IEEA国际英语精英赛（中国区）选拔赛广东省决赛“优秀组织奖”、广东省中学生地理奥林匹克竞赛优秀组织奖、顺德区首次办学绩效评估第一名、顺德区中小学生文艺会演高中组声乐类学习节目金奖。（邹高大）

◎图44　2017年9月6日，顺德李兆基中学与大良顺峰初级中学集团化办学正式签约

【顺德区李兆基中学】 位于顺德区大良街道东乐路，广东省著名侨校，广东省首批国家级示范性普通高中，广东省教学水平评估优秀学校。2017年在校学生1700多人，在编教师152人，其中研究生学历28人，高级职称教师52人。高考重点本科上线率67.2%，本科上线率99.13%。学校获评广东省国防教育特色学校、佛山市普通高中教学质量综合评价优秀奖、顺德区先进学校、顺德区普通高中多样化特色化建设试点学校。学校机器人队在世界教育机器人大赛（WER）、中国青少年机器人WER工程创新赛、广东省青少年机器人WER工程挑战赛等竞赛上获得冠军4项和季军1项。（傅 斌）

【顺德区郑裕彤中学】 位于顺德区大良街道顺峰山麓金沙大道旁，创办于1995年。2017年有32个教学班，在校学生1575人，在编教师137人，专任教师中有高级教师54人，硕士研究生学历25人，全国优秀教师和南粤优秀教师3人，区级以上学科带头人和骨干教师54人。高考重点本科上线238人，重点本科上

线率52.08%，重点率比上年增长12%。通过广东省依法治校示范性学校复评，获评广东省研究院基础教育研究实验基地、顺德区普通高中特色化多样化试点学校、顺德区卫生工作A级学校、顺德区创建“平安校园”示范学校、顺德区中小学办学绩效评估A等级、顺德区先进学校。

（梁凯甲）

**【顺德区华侨中学】** 位于顺德区大良街道德民路，始创于1957年，是顺德教育最早的两所完全中学之一，2017年12月17日，举办建校六十周年庆典活动，超过6000名校友回校团聚。2017年在校学生1606人，34个教学班，专任教师140人，教师陈维坚被评为正高级教师；教师张超、周海欧被评为顺德区第七批骨干教师。高考重点本科上线176人，重本上线率38.2％，与上年比，重本上线人数净增43人，增长率32.3％。获评广东省依法治校示范校、暨南大学优质生源基地、佛山市文明校园、佛山市普通高中教学质量综合评价优秀奖、顺德区特色化多样化办学示范学校、顺德区“五四红旗团委”。港澳台生班继续招生，促进教育内涵式发展。先后与加拿大卑斯省的游学团、美国华盛顿州奥林匹克学院副院长Heather博士以及香港顺德联谊总会胡兆炽中学和翁祐中学等进行交流。

（袁永恩）

**【顺德区启智学校】** 位于顺德区大良街道甲子路146号，教育对象为处于义务教育阶段的听障儿童、能适应集体生活的中重度智障儿童。2017年设教学班29个，在校学生342名，其中智障学生327人，听障学生15人，在编教师66人。获评顺德区先进学校、顺德区依法治校示范校；获顺德区特色课程建设优秀成果一等奖，广东省中小学特色课程教材一、二等奖。作为“广东省特殊教育教师培训实践基地”、华南师范大学“教师发展‘学训研’基地”和广东第二师范学院“协同育人联盟”基地，全年承担多批省市区级骨干教师培训班的实践学习任务。接待来校培训及跟岗学习3天以上的285人次，覆盖省内外兄弟学校30多所。教师申报课题获国家级立项2个、省级立项3个、市级立项1个、区级立项1个。

（蔡　青）

## 职业教育

**【概况】** 2017年，顺德区实施职业教育集团化办学。结合全区产业布局，将全区13所中职学校按照其办学特色及区域位置，组建四大职教集团。全年招生8064人，毕业8891人，就业人数4864人，升入高等教育人数4027人，高考上线率94.36%，对口就业率80%。全区各中职学校与70个行业协会、商会建立合作关系。校外实践实训基地397个，实施现代学徒制人才培养模式专业点21个，接受顶岗实习学生企业514家。

**【职业教育体制改革】** 2017年，顺德区政府根据城市片区规划、产业布局特点以及社会发展需求，重新审视职业教育的功能定位和发展方向，以《顺德区高中阶段教育发展规划实施方案（2017—2021）》为基础，实施职业教育集团化办学改革，将“一镇一校”的办学格局进行重新规划，组建四大职教集团。出台《顺德区推进职业教育集团化办学工作方案（2017年度）》《佛山市顺德区人民政府办公室关于印发〈顺德区推进职业教育专业布局和结构调整工作的指导意见〉的通知》等有关集团化办学的文件，集团内部治理机制和集团专业布局设计均完成。

（杨少琴）

**【职教集团】** 顺德区第一职业教育集团属校包括陈村职业技术学校、陈登职业技术学校、北滘职业技术学校。以建设智慧家电示范区、区域工业创新中心、商贸会展聚集区的规划为目标，重点与碧桂园职院、美的集团等合作打造以会展和智能家居为主体的集团化办学特色。集团整合各校优质职教资源，打造生产性“六大创客工作室”，创意3D打印工场、潮流产品工业设计室、电商工作室、课件创创工作室、无人机飞手社团和智能机器人 DIY 工场。

顺德区第二职业教育集团属校包括顺德区中等专业学校、李伟强职业技术学校、均安职业技术学校。瞄准以战略性新兴产业、智造创新服务业等生产性服务业为主的产业特点，重点与顺德区轨道办、碧桂园酒店集团等合作，打造以现代服务业为主体的集团化办学特色。集团按照“适应产业转型升级、骨干专业品牌发展、特色专业个性发展”的原则将原有的 23 个专业整合成 6 大专业群和 18 个专业。集团属校顺德区中等专业学校建立佛山市中恺汽车公共实训中心，在探索实践混合体制办学中创出新路。

顺德区第三职业教育集团属校包括郑敬诒职业技术学校、勒流职业技术学校、龙江职业技术学校。围绕家具全产业链升级和区域珠宝首饰特色基础的产业布局，重点与华东师大设计学院、联塑集团、周大福集团等合作，打造以现代精细加工和家居工业设计为主体的集团化办学特色。聘请国内知名职教专家、特级教师和省内外名师等对集团专业（学科）带头人培养对象开展个性化的专项培训。政校行企共建的勒流智能制造技术应用工程中心实现企业化运营。

顺德区第四职业教育集团属校包括梁銶琚职业技术学校、胡锦超职业技术学校、容桂职业技术学校、胡宝星职业技术学校。围绕促进高端智能装备产业聚集、推动产业绿色高端化发展，重点与暨南大学口腔学院、大疆无人机等合作，打造以智能制造和信息技术为主体，现代服务为补充的集团化办学特色。集团拥有国重专业 1 个，省重专业 7 个，国家名师 4 个，省级名师 10 个。依托行业企业，坚持走校企合作、产教融合的办学道路。

（杨少琴）

【职业培训】 2017 年，顺德区教育局坚持以“服务生产、服务社会、服务发展”为职业教育的办学理念，坚持为农村劳动力转移服务，为失业人员再就业服务，为社会人员终身学习服务，发挥师资、设备优势，实行校企结合、校校结合、学校与社区结合，形成多形式、多层次、开放性的办学体系，为社会人员学历晋升、技能提升、文化传承及社区服务做出应有的贡献。全区有 15 个职业技能鉴定所，全年开展成人学历培训与文化培训服务的人数 3660 人，开展专业培训人数 46563 人，开展技能鉴定服务人数 10204 人。（胡辉贤）

【技能竞赛】 2017 年，顺德区职业学校选手在广东省中等职业学校技能大赛中，学生选手获得一等奖 62 个、二等奖 76 个、三等奖 28 个，教师选手获得一等奖 9 个、二等奖 8 个、三等奖 8 个的好成绩，顺德区获得“优秀组织奖”，陈村职业技术学校等 8 所中职学校获得“特殊贡献奖”。在广东省职业院校教师信息化教学大赛中，教师选手获得一等奖 11 个、二等奖 18 个、三等奖 12 个，顺德区、陈村职业技术学校、胡锦超职业技术学校获得“最佳组织奖”。在首届广东省中职学校青年教师教学能力大赛决赛中，教师选手获得一等奖 6 个（其中 2 人第 1 名，占全省 1/5），二等奖 4 个的好成绩，教师郭建英和徐慧在全省总决赛中分别获得第 1 名和第 3 名，郭建英获得广东省五一劳动奖章。

（胡辉贤）

【校企合作】 2017 年，顺德区教育局打破以往单一办学的体制，带领各职业学校立足自身实际，与企业建立灵活多样的合作办学模式，通过“现代学徒制”“专家工作室”“混合体制公共实训中心”“人才培养质量第三方评价”等新模式，调动企业参与办学的积极性，激发各方资源，促进顺德职业教育发展。其中，第一集团属校陈村职业技术学校分别与广东科达洁能股份有限公司、广东利迅达机器人系统股份有限公司、广东新宝电器股份有限公司、佛山市顺德区飞鲨精密工具有限公司、佛山合源电子商务科技有限公司、广东源本科技有限公司开展合作，共建校内创业孵化基地、公共实训基地等，双轨共育现代新学徒。第二集团引入德国巴斯夫、日本丰田、上海通用、碧桂园、顺德卡佰利新材料有限公司、佛山市集元电子科技有限公司、佛山市恺智教育科技有限公司、阿里巴巴顺德总部、美易达集团和贝奥烘焙等企业129家。校企共建德国巴斯夫汽车培训中心、涂料配方技术研究中心、LED照明孵化基地、创新创业孵化中心等机构，为企业直接开展技术研发和培训服务。第四集团推进产教融合，让教学链契合产业链。联合顺德西南工业园区、顺德高新区机械装备产业园内3家骨干企业，实施中职、高职、企业系统化人才培养工作，提升人才培养层次。

（胡辉贤）

## 高等教育

**【概况】** 2017年，顺德区深化校地合作，推进高等教育发展，拓宽研究生人才培养和引进渠道，促进高校科技与人才资源流入顺德，支撑本土产业发展与转型。

**【研究生教育】** 2017年，顺德区通过研究生联合培养、全日制合作办学、博士生社会实践、在职研究生学位教育等模式，全年引进和培养研究生人才717人。其中，广东顺德中山大学卡内基梅隆大学国际联合研究院全年培养研究生208名；广东顺德工业设计研究院（广东顺德创新设计研究院）联合培养研究生410人。区研究生教育发展中心（简称“中心”）作为顺德区博士生社会实践基地管理单位，引进42名清华、浙大博士研究生进驻顺德区11个企事业单位开展科研实践；中心新开设在职学位教育班2个，新增报读人数57人，新增高校录取人数11人；为顺德党政机关及企事业单位提供定制化专题培训36场，服务2900人次；策划“2017年名校博士生交流活动”，组织超过40名清华、浙大博士生走进4所顺德中小学及顺德图书馆，累计服务超过3000人次。年内与郑州大学、桂林理工大学签订研究生联合招生协议，与顺德开展联合招生的高校扩增至14所，联合招生名额扩增至244名。全年与顺德区签订研究生联合培养实践基地协议的高校数新增7所。

（胡开远）

**【广东顺德中山大学—卡内基梅隆大学国际联合研究院】** 广东顺德中山大学—卡内基梅隆大学国际联合研究院（以下简称JRI）建有大小讲学厅、多媒体课室及远程教育课室等教学设施用于研究生培养。JRI实验设备先进完善，建有纳米电子加工平台、电磁兼容＆微波暗室、通信技术实验室及云计算实验室等多个公共试验平台和专用实验室。截至2017年年底，JRI建成省部校级科研平台10个。2017年，JRI在院博士/硕士研究生总人数243人，其中博士研究生12人，另有本科实习生44人。全年招收专业型硕士研究生48人。6月，2015级JRI硕士生77人毕业，全部获得硕士学位。JRI有45名科研人员，包括专职科研人员22人、JRI与中山大学双聘科研人员8人、其他兼职科研人员15人。拥有博士学位29人，占比64%，高级职称20人，占比44%。是年，JRI取得研究成果199件。包括JRI为署名单位的技术与专利研究成果150件；总计国家发明专利授权49件，其中实用新型专利授权36件；发表及录用学术论文49篇，其中SCI论文16篇。

（伍时昌）

**【顺德职业技术学院】** 成立于1999年3月，是经教育部批准成立、广东省人民政府领导管理、省市共建、顺德政府投资兴建的地方高职院校。是国家骨干高等职业院校。2017年设有10个二级学院，招生专业49个，全日制在校学生15703人。设有继续教育学院和创业培训学院，成人学历教育在读学员2915人，每年非学历培训1.1万多人次。有教职工924人，其中专任教师730人，副高职称以上263人。有国家级教学团队1个，国家级教学名师2人，广东省高等学校教学名师5人，广东省“特支计划”教学名师4人。

*教育部职业教育专业教学资源库获立项* 在2017年教育

部职业教育专业教学资源库建设中，学校家具艺术设计专业教学资源库建设项目获得立项，制冷专业教学资源库建设项目获得验收通过。

政校企合作有新突破　入选教育部与华航唯实、ABB、新时达工业机器人领域职业教育合作院校，与香格里拉酒店集团共建“管理集团培训基地”，与广东格兰仕集团有限公司举行校企合作签约暨授牌仪式。由学校设计学院主持、受中山隆源光电有限公司委托的校企合作项目作品——LED豆灯获得素有“设计界奥斯卡”之称的德国红点奖。

创新创业教育工作取得新成绩　学校获得中华全国青年联合会及国际劳工组织联合授予的“大学生KAB创业教育基地”称号，35名教师获得“KAB创业教育讲师”资格。

教育质量保障体系得到健全　经学校申报、专家评审等环节，学校被广东省教育厅确定为高职院校内部质量保证体系诊断与改进省级试点单位（全省7所高职院校）。

人才培养质量不断提高，办学声誉持续提升　在2017年的普通高考招生录取中，学校第三批专科顺德区外生源最低分数线100%超过本科线，与佛山科学技术学院协同培养四年制应用型本科的3个试点专业均一次性满档，计划完成率100%。在2017年全国职业院校技能大赛广东省选拔赛中，学校获得一等奖27项、二等奖29项、三等奖23项；在全国职业院校技能大赛中，获得一等奖1项、二等奖4项、三等奖3项。在各类文艺竞赛中，获国家级一等奖（金奖）12项、二等奖（银奖）3项、三等奖（铜奖）1项，省级赛事一等奖1项、三等奖16项。在全国高职院校乒乓球锦标赛中，学校乒乓球队获得女子团体第一名，男子团体第二名的历史最好成绩。学校加强毕业生就业指导，2017年毕业生就业率96.64%。

科研能力不断增强　在人文社科类项目方面，学校获得教育部人文社会科学研究一般项目2个、教育部人文社会科学研究专项任务项目（高校思想政治工作）1个、全国教育科学“十三五”规划2017年度课题1项、广东省哲学社会科学规划一般项目2个、广东省哲学社会科学“十三五”规划2017年度项目“外语信息化专项”1个、广东省哲学社会科学规划学科共建项目6个、广东省教育科学“十三五”规划德育研究专项1个、全国学校共青团研究课题2项、广东省高校思想政治教育课题5项。在自然科学类项目方面，获得2017年度国家自然科学基金面上项目1个；2017年广东省自然科学基金项目3个，并分别获得10万元的经费资助。与华南理工大学联合申报的“节能型多能源互补集成相变储能热泵系统的研制”获得广东省科技计划项目立项，到账经费40万元。年内获广东省机械工业科学技术三等奖1项，新增发明专利授权15项、实用新型专利授权29项，外观设计专利授权6项，4件专利技术得到企业的认可并成功转让，转让到账经费15万元。学校申报的5个“广东省工程技术研究中心”获得广东省科技厅认定。

服务地方社会能力得到提升　申报全国餐饮职业教育教学指导委员会举办的全国餐饮示范评比项目，获“中国餐饮30年桃李芬芳卓越奖”。国家数字化学习资源中心顺德职业技术学院分中心连续三年获“国家数字化学习资源中心优秀分中心”称号。

骨干教师培养卓有成效　教师覃岭入选广东省特支计划教学名师，徐言生获评第八届广东省高校教学名师，曾朝晖、周彝馨、陈咏淑获顺德区专家工作室项目立项，姚美康获“顺德区师德标兵”与“中国轻工联合会教学名师”称号。

国际合作侨务工作开创新局面　牵头发起并成立广东“一带一路”粤菜烹饪职业教育联盟，作为联盟主席单位举办首届粤菜烹饪职业教育论坛活动。与德国亚琛工业大学签约联手共建“广东—亚琛工业4.0应用研究中心”。与英国WestminsterKingsway学院联合申报英国政府“繁荣基金项目”。设立“海外惠侨工程——中餐繁荣基地”，成为学校利用建设国家级餐饮基地推进国际化进程，提升国际影响的又一重要平台。

举办全国、全省大型会议，办学影响力得到增强　与中国墨子学会联合举办墨子思想与职业教育研讨会，教育部职业教育与成人教育司司长王继平等领导、专家、兄弟院校代表等600多人参加会议。受到《中国青年报》、《中国教育报》、《南方日报》、人民网、广东电视台、佛山电视台顺德分台、顺德城市网等主流媒体关注，学校文化特色得到彰显，社会美誉度得到提升。承办2017年广东省高等职业院校教学工作会议，140多名广东省高职院校主要负责人和主管教学副校长参加会议，学校校企合作、智慧校园建设等工作得到与会代表高度评价。

（肖道东）

# 科学技术

【概况】 2017年，顺德实施创新驱动发展战略，优化自主创新环境，积推产业转型升级。全社会研发投入占GDP比重（R&D）预计达4%（上报数）；规模以上工业企业研发机构建有率预计达50.6%，其中主营业务收入5亿元以上的建有率达100%；高新技术企业940家，比上年增长88%；建有10个省级企业重点实验室、2个省级企业研究院和9个市级企业研究院。2017年有8家企业成功申报佛山市省重点实验室培育；建设各级工程中心517个，其中新认定的省级工程中心53个、新认定的市级工程中心25个，新认定的区级工程中心34个。

（伍时昌）

【创新公共平台建设】 2017年，顺德区政府与南方医科大学合作共建生物医药创新基地，主要包括建设广东省健康医疗大数据产业园、医学大数据中心和中以医疗器械国际创新孵化基地，创新基地选址乐从和乐园区，首期1.4万平方米完成前期装修并于5月9日正式开园。至年底，广东省健康医疗大数据产业园被认定为广东省第一批省级大数据产业园；组建的医学大数据融合应用工程中心获批为广东省工程技术研究中心；广东省健康医疗大数据产业园与省标准化研究院、省生产力促进中心等单位合作建设园区服务体系，与甲骨文公司、赛意公司合作研发医学大数据创新创业孵化平台；引进广东康隆信息科技有限公司、国防科技大学天河生物医药团队等6个大数据团队和企业，“基于医学图像大数据的肿瘤精确诊断系统”等6个医学大数据项目入驻园区孵化。加强科技孵化器的建设。是年，顺德区广东艾诗凯奇智能科技有限公司被认定为国家级科技企业孵化器；全区新认定国家级科技企业孵化器培育单位（省级科技企业孵化器）3个、区级科技企业孵化器5个；新认定省级众创空间3个、市级众创空间2个。截年底，全区建有科技企业孵化器22个、众创空间15个，其中国家级科技企业孵化器5个、国家级科技企业孵化器培育单位（省级科技企业孵化器）8个、区级科技企业孵化器22个，国家级众创空间4个、省级众创空间11个，市级众创空间4个，累计孵化科技型企业728家，孵化场地面积56万平方米，推动科技企业孵化器和众创空间的健康快速发展，营造良好创新创业环境。

（张丹昱）

【技术改造】 2017年，顺德区推进省技术改造事后奖补政策落实，出台配套政策措施《顺德区工业企业技术改造事后奖补实施细则》。加大技改资金扶持力度，安排区级资金1700多万元，通过事后奖补方式鼓励骨干企业更新设备，重塑全区工业新优势。助力企业获得各级技术改造财政资金扶持，获得技改扶持资金近2亿元，有效发挥政策叠加效应。通过支持和鼓励区内企业开展新一轮技术改造，拉动工业投资增长，2017年全区工业技改投资224.3亿元，比上年增长38.7%，高于全区工业投资增速17.9个百分点。

（梁嘉怡）

【政产学研合作】 2017年，顺德区引进“珠江人才计划”创新创业团队。佛山汉腾生物科技有限公司引进的汉腾生物团队获认定为“珠江人才计划”引进第六批创新创业团队。汉腾生物团队的引进将填补全区乃至广东省在抗体生产服务领域的空白，推动全区生物医药技术的提升。至年底，顺德区有6个创新团队认定为省级创新创业团队。加强市科技创新团队的引进。是年，顺德区引进的“面向医疗的RNA芯片及大数据分析产品的研发及产业化团队”“治疗缺血性脑卒中及神经退行性疾病创新药物研究开发团队”“恒锦锂电储能系统团队”获市级科技创新团队立项，年内，该三个团队在顺德落户，对顺德生物医药、新能源行业领域补充了生力军。至年底，顺德有10个创新团队认定为市级科技创新团队。开展省级研发机构评估和认定工作。全区有14个省级新型研发机构，占全市31个的45%。美的集团被省科技厅认定为省级白色家电技术创新中心，成为佛山市唯一一个省级技术创新中心。

**【知识产权保护与创新】** 2017年，顺德实施创新驱动发展和知识产权强区战略，开展“上量提质”活动，地区专利由“大”向“强”迈进。全年全区专利申请31353件，其中发明专利申请8888件，比上年增长41.4%；专利授权18752件，其中发明专利授权2622件，增长82.9%；万人有效发明专利拥有量达28.7件，超过广东省同期平均水平；PCT国际专利申请达601件，占全市82.8%，比上年增长67%。顺德在第十九届中国专利奖中获奖总数创新高，全区获奖14项，其中外观设计金奖1项，优秀奖13项。全年新增国家知识产权示范企业5家、国家知识产权优势企业6家，省级知识产权示范企业1家，知识产权优势企业3家，各级知识产权试点示范企业数量在全省县（区）中居前列。推进《企业知识产权管理规范》贯标工程，全年全区26家企业通过贯标认证，累计通过贯标企业38家；实施知识产权质押融资贴息和风险补偿政策，质押融资工作成为全国示范，全年全区知识产权质押备案金额近5亿元，实际贷款金额超1.6亿元。全年处理涉嫌假冒和专利侵权纠纷案件151件，各类专利执法行为出动执法人员近800人次。通过开展大规模的专利执法检查工作，推动顺德区形成尊重知识、崇尚创新、诚信守法的知识产权文化。（杨 芳）

**【科技进步奖】** 2017年，顺德区为12家优秀企业21个处于国内、国外先进水平的科学技术成果项目进行成果登记。推荐16家企业19个项目申报广东省科学技术奖，6家大型工业企业获得省科学技术奖二等奖1项、三等奖5项，获奖数占佛山市省科学技术奖总数的43%。广东联塑科技实业有限公司是佛山市唯一一家获得省科学技术奖二等奖的企业。

**【科普宣传】** 2017年，顺德区科学技术协会在社区、村委、青少年、企业等方面开展一系列科普宣传活动：一是借助企业科协、科技交流活动中心、“海智基地”等服务平台，围绕各类主题组织开展形式多样的科技创新培训交流活动，竭诚为科技工作者及创新驱动服务。二是通过“科技进步活动月”“防灾减灾”“全国科普日”“送科技下乡”“社区科普宣教”“青少年科技创新大赛”等活动品牌，组织开展贴近市民、贴近生活，符合公众要求的科普宣传活动。三是加强“顺德区科普教育基地”建设，将科普阵地延伸至学校、企业、公园，发挥各个主体的优势，扩大科普宣传的覆盖面，整合社会各方资源，打造有顺德特色的科普教育基地集群。四是利用“顺德科普”微信公众号、政务微博等现代网络宣传渠道，传播科技热点动态、科普知识。年内区科协系统联合镇街、村居委、学校开展各种科普宣教活动，提高公众科学文化素质：举办科普及学术交流、讲座、研讨会近350场次，参加人数达7万人次；举办各类培训班250多场次，参加人数2.3万人次；发放科普读物、宣传单张约100万份；举办区青少年科技创新竞赛活动，参加总人数约2.1万人次；举办较大型的综合类科普宣教、学术交流活动100多场次，参加总人数约4.2万人次。

# 文化·体育

金箔珍珠挞

## 文化事业

【概况】 2017年，顺德区通过创建国家公共文化服务示范区的中期督导国检、省检、市检，以及创建省级示范区的终期验收工作，被授予“第一批广东省公共文化服务示范区”称号。完成区图书馆以及大良、容桂、北滘图书馆一级图书馆的评估定级工作。分三批建设村居综合性文化服务中心，完成市局下达的100%的建设任务。全区举办文化惠民活动6100多场，招收夏令营营员超1600名；开展“家门口电影院”活动，放映农村公益电影2700多场。打造“粤唱粤精彩”品牌活动，支持各镇街继续打造“一镇一品”。文化志愿者队伍壮大到3106名。北滘镇获第一批广东省公共文化服务示范项目，大良文化中心获广东省群众文艺试排试演基地。《吉祥中国年》获广东省第十届精神文明建设“五个一工程”奖，《睡在我上铺的兄弟》获全省廉政小品曲艺创作大赛金奖，《情牵家园》《海缘》获得2017广东粤曲私伙局大赛金奖，《韩信拜将》获2017广东粤曲私伙局大赛银奖，《自梳人生》获广东省第七届群众音乐舞蹈花会金奖。承办2017广东粤曲私伙局大赛、广东省第十四届美术书法摄影获奖作品联展，与广佛8地市文化馆合办广场舞大赛。

◎图 45　　顺德演艺中心外景

【文化品牌建设】 2017年，顺德区举办“粤唱粤精彩”粤剧曲艺系列活动；金秋粤剧巡演继续走进顺德各镇街各村居；联手南海区大沥镇打造顺德周末艺术现场·南海大沥都市周末剧场舞台艺术精品展演；德胜文化广场金秋欢乐文化艺术节联合各类社会团体、协会举办系列文艺活动；继续在顺德举办佛山市广场舞总展演；国际摄影展连续四年落户顺德；以区镇合作共建的模式举办文化品牌活动，年内全区举办各类公益性文化活动、展览、培训活动6100多场。

“粤唱粤精彩”粤剧曲艺系列活动　3月在清晖园和新领域运动公园演艺馆启动“粤唱粤精彩”系列展演活动：“清晖粤韵戏曲展演大舞台”每周日下午为群众带来不同乐社的精品演出，全年演出28场；新领域运动公园演艺馆邀请多位省内外的粤剧曲艺名家，为顺德市民献上10场粤剧精品演出。

“农商银行之夜”金秋粤剧村居巡演　由顺德农商银行赞助的2017金秋粤剧村居巡演活动9月至11月分别在顺德区内10个镇街开展13场精彩演出。巡演活动邀请广东粤剧团二团、新领域曲艺社、顺德粤剧团、容桂青少年曲艺团等12个曲艺团，演绎《白蛇传·情》《秦香莲》《凤烛烧残泪未干》等优秀剧目，观看市民逾5000人次。

2017周末艺术现场　联手顺德区音乐家协会、星海音乐学院等区内外文艺团体，周末在顺德演艺中心为市民献上11场精彩演出。利用与南海区大沥镇开展文化合作的契机，推动两地演艺剧场及优秀文艺节目的交流与合作，开展“开放引领创新驱动”2017顺德·南海文化合作共荣交流展演系列活动——2017顺德周末艺术现场·南海大沥都市周末剧场舞台艺术精品展演，在顺德演艺中心音乐厅引进“‘中国好哨音’2017大沥杯广东口哨音乐达人秀”等8场南海区大沥镇优秀文艺专场，并将“‘指尖上的旋律’顺德·北滘交响乐团影视音乐会”等9场顺德区优秀文艺节目送到南海大沥都市剧场。联手顺德各镇街，以创新的模式、开放的态度，打造“周末艺术现场·美丽文明村居行”文化新品牌，举办北滘镇黄龙村专场、乐从镇沙滘村专场等6场下基层文艺演出，将精彩演出送到基层，让市民共享顺德文化改革成果。

2017年度德胜文化广场金秋欢乐文化艺术节　自9月开展以来，该系列活动得到各类社会团体、协会的大力支持。全年开展14场大小文艺活动，涉及大型汇报演出及小舞台等多种类型，活动形式多样，有经典怀旧金曲演唱会、语言艺术汇报演出、器乐专场音乐会、舞蹈专场展演、青少年曲艺团汇报展演以及欢乐小舞台活动等，受众人次5000多人。

2017（第四届）顺德国际摄影展　10月21日，2017（第四届）顺德国际摄影展在顺德艺术展览馆开幕，该次展览由顺德区文化艺术发展中心主办，中国摄影在线、顺德区摄影家协会、德懿文化传播机构协办，得到欧洲摄影艺术协会、澳门沙龙影艺会、顺德区文学艺术界联合会以及顺德区青年企业家协会的支持，展览持续至11月6日。至2017年，国际摄影展连续4年落户顺德。该次展览分三个主题，除展出2017（第四届）顺德国际摄影展览获奖作品66幅、2017欧洲摄影艺术协会作品展优秀作品40幅之外，还邀请在国际上获奖的顺德摄影家展出作品23幅，共计129幅。

佛山韵律·舞动全城——2017年佛山市广场舞展演活动

◎图46　2017年12月29日，“舞动全城　畅想文化中国梦”——2018广佛同城　迎新舞会暨顺德区国际标准舞协会优秀节目汇演在顺德演艺中心大剧院举办

11月19日，佛山韵律·舞动全城——2017年佛山市广场舞总展演在德胜文化广场举行。通过全市海选、月赛、季赛脱颖而出的来自佛山五区的16支优秀广场舞队伍，超过600名演员，为市民献上一场高水平广场舞舞蹈盛宴。活动由佛山市文广新局主办，佛山五区文化体育（文体旅游）局、佛山市文化馆站联盟、顺德区文化艺术发展中心承办及各区文化馆协办。此次活动顺德区4支优秀队伍参加总展演，获得3个网络人气奖、4个广场舞示范团队及3个广场舞示范点。

舞动全城·畅想文化中国梦——2018广佛同城·迎新舞会暨顺德区国际标准舞协会优秀节目会演　活动由顺德区文化艺术发展中心主办，顺德区国际标准舞协会、顺德区舞蹈家协会承办，12月29日在顺德演艺中心大剧院举办。除吸引顺德区国际标准舞协会、顺德区舞蹈家协会等一批本土的舞蹈爱好者参与，还特别邀请番禺、南沙、花都以及佛山等广佛地区文化单位、顺德各大协会舞蹈爱好者约2000人一起加入这场舞蹈Party，各市、区优秀节目在活动中得到展示。广佛同城迎新晚会连续举办四年，是顺德区文化艺术发展中心打造的广佛同城战略发展系列文化品牌活动之一，通过活动加强广佛同城，合作共赢的关系。

以区镇合作共建的模式举办文化品牌活动组织开展　“龙腾四海·凤舞水乡”系列活动、“大学城卫星城”乐活季系列活动，将全年各级各类特别是北部片区的文体活动串珠成链，扩大活动影响辐射面，如以佛山新城文化中心、北滘文化中心等设施场馆为依托，举行大学城卫星城“乐活季”之“文学季”“音乐季”系列活动；举办文学季的第十五届华语文学传媒大奖、“黎简奖”文艺创作大赛、2017年北滘“朝亮奖”文艺创作比赛；举办德胜读书会北滘、乐从、陈村专场，在陈村科达公司启动2017南国书香节·顺德阅读季活动；举办音乐季北滘仲夏音乐节活动、“陈村梦想show”第五季、2017年中欧文化嘉年华等活动。

**【文化产业发展】** 2017年，顺德区完成全区1035家印刷企业、17家电影院、166个出版物零售单位的年审工作。对区内符合条件的企业发放国家电影事业发展专项资金679万元。开展“扫黄打非”、安全生产检查，累计出动86人次，抽检企业45家，累计出动人数86人；联合相关职能部门开展打击非法广播行动，查处11起。

2017广东（佛山）创意城市博览会于11月16—19日在潭洲国际会展中心举行。吸引8个国家、6个国内城市、344家企业参展，展会特装率88%，现场展品交易额1100万元，部分参展商达成贸易对接、交易意向；累计参观人数26万人次；期间举办各项活动60余场，参与人数逾1万人次；有53家中央级、省级主流媒体、115家新媒体、自媒体平台、参与宣传；8家媒体开展21场（次）现场直播，吸引在线观众210多万人次；通过在网络媒体设立的创博会专题、专栏等，传播覆盖人群8000万人次；新浪广东创博会互动话题“创意不设限”，阅读量3051.6万人次。

## 2017年顺德区文艺创作获奖情况表

表15

| 赛事 | 获奖项目/单位/个人 | 所获奖励 |
|---|---|---|
| 广东省第七届群众音乐舞蹈花会 | 舞蹈《自梳人生》 | 舞蹈类金奖 |
| | 民乐小合奏《凤城幻想曲》 | 音乐类铜奖 |
| 2017世界青少年合唱节 | 顺德必达少儿合唱团 | 童声金奖、现代组银奖 |
| 第八届中国魅力校园合唱节 | 北滘少儿合唱团 | 一等奖、最佳指挥奖、最佳伴奏奖 |
| | 北滘中心小学合唱团、承德小学合唱团 | 二等奖 |
| 第四届香港国际音乐节2017音乐比赛 | 潘嘉慧 | 金奖 |
| 广州南沙舞蹈节暨“一带一路”2017亚太标准舞拉丁舞锦标赛 | 顺德参赛节目 | 2项冠军 |
| 广东省廉政小品曲艺创作大赛 | 小品《睡在我上铺的兄弟》 | 金奖 |
| 2017广东省粤曲私伙局大赛 | 新领域曲艺团粤曲弹唱《情牵家园》、容桂青少年曲艺团琵琶自弹唱《海缘》 | 金奖 |
| | 勒流江义粤剧粤曲私伙局粤曲独唱《韩信拜将》 | 银奖 |
| | 顺德区文化艺术发展中心 | 优秀组织奖 |
| 第十一届广东省青少年曲艺“明日之星”选拔赛 | 吴宗轩、刘绮盈、欧阳颖琦、胡美琪、梁凯婷 | “明日之星”称号 |
| 第四届“岳池杯”中国曲艺之乡曲艺展演 | 《珠水长歌中国梦》 | 优秀表演奖 |

续表 15

| 赛事 | 获奖项目 / 单位 / 个人 | 所获奖励 |
| --- | --- | --- |
| 广东省第十四届美术书法摄影作品联展 | 雷德洪《秋之行》 | 美术铜奖 |
| | 林亚谨《龙舟聚》、梁艺聪《太行秋色》、张震《争·斗》、赖荣禄《水乡之歌》 | 美术优秀奖 |
| | 张震《青铜的随想》、刘勇《故乡的云系列之二》、李勋《变迁的岁月痕迹》、胡宇鸣《新三十六天罡星》 | 美术入选奖 |
| | 符世明 录《读书杂释》卷 | 书法金奖 |
| | 潘朝铭《古书论选抄》、周家永《清朱履贞书论》、陈忠《江城子七首》、欧阳伟雄《邓石如龙门对联》 | 书法优秀奖 |
| | 廖淑仪《古颂灵石联》、黄伟坚《王右军笔势论十二章并序》、黄彬南《韦应物诗》、潘孟光《草书条幅》 | 书法入选奖 |
| | 张春生《游乐》、黎彩弟《城市音符》 | 摄影金奖 |
| | 袁伟亮《城市节奏曲》、李军《粤韵风华》、卢燕玉《传承国学书法》 | 摄影银奖 |
| | 黄锡添《香云纱》、李辉广《浇筑》、骆建华《龙舟水》 | 摄影铜奖 |
| | 苏启伦《欢乐的节日》、何惠然《家和万事兴》、麦爱华《快乐的山区儿童》、黎彩弟《理发匠》、何惠然《火树银花贺中秋》、李军《繁忙的渔港》、袁伟亮《戏如人生》、黄锡添《送子当兵》、周玉燕《敬老慈善行》、张春生《欢乐过山车》、陈家鸣《花萼楼祈福》、袁伟亮《风雨无阻》 | 摄影优秀奖 |
| | 李军《古桥迎亲》、黎彩弟《速度与激情》、苏启伦《好身手》、李锦健《休闲时光》、黄锡添《万人宴》、周玉燕《龙舟老艺人》、卢燕玉《古祠童趣》、郭顺严《飞人梦》、郭依琼《工匠精神》、梁惠珍《窗外》、卢敏强《电力抢收》、陈玉石《飞天》、黄锡添《炸狮子》 | 摄影入选奖 |
| | 顺德区文化艺术发展中心 | 优秀组织奖 |

续表 15

| 赛事 | 获奖项目 / 单位 / 个人 | 所获奖励 |
|---|---|---|
| 第十三届广东省艺术节优秀美术作品展 | 顺德 3 幅作品 | 参展 |
| 福建省第八届百花文艺奖 | 董春水 长篇小说《下广东》 | 二等奖 |
| 第三届“中华情”全国诗歌散文联赛 | 朱佳发 诗歌《祖国，我的村庄》 | 金奖 |
| 广东省第六届“珠江情”征文大赛 | 朱文彬《缘定珠江不了情》 | 二等奖 |
| | 朱佳发 诗歌《水乡咏怀》 | 三等奖 |
| | 肖志勇《珠江街，最美的邻里水乡》 | 优秀奖 |
| 花地文学奖 | 朱文彬 诗歌《水乡谣》 | 三等奖 |
| 广东省 30 年优秀小小说 | 朱文彬 小小说《九爷》 | 三等奖 |
| 中国第三届“禾雀花杯”微电影大赛 | 梁晓茵 剧本《热血警魂》 | 优秀影片奖 |
| 中国梦·青年影像大赛 | 梁晓茵 剧本《热血警魂》 | 宣教类二等奖 |
| “金山湖畔遇见你”全国爱情微小说征文大赛 | 马晓红 小说《遇见》 | 优秀奖 |
| 首届“文苑杯”全国闪小说竞赛 | 马晓红 小说《作弊》 | 优秀奖 |
| “诗与青春同在”青年诗歌大赛 | 马晓红 诗歌《早起的夜晚不会受伤》 | 三等奖 |
| “新东方杯”微小说大赛 | 马晓红 小小说《白马湖畔》 | 二等奖 |
| 第四届“光辉奖”世界华文法治微型小说征文 | 张战峰 小小说《踏雪归》 | 优秀奖 |
| “东江杯”全国小小说大赛 | 陆湘敏《接力》 | 三等奖 |
| 全国散文诗征文 | 陆湘敏《东涌醒来是早晨》 | 优秀奖 |
| “贵水迎天下·守护生命源”全国散文创作大赛 | 黎尊乾《一座乌江小村的基因密码》 | 三等奖 |
| 第二届“文苑杯”全国闪小说竞赛 | 黎尊乾 小说《你下班后在干什么》 | 优秀奖 |
| 第二十三届“中国月饼文化节”有奖征文 | 黎尊乾 散文《中秋读月》 | 二等奖 |
| 北京市“中国文艺精品博览”征文 | 周铁株 散文《信有欧风美雨入田园》 | 金奖、“当代优秀文艺创作人才”称号 |

**【文艺创作】** 2017年，顺德区选拔优秀文艺作品参与各级赛事展演。召集区内十镇街的文艺专干，选拔优秀文艺作品参与各级赛事展演。舞蹈《自梳人生》、民乐小合奏《凤城幻想曲》参加广东省第七届群众音乐舞蹈花会，分获舞蹈类金奖和音乐类铜奖；原创小品《睡在我上铺的兄弟》代表佛山参加广东省廉政小品曲艺创作大赛获金奖；在顺德承办的2017广东粤曲私伙局大赛中顺德选送的节目获2金1银；参加第十三届广东省艺术节优秀美术作品展顺德3幅获奖作品参展；选送顺德文艺精品《老字号》《功夫特技》等赴京参加CCTV—3大型群众文艺展示栏目《群英汇》的节目录制。

打造本土原创舞台艺术作品《香云纱》2017年，顺德区委宣传部（区文化体育局）、顺德区文化艺术发展中心重点打造的本土原创舞台艺术作品《香云纱》，是佛山市文艺精品创作扶持重点项目。该剧于11月底进行首次联排。《香云纱》以现代音乐剧的艺术形式全新地展示出古老“香云纱”独特的染整工艺和岭南风格所蕴含的“天人合一”为核心的丰厚传统文化内涵。本剧打破以往写传统文化题材的手法，以现代流行音乐剧的形式呈现，讲述当代故事，音乐元素丰富多样，既有传统的广东音乐，也有爵士嘻哈等风格的现代流行音乐，时尚而又具有浓郁的岭南特色。

◎图47　2017年11月28日，大型原创音乐剧《香云纱》在顺德演艺中心大剧院进行首次工作联排

**【重要文化活动】** 2017年，顺德区承办第十五届华语文学传媒大奖文学周暨广州大学城卫星城“文学季”系列活动；“喜迎十九大·共圆中国梦”——广东省第十四届美术书法摄影作品联展；2017广东粤曲私伙局大赛等重要文化活动。

第十五届华语文学传媒大奖文学周暨广州大学城卫星城“文学季”系列活动　4月15日，在顺德区图书馆启动。以华语文学传媒大奖永久落户为契机，顺德区推出此次文学周以及大学城卫星城“文学季”系列活动，包括大量以文学为主题的讲座、沙龙、展览等，让更多顺德市民走近文学，了解文学魅力。4月22日，第十五届华语文学传媒大奖颁奖典礼在顺德北滘文化中心开启。华语文学传媒大奖由《南方都市报》《南都周刊》发起主办，顺德区委宣传部（区文化体育局）、顺德区北滘镇人民政府联合举办。颁奖典礼之后，4月23日，于坚和谢有顺围绕“百年新诗的荣光”对谈，张悦然和双雪涛共话“童年与文学”，江弱水则带来一场名为“我们为什么要读诗和小说”的讲座。来自全国各地的作家、诗人、评论家畅谈写作、人生，使四月的顺德成为文学之城。

“喜迎十九大·共圆中国梦”——广东省第十四届美术书法摄影作品联展　广东省美术书法摄影获奖作品联展于9月29日上午在顺德艺术展览馆开幕，随后在顺德艺术展览馆和德胜文化广场艺术展览中心举办4场获奖作品、优秀作品联展。该届活动参加人数众多，作品题材多样。自2017年5月起面向全省收集书画、摄影作品，进行初评、复评，最终评出金奖15名、银奖30名、铜奖45名、优秀奖262名、入选515名。其中，顺德获美术铜奖1名，优秀奖4名，入选奖4名；书法金奖1名，优秀奖4名，入选奖4名；摄影金奖2名，银奖3名，铜奖3名，优秀奖12名，入选奖13名。

2017广东粤曲私伙局大赛 由中共广东省委宣传部、广东省文化厅主办，广东省文化馆、佛山市文化广电新闻出版局、中共顺德区委宣传部（区文化体育局）承办，顺德区文化艺术发展中心执行。大赛延续省、市、区联动的举办方式，发动各地积极参与，为众多的粤曲爱好者和基层百姓搭建交流、展示和观赏的平台，实现赛事全覆盖、参与更便利的惠民效果。该届赛事共汇集全省14个地级市优秀团队参与，历时3个月，经过初赛、复赛，共46个节目进入决赛。经过三场角逐，评出金奖作品10个（成人组6个、少儿组4个），银奖作品14个（成人组9个、少儿组5个），铜奖作品22个（成人组16个、少儿组6个），优秀组织奖4个。其中顺德参赛节目获2金1银，顺德区文化艺术发展中心获优秀组织奖。10月29日晚，2017广东粤曲私伙局大赛颁奖晚会在顺德演艺中心大剧院举行，广东省文化厅副厅长刘启宇、副巡视员王莉，佛山市副市长俞进，以及原广州市市长黎子流出席晚会并为大赛获奖者颁奖。颁奖晚会当晚除《萝岗香雪映朝阳》等10个优秀节目进行展演外，还邀请广东粤剧院为观众献上精彩的《粤剧行当表演》和粤曲折子戏《猴王借扇》。

**【公共文化设施】** 2017年，顺德区以创建公共文化服务体系示范区为契机，推进公共文化设施建设。年内完成205个村（社区）综合性文化服务中心建设任务，基本实现基层综合性文化服务中心全覆盖。基层自助图书馆已初具规模，全年建成大良海悦新城自助图书馆（凤城自助书舍海悦新城站）、勒流江义自助图书馆、杏坛逢简自助图书馆、伦教必达自助图书馆（伦教自助图书馆必达书吧）等4家自助图书馆。顺德区图书馆集群新建雷州新家村小学成员馆、乐从图书馆、容桂工会员工服务站成员馆、善耆家园成员馆、顺德区老年干部大学成员馆、碧桂园正园成员馆、大良新桂成员馆等7家成员馆。

顺德区图书馆阅读空间格局不断优化 图书馆建立创客空间及升级改造数字共享空间。该项目位于顺德图书馆五楼，分为创客空间、数字共享空间、数字体验区等区域，旨在打造成顺德区创新青年的学习交流平台，发挥“汇聚万千智慧、服务大众创新”的作用。项目给读者提供一个创意性的空间，有创新的体验，有共享的资源，有视听的享受，还为创客们打造交流学习的公共平台。同时，项目整合数字资源，读者可访问该馆海量数字资源，以及阅览馆内提供创意类、设计类图书，成为读者文化精神生活的休闲空间。该项目已全面对外开放，同时通过与顺德职业技术学院、顺德区职业教育促进会、顺德区互联网协会、顺德区大良青年促进会等机构合作，推出顺图创客坊、《影像为媒》《戴耳识碟》、顺德区中职学校品牌专业创新成果展、《我的成长路》人生讲堂等系列读者活动。

德胜广场配套设施进一步完善 顺德区社区体育公园重要示点工程——德胜文化广场体育公园2017年完成三期（足球场）项目，完善市民3分钟运动生活圈。建设德胜文化广场社区体育公园配套设施，增设“全民体质检测服务中心”、足球场管理办公室、便民服务点、公共洗手间、更衣室等配套设施；完成德胜文化广场“社会主义核心价值观文化主题公园”建设；采取政企合作模式，率先在地下车库入口引入共享汽车试验点。

**【影院建设】** 2017年，顺德区新增电影院12家，总量36家，屏幕216块，座位28477个。其中北滘新设立3家，容桂、勒流、龙江各新设立2家，大良、乐从、杏坛分别新设立1家电影院。顺德实现乡镇多厅数字电影院的全覆盖。全年放映电影35.02万场，观众636万人次，票房收入2.05亿元。

**【顺德图书馆】** 顺德区图书馆新馆位于顺德新城区文化中心广场，于2009年5月投入使用，建筑面积28306平方米，设计藏书量100万册，设置阅览座位1500多个。馆舍采用智能化设计，按照“技术领先”和“以人为本”的原则进行规划，实行藏、借、阅一体化的大开间布局，曾获由美国建筑师协会和美国图书馆协会共同颁发的“2007年图书馆设计奖”。顺德区图书馆连续五次被评为“国家一级图书馆”，并获“全国文明图书馆”等称号。2017年获全国图书馆参考咨询联盟管理中心颁发的“2016年度全国图书馆参考咨询联盟优秀服务奖二等奖”。

年内该馆接待读者102.54万人次，比上年增长2.7%；外借文献136.58万册（件），比上年增长45.63%；新增持证读者1.18万个，累计持证读者57.64万个；数字资源总下载量277.62万篇次，比上年增长4.09%；面向全国用户完成网上参考咨询8.73万人次，比上年增长47.84%；网站访问量76.38万次，比上年下降12.63%；新增文献9.21万册，文献总藏量132.25万册。全年举办读者活动345场次，参与读者超过31万人次。

2017年，顺德区图书馆集群有公共成员馆103家，学校成员馆227家，基本建立以区、镇（街）、村（社区）、学校图书馆为主，农家书屋为辅的图书馆集群，集群公共成员馆全年接待

◎图48　2017年7月17日，“筑梦佛山·悦读顺德“——2017年顺德青少年阅读夏令营举行开营仪式

读者320.67万人次，比上年增长9.14%；外借文献215.73万册（件），增长19.9%。北滘图书馆、容桂图书馆被评为省一级图书馆。

年内，顺德区图书馆创新推出“馆校共建”阅读基地项目，将图书馆优质阅读活动带入学校，实现“两个转变”“两个覆盖”：服务内容从资源服务转变为活动服务；服务方式从统一服务转变为菜单服务。合作学校覆盖东部、北部、西南部三大片区；合作学校覆盖全区各类型学校。至年底，与20所学校、幼儿园签约，全年举办40多场阅读活动，参与人数超过3万人。

（陈谷铨）

## 文博事业

**【概况】** 2017年，顺德区文化部门根据党代会报告部署的重点工作，北部片区以郑氏大宗祠为核心打造顺德祠堂文化品牌，东部片区以清晖园为核心打造顺德状元文化品牌，西部片区以杏坛逢简为核心打造水乡民俗文化品牌，推动全区文博事业的发展，初步完成北滘桃村、勒流黄连社区、乐从鹭洲村、杏坛古朗村、伦教羊额村、伦教三洲村、陈村大都村、均安沙浦村等8个古村落文化活化工作的调研及古村落文化活化方案，村史馆的建设正有序推进落实。推荐双皮奶制作技艺、洪拳、龙母诞等三个项目申报第七批省级非物质文化遗产代表性项目，最后双皮奶制作技艺、洪拳获批广东省第七批非物质文化遗产代表性项目。

系列“非遗”活动。从不同角度展示“非遗”和民俗项目，包括2017顺德水乡民俗文化节、大良“春满凤城元宵乐”活动、杏坛“龙腾水乡闹元宵”活动、勒流“龙眼点睛系列文化活动”、均安“关帝侯王出游系列文化活动”，区博物馆开展“顺

博工坊”“非遗”类互动体验活动23场次，馆校合作，开展“非遗”类巡回展览26场及讲座4场。完成《寻古顺德》历史纪录片摄制工作并在广东电视台播出，全面展示顺德状元文化、祠堂文化、饮食文化、传统民俗文化等内容，扩大了顺德的影响力。

**【文物修缮】** 2017年，顺德区组织区文物保护修缮有关专家审核北滘桃村黎氏三世祠、黄龙陈氏家庙、容桂禄榕古庙、伦教千里驹故居、勒流大晚昆池卢公祠、容桂四基教堂等文物保护单位的修缮方案。组织区文物保护修缮有关专家验收北郑氏大宗祠、简竹居牌坊、六角亭、伦教月池何公祠、勒流傅氏墓碑、龙江梅氏大宗祠、乐从良教村何氏家庙等文物保护单位的竣工验收工作。向广东省文物局（佛山市文广新局）报批北滘碧江金楼、大良西山庙等文物单位的修缮方案，北滘报公祠的工程竣工验收工作。委托广东省古迹保护协会修改清晖园保护规划方案。

**【顺德区博物馆】** 2017年，顺德区博物馆新增入库16批818件（套）藏品，修复“伍宪子书信及手稿”等4批975件（套）藏品。截至12月底，区博物馆馆藏共8000余件（套），其中国家二级文物86件（套）、三级文物2009件（套）。全年服务接待国内外观众60余万人次。

是年，策划举办各类临时展览25场，包括“楚玉琳琅——湖北九连墩出土玉器展”“丝绸之路上的克孜尔石窟文献展”等高档次展览。举办外展4场次，原创性展览“巧针彩线画衣绣裳——顺德广绣展”在中山市博物馆、珠海市博物馆展出，“一路走来——郭佳明绘画作品展”“南方雅韵——叶其嘉何婉薇中国画精品展”在江门市博物馆展出。全年开展校园巡展27场，服务地方文化建设，推动城市文化发展。策划、开展顺博工坊活动51期，102场。“顺博工坊”活动，是顺德区博物馆近年内重点打造的互动体验式宣传教育项目，并入选到广东省内博物馆优秀青少年教育项目十佳行列。活动以顺德本土文化及顺德博物馆的展览内容为依托，整合馆内的历史、文化、艺术资源，每月开展不同形式的互动体验活动，受到市民的热捧。至年底顺博工坊已形成展览延伸活动、节庆延伸活动、非遗传承体验等多个专题，策划“我们的节日”“文物复活”“快乐任务卡”“名家挥毫汇雅集”“多彩文化荟创意”“发现顺博之美”系列活动。全年有10420名群众参与，活动取得良好的社会效应。

是年，区博物馆举办各类对外讲座和培训班37场，包括《楚文化考古：改写中国文明史》等10场讲座，并承办“全区文物保护巡查工作培训班”，赴区内20余所学校开展26场次以“李小龙传奇”“美味顺德”为主题的历史文化普及教育讲座。配合“我们的节日”以及博物馆相关纪念日主题，开展2017年新春系列活动、“5·14”国际博物馆日系列活动、顺德区文化与自然遗产日系列活动、暑期青少年文化活动等。活动内容涵盖展览、手工制作、互动体验等。区博物馆“顺博之友”志愿者队伍借创新的服务内容和服务质量，先后入选到“顺德区（志愿）义工服务创新项目”和“顺德区志愿（义工）服务优化项目”。是年，区博物馆巡查杏坛、北滘、勒流、陈村、乐从、龙江、均安七个镇（街道）共232处顺德区不可移动文物。配合开展古朗、桃村、大都、路州、黄连等村史馆建设，协助开展陈村镇仙涌朱氏文化陈列馆建设。2017年5月，区博物馆与宝源艺术馆、国香艺博馆等10家民间艺术场馆签订合作协议，并在展览举办、资源引入等方面加强沟通与合作。区博物馆利用区文博协会的平台，引进《今古弥珍—顺德区收藏家协会会员藏品展》等4场展览。是年，区博物馆获评“2017年顺德区社区教育基地”，“顺博之友”文化志愿者活动计划获评区级“最佳志愿服务项目”。

**【清晖园博物馆】** 2017年，清晖园博物馆进馆人数约118万人，其中进园参观人数约74万人。完成文物及历史文献资料征集172件（套），完成旧园区雕塑馆修缮，预计2018年年初正式对外开放。

是年，清晖园博物馆利用前园舞台及展览馆等地方，举办文化活动89场，包括“我们的节日”系列活动、清晖诗会、“残健同乐，幸福中区”、“2017清晖园自然学校试课”活动等。其中，举办展览15场，包括“丁酉吉祥—张介国画精品展”、“中国梦·乡土情”佛山彩灯作品专场展览、含英咀华润清晖——第二届英石精品展。10月，清晖园博物馆组织、举办第一届“顺德清晖园博物馆文化创意产品研发中心专家委员”，并对清晖园博物馆文化创意产品发展进行研讨。文化创意产品，包括“状元系列”产品、“清晖印象”陶瓷艺术作品、“清晖家礼”系列手信、“百寿图”音响台灯和清晖抱枕，涵盖邮票邮册、陶瓷器皿、文房用品、生活周边、顺德美食、包袋服饰等类别，既有清晖园特色，又充满顺德情怀。

◎图49　2017年，顺德区档案局开展口述历史档案征集和录制工作，图为区档案局局长叶卉时（左）采访顺德地标之父梁昆浩（右）

## 档案工作

【概况】 2017年，顺德区档案局以档案管理规范化、业务信息化、服务多元化建设为抓手，完善各项管理制度，加强档案业务监督指导，加快数字档案中心系统推广应用，优化档案利用服务，推动全区档案事业发展。截至2017年年底，全区建成大良、容桂、勒流、陈村、北滘、乐从6个镇（街道）档案分馆，205个村（社区）实现百分百建档。区档案馆馆藏档案总量498461卷、217266件，其中文书档案66281卷、121585件，城建档案366207卷，其他专业档案19473卷、26836件，特殊载体档案68845件，寄存档案46500卷，征集档案54卷、1222件。

【档案资源体系建设】 2017年，顺德区档案局完善档案资源体系，重点开展口述历史档案征集和录制工作。向顺德图书馆、顺德区梅卡媒体创作中心、海外侨胞和热心人士征集口述历史资料，对顺德各行各业健在的名人、民间文化传承者、各种历史事件亲历者进行口述历史采访。通过向单位、社会征集和自行采集两种方式，征集口述历史视频资料94件，录制口述历史视频资料36件。全年接收各类档案18676卷、26960件，其中新增文书档案41卷、23878件，100%完成年度文书档案接收计划；城建档案17910卷；其他专业档案718卷。新增声像档案3206件（其中照片档案3072件，视频档案134件）、实物档案10件。完成重大建设项目档案验收19个。

【档案信息化建设】 2017年，顺德区档案局按照“存量数字化、增量电子化”工作原则，加快档案信息化建设，完善数字档案中心系统功能，系统三期进入开发阶段。出台《顺德区档案馆数字化工作管理制度》，规范档案数字化工作，提高工作质量，保障档案信息安全。开展馆藏档案数字化工作，全年完成馆藏档案数字化7797卷、16496件，馆藏文书档案全文数字化比例88.33%，文件及目录数字化比例保持100%。依托区数字档案馆平台，建立镇级数字档案馆系统，对上承接总馆系统业务，对下促进镇街各局办、村居档案室业务规范化建设，推动档案总分馆信息资源共享利用。镇级数字档案馆系统于12月在北滘镇试运行。

◎图 50　2017年7月26日，顺德区档案系统“文件材料归档整理”技能竞赛在会议中心举行

【档案业务监督指导】 2017年，顺德区档案局以档案工作绩效考评为抓手，创新考评方式，加强监督指导力度，提高各单位对档案工作的重视度，推动全区档案工作水平提升。完善档案绩效考评制度，细化档案工作绩效考评内容，将其纳入数字档案室系统管理，把各单位在系统上反馈的工作内容作为绩效考评依据，以信息化方式实现对各单位档案工作情况的全面监督。选取3个镇（街道）、6个区属部门进行现场检查，将系统考核及现场检查相结合，促进科学考评。加强档案工作监督检查，把档案安全作为重中之重，到5个镇（街道）、2个区属单位、1家区属国资企业开展档案安全检查，并提出相应整改意见。开展档案行政执法检查，选取5个镇（街道）、2个区属部门、1家区属国资企业进行现场检查，对检查情况进行通报并针对性提出整改意见。同时将城建档案管理工作纳入对其中4个单位的检查内容中，推动城建档案管理规范化。强化档案业务培训指导。重点开展数字档案室系统操作、声像档案及农村土地承包经营权确权登记颁证档案等各类专业档案工作培训指导，对全区档案中介机构开展业务培训。全年开展各类档案培训25场，590人次。

【档案利用服务】 2017年，顺德区档案局完善各项档案利用制度，优化档案利用服务，利用效果得到增强。优化查档利用服务，修订《顺德区档案馆馆藏档案资料查询利用办法》，规范开放档案资料与未开放档案的查档条件和流程，为群众提供更方便明晰的查档利用服务。截至年底，区档案馆与大良街道、北滘镇两个分馆共享档案电子数据案卷级信息12618条、卷内级信息282620条。全年综合档案、城建档案对外窗口接待查档群众2734人次，查阅档案35903卷次，出具馆藏个人档案、城建档案材料4275份。现行文件查询4538人次（其中网上查询4500人次，到馆查询38人次）。加快档案开放鉴定，出台《顺德区档案馆档案开放鉴定制度》，规范档案开放鉴定流程，全年完成1787卷档案的开放鉴定初审工作，完成满30年的馆藏档案鉴定初审任务。做好档案资政服务，结合顺德改革发展需要，编写《锐意改革，树立品牌——顺德职教发展历程简介》《顺德产业载体建设的发展演变》《历年来顺德防汛举措概述》《顺德慈善组织的发展及管理演变》4份资政参考材料，为领导科学决策提供参考。

【声像档案】 2017年，顺德区档案局完善、推广数字档案室系统声像档案模块，开展声像档案移交接收工作。加强声像档案收集，以区政府办公室名义印发《关于做好重要政务活动和重大活动声像档案工作的通知》，首次明确把重要政务活动和重大活动等声像档案列为年度档案进馆内容。实施城市形象记忆工程，开展顺德轨道交通建设无人机航拍专题工作，多角度动态记录顺德交通由“无轨”进入“有轨”时代的城市发展面貌，丰富馆藏声像档案内容。

**【档案文化宣传】** 2017年，顺德区档案局挖掘地方文化，丰富《兰台悦读》文化专栏内涵，打造特色读史文化专栏。在顺德档案史志网“兰台悦读”栏目基础上，推出“兰台悦读”微博版、微信版，借力“顺德发布”微信同步转发，吸引市民关注顺德历史和地方民俗，成为速读顺德历史的一个品牌栏目。《兰台悦读》栏目全年发布文章270篇，阅读量超50万人次。

## 地方史志

**【概况】** 2017年，顺德档案局加快史志工作信息化建设，在顺德区数字档案室系统中增加年鉴、党史、修志专题模块，建设党史方志资源库。推进史志资源开发利用，完成各项年度编写任务，有序开展自然村落历史人文普查工作。

**【党史编研】** 2017年，顺德区修改完善《中共顺德地方史（第三卷）》，完成省委党史研究室交办的《顺德大部制改革》和《顺德商事审批改革》专题编写工作。加强党史宣传教育，与容桂小学合作共建党史教育基地。

**【地方志工作】** 2017年，顺德区多渠道加强地方志资源库建设。完成年度地方志资料编纂任务，首次以购买服务方式整体外包《顺德年鉴》印刷出版工作，实现《顺德年鉴（2017）》当年出版。完成广东省地方志资源开发项目《顺商人物辑录》印刷出版，在收录明清及民国时期顺商人物资料的基础上，增加现代顺商人物。规范地方志资料年报工作，通过逐步往前收集年度地方志资料的方式，完成2001年至2016年资料年报收集，提前为修志做好信息储备。加快地方志信息化建设，完善顺德地情网建设并做好维护工作；对馆藏旧地方志、行业志、部门志进行数字化，完成16部旧志数字化工作。

**【自然村落历史人文普查】** 2017年，顺德区推进自然村落历史人文普查工作。在全区范围内开展自然村落普查资料全覆盖复查工作，确保调查初稿的全面准确。下发《关于编纂特色编写及要注意统一的几个问题的通知》，提高填表和编纂质量。坚持通审通改同步进行原则，完成顺德区上册卷（伦教、陈村、北滘、乐从、龙江、均安）6个镇（街道）271个自然村文稿的终审工作，完成《南粤村情·顺德篇》（第一卷）的编写。

（邓　颖）

**【村史馆建设】** 2015—2016年，顺德区进行杏坛逢简、北滘碧

◎图51　2017年3月2日，广东省地方志办公室党组书记、主任陈华康（前排右二）率队到顺德区乐从镇开展自然村落历史人文普查工作调研

江、乐从沙滘、北滘林头、勒流龙眼、杏坛马东、均安鹤峰、均安沙头等8个古村落的村史馆建设，2017年基本完成北滘桃村、勒流黄连、乐从路洲、伦教羊额、杏坛古朗、伦教三洲、均安沙浦等8个古村落村史馆的建设。古村落的文化活化升级，区镇两级投入的资金超过2000万元。

**【古村落活化】** 2017年，顺德区确定北滘桃村、勒流黄连、乐从路州、伦教羊额、杏坛古朗为2017～2019年古村落活化对象，其中北滘桃村、勒流黄连为2017～2018年古村落活化对象。至年底，已确定项目库和落实资金，制订《顺德区2017—2019年古村活化实施方案》，使古村保护与活化工作得到有序推行。2017年10月，“逢简水乡”和“碧江古村落活化”两个项目获得中国（银川）都市景观大赛“美丽乡村营建优胜奖”第三名和“城市文化复兴优胜奖”第三名。

◎图52　2017年11月26日，小小讲古家现场展示古老消防车的工作原理

## 传　媒

**【珠江商报社】** 2017年，珠江商报社拥有“一报一网站”（一报：《珠江商报》；一网站：顺德新闻网），在职员工177人，内设6大部门（综合管理中心、总编办、新闻中心、融媒中心、经营中心、出版部）。

2017年，珠江商报社调整组织架构，实行全体管理人员竞争上岗，推出薪酬绩效改革方案，实现经营与业绩紧密挂钩；在采编经营方面注重策划和统筹，强化栏目的引领和带动，利用珠江商报全媒体平台广为覆盖，取得良好的新闻宣传效应和经济效应。

做好市委、市政府重大会议精神的策划报道，传递党委政府声音；围绕市委宣传部关于做好每个月重点宣传报道要求，做好如供给侧结构性改革、工匠精神、企业家精神、创建文明城市、质量强市等报道，创文开设近20个子栏目，全年按要求刊发公益广告，报道相关内容近300个版，同时做好创文材料上报工作；做好高端媒体宣传佛山的二次传播，利用珠江商报新媒体、传统媒体平台，扩大宣传效果；做好市有关重大展会的活动报道，如行通济、互联网+博览会、创博会、全国发明展等报道。

围绕区委、区政府重大时政热点，做好集中式的主题宣传，向读者传递政府声音，为顺德鼓与呼。顺德区第十三次党代会、区两会等重大会议先后召开，划定产业发展保护区、开展村级工业园区综合整治成为全区战略布局的大事件。1月，策划《回眸与展望——新年系列述评》。2月，推出《看·重点——顺德区基础设施建设工程巡礼》栏目，挖掘春节期间坚守岗位的基层人物，推出《他们暖我心——走近基层人物》报道。3月至4月，针对顺德对村级工业园整治提升的统一部署，以专栏专题形式全方位报道村级工业园整治提升。

4月，以《“发现顺德.全球路演”走进汉诺威》为专栏，推出近10篇报道。利用省党代会召开等契机，推出《砥砺奋进的五年》系列报道。10月，做好中共十九大报道及后续学习宣传贯彻十九大精神报道。

“直播顺德”项目继续发力，全年直播近100场，在线观众超过500万人次。6月获得网易新闻顺德频道代理权，为顺德外宣服务开辟绿色通道，被网易评为优秀代理商。垂直公众号“德食”追求精细化运作，以细腻的文案和精美的视频为主打，在当地美食圈已打出一定知名度。

新媒体托管大幅增值。代运行解读、顺德风物志、爱北滘、人大微博微信、环运局微信、顺峰山公园微信、顺德城市规划、顺德外经贸、顺德国资、顺德人才发展中心、北滘环运局微信、容桂市监局、宜居伦教官方微信微博、伦教环运、伦教工会、伦教和谐家庭联谊会网站、勒流官方微信微博、陈村官方微信微博、陈村花园家园微信、杏坛官方微信微博等平台，丰富报道形式。针对不同客户需求，开展相应的全媒体营销：包括医患互换系列活动、篮球三分赛系列，新顺德人协会摄影大赛、容桂工会会员才艺大赛、送戏下乡系列活动。（黄　晨）

**【佛山电视台顺德分台】**前身是成立于1994年的顺德电视台，2005年行政区划整合，更名为佛山电视台顺德分台，开设一个频道——顺德频道。频道信号覆盖佛山五区3800平方公里及周边珠三角地区，覆盖人口1000多万人。2017年分台实行扁平组织架构，设“两委两部”：编辑委员会、项目管理委员会、新闻部、综合部。现有员工130多人。自办栏目12个，平均每天自制节目约90分钟。2017年被中国广播电影电视社会组织联合会评为全国县级“十佳电视台”。每天播出公益广告30条（次）以上，获评广东省新闻出版广电局设立的“2017年度广播电视公益广告优秀传播机构”。顺德分台成功参与承办执行2017第三届珠江西岸先进装备制造业投资贸易洽谈会（珠洽会）。

2017年，顺德分台采制的16条新闻在中央电视台播出，其中《新闻联播》播出5条。“陈村花卉世界举办世界郁金香展”“顺德市民热议习近平总书记新年贺词”“春节容桂舞狮巡游”“顺德率先在全国设立产业保护区”“第三届珠洽会在广东佛山举行”等新闻先后在央视《新闻联播》中播出。“顺德供给侧结构性改革经验”“北滘打造智造小镇”新闻，先后在央视新闻频道《新闻直播间》播出。

是年，精心策划《喜迎十九大》《砥砺奋进的五年》《我的获得感》《十九大时光》《深入学习贯彻十九大精神》等十九大系列报道，播发新闻总计150条，全方位报道顺德经济社会发展成就、市民共享发展成果的获得感。围绕区委区政府的中心工作推出系列主题策划。《顺视新闻》《十全十美》新闻资讯节目，同步开设《聚焦产保区》小栏目，聚焦环境保护、坚守产业，采访企业家和产业园，推出报道近20篇；顺德党代会、“两会”期间，《顺视新闻》推出《聚焦党代会》《直击两会》系列，策划“代表声音”“专家观点”等特别版块，开幕式等重要议程新闻直播；顺德赴德国汉诺威参展、全球路演等活动，均派出记者随团采访，推出《聚焦汉诺威》系列报道；广东省第十二次党代会召开期间，推出《学习贯彻习近平总书记重要批示精神》《顺企精神》《攻坚村级工业园》等系列报道，聚焦顺德创新驱动、供给侧结构性改革、顺德国际化战略，大篇幅、高密度报道学习贯彻习近平总书记重要批示精神、贯彻省党代会精神、顺德新一轮村级工业园改造提升等。

本台制作的纪录片《寻味顺德》在全国热播。在央视播出100多次，收视人群超过20亿人次，在腾讯、凤凰等知名网站点击3亿多人次。纪录片和书籍版权发行到东南亚、欧洲、美国、加拿大等30多个国家和地区。纪录片《鳗鱼的故事》已摄制完成，即将在央视播出，以全新的视角关注鳗鱼产业。纪录片《行走的图腾》正式开拍，探究顺德伦教珠宝产业，助力顺德产业转型升级。

顺德分台通过创新升级“传播+服务”经营模式，出色应对经营环境挑战，2017 经营收入首次突破 7000 万元，创历史新高。全年策划、承办活动 70 多项 200 多场。除继续承办龙舟节、广东轮滑赛、书香节、珠宝节、新年音乐会等重大活动外，还承办佛山市第九届运动会开、闭幕式、“世界美食之都”——2017 顺德美食节、顺德老年长者才艺大赛、凤城诗词大会、陈村花宴等大型活动。联手国家体育总局武管中心、中国武术协会等共同举办国际 A 级赛事世界功夫争霸赛。（卢运莲）

◎图 53　2017 年 8 月 27 日，佛山第二届电子竞技大赛英雄联盟挑战赛在顺德举行

**【佛山电台顺德分台】** 2017年，佛山电台顺德分台（以下简称顺德 901）围绕区委、区政府中心工作开展宣传工作，特别是在学习贯彻十九大精神、顺德区委主要负责同志调整、问计于民意见大征集、村级工业园区整治、重大交通建设（地铁、105 国道改造、南国路改造等）、互联网 + 博览会、创博会等方面，开展宣传报道，在时政宣传方面累计发稿 3300 多条。

在区委区政府的问计于民意见大征集活动中，频率发挥广播优势和特色，利用《顺德区政风行风热线》和“我有嘢讲”两个热线栏目、顺德早晨 QQ 群、顺德 901 官方微信等全媒体手段，广开渠道，广泛征求社会各界的意见和建议，征集到 100 多条相关意见。

在顺德村级工业园整治的宣传报道中，推出系列报道《聚焦顺德村级工业园整治》，记者深入顺德 10 个镇街，专访镇委书记（镇长）、企业、市民、人大代表、政协委员等各界人士，采写 11 篇系列报道，取得良好的社会反响。《顺德区政风行风热线——民生零距离》节目举办 35 期（其中镇街热线 9 期），有 78 个单位上线节目，接听电话 1500 多个，来电回复率 100%，听众平均满意度 80%。

顺德 901 注重创新传播手段。在《顺德区政风行风热线》节目中，运用全媒体传播手段进行宣传，线上节目走进镇街基层做直播，邀请区人大代表作为特邀嘉宾进行现场点评，官方微信“顺德 901”对每期节目进行推送。和中央人民广播电台、省电台等上级电台加强合作，对外推广打响顺德品牌，特别是在互联网 + 博览会、创博会、美食节等顺德几大品牌展会上，通过广播、网站、微信、网红视频直播等全媒体传播手段，进行宣传报道，扩大顺德品牌影响。

年内，举办的重点活动项目有：2017“厨神驾到”系列活动。由顺德区旅游局联合佛山电台顺德 901 举办。活动主要通过寻味学堂、厨神网络竞猜投票、厨神驾到巅峰决战等系列活动，评选“民间厨神”。寻味学堂教学活动通过央视英语纪录片频道进行宣传，吸引央视 CGTV 英语频道 Travelogue（旅游指南）节目拍摄团队来到现场拍摄。活动还与旅行社深度合作，策划组织寻味学堂走进贵州、云南，在带来社会效益同时，还带来超过 100 万的广播旅游产值。决赛通过《寻味顺德》公众号进行网络投票，吸引超过 20 万人次关注。决战当晚，腾讯、花生 FM、映像佛山等网络平台同步直播现场盛况。活动历时 6 个多月，吸引超过50万人次参与。在全国、省、市、区等电视、电台、网络媒体曝光覆盖人群超过500万+，提升了佛山电台品牌形象及主持人的知名度，活动商家先后加入，经营收入超过200万元。“乐活电竞”2017广佛首届电子竞技文化节。全年举行佛山第二届电子竞技大赛、广州大学城高校电竞挑战赛等共36场电竞活动，并在2017广东（佛山）创意城市博览会中，举办2017“乐活电竞”广佛首届电子竞技文化节，招募电竞参赛者5440人，吸引超过13万观众现场观战。央视、《广州日报》、《南方日报》、新华网、大粤网、佛山电视台等众多媒体对FM90.1举办的电竞文化节进行宣传报道，电竞系列赛事吸引网络观看人数超过8万人次。

推进节目改版工作。节目改版突出时尚都市生活气息，减少语言量，以更明快律动的节奏、更清新时尚的形象展现在听众耳边。节目类型选择上选取紧绕“都市生活”核心，贴合现代都市人需求的内容，以“资讯”“增值”“亲子”“娱乐”四个内容版块组成，每个版块由1～2个品牌节目为出口，要求节目兼备可经营性、可听性及实用性。节目目标人群在原有的驾车人群基础上，向更年轻的在校学生覆盖。为吸引更多的年轻听众关注广播，同时配合顺德区“大学城卫星城”建设项目，打造广州科学城—大学城—顺德北部片区“科技创新走廊”的规划。901频率计划与广州大学城合作成立“佛山电台—广州高校广播联盟”，该联盟主要以电台节目和校园广播联动为纽带，设立一档901频率与高校共建的节目，搭建佛山电台与高校之间内容交流、人才交流的平台，成为传统广播电台走进大学生群体的一次开创性尝试。是年，佛山电台顺德分台节目获得2016年度广东省广播影视奖二等奖2件、三等奖3件。

## 体　育

**【概况】** 2017年，顺德区体育工作全面发展，群众体育、竞技体育和体育产业各方面均取得较好工作实绩，顺德区文化体育局、乐从镇人民政府被国家体育总局评为“2013—2016年度全国群众体育先进单位”。全民健身活动蓬勃发展。全年新增4个区级体育类社会组织，总数37个。完成广东省足球试点县（区）工作。社区体育公园建设持续推进。全年投入逾600万元开展社区体育公园扶持建设，立项建设37个项目，2017年建成15个。至年底，全区建成81个社区体育公园。体育彩票销量创新高，全年销售额5.48亿元，纳税593万元，创造公益金4069万元，全区体育销售网点379个。

**【竞技体育】** 2017年，顺德区输送广东省运动队转正运动员16人，输送到市体校26人。26人代表广东省参加第十三届全国运动会获得4个冠军，其中赛艇运动员倪旭林获得男子公开赛冠军，皮划艇运动员郑鹏飞获得男子单人划艇冠军，羽毛球运动员陈清晨获得混双冠军，田径运动员卢志权获得男子400米冠军，另外还有4名水球运动员获得第二名，6名手球运动员获得第四名，2名武术运动员获得第七名。

业余体育训练工作紧张有序。利用顺德业余体校作为高水平运动训练基地的优势，推动体校与学校的业务训练合作，共同培训体育苗子，开设乒乓球、羽毛球、篮球、田径、游泳、水球、皮划艇、射击、武术、击剑、柔道、摔跤、足球等13项，350名学生开展业余训练，推进阳光体育进校园，在超过100所体育网点学校开展武术、足球、排球、游泳、跳绳等特色体育项目，全区网点学校开展业余训练的学生有2.5万多名，每年定期开展田径、游泳等15项青少年体育竞赛，参加的学生超过5000人，学生体质及格率97%以上，优秀率28%以上。

**【群众体育】** 2017年，顺德区完成广东省足球试点县（区）工作，全年参加5项省级足球比赛、承办3项省级足球赛事、举办2项区级业余联赛、承办1期亚足联——中国足协B级教练员培训班、开展2项全区教练员培训班。中正辉煌篮球俱乐部参加省男子篮球联赛连续3年进入前八名、均安女篮参加省女子篮球联赛连续2年获得冠军。近3000人次参与“顺控杯”第五届区属机关运动会。组队参加广东省体育大会，完成各项参赛任务。

体育品牌效益凸显。开展顺德区文体活动百村百企行“功夫角”活动，全年举办40场，推动传统武术文化的传播。持续5年举办顺德欢乐龙舟文化节，端午节、国庆节等重大节日的民俗龙舟活动不断，其中5月举办的开幕启动和11月闭幕活动更是吸引160余支龙舟队参加；顺德龙舟俱乐部乐从龙舟队全年获得59个冠军，组建7年来获得国家级以上竞赛冠军265个，7月代表省参加第十三届全国运动会龙舟比赛，获得4金1铜、1个第四名的优异成绩，10月派出2支队伍代表国家参加第13届世界龙舟锦标赛，其中顺德大门龙舟队获得男子老将A组4面金牌，顺德龙舟队获得男子公开精英组3面金牌；均安女篮代表广东参加第十三届全国运动会群众体育比赛获得第四名，森海轮滑队代表广东参加第十三届全国运动会群众体育比赛获得好成绩；永春、泰拳、自由搏击等武术项目得到进一步发展。

◎图54　2017年4月1日，广东省女子篮球联赛在顺德区均安镇篮球馆举行，顺德爱得乐女篮成功卫冕

**【体育产业】** 2017年，顺德区体育彩票销售额5.48亿元，纳税593万元，创造公益金4069万元，全区体育销售网点达到379个。以体育事业拉动体育产业发展。社区体育公园建设拉动基础设施投资超过2000万元，区内森海体育、奥玛健身等体育装备企业总产值8亿元，各类体育活动拉动的装备销售、培训等消费达2亿元。

**【佛山市第九届运动会在顺德举行】** 2017年7月15日在顺德体育中心开幕，2017年8月20日在顺德演艺中心大剧院闭幕。顺德区代表团以金牌193枚、总奖牌498枚，总分8565分的好成绩取得团体总分一等奖，同时获得体育道德风尚奖。

**【2017中国龙舟公开赛总决赛】** “一带一路”2017年中国龙舟公开赛总决赛暨第一届全国村（居）龙舟公开赛于2017年11月11—12日在佛山举行。由国家体育总局社会体育指导中心、中国龙舟协会主办，广东省龙舟协会、佛山市体育局、顺德区文化体育局、乐从镇人民政府承办。23支来自国内外的龙舟强队参加中国龙舟公开赛总决赛，除来自广东佛山、浙江苍南等中国内地的16支强队，还有中国香港、中国澳门以及加拿大、新加坡、马来西亚等7支队伍参赛。最终，浙江温州苍南聚龙队在200米直道赛和500米直道赛中夺得金牌，在5000米绕标赛夺得银牌，总决赛总名次排名第一；广东佛山乐从罗浮宫队在200米直道赛和500米直道赛中夺得银牌，在5000米绕标赛夺得银牌，总名次排名第二；山东超军体育队总名次排名第三。

（何小雷）

# 卫生·计划生育

伦教糕

# 综　述

**【概况】** 2017年，佛山市顺德区有卫生机构587个，其中医院35家，社区卫生服务中心（站）100个，专业公共卫生机构6个，包括妇幼保健院1家，卫生监督所1个，疾病预防控制中心1个，慢性病防治中心1个，中心血站1个，单采血浆站1个等。全区医疗卫生机构拥有床位10631张，每千常住人口床位数4.07张，各类卫生技术人员14742人，其中执业（助理）医师5353人，注册护士6585人，每千常住人口执业（助理）医师2.05人、注册护士2.52人、儿科医师0.09人（儿科医师236人）；每万人口全科医师2.36人、公共卫生人员3.91人。（注：参照顺德区政府信息公开2017年全区人口数261万进行测算）

全区医疗机构总诊疗22380007人次，其中公立医院10257976人次，民营医院2039881人次，分别比上年下降6.2%、增长2.66%。全区医疗机构出院381511人次，其中公立医院277515人次，民营医院78825人次，分别比上年增长7.67%、0.93%。全区医疗机构住院病人手术135425人次，其中公立医院92895人次，妇幼保健院11592人次，民营医院30938人次，分别增长12.16%、9.37%、8.02%。

**【医药卫生体制改革】** 2017年，顺德区把医疗卫生事业作为城市竞争的核心要素，深化公立医院体制改革。对内，组建以三级医院为龙头，二级医院为骨干，社区卫生服务中心为基础的“3+2+1”紧密型医疗联合体。医联体内实现资源的集约化管理，强化上下联动，引导镇（街道）医院走好“大专科、强综合”之路，形成三级医疗机构功能错位、协同发展的医疗服务体系，逐步构建分级诊疗、双向转诊的诊疗格局。对外，坚持开放引领，以“政校合作”为突破口，引入优质高校资源，增强医院的内生活力，力求建成一批立足顺德、辐射华南、面向全国的集医疗、教学、科研于一体的高水平医院。

探索“政校合作”办医全新模式　2017年，顺德区探索“政校合作”办医的全新模式。至年底，区内12家公立医院先后与南方医科大学、广州中医药大学、广东医科大学、暨南大学、广州医科大学等5所国内著名医学高校合作共建，占全区公立医院总量的80%；累计引入高端人才10人，高端团队11个，建成区级以上医学（临床）重点专科67个，其中卫生强市高水平医学重点专科8个。改革人才培养机制，出台全区高层次人才引进和培育政策，确认首批高层次卫生人才1740人。完善“公平公正、能上能下”的干部选拔制度，全区公立医疗卫生单位1000多个中层岗位实行全面竞聘。启动公立医院管理人才轮训计划，培育管理型人才梯队，先后组织全区医疗卫生系统内100多名后备管理干部到湘雅医院进行为期半年的脱产进修实践。

探索建立区域医联体　在坚持公立非营利的属性不变，原有隶属关系不变，原有人员身份不变的原则下，以高校为纽带，探索具有顺德特色的“高校—附属医院—社区卫生服务机构”紧密型纵向医联体建设模式。出台《社区卫生服务机构运行新机制》，综合运用医保、价格、信息化、宣传等手段，加快推进分级诊疗制度建设，建立“基层首诊、双向转诊、急慢分治、上下联动”的就医新秩序，引导“社区首诊、双向转诊”。提高中医药服务能力，100%镇（街道）医院均按标准化建设中医科、中药房，100%社区卫生服务中心能提供中医药服务。

加快建立现代医院管理制度　推进公立医院管办分离改革，制发《关于推进顺德区公立医疗机构管办分离改革的意见》，成立专门机构统筹管理公立医院的资本运营，为实现区域医疗资源共享奠定基础。制发《顺德区深化医药卫生体制综合改革实施方案》，完善综合医改的顶层设计。推进医疗服务价格改革，全区公立医疗机构从2017年7月1日起全部取消药品（中药饮片除外）和医用耗材加成，并同步调整基本医疗服务价格，对医院减少的合理收入，按照财政专项补偿10%、医院自我消化10%、调整医疗服务价格补偿80%的原则进行补偿。推进“以案治本”改革，探索药品供应链改革方案。出台《中共佛山市顺德区委办公室关于公立医院认真落实党建工作和全面从严治党主体责任的通知》，明晰医院的党建、干部管理、从严治党主体责任等方面的管理权限，并在公立医院试点设立监察审计室，开展对区镇两级医疗卫生机构的审计工作，规范医院财务管理。

是年，继续加强阳光用药制度建设。委托顺德区药事管理质控中心对全区医疗机构（含民营医院）共28个开展药事管理检查，规范全区医疗机构的阳光用药组织架构和电子监管系统建设，促进医院药事管理工作水平持续提升。全区二、三级公立医院（不含区妇幼保健院）基本药物收入占药品收入的比例分别为39.25%、24.03%，药品收入（不含中医药饮片）占医疗收入的比例分别为32.90%、28.41%。全区公立医院（不含伍仲珮纪念医院）抗菌药物占药品使用比例分别为15.36%、11.58%；门诊患者抗菌药物处方比例为16.5%，住院患者抗菌药物使用率为47.64%，达到阳光用药制度建设相关指标的要求。提升合理用药监督水平，制定出台《关于加强医疗机构辅助用药中成药临床使用管理工作的指导意见》和《顺德区执业医师不合理用药行为记分管理制度（试行）》，加强辅助用药、中成药的全方位监控，规范医师用药行为，提高合理用药水平，保障用药安全。加强基层用药管理，出台《关于完善社区卫生服务中心慢性病药品配备使用的通知》，建立基层医疗机构慢性病种基本用药目录，引导门诊慢性病患者合理就医，提高基层医疗机构分级诊疗的承接能力。

## 2017年顺德区政校合作办医签约情况表

表16

| 合作高校（医院） | 合作医院 | 签约日期 | 合作后名称 |
|---|---|---|---|
| 广州中医药大学 | 区中医院 | 2月16日 | 广州中医药大学顺德医院 |
| 南方医科大学 | 区第一人民医院（附属陈村医院、附属杏坛医院） | 2月28日 | 南方医科大学顺德医院（附属陈村医院、附属杏坛医院） |
| 广东医科大学 | 区妇幼保健院<br>伦教医院<br>龙江医院 | 4月20日 | 广东医科大学附属妇女儿童医院<br>广东医科大学附属第三医院 |
| 暨南大学 | 区第二人民医院<br>大良医院 | 5月8日 | 暨南大学附属顺德医院<br>暨南大学附属口腔医院 |
| 广州医科大学 | 乐从医院 | 5月26日 | 广州医科大学附属顺德医院 |
| 广州中医药大学顺德医院 | 勒流医院<br>均安医院 | 10月12日 | 广州中医药大学顺德医院附属勒流医院<br>广州中医药大学顺德医院附属均安医院 |

## 2017 年顺德区医联体一览表

表 17

| 高校 | 附属医院 | 社区卫生服务机构 |
|---|---|---|
| 南方医科大学 | 南方医科大学顺德医院<br>南方医科大学顺德医院附属陈村医院<br>南方医科大学顺德医院附属杏坛医院 | 陈村社区卫生服务中心<br>杏坛社区卫生服务中心 |
| 广州中医药大学 | 广州中医药大学顺德医院<br>广州中医药大学顺德医院附属勒流医院<br>广州中医药大学顺德医院附属均安医院 | 勒流社区卫生服务中心<br>均安社区卫生服务中心 |
| 广东医科大学 | 广东医科大学附属妇女儿童医院<br>（区妇幼保健院、伦教医院） | 伦教社区卫生服务中心 |
| 广东医科大学 | 广东医科大学附属第三医院 | 龙江社区卫生服务中心 |
| 暨南大学 | 暨南大学附属顺德医院 | 容桂社区卫生服务中心 |
| 暨南大学 | 暨南大学附属口腔医院 | 大良社区卫生服务中心 |
| 广州医科大学 | 广州医科大学附属顺德医院 | 乐从社区卫生服务中心 |
| — | 北滘医院 | 北滘社区卫生服务中心 |

**【医政管理】** 2017年，顺德区加强医疗质量安全管理，落实《医疗质量管理办法》，制定并组织实施《顺德区加强医疗安全管理和风险防范专项整顿工作方案》，医疗质量监督覆盖率达100%。制发《关于开展2017年度医疗质量巡查工作的通知》，组织医疗管理、临床、护理、院感、药学、血液管理等专家，对全区二级及以上医院和部分民营医院开展医疗质量巡查，各镇（街道）卫生计生局对辖区内其他医疗机构开展医疗质量巡查工作。巡查结果显示，辖区医疗质量管理及各项制度的落实情况持续改善。委托广东省医院管理评价质控中心，对全区11家二级甲等医院进行等级复评，截至年底，新容奇医院、南方医科大学顺德医院附属陈村医院、广州医科大学附属顺德医院通过二甲复审工作，暨南大学附属顺德医院、北滘医院、南方医科大学顺德医院附属杏坛医院、广东医科医科大学附属第三医院等4家医院完成二级甲等医院复审的预评审工作。

创新民营医疗机构监管模式，制定《顺德区民营医疗机构信用评价实施细则》，全面开展民营医疗机构信用评价工作，全年全区245个民营医疗机构纳入评价范围，其中医院18家、门诊部47个、诊所180个。经评定，获评优秀等级医疗机构4个（优秀医院1家），良好等级192个，合格等级47个，差等级2个，评价结果向社会公开，保障群众就医知情权和选择权。

推进优质护理服务工程，推行责任制整体护理的服务模式。年内举办9期护理专题培训班，2693人参加。联合顺德澳门联谊总会等12个团体举办“顺德区2017年国际护士节纪念活动”，认定表扬54名顺德区优秀护士。

开展初级救护知识培训，年内举办救护知识培训班8期（5天/期）、讲座活动13场次，逾3000人参加。是年，在顺德李伟强职业技术学校、伊之密精密机械有限公司开展“2017年世界红十字日系列宣传活动——救护知识进校园、救护知识进企业”，并举办“红十字知识、救护知识知多少”线上问答活动，得到80326人次关注，红十字工作的社会知晓度明显提升。面向区政府各机关单位开展“2017年世界急救日宣传活动——救护知识进机关”，200多名机关工作人员参加。印发《顺德区红十字会社会捐赠款物管理办法》，遵循“量入为出、公开公平、客观公正”的原则，加强对所接收的捐款捐物的财务管理，保障捐赠资金和物资管理的规范、合法、安全和有效，发挥捐赠款物在红十字人道主义事业中的作用。

**【基层卫生】** 2017年，顺德区基本公共卫生服务资金合计17210.56万元，人均67.88元（按253.53万常住人口计算），超过省常住人口人均50元的标准。建立居民电子健康档案229.26万份，建档率90.25%；规范管理高血压患者136596人，规范管理率76.21%；规范管理糖尿病45918人，规范管理率79.68%；管理老年人113013人，老年人管理率75.68%；建档管理严重精神障碍患者10263人，管理率90.47%。建成家庭医生服务团队435个，与65.41万名一般人群、35.44万名重点人群签订家庭医生式服务协议书，签约率分别为49.51%、60.18%。提供上门服务32026人次，预约门诊16439人次，转诊病人4125人次。

**【妇幼保健】** 2017年，顺德区巩固孕产妇和儿童保健系统管理，孕产妇死亡率、婴儿死亡率分别为7.39/10万、2.29‰，均达到卫生强区目标要求。加强孕产妇和0～6岁儿童健康管理服务，为25972名孕妇提供免费产检93533人次，完成新生儿访视47270人次，进行儿童体检（含儿童生长发育评价）39.2万余人次，孕产妇健康管理率、0～6岁儿童健康管理率、产后访视率分别为98.53%、98.34%和98.70%。加强出生缺陷综合防控工作，提高出生人口素质，全区孕产妇产前筛查数为31949例，对8584名可疑对象进行产前诊断，终止重度出生缺陷胎儿妊娠112例；新生儿疾病筛查率、听力筛查率分别为99.75%、98.81%；出生缺陷发生率为253.5/万。

**【无偿献血与器官捐献登记】** 2017年，顺德区无偿献血34178人次，献血量56283单位，其中献全血量54025单位，机采血小板采集2258单位，分别比上年增长8.2%、7.5%、7.0%、21.8%；临床用血量11吨，比上年增长10%，无偿献血100%满足临床用血需要。新增稀有血型登记42人；新增造血干细胞捐献登记400人；有1名公民捐献遗体，3名公民无偿捐献器官，10名患者受益。4月，顺德区女警林静成功捐献造血干细胞，成为全区首例女性造血干细胞成功捐献者。6月，血站护士罗师媛成功捐献造血干细胞，成为全区首位医务人员造血干细胞成功捐献者。

**【医学科研与教育】** 2017年，顺德区加强临床重点专科建设，开展区级第三周期医学（临床）重点专科建设工作，评审认定区级医学重点专科30个，区级临床重点专科37个，全年下达专科扶持经费707.4万元。年内获国家自然科学基金立项课题1项，省卫生计生委医学科研基金立项课题4项，建设中医药强省科研立项课题8项，市科技局科研立项90项。其中，广州中医药大学顺德医院科研课题《转位蛋白18KDa介导芍药苷防治脑胶质瘤的作用机制研究》获国家青年科学基金项目立项，实现本辖区中医药类别科研课题在国家青年科学基金项目级别上零的突破。

是年，全区申办国家级继续医学教育10项，省继续医学教育78项，省中医药继续医学教育2项，区级继续医学教育346项。联合香港家庭医学学院举办第三期“家庭医学证书课程”，招录18名新学员参加学习，为基层培养适应医改需要的实用型家庭医生。举办2017年度顺德区医学临床技能竞赛，以“理论笔试+技能操作”形式进行，邀请南方医科大学珠江医院6名教授担任评委并作现场点评，以期通过比赛促进医技提升。开展住院全科医生规范化培训（以下简称规培）工作，全年全区新招录规培学员103名，在培学员268人，完成培训并参加国家统考25人，考试通过率100%。制订《顺德区住院医师规范化培训专项经费使用方案》，规范该专项经费管理，全年下达专项经费309万元，保障规培工作的顺利开展。

**【爱国卫生】** 2017年，顺德区组织开展季节性和重大节日前后爱国卫生运动，推进巩固卫生创建和建设健康“细胞”工程工作，勒流街道国家卫生镇通过省级复审检查。启动“健康顺德”全民行动，开展健康促进“五进”行动（进村居、进机关、进企业、进学校、进家庭）。全区有4个村、5个社区、20所学校、11个医疗单位、5个机关单位和165个家庭开展健康细胞工程创建，其中大良街道新滘社区等9个村（社区）获评为“佛山市健康村（社区）”称号，其余通过佛山市的初步验收，超额完成市下达顺德区的年度创建任务。乐从镇和大良街道顺峰社区等60个村（社区）被广东省爱国卫生运动委员会确定为省健康镇、省健康村试点。

**【中医药工作】** 2017年，顺德区持续提升基层中医药服务能力，全区老年人中医药健康管理、0～36月儿童中医药健康管理率均达45%以上。各镇（街道）社区卫生服务中心均能开展15种以上中医适宜技术。依托行业协会力量带动中医药事业发展，区中医学会成立治未病、骨科、风湿科、肿瘤等分会。加强中医人才队伍建设，全区800多名基层中医药骨干参加中医药适宜技术推广培训，组织中医类别全科医生转岗培训班，培训20名中医类别全科医生，派出1名医生参加省级中医类别全科医生转岗培训。暨南大学附属顺德医院和均安医院获“全国综合医院中医药先进示范单位”称号，是年，1名中医师获“广东省名中医”称号，至年底，全区有3名中医师获此称号。

**【卫生人才新政出台】** 顺德区委、区政府提出“开放引领创新驱动”重大战略，明确要加快医药卫生综合改革及卫生强区建设，加强对外战略合作，推动人才政策全面升级落实。2016年3月，召开“卫生强区动员”大会，推进医药卫生改革工作。2017年初，顺德区相继颁布《顺德区医疗卫生系统高层次卫生人才确认办法》《顺德区医疗卫生事业单位人才建设实施方案》，构成顺德医疗卫生系统首套全面性、综合性、立体性、极具含金量的人才政策。高层次卫生人才将获得“德才卡”，享受安居、公共服务、金融、文化、旅游、医疗配套等政府配套的人才服务。首批1740人被确认为“顺德区高层次卫生人才”，其中3人为顺德区医学领军人才。

**【“身体验 心互信”医患互换体验活动】** 2017年3月，顺德区卫生计生局启动以“身体验心互信”为主题的医患互换体验系列活动，活动分三期贯穿全年，体验范围覆盖医疗卫生服务、公共卫生防疫以及卫生监督执法等三个医疗卫生主要领域，选取28名社会各界志愿者参与医方角色体验。顺德卫生计生系统“医患互换”（医方、患方角色互换）体验活动已连续第三年进行，是年，除现场参与的志愿者外，首次采取网络直播的形式让群众广泛参与体验，据统计，每期直播均超3万人次观看和参与互动。

**【“十佳医生”“优秀家庭医生团队”推宣表彰活动】** 2017年4月，顺德区开展“顺德好医生”推选宣传活动。经过个人自荐、单位考察、专家初评、群众回访、微信投票等环节，历时近两个月，推选出王卫东等10位医生为2017年顺德好医生“十佳医生”，林盛强等3支家庭医生团队为2017年顺德好医生“优秀家庭医生团队”。6月25日，“顺德好医生”——2017年顺德十佳医生、优秀家庭医生团队表彰会在顺德演艺中心大剧院举行。为宣传2017年“顺德好医生”典型事迹，顺德区向全社会推出2017年“顺德好医生”专题宣传片及个人事迹宣传短片，联合区内主要媒体进行十佳医生、优秀家医团队专题宣传，开展顺德好医生系列宣传活动，向社会展示“医者仁心、大医精诚”的顺德医生精神，并组织受表彰的团体及个人开展义诊活动，宣传推广顺德家庭医生团队形象，促进卫生强区和健康顺德建设。

**【健康顺德·全民共享——2017顺德区“名医名校零距离”大型巡回义诊】** 2017年9日至12月，顺德区委、区政府提出在全区10个镇（街道）开展“健康顺德·全民共享”巡回义诊活动决策部署，区卫生计生局联合区委宣传部、区义工联等部门具体落实。据统计，10场义诊活动参加医务人员1509人次（其中高校知名专家138人次），设置摊位335个，涉及重点专科511个，免费派发常用药物近17万元，派发活动宣传品5.3万多份，惠及群众6万多人次，享受免费项目、专家挂号费、药品费及相应耗材等总价值400多万元。首场活动中，现场全程由《珠江商报》与网易·顺德联手开展直播宣传，吸引约9万人次点击观看。活动期间，卫生计生系统官方微信微博共推送“@健康顺德”义诊活动相关消息378条，平均浏览量超3000人次，平均转发量1000多条。

**【首次组织领导干部集体旁听案件审理】** 2017年9月25日，顺德区卫生和计划生育局由局长率基层领导干部及执法人员到区人民法院旁听庭审，现场学法。此次公开庭审的是一起社会抚养费征收案件，原告对卫生计生部门对其违法生育行为作出征收决定不服，提起行政诉讼，当天的庭审有法庭调查、法庭辩论、最后陈述，双方当庭交锋1个多小时。这是卫生计生部门较常见且有代表性的业务案件，该局首次组织领导干部集体旁听案件审理，旨在进一步增强领导干部尊法、学法、守法、用法意识。

**【第三届“中医文化节”活动】** 2017年9—10月，顺德举办全区第三届中医文化节。9月28日，在顺德职业技术学院举办开幕式，为期一个月的中医文化节拉开帷幕。开幕式邀请广州中医药大学第一附属医院主任中医师、硕士生导师陈瑞芳为群众讲解“国医大师邓铁涛康寿之道”，向公众传授相关养生知识。现场还有五禽戏表演、小品《穿越历史说痛风》等精彩节目。该届中医文化节结合顺德世界美食之都的精髓，以药膳养生为切入点，推广药食同源的养生理念，旨在提高市民对中医药膳食疗的认识，推动中医治未病理念，增强中医保健意识。（梁任之）

## 公共卫生

**【疾病预防控制】** 传染病防控　2017年，顺德区报告法定管理传染病24种26878例，报告发病率1051.88/10万（比上年增长13.17%）；死亡15例，报告死亡率0.59/10万（下降12.15%）。无甲类传染病报告。加强传染病监测报告管理，落实登革热联防联控工作机制，开展禽类市场环境H7N9禽流感监测工作，加强手足口病病例追踪和排查，指导落实隔离和消毒等防控措施，及时处置托幼机构手足口聚集疫情，全区报告手足口病例12445例，报告发病率为487.04/10万，报告重症1例，无死亡病例。重点传染病监测工作稳步开展，累计监测霍乱、流感、手足口病、疟疾、血吸虫、犬伤暴露等相关人群及样品3.28万人（份），钉螺监测面积0.48万平方米2648框（无发现钉螺）。全区完成艾滋病抗体检测逾37.7万人次，报告新发艾滋病病毒感染者及病人257例，开展吸毒者哨点监测和羁押人员日常监测（含戒毒所、看守所和拘留所）

6040人次，自愿免费咨询检测2161人次，开展一站式服务，随访管理1055人，成功转介治疗230人，首次流调率100.0%，艾滋病患者配偶或固定性伴的艾滋抗体检测率达93.4%。接诊肺结核病可疑者3769例，发现活动性肺结核病人1095例（含结核性胸膜炎），初治涂阳肺结核病人的治愈率达87.72%。开展全区高中新生肺结核筛查工作，筛查学生21354人，发现活动性肺结核病人18例（含结核性胸膜炎），均落实治疗管理。开展儿童孕妇盐碘、尿碘等项目的监测工作，碘盐覆盖率100%，居民合格碘盐食用率98.67%，达到国家碘缺乏病消除标准。新生儿甲低筛查异常率20.70‰，提示孕妇碘摄入量不足。

疫苗管理和接种服务　是年，顺德各镇（街道）社区卫生服务中心通过微信公众号每天公布库存数量，方便群众有计划到站点进行预防接种，累计接种一类疫苗105.8万针次，比上年同期的88.9万针次增加16.9万针次，增长19.01%，接种二类疫苗33万针次（人份）。数字化预防接种门诊手机移动平台“小豆苗”关联儿童16.9万人次，全年预约接种24.8万人次。全区冷链自动监控系统实现可视化监控，产科门诊和接种门诊均实现打印预防接种证功能。全区所有各产科预防接种单位更新医用冰箱贮存设备。增设大良北区预防接种门诊，改建北滘社区服务中心碧江预防接种门诊，满足基层预防接种服务需求。

食品安全风险监测　全年完成省级任务40类食品821份样品1543个包装样品的监测工作，对蔬菜金属或农药残留、食源性致病因子及寄生虫等指标进行分析。制定实施《2017年顺德区食品安全风险监测方案》，对区内食用油、腊肠腊肉、焙烤食品、烘炒食品等4类食品180份样品的4个指标进行抽样检测，结果反映少部分食品存在一定安全风险。开展食源性疾病监测审核上报病例254例，其中首次调查水产品相关横纹肌溶解综合征病例8例。调查处理1起食源性疾病暴发事件。

公共卫生监测　2017年对69所学校直饮水、教室环境、生活环境和公共场所等项目开展卫生监测工作。推进农村环境卫生监测，顺德区作为广东省16个试点之一，连续6年参加农村环境卫生调查，2017年通过国家级督导，完成10所学校、1个垃圾处理场、13个污水处理厂、20个行政村的基本情况调查，分别于5个镇（街道）20个村采集土壤20份；监测旅店业、游泳池、文化娱乐场所等各类公共场所352个，总体合格率74.43%（262/352）；配合制订对3家待关停水厂的监测方案，为全区饮用水安全管理工作提供技术支撑。首次开展用户水龙头水质卫生监测和饮用水安全保障监测，确保从水源到水龙头全过程监管饮用水安全。全年监测集中式供水企业13家，监测出厂水、管网末梢水、二次供水等各类水样865份，总体合格率90.98%。完成重大活动卫生保障任务，在第三届广东院士高峰年会、第三届珠江西岸制造业投资贸易洽谈会、第三届中国（广东）国际“互联网+”博览会等重大活动卫生保障工作中，开展饮用水与公共场所检测、病媒生物监测等工作，保障参会参展人员的身体健康。

**【卫生应急】**　2017年，顺德区疾控应急工作以健全机制、锻炼队伍、培养能力为指导思想，成立疾控卫生应急青年突击队，建立起公共卫生风险评估工作机制，逢双月召开风险评估会议并形成评估报告。开展全区传染病疫情排查工作，发现和排查可疑疫情482宗，全年报告和处置13起突发公共卫生事件（未分级）。开展2017年卫生应急技能拉练、2017年鼠疫防控应急演练，通过“以赛促练”“以练促学”，提高应急队伍实战能力。顺德区代表队参加佛山市卫生应急技能竞赛，获突发急性传染病防控技能竞赛团体二等奖、突发中毒事件处置技能竞赛团体二等奖，突发中毒事件处置技能竞赛个人一等奖，突发急性传染病防控技能竞赛个人二等奖。其中顺德区疾控中心2名技术骨干参加佛山代表队，在省卫生应急技能竞赛中，取得团体二等奖，突发

急性传染病防控、突发中毒事件处置等两个组别个人三等奖的佳绩。（梁永坚）

【卫生监督】2017年，顺德区办理公共场所、生活饮用水卫生许可证新证、延续、注销事项2482项，放射诊疗建设项目卫生审查、放射诊疗许可证新证和校验160项，医师执业注册1268项，医疗机构《麻醉药品、一类精神药品购用印鉴卡》35宗，从业人员健康证明64610个。开展职业病防治咨询、指导67862人次，巡查公共场所和生活饮用水单位5820个次、学校及托幼机构1216所次。开展非法行医、非法采供血巡访433次，对民营门诊部（诊所）医疗、护理、院感工作巡查230所次。开展公共场所专项检查56家，协助抽检231家；饮用水和涉水产品专项检查10家乡镇水厂和4家涉水产品生产企业；学校卫生专项抽检50所学校直饮水；医疗卫生专项依法监督检查48所区属管辖权限和15所镇街权限医疗机构；参与广东省卫生监督所对全区19家消毒产品生产企业新证现场审核检查；职业卫生专项检查全区13所职业健康检查机构，合格率100%；开展2017年春运、佛山市第九届运动会等6场重大活动卫生保障工作，完成活动期间公共卫生安全保障。

是年，国家重点监督抽检“双随机一公开”（指在监管过程中随机抽取检查对象，随机选派执法检查人员，并将抽查情况及查处结果及时向社会公开）和信息报告工作开展首年，顺德区按规定完成“双随机”任务，包括：公共场所和生活饮用水“双随机”任务单位287个，其中省市检查权限56个、区级检查权限231个；学校卫生“双随机”监督任务单位53所，将国家“双随机”专项和学校卫生综合评价有机结合开展；医疗、放射、职业卫生“双随机”任务单位有医疗机构10个、放射诊疗机构7个、职业健康检查机构1个。

2017年，顺德区内持卫生许可证公共场所2818个，需量化评级2355个，已评卫生信誉度A级单位198个、B级1806个、C级346个、D级5个。全区有集中式供水单位13个，持卫生许可证经营12个，未取得卫生许可1个；持证经营单位中，A级单位8个、B级1个、C级2个、未评级1个。2017年继续推行学校卫生综合评价工作，完成评价115所：A级21所，B级93所，C级1所。全区医疗机构629个、放射诊疗机构91个、涉水产品生产企业77家、消毒产品生产企业46家、餐饮具集中消毒单位15个，均按要求落实监督检查。年内开展民营医疗机构信用评价245个：优秀4个、良好192个、合格47个、差2个。开展医疗机构传染病防治分类监督综合评价89所：优秀40个、合格48个、重点监督1个。

是年，全区完成卫生行政处罚48件，包括医疗卫生21件、公共场所卫生13件、生活饮用水卫生8件、消毒卫生6件。已处罚36件，罚没金额232280元，不作处罚3件，有7件当事人提出陈述申辩，3件申请人民法院强制执行。发出《医疗机构不良执业行为记分通知书》36份，共记105分。年内，对职业健康检查工作人员，放射工作人员，公共场所和生活饮用水从业人员，学校、托幼机构、餐饮具集中消毒服务单位卫生管理人员举办卫生知识培训班25期，7747人参加。（陈晓清）

【严重精神障碍患者救治救助】2017年，顺德区出台加强严重精神障碍患者救治救助的相关工作意见和方案，严重精神障碍患者健康规范管理人数逐步增加。4—6月由区综治办统筹，区公安局牵头，区卫生计生局配合开展全区患者重新排查评估工作，由区伍仲珮纪念医院共派出精神专科执业医师389人次，累计11180多名患者和疑似患者开展复核诊断和危险性评估，并对确诊患者按照项目管理规范提供随访、免费体检、药物评估等健康管理服务。截至2017年12月，全区在册患者为10263人，其中9285人纳入管理，随访78989人次，专家药物评估6828人次，为患者提供免费体检5097人次，累计107例患者参与个案管理，个案随访660人次，会商和心理治疗236人次。提供个案管理随访470人次。是年，加强精神卫生宣传工作，举办严重精神障碍患者家属联席会和家庭护理知识讲座20场，到学校、企业和村居分别对教师、管理人员及市民开展心理健康知识宣教20场，与顺德电视台合作在《健康直通车》栏目中设立精神卫生知识专栏，开播5期（档），举办医务人员精神卫生日主题演讲比赛1场。（梁任之）

## 区属有关医疗卫生机构

**【南方医科大学顺德医院】** 2017年，南方医科大学顺德医院占地4.3万平方米，建筑面积9.03万平方米；在建新址占地面积13.33公顷，建筑面积26万平方米；共有4个门诊部。编制病床数1500张，实际开放床位1500张。年门、急诊总诊疗量216.5万人次，比上年下降2.7%；年住院量约7.8万人次，比上年增长3.7%；住院手术3.1万例次，比上年增长11.1%；抢救危重病例3198人次，抢救成功率91.2%；平均住院日7.4天，比上年缩短0.3天；病床使用率106.1%，病床年周转次数52.1次。员工总数2407人，其中专业技术人员2089人；医生683人，护士1026人，医技人员266人；正高职称人员89人，副高职称人员265人，中级职称人员701人；博士22人，硕士267人。

政校合作共建　是年2月28日，顺德区政府与南方医科大学签订合作共建协议，该院成为南方医科大学直属附属医院，更名为南方医科大学顺德医院。该院在管理理念、政策制度、工作程序、管理机制等方面与南医大全方位对接，迅速融入“大南医”体系。根据大学直属附属医院管理要求，结合医院的实际，建立、健全和完善规章制度27项，建立职能部门、中层干部例会制度、院长查房制度等长效管理机制。

医疗服务质量管理　是年，该院组织开展“医疗质量安全月”活动，严抓处方点评工作。制定医疗质量考核标准、科室质控员管理制度、质控数据月报告制度，开展关键医疗质量指标的监测，建立医疗质量工作月评价、季度分析机制，形成医疗质量闭环管理。开展药品不良反应监测和培训工作，实施护理安全自查和督导。完善护理管理架构及质量评价标准，重视护士临床思维能力培养，开展疑难病例会诊及讨论320次，实施护理安全自查和督导，逐步实现护理服务同质化，持续推进优质护理服务，注重人文关怀。组织参与10场顺德“名医·名校”零距离大型巡回义诊活动。

学科规划　是年，该院制定以“搭建4个科技平台、建成6个医学中心、打造7个重点学科、建设8个重点培育学科、发展一批新增和特色专科”为主要任务的《2017—2020年学科发展规划》，完成顶层设计。该院呼吸内科、普外科成为2017年（第一批）卫生强市高水平医学重点专科，组织申报广东省高水平医院及11个高水平临床重点专科建设项目。

人才招引　是年，该院全职引进高层次人才6人（博士生导师2人、博士后1人、博士2人），南医大派出全职1人（国家临床重点专科学科带头人），非全职聘请4人，聘任流动PI岗位专家4人；博士后进站6人。举行公开招聘2次，录用142人，其中博士8人、硕士46人。

高层次合作　是年，该院与南方医科大学肿瘤研究所共建“南方医科大学肿瘤研究所顺德分所”，与南方医科大学口腔医院共建口腔医学中心，与华大基因合作共建精准医学中心，与国家转化医学中心上海交通大学纳米生物医学工程研究所、深圳北科生物科技有限公司确立合作意向；与美国“希望之城”国家医疗中心、英国圣马克医院、奥地利维也纳黑岑医院等初步明确合作意向。

医教研协同发展　是年，该院发表SCI论文48篇，比上年增长167%；以心血管内科黄裕立为第一作者的5篇学术论文被列为《2017美国成人高血压预防、检测、评估和管理指南》

重要参考文献，胡允兆教授带领的研究团队发表的4篇会议论文获2018年美国心脏病学会年会（ACC2018）录用，并受邀进行会议现场壁报展示及研究汇报。通过评审新技术38项、新项目28个，其中多项全国领先或先进；心脏大血管外科开展高难度、复杂的心脏大手术15例；重症医学科开展ECMO技术30例，开展总例数广东第四，全国前30，成功率和脱机率达到全国先进水平。获批科研立项43项，其中厅级6项。接收硕士研究生7人，实习生、见习生580人，进修人员73人，住培基地在培学员268人。获批继续医学教育项目93个，其中国家级3个。医院获南方医科大学2017年度临床能力竞赛教师组和学生组双料第一名、佛山市卫生应急技能竞赛团体及个人第一。重症医学科团队获“急性循环衰竭全国竞赛”总冠军，麻醉科医师张艳静获“才俊计划”全国总决赛三等奖，病理科医师吴国标获第二届数字病理诊断挑战赛全国总决赛三等奖，消化内科主任医师李国华获全国超声内镜决赛第五名，郭敏获“佛山市职工创新标兵”称号。“安全用药知识进校园系列活动”获中国药学会科技传播创新2017年重点工程项目；“基于二维码和互联网技术构建慢性疾病（糖尿病）管理系统”等三个项目获第二届全国药学服务创新大赛“十佳项目”和二、三等奖。

医改新举措　是年，该院完成“药耗零加成”价格改革。实施门诊综合改革，完善专家（专病）门诊、专科门诊、固定门诊设置。探索区域医联体建设，加入珠江专科医疗联盟及中山大学肿瘤医院“恶性肿瘤临床研究协作网络”。增加新容奇医院、同江医院、和平外科医院、善耆护理院和顺德健凯门诊部等5个合作单位。

新院搬迁筹备　是年，该院全面展开有关新院交付验收、拓荒清洁、物资配备、运行测试、培训演练等工作，全力以赴准备新院搬迁。

国家级资质资格　是年，该院通过国家药物临床试验（GCP）机构评审，医院及心血管内科、肾病、内分泌等8个专业同时获得资格认定；通过“2017年第五批中国胸痛中心国家认证”；获授国家药品不良反应监测哨点医疗机构定点单位（全国仅14个），中国医师协会舒适化医疗培训基地（麻醉科）、EBUS医师培训中心（呼吸内科）。

是年，该院获评国家卫计委财务司“2016年度全国医疗服务价格和成本监测与研究网络先进机构”、2016年度广东省药械化安全监测先进医疗机构，“2016年度广东省卫生计生系统网站与新媒体建设测评优秀单位”。该院消化内科李国华获“全国卫生计生系统先进工作者”称号、中国好人榜、广东“见义勇为”好人、佛山好人；呼吸内科陈瑞芳获“全国优质护理服务表现突出护士”称号；左六二、王卫东、荣福、李国华获首届“南粤好医生”称号；王卫东、李国华、邱冬梅（附属陈村医院）获评“顺德十佳医生”。微电影《危情120分钟》获第二届全国卫生计生微电影节“优秀奖”（排名第六）；该院工会成为广东省第三期“妇女之家”示范点，团委被评为“佛山市五四红旗团委”；产科获评“佛山市顺德区终身学习活动品牌”。（李恒寿）

**【广州中医药大学顺德医院】**

2017年，广州中医药大学顺德医院（顺德区中医院）占地面积9.2万平方米，建筑面积6.4万平方米，设顺峰门诊部、第一门诊部、第三门诊部等三个综合门诊部；住院部编制病床800张，实际开放病床800张。全年门（急）诊58.7万人次，比上年增长0.81%；住院2.9万人次，比上年增长16.95%；住院手术1.73万例次，比上年增长13.48%；平均住院日9.1天，比上年下降0.47天；药比（不含中药饮片）30.43%，降低3.89个百分点；抢救危重病人700人次，抢救成功率86.14%；病床使用率89.67%，病床年周转次数35.95次。职工总数1078人，其中卫生专业技术人员903人、医生330人、护士410人、医技人员75人、正高职称24人、副高职称105人、中级职称292人、博士2人、硕士110人。

合作共建　是年2月，广州中医药大学与顺德区委区政府签署协议开展合作共建顺德中医院工作，医院更名为广州中医药大学顺德医院，保留佛山市顺德区中医院名称。5月，大学选派广州中医药大学第一附属医院骨伤和肿瘤领域两位权威专家来院分别担任正副院长职务，由一附院对接管理。8月，医院成为广州中医药大学第一附属医院技术支持医院，并引入一附院骨科技术团队。10月，与勒流街道、均安镇政府签订协议，合作共建勒流、均安的公立医疗机构。“政府办、大学管”的运营模式得到有效落实，并建立实质性的医联体，实现资源共享、全面协作，推动医院向高水平发展。

廉政工作　是年，该院健全廉政建设长效机制，修订或新增32项制度，对药品、设备、总务后勤采购评议、招标等环节进行全过程监督。每月对违反合理用药规定、超常使用耗材等情况进行动态监控，对64名临床一线、关键岗位、重要部门人员进行谈话提醒，增强廉洁风险防范意识。开展纪律教育学习月活动，坚持医德医风教育常态化，提高廉洁行医自觉性，全年退回患者红包26封，收到锦旗31面、表扬信5封。围绕“以案治本”回头看发现的问题，列出清单，明确责任，落实整改方案，完善风险防控机制，促进医院各项工作走上制度化、规范化轨道，11月通过顺德区卫计系统专项巡查。

人才选拔培养　坚持德才兼备、注重实绩以及公开、平等、竞争、择优的原则，制订换届方案，提高聘任条件，按照干部选任工作程序，选聘80名高素质骨干组成中层干部队伍，提升医院的管理效能。重视队伍素质建设。组织参加国家卫计委及高校举办的管理干部培训班，对各级干部进行轮训。建立后备人才培育机制，派出28名青年管理骨干到北京同仁医院、湘雅医院、广州中医药大学第一附属医院等国内知名医院培训进修，选拔优秀中青年医师跟随名老中医，招聘吸收专业人才89人，夯实医院发展基础。

医疗质量管理　规范医疗质控流程，坚持落实行政查房制度，开展节日前医疗安全检查，质控出院病历首页数2.88万份，医疗质控小结12份，发出《医疗缺陷限期整改通知书》6份；科室上报医疗安全隐患15起，均整改处理。落实疾病防控措施，加强院感暴发前瞻性监测，建立重点科室和环节督导联动机制，共筛查院感疑似病例1.45万例次，监控率49.83%。实施慢性病综合防控，严格食源性疾病监测，杜绝迟报漏报；重点做好登革热、人感染H7N9、手足口、诺如病毒等疫情防控。

科研教学　中医肿瘤科、中医骨伤科通过佛山市培育项目验收；肿瘤科和骨伤科分别按国家和省重点专科标准充实内涵建设。中医肿瘤科、中医骨伤科、胸外科、麻醉科、康复科、脑病科、消化内科、治未病科、心血管内科等成为第三周期区级医学（临床）重点建设专科。批准并开展新技术、新业务14项，检查、检验项目16个，为医院的学科发展注入新的动力。《小郁子油子午流注穴位敷贴预防奥施康定所致便秘》项目的创新性、实用性得省内外同行认可。“可控温度型艾灸盒”“防足下垂板”“可移动式鼻咽冲洗器”等创新护理用具应用于临床。开展国家中医住院医师规范化培训基地建设。举办国家级继续教育项目3个、省级18个、区级36个，举办中医药适宜技术视频网络教学12期和推广培训班3期。发表60篇论文，其中SCI2篇，中文核心论文3篇。获得国家级科研立项课题1项、省级4项、市级27项，其中高卓维博士主持的课题《转位蛋白18KDa介导芍药苷防治脑胶质瘤的作用机制研究》获得国家青年科学基金立项。

中医药品牌建设　利用电视、电台、微信、微博等媒体开展中医药文化宣传，承办第三届顺德区中医文化节，开展中医药膳养生知识宣传及中医药膳大比武，通过多形式全方位宣传，提高医院的社会影响力。开展一人一方膏方，举办第二届膏方节，做好护肝膏方、降尿酸茶包、鲜药榨汁等的开发及推广。优化中医诊疗方案，推广耳穴压豆、子午流注等多种中医特色治疗及护理。推动开展中医护理操作，共达76万例次。组建专家团队、中医健康讲师团，走进社区、企业、校园开展健康宣讲和义诊40场。推广中医特色体检，提供检后健康干预服务，体检量2.7万人次；开展小儿推拿、艾灸、腹脐灸等传统治疗服务，接待患者1.3万人次。

医院管理　启动新医院原地改（扩）建项目，完成物探、测量并进行概念设计方案公众及职工投票，环评、水保、地灾等报告编制以及规控调整按计划展开。对泌尿外科、风湿科进行单独分科，合并神经内科和神经外科为脑病科，接收看守所门诊，充实综合科业务，搬迁病案统计室，改造建设新ICU。开展精益管理年活动，推进7S管理考评，提升医院服务形象。运用PDCA循环管理，开展药房品管圈活动，缩短病人等候时间。推行“院长接待日”，广泛听取意见和建议；加强院务公开，每月将院务会议纪要、人事、财务、采购等情况及时公布。根据医保政策及医疗业务变化，调整绩效分配方案。结合“八项规定”，出台公务用车改革方案。制订《创优服务集体和优质服务员工评选方案》，每季评选创优服务集体和优质服务员工，树立先进典型，营造积极向上的工作氛围。

服务能力建设　装修改造CT室、功能科、门诊、药库等医疗用房，搭建室外遮雨棚，修缮医院东门道路，铺设房顶隔热防水膜，进行装修、修缮及零星工程100多项，因地制宜改善就医环境。投入2230万元采购彩超、DR、手术显微镜等先进设备，建设体检预约、报告查询系统，完成门急诊针剂发放系统、验单集中打印、门诊收费一键结算改造，升级微信全流程就诊平台，提高智能化服务水平。将急诊输液药品改为急诊科护士发放，将入院手续简化为病房直接办理，修建母婴室便于母乳喂养，设立小白板温馨提醒病人取药、检查，为长期住院病人送上生日蛋糕等，把贴心关爱和真情服务带给患者。　（黄慧懿）

**【广东医科大学附属妇女儿童医院】** 2017年，广东医科大学附属妇女儿童医院（原顺德区妇幼保健院）开放病床数400张，门、急诊人次79万人次，比上年增长7.85%；住院2.5万人次，增长17.9%；出生婴儿（接产数）8564，增长17%。病床使用率104.9%。职工总数720人，其中卫生专业技术人员652人，医生205人，护士323人，医技63人，药剂28人；正高职称18人，副高职称72人，中级职称171人，硕士31人，博士2人。

三甲复评　成立医院质量与安全管理委员会，下设医疗质量委员会等13个二级委员会。各科室成立质量管理小组，形成有效院科两级管理架构。加强重点部门、关键环节和重点时段的医疗质量管理。建立健全医院门急诊管理制度，对门急诊采用病情分级管理及预检、分诊处理，保障患者获得及时及连贯的医疗服务。

专科建设　2017年顺德区第三周期重点专科评审中，该院生殖中心、儿科、新生儿科、胃肠外科被评为“顺德区医学重点专科”，超声医学科、产科、新生儿疾病筛查中心、儿童保健科被评为“临床重点专科”。是年，顺德区产前质量控制中心落户该院，6月产前诊断中心通过省卫计委校验。10月20日，“广东省妇幼保健院宫颈疾病防治中心”顺德分中心成立，11月15日，成为“广东省妇幼保健院乳腺病防治分中心”。

科研教学　是年，完成佛山市科技局立项12项，继续教育项目32个，其中省级4个、区级28个，承办广东省妇幼保健院省级继续教育项目2个。在2017年顺德区卫计系统临床技能竞赛中取得二等奖。

妇女保健　2017年全区妇女常见病筛查109764人，查出患妇女病28088人，患病率25.59%，可疑病例追踪管理率100%，发现宫颈癌5例，乳腺癌11例，卵巢癌1例。2017年有产妇40878人，活产数41046人，建立孕产妇档案30216份，孕产妇住院分娩率99.97%，早孕建册率98.67%，孕产妇系统管理率98.05%。推进产前筛查与产前诊断工作，加强高危妊娠管理，31949名孕妇接受产前筛查；8584例可疑阳性孕妇作进一步产前诊断，其中同型地贫夫妇数193对，接受地贫产前诊断率100%；112名诊断为重度缺陷胎儿并终止妊娠；7573例高危孕产妇得到建档追踪管理。6月，“顺德区产科质量控制中心”成立，设立急救值班电话，完善危重症转诊、会诊制度，通畅全区急救绿色通道。修订《顺德区孕产妇分类标准（试行）》，制订《顺德区产科质量控制方案》，加强全区产科医疗管理质量控制，促进医疗机构产科医疗质量规范化管理。

儿童保健　是年，建立儿童健康档案33779份，0～6岁儿童健康管理率98.34%，3岁以下儿童系统管理率94.53%。促进母乳喂养工作，院内新生儿母乳喂养率96.16％。新生儿疾病筛查37381例，检出疾病例数189人，其中pku0人，甲低16人，先天性肾上腺皮质增生症2人，G-6PD缺乏症患者162人。新生儿听力筛查37026例，确诊异常239例，患儿均得到及时治疗。高危儿建档管理3361例，确诊异常404例，其中296人接受系统治疗。全年完成孕期艾滋病、梅毒和乙肝检测4万人，艾滋病感染孕产妇用药率和所生婴儿用药率100%，梅毒感染孕产妇治疗率93.02%，梅毒感染孕产妇所生儿童预防性治疗率95.35%，乙肝感染孕产妇所生新生儿乙肝免疫球蛋白注射率99.98%，有效阻断母婴传播。

优质服务　为缓解二胎带来的压力，该院调整业务用房，对儿科ICU、病案室、生殖中心、检验科、DR室、二门诊X光室、B超室、口腔科、美容科、儿保科、发热门诊等科室进行重新规划和调整，根据医院的业务发展部署进行改扩建，至2017年年底，各项工程陆续完成，为患者提供优质优美舒适的就诊环境和就医体验。医院制订《医院优质服务全员培训活动实施方案》，成立医院内训师队伍22人，自8月开始开展优质服务培训工作，共培训18期。

新医院搬迁筹备　是年4月，顺德区委、区政府与广东医科大学签订合作共建“广东医科大学附属妇女儿童医院”协议。6月，“广东医科大学附属妇女儿童医院”揭牌。该院由顺德区顺康建设管理有限公司进行新医院建设的方案评估、策划、论证分析。

帮扶支医　2017年上半年派出3人到新兴妇幼保健院帮扶，2018年计划派2人次到新兴妇幼保院帮扶，2人次到惠州市县级妇幼保健院帮扶，另有11人次分别到伦教医院，北滘医院，乐从医院，龙江医院帮扶，2017年接收新兴妇幼保健院选送进修人员4人。

是年，该院成为“全省实施妇女儿童发展规划先进集体”；廖翠英获广东省“优秀药具员”；欧阳丽梅、姚龙燕、黎信基分别获得2017年全国卫生计生系统“最美天使”摄影大赛评选优秀奖。（卢　敏）

## 【佛山市顺德区伍仲珮纪念医院】

2017年，佛山市顺德区伍仲珮纪念医院占地60亩，建筑面积3.2万平方米，设8个住院科室，1个综合门诊部，1个社区药物维持门诊，1个康复中心。编制床位数800张，实际开放床位700张。年门诊总诊疗量203150人次，比上年下降14.67%；年住院量1886人次，比上年下降11.25%；抢救危重病例149人次，抢救成功率83.22%；平均住院日78.74天，比上年增长24.81%；病床使用率104.85%，病床年周转次数2.69次。员工总数375人，其中专业技术人员278人；医生67人，护士140人，医技人员18人；正高职称人员11人，副高职称人员28人，中级职称人员92人，硕士15人。

精神卫生　是年，根据《顺德区机构编制委员会关于同意成立佛山市顺德区精神卫生中心的批复》文件要求，佛山市顺德区精神卫生中心在该院挂牌成立，编制22人。由顺德区综治办牵头，卫计、公安、人社、残联等多部门联动的严重精神障碍救治救助体系初步建立，精神科病房改造提升及强制医疗病房建设如期推进。该院按照三级精神病专科医院进行改扩建工作纳入政府议事日程。

严重精神障碍管理　截至2017年12月31日，顺德区累计排查11180人，在管9285例，管理率90.47%、规范管理率85.72%，国家信息网重性精神病和严重精神障碍报告卡在册数10263例，患者检出率4.03‰，累计开展个案管理107例；落实严重精神障碍患者救治救助工作，2017年度开展肇事肇祸应急处置275次，免费体检5097例，接收佛山市救助站安置的身份不明托养患者30人，顺德区公安民警送入的“三无”流浪精神病人124人和强制医疗病人4人，托养中心入住病人23人次；为家庭困难无力支付医疗费用的多名住院病人申请医疗救助基金，为长期滞留的90多名流浪精神病人和30名托养安置病人申请医疗救治经费；社区药物维持治疗点平均每日美沙酮服药人数138人，每月治疗人数200多人，大良新松社区延伸治疗点筹建工作进展顺利。

重点学科建设　该院精神医学科被列为佛山市“十三五”医学重点专科，老年科、心理科、精神医学科也继续被列为顺德区第三周期区级重点专科。

科研教学　该院成功申办11个区级继续医学教育项目、6个省级继续医学教育项目以及2个国家级继续医学教育项目，包括“医学临床科研统计学方法应用”、“粤港精神医学专题讲座”等项目。6项科研课题成功立项，医务人员发表论文20篇。10月27—29日，承办“第八届粤港澳双相障碍论坛”。建立研究生学位培养点，副院长陈超招收2名硕士研究生在读。精神科住院医师规范化培训基地招录4名学员，完成2017年顺德区首批38名学员精神科医师“9+3”转岗培训。

医护质量安全　实施临床路径管理工作，规范医疗行为，做到合理检查、合理治疗、合理用药、合理收费，开展临床路径病例数806例，平均入径率70%以上。该院开展“名医进伍医”活动，每月至少邀请一名国内知名教授到该院进行教学查房和疑难病例讨论。把日常质量巡查融入医生查房和病例讨论中，提高医护合作效率。开展消防安全知识培训、安保人员职责与技能培训，参加培训人员达400人次。

健康教育及宣传　9月27日，该院联合广东狮子会小龙服务队组织“喜迎中秋传递狮爱”慰问联谊活动。10月10日，该院承办2017年“世界精神卫生日”主题演讲比赛。通过义诊、派发宣传资料、开展健康讲座等形式向广大市民普及精神心理知识，与顺德电视台合作在《健康直通车》栏目开设“精神健康你我他”板块，安排专家上线顺德广播电台的《医家有嘢讲》节目，包括老年痴呆、双相情感障碍、失眠等专题共8期，以游戏、沙龙、茶话会等形式开展严重精神病患者家属联谊活动10场，举办严重精神疾病患者及家属家庭护理知识讲座20场，进入学校、企业和村居进行心理健康知识宣教20场，举办心理健康大讲堂10场。与此同时，该院精神科、老年科、心理科等部门积极与学校、社区、敬老院、妇联等社会团体接触，根据专科特点，采取咨询、讲课、体检、互动等方式开展健康宣教。该院在《南方日报》《广州日报》《珠江商报》《顺德城市网》等媒体及时报道医疗卫生服务方面的状况，2017年发表85篇新闻报道。

优质服务举措　该院设立物理治疗组、作业治疗组、心理（音乐）治疗组，扩充服务项目。增设血药浓度测定项目，指引医生安全合理用药。开展“阅读吧”“理财我最醒”“敬老爱老”等形式多样的文娱活动，深化优质护理服务的内涵。配合医务社工推行个案管理，为60名精神康复者建立档案，提供探访服务、职业技能训练、家居训练、家属支援等服务。开设社会功能训练小组、病悉感提高小组、情绪管理小组等21个服务项目，开展与传统节日相关活动20余次。实施“顺德区精神残疾人就业服务项目”，为7名精神残疾人提供就业培训及社会适应性训练，为6人找到工作。

对口帮扶　该院派出仇建业赴广东省雷州市纪家镇恬神村开展精准扶贫工作，医院领导班子成员及中层干部代表每半年到恬神村开展义诊慰问活动。2017年为贫困家庭发放慰问金5万元，捐赠风扇、空调等慰问品价值1.8万元，员工定向捐款11370元，并投入8.6万元帮助恬神村委会修缮及改造办公楼，提升村委会办公环境。

是年，该院自编自导自演微电影《歧视》获中国医院协会“大爱·精神”微电影大赛优秀影片奖；老年病一科工会小组获“广东省模范职工小家”称号；叶健夫被命名为“最美佛山人”；莫翠英获佛山市顺德区“百姓学习之星”称号；该院获佛山市顺德区社会服务联会“2016年优秀合作单位”。

（王小凤）

## 计划生育

【概况】 2017年，顺德区常住人口261万人，常住人口出生人数42026人，比上年增长4843人（其中二孩增长5507人），出生人口性别比107.09，比上年下降4.31，出生率14.99‰，自然增长率12.12‰。

【计划生育家庭发展】 2017年，顺德区《创新推进家庭发展工作》申报项目获全省成绩第二名，并评为全省家庭发展工作十大创新项目之一。大良街道“新家庭计划——家庭发展能力建设项目”作为全区示范点，探索镇（街道）结合家庭需求和卫生健康资源，推进创建幸福家庭活动，开展以家庭文化、家庭保健、科学育儿、养老照护为主要内容的家庭发展服务模式。持续推进“10个母婴驿站、100个科学育儿指导站点、1000场科学育儿知识讲座和活动、10000户目标人群家庭”的建设和服务工作目标，已建立121个科学育儿示范村（社区）、10个科学育儿示范住宅小区，10个镇（街道）的母婴驿站已投入使用。

【优生优育技术服务】 2017年，顺德区为9858对夫妇提供免费孕前优生健康检查服务并建立优生家庭档案；向备孕妇女或怀孕三个月内孕妇免费派发叶酸20894人份，妇女叶酸知识知晓率分别为99.64%。提升免费避孕药具的可及率和服务便捷性，截至年底，全区设药具服务网点386个，其中人工发放网点252个，二代身份证智能发放机自助发放网点42个，其他自助发放网点92个。全区落实各项计划生育技术服务总例数52797例，计生技术并发症发生率零，计生技术服务上门咨询1028人次，门诊咨询3464人次，发放避孕药具104220个。

【计划生育奖扶政策】 2017年，顺德区落实各项奖优扶政策，兑现各项计划生育奖励金4308.12万元，惠及22503人。完善计划生育特殊家庭帮扶制度，重新修订《顺德区“失独”“伤残”计生家庭关怀项目资金使用管理办法》，规范和细化资金拨付和使用流程，帮扶对象范围由原来的“失独”家庭扩大至“失独”“伤残”计生家庭，帮扶资金总额由60万元增加至80万元。

【流动人口计生服务管理】 2017年，顺德区开展全国流动人口卫生计生动态监测调查工作，全区监测样本点共计10个镇（街道），30个村（社区），调查样本量600户。根据2017年全国生育状况调查部署开展顺德区生育状况调查工作，抽样调查样本点共5个镇（街道）、12个村（社区），调查样本量240户。

（梁任之）

# 社会民生

古法彭公鹅

# 人力资源和劳动管理

【概况】 2017年，顺德区有人力资源服务机构44个，公共就业服务机构11个。全区10个镇（街道）都设有人力资源市场，全年全区举办各类型、各层次招聘会121场，有13708家次企业参加招聘，企业提供岗位139890个，进场求职人员155434人次，求职人员与企业初步达成就业意向的有38442人次。其中“南粤春暖”顺德大型人力资源招聘会规模大、进场人数多、成效显著，已成为著名品牌，在全省范围内产生较大影响。

是年，顺德区建立覆盖全区所有镇（街道）和村（社区）216个网点的互联互通的三级公共人力资源服务体系，通过三级公共就业招聘服务体系开展企业用工情况调查，进行企业用工监测，为企业提供招聘用工平台。全年全区三级就业服务机构收集企业发布招聘岗位3.5万个，登记求职人数7809人次，为求职人员提供职业推荐服务21270人次。

【就业扶持】 2017年，顺德区就业扶持政策的对象包括企业、高校毕业生、初创项目、灵活就业人员，就业困难人员等。全年区级就业专项资金2000万元，全年使用1996万元，8945人次受惠。 （高 妍）

【人才招聘】 2017年，顺德区举办“一带一路”先进装备制造技术（项目、人才）对接周活动，将独联体专家和项目“请进来”，邀请独联体专家到美的中央研究院、伊之密等8家重点企业走访对接，分享技术成果，独联体国际合作资源数据库成功落户顺德；组织区内优质企业“走出去”，前往俄罗斯、白俄罗斯、格鲁吉亚进行合作洽谈，与当地高校、科研机构达成一系列合作意向；举办顺德名企（大学城）人才对接会，吸引约1500名大学生参加；举办“武汉高端人才洽谈会”，美的、联塑等29家名企提供职位131个，现场达成深度意向302人；举办第十二届顺德研究生交流会，来自50多所省内外高校的研究生4723人参会，达成就业意向1830个；举办2017“百所高校”博士顺德行，通过提前对接、精准匹配等方式，邀请200多位博士与区内企业进行对接；全区有企业博士后科研工作站30个，博士后科研工作站分站4个，博士后创新实践基地9个，先后组织博士后工作站赴哈尔滨工业大学、吉林大学、东北大学、四川大学、电子科技大学开展博士后科研人才招聘活动，达成就业意向57人。通过提前对接、精准匹配等方式，提高招才引智工作质效，开创高端引才新模式。

【人才服务】 2017年，顺德区建立网格化的人才服务体系，推动各项人才优惠政策及服务措施向基层下沉。通过开放日、座谈会、微信平台服务、政策宣讲等方式解读和宣讲人才政策体系。加强人才工作信息化建设，实现全天候服务受理高层次人才确认申报、安居补贴申报、子女入学申报、薪酬补贴申报等手续，

◎图55　2017年10月30日，2017百所高校博士顺德行对接会在华桂园举行

◎图 56　　2017 年 9 月 28 日，顺德首个人才住房项目——美的领贤公馆发售仪式

全年受理各类高层次人才申报业务 1.4 万多宗，其中受理薪酬补贴申请 5659 人次，发放补贴资金 11518.93 万元；受理安居补贴申请 889 人次，发放补贴资金 870.08 万元。举办高层次人才年度系列活动、中秋人才联谊活动、“才聚顺德”人才特色活动，为高层次人才服务 3000 多人次，帮助他们加快融入顺德生活圈。举办“2017 企业全球化和人才战略发展峰会”，邀请国务院参事、中国与全球化智库（CCG）创始人兼主任王辉耀等专家进行主题演讲和圆桌研讨，为顺企全球化人才战略把脉。

**【人才新政】** 2017 年，顺德区推出《顺德区医疗卫生系统高层次卫生人才确认办法》《顺德区教育系统高层次人才确认办法》《顺德区实施高层次人才安居工作的意见》《顺德区人才租赁房管理办法》《顺德区人才专卖房管理暂行办法》等政策文件，完善、提升人才政策体系。推进“建设大学卫星城”区重点工作任务，配合做好人才专卖房的建设和销售等核心工作，完成人才专卖房分配方案和人才专卖房积分表的制定等工作。（胡英勇）

**【技能培训】** 2017 年，顺德区组织各类社会人员职业技能培训 31261 人次。其中组织转移劳动力技能培训 6696 人，高技能人才培训 3176 人次，技师（含高级技师）培训 503 人次，高技能人才培训占比 47.43%。举办“新兴产业工匠班”，通过以资金竞争性分配方式择优扶持培训项目，确定智能制造、工业机器人、跨境电商等 5 个扶持项目，培训成果超出预期。区、镇街人社局和区技师协会的相关负责人组成调研组，以镇（街）特色产业的规模以上制造业企业为调研对象，通过到企业实地调研，向企业宣传现有的政策体系，辅导企业用足用好政策，同时深入了解企业在技能人才培养和技能鉴定方面的需求和意见，为做好技能人才的培养指明方向。推广省级技师工作站建设，用好平台开展以师带徒，传承技艺，发挥新协力集团、周大福珠宝公司 2 个省级技师工作站传帮带作用，指导佛山科尔模具公司、广东新宝电器公司 2 家骨干企业申报省技师工作站。推行企业技能人才自主评价，以企业为主体的人才培养模式迈上新台阶。联塑、科尔、震德等一批龙头和骨干企业先后开展企业技能人才自主评价，以点带面，在全区形成良好的示范效应。（高　妍）

**【劳动监察】** 2017 年，顺德区开展劳资纠纷预防化解处置工作，劳资纠纷呈现“六个下降”，全年没有发生劳动保障恶性集体事件，劳资纠纷形势整体处于可稳可控范围。全年全区发生劳资纠纷 3035 件，其中欠薪纠纷 2123 件；依法立案办理劳动监察案件 541 件。印发《顺德区民政和人力资源社会保障局关于统筹安排 2017 年度全区劳动保障监察专项检查工作的通知》，坚持“及时排查、工作在前、预防为主”的原则，开展劳资纠纷隐患排查活动，消除一大批影响社会稳定的劳资纠纷隐患。全年检查企业 3649 家。印发《顺德区民政和人力资源社会保障局关于开展涉劳资领域信访突出问题治理专项行动工作方案及领导小组名单的通知》，成立区民政人社局“涉劳资领域信访突出问题专项治理行动”领导小组，负责领导和全面部署专项治理工作。落实《拒不支付劳动报酬犯罪案件查处衔接联系会议制度》《劳动保障违法案件移送制度》，做好行政执法与刑事司法“两法衔接”工作，完善联动机制，形成工作合力，畅通案件的移送、审判环节，依法打击拒不支付劳动报酬违法犯罪行为。是年向公安机关移送涉嫌拒不支付劳动报酬罪案件23件。畅通举报投诉渠道，全年接听处理咨询、投诉举报电话25820次；接待群众来访32691人。制定印发《顺德区2017年劳资领域社会矛盾专项治理工作方案》，健全源头预防、动态监管、违法查处、失信惩戒等相结合的制度体系，健全信用信息公示机制，推动落实建设领域工人工资分账管理制度，建立健全建设领域工资支付保证金制度。是年处理30人以上集体事件23件；处理突发事件27件，其中30人以上集体重大突发事件6件。（廖 浩）

【调解仲裁】2017年，顺德区立案处理劳动人事争议案件3681件，比上年下降17.3%，累计结案率97.94%，终局裁决率53.12%。涉案人数7958人，涉案金额8986.69万元。调解率67.71%。镇（街道）劳动人事争议调解中心组织率100%。新增五星级仲裁庭1个、四星级仲裁庭6个、三星级仲裁庭2个。截年底，全区有14个仲裁庭，其中五星级仲裁庭1个、四星级仲裁庭7个、三星级仲裁庭4个，为当事人参加庭审提供良好场所保障。

【劳动关系】2017年，顺德区推进构建和谐劳动关系工作。3月13日，区委区政府成立顺德区深入构建和谐劳动关系工作领导小组及其办公室，负责统筹推进全区构建和谐劳动关系工作，协调解决工作中遇到的重大问题；3月15日，区协调劳动关系三方会议办公室召集区民政人社局、区总工会、区工商联、区企联等相关部门召开办公室成员会议，分析研判全区构建和谐劳动关系的形势，研究应对措施，形成共识。包括利用社会力量开展劳动保障法律法规培训，加强工会组织作用发挥，加强劳动关系协调队伍建设，加强区工商联、企联的桥梁纽带作用，以及强化劳动关系基础性工作研究等；6月2日，区民政人社局在深圳市盐田区召开的全国构建和谐劳动关系综合试验区大会上作经验交流发言，向参会的全国兄弟省市展示顺德区构建和谐劳动关系综合试验区工作的经验做法及取得的成效，受到与会领导和专家的充分肯定；9—11月，在全区10个镇（街道）开展全区劳动保障法律风险防控讲座，对全区2000多家中小企业的负责人和劳资人员进行培训，并在会后由委托的专业机构与各中小企业建立联系沟通平台，推动中小企业依法规范劳动用工行为，预防和减少劳资纠纷；深化供给侧结构性改革，降低企业人工成本，完善最低工资调整机制，是年顺德区企业最低工资标准仍按省政府2015年5月发布的二类地区1510元/月标准执行。（何倩莹）

【顺德就业通】2017年，顺德区为顺应“互联网+”发展趋势，建立互联互通的人力资源及企业岗位数据库，完善大就业工作机制，建设运营“顺德就业通”微信就业服务平台。“顺德就业通”微信就业服务平台实现“招聘零成本，求职零障碍，服务零距离”。自2017年2月上线至年底粉丝量20922人，注册个人用户4640人，企业用户2830家，发布岗位2894个，成功实现就业1433人。（高 妍）

## 民政工作

【概况】2017年，顺德区立足区情，建设以居家养老为基础、社区养老为依托、机构养老为补充的多层次养老服务体系，推动生活照料、康复护理、精神慰藉、紧急援助等服务全覆盖，提升养老服务发展水平。完善以低保、五保、城镇“三无”、低保临界为主要保障对象，以最低生活保障、医疗救助、教育救助、临时救助、住房救助为主要保障内容，政府救助为主体，社会救助（以区、镇、村三级慈善组织为主的社会公益团体）为辅助的综合型社会救助体系，为稳定社会、构建和谐顺德发挥重要作用。是年全区财政投入低保、五保、“三无”等困难群众基本生活救助资金7889万元，比上年度增加946万元。开展拥军优属活动，做好退役士兵接收安置和涉军人员稳控服务工作。坚持监督管理和扶持培育两手抓，激发各类社会组织活力。

**【最低生活保障和救助】** 城乡最低生活保障　2017年1月，顺德城乡居民最低生活保障标准由人月630元提高为人月900元，顺德区年初核定的低保对象3407户5887人（年末在册3253户6053人），核定低保分类救助对象2599户3114人，1—12月发放低保救助金5677万元（含春节补助138万元、中秋节日补助184万元）。全年向低保、临界低保、特困人员按相关标准及时发放低收入临时生活补助金，确保困难群众的生活水平不因物价上涨而降低，是年发放低收入临时生活补贴金467万元（含春节、中秋补贴188万元），比上年度减少139万元。

低保临界帮扶　2017年年初核定的低保临界对象1055户2756人（年末在册771户1982人）。2017年1月1日起，顺德区低保临界标准按低保标准的1.5倍同步调整为1350元/人·月。

农村五保供养　2017年1月，顺德区在册五保户152人（2017年12月在册152人），每人每月生活供养费1830元，全年五保供养经费313万元，比上年度减少49万元。五保供养经费由镇（街道）财政负担。

城镇“三无”救助　2017年1月，在册城镇“三无”人员841户853人（2017年12月在册910户934人），供养标准参照五保供养标准为每人每月1830元，全年供养经费1899万元，比上年度减少89万元。城镇“三无”人员供养经费由镇（街道）财政负担。

贫困户危房改造　2017年，顺德区帮扶困难群众危房改造25间，投入资金60万元，比上年度减少32万元。危房改造经费由镇（街道）财政负担。

流浪乞讨　2017年，顺德区做好流浪乞讨人员救助工作，全年救助流浪乞讨人员564人次，其中站内救助485人次，街头救助79人次。全年用于流浪乞讨人员救助支出298万元，比上年度增加103万元。是年，依托全国救助寻亲网，顺德区协调护送滞留流浪乞讨人员寻亲返乡10人，协调接回顺德户籍流浪外地人员5人。

**【助学补助】** 顺德区教育局分春秋两学期对顺德区在册在保的低保家庭子女（和残疾儿童）从幼儿园到大学一年实行分级分标准的助学补助，2017年救助1758人次，投入助学金392万元。顺德区慈善会在政府助学的基础上，对困难家庭子女的助学进行慈善助学衔接并扩大范围，即对低保家庭子女从大学二年级直至大学毕业，对临界低保家庭的子女从幼儿到大学阶段，按学年发放助学金，每人每学年从1000元到5000元不等，是年顺德区慈善会投入助学602万元，帮助1694名学生实现读书梦，让顺德实现从幼儿到大学的全程助学。

**【医疗救助】** 2017年，顺德区提高重点救助对象（低保、低保临界和特困人员）的医疗救助标准，新增门诊慢性病种救助和普通门诊救助，并为重点救助对象购买居民医疗保险。全年全区医疗救助受益群众17680人次，其中大病住院救助4152人次、门诊特定病种救助13528人次，支出医疗救助资金1047万元，比上年度增加193万元，缓解了困难群众医疗难问题。

**【临时救助】** 2017年，顺德区10个镇（街道）临时救济1562户4717人（其中异地务工人员41人，救助3.66万元），发放救助金480万元，比上年度减少295万元。　（赖伟英）

**【老龄工作】** 截至2017年年底，顺德区户籍人口1398036

人，其中60岁以上户籍老年人235306人，老年人口比例16.8%。其中60～64周岁78393人、65～69周岁64508人、70～79周岁62882人、80～89周岁25500人、90～99周岁3919人，100周岁及以上104人。（吴少娥）

## 社会保险

**【概况】** 2017年，顺德区参加基本养老保险174.89万人，其中：城镇职工基本养老保险158.45万人（含离退休人员17.49万人）、城乡居民基本养老保险16.44万人（含离退休人员10.15万人）；基本医疗保险176.6万人，其中：城镇职工基本医疗保险104.59万人（含享受退休医疗人数）、城乡居民基本医疗保险72.01万人；失业保险84.86万人（男48.69万人、女36.17万人），工伤保险85.36万人（男48.99万人、女36.37万人），生育保险84.87万人（男48.7万人、女36.17万人）。社会保险基金收入1417185万元，支出1132868万元，当期结余284317万元，滚存结余2858260万元。其中城镇职工基本养老（企业）保险基金总收入750439万元，基金总支出616033万元。城镇职工基本养老（机关）保险基金总收入143637万元，基金总支出49160万元。城乡居民基本养老保险基金收入42443万元，基金支出51092万元。基本医疗保险基金总收入418387万元，基金总支出339258万元。工伤保险基金收入22900万元，基金总支出14107万元。失业保险基金收入18052万元，基金总支出23200万元。生育保险基金收入21327万元，基金总支出40018万元。企业离退休人员养老金社会化发放率达100%。开展异地联网待遇资格认证业务3826笔，比上年增加1724笔，增长82%。

**【缴费政策】** 2017年，顺德城镇职工基本养老保险缴费基数上限为16575元，缴费基数下限为2906元，单位缴费比例为13%，个人缴费比例为8%；城镇职工统账结合医疗保险缴费基数为5151元，单位分一、二档缴费，一档缴费比例为5%（其中单位缴费4.5%、个人缴费0.5%），二档缴费比例为5.5%（其中单位缴费4%，个人缴费1.5%）；城乡居民基本养老保险缴费最高档次3600元/年，最低档次360元/年。城乡居民基本医疗保险筹资标准为1155元/人·年，其中，个人缴费462元、各级财政补助693元；工伤保险的单位缴费比例为一类单位0.2%、二类单位0.4%、三类单位0.6%、四类单位0.9%、五类单位1%、六类单位1.1%、七类单位1.2%、八类单位1.3%，个人不需缴费；失业保险缴费基数上限为15453元，缴费基数下限为1510元，单位缴费比例0.5%，个人缴费比例0.2%；生育保险缴费基数上限为15453元，缴费基数下限为3863元，单位缴费比例0.5%，个人不需缴费。

**【社会保险待遇享受】** 2017年，顺德支付各项社保待遇2540多万人次（宗）、超过100亿元。全区参加企业职工基本养老保险的离退休人员17.49万人；1月1日起调整企业退休人员基本养老金，基本养老金人均增加175元，调整后全市企业退休职工月人均基本养老金达3050元。城乡居民基本养老保险符合领取长期待遇的人员10.15万人，比上年末减少0.1万人；1月起调整城乡居保基础养老金，从170元/月增加到180元/月，全区城乡居保全年平均基本养老金284元/月。

是年，顺德享受基本医疗保险待遇1026.16万人次，其中城镇职工医疗保险在职人员门诊大病（即门诊特定病种，下同）26.88万人次、次均医疗总费用599.18元/人次，住院7.44万人次、次均医疗总费用10224.77元/人次；城镇职工医疗保险退休人员门诊大病52.18万人次、次均医疗总费用457.98元/人次，住院6.79万人次、次均医疗总费用11700.74元/人次；城乡居民医疗保险参保人员门诊大病23.50万人次、次均医疗总费用499.97元/人次，住院13.11万人次、次均医疗总费用9911.80元/人次。参保人（含职工和居民）普通门诊896.26万人次、次均医疗总费用50.25元。

全年全区享受工伤保险待遇人数5420人，其中，1～4级伤残190人，5～10级伤残1204人，未达到伤残等级人数3423人。享受伤残津贴190人，享受生活护理费101人，因工死亡57人，供养亲属546人。一次性伤残补助金人均1.9万元、一次性工亡补助金人均为65.3万元，伤残津贴3073.89元/人·月，生活护理费2120元/人·月，供养亲属抚恤金934元/人·月，工伤保险基金先行支付待遇77人，费用283.5万元。领取失业保险金112239人，失业保险金标准为1208元/月；领取一次性失业保险金1528人，人均3518.14元/人；失业保险基金为失业人员代缴职工基本医疗保险费112269人次，代缴医疗保险费283.31元/人·月。享受生育保险待遇45974人次，生育的医疗费用4834.83元/人次、生育津贴13604.62元/人次，计划生育津贴2546.61元/人次。

**【社保关系转移接续】** 2017年，顺德区办理企业职工基本养老保险转移14671人次，转移金额22916.10万元，其中办理转入6097人次，转入金额7402.17万元，转出8574人次，转出金额15513.93万元。办理失业保险转移4100人次，转移金额0万元，其中办理转入1891人次，转入金额0万元，转出2209人次，转出金额0万元。办理医疗保险转移接续9274人次，转移金额190.83万元，其中办理转入4288人次，转入金额190.83万元，转出4986人次，转出金额0万元。全年全区办理企业职工基本养老保险与城乡居民养老保险制度衔接119人次，转移金额60.05万元。办理军人基本养老保险与职工养老保险制度衔接462人次，转移金额1161.11万元；办理军人基本养老保险与城乡居民养老保险制度衔接0人次，转移金额0万元。

**【社保制度改革】** 2017年，顺德区落实社保制度改革，社保体系更加健全。完成城乡医保一体化改革，制订和完善“两定机构”管理实施办法、门特门慢申请流程等一系列配套管理制度。推进机关事业单位养老保险制度改革，协调民社、组织部、财税局等部门，多次召开协调会和培训会，按计划完成第一、第二批机关事业单位的参保工作，至年底全区有314个单位2.7万名机关事业单位人员纳入改革范围。落实全征地居民参加社会保险改革，制定操作指引，加强宣传引导，办理5900多人的参保缴费手续。配合推进公立医院改革，调整和完善结算系统和结算参数，保证公立医院改革过程中参保人待遇不受影响。

**【社保经办服务】** 2017年，顺德区有社会保险经办机构11个，其中县（区）级1个，镇（街道）级10个，经办机构工作人员总人数292人；建成标准服务大厅10个（其中在镇街行政服务中心1个）。顺德区社会保险基金管理局按照“健全规范便捷、高效透明的基层社保经办管理体系”的思路，推动基层经办服务水平提升。创新搭建新型服务平台，试点“一窗式”服务改革，完成202项业务标准化改造，完善前台综合受理、后台集中审批，实现受审分离的业务需求。推进网上办事大厅建设，完善与区行政服务中心的数据接口，全年完成居民医保续保、参保证明打印两项网办业务量超过100万次，同时完成18个事项的网办测试。完善自助服务平台，添置、维护自助服务设备，全区设立240多台自助服务终端，方便参保人就近办事，解决服务群众“最后一公里”问题。推进异地联网结算，全区18个医疗机构完成系统改造，跨省异地就医全省上线定点医疗机构684个，参保人异地就医更方便。创新服务手段，依托“互联网+”加强“智慧社保”建设，创新“社银”战略合作新模式，与顺德农商银行共同研发顺德社保微信扣缴费功能，在农商银行的移动收付平台实现社保缴费服务。加强与多部门间的“大数据”联动整合应用，通过多层次数据“传送”减少群众来回“跑动”，全年与教育部门合作简化4000多名异地务工子女的参保手续。优化退休认证办法，通过与公安、民政、法院等部门进行数据比对认证，并创新性引入人脸识别技术，年内办理养老认证28.64万人，认证率99.8%，其中通过手机APP“刷脸认证”的退休人员近3000人。建设跨系统数据处理交互平台，对重复性业务的批量处理，实现企业打印参保证明服务，服务520家企业3.2万人次，工作效率提升5倍以上。

**【社保基金监管】** 2017年，顺德区社保局坚持依法巩固经办基础，印发《关于进一步加强和规范业务经办管理工作的通知》，对经办流程不完整、业务单据不规范、办理程序有误、诉访事项区分有误、行政行为主体不清等作出规范指引。组织完成业务的标准化建设、咨询平台知识库维护等基础工作，为依法行政依规办事打下坚实基础。聘请法律顾问提供涉法文书20份，确保行政行为合法有效，提高行政争议案件应诉胜诉率，年内行政办理争议案件39件无一败诉。及时处理市、区两大政务服务平台工单3399条，办结率100%。开展社保普法宣传，在全区镇街、企业巡讲，3万多人次受惠。利用“两微一端”等多媒体，微信粉丝8万多人。加强基金经办管理基础，财务工作获全市社保基金统计一等奖和会计二等奖的优异成绩。完成2016年度基金决算和2018年基金预算编制工作。定期开展基金运行情况分析，加强对基金运行风险监控。完善基金收付环节，规范银行账户管理，开展基金存放银行考评，建立约束机制，掌握基金运行情况。健全风险防控体系管理，落实《社保经办风险管理三年专项行动方案》，更新《业务风险防范手册（2017版）》和重新编写《社保业务防控手册》，查找社会保险业务经办领域各种潜在风险，梳理存在的问题，做好整改工作，夯实社会保险经办机构风险管理基础。加强业务权限管理，合理设置经办岗位，准确分配业务权限，形成相互制约机制。推进风险动态管理，更新发布《业务风险防范手册》。强化社会监督，根据修订完善的《社保基金监督举报奖励办法》，鼓励社会公众对社保基金违法违纪行为进行检举，防范侵害社保基金违法行为，维护社保基金安全。构建诚信体系，对社保疑点信息进行核查，开展公共信用信息体系建设。加强业务稽核检查，开展业务自查、常规检查、高风险业务专项检查、内控监督及风险管理指导工作，强化风险整改，实现风险管理工作全面化和常态化。全年各部门自查检查24万宗，其中办事处自查11.7万宗、科室自查5.6万宗，科室检查6.7万宗。开展定点医药机构对《服务协议》的履行情况等5项专项检查，配合省、市开展失业保险业务等8项监督检查。加大对多领先发待遇追收力度，共追回各项多领待遇1344宗463万元。加大对欺诈冒领基金行为或案件的查处打击力度，查处1宗骗领失业金行为，当事人被司法机关判刑；查处多宗冒名顶替住院行为，对当事人和核实身份不符的医疗机构进行处罚；开展退休人员领取养老金资格认证，对349名未办理认证手续人员暂停发放养老金。加大对两定机构违规违约行为的处罚力度，对区内明景医院、和平医院开展专项检查，查处并追回违规医疗费用和违约金158万元、197万元；查处庄头医院违规收费，追回不合理收费并处违约金20.4万元。

（潘俊旸）

# 镇·街道

顺德拆鱼羹

## 大良街道

【概况】 大良，别称凤城，是顺德区政府所在地，历来为顺德的政治、文化、教育、商贸中心。地处顺德区中部偏东，连接广州，水陆交通四通八达，顺德客运总站和顺德港坐落其中，105国道、太澳高速、广珠轻轨等穿越境内。大良辖区面积80.29平方千米，建成区面积36.11平方千米，下辖19个社区和2个村。2017年常住人口42.04万人，其中户籍人口25.24万人。大良文化底蕴深厚，内有清晖园、宝林寺、西山庙等名胜古迹，有广绣、粤曲、鱼灯、咸水歌等“非遗”项目，素享“食在广州，厨出凤城”的美誉，是全国“中华餐饮名镇”。

2017年，大良街道实现地方生产总值536.35亿元，一、二、三产业占比为0.06∶34.60∶65.34，规模以上工业企业产值389.50亿元，限额以上贸易住宿餐饮业营业额452.21亿元，全社会固定资产投资125亿元，工商税收116.59亿元，其中区级库税收34.43亿元。

【经济发展状况】 2017年，大良街道产业转型升级步伐加快，经济发展质量稳步上升。与佛山科学技术学院建立合作关系；湖南大学研究院落户大良；华润顺峰药业新设立院士工作站。至年底，大良街道有2个院士工作站、3个院士工作室、7个博士后工作站、1个国家级企业技术中心和32个省级工程技术研究中心。2017年，有79家企业新通过高新技术企业认定。年度发明专利授权308项，比上年增长81.18%；有效发明专利925项，增长61.15%。新增2个区级小企业创业基地、2个区级科技孵化器、2个区创业孵化培育单位。汇创方·智造园吸引华南智能机器人创新研究院等18个智能装备机构和企业落户，伊之密与德国亚琛工艺大学开展合作并设立德国研究中心，泛仕达机电设立驻德国办事处，南方智谷已汇集碧桂园新能源汽车小镇、广东顺德力合科技园、北京科技大学顺德研究生院等一批产业项目、科研平台。

第三产业发展亮点纷呈。众创金融街已引入各类机构单位123个，成立17只投资基金，注册资本39.84亿元，平台企业孵化器引入智能制造、电子信息技术等新兴产业项目48个，设立注册资本2.5亿元的凤城产业基金，新增1家IPO企业、4家新三板挂牌企业，上市及挂牌企业增至18家。顺德华侨城文化旅游综合体项目完成投资17.94亿元，累计完成投资比例29.9%；承办2017年顺德美食节主会场活动，总销售额超过3000万元。

【城乡建设与管理】 2017年，大良街道大良街道城市建设和管理更上一个台阶，城市整体形象与内涵更加优美。在城市建设方面，完成《轨道3号线大良钟楼站及周边研究规划》《大良旧城核心商圈用地概念规划》等编制工作，完成环城路五位一体全面升级改造及鉴涛路建设、大门大道提升改造、连杜大道（南国路至金斗桥段）改造；推进凤山桥加固维修；完成德胜河北岸纵五路－容奇大桥段滨河景观工程、德胜新区水轴景观连通桥工程、南国路东延线南侧绿化工程；配合地铁三号线、南国路交通升级改造、105国道新滘路口跨线桥、伦桂路建设等项目，开展绿化、供水、供电、燃气、通讯管线等配套迁改工程。紧抓“三旧”改造工作。完成金斗工业园一期A区18家企业搬迁和2.93公顷土地地面拆除工作；新华图书发行公司地块于2017年9月27日正式动工建设；凤翔路18号改造为华地科技园，凤翔路22号计划改造为涛汇广场。

在城市管理方面，紧抓污染源的日常管控与督查，在全区率先使用新型环保渣土运输车，对古鉴村等4个村级工业园企业进行分类整治，实现环保“一岗双责”年度考核全区排名第一，空气质量全区排名第三，南江虹美工业区、古鉴13号地块率先以高分通过区“双达标”验收。完成新一轮“大保洁”项目招标及新旧标段交接，推进公交站亭建设，推动智能停车收费项目和果栏路立体停车场试点项目建设，落实佛山创建国家森林城市工作，创森期间增加绿地公园面积 130 多公顷。配合区推进李家沙滨河景观大良段建设和桂畔海水系综合治理，推进云路支涌、大围涌等河涌的清淤工程，实施 2018 年亚洲龙舟锦标赛赛场（桂畔湖）疏浚项目。

◎图 57　　2017 年 3 月 17 日，大良街道举办“与法同行”新顺德人普法宣传教育活动

**【社会各项事业】** 2017 年，大良街道持续推进民生服务增质和扩面，社会各项事业全面发展。

教育　试点大门小学和凤城中学“九年一贯制”办学，成立“凤城实验学校”；构建学校教研、片区（学区）教研、街道教研的大教研体系；完成文安幼儿园和顺峰幼儿园装修工程并启用；原址重建南江中学完成工程量 43%，正筹备设备采购；聚胜小学、五沙小学扩建工程、实验中学综合楼装修工程正在推进；新逢沙小学已做好前期各项施工准备。

文化　加强文体阵地建设，与近 50 个企事业机构结成大良文化伙伴联盟，推动 4 个社区综合文化服务中心建设，建成 1 间凤城自助书屋；继续打造“乐赏·凤城”、“造就”等文化艺术品牌，全年举办文化惠民活动近 700 场。提升改造 3 个社区体育公园，大门龙舟队参加第十三届世界龙舟锦标赛包揽老年 A 组四项冠军。

卫生　与暨南大学签约共建大良医院为暨南大学附属口腔医院，启动二甲复评。优化社区卫生服务站点，金榜社区卫生服务点投入使用，苏岗卫生服务站易址重建，北区卫生服务站增设预防接种点。继续推进大良社区卫生服务中心家庭医生签约服务，2017 年总签约率达 33.3%，特殊人群签约率达 72.91%。深化新家庭计划试点，榕园公园母婴驿站投入使用，街道家庭发展指导中心即将投用。

社会事业　完成年度住房保障任务。街道登记失业率 2.25%，新增就业累计超 4 万人次。向困难人群和家庭发放补贴、慰问金 1664 万元，发放长者津贴约 620 万元；大良慈善会年度支出 1098.25 万元，救助 8535 人次；举办“2017 年大良慈善之夜”活动，募集善款 2412.36 万元。

**【五沙工业园】** 截至 2017 年 12 月底，五沙工业园出让工业用地 467 公顷，剩余 73 公顷，引入企业 205 家，其中世界 500 强投资的企业 16 家，园区投产企业 190 家，有员工近 3 万人，投资项目涉及汽车配件、智能家电、精细化工、机械装备及模具、新型材料、电子信息等行业。2017 年，园区内产值超亿元企业 47 家，规模以上工业企业 87 家；实现规模以上工业生产总值 211.95 亿元，比上年增长 11.3%；工商税收 13 亿元，增长 10.7%；建设用地产出 4800 万元 / 公顷，建设用地税收产出 289.5 万元 / 公顷。园区产业中，最具集聚度和规模的是汽车配件、智能家电、机械装备三个行业，分别占整个园区总产值的 27%、15%、16%。凭借着毗邻南沙自贸区的区域优势，园区承接日系汽配产业的转移，成为华南地区重要的汽配产业基地之一。东海理化、丰田橡塑、丰田部品、爱信精机、爱三部品、光洋六和等均为广州丰田一级供应商，在 2017 年销售额均超 3 亿元、创税均超 3000 万元。

**【众创金融街】** 2017 年，众创金融街进驻机构 125 个，总注册资本超50亿元，成立22只产业定向投资基金和创新创业投资基金。金融街内的企业孵化器成功引入智能制造、电子信息技术等新兴产业项目48个。

【凤城实验学校成立】 2017年4月25日，凤城实验学校揭牌暨合作办学签约仪式举行。凤城初级中学与大门小学合并为凤城实验学校，实施“九年一贯制”办学。

【顺德新城区第一所公益性幼儿园开园】 2017年9月1日，新城区第一所公益性幼儿园——文安幼儿园正式开园。幼儿园总建筑面积8000多平方米，可开设20个班，容纳705名学生。

【大良龙舟队参加第十三届世界龙舟锦标赛】 2017年10月17—22日，大良龙舟协会龙舟队代表国家出征在昆明举办的第十三届世界龙舟锦标赛，首次参加龙舟世锦赛就包揽男子老将A组标准龙2000米、1000米、500米、200米4枚金牌。

【2017年大良慈善之夜活动】 2017年11月30日，大良街道办事处、大良慈善会在龙的大厦共同举办“益善同行 聚爱凤城——2017年大良慈善之夜”活动，表彰一批爱心单位、个人以及2016年度纳税大户。该活动共筹得善款2412.36万元。

（邝淑镰）

## 容桂街道

【概况】 容桂位于顺德区南部，与广州南沙自贸区隔江相望，处于珠江东西两岸交汇点，水陆交通便利，105国道、广珠西线高速、广珠城际轨道、伦桂路等重要交通干线贯穿而过。容桂街道辖区面积80平方千米，下辖23社区和3个行政村，常住人口57.3万人，其中户籍人口22.8万人。先后获得“全国文明单位”“中国品牌名镇”“国家卫生镇”“全国精神文明建设工作先进单位”等称号。2017年8月，被中国烹饪协会评为“中华美食名镇”。

2017年，容桂街道实现规模以上工业总产值可比增长10%；全社会固定资产投资102亿元，比上一年增长23.6%；工商税收69.4亿元，比上一年增长14%。其中国税收入46.55亿元，比上一年增长11.8%。地税收入22.85亿元，比上一年增长18.7%；限额以上贸易住宿餐饮业营业额345.5亿元，比上一年增长19.1%。

至年底，容桂拥有各类企业及个体工商户3.2万多家，其中超亿元企业145家，超10亿元企业24家。拥有占地13.5平方千米的高新技术产业开发区，高新技术企业存量205家。拥有国家级科技企业孵化器2个、国家级众创空间1个、省级众创空间2个，省级工程技术研究中心41个，各类科技服务机构超20个，以及中科院顺德基地、西安交大院士工作站等一批科研平台和研发中心。拥有海信科龙、德美化工、万和新电气、国盛金控、顺威股份、伊之密、科顺防水等7家上市公司，中国中药控股、鸿特精密、顾地科技、万成金属等4家控股区内上市公司以及小冰火人、三合股份和乐美智家等3

◎图58　2017年9月30日，中国烹饪协会授予容桂街道“中华美食名镇”称号

家新三板挂牌企业。拥有中国驰名商标7个，广东省著名商标37个，广东省名牌产品29个。形成以智能家电、信息电子、机械模具、化工涂料、医药保健及互联网应用为主的“5+1”支柱产业体系，着力发展新材料、生命健康等新兴产业。

**【经济发展状况】** 2017年，容桂街道受国内外市场整体需求带动，企业加大创新力度，积极拓展市场，经济发展总体呈现稳中有进态势，其中家电、机械、汽配、商贸等行业出现较快增长。海信科龙推进绿色制造升级改造，开发高端厨电、商用和医用冷柜产品，实现销售规模及利润双增长；格兰仕集团发展重心回归容桂，投资3.5亿元对容桂生产基地实施扩产改造；万和集团与世界五百强ABB公司开展战略合作，全面实施“智造”改革，燃气热水器智能制造入选广东省智能制造试点示范项目；伊之密加快全球化步伐，在德国、印度建立研究院和子公司；科顺防水在全国建立8个生产基地，实现全国范围布局；小冰火人完善电商服务产业链，与惠而浦、博世等多个品牌加强合作，经济效益稳步增长。

出台鼓励社会力量招商奖励办法，落实街道14项产业扶持政策，以政策为导向扶持企业发展壮大，全年为企业提供各类扶持4000万元。强化企业服务，创新推出书记、主任24小时服务热线，对企业的诉求做到有求必应、有问必答。通过打好“政策+服务”组合拳，促进营商环境不断优化，留住本土企业，吸引在外企业回流容桂发展，其中中宝电缆投资5亿元建设的新厂8月建成投入使用，广东健生堂有限公司总部在成立20周年之际迁回容桂。

推动企业实施技改，全街道企业技改投入36亿元，推动企业转型升级。推动创业创新载体建设，街道投入2000万元与德美共建的新材料产业创新示范中心建成投入使用，首期引进德品、万锦科技2个项目；与广东金富邦投资有限公司筹划共建粤港澳大湾区“先进技术创新孵化园”项目，以先进技术产业为主导，初步引进奥基德信、高云半导体和库迪数控3家企业；南方医科大学科技园完成装修；新增“SKG+硅谷”园区获国家级科技企业孵化器及省级众创空间认定。完善企业自主创新体系建设，新增高企101家，增幅97%；新增院士工作站1个；新增省级工程技术研究中心10个。加强产学研交流合作，中科院顺德基地成功新增引进技术团队2个，院企合作18个项目纳入容桂科技计划项目。实施知识产权“提质上量”，全街道专利授权量超2500件。新增1家国家知识产权示范企业、2家国家知识产权优势企业以及1家广东省知识产权优势企业。

实施“展翅工程”，推动企业拥抱资本市场，三合股份、乐美智家挂牌新三板，万成金属登陆香港创业板；科顺化工IPO申请获证监会通过，将于2018年1月25日在深交所上市；九鼎电商、格式文化等9家企业完成股份制改造。深化企业投融资服务，为企业解决融资难问题，帮助23家企业获得银行放款6280万元。出资5000万元参与组建广东弘德恒顺新材料创业投资基金，基金总规模达2.1亿元，撬动社会资本参与新材料产业发展。

举办第二届顺德互联网大会和容桂街道互联网创业创新大赛，发掘培育互联网产业项目。打造“容桂电商服务外包中心”，推动区域电商服务“走出去”，全年电子商务交易额突破400亿元。构建跨境电商生态圈，以南宏汽车文化创意产业园为载体打造跨境电商特色产业园区，引进阿里巴巴（国际站、速卖通）、亚马逊、谷歌等3个跨境电商服务平台。推动海骏达广场项目建设，完成工程量的93%，国际品牌酒店希尔顿（五星级）签约进驻。加强美食品牌建设，街道获“中华美食名镇”称号，新增7家餐饮店获“中华餐饮名店”称号。

**【城乡建设与管理】** 2017年，容桂街道推进基础设施建设，优化城市环境。

马岗大道提升及西延线一期工程南方医科大学门前段通

车，整体项目预计2018年12月完成。外环路及周边道路改造5个子项目中，建业中路、外环路（上涌河至建业路段）完工并投入使用，其余3个子项目包括中山加六线立交工程、华天路（朝桂桥至华信路段）、外环路（上涌河段）正在加紧推进。红旗路快速化改造完成总工程量的48%。105国道桂南路口立交改造工程完成前期报批工作。南顺大桥开展前期工作。220千伏容桂变电站建成投运，提升供电保障能力。完成41.53公顷重点建设项目涉及的用地清退工作，及时移交施工，确保重点建设项目顺利推进。

推进村级工业园区整治提升，实施“一园一策”，通过“淘汰一批、提升一批、引进一批”的方式，为稳商扩产、承接广深溢出资源腾出发展空间。重点推进高新环保产业园（华口）二期C区、细滘工业区、海尾工业区和南区工业区的改造提升。其中，华口高新环保产业园二期C区项目是村级工业园改造示范项目，用地面积为5.1万平方米，全面完成地上建筑物清拆，地块于2017年12月拍出，将打造成现代化家电配套产业园；细滘工业区面积87.08万平方米，改造工作全面启动，至年底完成用地表决；南区工业区和海尾工业区定位为深圳南山高新产业承接园区，正在推进前期工作。全年完成认定的“三旧”改造项目11个，认定面积40.13公顷。继续推进“容桂时光”活化项目，渔人码头二期改造正在推进中，旧马路正在开展前期工作。

继续推进德胜河南岸滨河景观带建设，容奇大桥至金沙大桥滨水绿地配套工程等多个项目基本完工。全面启动河长制，推进眉蕉河水系综合治理，完成龙华大涌及容桂大涌的清淤工程。开展村级工业园安全环保“双达标”工作，引入环保管家制度，提升村级工业园环境，完成5个村级工业园区的“双达标”验收。开展大气污染防治检查，对建筑工地、闲置裸露土地实施扬尘治理，促进辖区空气质量的持续好转。引入摩拜共享单车，至年底投放单车6000辆，辖区注册开户数2.1万人，日均使用量2.8万次，每次平均骑行3.2千米，方便群众出行。推进智能停车管理平台建设，完成初步设计方案。推进美丽文明村居建设，重点推动上佳市特色文化街项目，计划统筹整合上佳市和南区社区的人文资源，打造为佛山市十大特色文化街。加快棚户区改造，完成棚户区改造209户。

构建社会稳定大格局，夯实平安建设基础，以打造“珠三角最安全城镇”为目标，强化立体治安防控体系，提升市民安全感。辖区全年发生刑事治安警情4149起，比上年下降14.4%，其中刑事警情943起，下降36.5%；治安警情3206起，下降4.6%；火警警情85起，下降29.2%。推进消防“四化”工作，高标准建成消防体验馆并对外开放。开展安全宣传，组织举办消防、危化品运输、三防抢险等演练573场次，受训人员6.4万人次。加强食品安全监管，以“政府扶持、企业投资、市场运作”的思路，建立统一的熟食品加工基地，至年底有16个食品小作坊入场经营。推进村级工业园区的“双达标”整治，加强环保、安全生产、消防安全综合执法，全年检查企业及各类场所13万间次，立案查处448件，责令停产企业768家。

**【社会各项事业】** 2017年，容桂街道加大教育事业支持力度，投入近5000万元推进华口小学、容桂实验学校等一批中小学及幼儿园扩建改造工程。深化教育教学改革，完善学校绩效考核激励机制，构建“强联合、高质量、品牌化”的教育治理新体系。推动名校集团化办学，容桂实验学校委托顺德一中管理，打造有较强辐射力和影响力的九年一贯制标杆学校。探索社会组织参与公办学校管理的新模式，引入容桂总商会参与高新园学区三所学校的管理。加强学校对外的合作交流，育美集团、容桂外国语学校等一批学校与国内外相关学校、教育集团结对，促进交流互动及教学模式的创新。整合政府部门和社会组织家庭教育功能，成立容桂家校和美学院。提升医疗卫生服务水平。与暨南大学签约合作共建暨南大学附属顺德医院，新院建设基本完成，康复科门诊于9月27日启用试运行。容桂社区卫生服务中心被评为“全国百强社区卫生服务中心”。新容奇医院完成“二甲”医院复审。容里、海尾、马冈3个社区（村）创建为市级健康村。甲型H7N9流感、登革热等重大传染病防控得当，无发生本地感染病例。推进科学育儿指导站建设，街道科学育儿基地、母婴驿站及12个社区科学育儿指导站全部建成投入使用。

容桂文化艺术中心建成并投入使用，引进多场国家级和国际级演出。加大文体扶持力度，引导社会力量参与文体事业发展，一系列高水平文化体育活动贯穿全年，加强与澳门、长三角等地特色文化交流。推进基层文体设施建设，建成26个社区综合性文化服务中心，覆盖率100%。

完成安乐闻苑大殿改造，殡葬服务进一步优化。搭建就业平台，开展“求匠引才”等系列活动，缓解企业技能人才短缺的问题。促进失业群众再就业，全年登记失业率2.33%。强化劳动监察及争议仲裁，全年行政案外处理争议和仲裁案件914件，涉及金额8000多万元。挖掘社会资源，创新帮扶项目，全年街道慈善会、各社区（村）福利会、容桂总商会等通过多种形式筹集善款2338万多元；通过慈善会、福利救济等开展助医、助学、助残、助困、助老及发放各类补贴、补助约4000万元。

社会事务协调发展。党代表、人大代表、政协委员、决咨委委员开展参政议政工作，为街道各项事业发展建言献策。成立香港容桂同乡会。成立容桂街道社会创新中心，打造容桂社会创新的综合性、枢纽平台。成立容桂女企业家协会。创作首支职工主题歌《我们是时代的工人》，展示容桂工人精神风貌。

**【广东顺德三合工业自动化设备股份有限公司挂牌】** 2017年3月23日，经中国证监会审批“广东顺德三合工业自动化设备股份有限公司”获得全国股转系统挂牌同意函，正式挂牌。证券简称“三合股份”，证券代码871097。广东顺德三合工业自动化设备股份有限公司位于顺德容桂，公司一直致力于自由工业设计平台的打造和专业团队的建设。

**【顺德区第二人民医院与暨南大学共建暨南大学附属顺德医院】** 2017年5月8日，顺德区政府与暨南大学签约，协议把顺德区第二人民医院（原桂洲医院）建设成为暨南大学附属顺德医院。根据协议，暨南大学将推动附属顺德医院3年内升级三级甲等综合性医院并达到大学临床医学院建设标准。暨南大学还将按照直属附属医院的要求和标准，结合顺德本地的医疗卫生事业发展规划，将附属顺德医院建设成为集医疗、科研、教学于一体的高水平医院。

**【容桂女企业家协会成立】** 2017年5月18日，容桂女企业家协会成立大会召开。容桂女企业家协会由33名来自各行各业的女性高层管理者和专业人士组成。协会为女企业家们搭建一个资源对接、信息共享、交流互动、互助发展的平台。

**【第二届顺德互联网大会暨顺德跨境电商高峰论坛在容桂举办】** 2017年5月19日，第二届顺德互联网大会暨顺德跨境电商高峰论坛在容桂街道南宏跨境电商产业园举行。该次大会以“共享互联跨无止境”为主题。大会为第四批顺德区电子商务特色产业园（顺德区南宏跨境电子商务产业园及美旗科技园）进行授牌，为容桂电商服务外包中心进行揭牌，举行南宏跨境电商产业园开园仪式及跨境电商平台进驻南宏跨境电商产业园签约仪式。南宏园区前期已引入包括谷歌、阿里巴巴等服务商进驻，打造涵盖推广、翻译、后台程序等一系列服务体系和平台，从跨境电商和出口贸易两个方面服务于本地以及周边地区的企业和产业。

**【容桂实验学校委托顺德一中管理项目】** 2017年7月起，顺德一中对容桂实验学校实施全面管理，建立与区内名校合作的发展新机制，以“名校集团化办学”的形式，试合作期为3年。合作期间容桂实验学校一切教学、经营、管理事务由顺德一中全面接管，自收自支、自负盈亏。

**【广东乐美智家环境科技股份有限公司挂牌】** 2017年8月4日，广东乐美智家环境科技股份有限公司在全国中小企业股份转让系统挂牌，股票简称：乐美智家，股票代码：871834。乐美智家公司目前专注于家居环境设备、家居安防以及智能化家居产品及系统研究、开发设计、生产及销售。

**【容桂社区卫生服务中心获“全国百强社区卫生服务中心”称号】** 2017年11月，容桂社区卫生服务中心成功创建为“全国百强社区卫生服务中心”，同时获评“顺德区社区教育基地”。其中，中医保健服务发展良好，在顺德区年度中医工作考核中获操作技能、儿童及老年中医药保健服务3项第一。（王洁玲）

◎图 59　　2017年12月28日，第二届顺德国际珠宝展展会现场

## 伦教街道

**【概况】** 伦教，地处珠江三角洲腹地，与广州番禺一水之隔，是顺德中心城区的重要组成部分，总面积59.2平方千米，辖下8个村和2个社区，常住人口约20万人，其中户籍人口9.3万人。伦教有“中国珠宝玉石首饰特色产业基地”“中国木工机械重镇”“中国玻璃机械重镇”“国家级生态乡镇”“广东省教育强镇”等称号。

伦教的交通路网纵横交错，以105国道为核心，与周边镇街、地区紧密融合。南方医科大学顺德医院、善耆养老家园、南方智谷B区二期等区属重点项目落户伦教，广佛地铁3号线、11号线等轨道交通处于规划建设阶段，新市良路、甲子路、新基北路、伦桂路等项目已竣工。

2017年，伦教实现地区生产总值220.21亿元，农业总产值5.4亿元，规模以上工业产值为631.1亿元，第三产业增加值54.47亿元，全社会固定资产投资69亿元，限额以上批发零售餐饮业营业额83.73亿元，社会消费品零售总额42.66亿元，国地税收入25.27亿元，金融机构人民币存款余额160.86亿元，居民储蓄余额128.97亿元。

**【经济发展状况】** 2017年，伦教推动实体经济转型升级，各行业稳步增长。一是珠宝产业。年内，“合作共建伦教珠宝名镇”列入佛港合作11个重点项目，写入《佛山市2017年政府工作报告》。中宝协粤港澳大湾区创新发展中心落户伦教。中国珠宝首饰玉石首饰行业协会和顺德区政府共同主办首届“中国珠宝首饰设计天工奖”，以及联合举办“第二届顺德国际珠宝展”。打造伦教珠宝名镇展厅。出台《伦教街道推动珠宝首饰产业发展的扶持办法》《伦教珠宝首饰人才工作扶持办法》。保发珠宝产业中心首期工程竣工封顶。二是机械产业。“国之重器”中铁华隧盾构机项目投产运营，世界首台冷冻刀盘和复合注浆系统双模式盾构机下线。印尼家具协会华南办事处落户伦教。引入“严选100”华南配件品牌馆项目。12月8—11日，举办第十八届中国顺德（伦教）国际木工机械博览会。朗硕健身器材项目车间及综合楼主体基本完成。三是企业服务。年内，广东新协力交通股份有限公司、佛山市顺德区智械智能设备股份有限公司、佛山市绎通物流股份有限公司、佛山市顺德区衡兴通信设备股份有限公司、广东金松建设集团股份有限公司、广东顺德源宝宝电器股份有限公司6家企业完成股份制改造，其中绎通物流、智械智能设备、新协力、光腾新能4家企业获得顺德区上市扶持奖励。佛山光腾新能源股份有限公司在新三板挂牌上市。新增各级工程技术研究中心10个，其中省级4个、市级3个、区级3个。

**【城乡建设与管理】** 2017年，伦教开放城市格局，打造宜居小城。推进轨道交通3号线土地征收工作。推进工业园区基础设施和市政配套设施建设。南苑西路正式开通。推进污水处理二期工程（含厂区扩建和管网建设）、桂畔水系整治两项污水工程。通天河及灰炉涌节制闸工程、北海电排站工程竣工验收。完成678文化街建设文化街何家涌污水管网工程。推进“互联网+停车管理”智能化运营项目。完善南方医科大学顺德医院周边交通配套。铺开村级工业区“双达标”环保整治提升工作，辖下10个村居均组建环境保护管理办公室并成立专责工作组，先行推进新塘、羊额、仕版、荔村4个村6个工业园区305家工业企业环保整治提升工作。成立伦教街道河长制工作领导小组，制订伦教街道全面推行河长制工作方案，建立河涌管理保护机制。开展创建国家森林城市工作，以慈善认捐方式启动“绿城飞花”系列活动暨全民义务植树节活动。

**【社会各项事业】** 2017年，伦教社会各项民生事业稳步开展。文化方面，年内继续开展香云纱品牌创建工作，推进香云纱“非遗”保护。推进欢姐伦教糕申报省级“非遗”项目。深圳市梁子时装公司在伦教举办年度全国时尚管理EMBA活动。市级文物保护单位羊额月池何公祠建设工程通过验收并正式对外开放。推进羊额村、新塘村、永丰村（五村）改造提升项目，打造美丽文明示范村居。完成旧大南小学、旧三洲中学招商。举办第五届顺德珠宝旅游文化节暨第二届顺德国际珠宝展。举办含英咀华润清晖——2017中国英石精品邀请展。开展水上集体婚礼、大湾区美食展、教育慈善徒步活动、龙舟邀请赛等一系列活动。年内开展各类群众性文化活动110场次。

教育方面，代表顺德区接受“全国中小学责任督学挂牌督导创新区”国家级评估并通过验收。年内扩建伦教小学，启动荔村小学、汇贤中学等学校的扩建工程。成立以翁祐中学为龙头，协同三洲学校、永丰小学、鸡洲锡全小学、霞石善祥学校、熹涌陈佐乾纪念小学共6所学校，形成一体化的伦教东部教育集团，试点推行九年一贯深度融合改革实验。顺德区镇街级首个德育工作室“伦教街道德育研究工作室”挂牌成立。全国首个体能进校园基地落户伦教。推进学前教育普惠化发展。实施“校安工程”，改造学校防火、防雷设施，继续改善学校的办学条件。开展家庭教育指导服务进校（园）、进社区服务活动，全年开展家庭教育专题讲座80多场

◎图60　　香云纱晒莨地

次。连续六年获“顺德区教育工作先进镇”称号。

卫生方面，配合南医大顺德医院完成整体搬迁工作。推动区内最大型综合养老社区善耆养老家园建设，项目一期投入使用。伦教医院与广东医科大学合作共建顺德区妇女儿童医院，打造“大专科、强综合”科研教学医院。中山大学附属第六医院与伦教医院进行技术合作签约。在伦教文化广场建成全省首个公园母婴驿站并投入使用。

社会工作方面，羊额无邪教社区被评为全国“百县千乡万村”无邪教创建示范村。建立“1+2+8”内生型社会建设体系。引入顺德社会创新中心，推动伦教社区发展创新中心运营。伦教仲裁庭推进“要素式”庭审模式，被评为“广东省四星级劳动人事仲裁庭”。推进伦教市场、羊额市场、新丰市场和三洲农产品交易中心建设成为快检试点市场。11月，“伦教政府实验室”揭牌并投入使用。新协力机动车交易市场获得2016—2017年度“广东省文明诚信市场”称号。联合承办2017年“周大福杯”广东省职业技能大赛贵金属首饰手工制作竞赛。推进韶关技师学院新开设珠宝专业输送人才项目。联合走访辖区内符合条件的企业，推进民主建会工作。

**【鸡生肖原地邮局成立】** 2017年1月5日，广东省首家鸡生肖原地邮局在伦教街道鸡洲村委会成立。区邮政局伦教分局借着鸡洲生肖原地邮局成立的契机，首发“丁酉年生肖”原地封和首日封。

**【伦教街道办事处启动“民意直通车”】** 2017年2月28日，伦教街道办事处启动“民意直通车”，向外界公布年内重点完成的十大民生实，包括南苑路开通启用、南方医科大学顺德医院交通配套、改善办学条件增优质学位、村级工业园区“双达标”整治提升、规范农村集体资产管理及增收、开展“健康人生”活动、慈善帮扶提质工程、完成污水管网二期、推进农产品快速检测以及佛山市美丽文明村居建设等。

**【伦教东部教育集团挂牌成立】** 2017年3月31日，伦教东部教育集团在翁祐中学挂牌成立。该教育集团以东部辖区的翁祐中学为龙头，三洲学校、熹涌陈佐乾纪念学校、霞石善祥学校、鸡洲锡全小学、永丰小学为成员校。各学校原校名不变，翁祐中学加挂“佛山市顺德区伦教东部教育集团”的牌子，成员校加挂“佛山市顺德区伦教东部教育集团成员校”的牌子。

**【保发珠宝产业园举行奠基仪式】** 2017年9月27日，保发珠宝产业中心奠基暨伦教珠宝名镇展厅揭幕活动在伦教街道举行。当天除保发珠宝产业中心举办奠基仪式以及在伦教珠宝服务大楼进行珠宝名镇展厅揭幕仪式之外，伦教街道还发布《伦教街道推动珠宝首饰产业发展的扶持办法》《伦教街道珠宝首饰人才工作扶持办法》两项珠宝产业扶持政策，强化当地珠宝首饰制造基础，建设“产”“城”“人”高度融合的珠宝名镇。

**【世界首台带冷冻刀盘和复合式注浆系统的双模盾构机下线】** 2017年10月16日，中铁华隧联合重型装备有限公司正式揭牌，该公司创新研制的世界首台具有冷冻刀盘和复合式注浆系统的双模式盾构机迎来下线，设备实现多项重大技术组合与创新，为复杂地层盾构机安全开仓提供优质解决方案。（王志恒）

## 勒流街道

**【概况】** 勒流踞广佛中心，连接顺德7个镇街，位于广佛半小时生活圈和深港澳两小时辐射圈之内，顺德水道（北江）、顺德支流一北一南贯穿而过，珠二环高速、佛山一环南延线、325国道、南国西路、伦桂路在此交汇。辖区总面积90.78平方千米，下辖17个村、5个社区，年末常住人口31.68万人，其中户籍人口12.45万人。2017年，勒流街道地区生产总值294.23亿，三次产业比例为2.20∶62.64∶35.16；规模以上工业总产值719.29亿元，固定资产投资额63.11亿元；限额以上贸易住宿餐饮业营业额36.45亿元，税收（含国税调库数）完成28.43亿元，一般公共预算收入7.32亿元，城乡居民储蓄存款余额169.72亿元。

【经济发展状况】 2017年，勒流坚守实体经济，产业发展更添实力。一是固本强基，支柱产业多点发力。东菱集团获“佛山脊梁企业”命名，投资的技术中心大楼建成封顶。新宝股份、小熊电器上榜2017年广东企业500强。国家汽车质量监督检验中心（广东）在富华集团挂牌成立。第二批中国家居五金团体标准发布，主要技术指标全面超越欧盟。东泰五金集团发布“东泰五金与国外知名品牌的同类产品性能对标报告”；设计的“一扇牵”可调速阻尼铰链获2017年“德国iF产品设计奖”。顺德区家居五金协会获评为“中国轻工业特色区域和产业集群管理与服务先进单位”“广东省优秀商会示范点”。勒流获评“中国五金制品行业先进产业基地”。勒流商业照明产业升级孵化园动工建设，首期厂房及照明大楼建成封顶。福田电器获评“2016年度中国优秀电工品牌”。二是内提外引，发展质量显著提升。勒流智能制造技术应用工程中心签约改造项目1个，立项项目3个，正在洽谈项目9个。推进村级工业园区改造提升，率先引入第三方专业机构协助整治，成立顺德区首个镇街级安全生产协会，完成安全生产标准化创建企业950家，检查生产经营单位953家次，落实整改1165处。南水、上涌、江村、众涌、龙眼等5个村级工业园完成年度整治考核任务。盈峰环境环保科技孵化产业园首期项目2017年12月奠基，将打造顺德首个集环保硬件高端制造、环保软件于一体的综合环保科技产业园。小熊电器智能小家电制造基地和顺德智能停车设备项目完成立项，投资总额接近6亿元，达产后年产值预计13亿元。三是创新驱动，转型发展提速增效。2017年勒流专利申请量2431件，同比增长9.65%；授权专利1870件，同比增长18.81%；拥有各级技术研究中心超过50个，产学研合作项目超过100个，高新技术企业增至98家，入库企业85家；拥有中国驰名商标4件，广东省著名商标22件，广东省名牌产品25个。富华机械获得珠江西岸先进装备制造业发展专项资金，安帝斯、欧雅典通过2017年顺德区小企业创业基地认定。2017年挂牌上市企业增至6家，谋划上市企业20家。

【城乡建设与管理】 2017年，勒流坚持开放引领，城市建设更具品质。实施“北接、南拓、东引、西联”发展战略，佛江高速勒流段工程、伦桂路勒流段工程征地拆迁工作全部完成，菊花湾大桥征收地工作接近尾声，港口路一河两岸改造项目启动。实施“两违”整治，组织开展拆除、复耕复绿整治图斑36个，立案查处违法违规用地行为56宗。加强规划编制工作，完成中部产业园（局部调整）、黄连—江义片控规编制，推进滨水生态区启动区控规编制及黄连等12个村居的村庄规划编制工作。“三旧”改造超额完成区下达的认定及改造任务，东菱帝苑（泰明市场改造项目）开放发售；完成中部产业园地块、西安亭大桥侧地块、南国西路（冲鹤段）以南商住地块的挂牌出让。争取上级350多万元发展资金，推动佛山市首批美丽文明村居及村居特色文化片区建设，打造“龙眼点睛”等水乡旅游文化品牌。启动顺德水道黄连—江义段水环境提升改造工程，江义成功申报顺德区美丽田园示范区试点项目。完成267.8公顷的高标准基本农田建设项目，完成“绿城飞花”景观提升及绿色村庄创建。2017年检查企业2157家次，关闭企业26家，立案处罚234件。推进“美城行动”，数字城管结案率99%。完成勒流汽车客运站社会化运营，维护修复地方公路里程约10千米。水利主题微电影《守护》获广东省水利厅“讲述身边水利故事”微视频微电影大赛一等奖。

【社会各项事业】 2017年，勒流坚定共享发展，民生事业更有作为。一是民生实事落到实处。勒流、龙眼长者综合服务中心服务辐射覆盖勒流过半村居，全年服务长者超10万人次。勒流慈善会冠名基金增至19个，爱心超市实现公司化运营，区、镇、村三级发放救助、补助、津贴等2000万元，惠及群众8000人次。政府快检实验室投入使用，检测食用农产品4000余批次，合格率99.7%；创建区级食品安全示范街1条、流通示范点5个、餐饮服务示范店6家、食品生产示范点2个。二是公共服务质量提升。落实教育综合改革，“三学区一集团”九年一贯制人才培养模式成效显著，东风小学获“全国跳绳运动优秀推广奖”，江义中学获“全国国防教育特色学校”称号，育贤小学部获评为“中国山水画协会中国画培训基地”，稔海小学获“全国校园足球特色学校”称号。学前教育规范化办学100%达到广东省规范化幼儿园标准，成功申报“全国社区教育示范街道”。在江义中学开设顺德首个西藏班，制订支援西藏墨脱扶困帮教工作方案。勒流医院、社区卫生服务中心与广州中医药大学顺德医院签署合作共建框架协议，完成国家卫生镇复审工作，创建健康单位、家庭74个。举办澳门顺德勒流同乡会四周年会庆、公益徒步等重大文体活动，搭建“龙眼点睛”民俗文化、勒流展览馆等文化展示平台，青少年儿童书画即席挥毫大赛累计举办二十六

◎图 61　勒流街道黄连龙虱培训班　（何福源 摄）

◎图 62　2017年9月1日，勒流江义中学首个西藏班的学生参加开学典礼

届；开展勒流美食推介系列活动，举办勒流“美丽乡村”美食文化节暨勒流首届“金镬铲”争霸赛，勒流美食”特色品牌重新擦亮。三是社会大局和谐稳定。实施“现场＋网站＋移动互联网”招聘模式，启动黄连就业创业工作坊。完成综治视联网会议系统建设，“猫眼”建设工程完成率100%。刑事治安警情比上年下降27%，警务指挥效能考核排名全区第一，警情防控水平居全区前列。推进“七五”普法工作，开展法律讲座及户外宣传活动超过120场次，6万多人次受益。勒流获评为“百县千乡万村无邪教创建示范工程”活动创建无邪教示范街道。完成村（社区）“两委”换届选举，产生新一届“两委”班子成员111人。落实农村管理“1+10”配套文件，“手机村务通”获评2016

年度“广东省社区治理十大创新成果”。

**【国家汽车质量监督检验中心（广东）在富华成立】** 2017年2月21日，国家汽车质量监督检验中心（广东）在位于勒流镇的富华交通机械城正式挂牌。检验中心开拓官方机构与企业的全新合作模式，由富华集团与国家汽车质量监督检验中心合作共建，占地面积约5500平方米，旨在建立先进的重型卡车的“车轴试验部”，将执行对重型卡车的“汽车驱动桥”“汽车前轴”“挂车车轴”等六大检测对象的18项检测服务。

**【勒流江义中学迎来首批西藏学子】** 2017年9月1日，首批来顺德学习的42名西藏学子和勒流江义中学学生一同参加新学年开学典礼。这批来自西藏拉萨、林芝、昌都等地区的学生将在江义中学进行为期三年的学习。

**【勒流成立顺德首家镇街级安全生产协会】** 2017年10月12日，顺德区首家镇街级安全生产协会在勒流成立。该协会将进一步规范安全生产自我管理行为，建立健全安全生产自律机制，构建起政府宏观指导、企业规范经营、协会沟通协调“三位一体”的安全监管运行模式。协会有会员企业56家，涵盖交通机械、小家电、家居五金、照明电工等支柱产业知名企业。

**【勒流与广州中医药大学合作共建公立医疗机构】** 2017年10月12日，勒流街道与广州中医药大学顺德医院签订协议。协议计划将勒流医院、勒流社区卫生服务中心和广州中医药大学结成紧密型纵向医疗联合体，合作共建公立医疗机构。签约后，勒流医院将更名为“广州中医药大学顺德医院附属勒流医院”。

**【盈峰环境顺德环保科技产业园举行奠基仪式】** 2017年12月5日，顺德首个以智能制造为主的环保装备研发制造产业园——盈峰环境科技集团环保科技产业园在勒流奠基。项目计划投资10亿元，预计5年内完成建设，首期总投资2.64亿元，主要投资方向包括环境检测设备研发制造、环保装备研发制造、小型新能源环卫车辆研发制造等，将对顺德区环保产业的升级、环保产业链条的完善、环保产业影响力的提升、地区生态环境的改善与优化有着积极的作用。

（黄剑英）

## 陈村镇

**【概况】** 陈村，素有“中国花卉第一镇”“千年花乡”的美誉，自古就是商贾云集之地，历史上曾与广州、佛山、东莞石龙镇合称“广东四大名镇”，是《三字经》作者区适子、清代作家黎简和现代雕塑艺术家梁明诚的故乡。获“世界盆景赏石园艺博览之都”“中国花木之乡”“中国机械装备工贸名镇”“中国花卉之都”“中华花卉美食名镇”“国家级生态乡镇”等称号。辖区域面积50.7平方千米，2017年常住人口18.7万人，其中户籍人口8万人，下辖7个村和8个社区。2017年，实现本地生产总值177.2亿元，比上年增长8.5%；工业总产值482.2亿元，比上年增长13.9%；全社会固定资产投资84亿元，增长22.3%；财政预算总收入16.3亿元；税收收入22.6亿元；居民储蓄余额165.2亿元，比上年增长7.2%。

**【经济发展状况】** 2017年，陈村以创建智芯小镇为契机，加快大学城卫星城产业社区四大平台建设，构建服务专业化、形式多样化、投资多元化的创新创业孵化体系。华南理工大学科技园顺德创新园区落户陈村，至年底完成首期招商，涉及生物、环保、新材料、机械装备、智能机器人等新兴产业领域的15家企业，进驻企业投资总额达1亿元；年初引入猪八戒网珠江西岸“双创”园，签约进驻企业13家，并与20多家区内外创新型企业、协会开展深度合作；“双创城先进装备孵化器”完成20万平方米载体建设，首期入驻23家企业，共80多个项目；佛山地区首个中国青创板运营中心落户陈村，助力青年创新创业项目孵化落地。产业载体及配套设施加快建设，顺联机械城一期改造项目入选全区产业保护区示范园区，于9月底动工建设；1万平方米的餐饮配套场地、首批近500套人才公寓已建成，朱砂围公园、青年运动公园等基础设施正在建设，产业社区功能布局进一步完善，将成为陈村镇承接广深优质创新资源的重要载体。

产业转型扎实推进。自主创新更富活力，2017年推动企业股改2家，高新企业技术认定29家，永通起重机械成功登陆“新三板”，成为陈村镇第4家“新三板”挂牌企业。推动“金科产”融合，与深圳中科招商合作成立规模1亿元的生物医药创业投资基金，通过资本手段引导新兴产业集聚。产业引进实现突破，大型医药互联网交易平台项目进展顺利，隆深机器人进驻莱茵工业园，川崎机器人华南工程中心落成。加快花卉产业转型发展，智谷农业电商产业园、海峡两岸花意师孵化器等项目全面启动；中国首批1万株介质蝴蝶兰出口美国的首发仪式在陈村举行，标志陈村蝴蝶兰进入高端国际市场；与顺德检验检疫局共同签署合作备忘录，推动花卉种植标准化和出口贸易发展，助力陈村花卉品牌沿“一带一路”走向世界。科达洁能成为全市20家“佛山脊梁企业”之一。

◎图 63　陈村镇三字经公园

【城乡建设与管理】 2017年，陈村环境整治纵深推进。坚持生态文明、绿色发展理念，落实环境保护“党政同责、一岗双责”机制，开展大气、水、土壤污染防治工作，强化环保执法力度，全年处理环保类投诉305宗，立案查处环境违法案件69件；深化大气污染重点行业治理，狠抓工地扬尘管理，发出整改及停工通知书90多份。是年完成合成、锦龙、赤花、南涌四个村级园区整治，并通过验收。全面推行河长制，以实现“河畅、水清、堤固、岸绿、景美”为总目标，对全镇220多条河涌开展整治提升，各级河长开展巡河治理170多次。抓好安全生产工作，检查企业2100多家次，发出整改通知书179份，封停存在安全隐患设备74台，关停违法企业44家。开展“两违”巡查，处理违建投诉400多宗，拆除违建（构）筑物90起，拆除违建面积3万多平方米。开展“美城行动”，引入科技手段，推广应用智慧城管系统，实现城市管理精细化。

【社会各项事业】 2017年，陈村民生福祉持续改善。提供全方位公共就业服务，开展就业创业培训，城镇登记失业率2.6%。推出200套政府公租房。深化慈善品牌建设，举办第二届公益慈善嘉年华活动暨大学城卫星城人才交流对接活动。举办“优瓦计划”，为镇内12户家庭的房屋进行修缮。开展青春健康家长培训示范项目。完成旧圩社区养老服务中心（康园中心）建设，于年底投入使用。

优质公共服务精准发力。教育资源均衡发展，重新开办青云初中，三个年级增加1000多个学位。15所公办初中、小学的体育设施场地全部对外开放。陈村医院纳入南方医科大学顺德附属医院管理体系。镇、村两级科学育儿指导站（点）陆续建成。推进“服务下沉、守护健康”行动，全年开展各类义诊、讲座活动120场次。陈村图书馆新馆与北滘、伦教推进图书馆资源共享暨馆校共建发展战略，馆藏图书增加10倍。举办花卉美食文化节和9场花宴，登陆湖南卫视《天天向上》《我们来了》等电视节目。社会治理更加有序。化解社会矛盾，调处信访案件142件，以信访听证等方式，化解信访积案。成立劳动纠纷调解服务中心，化解劳资矛盾。落实领导干部驻点联系群众制度，全年联系群众22031人次，办结群众意见建议932条。健全公共服务法律体系，落实依法治镇工作。举办“百花议事听”政民互动活动16场，听取民意、汇聚民智。

**【重庆猪八戒网络公司正式落户顺联双创城】** 2017年1月9日，陈村镇举行猪八戒网珠江西岸“双创”园进驻顺德签约仪式，与重庆猪八戒网络公司签订合作协议，计划共同打造“线上”与“线下”一体的新兴服务业集聚园区。

**【全省首家农业电商产业园区】** 2017年3月29日，顺德智谷花卉世界现代农业电商产业园运营中心在陈村花卉世界成立。园区打通花卉产业线上线下发展链条，设立电商企业孵化培育平台，以孵化器的形式推动电商创业创新配套服务、营造电商人才社区空间。

**【启动民族路片区活化改造项目】** 2017年6月28日，作为全区16个三旧改造重点项目之一的民族路片区活化改造项目正式启动。本次改造，首次采用公有资产出资参与三旧项目建设，通过公开招标方式，由佛山市景裕云投资有限公司竞得合作方资格，以合作伙伴形式引入社会资本。活化改造计划将遵循“修旧如旧、建新如故”的原则，保留片区内特有的骑楼文化、纸厂内部建筑中的横梁及特有的烟囱，增加现代构筑元素，融入新业态，全力打造成骑楼历史街区和文创园，为市民提供一个充满艺术气息、极具岭南水乡特色的新去处，成为北部片区旅游新地标。

**【陈村介质蝴蝶兰出口美国】** 2017年6月21日上午，中国介质蝴蝶兰出口美国首发仪式在花卉世界举行。1万株在陈村培育的介质蝴蝶兰代表中国介质兰花正式启运美国，为中国蝴蝶兰带介质进军美国市场实现历史性的突破。截至2017年年底，中国仅有11家企业获得出口美国介质兰花的资质，其中2家在陈村花卉世界。

**【佛山安全生产装备·技术·服务对接大会】** 2017年8月10日，首届佛山安全生产装备·技术·服务对接大会在我镇举办，77家省内外安全生产领域行业翘楚现场展示了最先进的安全生产设备、技术和管理服务。此次对接大会搭建了一个安全装备、技术和服务的供需对接新平台，为供需双方带来激烈的交流碰撞。对顺德来说，这是在安全生产服务领域供给侧结构性改革的一次大胆探路。

**【打造企业服务平台】** 2017年8月11日，陈村镇推出线上线下两大服务平台，聚集优质资源，提升企业综合服务能力，助力大学城卫星城产业社区建设。一是与中国电信共同打造顺德首个“天翼云产业社区”。未来，双方将以“云计算+大数据”为平台，建设企业互联网基础设施，降低企业信息化成本，为本土中小企业的信息化建设和管理提供服务。二是成立陈村镇企业服务中心，为承接系列公共审批事务搭建受理窗台。

（朱媛琪）

## 北滘镇

**【概况】** 北滘，古称“百滘”，意为“百河交错、水网密集”，位于顺德区的东北部，全镇总面积92平方千米，辖10个社区和10个村，2017年常住人口30万人，户籍人口13万人。全镇本地生产总值559亿元，农业总产值8.35亿元，规模以上工业产值2381亿元，全社会固定资产投资总额118亿元，国地税收入114.2亿元，金融机构本外币存款余额948.1亿元，限额以上贸易住宿餐饮业营业额187亿元，城乡居民存款余额272.4亿元，城镇居民人均可支配收入60693元，农民人均纯收入18843元。

◎图 64　　2017年3月31日，北滘镇举行碧江廉租房入住仪式

**【经济发展状况】** 2017年，北滘镇龙头企业引领效应显著。美的集团持续深化转型，布局全球产业，依托于库卡、安川及安得智联，美的集团的产业版图覆盖到机器人及智慧物流领域，在智能硬件、智慧家居等方面拥有独特优势。美的集团成为连续两年入榜财富世界500强的家电企业，被授予“2017年广东省自主创新标杆企业”。碧桂园集团以产城融合战略聚焦创新和绿色产业的发展，2017年共实现合同销售金额约5508亿元，排名全国房企第一，被选为“中国民营企业500强”第17位、“中国民营企业服务业100强”第9位，首次入榜2017年《财富》世界500强。美的集团和碧桂园集团被佛山市委市政府命名为“佛山·脊梁企业”。此外，美的集团与碧桂园集团签署“美的碧桂园战略合作协议书”，双方建立全面战略优先合作伙伴关系，将在产城融合、科技小镇、智能家电、智慧家居、海外项目等细分领域进行多维度的合作。总部经济高地加速成型，怡和中心楼内进驻率94%，盈峰中心商业区域入驻率90%，写字楼入驻率80%；丰明中心整体入驻率38%，北滘国际财富中心4号楼项目万联中心、5号楼项目开平住建、6号楼项目天玑大厦完工并通过验收。新兴产业集群加速发展。设计产业加速集聚发展，设计城吸引8120名设计研发人员，238个国内外设计机构进驻。电商产业不断壮大，依托省级“互联网＋制造”小镇，推进北滘镇电子商务三年行动计划，成立阿里巴巴顺德产业带（北滘）运营中心，推动电子商务龙头和园区建设；美的电商“双11”全网销售45亿元，比上年增长70%，连续五年蝉联电商平台家电全品类线上销售第一名，交易额超千万电商企业持续高速增长，飞鱼电商获国家级电子商务示范企业，淘商城升级为广东顺德电子商务创业孵化示范基地，SKG、碧捷洁净科技、百姓家科技等一批电商企业入驻北滘，北滘电商队伍更显强大。推动机器人产业创新发展，协办“中国机器人及人工智能大赛”，推动安川美的、捷瞬机器人等一批本土机器人企业发展。科技创新能力持续增强。2017年北滘镇有高新技术企业151家，博士后工作站4个；专利申请量13186件，同比增长31.49%；授权专利量6839件，同比增长35.99%。申请和授权数量均居于全区首位。推动全镇规模以上企业组建研发机构率50%。广东顺德创新设计研究院成为首个全国示范性工程专业学位研究生联合培养开放基地。新增上市企业2家，“新三板”挂牌企业1家，其中博实乐教育集团成为佛山首家在美国上市企业，全镇上市（控股）企业达11家。

**【城乡建设与管理】** 2017年，北滘镇以美丽村居、美化家园为重点，配合村级市政建设、社区旧改、古建修葺等，加速魅力小城建设，推进项目93个，完成绿化提升面积3万平方米。完善基础设施建设，推进环镇路网工程，美的大道下穿G105隧道通车，推进城际和区域路网建设，广州地铁 7 号线、佛山 3 号线正式动工，广佛环线主线施工进入收尾阶段。推进村级工业园改造提升。开展村级工业园环境保护、安全生产“双达标”行动计划，对全镇 11 个工业园区 441 家企业进行改造，其中 9 个工业园区全部达标通过。整治城市“六乱一占”现象，组织拆除违法违规建筑超 4 万平方米。推进生态文明建设，开展城乡环境综合整治，出动执法人员 6639 人次，检查企业 1957 家次。开展“一河一策”综合整治，兴建西滘村、马龙村分散式污水处理站。推行河长制工作，建立总长 270 千米的镇村两级河长体系，对镇内 236 条河涌、河岸进行整治。

**【社会各项事业】** 2017 年，以北滘文化中心为载体推进公共文化服务建设。中心全年开展公益文体活动 1826 场次，依托华语文学传媒盛典、“阅读北滘”读书会活动平台，打造优质阅读品牌活动；“以公共文化服务体系助推魅力小城建设”获首批省级公共文化服务体系项目，北滘图书馆推进佛山市“智能文化家”示范点创建工作。打造美丽文明村居示范点，邀请华南理工大学、广州美术学院专业团队对黄龙、北滘、林头示范村进行指导和规划。以北滘文化中心为基地，以星海音乐学院特色教育为主题，建立星海音乐学院（北滘）艺术实践基地，加强双方音乐等艺术资源共享与交流。佛山市青少宫北滘宫启用，借助市级优质文化资源打造全国镇级标杆青少年宫。推进教育建设项目，完成西海小学、朝亮小学、西滘小学扩建工程，推进莘村爱心幼儿园、三洪奇幼儿园重建，新增 1050 个学前教育学位，华南师范大学附属北滘学校小学部完成主体工程。推进北滘医院综合改革，组建医院和社区“全科—专科”医生网格化团队，推进双向转诊落实，提高服务水平和质量。2017 年，全镇登记失业率 2.5%，北滘社区获评“国家级充分就业社区”。慈善事业蓬勃发展。碧桂园集团捐赠善款 1 亿元启动“惠妍教育助学基金”，和的慈善基金会捐赠 60 亿元。救急助难渠道多元化，全年慈善救助支出超 2100 万元，直接帮扶困难群体 3 万多人次，基本实现困难对象救助全覆盖。西海、碧江廉租房为北滘镇 136 户困难家庭解决居住困难。挂牌成立“北滘菁英荟”，设立博硕俱乐部为本地人才做好服务。落实高层次人才安居政策，建设人才公寓 311 套，对 201 名新引进人才发放租房补贴。

**【广东工业设计城获评首批“广东省创业孵化示范基地”】** 2017 年 7 月，广东省人力资源和社会保障厅、广东省财政厅发布《关于公布 2016 年度广东省创业孵化示范基地名单的通知》，位于北滘镇的广东工业设计城获评为首批“广东省创业孵化示范基地”。7 月 17 日，在佛山市举办的“2017 佛山市市级创业孵化基地授牌暨创业导师聘任仪式”上，广东工业设计城获评为“佛山市 2017 年市级创业孵化示范基地”。广东工业设计城为初创者及初创型企业提供专业孵化服务，引进国内外优质设计资源，搭建工业设计公共服务平台以提升孵化能力；为创新企业提供资金、人才、交易对接服务，配套建有新型研发机构；以技术研发为基础，以产品设计为特色，形成以设计企业与创新产品为对象“双孵化”的独特孵化模式。

**【北滘镇入选佛山市首批市级特色小镇创建名单】** 2017 年 8 月 2 日，北滘镇以“佛山智造小镇”入选佛山市首批市级特色小镇创建名单。北滘计划从以前的传统制造小镇到智造小镇转型升级，再从智能小镇到全方位一体化蜕变。北滘引进先进制造业以及高科技项目落户，围绕智能制造做文章。

**【全国首个“工程专业学位研究生联合培养开放基地”落户北滘】** 2017 年 9 月 15 日，全国工程专业学位研究生教育指导委员会组织评审并公示，授予位于北滘镇的广东顺德工业设计研究院“全国工程专业学位研究生联合培养开放基地”称号，这是全国首个工程专业学位研究生联合培养开放基地。

【碧江古村落活化项目获“城市文化复兴优秀奖”第三名】 2017年9月，在2017年亚洲都市景观奖中国选拔赛中，北滘镇碧江古村落活化项目获“城市文化复兴优胜奖”第三名。碧江古村落活化项目本着“传承和发扬传统文化，保护优秀的历史建筑”的宗旨，完善社区基础设施配套建设，以金楼景区为核心，对村内历史建筑和传统建筑进行分层次修缮和保护；丰富社区文化内涵，推进村史馆和名人馆布展工程，挖掘村故事，展示古村历史沿革和民俗民风。

【2017中国机器人及人工智能大赛】 2017年10月12日—14日，在北滘举行。大赛由中国人工智能学会、教育部高等学校计算机基础课程教学指导委员会联合主办，北滘镇协办。共策划两大项十二类共49种比赛项目，共吸引包括清华大学、北京大学、香港大学、浙江大学、中山大学、哈尔滨工业大学等100多所高校代表以及伊雪松、商汤、黑子等10多家企业参赛。

【顺德电子商务创业孵化示范基地启用】 2017年11月7日，“创业圆梦想激发新动能”——广东佛山顺德电子商务创业孵化示范基地项目落成启用仪式在北滘淘商城举行。该基地通过打造“创业体验区”“大学生创业区”“顺德区创新创业学院”“顺德创业服务网”“视觉营销服务中心”“电商广场”“互联网+创新体验馆”等七大项目，发挥专业、人才、智力等优势，培育北滘镇新一代电子商务创新创业型人才，进一步对接区域经济与社会发展需求。基地可让大学生、就业困难人员进驻，开展电商创业体验，使人才初创项目、团队项目可以“拎包入驻”。

【北滘青少年宫启用】 2017年11月30日，位于北滘市民活动中心的佛山市青少年文化宫（北滘宫）正式启用。依托佛山市青少年文化宫建设，该项目让北滘周边的青少年参与佛山市青少年文化宫的优质公益培训及高端赛事活动。

【广东顺德军民融合创新产业园落户北滘】 2017年12月28日，广东顺德军民融合创新产业园一期在北滘开园，一期占地面积6万平方米，吸引12个重点项目签约入驻。产业园以天地一体化、人工智能、信息安全等作为重点发展方向，打造集孵化器、加速器、产业园于一体的全链条军民融合产业生态体系。

（苏小慧）

## 乐从镇

【概况】 乐从镇位于珠江三角洲中部，距广州市30千米。地处广佛都市圈核心区域，是两大国家级对外合作平台中德工业服务区、中欧城镇化合作示范区的核心区所在地。可通过顺德快线、新桂路、环镇路、佛山大道、佛山一环及轨道交通与周边镇街快速对接，辐射整个珠三角地区。辖区总面积78平方千米，辖19个村、6个社区，年末常住人口32万人，其中户籍人口12万人。乐从是著名侨乡，30多万名港澳同胞以及海外侨胞，分布在世界60多个国家和地区。2017年完成地区生产总值199.01亿元，比上年增长8.7%；贸易业销售收入932.04亿元，增长4.34%，固定资产投资108.04亿元，增长26.65%。实现税收33.7亿元，比上年增长1.22%；工商业用电量9.54亿千瓦时，增长10.16%。银行存款余额449.31亿元，比上年增长8.98%；居民存款余额323.37亿元，比上年增长7.77%。

【经济发展状况】 2017年，乐从经济发展坚持稳增促调，稳中有进、进中有质。一是特色产业形态持续优化。钢材、塑料、家具三大专业市场稳步发展，国税数据统计销售额分别比上年增长52.83%、22.14%、16.53%，实现集体回暖。“产业集群区域品牌建设提升项目（乐从家具产业）”被认定为2017年省工业和信息化发展专项资金支持产业集群区域品牌建设试点项目。佛山罗浮宫索菲特酒店正式开业，开启高端家居设计体验、“所见即可售”运营模式。红星湾项目加快报批进度及推进步伐。乐华总部大厦项目动工建设。欧浦智网实施并购发展壮大。二是产业项目建设有序推进。市文化馆新馆正式开馆，佛山国际体育文化演艺中心、市博物馆相继封顶。区镇村合力启动上华智造园改造项目，完成土地流转挂牌。红星湾（红星家居小镇）加快旧房拆除。乐华总部大厦项目动工建设，乐华生产基地建设、东箭厂房扩容项目前期工作进展顺利。广东云天生物创新产业中心一期中试车间两栋顺利封顶；广东科荟生命科技产业中心奠基建设。创智谷一期建成。金汇海钢贸中心项目完成基础建设。三是创新驱动不断加大马力。新兴产业步伐稳健，25个创新科研团队落户，聚集高端人才430人。广东省健康医疗大数据产业园开园，暨大生物医药产业园项目落户。佛山新城城市商业形态初具规模，金海·美斯学谷佛山商业公司、南方影视中心广东·佛山影视产业园星星国际影业发展基地落户。加快推动企业股改上市工作，完成东箭汽车、纳云科技、君正科技、富泰珠宝等4家企业股份制改造。培育高新技术企业，20家企业通过认定。与中央美术学院、国际大学创新联盟、中科院上海技术物理研究所等国内顶尖科研、创新机构的合作不断深化，全国艺术高校创新孵化中心、国际大学创新联盟华南国际创新中心等平台先后落户，举办国际创新设计与中国制造高峰论坛、国际大学创新资源对接研讨论坛，促创新资源与本地产业进一步对接。

◎图 65　　2017年2月20日，乐从镇举办“最美乐从人”颁奖仪式

**【城乡建设与管理】** 2017年，乐从镇在城市建设方面坚持综合发展、品质为先，城乡环境得到显著提升。一是特色小镇群建设全面启动。“乐从国际品牌小镇”入选第二批全国特色小镇，以乐商小镇、生命健康小镇、国际创新小镇、文旅小镇、水利小镇为主题，开展城市空间、产业布局、交通体系、文化旅游等系统规划。“佛山乐商小镇”纳入首批市级特色小镇，并成为省特色小镇集群示范区。乐商客厅、高架自行车道、乐从家具大道改造升级、美丽乡村升级等项目完成方案设计。二是开放型交通体系逐渐形成。推动省市区重点路网工程建设，攻坚克难，加快佛山地铁3号线、广佛环线、华阳路南延线的征拆、建设。汾江路南延线一期工程主线通车，岭南大道南延线一期（富华路至三乐路段）实现双向通车。完成荷岳路路面改造工程，裕和路修复工程、新桂路修复工程。建成全长3.5千米的顺德首条公交专用道，世纪莲公交枢纽站启用。倡导绿色交通，率先投放627辆新能源物流车，83辆新能源公交车，25辆纯电动共享汽车。三是生态环境进一步优化。推进村级工业园区安全生产、环境保护“双达标”，首批5个村居15个村级工业园区安全生产、环境保护全部完成验收。推进大气污染防治和污染源重点行业环境提升，全镇32家VOC污染企业完成整治。通过日常保洁、完善管网、清淤疏浚、严格执法多措并举，英雄河黑臭水体整治通过市验收。

**【社会各项事业】** 2017年，乐从镇在民生方面坚持惠民便民、社会协调，民生福祉不断增进。

一是民生保障日益完善。以政策性救助为依托，慈善救助为补充的医疗救助网络基本健全，累计发放助困、助残、助医、助教等各类救助金约840万元。居民患病住院补贴政策全区独有，投入900万元为超2万人次减轻住院支出压力。自闭症儿童康复服务中心投入使用。新增3个村级养老服务阵地，黎时煖松柏大学获评全国“敬老文明号”先进集体。慈善事业亮点纷呈，帮扶困难群众逾2万人（户）次，增设7只基金。对口雷州实施精准帮扶，实现50户家庭脱贫，完成24个基础设施项目建设。二是社会事业健康发展。市妇女儿童医院成功封顶，乐从医院升格为广州医科大学附属顺德医院。通过挖潜扩改建，新增小学学位480个，新增学前教育学位450个。文化融合创新中心服务近6万人次。“2017乐从文化艺术季”系列活动办出高水平，以文化引领产业、城市、创意融合发展。乐从龙舟文化节、乡村文化节等特色活动办出影响力。三是社会治理创新扎实推进。东平居民委员会挂牌成立，佛山新城服务与治理开启新里程。完成集体资产交易公开竞投项目94个，合同成交总金额1.2亿元，比底价高45.46%。实现村（社区）公共服务中心全镇覆盖。推进农村土地确权工作，基本完成17个股份社的确权颁证工作。完成村居团组织换届。沙边村团总支获“全国五四红旗团支部”称号，新增兴乐社区青年坊。首个“广东省侨界人文社区”落户路州。

◎图66　2017年10月1日至3日，乐从举行“腾龙起凤·情满沙边”乡村文化节。图为环村长跑

**【阿里巴巴华南大区轻创项目落户物联创智谷】** 2017年1月17日，阿里巴巴华南大区轻创项目跨境电商创业者基地正式落户乐从物联创智谷。阿里巴巴将携手顺德区政府、物联创智谷共同打造阿里巴巴新外贸示范区。新外贸示范区涵盖阿里巴巴华南大区跨境电商服务体验中心、阿里巴巴华南大区轻创项目，为跨境电商创业者聚集人才、提供资源与支持。

**【2017中国新型城镇化（佛山顺德区）经验交流会在中欧中心举行】** 2017年3月17—19日，由国家发改委城市和小城镇改革发展中心主办的2017中国新型城镇化（佛山顺德区）经验交流会在中欧中心国际会议中心举行。活动围绕“新型城镇化与产业转型升级”的主题，举办“城镇化专题讲座”以及与“产业转型升级与新型城镇化”“城乡一体化与特色小镇建设”“投融资创新助推新型城镇化”等主题相关的3场对话。近年来，顺德坚持“开放引领、创新驱动”发展战略，探索出一条产城融合发展的新型城镇化道路，为全国各地的新型城镇化进程提供现实样本和可借鉴的经验。

**【乐从镇签订特色小镇建设发展战略合作框架协议】** 2017年3月27日，上海复星高科技（集团）有限公司与广东省发展和改革委员会联合在广州举办特色小镇发展座谈会，并签署《关于共同推进广东特色小镇建设发展战略合作框架协议》。乐从镇与上海星景股权投资管理有限公司签订《关于共同推进乐从镇特色小镇建设发展战略合作框架协议》，双方共同发起设立“乐从特色小镇建设发展基金”，支持乐从特色小镇的基础设施、公共服务设施、特色小镇内创新创业以及重点领域的投资发展。

**【广东省健康医疗大数据产业园正式开园】** 2017年5月9日，位于顺德区乐从镇的广东省健康医疗大数据产业园正式开园。广东顺德南方医大科技园有限公司作为园区运营管理单位，为入驻园区的企业和团队提供健康医疗领域的大数据创新、创业的平台，立足于打造以临床医学、基础医学、计算机科学与技术、软件工程、信息与通信工程、医疗设备、区域健康信息化建设、医学信息化建设等领域为主体的产业集群。

**【黎时煖松柏大学荣获第二届全国“敬老文明号”先进集体称号】** 2017年6月，全国老龄工作委员会下发《关于表彰第二届全国“敬老文明号”和“全国敬老爱老助老模范人物”的决定》，乐从镇黎时煖松柏大学获第二届全国“敬老文明号”先进集体称号，颐乐居家养老服务中心龙秋梅获全国“敬老爱老助老模范人物”称号。

**【广东科荟生命科技产业中心奠基】** 2017年11月8日，位于顺德区乐从镇北围片区、广东省创新转化生物产业园内的广东科荟生命科技产业中心举行奠基仪式。广东科荟生命科技产业中心项目（原顺德生命科技产业园）由顺德区国资佛山市新城开发建设有限公司下属企业佛山新城投资发展有限公司联合专业产业园投资与运营机构深圳前海恒星资本共同开发。项目总投资8亿元，规划用地面积6.93公顷，规划总建筑面积22万平方米，计划2020年竣工。奠基活动当天，还设立总规模100亿元的产业引导基金，推动顺德特色产业园区进一步搭建“创新发展核”。

**【2017天鹤奖·国际创新设计与中国制造高峰论坛】** 2017年11月24日，由中央美术学院城市设计学院与中德工业服务区管理委员会联合主办，中央美术学院城市设计与创新研究院、顺德区经济和科技促进局、乐从镇政府及龙江镇政府联合承办的“2017天鹤奖·首届国际创新设计与中国制造高峰论坛”在佛山市图书馆报告厅举办。此次论坛海内外专家学者汇聚一堂，以加快乐从特色小镇集群、传统产业升级、城市空间创新、美丽文明乡村建设为目标，以“创新设计引领中国制造”为主题，围绕国际创新设计资源与中国制造业对接，对创新设计介入和引领中国制造、版权保护推动设计创新、凝聚创新资源，培育本土力量、依托创新设计建设特色小镇、教育资源与产业对接、构建“研学产”协同创新设计体制与机制等主题展开研讨。

**【“联动大湾区 ·粤创国际化”的国际大学创新资源对接研讨论坛IUIA华南国际创新中心启动仪式】** 2017年12月9日，乐从镇人民政府与国际大学创新联盟共同举办主题为“联动大湾区 粤创国际化”的国际大学创新资源对接研讨论坛暨IUIA华南国际创新中心启动仪式。活动进行IUIA华南国际创新中心启动仪式，向首批专家顾问授予聘任证书，并围绕联动大湾区·顺德引才招智计划与海外高级人才创新创业基地的选择和粤创国际化·乐从创业新沃土与“一带一路”倡议背景下的国际项目产业化这两大议题展开研讨。

（冯立嘉）

## 龙江镇

**【概况】** 龙江位于顺德西部，是国家重点镇、广东省中心镇，也是珠三角地方性中心和佛山城市组团之一，325国道、121省道、珠二环高速、佛开高速、顺番路、乐龙路经过辖区。2017年辖区面积73.8平方千米，下辖10个社区、13个村。常住人口30万人，其中户籍人口10.9万人。2017年，实现地区生产总值242.6亿元，完成工业总产值783.6亿元，比上年增长12.4%；商品销售总额202.9亿元，比上年增长26.4%；全社会固定资产投资88.6亿元，比上年增长28.3%；税收入库（含调库收入）24.3亿元，比上年增长22.7%；人民币存款余额260.5亿元，比上年增长14.4%，其中城乡居民存款余额203亿元，比上年增长6.6%。

**【经济发展状况】** 2017年，龙江镇获评佛山“家居名镇”，入选省特色小镇集群示范区，特色小镇建设正式启动。产业升级稳中提质。推进家具行业整治提升，认定45家企业为龙江镇年度知名家居企业，清理取缔无证照企业173家（其中家具生产经营企业65家），实现优胜劣汰；建成龙江家具与材料博物馆；龙家具展、家具材料展、家居设计展、家居建材五金国际展和亚洲家具联合会的影响力不断扩大。坚持政策、资金、服务多措并举，支持企业做强做大以及走出去战略收到成效，联塑集团“领尚环球之家”海外商城项目启动运营。一批企业通过获得知名品牌授权或收购品牌的方式打入国际市场。组建2.5亿元泛家居产业基金。14家企业共获2.12亿元转贷短期资金；15家企业完成技术改造备案项目25个，预计总投资15627.7万元；28家企业完成“小升规”，新增15家高新技术企业。社会投资持续活跃，商事主体突破2万户。卡迪家具、衍荣家居、创科检测3家企业挂牌广东金融高新区股权交易中心。6个产品申报省名牌产品。招商引资实现突破。签约华电热电联产、生命科学产业基地等重点项目，其中生命科学产业基地有6家企业签约，3家入驻。生产性服务业升级扩容。亚洲国际商务中央一区、广东世博汇一期等投入使用；顺德家具国际采购总部、领尚汇广场等主体开工建设。生活性服务业集中释放消费潜力。碧桂园商业广场开业经营，龙江中心与奥园集团携手打造城市综合体，希尔顿欢朋酒店进驻王鼎商务大厦，联塑万怡酒店正式开业。

**【城乡建设与管理】** 2017年，龙江镇加强规划，加快改造，完善设施，发展潜力和综合环境不断提升。

规划引领再启新程　镇村综合发展规划和产业规划研究进一步深化。《龙江镇土地利用总体规划（2010—2020年）调整完善方案》通过省国土资源厅备案，制定智慧家居小镇发展总体规划。完成新城区及周边155.2公顷土地征收任务，为龙江建设粤港澳大湾区具有产业特色的魅力城镇打好基础。220千伏佛藤吉南双回路改造一期工程投产，签订投资总额12.5亿元的“十三五”中后期电网建设框架协议。

改造升级初见成效　村级工业园区改造创新试点取得新进展。13个村级工业园区完成综合整治，271家企业完善环保手续、配套治理设施，52家不合格企业彻底搬迁或拆除设备，166家不符合环保要求的企业被关停。新增认定“三旧”改造项目6个，总认定项目增至47个，总认定面积122.95公顷；其中前进家具、中恒家具等26个项目完成改造，改造后园区（项目）的单位工业产值平均提高3.77倍。推进村级工业园区连片改造，启动陈涌工业园、坦西工业区2个试点连片改造，其中陈涌工业区完成13家企业共6.4公顷土地旧建筑拆除工作。创新提出“共建产业园”，出台扶持政策，鼓励政社和专业运营方合作共建高效园区。

城市更新率先破题　龙江“东西南北中”道路改造工程全面完工，形成“四横四纵”的路网格局，完成官田南路、聚龙大道改造。落实新消防站、文化活动中心二期扩建主体工程等项目建设，完成龙山跨线桥周边和乐龙路、顺番路、龙洲路龙江段等绿化景观工程。村居持续改貌，左滩、沙富、旺岗、新华西4个村获评省级绿色村庄，龙山和苏溪社区获评市级宜居社区，完成陈涌、苏溪、新龙3个体育公园建设。

生活环境持续改善　落实“河长制”，构建镇、村两级“河长制”工作组织体系，落实辖区河涌管治责任。“爱河治水”有新突破，筹集1.98亿元推进17个分项工程，其中龙山大涌完成4千米涌段吸淤，完工段水质改善明显。建成东头、麦朗2个农村生活污水处理站并投入试运行，启动仙塘活水节制闸站建设。持续防治大气污染，完成48家VOCs排放企业、15台工业锅炉的综合整治；全年空气质量综合指数优良天数比上年增加15天，优良率提高2.4个百分点。铁腕查违治违，严厉打击“两违”行为。排查和治理全镇38个地质灾害隐患点，确保区域安全。

◎图67　　2017年6月30日，顺德区家具设计职业技术竞赛在龙江举行，来自全区74名家具设计人才参加

**【社会各项事业】** 2017年，龙江镇抓环境，补短板，惠民利民成果进一步丰富。出台行政审批效能提升指导意见、否定报备制度等，推进“一门式一网式”改革，实现“一窗通办”模式，全年办理业务7万多宗。实行任务清单倒逼落实制度，39项机关办局年度重点工作得到有效落实。坚持在实战中锻炼和培养干部，轮岗36人，提拔22人，镇村双向交流挂职20人。巩固廉政建设成果，推进经济类协会审计巡查，完成12个村（居）专项审计巡查。坚持依法行政，自觉接受人大的法律监督、工作监督和政协的民主监督。合法性审查文件、法律意见152件，比上年增长37%；处理政府信息公开申请42件，行政诉讼应诉6件，结案2件，胜诉率100%。开展形式多样的普法宣传教育，营造良好的法治氛围。

医疗教育扩容增效　龙江医院成为广东医科大学附属第三医院。完成北山卫生服务站改造，预防接种门诊获评省5A级。做好疾病防控，全镇没有发生聚集性传染病疫情。配建城区初级中学的地块成功拍出，将新增一所60个班3000个学位规模的初级中学。新办涌口颖林小学，完成东头小学、华东小学配套项目建设。教育提质行动取得预期效果，高考重本上线人数有新提高，中考总评成绩在全区排名大幅提升，锦屏中学、丰华中学分别获区教学质量优秀奖、进步奖。学校特色教育成效显著，粤剧、曲艺、书法、击剑等一批省市区级教育培训基地相继落户龙江。在全国中华学生谜语大赛、全国创造力大赛中，龙江镇学生分别获得第一名和金奖。

社会保障有效落实　城镇登记失业率有所下降，全年新增就业9433人，应届高校毕业生就业率97.6%。群体性劳资纠纷案件比上年下降31.7%，涉及人数下降46%，涉及金额下降35%。低保标准比上年提高42.5%，全年发放各类补助和救助款632万元。养老服务水平持续提升，长者综合服务中心、敬老院、老年大学获得社会各界好评，“平安钟”服务实现全镇覆盖。慈善事业蓬勃发展，慈善资金增至1200万元；冠名基金增至66个，数量位居全区前列。龙江慈善会成为市区示范性公益机构，喜获佛山市“公益慈善之星——红玫瑰奖”、顺德区年度公益慈善机构，并获得市公益性捐赠税前扣除资格。

文体事业亮点纷呈　龙江镇和官田村获评为“佛山市文明村镇”，国税分局、文化站等获评为“佛山市文明单位”。出台《龙江文化事业五年发展规划（2017—2021年）》，为文化发展提供行动指南。文艺活动和成果丰富，举办“龙江十大名菜评选”“东头烧肉美食节”“首届中华学生谜语大赛”、第三届市民运动会等50多场活动，佛山地区首部院线电影《顺德人家之合家欢》在全国上映，扶持出版一批文艺作品，华东小学粤曲社团获“广东省少儿戏曲小梅花荟萃”大赛第一名、省中小学“粤韵操”邀请赛金奖。竞技体育再创佳绩，龙江籍健儿在第13届全运会上成绩突出，镇男子足球队和篮球队分别获得省、市赛区联赛第二和第三名。城区小学击剑队在区运动会中勇夺12枚金牌，实现“九连冠”。

基层治理再有新突破　“四治合一”的基层治理创新试点形成阶段性成果，做法在《广东组工通讯》刊登。完成村（社区）换届选举，党组织书记和村（社区）主任交叉任职率86.9%，村（社区）“两委”交叉任职率89.7%，各项指标均居全区前列。全镇27个股份社完成换届选举。推进农村土地承包经营权确权，应确权的股份社全部完成实测。农村“三资”管理更加规范，农村集体资产要求全部上平台公开交易。防控设施进一步完善，建成75个车道高清卡口，镇村、社会自建高清视频摄像头9200多支。连续3年治安防控、打击效能位居全区前列，对“两抢”案件从重从快打击、对盗窃案件露头就打。龙江派出所获全国“一级公安派出所”称号，被省公安厅授予集体二等功。安全形势保持稳定，全镇工商贸生产安全事故比上年下降50%，交通事故下降9.8%。社会创新有新成果。开展17个竞争性妇女儿童组织创新项目，新华西村成立菁英会，文华社区创建“社区营造示范点”，社创项目争取区级扶持资金为历年来最多。

**【龙江慈善会获2017年佛山市红玫瑰奖】**　2017年，龙江慈善会独有的“1+3+N”新型慈善模式获第五届佛山市公益慈善盛典颁发的“公益慈善之星——红玫瑰奖”，是全市唯一一个获得该荣誉的镇级慈善会。全年13个项目获得镇级或以上单位资助，其中乐家爱心超市项目获得2017佛山公益慈善年度优秀项目，且连续两年获得佛山市的创新项目扶持。同年，获得顺德区年度公益慈善机构称号。

**【龙江家具与材料博物馆建成开馆】**　2017年8月12日，龙江家具与材料博物馆启用。该馆位于龙江镇亚洲国际A入口，建筑面积超3000平方米，是一座家具与材料专题博物馆，收藏展品188件，分为古家具馆和近现代馆，有中国传统木工工具，上百种实物展示，新石器至今的各类家具，甚至还有未来创新式家具，各行各业的工具行头、五大篇章。

**【北山社区卫生服务站投入使用】**　2017年6月23日，新北山社区卫生服务站正式投入使用。该站由原龙江交警中队办公场地改造而成，占地面积680平方米，建筑面积785平方米。

**【龙江镇人大联络站点涵盖所有居村】**　2017年，龙江镇人大新建联络站2个和联络点13个，至年底，人大联络站点涵盖全镇所有居村。2017年镇内各人大代表联络站点安排90名代表进驻，开展接待群众活动223次，参加接待的代表430人次，接待群众434人次，收到意见和建议383

◎图68　龙江镇太和庄立交　（李海廉 摄）

件，全部答复。

【龙江派出所获全国荣誉称号】2017年，龙江派出所依照将龙江镇打造“华南地区最具安全感”城镇之一的总体既定目标，围绕全年业务指标、“飓风2017”、中共十九大安保、消防整治等中心工作，完成上级下达的各项公安工作任务，取得令人瞩目的成绩，促使龙江派出所首次获得“全国一级派出所”和省公安厅“集体二等功”称号，龙江派出所指挥室获“全国巾帼文明岗”称号。（田乃林）

## 杏坛镇

【概况】杏坛镇位于顺德西南部，以孔子讲学的杏坛之说命名。2017年全镇总面积122平方千米，下辖24个村和6个社区。常住人口26.04万人，户籍人口13.94万人。杏坛是珠江三角洲知名水乡，文化氛围浓郁，保存较完好的古桥16座；有刘氏大宗祠、黄氏大宗祠、尢列故居等省、市级文物保护单位42处；有“中国最美村镇”、中国乡村旅游模范村、国家AAA级景区——逢简水乡，“中国永春之乡”——马东村；舞龙、龙舟说唱、锣鼓柜、柜色表演等是传统民间文化艺术，其中永春拳、龙舟说唱、人龙舞、八音锣鼓列入国家级非物质文化遗产名录。杏坛是“中国民间文化艺术之乡”“全国群众体育先进单位”“国家卫生镇”“广东省生态示范镇”“广东省教育强镇”“广东省体育先进镇”“广东省环保材料专业镇”。

2017年，杏坛镇实现地方生产总值225.39亿元，比上年增长8.55%；工业总产值598.7亿元，增长13.3%；全社会固定资产投资73.05亿元，增长27.66%，经济形势稳中向好。年内杏坛镇获得“佛山市文明镇”称号，逢简水乡入选第五届全国文明村镇、中国最美50强村镇，获2017中国（银川）都市景观大赛美丽乡村营建优胜奖第三名。

【经济发展状况】2017年，杏坛镇围绕“一城三片区”战略谋发展，加快产业转型升级，推动经济稳中提质。全镇首个城市综合体宏汇城开业，沿杏龙路一带打造的核心商圈有了新的城市地标。顺德新港（了哥山港）投入试运营，西部港口经济区的水陆联运格局正在成型。开展北部七乡发展规划，各村居抱团开发水乡生态文化资源的局面得到强化。军民融合示范区落户杏坛，顺德高新区发展再添动力，高新区入园项目29个，总投资约100亿元，投产企业9家。完成智富园二期建设，推广标准厂房、集体运营的招商模式，入园企业140家。推进“产保区”建设，将中小企业产业发展保护区等作为产保区，确定电镀城升级改造项目为示范园区，产业发展有固定的空间。开展村级工业园“双达标”整治提升，建设示范点，对昌教、逢简等10个村级工业园全面整治，淘汰手续不齐全、高污染、低附加值的落后产能，加快产业更新。塑料行业实现新突破，全球循环塑料全产业链大数据服务平台正式上线，在“互联网+”博览会上引起关注。电商服务业发展迅猛，乐创科技园被认定为“佛山市电子商务示范基地”，阿里巴巴橙子网落户杏坛，悍高电商“双11”销售超亿元。健全高新技术企业培育服务体系，全年申请高新技术企业入库88家，认定39家，全镇有78家高新技术企业。挖掘优质企业进行股改，佛山亮莱科金属股份有限公司等5家企业完成股份制改造。加快企业进入资本市场步伐，任我通公司（请写公司全称）登陆“新三板”。各级工程技术中心创建工作顺利，其中东立新材料、顺炎新材料、莱尔电子、湛丰等4家企业认定为省级工程中心。推广省工业企业技术改造及事后奖补，康宝电器等多家企业获市区支持。推进商标品牌战略工作，新增“悍高五金”通过著名商标认定。构建现代农业体系，推广特色种养殖模式，促进农业产业转型升级。引入合作伙伴进行全域旅游规划，引导旅游业发展。

【城乡建设与管理】2017年，

杏坛镇坚持做好城市建设和城市管理，加快城市品质不断提升。坚持规划引领，实施吉祐村、西登村等12个村居的村庄规划编制，为农村建设提供支撑，《南城区控制性详细规划》等获批，建成区实现"控规"全覆盖。推进镇村环卫保洁大统筹，逐步实现镇村垃圾密闭收集、压缩转运、统一收运，2017年各季度及年度"美城行动"考核均排全区第一。杏龙路杏坛医院人行天桥投入使用，实施路涌、海凌、桑麻、南朗入村路建设，安装临水护栏12千米，检测、加固桥梁23座，对92千米道路及35万平方米公园进行绿化管养，基础设施持续改善。农村电网改造升级、220千伏奎福输变电工程扎实开展，逢简村慈善楼主体工程、南华村拆迁安置区西区及中区的市政工程完工，曾滘闸站工程被评为2017年省"优质"工程。推进创建国家食品安全城市工作，新增2个食品快检实验室，试点开展食品摊贩登记管理制度，颁发全区首批54张食品摊贩登记卡，严查食品安全违法行为。推进杏坛客运站社会化运营，加强企业监管，查处"两违"，全年拆除违章建筑6.5万多平方米，保障正常建设秩序。推进"河长制"建设，落实镇村级河长48名，对549条河道开展巡查，实施"一河一策"水环境综合整治；在全镇30个村居构建生态环境大数据（空气）综合监管系统，铁腕取缔违法排污企业，立案查处86宗环境违法行为，移交刑事处理2宗。

◎图 69　　杏坛龙潭水乡文化节

**【社会各项事业】** 2017年，杏坛镇突出以民为本、共建共享，社会各项民生事业蓬勃发展。教育事业优先发展，加快西山小学高新区学校、杏坛实验中学、杏坛实验幼儿园等教育工程建设，英杰思幼儿园投入使用，顺宝幼儿园通过区一级幼儿园评估，梁銶琚中学在全区公办初级中学绩效评估中排名第一，并与昌教小学一起被评为佛山市文明学校。推进医疗改革，开展"健康杏坛"建设，全镇居民健康档案累计建档率77.83%。开展社会保障工作，落实对优抚对象、孤寡老人、残疾人、三无人员、困难家庭等群体补助，启动公立养老机构运营社会化改革，建立"桑麻杏福颐乐苑"综合养老服务示范点，推行社区养老。建立全镇第一个母婴驿站，推动科学育儿工作。开展多形式就业服务，举办多场就业招聘会。开展古村落活化，首创"青田范式"，开启乡村文化保育新方式。做强水乡民俗文化，举办龙潭龙母诞、顺德水乡民俗文化节等多场活动，水乡民俗文化品牌更加响亮。推进"非遗"文化校园共建，永春拳进校园实现全镇18所小学、3所中学全覆盖。解决高赞村征地留用地处置等历史遗留问题，启动高赞村新农村建设，创建历史遗留问题村居转变典型。开展北水等5个村居"五好"新村居创建，推进右滩精品村居项目建设；龙潭、逢简、马东、古朗创建区美丽文明示范村居；龙潭获得三星级"佛山市健康村"称号。多举措保障社会大局稳定有序，推行综治信访维稳网格化管理，开展社会治安重点地区和突出问题排查整治，推进200支高清视频监控改造提升，开展矛盾纠纷排查化解。推进社区戒毒社区康复，“启明星”社区戒毒社工站投入使用。加大劳资纠纷预防化解，杏坛镇劳动仲裁庭被评为广东省四星级劳动人事仲裁庭。

**【杏坛镇首个城市综合体宏汇城开业】** 2017年9月23日，杏坛首个城市综合体宏汇城正式开业。宏汇城位于杏坛镇杏龙路和河北路交界处，地处杏坛东大门，作为杏坛镇“三旧”改造的重点项目，2017年宏汇城的正式开业。

**【顺德新港（了哥山港）正式开港运营】** 2017年6月28日，由招商局港口控股有限公司和广东顺德控股集团有限公司联合打造的第一个内河港口正式开港试运营。顺德新港码头位于杏坛镇南华村，与高富路、顺德一环南延线相连，工程建设规模为4个3000吨级多用途泊位，设计年通过能力件杂货200万吨，集装箱50万TEU，是粤港澳大湾区与大西南地区对接、西江经济带及珠三角与世界沟通联系的重要枢纽和通道。

**【佛山军民融合创新示范区落户杏坛】** 2017年9月15日，佛山市政府与中国能源建设集团（股份）有限公司签约，启动建设佛山军民融合创新示范区，以顺德区杏坛镇等行政区域为轴心，总体规划95平方千米，首期启动投资600亿元，并力争在2022年内基本形成军民融合协同创新体系。

**【青田范式正式发布】** 2017年3月19日，顺德区榕树头村居保育公益基金会成立一周年庆典活动在杏坛镇龙潭村青田村举行，在基金会、广东工业大学艺术与设计学院、顺德区杏坛镇政府以及各方力量的推动下，开设“青田论坛”、对外发布《青田范式》，启动青田村项目。

**【佛山秋色活动走进杏坛】** 2017年11月5日，“佛山韵律·秋醉岭南”2017广东（佛山）非遗周暨佛山秋色民俗文化活动之秋色大舞台顺德专场活动在杏坛文化广场举行。佛山秋色是国家级非物质文化遗产项目，从2010年起，佛山即以“秋色”为名，在每年金秋季节举办盛大的民俗文化活动，至2017年已经成功举办7届，是广东省的重要民俗活动，杏坛每年均有民俗队伍受邀参加，2017年佛山秋色民俗活动首次走进杏坛。

**【第六届顺德水乡民俗文化节】** 于2017年9月30日至10月4日在杏坛逢简水乡举行。第六届顺德水乡民俗文化节以龙文化为主题，同时保留原有的水乡风貌和民俗特色，从活动形式和活动内容上推陈出新，推出“龙文化”为主题的百龙巡游、舞龙文化图文实物展、水上龙文化飘色、龙舟竞渡、龙舟说唱等一系列活动，为市民带来一场国庆黄金周的民俗盛宴。

（吴建华）

## 均安镇

**【概况】** 均安镇地处珠三角腹地，扼顺德西南片区的开放门户，为佛山与中山、江门两市的黄金交汇点。镇域总面积80.13平方千米，下辖8个社区和5个村。2017年，常住人口17.05万人，户籍人口9.39万人，旅居港澳台乡亲和海外华侨4万多人。地区生产总值174.67亿元，工农业总产值376.05亿元，规模以上工业产值203.6亿元，限额以上批零住餐营业额15.7亿元，境内住户储蓄余额102.39亿元，税收入库11.16亿元，固定资产投资52亿元。

绿是均安的底色，山水是均安的名片。均安辖区呈半岛状，西江东海水道和海洲水道以及凫洲河穿城而过，全镇有面积2333.33公顷基塘、面积466.67公顷连片山林以及数十条内河涌，保持着珠三角地区罕有的原生态地貌。均安先后被评为“全国环境优秀乡镇”“国家级生态乡镇”“广东省生态示范镇”“广东省级旅游度假区”“全省休闲农业与乡村旅游示范镇”。文化是均安的灵魂。均安是国际武打巨星李小龙的故乡，过往曾催生清代探花李文田、父子翰林胡杰与胡亦常以及粤剧名人李海泉、罗家树、罗家权、罗家宝等大批俊彦之士，当代又孕育出蝉联全国农运会六连冠的均安女篮。鱼饼、拆鱼羹、蒸猪、烧猪等四大名菜享誉国内外。

【经济发展状况】 2017 年，均安各项经济指标稳定增长。

牛仔产业升级蝶变 均安纺织服装协会升格为区级协会，成功举办第八届均安国际牛仔博览会。“均安牛仔”继续抱团参展，获中国服装社群经济“创新成就奖”。联手省服协，引入蓝源资本打造“众衣联”平台，助力牛仔产业转型升级。

灯饰产业渐露锋芒 照明灯饰行业产销两旺，企业总数突破 500 家，集群效应逐渐显现。顺德照明灯饰协会成立均商企业服务有限公司，为会员企业提供多元化第三方服务，组团参加古镇春灯会和香港灯博会收效明显。

新兴产业凸显活力 高旺·银座、信大悦购、乐汇城三个综合型购物中心相继开业，市民消费热情持续释放。房地产业强劲升温，商品房成交量大幅上涨。中国水产科学院珠江水产研究所草鱼标准化养殖科研基地落户均安，举办均安草鲩品牌推广会暨水产品牌建设培训班。均健现代农业科技有限公司获 2017 中国（广州）国际渔业博览会最佳品牌奖和最具影响力品牌奖。广东维生种苗研发项目落户均安南沙，打造创建高知名度的农业区域品牌。

后发动能逐步积聚 以南浦为试点启动 4 村 6 园区的村级工业园区安全生产和环境保护“双达标”综合整治提升。划出畅兴产业基地一期西园和二期横九路段 120.13 公顷作为产业发展保护区示范园，园内在建和拟建项目 9 个，总投资 2.46 亿元。畅兴产业基地三期被定为“顺德西南片区新能源汽车智造基地”并建成招商中心。引入天石集团投资开发“一河两岸”等城市建设项目，打造以牛仔、功夫、教育、生态为核心元素的特色小镇。宝马 4S 店、科亚特汽车配件、广东伟经家居等一批优质项目落户均安镇。镇属公有资产管理体制改革取得突破进展，一批新型镇属经营性公司进入市场化运作。

高企培育喜结硕果 推进创新驱动发展战略，培育高新技术企业，深度挖掘企业潜能，助推企业纵向发展。至 2017 年底，均安镇百万人口发明专利申请量 66 件，万人有效发明专利拥有量 75 件，有 19 家企业通过高新技术企业认定，推动高新产业发展。做细做深商标品牌，全镇有雪特朗、富山自行车、港纺联等 3 家企业的 3 个产品被评为广东省名牌产品，有生鱼米业、力高、雪特朗、爱得乐、鸿昌化工、金禾、安和磁性等 7 家企业的 7 个商标被评为广东省著名商标。

【城乡建设与管理】 2017 年，均安镇加强规划引领，城乡建设取得新成就。

规划引领路网外通内畅 调整完善土地利用总体规划，新增建设用地规模 114.2 公顷、核减基本农田 341.07 公顷；结合用地审批新形势，完成 29 宗涉及 140 多公顷用地报批项目；完成李小龙乐园北侧约 20 公顷发展用地的征地表决工作；加大违法用地查处力度，为村（居）发展扫除障碍；推进“三旧”改造工作，强化存量土地利用；推进各层次规划编制及建筑设计项目，为城乡统筹融合发展提供科学的规划引领。广中江高速、佛江高速、南沙新桥、新均榄路一二期、均安三桥建设、旧均榄路天连段改造、新华工业路跨线桥、南沙港铁路等一批路网工程加快推进；整治提升三华、南浦、南沙、天连、星槎等乡村道路。

市政功能配套日臻完善 完成鹤峰马山、星槎细山地质灾害治理和星槎食街提升改造，东部滨江公园一期建成，华安涌河岸公园全面施工，生活污水处理厂二期及收集管网二期按步推进，完成永安路段、东西堤均安大桥段、翠湖公园的亮化维修。推进落实均安至小榄城轨站快线的评审工作，引入共享单车，并在各主要公共场所设置停放点，城市功能配套日臻完善。

综合环境持续整洁亮化 推行河长制，改善水环境质量，深化大气污染防治，全镇水环境质量和空气环境质量稳居全区首位。推进村级工业区环境整治，南浦、仓门、沙浦、南沙等四个村（居）的6个村级工业区全部通过验收。均安镇在国家统计局社情民意调查中心开展的公众对城市环境保护满意率调查中连续四年蝉联全区第一。

【社会各项事业】2017年，均安镇社会各项事业均衡发展。

教育事业更趋优质　沙头、鹤峰、新华、星槎新幼儿园建成启用及天连幼儿园动工，新增优质幼儿学位3000多个。完成文田中学、建安中学学生宿舍空调安装工程，新华小学综合楼动工，仓门小学筹备扩建。代表顺德区高标准通过广东省“教育强镇”复评验收，“均安家长学校”入选“2017年全国终身教育品牌项目”，中考成绩“一分两率”（平均分、合格率、优秀率）位列全区第一，均安连续两年被评为“顺德区教育工作先进镇”。

卫计工作更具惠民　推进广州中医药大学顺德医院合作共建公立医疗机构项目，均安医院成为广州中医药大学顺德医院附属医院，在全区率先构建“三师共管”分级诊疗模式，被评为“广东省健康促进示范医院”，南浦社区卫生服务站投入使用，白内障复明手术纳入镇慈善基金扶持项目。开展爱国卫生运动，通过省级“全国亿万农民健康促进示范镇”的复审，严控登革热

◎图70　2017年11月11日，顺德区政府在均安文化广场举办“健康顺德全民共享——2017顺德区名医·名校零距离大型巡回义诊”活动

等传染病传播，创建省市健康村（居）。孕前优生、科学育儿等惠民服务受到欢迎，计生各项成绩排在全区前列。

文体活动更加繁荣　举办首届“潮派”音乐节，4万人次参加；创新举办关帝侯王出游活动，2万多名群众参观；“凫洲畅读”读书会、女篮邀请赛、美食推介、“明日之星”选拔赛、龙舟赛等特色文体项目繁荣多姿。三华、沙浦被确定为“美丽文明村居”创建试点，大板桥农庄跻身第五批“广东老字号”。

社会保障更臻周全　重点群体就业初见成效，全镇登记失业率在2.78%。发放救助金1284.84万元，一批孤寡和困难老人安装平安钟和免费享受到居家养老服务。

社会平安更有保障　设立维稳专班，完善部门联动机制，在日常处理矛盾纠纷的基础上，做好敏感时期信访和矛盾调处工作，依法处置各类突发事件和化解不稳定因素。兑现历史留用地10宗17.4公顷，解决固化宅基地2宗3公顷。向被征地村（居）股份社支付1.75亿元征地款。完成一个区级挂牌和四个镇级督办社会治安重点地区和突出治安问题整治工作。完成“中心+网格化+信息化”试点村（居）工作。开展“飓风2017”专项打击行动，社会治安平稳向好，刑事治安警情比上年下降13.1%。消防大楼和消防体验馆投入使用，社区戒毒康复工作站挂牌成立。普法、社矫帮教和异地务工人员融入均安等工作取得新进展。开展安全生产监管工作，全年未发生较大以上安全生产事故。深化全国食品安全城市创建，沙头食街通过区级食品安全

示范街考评验收，全镇设立5个农产品快速检测实验室，保障市民“舌尖上的安全”。

社会改革更添突破　深化“五证合一、一照一码、两证整合”制度改革，推行企业简易注销登记改革，优化审批服务流程，激发市场投资活力。推进公立医疗单位改革，均安镇与广州中医药大学顺德医院合作共建公立医疗机构，形成三级联动的医疗联合体。17个股份合作经济社分批次通过农村土地承包经营权确权登记颁证实施方案表决。全部村（居）设立农村集体资产公开交易管理站。全镇12个村（居）的824项集体资产进入农村集体资产交易平台进行交易，成交总金额1.3亿元，集体资产规范管理迈进“阳光化”。

社会治理更赋创新　创新社会管理机制，成立均安镇社会服务创新中心，以党政领导、社创中心带动，形成“1委+1中心+1社工队伍+3阵地+13村居”的社会创新体系，整合各部门及村（居）的人力资源，促进社会服务和社区工作的优化提升，党领导下富有活力的多元协同共治的格局雏形突显，公共服务体系日臻完善、社会活力日益增强、社会治理主体日趋多元。

**【庆“三八”行走正能量，美丽文明村居亲子徒步活动】** 2017年3月4日，均安镇2017庆“三八”美丽文明村居亲子徒步在鹤峰都市经典广场举行，活动吸引近3000名市民参与。该次亲子徒步活动以“慈善、公益、环保、爱家”为主题，还增加动感活力的街舞表演、个性化装扮、便民咨询等内容，而所有慈善义卖摊位所得的收入将用于帮扶镇困难家庭。环城徒步路线选取均安镇最具特色的旅游美食景点，总里程约10千米，设置上村村史馆、李小龙乐园、星槎食街、奎福古寺、均良路绿道五个趣味补给站点，是名副其实的均安旅游美食10千米。

**【顺德均安女篮再夺广东省女篮联赛冠军】** 2017年4月1日，2017双鱼长虹·广东省女子篮球联赛总决赛在均安镇篮球馆举行。均安爱得乐女篮以主客场总分175∶143击败广州女篮，完成广东女子篮球联赛头两届的连冠。均安女篮13号韩浩拿下全场比赛最高的23分，最终当选总决赛MVP。

**【均安首届“潮派”音乐节举行】** 2017年7月29—30日，均安镇首届潮派音乐节在李小龙乐园举行。音乐节以音乐狂欢燃爆夏日，以牛仔时尚激发活力，将音乐、牛仔、功夫、生态等元素进行有机融合，通过乐队表演、潮流设计展现等系列活动，营造出浓厚的青年文化氛围，让远近游客以一种新方式、新角度再次认识均安这个美丽的小镇。

**【珠三角40支龙舟劲旅“逐龙”均安】** 2017年11月5日，2017珠三角龙舟友谊赛第三站（均安站）在均安镇举行。40支来自珠三角的龙舟劲旅在凫洲河上演速度与激情。龙舟队伍在4小时内向观众呈现30场激烈角逐，得天独厚的一河两岸观赛环境，配以全市首屈一指的水环境质量，让远近游客大饱眼福，展示珠三角的龙舟精神。

**【第十一届广东省青少年曲艺“明日之星”选拔赛】** 2017年12月9日，第十一届广东省青少年曲艺“明日之星”选拔赛粤语曲种专场在均安篮球馆举办。来自全省的38个曲艺新秀精英同台竞技，经过评委们专业的打分，赛事决出12位“明日之星”。其中，均安有3名选手取得“明日之星”称号，创下均安镇历届获星数量之最。这3名选手分别为表演《嫦娥之玉宇蟾宫》的欧阳颖琦、表演《醉闹五台山》的吴宗轩以及表演《武松打虎》的胡美琪。（罗佩雯）

# 人物与荣誉

顺德大良双皮奶

# 顺德区委领导班子新成员简介

2017 年 9 月 26 日，顺德召开全区领导干部大会，佛山市委组织部副部长黄永耀宣读职务任免文件，广东省委批准郭文海任顺德区委书记、顺德职业技术学院党委书记，免去区邦敏顺德区委书记、顺德职业技术学院党委书记职务。

图 71　　郭文海

### 郭文海

男，汉族，籍贯广东雷州，1968 年 11 月出生于广东雷州，1989 年 6 月参加工作，1988 年 6 月加入中国共产党，佛山科技学院农学系农学师范专业大专，广东省社会科学院经济管理专业在职研究生，武汉大学软件工程（电子政务方向）专业硕士。

2017 年 9 月起任佛山市委常委、宣传部部长，顺德区委书记、顺德职业技术学院党委书记。

# 2017 年全国五一劳动奖章获得者

图 72　　全国五一劳动奖章获得者——胡锋

**胡　锋**　男，1965 年 7 月出生，籍贯湖北省麻城市，副高级工程师，1991 参加工作，群众，大学本科，2007 年广东省五一劳动奖章，现任海信科龙电器股份有限公司副高级工程师。工作以来一直潜心致力于冰箱、冷柜的聚氨酯发泡工艺、技术研发工作。在国内外率先推出多项新技术，包括环戊烷“三低一快”（低比例、低密度、低 K 值、快速脱模）发泡技术、环戊烷 +HFC-245fa 复合发泡技术、发泡绝热系统微晶核技术、环戊烷 +LBA 复合发泡技术、真空减压高效节能发泡技术、干法芯材低热桥效应 VIP 应用等。多次获得省、市、轻工业联合会及中国家电协会等科技进步奖。作为第一作者获得专利 8 项（发明专利 5 项，实用新型专利 3 项），在专业刊物及行业会议上发表论文多篇。所开发的新技术为公司创造显著的经济效益——直接经济效益累计上亿元，提高了冰箱产品发泡质量，使冰箱产品节能

8% 以上；所开发的多项新技术较好地实现了国内中密度硬质聚氨酯发泡技术的升级换代，打破了发达国家的能效壁垒及环保壁垒，使公司的冰箱产品能够满足国外环保法规，确保出口市场准入不受影响，为国内 CFCs、HCFCs 发泡剂淘汰、替代，为我国绿色环保、节能减排事业的发展做出了积极的贡献。曾获得广东省五一劳动奖章、佛山市科技创新领军人物及顺德区金凤凰奖。

# 2017 年广东省五一劳动奖章获得者

◎图 73　广东省五一劳动奖章获得者——范庆华

**范庆华**　男，1961 年 5 月出生，广东顺德人，中共党员，佛山市顺德区出租车行业工会联合会主席、佛山市顺德区出租车协会秘书长。2013 年 3 月，当选为第一届顺德区出租车行业工会联合会主席。任职以来，致力于促进良好劳资关系，注重维护职工合法权益，在顺德出租车行业经营方式改革中，有效化解企业和驾驶员之间的矛盾，促进出租车行业健康和谐发展。协调各方签订出租车行业集体合同，修改经济定额承包合同，在规范企业管理和维护职工合法权益方面做出突出贡献。范注重职工关怀，呼吁社会尊重出租车行业驾驶员，减少驾驶员伤害。组织行业职工体检，重视帮扶困难职工，任职期间先后慰问伤、病及困难职工达 100 人次。

◎图 74　广东省五一劳动奖章获得者——黄茂

**黄　茂**　男，1986 年 12 月出生，四川古蔺人，群众，广东顺德酒厂有限公司三级科员。从事白酒相关技术工作 7 年，期间刻苦耐劳、努力钻研，在技术上追求卓越、拼搏创新，完成从基层普通酿酒工到酿酒技术能手的蜕变。其具备较高的白酒品评技能，独立的酒体设计和研发能力。现负责公司凤城液、高粱酒等产品的酒体研发设计工作、曲酒生产工艺管理和其他项目研发工作。持国家二级品酒师（白酒）职业资格，2016 年获“第五届广东省白酒品酒师技能竞赛”第一名。

◎图 75 广东省五一劳动奖章获得者——邱全发

**邱全发** 男，1975 年 4 月出生，江西赣州人，群众，广东志达家居实业有限公司家具制造中心技术开发部主管。任职期间总管部门日常工作协调、工作分派、家具行业标准研究和制订、组织开展市场调研考察，全盘负责志达家具外贸国际品牌玛奇朵品牌产品的开发放样工作。扎根顺德家具制造行业 20 多年，凭借过硬的家具开发技术和锲而不舍、精益求精的精神，成为中国软体家具生产行业标准的重要参与者，每年自主设计开发多款获得国家专利的家具，为中国原创设计家具品牌走向国际高端市场作出积极贡献。曾荣获 2016 年佛山首届“大城工匠”及“顺德工匠”称号。

# 顺德名人选介

## 郑国雄：顺德经历，人生财富

**郑国雄** 1935 年 12 月出生于广东省中山市，1951 年参加工作，任中山县、顺德县土地改革工作队队员、组长；1954 年 3 月加入中国共产党，1954 年后任顺德县十区（桂洲）团工委委员、副书记，县委办公室干事、副主任，大良区委副书记，县委组织部副部长，桂洲公社、杏坛公社党委书记；1970 年后任顺德县革命委员会副主任、县委常委、县委副书记，佛山地委副书记、地区革命委员会副主任兼顺德县委书记、县革命委员会主

◎图 76 1974 年 5 月，顺德县委书记郑国雄到中心沟检查工作，图为郑国雄（左二）到作物区检查农作物生产情况

任；1975年5月后离开顺德到广州等地工作。2017年12月9日9时在广州逝世，享年83岁。

从土改工作队普通队员到顺德县的最高领导人，郑国雄一步一个脚印，勤勤恳恳踏实工作。1960年12月，县委向全县各生产大队印发郑国雄撰写的《关于古鉴大队开展大反“共产风”情况的报告》，该报告通过深入的调查研究，以详尽的事实，总结出刮“共产风”的十个方面问题，字里行间体现他细致务实的工作作风。他捐赠给顺德档案馆的一本1970年的工作手册，里面密密麻麻地用钢笔描画许多表格，从顺德县有史以来的人口数据、历年农业生产业绩到世界化肥生产与消费量，林林总总，宛如一本统计手册，反映他重视资料积累的习惯和胸怀顺德放眼世界的高度。

◎图77　1974年5月，顺德县委书记郑国雄到中心沟检查工作，图为郑国雄（左二）与围垦队员们亲切交谈

郑国雄参加工作不久就来到顺德，一干就是23年。在他担任顺德主要领导期间，有几件事情他印象特别深刻。一是建设甘竹滩发电站。他说这个电站的建设从酝酿、论证到设计长达8年之久，因为“文化大革命”早期局面混乱，到1970年趋于稳定之后县里才下决心完成。后来他还陪同当时的国务院副总理陈永贵前去考察。二是珠海横琴的中心沟围垦。当时上级提出谁围归谁，谁开发谁受益，顺德去开发就可以扩大农田面积，提高粮食产量，后来开垦出土地1.9万亩。三是作为14个发言代表之一在全国外贸工作会议上介绍顺德经验。这是他第一次到北京，恰逢1972年国庆期间，“心情激动的程度可想而知”。他在日记中写道：“能在祖国首都——北京欢度节日，感到无比光荣、无比幸福。……作为一个县的代表，能参加首都的庆祝活动，解放以后也是不多的，这也是全县人民的光荣。”　（叶卉时）

# 2017年度顺德区获全国先进单位称号名录表

（排名不分先后）

表18

| 获奖单位 | 评定单位 | 先进称号 |
|---|---|---|
| 北滘镇 | 中小城市经济发展委员会等单位 | 2017全国综合实力千强镇第8位 |
| 北滘镇碧江村改造项目 | 亚洲都市景观奖颁奖礼暨银川城市节组委会 | 2017中国（银川）都市景观大赛暨亚洲都市景观奖中国区“城市文化复兴优胜奖” |
| 北滘镇碧江古村落活化 | 联合国人居署亚太办事处等 | 城市文化复兴优胜奖第三名 |
| 碧桂园集团培训发展部 | 中华全国总工会 | 2017年全国职工教育培训示范点 |
| 大良街道 | 中国成人教育协会社区教育专业委员会 | 2017年全国社区教育示范街道 |
| 大良街道北区社区 | 国务院防范和处理邪教问题办公室 | 全国“百县千乡万村”无邪教示范村（社区） |
| 东平小学 | 教育部 | 第二批全国中小学中华优秀文化艺术传承学校 |
| 逢简村 | 中央精神文明建设指导委员会 | 全国文明村镇 |
| 佛山市顺德区第一人民医院 | 国家卫计委 | 2016年度全国医疗服务价格和成本监测工作先进机构 |
| 佛山市顺德区家居五金协会 | 中国轻工业联合会 | “中国轻工业特色区域和产业集群管理与服务先进单位” |
| 佛山市顺德区乐从镇 | 住房城乡建设部 | 全国特色小镇 |
| 佛山市顺德区伍仲珮纪念医院 | 国家卫生计生委疾病预防控制局指导，吴阶平医学基金会主办，健康界传媒承办 | 微电影《歧视》获中国医院协“大爱·精神”微电影大赛优秀影片奖 |
| 广东新宝电器股份有限公司审计监察法务中心 | 中华全国总工会 | 2017年全国工人先锋号 |
| 乐从镇陈氏大宗祠 | 全国古迹遗址保护协会 | 第三届全国优秀文物维修工程大奖 |
| 乐从镇路州村 | 2017年度全国为侨公共服务示范单位 | 国务院侨务办公室秘书行政司 |
| 乐从镇人民政府 | 国家住建部 | 全国特色小镇（乐从国际品牌小镇） |
| 乐从镇人民政府、顺德乐从龙舟俱乐部 | 全国群众体育先进单位 | 全国群众体育先进单位 |

续表 18

| 获奖单位 | 评定单位 | 先进称号 |
|---|---|---|
| 乐从中学 | 国家教育部 | 全国中小学心理健康教育特色学校 |
| 勒流街道 | 国务院防范和处理邪教问题办公室 | 2015“百县千乡万村无邪教创建示范工程”活动创建无邪教示范街道 |
| 勒流街道 | 中国成人教育协会社区教育 | 全国社区教育示范街道（乡镇） |
| 勒流街道 | 中国轻工业联合会 | 中国五金制品行业先进产业基地 |
| 龙江派出所 | 中华人民共和国公安部 | 全国一级公安派出所 |
| 龙江派出所 110 指挥调度室 | 全国妇联 | 全国巾帼文明岗 |
| 龙江派出所指挥室 | 中华全国妇女联合会 | 全国巾帼文明岗 |
| 伦教街道羊额村 | 国务院防范和处理邪教问题办公室 | 全国“百县千乡万村”无邪教创建示范村 |
| 南方医科大学顺德医院 | 国家食药监总局 | 国家药物临床试验机构 |
| 南方医科大学顺德医院 | 国家食药监总局 | 国家药品不良反应监测哨点医院 |
| 南方医科大学顺德医院 | 中国胸痛中心认证委员会 | 2017 年第五批中国胸痛中心 |
| 区国土城建和水利局 | 人力资源社会保障部 住房城乡建设部 | 全国住房城乡建设系统先进集体 |
| 区国土城建和水利局政策法规科 | 国土资源部办公厅 | 国土资源行政复议行政应诉工作中成绩突出的单位 |
| 容桂街道 | 中国烹饪协会 | 中华美食名镇 |
| 容桂社区卫生服务中心 | 中国社区卫生协会 | 全国百强社区卫生服务中心 |
| 沙边村调解委员会 | 中华人民共和国司法部 | 全国模范人民调解委员会 |
| 沙边村团总支 | 共青团中央 | 2016 年度全国五四红旗团支部 |
| 顺德出入境检验检疫局 | 国家认监委 | 2017 年度推进“三同”工程做出突出贡献单位 |
| 顺德农商银行 | 国家开发银行 | 银行间市场优秀承销商 |
| 顺德农商银行 | 金融时报社、中国社科院金融研究所 | 2017 年度最具竞争力中小银行 |
| 顺德农商银行 | 银行业理财登记托管中心有限公司 | 2017 年全国银行业理财信息登记工作优秀农村合作金融机构 |
| 顺德农商银行 | 证券时报 | 2017 年中国区农商行投行君鼎奖 |

续表 18

| 获奖单位 | 评定单位 | 先进称号 |
|---|---|---|
| 顺德农商银行 | 中国金融杂志社 | 2017 年全国农村金融十佳科技创新银行 |
| 顺德农商银行 | 中国农业发展银行 | 2017 年银行间市场金融债券承销工作“最佳农商行”奖 |
| 顺德农商银行 | 中国银行业协会 | 2017 年中国银行业理财机构最佳农商行奖、2017 年农村合作金融机构支农支小服务示范单位 |
| 顺德农商银行 | 中国银监会 | 全国农村商业银行标杆银行 |
| 顺德农商银行 | 中国银联 | 2017 年度银联信用卡推广突出贡献奖 |
| 顺德农商银行 | 中国资产证券化论坛 | 2016 年信贷资产证券化年度优秀交易奖 |
| 顺德农商银行 | 中央国债登记结算有限责任公司 | 2016 年中国债券市场优秀成员评选“优秀自营机构奖” |
| 顺德农商银行勒流支行营业部、顺德农商银行恩平支行营业部 | 中国银行业协会 | 2017 年度中国银行业文明规范服务五星级营业网点 |
| 顺德区 | 国家卫生计生委 | 国家级妇幼健康优质服务示范区 |
| 顺德区测绘地理信息中心 | 中国测绘地理信息学会 | 测绘科技进步奖二等奖 |
| 顺德区昌教小学 | 中国下一代教育基金会 | 优秀艺术培训基地 |
| 顺德区陈村社区卫生服务中心 | 国家卫生和计划生育委员会办公厅 | 2017 年优质服务示范社区卫生服务中心 |
| 顺德区公安局容桂分局 | 公安部 | 全国深入推进户口登记管理清理整顿工作成绩突出集体 |
| 顺德区国家税务总局北滘税务分局办税服务厅 | 全国妇联 | 全国巾帼文明岗 |
| 顺德区乐从社区卫生服务中心 | 国家卫生和计划生育委员会办公厅 | 2017 年优质服务示范社区卫生服务中心 |
| 顺德区人民检察院 | 检察日报社 | 二 0 一七年度全国检察宣传先进单位 |
| 顺德区人民检察院 | 团中央维护青少年权益部 | 第四届‘为了明天—关爱青少年彩虹行动’微电影大赛网络人气奖 |

续表 18

| 获奖单位 | 评定单位 | 先进称号 |
|---|---|---|
| 顺德区容桂社区卫生服务中心 | 国家卫生和计划生育委员会办公厅 | 2017 年优质服务示范社区卫生服务中心 |
| 顺德区容桂社区卫生服务中心 | 中国社区卫生协会 | 2017 年全国百强社区卫生服务中心 |
| 顺德区散装水泥管理办公室 | 中国散装水泥推广发展协会 | 2015-2016 年度全国散装水泥行业统计工作先进单位 |
| 顺德区中心血站 | 人力资源社会保障部 国家卫生计生委国家中医药局 | 全国卫生计生系统先进集体。 |
| 顺德区中心血站 | 中国造血干细胞捐献者资料库广东省管理中心 | 造血干细胞捐献工作先进单位 |
| 杏坛镇逢简村 | 亚洲都市景观奖颁奖礼暨银川城市节组委会 | 2017 中国（银川）都市景观大赛暨亚洲都市景观奖中国区“美丽乡村营建优胜奖” |
| 杏坛镇文化站 | 中国武术协会 | 2017 年全国传统武术集体赛一等奖 |
| 中国建设银行股份有限公司顺德分行工会委员会 | 中华全国总工会 | 2017 年全国工会职工书屋示范点 |
| 中国农业银行顺德分行财富管理中心 | 第一财经、美国 RFP 学会中国中心 | 中国十佳年度财富中心团队 |
| 珠江商报社 | 第十二届中国传媒大会 | 金长城传媒奖 · 2016 中国年度影响力商报传媒 |

## 2017 年度顺德区获全国先进个人称号名录表

（排名不分先后）

表 19

| 姓名 | 工作单位 | 评定单位 | 先进称号 |
|---|---|---|---|
| 陈翠发 | 顺德农村商业银行股份有限公司 | 全国妇联 | 全国巾帼建功标兵 |
| 陈虹瑾、孟胜林、陈晓清 | 佛山市顺德区卫生监督所 | 国家卫生计生委卫生和计划生育监督中心 | 2017 年度卫生计生执法监督微课优秀作品国家鼓励奖 |
| 陈瑞芳 | 南方医科大学顺德医院 | 国家卫计委 | 国家优质护理服务表现突出护士 |
| 丁弘扬 | 顺德边防检查站 | 公安部边防管理局 | 爱民固边先进个人 |
| 范　炜 | 海信科龙电器股份有限公司 | 全国妇联 | 全国巾帼建功标兵 |

续表 19

| 姓名 | 工作单位 | 评定单位 | 先进称号 |
|---|---|---|---|
| 何小林、张康、邝映萍、冯子健 | 佛山市顺德区卫生监督所 | 国家卫生计生委卫生和计划生育监督中心 | 2017 年度卫生计生执法监督微课优秀作品国家二等奖 |
| 胡 锋 | 海信科龙电器股份有限公司 | 中华全国总工会 | 全国五一劳动奖章 |
| 李国华 | 南方医科大学顺德医院 | 国家卫计委 | 国家卫生计生委先进工作者 |
| 李国正、王荣、张力、谷标、黄荣波、黄玉明、武伟、林婉璐 | 顺德区人民检察院 | 最高人民检察院 | 全国检察机关万名侦防能手人才 |
| 梁劲柏 | 佛山市顺德区经济和科技促进局 | 国家知识产权局、公安部 | 2016 年度全国知识产权系统和公干机关知识产权执法工作成绩突出个人 |
| 梁凯欣 | 顺德区卫生和计划生育局 | 中国人口报社 | 先进个人 |
| 梁永光 | 顺德出入境检验检疫局 | 质检总局检验司 | “智慧进出口工业品风险管理信息化平台”建设工作突出贡献个人 |
| 欧阳丽梅、姚龙燕、黎信基 | 顺德区妇幼保健院 | 国家卫生计生委宣传司 | 2017 年全国卫生计生系统“最美天使”摄影大赛评选优秀奖 |
| 孙丽丽 | 大良街道团委 | 共青团中央 | 全国优秀团干部 |
| 吴霭琼 | 佛山市顺德区经济和科技促进局 | 中国国际贸易促进委员会 | 2017 年贸促会原产地证网上签证新系统全线上线工作突出表现个人 |
| 吴嘉泳 | 顺德区供电局 | 红旗出版社、中国妇女报社、人民网股份有限公司 | 全国第五届“书香三八”表演阅读三等奖。 |
| 吴素莹 | 顺德区人民检察院 | 最高人民检察院 | 全国侦防业务标兵 |
| 伍振光、陈用江、陈锦松 | 顺德区安全生产监督管理局 | 国家安全监管总局、国家煤矿安监局 | 全国安全生产监管监察先进个人 |
| 薛蓉 | 佛山市顺德区家居五金协会 | 中国轻工业联合会 | “中国轻工业特色区域和产业集群管理与服务先进个人” |
| 易曙贤、余应刚 | 顺德区国土城建和水利局 | 中国测绘地理信息学会 | 测绘科技进步奖二等奖 |
| 郑红 | 顺德区市场监督管理局 | 中国消费者协会 | 2016-2017 年度全国消协组织先进个人 |
| 郑永民 | 顺德区国土城建和水利局 | 人力资源社会保障部住房城乡建设部 | 全国住房城乡建设系统劳动模范 |
| 左英志 | 顺德区国土城建和水利局 | 中国散装水泥推广发展协会 | 2015-2016 年度全国散装水泥行业统计工作先进个人 |

# 社会经济统计资料

顺德鱼生

# 2017 年佛山市顺德区国民经济和社会发展统计公报

佛山市顺德区发展规划和统计局

国家统计局顺德调查队

2018 年 4 月 20 日

2017 年，全区上下认真贯彻落实党的十九大精神，坚持以习近平新时代中国特色社会主义思想为指导，深入贯彻习近平总书记对广东工作的重要指示批示精神，以提高发展质量和效益为中心，坚定实施“开放引领、创新驱动”发展战略，坚持稳中求进的工作总基调，坚守实体经济发展道路，贯彻发展新理念，全区经济社会保持平稳健康发展。

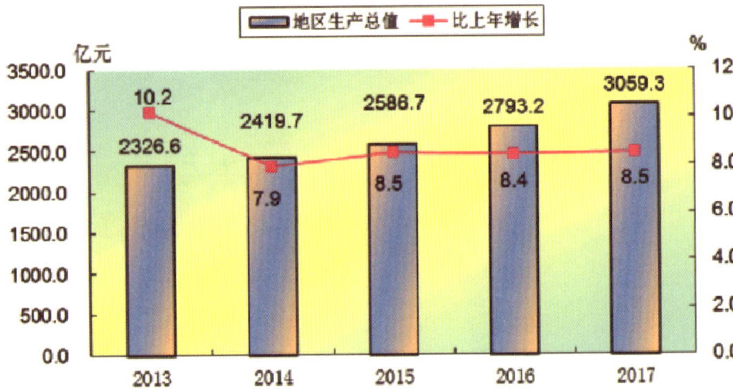


**2013—2017 年地区生产总值及其增长速度图**

注：2013 年的 GDP 根据第三次全国经济普查结果调整。

## 一、综合

初步核算，2017 年全区生产总值（GDP）3059.30 亿元，比上年增长 8.5%。其中，第一产业增加值 44.40 亿元，增长 1.0%，第二产业增加值 1729.65 亿元，增长 8.8%，第三产业增加值 1285.25 亿元，增长 8.5%，三次产业结构为 1.5∶56.5∶42.0。在第三产业中，交通运输、仓储和邮政业增长 3.3%，批发和零售业增长 5.5%，住宿和餐饮业增长 2.9%，金融业增长 6.2%，房地产业增长 7.7%。

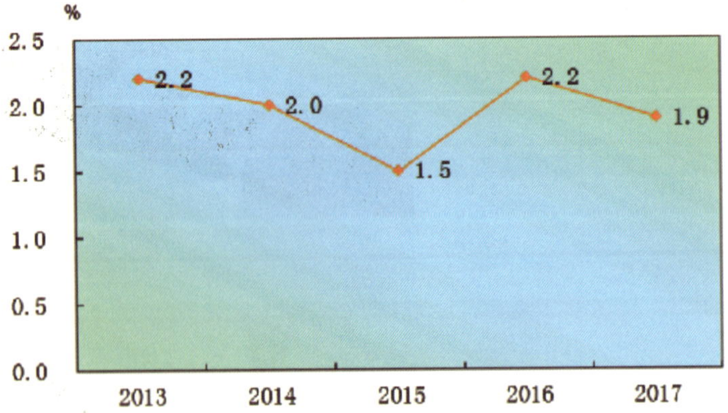


**2013—2017 年居民消费价格涨跌幅度图**

全年居民消费价格总水平比上年上涨 1.9%，其中，消费品价格上涨 0.9%，服务价格上涨 3.6%。分类别看，食品烟酒类上涨 0.1%，衣着类上涨 0.5%，居住类上涨 2.9%，生活用品及服务类上涨 1.7%，交通和通信类上涨 1.4%，教育文化和娱乐类上涨 4.7%，医疗保健类上涨 5.3%，其他用品和服务类上涨 0.3%。

### 2017 年居民消费价格比上年涨跌幅度表

单位：%

| 指　标 | 价格指数 | 比上年涨跌幅度 |
|---|---|---|
| 居民消费价格 | 101.9 | 1.9 |
| 食品烟酒 | 100.1 | 0.1 |
| 其中：　粮食 | 103.1 | 3.1 |
| 　　食用油 | 100.0 | 0 |
| 　　鲜菜 | 91.7 | -8.3 |
| 　　畜肉类 | 94.6 | -5.4 |
| 　　禽肉类 | 102.2 | 2.2 |
| 　　水产品 | 104.3 | 4.3 |
| 　　蛋类 | 101.4 | 1.4 |
| 衣　着 | 100.5 | 0.5 |
| 居　住 | 102.9 | 2.9 |
| 生活用品及服务 | 101.7 | 1.7 |
| 交通和通信 | 101.4 | 1.4 |
| 教育文化和娱乐 | 104.7 | 4.7 |
| 医疗保健 | 105.3 | 5.3 |

全年推荐本地人就业 7278 人次。年末全区登记失业人员 1.81 万人，全区登记失业率 2.6%。

年末全区常住人口 261.45 万人，比上年末增加 6.98 万，增长 3.93%。其中城镇常住人口比重 98.58%。

据户籍人口统计，年末全区总户数 40.45 万户，比上年末增加 2.22 万户。总人口 139.27 万人，比上年末增加 7.14 万人。全年出生人口 33205 人，出生率 2.45%；死亡人口 7983 人，死亡率 0.59%；自然增长人口 25222 人，自然增长率 1.86%。年末户籍人口的主要构成：男性占 49.22%，女性占 50.78%；18 岁以下人口占 20.6%，18 ~ 60 岁人口占 62.5%，60 岁及以上人口占 16.9%。

全年全社会用电量 194.94 亿千瓦时，比上年增长 8.2%，其中工业用电量 125.59 亿千瓦时，比上年增长 8.0%。

## 二、农业

全年全区实现农业总产值 88.72 亿元，比上年增长 1.2%。其中，种植业 20.02 亿元，与上年持平；水产养殖业 59.36 亿元，增长 1.4%；畜牧业 4.31 亿元，比上年增长 5.6%。

全年农作物及水果种植面积 182187 亩；其中，花卉种植面积 42926 亩，比上年下降 12.0%，盆栽植物数量 2899 万盆，增长 4.6%；观赏苗木 2643 万株，下降 9.0%。全年蔬菜产量 98614 吨，下降 0.05%。全年肉类总产量 17658 吨；其中，猪肉产量 13197 吨，增长 7.0%，禽肉产量 4460 吨，增长 1.0%。全年水产

### 2017 年主要农产品产量及其增长速度表

| 产品名称 | 计量单位 | 产量 | 比上年增长 % |
|---|---|---|---|
| 蔬菜 | 吨 | 98614 | -0.05 |
| 花卉盆栽植物 | 万盆 | 2899 | 4.6 |
| 花卉观赏苗木 | 万株 | 2643 | -9.0 |
| 肉类总产量 | 吨 | 17658 | 5.4 |
| 其中：猪肉 | 吨 | 13197 | 7.0 |
| 　　禽肉 | 吨 | 4460 | 1.0 |
| 水产品 | 吨 | 255861 | 2.9 |
| 生猪饲养量 | 万头 | 26 | -4.0 |
| 家禽饲养量 | 万只 | 502 | -0.2 |

品产量255861吨，增长2.9%。

## 三、工业和建筑业

全年全部工业增加值比上年增长9.1%。规模以上工业增加值增长9.4%。其中，国有及国有控股企业增加值下降49.3%；集体企业增加值增长6.8%；股份制企业增加值增长11.0%；外商及港澳台商投资企业增加值增长6.3%。

在规模以上工业增加值中，民营企业增加值比上年增长12.2%，对规模以上工业增加值增长的贡献率为88.79%。高技术制造业增加值增长16.5%，占规模以上工业增加值的比重为4.4%，比上年减少2.6个百分点。先进制造业增加值增长7.8%，占规模以上工业增加值的比重为64.7%，比上年提高24.5个百分点。装备制造业增加值增长13.6%，占规模以上工业增加值的比重为42.7%，比上年提高6.6个百分点。

在规模以上工业增加值中，八大支柱产业增加值比上年增长10.2%。其中，家用电器制造业增长8.5%；机械装备制造业增长13.6%；电子通信制造业增长18.2%；纺织服装制造业增长0.1%；精细化工制造业增长7.8%；家具制造业增长7.7%；印刷包装业增长14.2 %；医药保健制造业下降3.5%。

### 2017年规模以上工业企业主要产品产量及其增长速度表

| 产品名称 | 计量单位 | 产量 | 比上年增长% |
|---|---|---|---|
| 配（混）合饲料 | 万吨 | 112.46 | -13.3 |
| 布 | 万米 | 12110.5 | -5.5 |
| 服装 | 万件 | 15402.6 | -4.9 |
| 家具 | 万件 | 1153.71 | 6.7 |
| 涂料、油墨、颜料及类似产品 | 万吨 | 84.23 | 11.5 |
| 塑料制品 | 万吨 | 190.51 | 14.7 |
| 摩托车 | 万辆 | 18.20 | 15.1 |
| 交流电动机 | 万千瓦 | 491.64 | 6.7 |
| 变压器 | 万千伏安 | 1564.41 | -1.2 |
| 自行车 | 万辆 | 6.45 | -18.0 |
| 家用洗衣机 | 万台 | 354.33 | 20.3 |
| 家用吸尘器 | 万台 | 1147.08 | 14.2 |
| 家用电冰箱 | 万台 | 257.89 | -0.3 |
| 冷柜（含冷冻箱、冷藏箱） | 万台 | 175.52 | 0.9 |
| 家用电风扇 | 万台 | 1782.15 | -17.7 |
| 家用空气调节器 | 万台 | 1047.20 | -1.7 |
| 吸排油烟机 | 万台 | 976.27 | 3.7 |
| 电热水器 | 万台 | 1206.82 | 6.1 |
| 微波炉 | 万台 | 3760.38 | -30.8 |
| 电饭锅 | 万个 | 2341.99 | 9.2 |
| 家用电热烘烤器具 | 万个 | 2137.13 | 10.6 |
| 燃气用具 | 万台 | 1499.02 | 2.1 |
| 印染布 | 万米 | 47062.8 | 15.3 |
| 卫生陶瓷制品 | 万件 | 34.70 | -6.0 |
| 瓷质砖 | 平方米 | 4642 | 39.3 |

全区规模以上工业企业资产贡献率18.22%，资本保值增值率101.72%，资产负债率58.64%，流动资产周转次数2.19次，成本费用利润率9.07%，全员劳动生产率28.51万元/人·年，产品销售率94.07%。实现主营业务收入6180.54亿元，比上年增长16.2%。实现利润总额516.3亿元，增长21.5%。实现利税总

## 2017 年规模以上工业企业实现利润及其增长速度表

| 指　　标 | 计量单位 | 利润总额 | 比上年增长 % |
|---|---|---|---|
| 规模以上工业 | 亿元 | 516.3 | 21.5 |
| 其中：国有及国有控股企业 | 亿元 | 0 | 0 |
| 集体企业 | 亿元 | 0.01 | 0 |
| 股份制企业 | 亿元 | 369.12 | 19.9 |
| 外商及港澳台投资企业 | 亿元 | 141.6 | 26.7 |
| 民营企业 | 亿元 | 429.1 | 27.3 |

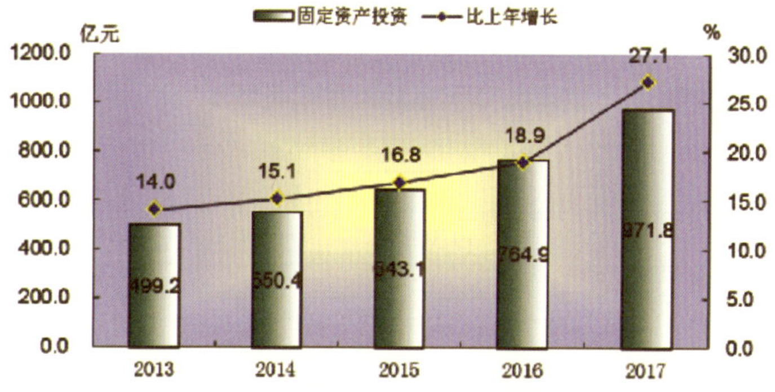


2013—2017 年固定资产投资及其增长速度图

额 754.7 亿元，增长 20.5%。

全年资质等级以上建筑企业 210 家，全年全区建筑业企业实现增加值 60.67 亿元，同比增长 1.6%。

## 四、固定资产投资

全年全社会固定资产投资 971.76 亿元，比上年增长 27.1%。其中，建筑安装工程投资 696.50 亿元，增长 32%；房地产开发投资 354.70 亿元，增长 13.9%。分投资主体看，内源型经济投资 829.67 亿元，增长 30.6%；外源型经济投资 142.09 亿元，增长 9.8%。

在固定资产投资中，第一产业投资 4.43 亿元，下降 31.5%；第二产业投资 289.95 亿元，增长 19.6%，其中，工业投资

## 2017 年分行业固定资产投资及其增长速度表

单位：亿元

| 行　　业 | 投资额 | 比上年增长 % |
|---|---|---|
| 总　计 | 971.76 | 27.1 |
| 农、林、牧、渔业 | 4.43 | -31.5 |
| 制造业 | 283.81 | 21.4 |
| 其中：装备制造业 | 165.87 | 31.1 |
| 家具制造业 | 30.62 | 1.9 |
| 医疗设备及仪器仪表制造 | 23.92 | 509.9 |
| 家用电力器具制造业 | 28.09 | 47.8 |
| 电力、燃气及水的生产和供应业 | 5.16 | -7.1 |
| 建筑业 | 0.64 | -78.3 |
| 交通运输、仓储和邮政业 | 86.53 | 83.8 |

续表

| 行　　业 | 投资额 | 比上年增长 % |
|---|---|---|
| 信息传输、软件和信息技术服务业 | 1.31 | -6.7 |
| 批发和零售业 | 13.47 | 37.2 |
| 住宿和餐饮业 | 2.71 | 113.1 |
| 金融业 | 0.48 | *** |
| 房地产业 | 385.64 | 12 |
| 租赁和商务服务业 | 36.52 | 65.9 |
| 科学研究和技术服务 | 5.15 | 418.2 |
| 水利、环境和公共设施管理业 | 109.82 | 78.9 |
| 居民服务、修理和其他服务业 | 0 | *** |
| 教育 | 11.09 | 16.5 |
| 卫生、社会保障和社会福利业 | 5.37 | 3.4 |
| 文化、体育和娱乐业 | 19.31 | 75.9 |
| 公共管理、社会组织 | 0 | -100 |

289.30 亿元，增长 20.8%；第三产业投资 677.39 亿元，增长 31.3%。基础设施投资 190.17 亿元，增长 74.4%，占固定资产投资的比重为 19.6%。民间投资 617.88 亿元，增长 18.9%，占固定资产投资的比重为 63.6%。工业技术改造投资 224.29 亿元，增长 38.7%，占固定资产投资的比重为 23.1%。装备制造业投资 165.87 亿元，增长 31.1%，占固定资产投资的比重为 17.1%。

在房地产开发投资中，商品房住宅投资 251.85 亿元，比上年增长 16.9%；全年商品房施工面积 2762.27 万平方米，增长 20%。其中住宅 1771.53 万平方米，增长 17.6%。商品房竣工面积 132.41 万平方米，增长 66.8%，其中住宅 80.25 万平方米，增长 48.1%。商品房销售面积 780.70 万平方米，增长 15%，其中住宅 529.57 万平方米，下降 5.5%。年末商品房待售面积 148.55 万平方米，下降 7.2%，其中住宅 54.58 万平方米，下降 25.4%。

## 五、国内贸易

全年社会消费品零售总额 1070.1 亿元，比上年增长 9.7%，扣除物价因素，实际增长 8.7%。分行业看，批发和零售业零售额 967.3 亿元，增长 10.5%；住宿和餐饮业零售额 102.8 亿元，增长 2.9%。

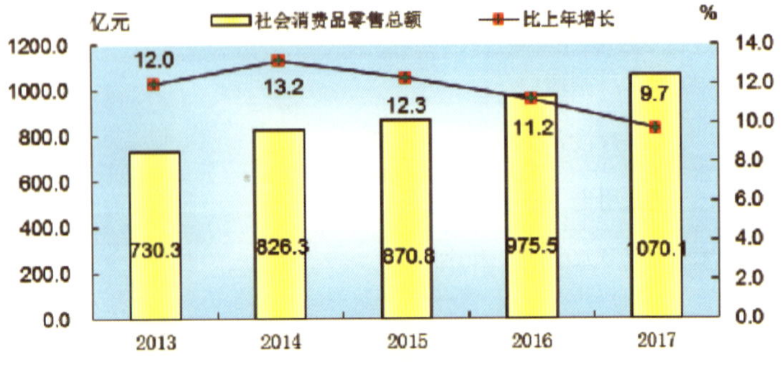

2013–2017 年社会消费品零售总额及其增长速度图

在限额以上批发零售业零售额中，粮油类零售额下降3.9%，日用品类下降7.0%，中西药品类增长3.7%，金银珠宝类增长24.1%，文化办公用品类下降13.4%，家用电器和音像器材增长50%，汽车类增长11.2%；家具类下降48.2%，通信器材类下降4.6%，服装类下降20.4%，化妆品类下降29.2%。

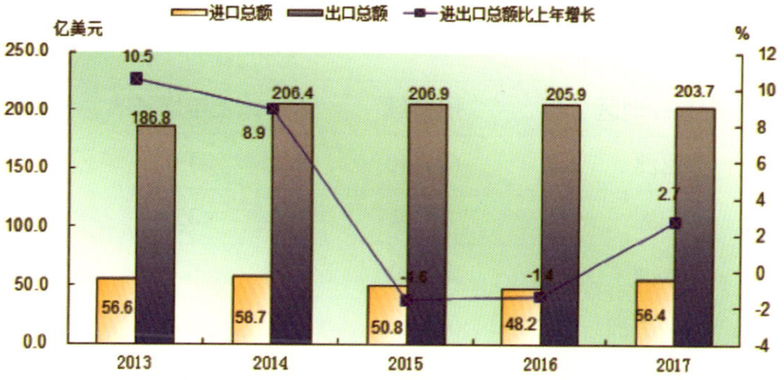

2013—2017年进出口总额及其增长速度图

## 六、对外贸易

全年进出口总额1764.3亿元（260.1亿美元，增长2.7%），比上年增长5.7%。其中，出口1383.1亿元（203.7亿美元，下降0.7%），增长2.4%；进口381.3亿元（56.4亿美元，增长16.8%），增长19.5%。贸易顺差1001.8亿元。

分贸易方式看，一般贸易

### 2017年进出口总额及其增长速度表

单位：亿元

| 指　标 | 绝对数 | 比上年增长% |
|---|---|---|
| 进出口总额 | 1764.33 | 5.7 |
| 出口额 | 1383.06 | 2.4 |
| 其中：一般贸易 | 825.29 | 11.3 |
| 加工贸易 | 440.81 | 14.1 |
| 其中：机电产品 | 952.87 | 5.6 |
| 高新技术产品 | 60.92 | 7.7 |
| 其中：国有企业 | 4.81 | 24.5 |
| 外商投资企业 | 813.41 | 7.4 |
| 民营企业及其他企业 | 564.84 | -4.1 |
| 其中：民营企业 | 564.84 | -4.1 |
| 进口额 | 381.27 | 19.5 |
| 其中：一般贸易 | 129.52 | 22.5 |
| 加工贸易 | 246.45 | 20.3 |
| 其中：机电产品 | 87.60 | 12.0 |
| 高新技术产品 | 41.00 | 3.6 |
| 其中：国有企业 | 0.05 | 1403.8 |
| 外商投资企业 | 257.98 | 16.3 |
| 民营企业及其他企业 | 123.23 | 23.4 |
| 其中：民营企业 | 119.97 | 23.4 |

## 2017 年对主要国家和地区进、出口额及其增长速度表

单位：亿元

| 国家和地区 | 出口额 | 比上年增长 % | 进口额 | 比上年增长 % |
|---|---|---|---|---|
| 亚洲 | 627.40 | 3.6 | 175.78 | 12.2 |
| 非洲 | 83.44 | -35.4 | 150.58 | 23.6 |
| 欧洲 | 261.19 | 6.7 | 23.36 | 30.4 |
| 拉丁美洲 | 94.68 | 11.0 | 5.89 | 80.7 |
| 北美洲 | 282.67 | 10.8 | 22.05 | 30.8 |
| 大洋洲 | 33.67 | 11.9 | 3.60 | 39.9 |

## 2017 年分行业外商直接投资及其增长速度表

| 行业名称 | 项目数（个） | 比上年增减（个） | 实际使用金额（万美元） | 比上年增长 % |
|---|---|---|---|---|
| 总　计 | 103 | 22 | 78851 | 78.8 |
| 农、林、牧、渔业 | 2 | 2 | 0 | — |
| 制造业 | 27 | 7 | 10027 | -44.1 |
| 电力、燃气及水的生产和供应业 | 0 | 0 | 0 | — |
| 建筑业 | 2 | 1 | 58085 | 64438.9 |
| 交通运输、仓储和邮政业 | 0 | 0 | 0 | — |
| 信息传输、计算机服务和软件业 | 3 | 0 | 0 | — |
| 批发和零售业 | 44 | 12 | 571 | -30.8 |
| 住宿和餐饮业 | 2 | 0 | 888 | 14700 |
| 金融业 | 1 | 1 | 0 | — |
| 房地产业 | 7 | 4 | 4243 | 383.3 |
| 租赁和商务服务业 | 9 | -6 | 14 | -99.9 |
| 科学研究、技术服务和地质勘查业 | 5 | 3 | 0 | — |
| 居民服务和其他服务业 | 0 | -2 | 0 | — |
| 文化、体育和娱乐业 | 0 | -1 | 23 | -84.1 |

出口825.3亿元，比上年增长11.3%，加工贸易出口440.8亿元，增长14.1%。从出口产品看，机电产品出口952.9亿元，增长5.6%，高技术产品出口60.9亿元，增长7.7%。分出口市场看，对亚洲市场出口627.4亿元，增长3.6%，对欧洲市场出口261.2亿元，增长6.7%，对北美洲市场出口282.7亿元，增长10.8%。

## 2017 年各种运输方式完成货物运输量及其增长速度表

| 指　　标 | 单　　位 | 绝对数 | 比上年增长 % |
|---|---|---|---|
| 货物运输总量 | 万　　吨 | 10922 | 6.9 |
| 陆运 | 万　　吨 | 9879 | 5.9 |
| 水运 | 万　　吨 | 1043 | 18.3 |
| 货物运输周转量 | 亿吨公里 | 86.26 | 5.6 |
| 陆运 | 亿吨公里 | 76.00 | 4.3 |
| 水运 | 亿吨公里 | 10.26 | 16.6 |

## 2017 年各种运输方式完成旅客运输量及其增长速度表

| 指　　标 | 单　　位 | 绝对数 | 比上年增长 % |
|---|---|---|---|
| 旅客运输总量 | 万　　人 | 2331 | 0.6 |
| 陆运 | 万　　人 | 2277 | 0.6 |
| 水运 | 万　　人 | 54 | 0.9 |
| 旅客运输周转量 | 亿人公里 | 23.59 | 6.9 |
| 陆运 | 亿人公里 | 22.95 | 7.1 |
| 水运 | 亿人公里 | 0.64 | 0.8 |

## 七、交通、邮电和旅游

全年交通运输、仓储和邮政业实现增加值 98.0 亿元，比上年增长 3.3%。

全年内河港口完成货物吞吐量 1707.53 万吨，比上年增长 42.3%；内河港口完成旅客吞吐量 54.28 万人次，比上年增长 0.8%；港口码头泊位个数 73 个，比上年增长 5.8%。

年末全区民用汽车保有量达到 70.72 万辆，比上年增长 13.9%。其中，载客汽车 63.29 万辆，增长 15.1%；载货汽车 7.43 万辆，增长 7.0%。

全年完成邮电通信业务总量 107.06 亿元，比上年增长 54.5%。其中，邮政业务总量 22.55 亿元，增长 11.9%；电信业务总量 84.51 亿元（按 2015 年不变价计算），增长 72.1%。年末本地电话用户 67.46 万户，下降 3.9%；年末移动电话用户 471.86 万户，增长 14.6%。

2017 年，全年全区旅游总收入 155.3 亿元，比上年增长 8.3%；旅游创汇 4.79 亿美元，增长 1. 9%。全年共接待过夜游客人数 425.15 万人次，比上年增长 15.5%。其中，外国人 9.60 万人次，增长 6.8%；港、澳、台同胞 67.52 万人次，增长 3.6%；国内旅客 378.04 万人次，增长 17.1%。

## 八、财税、金融、证券和保险

全年全区实现税收收入 493.66 亿元，比上年增长 14.5%。其中，国税 332.33 亿元，增长 22.5%；地税 161.33 亿元，增长 1.0%。地方财政一般公共预算收入 222.99 亿元，增长

## 2017 年全区金融机构存贷款及其增长速度表

单位：亿元

| 指 标 | 人民币 | | 本外币 | |
|---|---|---|---|---|
| | 年末数 | 比年末增长 % | 年末数 | 比年末增长 % |
| 各项存款余额 | 4382.24 | 13.9 | 4512.20 | 14.4 |
| 其中：非金融企业存款 | 1625.96 | 39.1 | 1729.90 | 39.6 |
| 境内住户存款 | 2376.70 | 5.8 | 2398.68 | 5.63 |
| 各项贷款余额 | 2867.42 | 2.7 | 2893.04 | 2.8 |
| 其中：境内短期贷款 | 766.41 | -8.5 | 786.10 | -7.7 |
| 境内中长期贷款 | 1710.84 | 14.7 | 1715.47 | 14.6 |

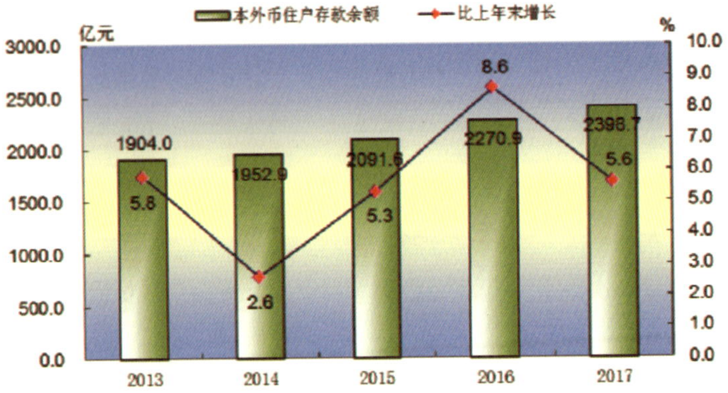


2013—2017 年本外币住户存款余额及其增长速度图

10.4%。地方财政一般公共预算支出 224.69 亿元，增长 17.1%。

年末全区金融机构本外币各项存款余额 4512.2 亿元，比上年末增长 14.4%。其中境内住户存款余额 2398.68 亿元，增长 5.6%。本外币各项贷款余额 2893.04 亿元，比上年末增长 2.8%。

年末全区共有各类保险公司 42 家，其中，产险公司 22 家，寿险公司 20 家。全年全区实现保费收入 109.88 亿元，增长 26.3%。其中，寿险业务保费收入 74.0 亿元，财产险业务保费收入 35.87 亿元，分别增长 34.0% 和 12.8%。

## 九、教育和科学技术

全区有普通高等学校 1 所，在校学生 15703 人；普通中学 63 所，在校学生 111822 人；职业中学 13 所，在校学生 24472 人；小学 148 所，在校学生 181618 人；在校中小学生人数共 317912 人。幼儿园 315 所，在园幼儿 96763 人。全区各类学校及幼儿园共有教职员工 33717 人，其中专任教师 26994 人。适龄幼儿入园率为 100%；学龄儿童入学率 100%；小学毕业升学率 100%；初中毕业升学率 99.78%；高中毕业升学率 99.23%。

全区有省级工程技术研究中心 58 家，区级工程技术中心 34 家。全区共有各类专业技术人员 137340 人，比上年增长 4.4%。其中，高级职称 6688 人，中级职称 39270 人，初级职称 91382 人。全年申请专利量 31353 件，增长 23.1%，累计专利量 200926 件；全年专利授权量 18752 件，增长 29.9%，累计专利授权量 143068 件。年末拥有中国驰名商标 34 个，广东省名牌产品 176 个，广东省著名商标 143 个。

## 十、文化、卫生和体育

年末全区共有体育场馆 12 个，电影放映单位 35 个，博物馆 3 个。有公共图书馆 11 间，总藏书量 2774 千册，比上年增长 5.2%。全年出版报纸（《珠江商报》）4434.35 万份。

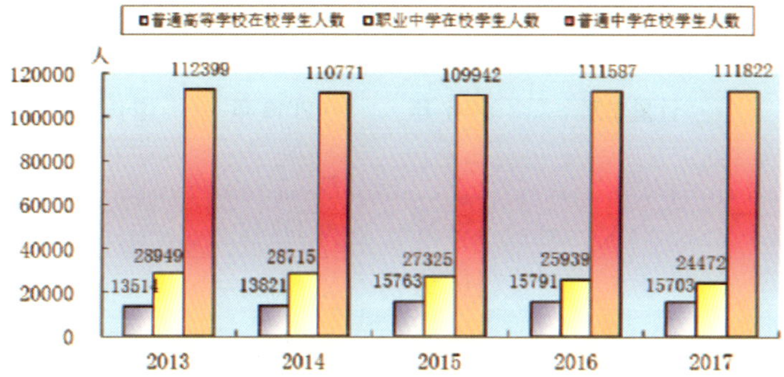


**2013—2017 年各类学校在校学生人数图**

全年财政医疗卫生支出25.12亿元，比上年增长21%。年末全区共有各类卫生机构587个，增长7.3%。其中各类医院35个；基层医疗卫生机构542个，包括社区卫生服务中心(站)100个，门诊部79个，诊所、卫生所、医务室363个；专业公共卫生机构6个。拥有医院、卫生院床位10631张，增长0.5%。各类卫生技术人员14742人，增长4.2%，其中执业医师和执业助理医师5353人，注册护士6585人。

全年全区共举办大型体育活动330场次，参加人数155万人次。全区运动员参加各类体育竞赛获省级季军以上奖71项。其中，获世界级冠军1项；获国家级冠军8项；获省级冠军9项。

## 十一、人民生活、社会保障与安全生产

据抽样调查，全年顺德居民人均可支配收入49878.2元，比上年增长8.7%，扣除价格因素，实际增长6.7%；人均生活消费支出37792.4元，增长6.8%，扣除价格因素，实际增长4.8%。分城乡看，全年城镇常住居民人均可支配收入 49881.4元，比上年增长8.6%，扣除价格因素，实际增长6.6%；城镇常住居民人均生活消费支出37843.4元，增长6.8%，扣除价格因素，实际增长4.8%。全年农村常住居民人均可支配收入31918.1元，比上年增长9.0%，扣除价格因素，实际增长7.0%；农村常住居民人均生活消费支出24329.8元，增长9%，扣除价格因素，实际增长7.0%。城乡居民收入比由2016年的1.569缩小至2017年的1.563。年末每百户城镇居民家庭拥有：摩托车74辆、家用汽车81辆、电冰箱109台、计算机139台、移动电话278部。

年末全区参加基本养老保险职工86.73万人，比上年增长1.11%；参加基本医疗保险职工87.23万人，增长4.36%；参加工伤保险职工83.71万人，增长5.25%；参加失业保险职工83.22万人，增长3.56%；参加城乡合作医疗的有72.01万人，增长1.22%。全区各级共有敬老院14间，入住人数2246人。城镇和农村居民最低生活保障线每月900元/人。当年发放救济款20267.81万元。

全年共发生各类事故1067起，比上年下降10.0%；死亡183人，下降7.1%；受伤593人，下降0.5%；直接财产损失4178.91万元。其中，道路交通事故620起，下降2.4%；造成死亡157人，受伤591人，下降1.3%和下降0.7%，直接财产损失90.78万元，下降2.9%。亿元地区生产总值生产安全事故死亡率为0.060，道路交通万车死亡率为1.615。

注：

1. 本公报中2017年数据均为初步统计数，统计图中2013-2016年数据为年报数。

2. 地区生产总值、各产业增加值绝对数按现价计算，增长速度按可比价计算。

## 顺德区国民经济基本情况表（一）

| | 计量单位 | 2017 年 | 2016 年 | 增长（%） |
|---|---|---|---|---|
| **一、人口、劳动力和土地面积** | | | | |
| 年末总人口 | 万人 | 139.27 | 132.12 | 5.4 |
| 年平均人口 | 万人 | 135.70 | 130.31 | 4.1 |
| 年出生人口 | 人 | 33205 | 30827 | 7.7 |
| 年死亡人口 | 人 | 7983 | 7036 | 13.5 |
| 年末总户数 | 万户 | 40.45 | 38.22 | 5.8 |
| 年末全部从业人员数 | 万人 | 147.63 | 151.72 | -2.7 |
| 年末全区登记失业率 | % | 2.55 | 2.56 | -0.01 |
| 土地面积 | 平方公里 | 806.57 | 806.57 | 0.0 |
| 其中：建成区面积 | 平方公里 | 145.83 | 145.83 | 0.0 |

说明：人口数均取自公安局 2017 年统计年报表

## 顺德区国民经济基本情况表（二）

| | 计量单位 | 2017 年 | 2016 年 | 增长（%） |
|---|---|---|---|---|
| **二、综合经济** | | | | |
| 地区生产总值 | 万元 | 30158062 | 28432244 | 8.3 |
| 第一产业 | 万元 | 440186 | 451051 | 1.3 |
| 第二产业 | 万元 | 16969464 | 16540028 | 8.8 |
| 第三产业 | 万元 | 12749412 | 11441165 | 7.7 |
| **三、农业** | | | | |
| 农林牧渔业总产值 | 万元 | 879293 | 892276 | 1.5 |
| 蔬菜产量 | 吨 | 98614 | 98668 | -0.05 |
| 水果产量 | 吨 | 8674 | 8272 | 4.9 |
| 猪肉产量 | 吨 | 13197 | 12337 | 7.0 |
| 禽肉产量 | 吨 | 4460 | 4414 | 1.0 |
| 禽蛋产量 | 吨 | 256 | 148 | 73.0 |
| 水产品产量 | 吨 | 255861 | 248450 | 3.0 |

注：地区生产总值绝对值按当年价计算，增长速度按可比口径计算

## 顺德区国民经济基本情况表（三）

| | 计量单位 | 2017 年 | 2016 年 | 增长（%） |
|---|---|---|---|---|
| **四、工业** | | | | |
| 全区工业企业数 | 个 | 25352 | 22570 | 12.3 |
| 全区工业总产值 | 万元 | - | - | - |
| 企业单位数（规模以上） | 个 | - | - | - |
| 规模以上工业总产值 | 万元 | - | - | - |
| 规模以上工业主要经济指标 | | - | - | - |
| 全部职工平均人数 | 万人 | - | - | - |
| 流动资产年末合计 | 万元 | - | - | - |
| 固定资产原值 | 万元 | - | - | - |
| 主营业收入 | 万元 | - | - | - |
| 其中：主营业务税金及附加 | 万元 | - | - | - |
| 利润总额 | 万元 | - | - | - |
| **五、交通、邮电、电力** | | | | |
| 公路客运量 | 万人 | 18057 | 19463 | -7.2 |
| 公路货运量 | 万吨 | 9879 | 9331 | 5.9 |
| 水运客运量 | 万人 | 54.3 | 54.5 | -0.4 |
| 水运货运量 | 万吨 | 1043 | 882 | 18.3 |
| 内河港口货物吞吐量 | 万吨 | 1708 | 1200 | 42.3 |
| 邮电业务总量 | 万元 | 1070592 | 692729 | 54.5 |
| 电话交换机装机总容量 | 门 | 626478 | 850240 | -26.3 |
| 年末本地电话用户数 | 部 | 674642 | 701945 | -3.9 |
| 全年用电量 | 万千瓦时 | 1949388 | 1801721 | 8.2 |
| 其中：工业用电 | 万千瓦时 | 1255908 | 1162985 | 8.0 |
| 城乡居民生活用电 | 万千瓦时 | 306412 | 288094 | 6.4 |

注：本表工业总产值绝对值按当年价计算，增长速度按可比口径计算

## 顺德区国民经济基本情况表（四）

| | 计量单位 | 2017 年 | 2016 年 | 增长（%） |
|---|---|---|---|---|
| **六、固定资产投资** | | | | |
| 完成投资总计 | 万元 | 9717642 | 7648520 | 27.1 |
| 其中：建安工程投资 | 万元 | 6964985 | 5276479 | 32.0 |
| 一、项目投资 | 万元 | 6170632 | 4533032 | 36.1 |
| 其中：工业投资 | 万元 | 2893022 | 2393905 | 20.8 |
| 工业技术改造 | 万元 | 2242860 | 1616960 | 38.7 |
| 二、房地产开发 | 万元 | 3547010 | 3115488 | 13.9 |
| **七、市政公用事业** | | | | |
| 年末常住人口 | 万人 | 261.45 | 254.47 | 2.7 |
| 水厂综合生产能力 | 万吨 / 日 | 147.8 | 167.9 | -12.0 |
| 年末供水管总长度 | 公里 | 3703.62 | 3546.16 | 4.4 |
| 全年供水总量 | 万吨 | 45494.48 | 44006.18 | 3.4 |
| 生活用水量 | 万吨 | 17424.06 | 19094.46 | -8.7 |
| 生活用水人口 | 万人 | 282.55 | 280.35 | 0.8 |
| 年末实有公共汽车营运数 | 辆 | 2001 | 1967 | 1.7 |
| 年末实有出租汽车数 | 辆 | 1123 | 1113 | 0.9 |
| 液化石油气供气总量 | 万吨 | 18.64 | 14.43 | 29.2 |
| 其中：家庭用量 | 万吨 | 11.51 | 7.66 | 50.4 |
| 年末实有铺装道路面积 | 万平方米 | 2243.60 | 2243.60 | 0.0 |
| 城市下水道总长度 | 公里 | 2798.54 | 2734.67 | 2.3 |
| 中心城区绿化覆盖面积 | 公顷 | 2036.12 | 1919.23 | 6.1 |
| 中心城区绿地面积积 | 公顷 | 1957.81 | 1845.42 | 6.1 |
| 工业二氧化硫排放量 | 吨 | 2708.10 | 2621.58 | 3.3 |
| 工业二氧化硫去除量 | 吨 | 12473.89 | 14431.37 | -13.6 |
| 工业废水排放量 | 万吨 | 5138.25 | 4747.09 | 8.2 |
| 生活污水排放量 | 万吨 | 25534.9 | 24494.78 | 4.2 |
| 工业废气排放量 | 万标 立方米 | 7541899 | 15808207 | -52.3 |

## 顺德区国民经济基本情况表（五）

| | 计量单位 | 2017年 | 2016年 | 增长（%） |
|---|---|---|---|---|
| **八、批发零售贸易与外经、旅游** | | | | |
| 批发和零售业商品销售总额 | 万元 | 39880624 | 35017780 | 13.9 |
| 社会消费品零售总额 | 万元 | 10700701 | 9754522 | 9.7 |
| 外贸进口总额 | 亿元 | 381.27 | 318.73 | 19.5 |
| 外贸出口总额 | 亿元 | 1383.06 | 1355.06 | 2.4 |
| 其中：加工贸易 | 亿元 | 440.81 | 386.40 | 14.1 |
| “三资”企业 | 亿元 | 813.41 | 756.84 | 7.4 |
| 香港特别行政区 | 亿元 | 232.47 | 201.96 | 14.9 |
| 机电产品 | 亿元 | 952.87 | 904.28 | 5.6 |
| 利用外资新签协议（合同）数 | 个 | 103 | 81 | 27.2 |
| 合同利用外资 | 万美元 | 74419 | 69399 | 7.2 |
| 实际利用外资金额 | 万美元 | 78851 | 44096 | 78.8 |
| 境外旅游者人数 | 人次 | 471189 | 452027 | 4.2 |
| （1）外国人 | 人次 | 95965 | 89903 | 6.7 |
| （2）港澳和台湾同胞 | 人次 | 375224 | 362124 | 3.6 |
| **九、财政、金融、股票、保险** | | | | |
| 财政总收入（全口径） | 万元 | 9436599 | 7005933 | 34.7 |
| 其中：地方财政收入 | 万元 | 5981031 | 4058068 | 47.4 |
| 各项税收合计 | 万元 | 4936578 | 4309615 | 14.5 |
| 其中：国税 | 万元 | 3323262 | 2712200 | 22.5 |
| 地税 | 万元 | 1613316 | 1597415 | 1.0 |
| 地方财政支出 | 万元 | 6047822 | 3863331 | 56.5 |
| 年末金融机构人民币存款余额 | 万元 | 45121952 | 39439601 | 14.4 |
| 其中：境内住户存款余额 | 万元 | 23986819 | 22709181 | 5.6 |
| 年末金融机构本外币贷款余额 | 万元 | 28930435 | 28132243 | 2.8 |
| 股票总成交额 | 万元 | 79787275 | 84347806 | -5.4 |
| 保费收入 | 万元 | 1098755 | 870224 | 26.3 |

注：商品销售总额为佛山市反馈数，与统计公报有所差别

## 顺德区国民经济基本情况表（六）

| | 计量单位 | 2017 年 | 增长（%） |
|---|---|---|---|
| **十、人民生活和物价** | | | |
| 全体居民人均可支配收入 | 元 | 49878.2 | 8.7 |
| 1. 工资性收入 | 元 | 34435.9 | 8.0 |
| 2. 经营净收入 | 元 | 4888.1 | 11.4 |
| 3. 财产性收入 | 元 | 6883.2 | 10.0 |
| 4. 转移净收入 | 元 | 3671 | 9.6 |
| 全体居民人均消费性支出 | 元 | 37792.4 | 6.8 |
| 1. 食品消费支出 | 元 | 11696.7 | 6.3 |
| 2. 衣着消费支出 | 元 | 1530.6 | -1.7 |
| 3. 居住消费支出 | 元 | 9070.2 | 6.4 |
| 4. 家庭设备、用品及服务支出 | 元 | 1757.3 | 7.7 |
| 5. 医疗保健消费支出 | 元 | 6386.9 | 6.8 |
| 6. 交通通信消费支出 | 元 | 5102 | 10.5 |
| 7. 文化娱乐用品及服务消费支出 | 元 | 1474 | 12.6 |
| 8. 其他商品和服务支出 | 元 | 774.7 | 1.8 |

## 顺德区国民经济基本情况表（七）

| | 计量单位 | 2017 年 | 2016 年 | 增长（%） |
|---|---|---|---|---|
| 居民消费价格指数（以上年为100） | % | 101.9 | 102.2 | 1.9 |
| 其中：食品价格指数 | % | 99.4 | 106.2 | -0.6 |
| 商品零售物价指数（以上年为100） | % | 101.2 | 100.9 | 1.2 |
| **十一、教育、科学、卫生、文化** | | | | |
| 学校数： | | | | |
| 普通高等学校 | 所 | 1 | 1 | 0.0 |
| 普通中学 | 所 | 63 | 62 | 1.6 |
| 职业中学 | 所 | 13 | 13 | 0.0 |
| 小学 | 所 | 148 | 156 | -5.1 |
| 专任教师数： | | | | |
| 普通高等学校 | 人 | 730 | 590 | 23.7 |
| 普通中学 | 人 | 9538 | 8709 | 9.5 |
| 职业中学 | 人 | 1915 | 1888 | 1.4 |

续表

| | 计量单位 | 2017 年 | 2016 年 | 增长（%） |
|---|---|---|---|---|
| 小学 | 人 | 8522 | 8915 | -4.4 |
| 在校学生数： | | | | |
| 普通高等学校 | 人 | 15703 | 15791 | -0.6 |
| 普通中学 | 人 | 111822 | 111587 | 0.2 |
| 职业中学 | 人 | 24472 | 25939 | -5.7 |
| 小学 | 人 | 181618 | 175197 | 3.7 |

## 顺德区国民经济基本情况表（八）

| | 计量单位 | 2017 年 | 2016 年 | 增长（%） |
|---|---|---|---|---|
| 专业技术人员数 | 人 | 137340 | 131568 | 4.4 |
| 其中：中级技术职称以上人员 | 人 | 45958 | 42889 | 7.2 |
| 电影放映单位数 | 个 | 35 | 23 | 52.2 |
| 体育场馆数 | 个 | 12 | 12 | 0.0 |
| 公共图书馆 | 个 | 11 | 11 | 0.0 |
| 公共图书馆总藏量 | 千册 | 2774 | 2636 | 5.2 |
| 卫生机构数 | 个 | 587 | 547 | 7.3 |
| 其中：医院 | 个 | 34 | 34 | 0 |
| 门诊部 | 个 | 79 | 58 | 36.2 |
| 卫生机构床位数 | 张 | 10631 | 10581 | 0.5 |
| 卫生技术人员数 | 人 | 17375 | 14151 | 22.8 |
| 其中：医生 | 人 | 5353 | 5128 | 4.4 |
| 卫生机构诊疗人次 | 万人次 | 1229.79 | 1292.37 | -4.8 |
| 人均预期寿命 | 岁 | 80.03 | 79.90 | 0.2 |
| **十二、社会治安** | | | | |
| 火灾起数 | 起 | 422 | 514 | -17.9 |
| 火灾死亡人数 | 人 | 0 | 0 | — |
| 火灾损失折款数 | 万元 | 2800.125 | 2304.3494 | 21.5 |
| 交通事故宗数 | 宗 | 620 | 635 | -2.4 |
| 交通事故死伤人数 | 人 | 591 | 595 | -0.7 |
| 其中：死亡人数 | 人 | 157 | 159 | -1.3 |
| 刑事案件立案数 | 宗 | 10838 | 13421 | -19.2 |

## 顺德地区生产总值情况表

计量单位：万元

| | 2017 年 | 2016 年 | 增长（%） |
|---|---|---|---|
| 地区生产总值 | 30159062 | 28432244 | 8.3 |
| 第一产业 | 440186 | 451051 | 1.3 |
| 第二产业 | 16969464 | 16540028 | 8.8 |
| 工业 | 16369038 | 15983853 | 9.1 |
| 建筑业 | 606735 | 556175 | 1.7 |
| 第三产业 | 12749412 | 11441164 | 7.7 |
| 农、林、牧、渔服务业 | 21182 | 20280 | 2.9 |
| 交通运输、仓储和邮政业 | 1192074 | 933012 | 5.3 |
| 批发和零售业 | 1942355 | 1912152 | 0.7 |
| 住宿和餐饮业 | 244292 | 243978 | 1.9 |
| 信息传输、计算机服务和软件业 | 1002336 | 761998 | 38.7 |
| 金融业 | 1319944 | 1201399 | 5.7 |
| 房地产业 | 2788807 | 2457598 | 7.4 |
| 租赁和商务服务业 | 717632 | 537071 | 1.2 |
| 科学研究、技术服务和地质勘查业 | 727948 | 792676 | -8.4 |
| 水利、环境和公共设施管理业 | 205457 | 208889 | -0.2 |
| 居民服务和其他服务业 | 253382 | 286107 | 4.4 |
| 教育 | 758163 | 753605 | 2.7 |
| 卫生、社会保障和社会福利业 | 1051661 | 575371 | 43.5 |
| 文化、体育和娱乐业 | 60433 | 47780 | 38.9 |
| 公共管理和社会组织 | 457437 | 709249 | 4.6 |

注：地区生产总值绝对值按当年价计算，增长速度按可比口径计算。

2016 年起，研发支出列入 GDP 核算。第一产业增加值为第三次全国农业普查数

## 顺德区国民经济主要人均指标情况表

| | 计量单位 | 2017 年 | 2016 年 | 增减百分比 |
|---|---|---|---|---|
| 每平方公里人口密度 | 人 / 平方公里 | 1682 | 1616 | 4.1 |
| 人均生产总值（当年价） | 元 | 222255 | 218195 | 1.9 |
| 人均生产总值（2010 年价） | 元 | 227883 | 219163 | 4.0 |
| 人均耕地面积 | 亩 | 0.080 | 0.086 | -7.4 |
| 人均农业用地面积 | 亩 | 0.21 | 0.22 | -5.9 |
| 人均社会消费品零售总额 | 元 | 78858 | 74858 | 5.3 |
| 人均境内住户年末人民币储蓄余额 | 元 | 176769 | 172417 | 2.5 |
| 人均创财政收入（全口径） | 元 | 69842 | 53765 | 29.3 |
| 城镇非私营单位在岗职工年平均工资 | 元 | 74449 | 68968 | 7.9 |
| 城镇常住居民人均可支配收入（抽样调查） | 元 | 49881 | 45948 | 8.6 |
| 农村常住居民人均可支配收入（抽样调查） | 元 | 31918 | 29283 | 9.0 |
| 每万人口拥有在校中学生数 | 人 | 1004 | 1055 | -4.8 |
| 每万人口拥有在校小学生数 | 人 | 1338 | 1345 | -0.5 |
| 每万人口拥有卫生技术人员数 | 人 | 109 | 109 | 0.0 |
| 每万人口拥有病床位数 | 张 | 78 | 81 | -3.5 |

注：人均指标按户籍人口计算

## 顺德区农业总产值情况表

单位：万元

| | 总产值（当年价） | 发展速度 |
|---|---|---|
| 合　计 | 879293 | 101.5 |
| 1. 种植业 | 194929 | 99.6 |
| 2. 林业 | 48 | 94.2 |
| 3. 牧业 | 40339 | 96.0 |
| 4. 渔业 | 592628 | 102.4 |
| 5. 农林牧渔服务业 | 51349 | 102.9 |

## 全部工业企业单位数

计量单位：个

| | 2017 年 | 2016 年 | 增长（%） |
|---|---|---|---|
| 全部工业企业单位数 | 25352 | 22570 | 12.3 |
| **一、规模以上工业企业数** | 1726 | 1565 | 10.3 |
| 其中：轻工业 | 951 | 807 | 17.8 |
| 重工业 | 775 | 758 | 2.2 |
| 其中：国有企业 | 1 | 1 | 0.0 |
| 集体企业 | 1 | 1 | 0.0 |
| 联营企业 | 1 | 1 | 0.0 |
| 有限责任公司 | 756 | 661 | 14.4 |
| 股份有限公司 | 46 | 41 | 12.2 |
| 私营企业 | 506 | 425 | 19.1 |
| 港澳台商投资企业 | 293 | 308 | -4.9 |
| 外商投资企业 | 119 | 123 | -3.3 |
| 其他企业 | 3 | 4 | -25.0 |
| 其中：大中型企业 | 302 | 294 | 2.7 |
| **二、规模以下工业企业数** | 23626 | 21005 | 12.5 |
| 注：规模以上工业企业不含个体工业。 | | | |

## 顺德区全社会固定资产投资完成情况表

计量单位：万元

| | 2017 年 | 2016 年 | 增长（%） |
|---|---|---|---|
| 完成投资总计 | 9717642 | 7648520 | 27.1 |
| 其中：建安工程投资 | 6964985 | 5276479 | 32.0 |
| **一、投资项目** | 6170632 | 4533032 | 36.1 |
| 其中：工业投资 | 2893022 | 2393905 | 20.8 |
| 工业技术改造 | 2242860 | 1616960 | 38.7 |
| **二、房地产开发** | 3547010 | 3115488 | 13.9 |

## 顺德区社会消费品零售总额情况表

计量单位：万元

| | 2017 年 | 2016 年 | 增长（%） |
|---|---|---|---|
| 社会消费品零售总额 | 10700701 | 9754522 | 9.7 |
| **一、按销售单位所在地分组** | | | |
| （一）城镇的零售额 | 5564365 | 4974806 | 11.9 |
| （二）乡村的零售额 | 5136337 | 4779716 | 7.5 |
| **二、按行业分组** | | | |
| （一）批发和零售业 | 9673010 | 8755506 | 10.5 |
| （二）住宿和餐饮业 | 1027691 | 999016 | 2.9 |

说明：社会消费品零售总额佛山市反馈数，与统计公报有所差别

## 顺德区进出口贸易总额情况表

计量单位：亿元

| | 2017 年 | 2016 年 | 增长（%） |
|---|---|---|---|
| 进出口贸易总额 | 1764.33 | 1673.79 | 5.7 |
| **一、进口外贸总额** | 381.27 | 318.73 | 19.5 |
| **二、出口外贸总额** | 1383.06 | 1355.06 | 2.4 |
| 其中：按贸易方式分 | | | |
| 一般贸易 | 825.29 | 741.59 | 11.3 |
| 加工贸易 | 440.81 | 386.40 | 14.1 |
| 其中：按企业性质分 | | | |
| 三资企业 | 813.41 | 756.84 | 7.4 |
| 内资企业 | 569.65 | 598.21 | -4.8 |
| 其中：按出口地区分 | | | |
| 亚　洲 | 627.40 | 608.11 | 3.6 |
| 其中：香港 | 232.47 | 201.96 | 14.9 |
| 非　洲 | 83.44 | 130.02 | -35.4 |
| 欧　洲 | 261.19 | 245.75 | 6.7 |

续表

| | 2017 年 | 2015 年 | 增长（%） |
|---|---|---|---|
| 拉丁美洲 | 91.68 | 85.41 | 11.0 |
| 北美洲 | 282.67 | 255.62 | 10.8 |
| 大洋洲 | 33.67 | 30.14 | 11.9 |
| 其中：按商品结构分 | | | |
| 机电产品 | 952.87 | 904.28 | 5.6 |
| 纺织品及服装 | 77.57 | 116.19 | -32.1 |
| 其 他 | 0.00 | 334.58 | -100.0 |

## 顺德居民抽样调查主要经济指标情况表

| | 单位 | 2017 年 | 增长（%） |
|---|---|---|---|
| **一、基本情况** | | | |
| 调查户数 | 户 | 220 | 0.5 |
| **二、全体居民人均可支配收入** | 元 | 49878.2 | 8.7 |
| 1. 工资性收入 | 元 | 34435.9 | 8.0 |
| 2. 经营净收入 | 元 | 4888.1 | 11.4 |
| 3. 财产性收入 | 元 | 6883.2 | 10.0 |
| 4. 转移净收入 | 元 | 3671 | 9.6 |
| **三、全体居民人均消费性支出** | 元 | 37792.4 | 6.8 |
| 1. 食品消费支出 | 元 | 11696.7 | 6.3 |
| 2. 衣着消费支出 | 元 | 1530.6 | -1.7 |
| 3. 居住消费支出 | 元 | 9070.2 | 6.4 |
| 4. 家庭设备、用品及服务支出 | 元 | 1757.3 | 7.7 |
| 5. 医疗保健消费支出 | 元 | 6386.9 | 6.8 |
| 6. 交通通信消费支出 | 元 | 5102 | 10.5 |
| 7. 文化娱乐用品及服务消费支出 | 元 | 1474 | 12.6 |
| 8. 其他商品和服务支出 | 元 | 774.7 | 1.8 |

# 文献选编

顺德蒸鱼

# 2017年佛山市顺德区政府规范性文件

## 佛山市顺德区产业发展保护区管理办法

顺府发〔2017〕7号

### 第一章 总则

**第一条** 为贯彻落实《顺德区国民经济和社会发展第十三个五年规划纲要》文件精神，加强产业用地的控制和保护，保障产业用地供给，引导产业转型升级，支持产业有序持续发展，根据《关于支持新产业新业态发展促进大众创业万众创新用地的意见》（国土资规〔2015〕5号）、《关于印发〈产业用地政策实施工作指引〉的通知》（国土资厅发〔2016〕38号）及国家和省相关规定，制定本办法。

**第二条** 本办法所称产业发展保护区是指为保障顺德区工业用地和新产业用地的总体规模，依照一定程序划定的一定时期内需要严格控制和保护的区域。保护区域内原则上严格控制新增开发商品住宅类经营性房地产项目。

**第三条** 本办法所称产业用地是指工业用地和新产业用地的统称。新产业用地是指除工业用地外，现代服务业、孵化创意产业、文化创意、科技产业、创意设计、电子商务、健康服务、教育医疗、旅游及其他符合《关于支持新产业新业态发展促进大众创业万众创新用地的意见》（国土资规〔2015〕5号）有关规定的新产业、新业态和《关于印发〈产业用地政策实施工作指引〉的通知》（国土资厅发〔2016〕38号）有关规定的特定行业用地类型。

**第四条** 区人民政府指导本行政区域内产业发展保护区的管理工作。成立顺德区产业发展保护区工作领导小组，明确区产业保护工作领导小组各成员单位的职责。

**第五条** 各单位按职责落实相关工作及制定产业发展保护区的相关配套政策，具体分工如下：

（一）区府办统筹村级工业园区综合整治提升暨产业用地发展保护区建设专责组办公室工作，协调区各有关部门推进村级工业园区综合整治提升和保护区建设，出台相关政策文件。

（二）区发改部门制定发布产业用地发展保护区主导产业指导目录。

（三）区规划部门落实划定保护区的相关规划编制工作，针对出台“一园一策”用地功能空间布局灵活机制、高效服务机制。

（四）区经济主管部门制定产业招商地图，依照产业规划，明确保护区的产业导向、产业定位。加大招商引资力度，加快培育特色产业园区。围绕智能制造、轨道交通、节能环保、生物医药等新兴产业，重点培育新型专业化产业用地发展保护区，并定期对产业用地发展保护区进行复核并提出调整建议。

（五）区金融部门要创新金融引领，加大企业利用资本市场的支持力度，提升金融服务实体经济的能力。

（六）区国土城建主管部门要加快推进我区村级工业区改造提升工作，创新产业用地使用方式，完善工业用地弹性出让、先租后让、租让结合等供应方式。要加大“工改工”扶持力度，完善工业物业分宗分割操作指引，研究调整改造后用于经营性房地产开发项目的利益分配机制，通过政策合理调控，严格控制“工改商住”。

（七）区环保安监部门制定“双达标”管理指引，推动村级工业区的综合整治。

（八）区国资部门要全力介入产保区的改造工作，强化与社会资本合作，加快推进产保区的改造提升。

（九）区土地储备中心要在“工改商住”项目收储环节加大参与力度。

（十）各镇（街道）负责落实所辖范围产业用地发展保护区的管理工作。

## 第二章　划定和调整

**第六条**　产业发展保护区内工业用地总规模须大于18万亩，并在2017年12月31日前完成不少于18万亩工业用地的产业发展保护区划定工作。新产业用地不设定总控制量。

**第七条**　产业发展保护区根据城乡规划和产业发展导向，以镇（街道）为单位，按照总量控制、集中连片、分类定策的原则划定。保护区划定后，除按照法定程序调整外，按照产业用地法定年限保持不变。

**第八条**　产业发展保护区应包括下列范围：

（一）制造业基础好、连片成规模、符合城乡规划和产业规划的产业园区用地，包括：已认定为国家、省、市级工业园区，区、镇两级重点建设园区，17个集约工业园区等现状发展条件较好的工业园区，根据城乡规划和产业规划可继续用于产业发展的现状村级工业园区及产业聚集区；

（二）对国民经济和产业发展有较大保障作用的工业用地及新产业用地，包括政府储备用地；

（三）其他需要划定的产业用地。

**第九条**　产业发展保护区划定要求：

（一）产业发展保护区内工业用地总规模不足18万亩之前，全区的现状工业用地纳入产业用地控制范围。

控制范围内，严格按现状用途实施控制，适度控制工业用地改造后用于开发经营性房地产的项目，控制性详细规划的编制及修改原则上不得减少规划区内的工业用地总量。

（二）原则上每个产业发展保护区的面积应不少于1平方公里；产业发展保护区的边界应按规划用地边界进行划定，控制性详细规划未覆盖的按现状建成区进行划定。

**第十条**　产业发展保护区划定程序：

（一）各镇（街道）政府负责开展产业摸底调查工作，提出产业发展保护区划定区域，依据《产业结构调整指导目录》、环境治理等要求划分提升类、转型类和淘汰类；

（二）区国土城建主管部门根据本办法相关规定会区城乡规划、经济、环境保护等主要职能部门编制产业发展保护区划定方案和划定说明；

（三）征求相关单位、相关权利人及专家意见；

（四）报区产业发展保护区工作领导小组审定；

（五）报区人民政府常务会议审定；

（六）报区人大常委会备案；

（七）产业发展保护区应自审定之日起30日内，在区政府网站及主要新闻媒体上公布。

**第十一条**　产业发展保护区调整程序：

除国家、省、市、区重大建设项目和急需完善地区配套设施和城市服务功能等确须对产业发展保护区进行局部调整的情况外，产业发展保护区严格按控制性详细规划要求保护产业用地特别是工业用地范围，控制性详细规划未覆盖的，按照现状用途进行保护，原则上限制保护区内工业用地转换为非工业功能。具体调整程序如下：

（一）镇（街道）政府提出产业发展保护区调整建议；

（二）区国土城建主管部门会区城乡规划、经济、环境保护等主要职能部门编制产业发展保护区调整方案；

（三）征求相关单位、相关权利人及专家意见；

（四）报区产业发展保护区工作领导小组审定；

（五）报区人民政府常务会议审定；

（六）报区人大常委会备案；

（七）调整方案应自审定之日起30日内，在区政府网站上公布。

## 第三章　实施和管理

**第十二条**　产业发展保护区

内城乡规划的实施要求：

（一）产业发展保护区内已有控制性详细规划覆盖的用地，严格按控制性详细规划的要求进行建设和改造。

（二）产业发展保护区内未有控制性详细规划覆盖的用地，在编制控制性详细规划时，要适度控制经营性房地产用地的比例，规划产业用地规模原则上不得低于现状。

（三）产业发展保护区内确有需要将产业用地调整为其他规划用途的，必须在本镇（街道）的产业发展保护区内实现同一个或多个控制性详细规划的产业用地规模指标平衡，且调整后的产业用地必须具有同等的开发可能性及土地价值，不得以任何方式减少产业用地规模。符合上述条件的，可按法定程序修改控制性详细规划。

（四）产业发展保护区内新建及改造的工业用地按照相关规划容积率原则上不得低于1.5。

**第十三条** 加强产业发展保护区用地的优化利用：

全面开展产业发展保护区清理整顿。各镇（街道）牵头环保、安监等部门制定方案，按照“清理淘汰一批，整治提升一批，强化监管一批”的原则开展集中清理工作。清理后腾挪的空间，要强化整合力度。对于清理后保留企业数量较少的工业园区，各镇（街道）应制定鼓励措施，将这些企业迁移到产业对口的园区，原有园区的土地则实行综合利用。

**第十四条** 加强产业发展保护区内的管理工作：

（一）产业发展保护区内可合理引导工业用地发展新产业，支持土地用途兼容复合利用；

（二）加强对新产业用地项目的全流程监管，明确产业内涵与产业链环节要求，防止其在约定的比例外，变相将建筑主体用作其他功能；

（三）鼓励区国有企业通过市场评估价与基准地价评估价综合测算，以协商的形式收购土地及地上建筑物后实施改造，并进行适度的搬迁补偿。

**第十五条** 本办法所称土地用途兼容复合利用是根据《关于支持新产业新业态发展促进大众创业万众创新用地的意见》（国土资规〔2015〕5号）相关规定，城乡规划主管部门在符合控制性详细规划的前提下，按照用途相近、功能兼容、互无干扰、基础设施共享的原则，会同发展改革、国土资源主管部门，根据当地实际，研究制定有助于新产业、新业态发展的兼容性地类和相关控制指标。经市、县国土资源会同城乡规划等部门充分论证，新产业工业项目用地，生产服务、行政办公、生活服务设施建筑面积占项目总建筑面积比例不超过15%的，可仍按工业用途管理。科教用地可兼容研发与中试、科技服务设施与项目及生活性服务设施，兼容设施建筑面积比例不得超过项目总建筑面积的15%，兼容用途的土地、房产不得分割转让。出让兼容用途的土地，按主用途确定供应方式，在现有建设用地上增加兼容的，可以协议方式办理用地手续。

## 第四章　责任和处罚

**第十六条** 对产业发展保护区内的企业，若与政府相关部门有签订项目用地产业发展承诺书、土地供应合同或其他法律文书或享受政府扶持政策的，应按相关法律文书约定及政策要求履行相应的义务。

**第十七条** 各单位在日常考核、管理过程中若发现企业有违反相关法律文书约定或政策规定事项行为的，应依法追究企业相应责任。

**第十八条** 有关部门违反本办法擅自批准改变产业发展保护区内用地功能并造成严重后果的，由区监察审计部门对相关责任人依法追究行政责任；构成犯罪的，移送司法机关，依法追究刑事责任。

## 第五章　附则

**第十九条** 本办法出台后，区之前出台的相关政策文件与本办法有不一致或抵触的，以本办法为准，法律、法规、规章及上级机关另有规定的除外。

**第二十条** 本办法由区国土城建和水利局负责解释。

# 佛山市顺德区提升工业用地利用效率管理办法

顺府发〔2017〕16号

## 第一章 总则

**第一条** 为落实供给侧结构性改革，扩大工业用地有效供给，保障新增工业用地利用效率，推进存量低效工业用地再开发，提升我区工业土地利用效率，根据《节约集约利用土地规定》（国土资源部令第61号）、《关于支持新产业新业态发展促进大众创业万众创新用地的意见》（国土资规〔2015〕5号）、《关于深入推进城镇低效用地再开发的指导意见（试行）》（国土资〔2016〕147号）等规定，合我区实际，制订本办法。

**第二条** 顺德区产业发展保护区范围内土地用途为工业用地（指用于工业生产及直接为工业生产服务的附属设施用地）的管理适用本办法。

本办法所称工业项目分为一般性工业项目和特殊工业项目，原则上用地容积率不小于1.5。一般性工业项目指工业用地容积率不大于3.0的一般生产性工业项目，特殊工业项目指工业用地容积率下限大于3.0的、有特殊容积率需求的工业项目。

**第三条** 提高工业用地利用效率遵循“统筹布局、引导集聚、健全标准、严格准入、加强监管”的基本原则，促进新增工业用地合理布局和规模集聚，挖掘存量工业用地资源。

**第四条** 鼓励工业用地单位在符合城乡规划、消防要求的前提下，通过厂房加层、厂区改造、内部土地整理等途径提高土地利用效率。

**第五条** 部门职责具体如下：

（一）经济部门对提高容积率工业项目土地利用绩效进行监督，牵头会相关部门对特殊工业项目进行认定。

（二）发改部门明确产业类型准入目录及准入条件。

（三）规划部门负责工业用地的规划编制及规划审批等管理工作。

（四）国土部门负责工业用地的供应，并按现行规定开展供后监管工作。

（五）不动产登记部门负责统筹实施工业物业的分割登记工作。

（六）环保部门负责工业用地环境保护的监督管理工作。

（七）各镇（街）、高新区负责各自区域内的工业用地提高利用效率的组织实施与协调管理，镇（街道）相关部门按照各自职责，具体协同实施本办法。镇（街道）相关部门或产业园区管理机构具体负责项目履约考核及批后监管等工作。

## 第二章 加强规划管理

**第六条** 促进我区工业用地的合理布局和规模集聚。新增工业用地原则上安排在产业发展保护区范围内。由区经济部门认定特殊工业项目后，规划部门将相关要求纳入控制性详细规划或村庄规划（含三旧改造单元规划，下同）。

**第七条** 原则上特殊工业项目应集聚发展，形成园区。特殊工业项目应位于产业发展保护区范围内，对于位于产业发展保护区范围外的特殊工业项目，须报区人民政府同意。

**第八条** 依法核发规划条件。规划部门应根据本办法，依据已批准的控制性详细规划或村庄规划，对申请改扩建的工业用地重新核发规划条件，提出容积率、建筑密度、绿地率等规划指标。

**第九条** 提高工业用地开发效率。除安全、消防等有特殊规定或行业生产有特殊要求的项目外，申请提高容积率的工业用地，容积率下限不得低于1.5，且原则上不得扩大用地规模，在同一宗地内不存在其他违法建设情形。

**第十条** 申请提高工业用地容积率，按照以下程序办理：

（一）申请提高地块规划容积率符合已批准控制性详细规划或村庄规划的工业用地，重新核发规划条件。已出让或划拨的工业用地，土地使用权人应当与国土部门签订土地出让合同补充协议或重新核发国有建设用地划拨决定书，重新核发的规划条件必须纳入土地出让合同补充协议或划拨决定书方可生效。

已公开出让或已实施改造的商品厂房项目原则上不得申请提高地块规划容积率。

（二）申请提高地块规划容积率超出已批准控制性详细规划或村庄规划，且属于产业发展保护区范围内的一般性工业项目用地，由镇人民政府（街道办事处）提出申请，按控制性详细规划或村庄规划修改的法定程序办理。对已出让的工业用地，申请资料应提供土地储备单位出具的不属于政府近期储备用地计划的有关证明文件。

（三）申请提高地块规划容积率超出已批准控制性详细规划或村庄规划的特殊工业项目用地，由镇人民政府（街道办事处）提出申请，按控制性详细规划或村庄规划修改的法定程序办理。申请资料应提供特殊工业项目认定证明文件，以及因容积率提高产生的公共设施、市政设施需求分析专题报告、交通影响评价专题报告、规划环境影响篇章等，对已出让的工业用地，还应提供土地储备单位出具的不属于政府近期储备用地计划的有关证明文件。

## 第三章　优化新增工业用地供应方式

**第十一条** 鼓励以租赁方式使用土地。为降低工业企业用地初始成本，鼓励依法以国有土地租赁方式取得工业用地，土地租赁期限最长不得超过20年。在租赁期内，地上建筑物、构筑物及其附属设施可随承租土地使用权一并转租或抵押。

**第十二条** 探索推进先租后让、租让结合方式使用土地。

（一）先租后让。通过公开交易方式取得土地使用权，竞得人与国土资源主管部门签订“2+3+N”的土地出让合同，在合同中明确约定2年基建租赁期、3年投产租赁期和N年出让期需缴纳的土地价款、各期届满前须达到相应的土地使用条件及验收评估要求等。“2+3+N”总年限原则上不得超过20年，对于国家、省重大产业项目、战略性新兴产业项目等，经地级市以上市人民政府认定后，以认定的年限先租后让，最高不超过50年。土地受让方应在每个阶段期届满前3个月向出让方提出验收评估申请，达到合同约定要求的可办理下一期土地使用手续，缴清相应土地价款后方可办理不动产权属证书。未达到合同约定要求的，可采取限期整改方式进行处理，整改总期限不超过1年，整改期满后仍未达到约定要求的，由土地出让方依据合同无偿收回土地使用权及其地上建筑物、构筑物及其他附属设施。

（二）租让结合。通过公开交易方式取得土地使用权，竞得人与国土资源主管部门签订出让合同及租赁合同，其中厂房及配套用地、企业内部行政办公及生活服务设施用地等生产办公必需用地通过出让方式供应；超出规划条件要求以外的露天堆场、停车场用地、绿地及其他用地通过租赁方式供应，租赁年限原则上不超过5年，租赁期满后续期的，需采取公开交易方式重新确定。

## 第四章　创新用地政策

**第十三条** 鼓励工业用地集约高效利用。对已供应的工业用地（公开交易文件或土地出让合同约定利用工业用地开发商品厂房的除外），在符合土地利用总体规划和城乡规划的前提下，不改变土地用途、不延长土地使用年限，土地使用权人申请提高容积率及建筑密度的，不再增收土地出让金；调整后的工业用地项目竣工验收后，容积率达到1.5及以上的，以项目竣工验收建筑面积对土地使用权人每平方米40元进行扶持，最高扶持金额不超过200万元。符合本办法规定的同一项目、同一事项同时符合本区其他扶持政策规定（含上级部门要求区里配套或负担资金的政策规定）的，按照从高不重复的原则予以支持，另有规定的除外。

**第十四条** 利用存量房产进行制造业与文化创意、科技服务业融合发展的，原制造业企业和科研机构整体或部分转型、转制成立独立法人实体，从事研发设计、勘察、科技成果转化转移、信息技术服务和软件研发及知识产权、综合科技、节能环保等经营服务的以及其他符合《关于支持新产业新业态发展促进大众创业万众创新用地的意见》（国土资规〔2015〕5号）文件要求的，可实行继续按原用途和土地权利类型使用土地的过渡期政策。过渡期支持政策以5年为限，5年期满及涉及转让需办理相关用地手续的，可按新用途、新权利类型、市场价，以协议方式办理。

**第十五条** 在符合城乡规划的前提下，现有制造业企业通过提高工业用地容积率、调整用地结构增加服务型制造业务设施和经营场所，其建筑面积比例不超过原总建筑面积15%的，可继续按原用途使用土地，但不得分割转让。

**第十六条** 政府实施城乡规划进行旧城区改建，需要搬迁的工业项目符合国家和我区产业政策的，经区人民政府批准，收回原国有土地使用权后，以协议出让或租赁方式为原土地使用权人重新安排工业用地；拟安置的工业项目用地须符合土地利用总体规划和城乡规划，且尽可能在产业发展保护区安排。

## 第五章 规范工业物业分割管理

**第十七条** 工业企业因生产经营需要，在已经履行完毕土地出让合同或项目建设投资协议等约定条件，且不存在其他违法违规情形的前提下，工业物业分割须符合有关部门的管理规定，由房地产权属人提交分割申请及有关批准材料，不动产登记部门视申请时的具体情况，确定是否涉及规划、国土、建筑业管理、消防、环保等主管部门职责，按需出具分割审查意见，具体由不动产登记部门统筹实施。

## 第六章 附则

**第十八条** 本办法自印发之日起实施，有效期三年。此前我区出台的相关文件与本办法存在不一致的，以本办法为准。

**第十九条** 本办法由区国土城建和水利局会相关部门负责解释。

# 佛山市顺德区政府购买基本公共服务监督暂行办法

顺府发〔2017〕20号

## 第一章 总则

**第一条** 为进一步规范本区政府购买基本公共服务，加强政府购买基本公共服务活动的运行监督，提升政府购买服务活动的组织管理水平和财政资金使用效益，提高政府采购公信力，根据《中华人民共和国预算法》《中华人民共和国政府采购法》《国务院办公厅关于政府向社会力量购买服务的指导意见》（国办发〔2013〕96 号）《政府购买服务管理办法（暂行）》（财综〔2014〕96 号）《财政部关于坚决制止地方以政府购买服务名义违法违规融资的通知》（财预〔2017〕87 号）、《佛山市政府向社会组织购买服务实施办法》等有关要求和规定，制定本办法。

**第二条** 本办法所称政府购买基本公共服务，是指通过发挥市场机制作用，把政府直接提供的一部分基本公共服务事项，按照一定的方式和程序，交由具备条件的社会力量承担，并由政府根据合同约定向其支付费用。

**第三条** 本办法所称政府购买基本公共服务的适用范围主要包括劳动就业、人才服务、社会保险、人口和计划生育、医疗卫生、公共安全、社会事务服务、公共交通运输、环境治理、城市维护及民生项目等领域适宜由社会力量承担的基本公共服务事项。

**第四条** 政府购买基本公共服务遵循以下基本原则：

（一）强化预算，权责明晰。按照财权与事权相统一原则，将向社会力量购买服务经费纳入财政年度预算。采用政府向社会力量购买服务方式后，原安排给该职能部门的相应财政资金转移给提供服务的社会力量，即由职能部门支付给提供服务的社会力量。

（二）公开择优，以事定费。购买主体应向社会公开购买服务的有关项目及其内容，符合条件的社会力量平等参与服务供给的竞争选择。按照公开、公平、公正原则，坚持费随事转，通过公平竞争择优选择方式确定政府购买服务的承接主体，建立优胜劣汰的动态调整机制。

（三）效能管理，注重绩效。突出公共性和公益性，重点考虑、优先安排与改善民生密切相关的领域和项目，明确权利义务，切实提高财政资金使用效率。依法严格规范开展履约验收，加强政府购买基本公共服务结果管理。建立健全由购买主体、财政部门、实际使用人实施的项目绩效综合评价机制，对购买服务项目数量、质量和资金使用绩效等进行考核评价，并作为以后年度编制政府购买服务预算和选择承接主体的重要依据。

（四）主体监管，全程监督。购买主体应当建立监督检查机制，形成事前风险防范、事中风险控制为主和事后监督补救为辅的全过程监督机制；购买主体应该加强内部控制管理，监督承接主体按照合同履行服务，及时发现问题，及时研判处理。抓住关键环节、岗位和重大风险事项，从严管理，重点防控。

**第五条** 各有关部门要按照职责分工，依法做好政府向社会力量购买基本公共服务工作的组织实施。

（一）购买主体负责购买服务的具体组织实施，对承接主体提供的服务进行全过程监督，在项目完成后组织考核评估和验收。购买主体应建立健全内部监督管理制度，按规定公开政府购买服务的相关信息，主动接受财政、监察、审计等部门的监督及社会监督。

（二）财政部门负责建立健全政府向社会组织购买服务制度，制订政府向社会组织购买服务目录，确定政府购买服务的种类、性质和内容。监督、指导、协调各类购买主体依法开展购买服务工作，牵头做好政府购买服务的资金管理、监督检查和绩效评价等工作。

（三）机构编制部门负责核定人员类购买服务的员额。

（四）发展改革部门负责纳入政府采购目录的政府购买服务项目审批、备案。

（五）民政部门负责核实作为服务供应方的社会组织的资质及相关条件，编制具备承接政府职能转移和购买服务资质的社会组织目录，参与政府购买服务监督检查和绩效评价。

（六）审计、监察部门负责对政府向社会力量购买基本公共服务工作进行监督，参与政府购买服务监督检查和绩效评价。

（七）人社部门负责对承接主体的劳资关系、员工福利等依法进行监督。

（八）工会部门负责依法维护职工合法权益。

（九）其他各部门负责依法在各自职责范围内加强对政府购买服务工作进行监督。

## 第二章 购买主体和承接主体

**第六条** 购买主体是指本区行政机关和具有行政管理职能的事业单位。

**第七条** 党的机关、纳入行政编制管理且经费由财政负担的群团组织向社会提供的公共服务以及履职服务，可以根据实际需要，按照本办法规定实施购买服务。

**第八条** 承接主体是指在登记管理部门登记或经批准免予登记的社会组织，依法在工商管理或行业主管部门登记成立的企业、机构等社会力量。

**第九条** 承接主体应当具备以下条件：

（一）依法设立，具有独立承担民事责任的能力；

（二）治理结构健全，内部管理和监督制度完善；

（三）具有独立、健全的财务管理、会计核算和资产管理制度；

（四）具备提供服务所必需的设施、人员和专业技术能力；

（五）具有依法缴纳税收和社会保障资金的良好记录；

（六）前三年内无重大违法记录，通过年检或按要求履行年度报告公示义务，信用状况良好，未被列入经营异常名录或者严重违法企业名单；

（七）符合国家有关政事分开、政社分开、政企分开的要求；

（八）法律、法规规定以及购买服务项目要求的其他条件。

**第十条** 购买主体应当保障各类承接主体平等竞争，不得以不合理的条件对承接主体实行差别化歧视。

## 第三章 购买方式及程序

**第十一条** 购买主体应当根据购买内容的供求特点、市场发育程度等因素，按照方式灵活、程序简便、公开透明、竞争有序、结果评价的原则组织实施政府购买服务。

**第十二条** 购买主体应当按照政府采购法的有关规定，采用公开招标、邀请招标、竞争性谈判、竞争性磋商、单一来源采购等方式确定承接主体。

与政府购买基本公共服务相关的采购限额标准、公开招标数额标准、采购方式审核、信息公开、质疑投诉等按照政府采购相关法律制度规定执行。

**第十三条** 政府购买基本公共服务所需资金，应当在既有财政预算中统筹安排。

**第十四条** 购买主体应当充分发挥行业主管部门、行业组织和专业咨询评估机构、专家等专业优势，结合项目特点和相关经费预算，综合物价、工资、税费等因素，合理测算安排政府购买服务所需支出，及时向财政部门提交年度预算编制。

**第十五条** 财政部门在布置年度预算编制工作时，应当对购买服务相关预算安排提出明确要求，在预算报表中制定专门的购买服务项目表。

购买主体应当按要求填报购买服务项目表，并将列入集中采购目录或采购限额标准以上的政府购买服务项目同时反映在政府采购预算中，与部门预算一并报送财政部门审核。

**第十六条** 财政部门审核后的购买服务项目表，随部门预算批复一并下达给相关购买主体。购买主体应当按照财政部门下达的购买服务项目表，组织实施购买服务工作。

**第十七条** 按规定程序确定承接主体后，购买主体应当与承接主体签订合同，并可根据服务项目的需求特点，采取购买、委托、租赁、战略合作等形式。

合同应当明确购买服务的内容、期限、数量、质量、价格等要求，以及资金结算方式、双方的权利义务事项和违约责任等内容。

合同应当明确对承接主体加强内部管理、依法用工、完善劳资关系、保持合理利润率、建立定期汇报机制、建立公共服务突发事件应急处理预案等有相关规定。

## 第四章 合同管理与履约监督

**第十八条** 购买主体应当加强政府购买服务合同管理，督促承接主体严格履行合同，及时了解掌握购买项目实施进度，严格按照国库集中支付管理有关规定和合同执行进度支付款项。购买主体应当统筹同类购买项目之间的有效衔接，在履行过程中与承接主体签订的补充或新增购买项目，保持合同到期期限一致。

购买主体应当加强内部控制管理建设，强化对政府购买服务执行与监管的全流程、各环节全面控制，及时掌握了解购买服务项目可能存在的问题，及时分析预判风险，并予以处理。

购买主体应当加强服务项目标准体系建设，科学设定服务需求和目标要求，建立服务项目定价体系和质量标准体系，合理编制规范性服务标准文本。

**第十九条** 承接主体应当按合同履行提供服务的义务，认真组织实施服务项目，建立员工激励机制，按时完成服务项目任务，保证服务数量、质量和效果，接受有关部门、服务对象及社会监督，严禁转包行为、严禁履约过程中变更实质性条款。

承接主体利用政府购买基本公共服务合同向金融机构融资时，应当配合金融机构做好合规性管理，符合政府购买服务有关法律和制度规定。

**第二十条** 承接主体应当建立政府购买基本公共服务台账制度，记录相关文件、工作计划方案、项目和资金批复、项目进展和资金支付、工作汇报总结、重大活动和其他有关资料信息，接受和配合相关部门对资金使用情况进行监督检查及绩效评价。

**第二十一条** 承接主体应当建立健全财务制度，严格遵守相关财政财务规定，对购买服务的项目资金进行规范的财务管理和会计核算，加强自身监督，确保资金规范管理和使用，依法合理支付员工福利待遇，合理测算利润。

**第二十二条** 承接主体应当建立健全定期报告制度，主动向购买主体汇报资金使用情况、合同执行情况、员工福利待遇调整情况、合理利润测算、成果经验总结、突发情况应急处置预案、可能存在的重大影响经营风险因素等。

**第二十三条** 承接主体完成合同约定的服务事项后，购买主体应当及时组织对履约情况进行检查验收，建立综合性评价机制，按照过程评价与结果评价、短期效果评价与长远效果评价、社会效益评价与经济效益评价相结合的原则，对购买服务项目数量、质量和资金使用绩效等进行考核评价。

购买主体和使用人分离的政府购买服务项目，应当邀请实际使用人参与验收或评估。

## 第五章 绩效和监督管理

**第二十四条** 财政部门应当按照建立全过程预算绩效管理机制的要求，加强成本效益分析，推进政府购买服务绩效评价工作。

建立绩效评价与后续购买相衔接的管理制度。按照全过程预算绩效管理制度要求，加强服务项目政府采购绩效评价，对项目的资金节约、政策效能、透明程度以及专业化水平进行综合、客观评价。对于服务项目验收或者绩效评价结果优秀的供应商，在同类项目的购买中同等条件下可以优先考虑。

购买主体（使用人）对承接主体的履约监督情况、突发情况应急处置能力，依法纳入绩效考核范围。

**第二十五条** 财政、审计、监察等有关部门应当加强对政府购买服务的监督、审计、监察，确保政府购买服务资金规范管理和合理使用。对截留、挪用和滞留资金以及其他违法行为，依照《中华人民共和国政府采购法》《财政违法行为处罚处分条例》等国家有关规定追究法律责任；涉嫌犯罪的，依法移交司法机关处理。

**第二十六条** 民政、工商管理及行业主管等部门应当按照职责分工将承接主体承接政府购买服务行为信用记录纳入年检（报）、评估、执法等监管体系，不断健全守信激励、失信惩戒机制及黑名单制度。

**第二十七条** 购买主体应当建立监督检查机制，加强对政府购买服务的全过程监督，积极配合有关部门将承接主体的承接政府购买服务行为纳入年检（报）、评估、执法等监管体系。

购买主体应当切实做好需求编制和履约验收工作，完善内部机制、强化内部监督、细化内部流程，把购买需求和履约验收嵌入本单位内控管理流程，加强相关工作的组织、人员和经费保障。

**第二十八条** 财政部门和购买主体应当按照《中华人民共和国政府信息公开条例》《政府采购信息公告管理办法》以及预算公开的相关规定，公开财政预算及部门和单位的政府购买服务活动的相关信息，涉及国家秘密、商业秘密和个人隐私的信息除外。

**第二十九条** 购买主体、使用人未依法依规履行监督职责、应对突发情况处置不当，造成重大社会影响的，依照相关法律法规，依法追究相关单位及人员的责任。

## 第六章　附则

**第三十条** 本办法由佛山市顺德区人民政府办公室会佛山市顺德区财税局负责解释。

**第三十一条** 本办法自发布之日起 30 日后施行，有效期 2 年。

# 顺德区人民政府关于废止部分政府规范性文件的公告

顺府发〔2017〕27 号

佛山中德工业服务区（佛山新城）管委会、“两德”管委会，各片区管委会，各镇人民政府、街道办事处，区属有关单位：

为全面推进依法行政，结合经济和社会发展的需求，经过清理，现对 80 件规范性文件予以废止（目录见附件 1），对 17 件规范性文件宣布失效（目录见附件 2）。

本通知自公布之日起生效。

附件 1

## 废止的规范性文件目录

| 序号 | 文件名称 | 文号 |
|---|---|---|
| 1 | 印发《顺德市建设工程造价管理暂行规定》的通知 | 顺府发〔2000〕10 号 |
| 2 | 关于顺德市限制销售使用高硫燃料的通知 | 顺府办发〔2000〕39 号 |
| 3 | 关于我市各镇（区）建成区饮食行业必须落实使用清洁燃料的通知 | 顺府办发〔2000〕74 号 |
| 4 | 关于我市实施《城市道路管理条例》有关问题的通知 | 顺府发〔2001〕27 号 |
| 5 | 批转市档案馆《关于在深化农村体制改革中加强档案管理工作意见的请示》的通知 | 顺府办发〔2001〕72 号 |
| 6 | 印发《顺德市医疗废物管理暂行办法》的通知 | 顺府发〔2002〕2 号 |

续表

| 序号 | 文件名称 | 文号 |
| --- | --- | --- |
| 7 | 批转市水利局和规划国土局《关于贯彻执行〈顺德市环境管理规定〉的具体管理操作意见的请示》的通知 | 顺府发〔2002〕29 号 |
| 8 | 印发《顺德市减轻农民负担监督管理暂行办法》的通知 | 顺府发〔2002〕37 号 |
| 9 | 批转市环保局和市经济贸易局《关于重新明确我市禁止建设和严格控制发展重污染行业项目的请示》的通知 | 顺府发〔2002〕39 号 |
| 10 | 关于贯彻实施《广东省工程建设场地地震安全性评价工作管理规定》的通知 | 顺府发〔2002〕46 号 |
| 11 | 印发《顺德市农村村内一事一议暂行办法》的通知 | 顺府办发〔2002〕62 号 |
| 12 | 印发《顺德市鼓励引进高层次人才实施细则》的通知 | 顺办发〔2003〕1 号 |
| 13 | 关于妥善处理历史遗留违规建设工程问题的通知 | 顺府发〔2003〕9 号 |
| 14 | 转发区规划国土局《关于加强员工村建设管理工作的意见》的通知 | 顺府发〔2003〕13 号 |
| 15 | 印发《顺德区河道采砂管理办法》的通知 | 顺府发〔2003〕31 号 |
| 16 | 关于进一步规范农村集体经济管理，稳步发展农村集体经济的意见 | 顺府发〔2004〕1 号 |
| 17 | 关于完善我区招标投标管理若干问题的通知 | 顺府发〔2004〕25 号 |
| 18 | 印发《顺德区农村（社区）股份合作社组织管理办法（试行）》的通知 | 顺府发〔2004〕30 号 |
| 19 | 印发《顺德区商品房预售款监督管理暂行办法》的通知 | 顺府发〔2004〕42 号 |
| 20 | 印发《顺德区水资源管理实施细则》的通知 | 顺府发〔2004〕56 号 |
| 21 | 印发《顺德区全征土地农村居民基本养老保险补贴暂行办法》的通知 | 顺府发〔2004〕59 号 |
| 22 | 关于加强我区招标投标管理工作的通知 | 顺府发〔2004〕60 号 |
| 23 | 转发区教育局《佛山市顺德区进一步规范中小学招生工作的意见》的通知 | 顺府办发〔2004〕49 号 |
| 24 | 印发《顺德区推进城市可经营项目投资多元化市场化实施意见》的通知 | 顺府发〔2005〕15 号 |
| 25 | 关于加强我区二氧化硫污染控制的通知 | 顺府发〔2005〕42 号 |

续表

| 序号 | 文件名称 | 文号 |
| --- | --- | --- |
| 26 | 印发《关于实施〈顺德区全征土地农村居民基本养老保险补贴暂行办法〉的补充规定》的通知 | 顺府办发〔2005〕41号 |
| 27 | 印发《顺德区出租屋管理暂行办法》的通知 | 顺府办发〔2005〕72号 |
| 28 | 印发《顺德区流动人员管理暂行办法》的通知 | 顺府办发〔2005〕73号 |
| 29 | 印发《顺德区水产品市场准入制度实施方案》的通知 | 顺府办发〔2005〕111号 |
| 30 | 印发顺德区城市管理质量标准（试行）的通知 | 顺府发〔2006〕3号 |
| 31 | 印发顺德区生活垃圾处理收费管理暂行办法的通知 | 顺府发〔2006〕7号 |
| 32 | 关于我区实行免费婚检和免费孕检的通知 | 顺府发〔2006〕14号 |
| 33 | 印发《顺德区城市管理考核办法（试行）》、《顺德区城市绿化管养行业检查考评办法（试行）》、《顺德区环卫管理行业检查考评办法（试行）》的通知 | 顺府办发〔2006〕9号 |
| 34 | 印发顺德区城市道路建设规划管理办法的通知 | 顺府办发〔2006〕69号 |
| 35 | 关于禁止销售燃放烟花爆竹的通告 | 顺府发〔2007〕8号 |
| 36 | 印发顺德区城乡居民基本门诊合作医疗暂行办法的通知 | 顺府发〔2007〕31号 |
| 37 | 关于停止违法建设、使用水煤气发生炉的通告 | 顺府发〔2007〕34号 |
| 38 | 印发顺德区城乡居民基本门诊合作医疗暂行办法实施细则的通知 | 顺府办发〔2007〕124号 |
| 39 | 转发区环境保护局关于对我区工业开发区实行限期补办规划环境影响评价报批手续的请示的通知 | 顺府办发〔2007〕125号 |
| 40 | 关于调整顺德区薄弱学校改造专项补贴经费使用办法的通知 | 顺府办发〔2007〕149号 |
| 41 | 印发顺德区燃煤、燃重油企业二氧化硫治理专项补助资金使用管理办法的通知 | 顺府办发〔2007〕165号 |
| 42 | 顺德区住宅小区卫生保洁管理考核办法及评分标准（试行） | 顺府办发〔2007〕172号 |

续表

| 序号 | 文件名称 | 文号 |
| --- | --- | --- |
| 43 | 关于调整历史遗留违规建设工程办理手续的通知 | 顺府办发〔2007〕184号 |
| 44 | 佛山市顺德区人民政府关于全面清理整治非法张挂、张贴宣传品的通告 | 顺府发〔2008〕21号 |
| 45 | 印发顺德区廉租住房管理实施细则（试行）的通知 | 顺府发〔2008〕38号 |
| 46 | 关于完善顺德区生活垃圾处理费征收管理工作的补充通知 | 顺府办发〔2008〕17号 |
| 47 | 关于规范饮食娱乐服务业经营管理的通知 | 顺府办发〔2008〕87号 |
| 48 | 关于我区城镇职工参加城乡居民基本门诊合作医疗保险的通知 | 顺府办发〔2008〕101号 |
| 49 | 印发顺德区住房保障家庭经济收入核算办法的通知的通知 | 顺府办发〔2008〕113号 |
| 50 | 印发顺德区出租汽车管理实施细则的通知 | 顺府发〔2009〕17号 |
| 51 | 佛山市顺德区人民政府关于开展整治城市乱张贴、乱涂写行为的通告 | 顺府发〔2009〕18号 |
| 52 | 印发顺德区教育科研专项资金管理办法（试行）的通知 | 顺府发〔2009〕44号 |
| 53 | 印发顺德区政府投资建设项目审计监督办法的通知 | 顺府发〔2009〕119号 |
| 54 | 印发顺德区实施新型农村社会养老保险制度实施意见的通知 | 顺府发〔2009〕138号 |
| 55 | 关于修订顺德文化金凤奖评选标准的通知 | 顺府办发〔2009〕4号 |
| 56 | 印发《顺德区最低生活保障家庭幼儿助学工作细则》的通知 | 顺府办发〔2009〕22号 |
| 57 | 关于处理历史遗留违规建设工程有关问题的通知 | 顺府办发〔2009〕34号 |
| 58 | 关于加快顺德区重点工程项目招标投标工作的实施意见 | 顺府办发〔2009〕37号 |
| 59 | 印发顺德区完全被征土地村（社区）股份合作社申报认定办法和顺德区完全被征土地农村居民基本养老保障对象资格审核办法的通知 | 顺府办发〔2009〕73号 |
| 60 | 关于加强建筑垃圾管理的实施意见 | 顺府办发〔2009〕93号 |
| 61 | 印发关于加强政策引领优化招标投标工作环境的指导意见的通知 | 顺府办发〔2009〕115号 |

续表

| 序号 | 文件名称 | 文号 |
| --- | --- | --- |
| 62 | 印发顺德区城乡居民最低生活保障制度实施办法的通知 | 顺府发〔2010〕24 号 |
| 63 | 印发顺德区科学技术奖励办法的通知 | 顺府发〔2010〕29 号 |
| 64 | 印发顺德区堤围防护费征收管理实施办法的通知 | 顺府发〔2010〕41 号 |
| 65 | 关于划定顺德区高污染燃料禁燃区的通告 | 顺府发〔2010〕44 号 |
| 66 | 关于禁止销售燃放烟花爆竹和燃放孔明灯的通告 | 顺府办发〔2010〕5 号 |
| 67 | 关于印发顺德区加强摩托车管理实施方案的通知 | 顺府办发〔2010〕146 号 |
| 68 | 印发顺德区土地房产交易管理暂行规定的通知 | 顺府发〔2011〕18 号 |
| 69 | 关于实施顺德区城镇居民基本医疗保险门诊“一卡通”试行办法的通知 | 顺府办发〔2011〕38 号 |
| 70 | 关于印发顺德区流动人口权益保障和公共服务实施意见的通知 | 顺府办发〔2011〕58 号 |
| 71 | 印发顺德区涉税信息交换与共享实施办法的通知 | 顺府办发〔2011〕78 号 |
| 72 | 印发顺德区商事登记制度改革实施办法（试行）的通知 | 顺府发〔2012〕20 号 |
| 73 | 印发顺德科技企业孵化器认定及扶持资金管理办法的通知 | 顺府办发〔2012〕90 号 |
| 74 | 关于批转《顺德区博物馆（新馆）文物征集管理办法（修订）》的通知 | 顺府办发〔2012〕103 号 |
| 75 | 顺德区人民政府办公室关于印发顺德区“门前三包”管理暂行办法的通知 | 顺府办发〔2012〕137 号 |
| 76 | 顺德区人民政府办公室关于印发顺德区渣土运输车辆管理暂行办法的通知 | 顺府办发〔2012〕139 号 |
| 77 | 顺德区人民政府办公室印发佛山市顺德区优秀人才突出贡献奖励办法的通知 | 顺府办发〔2012〕165 号 |
| 78 | 顺德区人民政府办公室关于印发《“顺德奖章”荣誉称号授予办法（试行）》的通知 | 顺府办发〔2013〕49 号 |
| 79 | 顺德区人民政府办公室关于印发顺德区民办养老福利机构扶持办法的通知 | 顺府办发〔2013〕69 号 |
| 80 | 顺德区人民政府办公室关于印发《顺德区食品安全举报奖励办法》的通知 | 顺府办发〔2014〕70 号 |

# 宣布失效的规范性文件目录

附件 2

| 序号 | 文件名称 | 文号 |
|---|---|---|
| 1 | 关于妥善解决协议出让工业用地有关问题的通知 | 顺府办发〔2007〕71 号 |
| 2 | 关于做好全区完全被征土地农村居民基本养老保障工作的通知 | 顺府发〔2009〕12 号 |
| 3 | 关于统一堤围达标加固整治工程征地拆迁补贴标准的通知 | 顺府办发〔2009〕133 号 |
| 4 | 关于印发顺德区工业用地公开交易办法的通知 | 顺府办发〔2010〕165 号 |
| 5 | 印发顺德政府质量奖评审管理办法的通知 | 顺府办发〔2011〕86 号 |
| 6 | 关于公布顺德区住房保障工作有关标准的通知 | 顺府办发〔2011〕90 号 |
| 7 | 印发关于鼓励顺德企业到广东顺德清远（英德）特别合作区投资的若干优惠措施的通知 | 顺府办发〔2012〕35 号 |
| 8 | 印发佛山市顺德区人才工作载体建设扶持办法的通知 | 顺府办发〔2012〕71 号 |
| 9 | 印发佛山市顺德区高技能人才培养和平台建设实施办法的通知 | 顺府办发〔2012〕72 号 |
| 10 | 印发佛山市顺德区优秀人才优质公共服务管理办法的通知 | 顺府办发〔2012〕73 号 |
| 11 | 印发佛山市顺德区专业技术人员和企业管理人才培训提升实施办法的通知 | 顺府办发〔2012〕74 号 |
| 12 | 顺德区人民政府办公室印发佛山市顺德区创新人才创业扶持办法的通知 | 顺府办发〔2012〕166 号 |
| 13 | 顺德区人民政府办公室关于印发顺德区企业上市扶持奖励办法（修订）的通知 | 顺府办发〔2013〕5 号 |
| 14 | 顺德区人民政府办公室关于印发顺德区实施商标品牌战略资金奖励办法的通知 | 顺府办发〔2013〕15 号 |
| 15 | 顺德区人民政府办公室关于印发顺德区知识产权质押融资专项资金管理办法（暂行）的通知 | 顺府办发〔2013〕48 号 |
| 16 | 顺德区人民政府关于印发顺德区工程建设项目信用优先随机定标办法的通知 | 顺府发〔2014〕19 号 |
| 17 | 顺德区人民政府办公室关于印发顺德区支持企业融资专项资金管理暂行办法的通知 | 顺府办发〔2015〕85 号 |

# 2017年文件选目

## 中共佛山市顺德区委文件选目

| 序号 | 文件名称 | 文号 | 发文单位 | 时间 |
| --- | --- | --- | --- | --- |
| 1 | 中共佛山市顺德区委 佛山市顺德区人民政府关于调整部分区委区政府领导分工的通知 | 顺委发〔2017〕6号 | 中共佛山市顺德区委<br>佛山市顺德区人民政府 | 2017.8.29 |

## 佛山市顺德区人民政府文件选目

| 序号 | 文件名称 | 文号 | 发文单位 | 时间 |
| --- | --- | --- | --- | --- |
| 1 | 佛山市顺德区人民政府关于创新招商引资体制机制的实施意见 | 顺府发〔2017〕6号 | 佛山市顺德区人民政府 | 2017.4.5 |
| 2 | 佛山市顺德区人民政府关于印发《佛山市顺德区产业发展保护区管理办法》的通知 | 顺府发〔2017〕7号 | 佛山市顺德区人民政府 | 2017.4.11 |
| 3 | 佛山市顺德区人民政府关于废止《顺德区价格调节基金管理规定》的决定 | 顺府发〔2017〕9号 | 佛山市顺德区人民政府 | 2017.4.14 |
| 4 | 佛山市顺德区人民政府关于废止《顺德区工程技术研究开发中心管理办法》的决定 | 顺府发〔2017〕10号 | 佛山市顺德区人民政府 | 2017.5.15 |
| 5 | 佛山市顺德区人民政府关于妥善处理违法建设工程的通知 | 顺府发〔2017〕13号 | 佛山市顺德区人民政府 | 2017.6.26 |
| 6 | 佛山市顺德区人民政府关于开展顺德区农村地籍调查的通告 | 顺府发〔2017〕15号 | 佛山市顺德区人民政府 | 2017.7.17 |
| 7 | 佛山市顺德区人民政府关于印发《顺德区提升工业用地利用效率管理办法》的通知 | 顺府发〔2017〕16号 | 佛山市顺德区人民政府 | 2017.8.15 |
| 8 | 佛山市顺德区人民政府关于2016-2017年度各镇（街道）质量工作考核结果的通报 | 顺府发〔2017〕18号 | 佛山市顺德区人民政府 | 2017.8.28 |

续表

| 序号 | 文件名称 | 文号 | 发文单位 | 时间 |
|---|---|---|---|---|
| 9 | 佛山市顺德区人民政府关于顺德区2016年度人口与计划生育目标管理责任制考核情况的通报 | 顺府发〔2017〕19号 | 佛山市顺德区人民政府 | 2017.9.22 |
| 10 | 佛山市顺德区人民政府关于印发《佛山市顺德区政府购买基本公共服务监督暂行办法》的通知 | 顺府发〔2017〕20号 | 佛山市顺德区人民政府 | 2017.9.15 |
| 11 | 佛山市顺德区人民政府关于废止部分政府规范性文件的通知 | 顺府发〔2017〕27号 | 佛山市顺德区人民政府 | 2017.12.19 |
| 12 | 佛山市顺德区人民政府关于确定义渡半义渡的公告 | 顺府公告〔2017〕1号 | 佛山市顺德区人民政府 | 2017.3.1 |
| 13 | 佛山市顺德区人民政府关于征求《佛山市城市轨道交通三号线项目（新松站）房屋征收补偿方案》意见的公告 | 顺府公告〔2017〕2号 | 佛山市顺德区人民政府 | 2017.8.8 |
| 14 | 佛山市顺德区人民政府关于征求《佛山市城市轨道交通三号线项目（东乐路站）房屋征收补偿方案》意见的公告 | 顺府公告〔2017〕3号 | 佛山市顺德区人民政府 | 2017.8.18 |
| 15 | 佛山市顺德区人民政府关于佛山市城市轨道交通三号线项目（新松站）房屋征收补偿方案征求意见及修改情况的公告 | 顺府公告〔2017〕4号 | 佛山市顺德区人民政府 | 2017.10.25 |
| 16 | 佛山市顺德区人民政府关于佛山市城市轨道交通三号线项目（东乐路站）房屋征收补偿方案征求意见及修改情况的公告 | 顺府公告〔2017〕5号 | 佛山市顺德区人民政府 | 2017.10.25 |
| 17 | 佛山市顺德区人民政府关于佛山市城市轨道交通三号线项目（新松站）房屋征收决定的公告 | 顺府公告〔2017〕6号 | 佛山市顺德区人民政府 | 2017.10.26 |
| 18 | 佛山市顺德区人民政府关于佛山市城市轨道交通三号线项目（东乐路站）房屋征收决定的公告 | 顺府公告〔2017〕7号 | 佛山市顺德区人民政府 | 2017.10.26 |

# 佛山市顺德区人民政府办公室文件选目

| 序号 | 文件名称 | 文号 | 发文单位 | 时间 |
|---|---|---|---|---|
| 1 | 佛山市顺德区人民政府办公室关于转发《佛山市 2017 年政府集中采购目录及采购限额标准》的通知 | 顺府办发〔2017〕1 号 | 佛山市顺德区人民政府办公室 | 2017.1.3 |
| 2 | 佛山市顺德区人民政府办公室关于印发佛山市顺德区促进生物医药产业发展实施办法的通知 | 顺府办发〔2017〕12 号 | 佛山市顺德区人民政府办公室 | 2017.1.22 |
| 3 | 佛山市顺德区人民政府办公室关于印发顺德区中长期动物疫病防治规划（2016-2025 年）的通知 | 顺府办发〔2017〕27 号 | 佛山市顺德区人民政府办公室 | 2017.3.6 |
| 4 | 佛山市顺德区人民政府办公室关于贯彻执行《佛山市人民政府办公室关于进一步完善我市新建商品住房限购政策的通知》的通知 | 顺府办发〔2017〕32 号 | 佛山市顺德区人民政府办公室 | 2017.3.28 |
| 5 | 佛山市顺德区人民政府办公室关于印发《顺德区医疗卫生事业单位人才建设实施方案》的通知 | 顺府办发〔2017〕33 号 | 佛山市顺德区人民政府办公室 | 2017.3.20 |
| 6 | 佛山市顺德区人民政府办公室关于印发顺德区建立完善守信联合激励和失信联合惩戒制度实施方案的通知 | 顺府办发〔2017〕34 号 | 佛山市顺德区人民政府办公室 | 2017.3.25 |
| 7 | 佛山市顺德区人民政府办公室关于印发佛山市顺德区食品安全工作评议考核办法的通知 | 顺府办发〔2017〕35 号 | 佛山市顺德区人民政府办公室 | 2017.3.26 |
| 8 | 佛山市顺德区人民政府办公室关于印发顺德区危险化学品安全综合治理实施方案的通知 | 顺府办发〔2017〕36 号 | 佛山市顺德区人民政府办公室 | 2017.3.27 |
| 9 | 佛山市顺德区人民政府办公室关于印发《2017 年顺德区食品安全重点工作安排》的通知 | 顺府办发〔2017〕60 号 | 佛山市顺德区人民政府办公室 | 2017.6.15 |

续表

| 序号 | 文件名称 | 文号 | 发文单位 | 时间 |
|---|---|---|---|---|
| 10 | 佛山市顺德区人民政府办公室关于印发佛山市顺德区人民政府 2017 年重大行政决策目录和重大行政决策听证目录的通知 | 顺府办发〔2017〕74 号 | 佛山市顺德区人民政府办公室 | 2017.6.15 |
| 11 | 佛山市顺德区人民政府办公室关于印发《顺德区 2017 年依法行政工作要点》的通知 | 顺府办发〔2017〕82 号 | 佛山市顺德区人民政府办公室 | 2017.6.26 |
| 12 | 佛山市顺德区人民政府办公室关于印发《顺德区拆除关闭禁养区内违规搭建畜禽养殖场工作方案》的通知 | 顺府办发〔2017〕93 号 | 佛山市顺德区人民政府办公室 | 2017.7.25 |
| 13 | 佛山市顺德区人民政府办公室关于印发顺德区土壤污染防治行动计划工作方案的通知 | 顺府办发〔2017〕99 号 | 佛山市顺德区人民政府办公室 | 2017.8.2 |
| 14 | 佛山市顺德区人民政府办公室关于做好《广东省市场监管条例》贯彻实施工作的通知 | 顺府办发〔2017〕101 号 | 佛山市顺德区人民政府办公室 | 2017.8.7 |
| 15 | 佛山市顺德区人民政府办公室关于建立佛山市顺德区防治重大疾病工作联席会议制度的通知 | 顺府办发〔2017〕102 号 | 佛山市顺德区人民政府办公室 | 2017.8.11 |
| 16 | 佛山市顺德区人民政府办公室关于印发《顺德区天使联投人才发展基金管理暂行办法》的通知 | 顺府办发〔2017〕106 号 | 佛山市顺德区人民政府办公室 | 2017.8.15 |
| 17 | 佛山市顺德区人民政府办公室关于印发《顺德区促进企业利用资本市场扶持办法》的通知 | 顺府办发〔2017〕107 号 | 佛山市顺德区人民政府办公室 | 2017.8.15 |
| 18 | 佛山市顺德区人民政府办公室关于废止《批转区人口和计划生育局〈关于户籍制度改革后生育政策的请示〉的通知》等文件的决定 | 顺府办发〔2017〕130 号 | 佛山市顺德区人民政府办公室 | 2017.9.26 |

续表

| 序号 | 文件名称 | 文号 | 发文单位 | 时间 |
| --- | --- | --- | --- | --- |
| 19 | 佛山市顺德区人民政府办公室关于印发《顺德区人才专卖房管理暂行办法》的通知 | 顺府办发〔2017〕138 号 | 佛山市顺德区人民政府办公室 | 2017.10.16 |
| 20 | 佛山市顺德区人民政府办公室关于印发《顺德区人才租赁房管理办法》的通知 | 顺府办发〔2017〕148 号 | 佛山市顺德区人民政府办公室 | 2017.10.16 |
| 21 | 佛山市顺德区人民政府办公室关于印发佛山市顺德区贯彻落实《“十三五”市场监管规划》和《广东省市场监管现代化“十三五”规划》实施方案的通知 | 顺府办发〔2017〕151 号 | 佛山市顺德区人民政府办公室 | 2017.11.15 |
| 22 | 佛山市顺德区人民政府办公室关于印发顺德区 2017 ~ 2018 今冬明春安全生产大检查工作方案的通知 | 顺府办发〔2017〕153 号 | 佛山市顺德区人民政府办公室 | 2017.11.22 |
| 23 | 佛山市顺德区人民政府办公室关于印发《顺德区金融服务业招商引资管理办法》的通知 | 顺府办发〔2017〕154 号 | 佛山市顺德区人民政府办公室 | 2017.11.25 |
| 24 | 佛山市顺德区人民政府办公室关于印发《顺德区贯彻落实〈佛山市降低制造业企业成本支持实体经济发展若干政策措施〉工作方案》的通知 | 顺府办发〔2017〕157 号 | 佛山市顺德区人民政府办公室 | 2017.11.28 |
| 25 | 佛山市顺德区人民政府办公室关于印发《顺德区农业水价综合改革实施方案》的通知 | 顺府办发〔2017〕164 号 | 佛山市顺德区人民政府办公室 | 2017.12.15 |
| 26 | 佛山市顺德区人民政府办公室关于印发《顺德区贯彻落实企业职工基本养老保险省级统筹工作实施方案》的通知 | 顺府办发〔2017〕175 号 | 佛山市顺德区人民政府办公室 | 2017.12.22 |

# 索 引

## 说 明

1. 本索引采用主题分析法，款目按主题词首字拼音排列。

2. 文中的篇目、类目、分目标题用黑体字标明，其余用宋体字排印。

3. 索引后面的数字表示内容所在的页码，数字后面的拉丁字母（a、b、c）表示该页自左向右的栏别。

4. 本刊的“图片专辑”“特载”“2017年大事记”“人物与荣誉”“社会经济统计资料”“文献选编”等篇目均未作索引。

## 主题索引

## D

## H



## J

## K



## L

## M



## N



## P

## T

# 表格索引